本書獲得國科會「100 學年度獎勵人文與社會科學領域博士候選人撰寫博士論文」之補助，謹此申謝。

元華文創

胡安國春秋傳
與宋代春秋學

探討胡安國《春秋傳》與宋朝歷史的時代互動

展現「經典義法」到「經世致用」的思想軌跡

康凱淋——著

摘　要

　　胡安國於南宋紹興初期奉高宗詔令，纂修《春秋傳》一書，總計三十卷，十餘萬言。是書不僅對時人治經有具體影響，也關係元、明、清三代的科舉內容，在《春秋》學史上是一部重要論著。學界對此的研究成果不少，但大多是由「理學」角度解讀《胡傳》，將其觀點納入理學體系討論；而且許多主題的處理仍不夠仔細，未能點出《胡傳》的價值與意義，遑論連結至後人批評，從中商榷彼此得失。故本書以胡安國《春秋傳》作為研究論題，主要從三大方面切入：第一是《胡傳》解經方式，探析他建構「類例」的思路，條舉七項執例之弊與五項窮例之變，並扣緊歷代學者批評，總結《胡傳》「一字褒貶」的得失。第二是《胡傳》解經內容，包含他在序文中提出的聖王經世之志：尊君父、討亂賊、重復仇、存三綱、攘夷狄，以及謹微慎始、體元正心、惡盟譏會、去利從義、誅暴禁亂等時政寓託之說，進一步與三《傳》和宋儒比較，理解胡安國對朝廷內政與國防外交的態度，彰顯經世致用的時代精神。第三是關於《胡傳》在宋代的承襲、影響與批評，討論重點為胡安國與程頤及其弟子劉絢、謝湜、楊時的經說異同，以及文定家學胡寅、胡寧、胡宏、胡銓、范如圭紹承《胡傳》之主張，呈顯朱熹、蔡沆、黃仲炎、呂大圭、張洽、家鉉翁等質疑與關注，廓清反對意見的是非，藉此突顯《胡傳》解經的特色及缺失。本書研究取材不只限於《胡傳》抑或《春秋》學等經傳資料，而是大量參考史書、文集、筆記、方志等文獻，將胡安國置於兩宋政治、社會、文化與學術等時代背景，具體印證胡安國《春秋傳》是宋朝《春秋》學中最能發揮聖人經世致用之道，實踐六經之旨須推於行事的典範，為其他註疏所不及，而這也是此書最重要之價值與貢獻。當然也因為歷史局勢影響，《胡傳》犯有解經失誤嚴刻，衍生自相矛盾以及過崇復仇討賊，造成褒貶穿鑿的弊病，所以若要權衡歷代官方或私家之評論，必須得先掌握箇中正反兩

面的問題，以避免空泛浮論、主觀臆測。而本書正可為後人有意探討《胡傳》與元、明、清三代《春秋》學的關係時，提供客觀據實、詳細清楚的研究視角，開啟相關課題之延伸和觸發。

關鍵詞：胡安國　春秋　褒貶　類例　復仇　夷狄　經世

目　次

第壹章　緒論

第一節　學界相關研究論說

　　在中國經學史的發展中，兩宋因其政治環境與時代背景，《春秋》學極為發達，儒者藉此詮說以突顯經世致用的取向，形成重要的學術潮流。胡安國（1074-1138）著有《春秋傳》[1]，此書受到朝廷重視，不僅在南宋有很大的影響力，從元代到清代初期還列為科舉考試的定本。[2]

　　學界對胡安國的研究著作不少，但卻未有相關研究綜述，頗為可惜。本書考察兩岸三地胡安國的研究文獻，擬從「專書與學位論文」和「研究主題舉隅」兩方面立論，先逐一分析與本書直接相關的著作，再探討各家研究《胡傳》主題的成果，縱橫交錯，藉此反思學界研究概況。茲分述如下：

---

[1]　為求行文閱讀的簡潔通順，以下章節稱「胡安國《春秋傳》」為《胡傳》。

[2]　《胡傳》自元代至清初都是科舉考本之一。《元史‧選舉志》載仁宗皇慶二年（1313）十一月下詔：「《春秋》許用三《傳》及胡氏《傳》。」見〔元〕脫脫等撰，楊家駱主編：《新校本宋史并附編三種》（臺北：鼎文書局，1978 年 9 月），卷 81，頁 2019。《明史‧選舉志》記朝廷頒科舉程式：「《春秋》主左氏、公羊、穀梁三《傳》及胡安國、張洽《傳》，……永樂間，頒《四書五經大全》，廢註疏不用。其後，《春秋》亦不用張洽《傳》。」見〔清〕張廷玉等撰，楊家駱主編：《新校本明史并附編六種》（臺北：鼎文書局，1975 年 6 月），卷 70，頁 1694。《清史稿‧選舉志》記：「（順治）二年（1645），頒《科場條例》。……《春秋》主胡安國《傳》，……其後《春秋》不用《胡傳》，以《左傳》本事為文，參用《公羊》、《穀梁》。」清初仍以《胡傳》為本，雖無法確知何時罷用，但據《清史稿‧紀昀本傳》曰：「《四庫全書》成，表上。……疏請鄉、會試《春秋》罷胡安國《傳》，以《左傳》本事為文，參用《公》、《穀》，從之。」大抵可知廢除《胡傳》應是《四庫全書》纂修完成之後，約於乾隆中葉至晚期的這段時間。以上引文分見趙爾巽等撰：《清史稿》（北京：中華書局，1986 年 8 月），卷 108，頁 3148；卷 320，頁 10771。

一、專書與學位論文

　　除了經學史、理學史等著作，從 1971 年開始，胡安國雖然逐漸受到注意，但相關研究較少，直至 2003 年到 2011 年，這九年的研究數量明顯增多，且較具延續性，多有創獲。其中以胡安國《春秋傳》全書內容為研究主軸的論著就有六本，包含宋鼎宗《春秋胡氏學》、羅清能《胡氏春秋傳研究》、簡福興《胡氏春秋學研究》等三本專書，以及汪嘉玲《胡安國《春秋傳》研究》、劉昆笛《胡安國《春秋》學思想研究》、王江武《胡安國《春秋傳》研究》等三本學位論文，而其他如吳強《胡安國「夏時冠周月」考論》、鄭丞良《胡安國《春秋傳》與《公羊傳》之比較研究──以三綱思想的考察為主》雖僅注意某一面向，但也有所貢獻。從各家的關注狀況與研究數量，即已顯見《胡傳》一書於《春秋》學史的重要性。本書先梳理六本研究《胡傳》的專著與學位論文，觀照他們的研究成果，呈現彼此之得失與特色，希冀可以在此基礎上延伸拓展，深化研究面向，探討新的討論空間。

（一）宋鼎宗《春秋胡氏學》

　　此書內容主分為四：胡安國治《春秋》之態度與方法、《春秋》經世說、《春秋》寓宋說、《春秋胡氏傳》之批評，所述範圍涵蓋甚廣，極具系統性地歸納相關主題，逐層論述，清楚呈顯《胡傳》所蘊含的各個面向。例如作者認為胡氏治《春秋》之方法若一言以蔽之則是「於例中求微言大義」，逐次分述：「攷之經傳」、「悟之義理」、「嚴一字褒貶」、「繩之條例」四項方法，並整理《胡傳》「天王例」、「諸侯即位例」、「王臣名爵例」、「諸侯之兄弟稱公子例」、「諸侯之兄弟稱字例」、「盟會書及書人例」、「外兵例」、「內兵例」、「諸侯卒葬例」等條例，用力甚勤，[3]是目前學界整理《胡傳》類例最詳盡的論著。

　　關於《胡傳》之內容觀點，《春秋胡氏學》從三綱、謹禮、誠信、義

---

[3]　宋鼎宗：《春秋胡氏學》（臺北：萬卷樓，2000 年 4 月），頁 15-102。

利、尚德、勤政、愛民、夷夏之防等內涵闡述《胡傳》經世之法，[4]而以《胡傳》作於宋朝南渡之初，解經或寄慨於時事，或寓宋朝之家法，故闡發《胡傳》詮解《春秋》大義和南宋君臣政事的關係。[5]每項主題之下皆列舉相關文獻析論，扼要點出胡安國經世圖治與寓託時政的用意，觀點正確，論述清楚，有助於掌握《胡傳》一書性質與梗概。是書不僅類例的整理相當仔細，也多能扣緊《胡傳》重點，在相關研究當中參考價值甚高。

（二）羅清能《胡氏春秋傳研究》

作者探討「胡安國之生平及其春秋學淵源」、「聖人以天自處」、「《春秋》志在天下為公」、「因《春秋》以儆諷宋室」等主題，其中「聖人以天自處」是其他學者較少關注，而作者卻能充分發揮，不僅談論聖人以天自處說之形成與發展，概述《胡傳》其說的淵源，還歸納聖人以天自處在《胡傳》的應用，立說清楚，有其見地。

至於「《春秋》志在天下為公」敘述盟會、天理人欲、以五帝三王事律《春秋》，涵蓋主題較為龐雜，章節之間不夠緊密，而且第四章「因《春秋》以儆諷宋室」僅列「天人感應」和「大復讎」，但其實《胡傳》惡盟譏會就是反對朝廷再與金人約盟和議，也是屬於儆諷宋室的一環，不解作者將此置於「《春秋》志在天下為公」之安排為何。另外，若針對「因《春秋》以儆諷宋室」此章而言，點出的面向也顯得薄弱，因為尊王、討賊、攘夷、謹微、慎始、端本、正心等也都與儆諷宋室有關，但該文並無論述，還必須有所補充。

（三）簡福興《胡氏春秋學研究》

作者熟諳《胡傳》，針對是書內容條分縷析，透過按語方式逐條解讀傳文，舉凡胡安國傳略、思想、經義論、說經之法、議論眾說、各家彙評、對後世影響等，關注層面眾多，涵蓋甚廣，而且綱目細密，足見作者歸納之功力。例如第五章「胡氏說經之法」羅列胡安國援引三《傳》、

---

4 宋鼎宗：《春秋胡氏學》，頁 103-147。

5 宋鼎宗：《春秋胡氏學》，頁 149-212。

《尚書》、《周易》、《詩經》、《周禮》、《論語》、《孟子》、《爾
雅》、《晏子春秋》、《史記》、《後漢書》與先儒杜預、劉鉉、趙匡、
啖助、劉敞、蘇轍、程頤之說的材料，並整理《胡傳》以本義、兆應、比
事、稱前事、推其意、自設義例等訓釋經意的方式，[6]較宋鼎宗《春秋胡
氏學》談胡安國治《春秋》之方法：考之經傳、悟之義理、嚴一字褒貶、
繩之條例等四點內容還要豐富。

　　關於歷代對《胡傳》的批評議題，作者在這方面也下了極大工夫。其
實宋鼎宗《春秋胡氏學》第五、六章也已處理《春秋胡氏傳》之批評，條
析《胡傳》錯誤，包括體例、義例、穿鑿、臆測、疏誤、矛盾及其他疏
謬，援引諸儒論斷說法，整理《胡傳》穿鑿牴牾之論，[7]但簡福興和宋鼎
宗將缺失直接作為主軸，再列舉事例的方式不一。其書第七章「胡傳彙
評」以諸家引胡氏義毀多於譽，除了彙集總評，還分述「曆正例」、「即
位例」、「會盟例」、「戰爭例」、「歸獻例」、「出奔例」等二十例，
先排比相關傳文，再引諸家評論，辨正得失是非，使讀者能理解每條傳文
的錯誤或侷限。而第八章「胡傳對後世之影響」列舉胡安國對宋之張洽、
呂大圭、家鉉翁、元之黃澤、程端學（1278-1334）、陳深、明之湛若
水、清之魏禧（1624-1681）、顧奎光（？-1764）等輩治《春秋》的影
響，[8]是別於第七章的寫法，主要呈顯胡安國與各代名家的經說關係，雖
然與汪嘉玲《胡安國《春秋傳》研究》都是以名家著述立說，但汪氏論著
較有條理，論述也明顯深入，為簡氏所不及。

　　另外，此書寫法採取《春秋》經文、《胡傳》傳文、作者按語的先後
為序，雖然容易明白某條傳文的優劣得失，但對於整體思想的全貌和特色
則難以掌握，這是作者在行文撰寫上最大的侷限。

6　簡福興：《胡氏春秋學研究》（高雄：欣禾圖書公司，1997年），頁91-135。

7　宋鼎宗：《春秋胡氏學》，頁213-334。

8　簡福興：《胡氏春秋學研究》，頁160-341。

（四）汪嘉玲《胡安國《春秋傳》研究》

此書內容主分為六：胡安國置身的學術環境、胡安國的生平與學術、胡《傳》的詮釋建構、宋人對胡《傳》的態度、胡《傳》在元、明的發展、清人對胡《傳》勢力的終結。在學術環境方面，作者著重於中唐以後學術環境的轉變與宋代的學術環境，點出啖助學派對宋代經學產生了啟示作用：尊經、疑經與改經，以己意說經，議論解經等特點，條理分明。但北宋官方廢置《春秋》的過程亦屬學術環境問題，但作者卻較少處理箇中發展，甚為可惜。而筆者認為除了探討胡安國置身的學術環境之外，還得交代北宋晚期靖康之禍的始末，因為這與《胡傳》成書的關係甚大，有必要在緒論概述明言。

至於《胡傳》一書的內容，作者先談胡安國撰述目的與解經方式，認為他是以己意說經、因例求義，當中也提到「一字褒貶」和「美惡不嫌同詞」，論說清楚合宜。然有關《胡傳》一字褒貶的問題牽涉甚廣，包括胡安國建立類例的方法、缺失、補合等，必須列舉更多條例，歸納辨析，還原胡安國《春秋傳》與一字褒貶的相關問題。

值得肯定的是，汪嘉玲《胡安國《春秋傳》研究》分別就宋、元、明、清四代對《胡傳》的接受逐一論述，先概述各朝《春秋》學的學術環境，再列舉當世《春秋》著作對《胡傳》的追隨與檢討，論述主軸乃以名家著述立說。書後還附有「《春秋傳》宋刊本與四庫本對校表——關於『夷狄』字句部分」，有助讀者觀察《四庫全書》對《胡傳》刪改的範圍與程度。此書整合《胡傳》在宋、元、明、清的擴展演變，可梗概了解《胡傳》的歷代接受史，在目前學界研究中最具貢獻。[9]

（五）劉昆笛《胡安國《春秋》學思想研究》

該書研究有一特點：作者主要以「理學」角度解讀《胡傳》。從首章「宋代《春秋》學轉型背景下的胡安國《春秋傳》」就關注《春秋》學在

---

[9] 汪嘉玲：《胡安國《春秋傳》研究》（臺北：東吳大學中國文學所碩士論文，1998 年 5月），頁 89-177。

宋代「理學」環境中的改變，以「《春秋》三傳的會通」、「疑經思潮的
興起和《春秋》官學地位的沉浮」為宋代《春秋》學的轉型內容，並概述
周敦頤（1017-1073）、邵雍（1011-1077）、張載（1020-1077）、程頤
（1033-1107）等理學家對《春秋》的看法，帶出胡安國《春秋》學的義
理詮釋模式。第二章「『元』：胡安國《春秋傳》超越的價值體系」，探
討胡安國對《春秋》「元」的重視，以其對「元」的理解來自程頤，對
「元」的重視是儒家一元論的重要體現，具備精神世界和現實世界統一的
價值取向。[10]第三章「天理、人欲之辨在《春秋》學中的發揮」，首先開
展北宋理學家對「天理」、「人欲」的表述，進而闡發胡氏關於天理人欲
的觀點，認為他接受了二程「明天理、滅私欲」的思想，發揮「遏人欲、
存天理」和「正人倫、存天理」的理論。此章亦論述朱熹對胡氏《春秋》
學的態度，即使朱子不滿胡氏的研究，但卻非常認同他以天理人欲之辨來
詮釋《春秋》的模式。[11]第五章「胡安國《春秋傳》對『夷夏之辨』的新
詮釋」，除了梳理先秦儒家以及《禮記》、《公羊傳》的夷狄觀，還呈顯
北宋張載、程頤對夷夏關係的具體意見，同樣也是將「胡安國」置於北宋
理學家的行伍之列，關心他在理學脈絡發展中的轉變，而且提出胡安國揚
棄《公》、《穀》的書法規則，將孔子筆削的褒貶標準定為理學大義，[12]
研究角度鮮明易見。

（六）王江武《胡安國《春秋傳》研究》

作者大抵能歸納《胡傳》重點，例如第二章「胡安國的《春秋》觀」
以「《春秋》不沒其實」、「《春秋》乃『史外傳心之要典』」、「《春
秋》天子之事」為胡氏《春秋》觀的意見，並認為他在《春秋》「經」、
「史」之間，知識和價值之間，採用了兼取的立場。[13]而第三、四章「胡

---

[10] 劉昆笛：《胡安國《春秋》學思想研究》（蘇州：蘇州大學中國哲學博士論文，2009 年 5
　　月），頁 33-60。

[11] 劉昆笛：《胡安國《春秋》學思想研究》，頁 61-87。

[12] 劉昆笛：《胡安國《春秋》學思想研究》，頁 8-32。

[13] 王江武：《胡安國《春秋傳》研究》（上海：復旦大學中國哲學博士論文，2008 年 4

安國的解經方法（上）、（下）」以胡氏具備「義例解經」、「綜經通解」、「從變從義」、「時代特徵」等解經方式，並對宋鼎宗《春秋胡氏學》的「義例」修正補充，另立「弒君例」和「殺大夫例」，[14]能基於前人研究另行增益，有助於讀者了解《胡傳》類例。而此書最大缺失在於，有關《胡傳》大義的內容只撰寫「尊王大義」和「災異之說」，其他單立「胡安國論權」、「華夷之辨」、「對胡安國《春秋傳》的批評」章節名，徒留存目而已。

二、研究主題舉隅

（一）胡安國的生平學行

　　關於胡安國的生平背景，各家論著多有述及，但著重點互有差異，或就交游、家世、師承、生活，抑或整體學術而發。這方面論文有蔡仁厚〈南宋胡氏家學與湖湘學統〉[15]、胡宇芳〈南宋武夷胡氏家族略論〉[16]、黎昕〈武夷胡氏家學與湖湘學派〉[17]、劉玲娣〈胡安國學術述略〉[18]、〈試論胡安國兩宋之際的政治、學術活動〉[19]等等，都是針對胡安國或是其家族胡寅、胡寧、胡宏、胡憲（-1145-）等輩的學術思想、事功氣節、經世致用等學風作為討論對象，並點出後代湖湘學派與胡氏家學的關係，唯內容大多偏向概論。

月），頁 39-54。

[14] 王江武：《胡安國《春秋傳》研究》，頁 55-103。

[15] 蔡仁厚：〈南宋胡氏家學與湖湘學統〉，《孔孟學報》第 21 期（1971 年 4 月），頁 75-88。

[16] 胡宇芳：〈南宋武夷胡氏家族略論〉，《沈陽大學學報》第 21 卷第 3 期（2009 年 6 月），頁 80-83。

[17] 黎昕：〈武夷胡氏家學與湖湘學派〉，《武夷文化研究》，頁 163-174。

[18] 劉玲娣：〈胡安國學術述略〉，《孝感學院學報》第 24 卷第 4 期（2004 年 7 月），頁 53-57。

[19] 劉玲娣：〈試論胡安國兩宋之際的政治、學術活動〉，《華中師範大學學報（人文社會科學版）》第 41 卷第 3 期（2002 年 5 月），頁 81-86。

　　而王立新《開創時期的湖湘學派》除了探討胡安國的生平著述之外，還包含胡安國與程門弟子如謝上蔡（1050-1103）、楊龜山、游定夫（1053-1123）、王信伯（1082-1153）、侯師聖（-1097-）等人的交誼，以及胡安國門人的生平、學術，書後還附錄「胡安國族系考證」、「《拗柴胡氏七修族譜》中的一些問題」等，資料豐富，極富參考價值，是目前研究胡安國生平、族系最詳備的論著。[20]

（二）《胡傳》的經世思想

　　《胡傳》一書的生成有其時代因素，學者多從書中抉發胡安國「經世致用」的思想，這在胡安國《春秋》學的研究中成為重要方向，[21]而箇中「尊王」、「攘夷」、「復讎」、「三綱」則是學者們最注意的焦點。牟潤孫〈兩宋春秋學之主流〉以《胡傳》闡明「攘夷」、「復仇」之旨極為周至，[22]侯外廬《宋明理學史》也歸納《胡傳》最富時代特色的是「強調封建綱常」和「突出尊王攘夷」，並以「定周王於一尊」、「誅討篡弒之賊」、「力戒權臣」為尊王之義的表現。獨特的是，此書還從「名實關

---

[20] 王立新：《開創時期的湖湘學派》（臺北：洪葉文化，2003 年 8 月）。

[21] 例如簡福興《胡氏春秋學研究》即言：「胡氏思想，多以『經世致用』為依歸，『匡時救弊』為宗旨。」分述「尊王」、「攘夷」、「復仇」、「戒窮兵」、「誅亂臣」、「陳義利」六項思想。見簡福興：《胡氏春秋學研究》，頁 34-52。王立新〈湖湘學派的經世思想──胡安國父子的「經濟」之學〉點出胡氏父子經世致用思想的特點：第一、「堅持體用合一，首先強調本體。」第二、「著重強調君王的個人修養，把『正君心』當成實現仁政的首要開端。」第三、「繼承春秋學傳統，張揚民族大義。」第四、「重振『三綱』威嚴，固守封建秩序。」第五、「提倡制度改革，努力獻計獻策。」第六、「要求體恤民隱，以便撫定民心。」見王立新：〈湖湘學派的經世思想──胡安國父子的「經濟」之學〉，《湖湘論壇》第 6 期（1998 年），頁 63-65。李建軍《宋代《春秋》學與宋型文化》認為胡安國經世傾向多取法於孫復，《胡傳》在孫復《春秋尊王發微》之後是最富資治色彩的著作。此書從「內政」、「邦交」兩方面闡述胡氏經世思想，分點詳盡，論述範圍甚廣。如「內政方面之主張」即包含「緊握兵權」、「勤政自強」、「進賢用能」、「恤民固本」、「正君正國」；「邦交方面之立場」亦列舉「堅守社稷」、「大仇必復」、「戒兵慎戰」、「攘夷存夏」等特點，最後則呈現「胡《傳》政治本色的歷史評判」。見李建軍：《宋代《春秋》學與宋型文化》（北京：中國社會科學出版社，2008 年 6 月），頁 119-187。

[22] 牟潤孫：〈兩宋春秋學之主流〉，《注史齋叢稿》（臺北：臺灣商務印書館，1990 年 6 月臺灣初版），頁 155-158。

係」闡明《胡傳》尊王，觀點別於其他論著。[23]

　　關於「三綱」，宋鼎宗《春秋胡氏學》敘述《胡傳》中的三綱思想，以此為其經世之本。[24]朱漢民、戴金波〈胡安國《春秋傳》的君臣論與宋代政治文化〉點出胡安國具備「人主大臣為一體」、「卿大夫者，國君之陪貳」、「大臣任大事」、「共天位治天職」等主張。[25]鄭丞良《胡安國《春秋傳》與《公羊傳》之比較研究——以三綱思想的考察為主》則關注《胡傳》和《公羊傳》之間的承襲關係，扣緊夫婦、父子、君臣人倫而發，架構清楚，逐章比較二《傳》的「經史觀」、「夫妻觀」、「父子觀」、「君臣觀」，結論談到胡安國「由史見經」的態度，以《胡傳》對《公羊傳》義的吸收亦不出「由史見經」的立場。又，針對「三綱」，鄭丞良除了點出《胡傳》和《公羊傳》的相同處之外，還探究《胡傳》轉化《公羊傳》大義的地方，如君父之名、尊君抑臣之論，是目前討論「三綱」議題上最完整的著作。[26]

　　整體而言，雖然《胡傳》「經世思想」是目前最受重視的論題，重心多圍繞在「尊王」、「攘夷」、「復仇」、「三綱」等經世致用的一面，研究成果似能彰顯《春秋傳》的經世之說，但其實整體論述還不夠深入，仍有許多問題值得討論。例如「尊王」主題，章權才《宋明經學史》以《胡傳》圍繞「尊王攘夷」，主要闡發「大一統」、「正人倫」、「恤民固本」、「尊君抑臣」、「誅討亂臣賊子」、「嚴夷夏之防」等問題，涵蓋範圍很廣，可是並非專就「尊王」論說。[27]侯外廬《宋明理學史》認為《胡傳》的尊王之義表現在「定周王於一尊」、「誅討篡弒之賊」和「力

---

[23] 侯外廬、邱漢生、張豈之主編：《宋明理學史》（北京：人民出版社，1984 年 4 月），頁 224-247。

[24] 宋鼎宗：《春秋胡氏學》（臺北：萬卷樓，2000 年 4 月），頁 104-119。

[25] 朱漢民、戴金波：〈胡安國《春秋傳》的君臣論與宋代政治文化〉，《齊魯學刊》第 5 期（2010 年），頁 5-11。

[26] 鄭丞良：《胡安國《春秋傳》與《公羊傳》之比較研究——以三綱思想的考察為主》（臺北：中國文化大學史學所碩士論文，2000 年 6 月）。

[27] 章權才：《宋明經學史》（韶關：廣東人民出版社，1999 年 9 月），頁 163-175。

戒權臣」三方面，並發明胡氏從「名實關係」揭示尊王的意義，敘述較有系統，唯受限於篇幅，只能略加點出，無法細論。[28]而劉昆笛探討胡氏貴王思想，包含「注意維護王者的自尊」、「應刑賞有度」、「應當親賢臣，遠小人」、「應注意克制私欲」、「不輕使民力，愛護百姓」等，說明王者如何施行王道，謂胡安國探求王霸之辨的問題是在北宋「尊王」化與背景下展開的，[29]然而北宋靖康災禍之背景若影響胡安國，那《春秋傳》與孫復《春秋尊王發微》的「尊王」動機有何不同？如果尊「王」是指周王室，那麼胡安國又列舉哪些項目作為「尊」王之法？此皆必須詳明。而王江武《胡安國《春秋傳》研究》已談到孫復、程頤之尊王說，但與胡安國的比較仍然不足，而且他試圖辨析胡安國所尊的對象是「王權」或「王道」，認為胡安國以天理為王道，多將焦點集中於對周室的約束，[30]但其實已誤解《胡傳》真正的「尊王」大義，所以「尊王」主題仍有其他討論空間。

又如「復仇」一說，羅清能以「臣子於君父有討賊復讎之義」、「忘親釋怨滅天理」、「復讎而戰其罪可恕」呈顯胡氏「復仇」說；[31]鄭丞良比較《公羊傳》和《胡傳》的復仇義，以《胡傳》專發復國君之讎：「應復桓公弒隱公之讎」、「譏貶莊公無復讎之志」、「《胡傳》復讎的文明精神」，總結兩者的復仇義。[32]上述固然看見胡安國大舉復仇的主張，也都能敘述事理，但對經傳的掌握和解讀仍有不足。比方像胡安國從魯莊公忘親釋怨建立復仇說之外，也列舉復仇與易世的關係，南宋家鉉翁對此有所質疑，明代湛若水、清代張自超也持反對意見，但究竟《胡傳》「復仇

---

28 侯外廬、邱漢生、張豈之主編：《宋明理學史》，頁 235-238。

29 劉昆笛：《胡安國《春秋》學思想研究》，頁 107-113。

30 王江武：《胡安國《春秋傳》研究》，頁 111-122。

31 羅清能：《胡氏春秋傳研究》，頁 126-137。

32 鄭丞良說：「對於血親之讎的報復，已經是以義理是非為客觀標準。對於理應復讎者，則不再是以牙還牙、以命償命的原始報復義，而是在復讎進退上，賦予對整體場域文明秩序的關懷。易言之，復仇的真正目的應是在於『撥亂反正』，在以正為依歸，以恢復並建立合乎情理的文明場域秩序為止境，而非流於私人恩怨輾轉相復。」見鄭丞良：《胡安國《春秋傳》與《公羊傳》之比較研究──以三綱思想的考察為主》，頁 153。

與易世」中的問題是否確如後人所指，還是另有其他矛盾牴牾之處？其次，復仇觀並非胡安國獨有，許多朝臣或學者都透過《春秋》發揮此說，《胡傳》所言有何特別意義？這些問題更需要詳論闡釋，細繹辨明。

（三）《胡傳》的時政寓託

　　戴維《春秋學史》認為《胡傳》說教口氣宛若經筵講義，內容多結合時事而發議論。[33]宋鼎宗《春秋胡氏學》第四章「《春秋》寓宋說」以《胡傳》作於宋朝南渡之初，解經或寄慨於時事，或寓宋朝之家法，故探討《胡傳》詮解《春秋》大義和南宋君臣政事的關係。[34]張運生〈胡安國《春秋傳》與現實關懷〉謂《胡傳》是建立在強烈的現實關懷之上，透過《春秋》以康濟時艱。[35]宋鼎宗〈胡安國春秋貶宋說〉也提到自強為善說、親賢去讒說、國君守土說、設險逐寇說；[36]倪天蕙《宋儒春秋尊王思想研究》參考宋鼎宗的說法，整理《春秋傳》中「親賢」、「自強」、「守土」、「設險」、「復讎」等戒君宗旨。[37]趙伯雄《春秋學史》從「傳心」和「經世」角度理解胡安國對《春秋》的基本認識，認為胡氏將《春秋》變成政治教科書，點出《胡傳》的時代特徵之一就是解經盡量結合時政。[38]

　　上述觀點固然無誤，確實都已看出胡安國《春秋傳》與宋代時政的關係，但除了宋鼎宗《春秋胡氏學》的敘述較為詳細之外，其他作者的討論都不夠完整。因為時政寓託關係的層面甚廣，必須得回到宋代歷史、政治、社會、外交等現況，並參照朝臣儒士的奏議文章之後，才能真正勾勒

---

[33] 戴維：《春秋學史》（長沙：湖南教育出版社，2004 年 5 月），頁 362。

[34] 宋鼎宗：《春秋胡氏學》，頁 149-212。

[35] 張運生，〈胡安國《春秋傳》與現實關懷〉，《國學研究》總第 444 期（2010 年），頁 119-121。

[36] 宋鼎宗：〈胡安國春秋貶宋說〉，《成功大學學報》第 13 卷（1978 年 5 月），頁 135-154。

[37] 倪天蕙：《宋儒春秋尊王思想研究》（臺北：政治大學中國文學所碩士論文，1982 年 5 月），頁 122-135。

[38] 趙伯雄：《春秋學史》（濟南：山東教育出版社，2004 年 4 月），頁 496-522。

胡安國時政寓託的指涉和特點，這方面需要大量的文獻材料佐證其說，絕非單純列舉或排比《胡傳》內容就能理解箇中立意。

（四）《胡傳》的理學特色

　　《胡傳》屬於《春秋》類的範疇，但或因胡安國是程頤私淑弟子，所以學界研究也有不少是從「理學」角度切入。例如上述就已談到劉昆笛《胡安國《春秋》學思想研究》對此著墨甚多，主要就是將胡安國置於北宋理學家的脈絡，認為《胡傳》貫入的理學大義有二：一是「明天理、滅私欲」，二是「尊王攘夷」。除此之外，戴維《春秋學史》認為《胡傳》理學氣息極為濃厚，「是將《春秋》理學化最系統完整的著述，同時也是發揮理學觀念最完善的著述。」[39]趙伯雄《春秋學史》也說明《胡傳》力圖以「天理」與「人欲」的矛盾，來解釋《春秋》經義。[40]而劉榮賢《宋代湖湘學派研究》第一章「胡安國之《春秋》學及其轉入理學之脈絡」關注《胡傳》的理學問題，以見湖湘學術由其逐漸開出理學之演進脈絡，並從「理」、「氣」角度比較胡安國、朱熹讀《春秋》之法的不同。[41]

　　對於《胡傳》之理學特色，許多學者都從他闡發《春秋》隱公書「元」之義入手，印證此說。例如戴維《春秋學史》認為《胡傳》對「元」的解釋是從理學角度體認，突破前人從訓詁的角度切入。[42]吳強、盧艷晗〈《胡氏春秋傳》「元」思想闡微〉認為胡氏捨傳求經、借經抒理，把「元」分別詮釋為「始」、「大」、「一」、「仁」，此舉是將《春秋》學從倫理道德的層次提升至哲理化的高度，納入了理學範圍。[43]陳谷嘉、朱漢民《湖湘學派源流》也談到《胡傳》「元」的闡發，他理解

---

[39]　戴維：《春秋學史》，頁 366。

[40]　趙伯雄：《春秋學史》，頁 496-522。

[41]　劉榮賢：《宋代湖湘學派研究》（臺中：東海大學中文所博士論文，1994 年 5 月），頁 9-30。

[42]　戴維：《春秋學史》，頁 362。

[43]　吳強、盧艷晗：〈《胡氏春秋傳》「元」思想闡微〉，《黑龍江教育學院學報》第 26 卷第 4 期（2007 年 4 月），頁 14-16。

的「元」是天、地、人中形而上的本體，將宇宙本體的「元」等同於主體
倫理意識的「仁」、「心」，本體論因此體現兩個特徵：第一，「形而上
的本體和形而下的日用、倫常、政治不可分割。」第二，「把本體之
『元』和『心』並列起來，即是證明這種本體具有一種本體性的自覺。」
[44]王立新《開創時期的湖湘學派》第四章「胡安國的理學思想」立「『體
元』與正心」一節，說明：「胡安國將『元』作為君王首先應該體認而且
必須體認的對象，已經將『元』當成一種『政治的核心環節之一』和道德
哲學的內在本體來對待。」[45]強調胡安國已將「體元」作為君王的內聖工
夫，得藉此發展外王事功。

　　誠然，胡安國身處宋代理學的背景，研究者有必要展現《胡傳》與理
學的關係，但這些論著的關照角度多止於此，忽略《胡傳》與宋代政治、
歷史、學術的互動，這容易窄化研究成果，無法如實客觀地解讀文獻。換
言之，討論胡安國不得只從理學體系出發，也不可單面比較三《傳》或兩
宋《春秋》學家而已，必須將他置於兩宋之際，採取全面宏觀的研究視
野，儘可能爬梳相關材料，從點至線，由線成面地考證史實，如此才能掌
握胡安國《春秋傳》，解決問題。

（五）《胡傳》以夏時冠周月

　　「夏時冠周月」是《胡傳》中重要觀點，近代也有學者對此提出己
見。戴維《春秋學史》認為《胡傳》最受當時和後世批評的是「以夏時冠
周月」，唯未多作闡述。[46]趙伯雄《春秋學史》則釐清胡安國「以夏時冠
周月」之說，解釋與「假天時以立義」的關係，並駁正後儒的誤解。[47]劉
宗棠、王公山〈論南宋胡氏《春秋》學理論「先進性」〉認為胡氏獨創
「以夏時冠周月」新說，此說成為胡氏《春秋》學成為顯學的原因之一。

---

[44] 陳谷嘉、朱漢民：《湖湘學派源流》（長沙：湖南教育出版社，1992 年 4 月），頁 78。

[45] 王立新：《開創時期的湖湘學派》，頁 101。

[46] 戴維：《春秋學史》，頁 364。

[47] 趙伯雄：《春秋學史》，頁 496-522。

[48]章權才《宋明經學史》文末亦拋出歷代學者質疑胡安國「夏時冠周月」的意見，頗具省思。[49]

　　吳強《胡安國「夏時冠周月」考論》是專就此課題撰寫的學位論文，第一章「胡安國『夏時冠周月』的基本內涵」先談《春秋》記事曆法，再釋胡安國「夏時冠周月」之意。第二章「胡安國『夏時冠周月』的淵源」，以其說源於孔子「行夏」和伊川傳《春秋》之說。第三章「胡安國『夏時冠周月』的定性」不僅闡發後代學者對胡氏曆法的意見，又從《春秋》、《左傳》、《毛詩》、《尚書》、《周禮》、《禮記》、《孟子》等書，辨正胡氏缺失，主張《春秋》記事是改月又改時。第四章「胡安國『夏時冠周月』的思想」連結胡氏藉此曆法而呈現的大義：夷夏之辨、君臣之義、復仇之義、天下為公、大一統。第五章「胡安國『夏時冠周月』的特點」彰顯史事義理化和經世致用的特色。第六章「胡安國『夏時冠周月』的影響」主要探究胡安國《春秋傳》的影響，非全然以「夏時冠周月」為焦點，包含《胡傳》在元、明、清地位的改變，以及胡安國治學風格影響湖湘學派，開啟了結合義理之學和經世致用的治學途徑。[50]

　　整體而言，「夏時冠周月」雖屬學者們研究的主要課題，但其實許多解讀都已偏離《胡傳》本旨，或是研究主軸只注意「夏時冠周月」，並不連結其他觀點，導致結論失真，人云亦云。更具體來說，只要圍繞《胡傳》「夏時」、「周月」為何無法搭配，以及從古代史料辨正胡安國曆法觀念錯誤，而印證《春秋》記事改時改月的研究，都是未入《胡傳》堂奧，遑論其他將此視為顯學之因，抑或又納入理學範疇者，意見也完全錯誤，亟需還原《胡傳》「夏時冠周月」的實義，由此才可進一步釐清歷代毀譽的是非。

---

[48] 劉宗棠、王公山：〈論南宋胡氏《春秋》學理論「先進性」〉，《唐都學刊》第 23 卷第 2 期（2007 年 3 月），頁 75-76。

[49] 章權才：《宋明經學史》，頁 180-181。

[50] 吳強：《胡安國「夏時冠周月」考論》（湘潭：湘潭大學中國哲學碩士論文，2008 年 5 月）。

綜觀兩岸三地的研究概況，臺灣多屬專書論著，即使是早期的研究成果也極富參考價值。不過近幾年已少有學者撰寫專書或是研究生以此作為學位論文，反觀大陸這一兩年都持續有學位論文或期刊論文，數量也頗為可觀。基本上學者對於《胡傳》重點都有一定程度的掌握，但或許礙於篇幅限制，解讀文獻材料卻不夠仔細透徹，整體論述也缺乏深入，許多論文皆點到為止，較難顯示《胡傳》優劣。而且敘述上有個共同問題：援引《胡傳》原文的比例甚低，各家發揮大義多套用固定單一的傳文，抑或節錄部分內容作為佐證材料，陳述流於片面偏頗，這是研究《胡傳》最大的缺失。

是故，雖然學界的研究數量不少，但是仍有許多問題尚待梳理，部分傳義也有待闡發。由於相關論著卷帙浩繁，實難一一羅列，本書仍希冀在前人研究基礎上進行拓展，眾端參詳，取精用要，增補前人未全之處，也提供新的研究成果，顯現胡安國《春秋傳》一書的存在價值。

第二節　研究論題的提出

一、研究動機

綜覽前人研究成果，學界就眾多方向解析本書思想，探求箇中義理，展現豐富的學術面貌，成績斐然。但在參看現有資料後，有意再探《胡傳》一書，研究動機如下：

（一）確立時代定位：置《胡傳》於宋代《春秋》學之範疇

回顧近現代之研究文獻，各家多直從《胡傳》而發，歸納相關論點，但其實敘述行文時較少分析《胡傳》說法與前人關係，例如程頤既然影響胡安國《春秋》學，那麼當中最關鍵的啟發是什麼內容？而且程頤的門生弟子多有《春秋》經傳著作，例如劉絢（1045-1087）《春秋傳》、楊時（1053-1135）《春秋說》、謝湜（？-？）《春秋義》、《春秋總義》，

在師出同門、派分源同的情況下，胡安國《春秋傳》與其立說有何差異，
箇中脈絡發展的細節都是學界未曾觸及，值得撰文再探，相互參照，了解
胡安國後出轉精的獨特性。又，王水照認為宋代士人多有強烈的淑世精
神，[51]而宋代《春秋》學極為發達，出現許多註解麟經之論著，既然胡安
國也從麟經發揮經世之志，藉《春秋》以史鑑今，積極以經義比附時政，
當中到底對宋代朝政、外交、軍事、經濟有哪些針砭與建言？與北宋臣僚
或同有註解《春秋》的儒士是否有別？倘若同樣主張尊王、討賊、攘狄、
復仇等經世之志，對經文的詮說難道沒有差異？況且《胡傳》成書背景與
時局世變密切相關，在此時代氛圍下的解經態度有否影響他發揮《春秋》
大義而產生矛盾、牽強、穿鑿或其他弊病？這些問題牽涉到《胡傳》一書
的價值和意義，如果不能細部觀照，透過縱橫雙向的研究方式，尋繹《胡
傳》的性質、特色與優劣，難以確立是書在宋代經學的定位，給予客觀詳
實的評價。

　　另一方面，關於歷代對《胡傳》的批評概況，宋鼎宗《春秋胡氏
學》、簡福興《胡氏春秋學研究》、汪嘉玲《胡安國《春秋傳》研究》三
書較有闡發，可看出歷代詬病《胡傳》的論述不少，爭議焦點也非單一，
從解經方法到解經內容都有許多批評，其中尤以明、清的批評最烈。但其
實兩朝有不同學術環境，背景問題繁雜，雖是同一時代的學者也會因師承
家法而有迥異主張，不可採取等視簡化的研究路徑。既然胡安國是宋代學
者，所以關鍵應是宋人如何看待《胡傳》，《胡傳》在當代的影響和評價
是什麼？唯有釐清源頭，才能由此評論元、明、清三代，朝廷官方和私家
著述的批評意見，避免負面聲音掩蔽實質意義。

（二）填補研究空白：重構《胡傳》經說的體系

　　胡安國〈春秋傳序〉曰：「尊君父、討亂賊、闢邪說、正人心、用夏
變夷，大法略具，庶幾聖王經世之志，小有補云。」[52]具體點明孔子經世

---

[51] 王水照：〈「祖宗家法」的「近代」指向與文學中的淑世精神——宋型文化與宋代文學之研
究〉，《王水照自選集》（上海：上海教育出版社，2000 年 6 月），頁 14。

[52] 〔宋〕胡安國：《春秋胡氏傳》（臺北：臺灣商務印書館，1976 年 6 月《四部叢刊續編》

之志所關注的層面。然學界探討胡安國經世思想的範圍甚廣，包含「尊王」、「攘夷」、「復仇」、「戒兵」、「討賊」、「誠信」、「義利」、「尚德」、「勤政」、「三綱」等等，無所不談，似乎與《胡傳》自敘的內容有所差異。本書選擇重新分析《胡傳》經說體系，確定其中的架構與層次。

　　另外，學界基本上都認為《胡傳》主《公》、《穀》之「一字褒貶」，而整理諸項義例的發揮。但若檢閱是書，《胡傳》仍有不少地方強調「據事直書」、「屬辭比事」，[53]假若《胡傳》將「一字褒貶」作為解經主軸，為何還運用「據事直書」和「屬辭比事」的解經方法？這兩者之間是否有聯結關係，還是分屬獨立內容？如果「一字褒貶」不是《胡傳》解經的唯一門徑，那麼在「據事直書」、「屬辭比事」之外，還有無其他要領？其次，針對「一字褒貶」來談，汪嘉玲已分析胡安國因例求義的態度，有其例法基礎；宋鼎宗《春秋胡氏學》更仔細整理《胡傳》類例，從中條舉《胡傳》「同例歧義」之弊，述及其有「同則書重」、「不待貶絕而罪自見」等「例窮則變」之病。[54]然而，胡安國建構「類例」的思維與方法為何，箇中疏謬是否確如歷代糾舉的意見一樣？也許目前很輕易就能蒐集相關批評材料，但也不表示這類觀點都是正確，指摘角度極為持平。

據上海涵芬樓借常熟瞿氏鐵琴銅劍樓藏宋刊本影印），頁 2264。以下援引是書皆此版本，僅列卷數、頁數於後，不另作註。

[53] 例如《春秋》桓公十三年：「三月，葬衛宣公。」《胡傳》曰：「葬，自內錄也。既與衛人戰，曷為葬宣公？怨不棄義，怒不廢禮，是知古人以葬為重也。禮喪在殯，孤無外事，衛宣未葬，朔乃即戎，已為失禮，又不稱子，是以吉服從金革之事，其為惡大矣。凡此類據事直書，年月具存而惡自見也。」強調孔子對喪葬之事皆據事直書以見其惡。又如《春秋》襄公七年：「城費。」《胡傳》曰：「書城費，乃履霜堅冰之戒，強私家弱公室之萌，據事直書而義自見矣。」同樣強調據事直書而不待貶絕之義。而「屬辭比事」如《春秋》宣公九年：「宋人圍滕。」《胡傳》曰：「滕既小國又方有喪，所宜矜哀吊恤之不暇，而用兵革以圍之，比事以觀，知見貶之罪在不仁矣。」將此則與「滕子卒」合看，端見宋國用兵之不仁。又如同年：「夏，仲孫蔑如京師。」《胡傳》曰：「以淺言之，屬辭比事，《春秋》教也。當歲首月，公朝于齊，夏，使大夫聘于京師，此皆比事可考，不待貶絕而惡自見者也。」也是從屬辭比事而發宣公聘齊觀禮廢，周室綱紀衰頹之狀。以上引文分見〔宋〕胡安國：《春秋胡氏傳》，卷 6，頁 2289；卷 21，頁 2361；卷 17，頁 2341；卷 17，頁 2341。

[54] 宋鼎宗：《春秋胡氏學》，頁 224-240。

所以首要之務就是先回歸《胡傳》本身，探查是書一字褒貶的具體內容，梳理《胡傳》與聖人微旨的傳遞模式。

（三）回應前儒觀點：權衡諸家對《胡傳》之批評

胡安國《春秋傳》雖在南宋至清初有其影響力，但於當時的學術環境，已漸有學者批評《胡傳》之非，糾舉箇中經說。朱熹（1130-1200）就認為《胡傳》「有牽強處」、「義理穿鑿」，[55]持論許多不當說法，尤其反對一字褒貶、以例解經，而這亦是歷代《胡傳》最所受抨擊的焦點，不少《春秋》學家如蔡沆（1159-1237）、賀燦然（？-？）、沈堯中（-1580-）、錢謙益（1582-1664）、何其偉（1774-1837）等輩都有批評之說，[56]元儒梁寅（1309-1390）更直言胡安國信《公》、《穀》太過：「然

---

[55] 朱熹曰：「或有解《春秋》者，專以日月為褒貶，書時月則以為貶，書日則以為褒，穿鑿得全無義理！若胡文定公所解，乃是以義理穿鑿，故可觀。」又曰：「胡《春秋傳》有牽強處。」見〔宋〕黎靖德編，王星賢點校：《朱子語類》（北京：中華書局，2008 年），卷83，頁 2146、2155。

[56] 蔡沆曰：「武夷胡先生研窮編輯，著為成書，正以扶三綱、敘九法、尊王賤霸、內夏外夷，而聖人精微之旨已闡揚於當世矣，豈沆淺見薄識所能彷彿其萬一哉？但其中於賵仲子、納郜鼎，皆為私欲所勝有以致之。又如彼此一事，彼以為是，此以為非；前後一人，前以為褒，後以為貶；或以爵號，或以日月，或書侯、或書子、書名、書字、書人、書州、書國，前氏後名，是非褒貶，殆有不同，紛紜聚散，各立一偏之見。」何其偉曰：「世之尊胡氏者方過於孔氏，是固胡氏之《春秋》矣，乃以為孔氏之《春秋》，孔氏焉可誣已夫？……褒貶不與於名稱、爵號與日月，則是非善惡之繫乎其文較然已，而必欲穿鑿於一人一字之間，而係二百四十二年之諸侯大夫盡入孔氏之深文為刻、為薄、為專，其誣聖何如？而況彼此之矛盾、前後之抵牾者，又比諸儒甚焉久矣。」錢謙益曰：「仲尼之所削者，不可見矣；其所筆者，具在據事直書，內不敢易史書，外不敢革赴告，而一字褒貶，口銜天憲，亦可以令吳、楚之僭王者乎？此又胡之失也。元年之元也，鼎銘先之矣；五等諸侯之稱公也，《儀禮》先之矣。由此推之，凡所謂一字一句傳義比例者，非棄灰之刑，則畫蛇之足也，此又胡之失也。」以上分見〔清〕朱彝尊撰，〔清〕翁方綱撰，羅振玉撰：《經義考‧補正‧校記》（北京：中國書店，2009 年 1 月），卷 189，頁 1285；卷 208，頁 1408；卷 206，頁1391。沈堯中曰：「《公羊》、《穀梁》各自為例，《胡傳》參用其說，說窮則又曰『美惡不嫌同辭』，俄而用此以誅人，俄而用此以賞人，使天下後世求之而莫識其意，是舞文吏之所為，而謂聖人為之乎？」見〔明〕沈堯中輯：《沈氏學弢》（臺南：莊嚴文化，1997 年 2月《四庫全書存目叢書》），卷 11，頁 591。賀燦然〈春秋翼附序〉曰：「蓋據事筆削，褒貶自見，非拘拘於日月爵氏以為袞鉞也。拘拘於日月爵氏之間，求所謂袞鉞者，而有合有不合，于是曲為正例、變例之說，至云『美惡不嫌同辭』，說愈繁而愈晦矣。」見〔明〕黃正憲：《春秋翼附》（臺南：莊嚴文化，1997 年 2 月《四庫全書存目叢書》），頁 42。

所失者，信《公》、《穀》之太過，求褒貶之太詳，多非其本旨。」[57]過信《公》、《穀》而強解字例，究其褒貶，以致非聖人之旨。

其次，《胡傳》重「復讎」大義，前儒對此也頗有微詞。如吳師道（？-1344）曰：「胡氏以經筵進講，至於王業偏安、父讎未報，則猶或未免乎矯枉而過正也。」[58]桑悅（1447-1503）亦言：「傳《春秋》者不一家，近世多宗胡氏。安國以辭駕理，貫穿上下，發明聖人褒貶之旨不為不多，但病其議論翻翻，文致成章……；又當宋高宗南渡之時，欲輸忠藎於章句之間，故於復讎外夷處，言之微有過當，有非萬世之通論者。」[59]不僅提出《胡傳》「議論翻覆」、「文致成章」，更說明當中論述過當。尤侗（1618-1704）亦曰：「《胡傳》專以復讎為義，割經義以從己說，此宋之《春秋》，非魯之《春秋》也。」[60]不以「復讎」為聖人大義。

除此之外，還有許多儒者強調《胡傳》「牴牾」、「非仲尼本旨」、「畔經」、「嚴峻深刻」等弊病，[61]皆可看到各家對是書的不滿。然《胡傳》究竟確如其說，符合歷代批評意見？如果是書缺失甚多，解經方式既已偏差，為何又可成為元、明、清三代之科舉考本？況且從另一角度來看，前儒討論《胡傳》要義是否亦有誤解、遺漏、偏執之瑕纇？假設他們無法確實看出《胡傳》之非，那麼還有哪些解經弊病是前儒尚未提及的

---

[57] 〔元〕梁寅：《梁石門集》（臺北：新文豐，1985 年 4 月《元人文集珍本叢刊》），卷 6，頁 10。

[58] 〔元〕吳師道：〈春秋胡傳補說序〉，《淵穎吳先生集》（臺北：臺灣商務印書館，1979 年 11 月《四部叢刊正編》），卷 10，頁 103。

[59] 〔明〕桑悅：《思玄集》（臺南：莊嚴文化，1997 年 2 月《四庫全書存目叢書》），卷 5，頁 53。

[60] 〔清〕朱彝尊撰，〔清〕翁方綱撰，羅振玉撰：《經義考・補正・校記》，卷 185，頁 1261。

[61] 宋犖（1634-1713）曰：「胡康侯作《傳》，大旨本於伊川而又兼綜眾論之長，《春秋》藉是而有定，亦未免時有牴牾。」俞汝言（1614-1679）曰：「胡氏之傳，藉經以抒己志，非仲尼之本旨。」毛奇齡曰：「胡氏《傳》解經之中，畔經尤甚；胡氏《傳》出，而孔子之道熄矣。」張溥（1602-1641）曰：「其用法也嚴，其持說也峻。……雖其間少褒多貶，文近深刻，然過邪防亂，與其過而縱之，無寧過而閑之也。」以上分見〔清〕朱彝尊撰，〔清〕翁方綱撰，羅振玉撰：《經義考・補正・校記》，卷 208，頁 1411；卷 185，頁 1261；卷 185，頁 1262；卷 207，頁 1400。

呢？這些問題都值得撰文再探，逐次細論，以《胡傳》和其時代為中心，權衡各家批評，避免隨聲附和，拾人牙慧。

二、研究內容

　　基於上述，本書試以「胡安國《春秋傳》」為研究對象，[62]希望能在前人基礎上再探《胡傳》，察考與兩宋歷史、政治、社會、國防的關係，回歸至《春秋》經傳，期盼更深入地呈現是書精神。計畫從幾個方面切入：《胡傳》解經方式、解經內容以及在宋代的承襲、影響與批評三大主題，此是筆者研讀近現代研究資料之後，所擬定的撰寫方向，既配合研究動機，也藉此回應學界的研究成果，填補目前研究的空白與不足。

　　首先，一字褒貶是《胡傳》解經方法的主軸，宋鼎宗《春秋胡氏學》已整理是書類例，王江武《胡安國《春秋傳》研究》也另有補充，筆者不再逐一細談類例內容。正文首章是「胡安國《春秋傳》與一字褒貶」，將重點置於《胡傳》構例之方，探討他建構類例的思維與方法。其次，重新細論《胡傳》執例之弊，逐次摘出一字褒貶的問題，接續處理窮例之變，再統合歷來批評，呈顯雙方的爭論焦點，權衡《胡傳》類例的是非與得失。

　　第二，學界研究《胡傳》經世的內容頗為龐雜，似將所有觀點都融為

---

[62] 就現有的文獻版本所載，胡安國經傳的論著名稱包含：《春秋傳》（明繡谷吳繼武校刊本、北京大學圖書館藏宋乾道四年（1168）刻慶元五年（1199）黃汝嘉修補本）、《春秋胡氏傳》（明正統十二年司禮監刊本、明內府朱絲欄鈔本、民國二十三年上海商務印書館四部叢刊續編影印宋刊本）、《春秋胡傳》（明永樂丙戌四年廣勤書堂刊本、朝鮮舊刊本、巴蜀書社 1989 年第一版本）、《胡氏春秋傳》（景印文淵閣《四庫全書》本）等，書名各異。而胡安國〈進《春秋傳》表〉自言：「臣昨奉聖旨，纂修所著《春秋傳》，候書成進入。」已清楚指出其書之名。見〔宋〕胡安國：《春秋胡氏傳》（臺北：臺灣商務印書館，1976 年 6 月《四部叢刊續編》），頁 2266。宋儒也多稱「《春秋傳》」，如胡宏〈皇王大紀序〉：「我先人上稽天運，下察人事，述孔子，承先聖之志，作《春秋傳》，為大君開為仁之方，深切著明，配天無極者也。」見〔宋〕胡宏著，吳仁華點校：《胡宏集》（北京：中華書局，1987 年 6 月），頁 164。呂祖謙〈與朱侍講書〉曰：「胡文定《春秋傳》，多拈出〈禮運〉天下為公意思。」見〔宋〕呂祖謙：《呂東萊文集》（臺灣商務印書館，1966 年 3 月《叢書集成簡編》），卷 3，頁 63。故本書即以「《春秋傳》」為題。

一體，但其實這並不是《胡傳》原義。而且歷來學者多已歸納《胡傳》內容結合時政，有鮮明的時代特徵，本書有意新論其他觀點。茲將《胡傳》解經內容分作「胡安國《春秋傳》與聖王經世之志」與「胡安國《春秋傳》與時政寓託」兩大章，闡發《胡傳》尊君父、討亂賊、重復仇、存三綱、攘夷狄的經世之志，探論謹微慎始、體元正心、惡盟譏會、去義從利、誅暴禁亂等時政指涉，試圖連繫宋代南渡之後的朝臣行事，表達胡安國對朝廷內政的立場以及國防外交的謀策。

對於《胡傳》在宋代的承襲、影響與批評，立「胡安國《春秋傳》與程門經說」、「胡安國《春秋傳》與朱學評論」兩章。首先處理胡安國《春秋傳》與程門經說的關係，包含程頤「理欲」說對《胡傳》的影響，以及胡安國和程頤及其弟子楊時、劉絢、謝湜的經解差異，突顯《胡傳》之特點與侷限；並關注胡寅、胡寧、胡宏、胡銓、范如圭等人的紹承方式與授受內容，探討文定後學如何發揚《春秋傳》之精神。又，有關時人批評的反動情形，統整朱熹與門人蔡沆、黃仲炎、呂大圭駁正《胡傳》的主要缺失，並以朱熹其他後學——張洽《春秋集註》與家鉉翁《春秋集傳詳說》為研究對象，分析朱學對《胡傳》的不同態度，藉此確立胡安國《春秋傳》在宋人眼中的意義。

三、研究方法——回歸《春秋》經

學界常將《胡傳》歸類在「理學化經學」的領域，[63]而且許多研究都是以「理學」角度作為切入點，像劉昆笛《胡安國《春秋》學思想研究》、王立新《開創時期的湖湘學派》與劉榮賢《宋代湖湘學派研究》，探討《胡傳》的基礎都根基於「理學」，剖析《胡傳》對後世湖湘學派的影響。各家學者闡發胡氏詮解《春秋》經也會挖掘書中哲理性大義，如體

---

[63] 例如戴維《春秋學史》言：「胡安國《春秋》學是理學化的《春秋》學。」見戴維：《春秋學史》，頁 360。姜廣輝《中國經學思想史》也將胡安國歸類於「理學化經學的建構期」。見姜廣輝主編：《中國經學思想史·第三卷》（北京：中國社會科學出版社，2010 年 11 月），頁 11。

元仁心、理一分殊、名實關係、天理人欲、義利之辨等,建構哲理性的思維義蘊,只要《胡傳》說法和理學有關,學者就會發明其言,評論檢討。[64]這研究路向確實能反映《胡傳》的不同樣貌,展現是書理學色彩的一面。

但自從孔子依魯史而成《春秋》,《春秋》就不單單被視作史記,而是成為儒家重要的經書,蘊有聖人之微言大義。《孟子‧離婁下》曰:「王者之迹熄而《詩》亡,《詩》亡然後《春秋》作。晉之《乘》、楚之《檮杌》、魯之《春秋》,一也。其事則齊桓、晉文,其文則史。孔子曰:『其義則丘竊取之矣。』」[65]雖未明言「義」之內容,但已指出《春秋》有其「義」。司馬遷《史記》〈滑稽列傳〉也引孔子語:「《春秋》以義。」[66]〈孔子世家〉更提到「《春秋》之義行,則天下亂臣賊子懼焉。」[67]顯見聖人筆削魯史,跳脫單純的史冊記事,將自己對善惡是非的價值判斷寓於《春秋》,因為載諸空言,不如見之於行事,歷史是最好的鑑戒,可從中歸納一套行事法則。

但《春秋》之「義」的確切內容為何,我們已無法清楚得知,特別是孔子歿後,箇中大義更顯隱微。班固《漢書‧楚元王傳》載劉歆語:「夫子歿而微言絕,七十子終而大義乖。」[68]〈藝文志〉亦曰:「昔仲尼歿而微言絕,七十子喪而大義乖。故《春秋》分為五,《詩》分為四,《易》

---

[64] 例如侯外廬、邱漢生、張豈之《宋明理學史》云:「他把孔子作《春秋》和宋儒『遏人欲,存天理』的道德說教引為同調,不免過於牽強。」見侯外廬、邱漢生、張豈之主編:《宋明理學史》,頁 229。趙伯雄《春秋學史》也說:「他把《春秋》之所褒、所與、所善,都說成是天理之所存;而把《春秋》之所貶、所不與、所惡,都說成是本當抑絕的人欲。這樣一來,就把《春秋》納入了理學的體系。」見趙伯雄:《春秋學史》,頁 508。

[65] 〔漢〕趙岐注,〔宋〕孫奭疏:《孟子注疏》(臺北:藝文印書館,2001 年 12 月《十三經注疏》),卷 8 上,頁 146。

[66] 〔漢〕司馬遷撰,〔宋〕裴駰集解,〔唐〕司馬貞索隱,張守節正義:《史記》,卷 126,頁 3197。

[67] 〔漢〕司馬遷撰,〔宋〕裴駰集解,〔唐〕司馬貞索隱,張守節正義:《史記》,卷 47,頁 1943。

[68] 〔漢〕班固撰,顏師古注:《新校漢書集注》(臺北:世界書局,1972 年 9 月),卷 36,頁 1968。

有數家之傳。」[69]夫子之意精妙幽深，[70]非可單從語言文字而得，但孔門弟子仍可透過與聖人的相處問學，掌握經旨明訓。逮七十子喪身，難以求真原旨，經典漸生各方解釋，如《春秋》就有《左氏》、《公羊》、《穀梁》、《鄒氏》、《夾氏》等五家，自成其說，再歷經兩漢、魏晉、南北朝、隋唐，註解發明、揣摸臆度者越趨眾多，無不以探討聖人大義為念。而胡安國《春秋傳》本身也是詮釋《春秋》的著作，他在〈春秋傳序〉中說：「《春秋》魯史爾，仲尼就加筆削，乃史外傳心之要典也。」（頁2263）全書圍繞的主軸莫過於抉示聖人之「心」，所以研究《胡傳》有必要連結胡安國傳解與孔子經義的關係，回歸《春秋》經，將其書列置於《春秋》學史的脈絡中討論，這是最基本也是最重要的研究方法，因為《胡傳》不可能不參考三《傳》，或是全然拋棄漢唐學者的意見，舉凡《春秋》字例、尊王、攘夷、復仇、三綱等立論都並非宋代或胡安國獨創，它是歷來交互闡發，逐漸奠基而成的，若脫離了與前代經說的關係，勢必走向高談闊論的評述而已。

　　另一方面，《孟子‧滕文公下》曰：「世衰道微，邪說暴行有作。臣弒其君者有之，子弒其父者有之。孔子懼，作《春秋》。《春秋》，天子之事也。是故孔子曰：『知我者，其惟《春秋》乎！罪我者，其惟《春秋》乎！』」[71]由於王道衰微，上下敗法亂紀，故聖人筆削與奪，繩正當世，《春秋》與現實政治的關係極為緊密。而漢儒議論朝政恆常援說《春秋》災異勸諫國君，或是引《春秋》作為斷獄依據，同樣運用《春秋》於政治經世之上。到了唐代，啖助認為「《春秋》者，救時之弊、革禮之薄」[72]，陸淳以「《春秋》者，亦世之鍼藥也」[73]，宗旨即在「尊王室、

[69]　〔漢〕班固撰，顏師古注：《新校漢書集注》，卷30，頁1701。

[70]　顏師古注「微言」：「精微要妙之言耳。」並引李奇語：「隱微不顯之言也。」顧實《漢書藝文志講疏》詳曰：「蓋其意恆在言外，所以微妙難知也。」見〔漢〕班固撰，顏師古注：《新校漢書集注》，卷30，頁1701。顧實：《漢書藝文志講疏》（臺北：廣文書局，1970年11月），頁2。

[71]　〔漢〕趙岐注，〔宋〕孫奭疏：《孟子注疏》，卷6下，頁117。

[72]　〔唐〕陸淳：〈春秋宗指議第一〉，《春秋集傳纂例》（北京：中華書局，1985年《叢書集成初編》），卷1，頁1。

正陵僭、舉三綱、提五常、彰善癉惡」[74]，同樣突顯《春秋》治世的功能。時至宋代，《春秋》和政治社會的關係更密不可分，許多儒者都指出《春秋》建立王道大法，具備修身治國與綱常禮政等天下之事，[75]而程頤更於〈春秋傳序〉感嘆後代已不知《春秋》經世之大法，強調「聖人之用全在此書。」[76]胡安國身逢靖康之變，對北宋長久以來積弱不振、朝政紊亂的敗象必有體認，所以藉由《春秋傳》一書，言古驗今，訓明「百王之法度、萬世之繩準」（〈春秋傳序〉，頁 2264），裨益於世。吾人研究《胡傳》不可以忽略《春秋》貼近於政治的性質，探察內在經義的詮釋進路之後，務必扣緊外緣背景，回到兩宋歷史，廓通其書與國論政事的對應。唯有先確定《胡傳》在宋朝《春秋》學的學術成就，以及是書對時代的貢獻與意義之後，才可立足於此，進一步討論《胡傳》的理學或其他問題，避免浮光掠影、本末倒置的研究缺失。

第三節　胡安國《春秋傳》成書的時代背景

　　胡安國生於宋神宗熙寧七年（1074），卒於宋高宗紹興八年（1138），

---

[73] 〔唐〕陸淳：〈趙氏損益義第五〉，《春秋集傳纂例》，卷 1，頁 6。

[74] 〔唐〕陸淳：〈趙氏損益義第五〉，《春秋集傳纂例》，卷 1，頁 6。

[75] 例如尹焞曰：「《春秋》正王道、明大法也，孔子為後世王者而修也。」洪興祖〈春秋本旨序〉云：「三代各立一王之法，其末皆有弊。《春秋》經世之大法，通萬世而亡弊。」而孫覺主張《春秋》具備修身、正家、理國、治天下之道以及君臣、父子、兄弟、夫婦之法。葉夢得亦曰：「即魯史而為之經，求之天理，則君臣也，父子也，兄弟也，朋友也，夫婦也，無不在也；求之人事，則治也，教也，禮也，政也，刑也，事也，無不備也。」見〔宋〕尹焞：〈壁帖〉，《和靖尹先生文集》（北京：線裝書局，2004 年 6 月第一版《宋集珍本叢刊》），卷 5，頁 43。〔宋〕陳振孫撰，徐小蠻、顧美華點校：《直齋書錄解題》（上海：上海古籍出版社，1987 年 12 月第一版），卷 3，頁 64。〔宋〕孫覺：〈春秋經解自序〉，《春秋經解》（臺北：臺灣商務印書館，1986 年景印文淵閣《四庫全書》），頁 555。〔宋〕葉夢得：〈春秋傳序〉，《春秋傳》（臺北：大通書局，1972 年《通志堂經解》），頁 11821。

[76] 〔宋〕程顥、程頤著，王孝魚點校：《二程集》（北京：中華書局，2004 年 2 月第 2 版），「河南程氏遺書」卷 2 上，頁 19。

歷神宗、哲宗、徽宗、欽宗、高宗五朝，而《春秋傳》則成書於紹興六年（1136）宋人南渡初期。在分析《春秋傳》的內容之前，得先了解與其相關的背景問題，掌握時代環境有助於探討是書的著述動機與立意觀點。

一、唐代啖助治經觀念之餘緒——兼取眾義與折衷自得

唐代初期朝廷統一經說，由孔穎達修纂《五經正義》，官方透過「注疏之學」規範儒家經典大義，為士子治經提供重要且唯一的方向。但在中唐之後，啖助、趙匡、陸淳的治經方式已別於傳統注疏，開啟《春秋》學研究的觀念與風氣。皮錫瑞認為：「淳本啖助、趙匡之說，雜采三傳，以意去取，合為一書，變專門為通學，是《春秋》經學一大變。宋儒治《春秋》者，皆此一派。」[77]言啖、趙、陸對宋儒的影響甚大，諸如孫復、孫覺、劉敞、崔子方、葉夢得、呂本中、胡安國、高閌、呂祖謙、張洽、程公說、呂大圭、家鉉翁，皆與其有關。他的觀點正確有理，不論是孔子成《春秋》的意義，研治《春秋》的方法，抑或三《傳》優劣得失等問題，啖助一派著實影響北宋《春秋》學的發展。

從漢儒以來，學者言《春秋》多宗三《傳》，董仲舒治《公羊》，朝廷施《公羊》之學；漢宣帝、劉向好《穀梁》，《穀梁》即顯於石渠；劉歆、賈逵主《左傳》，《左傳》並列於學官，黨同異議，攻訐交錯。逮杜預、何休、范甯注疏，世儒又擁護所師，紛然相從，使聖經微旨鬱沒不章，學者未得其門而入。啖助對此學風批評：「惜乎！微言久絕，通儒不作，遺文所存，三《傳》而已。《傳》已互失經指，《註》又不盡《傳》意，《春秋》之義，幾乎泯滅。……先儒各守一《傳》，不肯相通，互相彈射，仇讎不若。」[78]《傳》、《註》詮經既已無法盡義，習經者卻還篤守一《傳》，彼此攻訐，私於所從。北宋學者也意識到先儒各擁三

---

[77] 〔清〕皮錫瑞：《經學通論》（臺北：河洛圖書出版社，1974 年 12 月臺景印初版），頁59。

[78] 〔唐〕陸淳：〈啖氏集傳集注義第三〉，《春秋集傳纂例》，卷 1，頁 4。

《傳》，排斥他說的情況，如呂陶（1028-1104）就提出人主因師徒異論、父子異說而有所去取，影響三《傳》之廢立，[79]晁說之（1059-1129）更將經術因黨與造成的傷害等同國家因朋黨而危亡：

> 國家因黨與而傾亡，經術因黨與而不明。《春秋》以《傳》而分為三，董仲舒、江公、劉歆於三家始倡其所異而堤防之，杜預、何休、范甯又闢土宇而興干戈焉。《毛詩》初異於鄭氏，而王肅申毛，孫毓理鄭，皆相待如寇讎，愈出而愈怨矣。[80]

在相視如仇敵的狀況下，經旨大義根本不可能客觀討論，杜諤就不滿此類學風，於〈春秋會義自序〉直指兩漢「尋門黨義，好尚殊嚮，各集其師說，紛紜異論，接迹而出。然則是非互有所私爾。注釋之意，多緣其流。」[81]彼此專門師說，拘守其傳，完全無法務窮聖人奧旨，遂作《春秋會義》，逐條附三《傳》於經文之後，又繫以眾義，由自說會明經旨。

對於依附三《傳》而相互擊排，是己非人，勢必造成經義窒礙難通，無助於解經。唐人啖助舉出改善方式：「予輒考覈三《傳》，舍短取長，又集前賢註釋，亦以愚意裨補闕漏，商搉得失，研精宣暢，期於浹洽，尼父之志，庶幾可見。」[82]既參考三《傳》卻又不以三《傳》為主，反而是集合前代注釋，以「愚意」斷之，這觀念興起以後，宋儒治經也採取「兼取眾義」、「折衷自得」，不再將《傳》、《註》視為唯一門徑。[83]孫復

---

[79] 呂陶（1028-1104）曰：「昔者《春秋》為經一而傳者三，師徒異論，父子異說，世主惑于其間，天下從而取舍。是以武帝好《公羊》則《穀梁》廢，宣帝置《穀梁》則《公羊》亦詘，左氏之書乃不為世用。」見〔宋〕呂陶：〈學論下〉，《淨德集》（北京：中華書局，1985年《叢書集成初編》），卷18，頁198-199。

[80] 〔宋〕晁說之：〈儒言〉，《嵩山文集》（臺北：臺灣商務印書館，1981年2月初版《四部叢刊廣編》），卷13，頁16212-16213。

[81] 〔宋〕杜諤：〈春秋會義自序〉，《春秋會義》（清光緒壬辰（1892）孫氏山淵閣刊本），頁1。

[82] 〔唐〕陸淳：〈啖氏集傳集注義第三〉，《春秋集傳纂例》，卷1，頁5。

[83] 宋初並非全盤肯定啖助之治經方法，歐陽修（1007-1072）就質疑他是否真能求得孔子之意：「啖助在唐，名治《春秋》，摭訕三家，不本所承，自用名學，憑私臆決，尊之曰『孔

乃北宋學者，其〈寄范天章書〉是一篇重要文章，既體現宋初仁宗朝面對
六經的態度，也表明時人反省前代經術，有意識地欲改變學術政策：

> 今之所陳者，止以先儒註解之說大行於世者，致於左右，幸執事之
> 深留意焉。國家以王弼、韓康伯之《易》，左氏、公羊、穀梁、杜
> 預、何休、范甯之《春秋》，毛萇、鄭康成之《詩》，孔安國之
> 《尚書》，鏤版藏於太學，頒於天下。又每歲禮闈設科取士，執為
> 準的。多士較藝之際，有一違戾於注說者，即皆駁放而斥逐
> 之。……執事亟宜上言天子，廣詔天下鴻儒碩老，置於太學，俾之
> 講求微義，殫精極神，參之古今，覈其歸趣，取諸卓識絕見大出
> 王、韓、左、穀、公、杜、何、毛、范、鄭、孔之右者，重為註
> 解，俾我六經廓然瑩然，如揭日月於上，而學者書庶乎得其門而入
> 也。[84]

　　泰山批判朝廷科考取士全依注疏，嚴守訓詁，[85]但注疏根本無法咸盡
聖人大義，徒增踵說，蕪亂六經，焉可藏於太學而行之天下？所以要求重
新注釋，捨棄先儒註解之說。孫復不空談此理，實踐於《春秋尊王發微》

子意也」，趙、陸從而唱之，遂顯于時。嗚呼！孔子沒乃數千年，助所推著果其意乎？其未
可必也。以未可必而必之，則固；持一己之固而倡茲世，則誣。誣與固，君子所不取。助果
謂可乎？徒令後生穿鑿詭辨，詬前人，捨成說，而自為紛紛，助所階已。」這段文字是《新
唐書‧儒學傳》之贊語，從「憑私臆決」、「一己之固」就能表達歐陽修的態度，而且更強
調之後各家立說眾紛、穿鑿詭辨的學風都是由啖助所開啟。見〔宋〕歐陽修、宋祁撰：《新
唐書》（臺北：鼎文書局，1976 年 10 月初版），卷 200，頁 5708。

[84] 〔宋〕孫復：《孫明復小集》（臺北：臺灣商務印書館，1986 年景印文淵閣《四庫全
書》），頁 171-172。

[85] 已有許多學者都指出宋初嚴守訓詁注疏之風氣，如吳曾（-1162-）引國史語：「慶曆以前，
學者尚文辭，多守章句注疏之學。」見〔宋〕吳曾：《能改齋漫錄》（北京：團結出版社，
1993 年 11 月第一版《辭書集成》），卷 2，頁 455。晁說之亦云：「董仲舒曰：『《詩》
無達詁，《易》無達占，《春秋》無達辭。』范甯曰：『經同而傳異者甚眾。』此吾徒所以
不及古人也。嗚呼，古之人善學如此，今一字訓詁，嚴不可易，一說所及，《詩》《書》無
辨。」見〔宋〕晁說之：〈儒言〉，《嵩山文集》卷 13，頁 16204。

一書，不再以三《傳》為依歸，大抵本於唐代陸淳，發揮新意。[86]歐陽修
稱道：「先生治不惑《傳》、《註》，不為曲說以亂經。」[87]魏安行更讚
美他自得褒貶之意，辭簡義明，力破前說陳言，[88]而自此之後，學者也多
仿效，著意於此。比方像先前提到的學者杜諤作《春秋會義》，任貫替此
書作〈春秋會義原序〉，批評學者汩溺傳注論辨，競相攻擊長短，不能盡
性窮經，發明經旨，讚許杜諤能「兼會眾義」、「明以己意」，[89]同樣都
是循啖助一派的治學方法，而且像任貫肯定杜諤的例子其實在北宋出現甚
多，如李綱（1083-1140）就曾於建炎三年（1129）正月作〈書襄陵春秋集
傳後〉一文，肯定許崧老《春秋集傳》能斷以「自得」，發於三《傳》所
不能言，[90]即使像蘇轍雖然較主《左傳》，但也發現《左傳》尚有不足，
仍需參看《公》、《穀》、啖、趙之說，其《春秋集解》就是「覽諸家之
說而裁之以義」。[91]而且當哲宗朝元祐四年（1089）復置《春秋》博士，
呂陶就上奏表示《傳》、《註》未能盡義：「聖經簡奧，《傳》、《註》
之家未能盡通其蘊，謂宜博採眾說，參求所長，庶幾一經餘義，煥然易
釋。」[92]這類不再一味依附《傳》、《註》，要求博采眾說的觀念，儼然
成為北宋時期的學風主向。[93]

---

[86] 王應麟曰：「《尊王發微》十二篇，大約本於陸淳而增新意。」朱熹曰：「唐之陸淳、本朝
孫明復之徒，他雖未能深於聖經，然觀其推言治道，凜凜然可畏，終是得聖人簡意思。」見
〔宋〕朱熹：《朱子語類》，卷83，頁2174。

[87] 〔宋〕孫復：〈附錄〉，《春秋尊王發微》，頁10726。

[88] 〔宋〕孫復：〈附錄〉，《春秋尊王發微》，頁10726。

[89] 〔宋〕杜諤：《春秋會義》，頁1。清代孫葆田（1840-1909）〈新校春秋會義目錄序〉亦肯
定杜諤能「斷以己意，自成一家之書。」見〔宋〕杜諤：《春秋會義》，頁1。

[90] 〔宋〕李綱著，王瑞明點校：〈書襄陵春秋集傳後〉，《李綱全集》（長沙：嶽麓書社，
2004年5月第1版），卷163，頁1497-1498。

[91] 〔宋〕蘇轍：〈春秋集解引〉，《春秋集解》（臺北：臺灣商務印書館，1986年景印文淵
閣《四庫全書》），頁3。

[92] 〔明〕黃淮、楊士奇等：《歷代名臣奏議》（上海：上海古籍出版社，1989年10月第1
版），卷275，頁3592。

[93] 王安石其實也是反對章句注疏的：「宜其歷年以千數，而聖人之經卒於不明，而學者莫能貫
其言以施於世也。……嗚呼！學者不知古之所以教，而蔽於傳注之學也久矣。」他能看出執
守舊說的弊病，但採用《三經新義》取士，將此作為統一天下說的標準，儼然悖反「兼取眾

　　誠然，一個學風的興起或轉變絕對不可能憑空而生，宋儒「兼取眾義」、「折衷自得」，逐漸走向直解《春秋》的態度確實可上推中唐。除了前面談到的啖助，像陳岳作《春秋折衷論》，宋代《崇文總目》云：「以三家異同三百餘條，參求其長，以通《春秋》之義。」[94]書名以「折衷」為名，當然也透過「己意」參求三《傳》之長，不再是以某家某說作為經解之據，直接將自己和夫子相通，完全由《春秋》經書為主。韓愈（768-824）〈寄盧仝〉曰：「《春秋》三《傳》束高閣，獨抱遺經究終始。」[95]肯定盧仝（795-835）研治《春秋》能拋棄三《傳》束縛，也是倡導捨《傳》求《經》之方，《春秋摘微》一書當然也受到宋儒稱許。[96]是

義」、「折衷自得」的風潮，造成更大問題。馬端臨就認為：「介甫之所謂一道德者，乃是欲以其學使天下比而同之，以取科第。夫其繩縱盡善無可議，然使學者以干利之故，皓首專門，雷同蹈襲，不得盡其博學詳說之功，而稍求深造自得之趣，則其拘牽淺陋，去墨義無幾矣，況所著未必盡善乎！至所謂學術不一，十人十義，朝廷欲有所為，異論紛然，莫肯承聽，此則李斯所以建焚書之議也，是何言歟！」見〔宋〕王安石：〈書洪範傳後〉，《王安石文集》（臺北：河洛圖書出版社，1974 年 10 月臺景初版），卷 46，頁 168。〔元〕馬端臨：〈選舉〉，《文獻通考》（北京：中華書局，1986 年 9 月第 1 版），卷 31，頁 293。另外，北宋沿襲中唐以己意解經的方法，演變到後來其實更受爭議，如呂陶就不滿時人獨申己意的學風：「六經之舊說，先儒之所講解，多士之所宗師，朝廷之所崇信，凡立于學官者，一切擯棄，以為無取，而乃獨伸一己之私見，力毀萬世之公議。」謂其破碎大道、敗壞風化。見〔宋〕呂陶：〈學論下〉，《淨德集》，卷 18，頁 199。右丞相兼樞密使游似（？-1251）於淳祐三年（1243）四月作〈春秋分記序〉，其云：「自唐以來，或欲獨究遺經，閣束三《傳》，不知鑿空而立己見，於比事而探聖心，所得孰多？」謂編年比事較能探究聖心，間接批評拋棄三《傳》而立己見的方式。見〔宋〕程公說：《春秋分記》（臺北：臺灣商務印書館，1986 年景印文淵閣《四庫全書》），頁 4。南宋王庭珪（1080-1172）亦言：「世之為《春秋》學者，其說蜂起，解詁論釋至數十百家，類以詞氣相擊排，黨枯竹，護朽骨，徒為異論以相訾也。」當各家都持己意發論，不再參考三《傳》，或是將《傳》、《註》與眾說等同之後，反而易流於沒有標準憑據而妄生異論的問題。見〔宋〕王庭珪：〈王彥休春秋解序〉，《盧溪文集》（臺北：臺灣商務印書館，1986 年景印文淵閣《四庫全書》），卷 36，頁 264。

94　〔宋〕王堯臣等撰，〔清〕錢東垣等輯釋‧補遺‧附錄，〔清〕錢侗輯：《崇文總目‧補遺‧附錄》（廣州：廣州出版社，2008 年 9 月《廣州大典》），卷 1，頁 25。

95　〔唐〕韓愈：《韓昌黎全集》（臺北：新文豐，1977 年 9 月初版），頁 82。

96　如許顗《彥周詩話》曰：「辭簡而遠，得聖人之意為多，後世有深於經而見盧《傳》者，當知退之之不妄許人也。」見〔宋〕許顗：《彥周詩話》（臺北：新興書局，1975 年 11 月《筆記小說大觀九編》），頁 3626-3627。香溪先生范浚亦云：「唐盧仝善學《春秋》，束三《傳》於高閣，而抱遺經以究終始，故其作《春秋摘微》，不任傳以尊經，明聖人之旨為多。」見〔宋〕范浚：《春秋論》，《范香溪先生文集》（北京：線裝書局，2004 年 6 月

故，從唐代啖助、韓愈、陳岳、盧仝等人已漸從由《經》論《經》以取捨
《傳》、《註》，折衷眾論而自得立意，這觀念到北宋都還持續發酵，而
且逐漸蓬勃興盛。也因為揚棄典範，眾家都能自立的情況下，儒者喜談治
學方法，積極表達如何研讀《春秋》，為後代指引聖人心志，[97]形成宋代
《春秋》學的特色。

二、神宗至欽宗朝廢置《春秋》的過程

　　朝廷科舉制度是選拔人才與任用官吏的重要途徑，而設科內容往往牽
繫學校教育，決定讀書人的學習方向。宋初科考政策：設進士、九經、五
經、開元禮、三史、三傳、學究、明經、明法等科，[98]基本上仍沿襲唐代
制度。但到了熙寧年間，宋神宗認為貢舉有弊，意欲更法，王安石請興建
學校以復古，欲廢罷諸科、明經。《宋史‧選舉志》載荊公語：「今人材
乏少，且其學術不一，議論紛然，不能一道德故也。一道德則修學校，欲
修學校，則貢舉法不可不變。」[99]遂改新制，罷詩賦、帖經、墨義，士子
各占治《詩》、《書》、《易》、《周禮》、《禮記》一經，兼以《論
語》、《孟子》，未取《春秋》，使學者能專意經義，以俟朝廷講求三代
教育選舉之法，達到復古目的。此舉受到許多學者不滿，例如蘇軾就上疏

第一版《宋集珍本叢刊》），卷 2，頁 376-377。

[97] 例如李清臣揭示《春秋》中的「大法」、「顯義」，具體指出「王命」、「著實」之本，批
評學者治經惑於忘大法而較曲直，徒辨於小善小惡；棄顯義而求微文，煩格以日月名字之
例。見編者不詳：《宋文選全集》（臺北：臺灣商務印書館，1986 年景印文淵閣《四庫全
書》），卷 18，頁 264-265。李綱曰：「學《春秋》者宜精思深考，揆之以道，索之以理，
取其是而去其非，則聖人經世之志得矣。」並主張經傳互相搭配，避免捨經信傳、棄傳觀
經。見〔宋〕李綱著，王瑞明點校：〈書裴陵春秋集傳後〉，《李綱全集》，卷 163，頁
1498。葉適認為要得《春秋》之義必須察情、因勢、斷理。見〔宋〕葉適：〈春秋〉，《水
心別集》，載《葉適集》（臺北：河洛圖書出版社，1974 年 5 月臺景印初版），卷 5，頁
702。趙鵬飛謂「善學《春秋》者，當先平吾心以經明經，而無惑于異端，則褒貶自見。」
見〔宋〕趙鵬飛：〈春秋經筌序〉，《春秋經筌》（臺北：臺灣商務印書館，1986 年景印
文淵閣《四庫全書》），頁 4。

[98] 〔元〕脫脫等撰，楊家駱主編：《新校本宋史并附編三種》，卷 155，頁 3604。

[99] 〔元〕脫脫等撰，楊家駱主編：《新校本宋史并附編三種》，卷 155，頁 3617。

反對廢詩賦，強調祖宗以來設法取士皆莫之廢；司馬光更批評王安石黜《春秋》而進《孟子》是廢六藝而尊百家，應依先朝成法，合「明經」、「進士」為一科，立《周易》、《尚書》、《詩》、《周禮》、《儀禮》、《禮記》、《春秋》、《孝經》、《論語》為九經，刪去《孟子》，而《春秋》止用《左氏傳》，《公羊》、《穀梁》、陸淳等說並為諸家。[100]即使當時反對者甚多，[101]但朝廷並沒有任何改變，神宗之後又決定：「今談經者人人殊，何以一道德？卿所著經，其以頒行，使學者歸一。」[102]於熙寧六年（1073）命王安石統領修纂《周禮》、《尚書》、《詩經》新義，並於熙寧八年（1075）頒佈《三經新義》於學官。

哲宗時期即更改先朝之政，元祐元年（1086）閏二月庚寅，禮部請置《春秋》博士，專為一經；三月壬戌，司馬光建議改革科舉，進《春秋》、退《孟子》；六月甲辰，詔大學士置《春秋》博士一員；七月戊辰，詔以衢州龍游縣令王棐為《春秋》博士，從國子祭酒鄭穆、司業黃隱薦也。[103]元祐四年（1089），朝廷又立經義、詩賦兩科，專經進士者須習兩經，其中《左氏春秋》列為大經，《公羊》、《穀梁》為中經。[104]而紹聖四年（1097），又罷《春秋》科。[105]

徽宗元符三年（1100）十一月，徐州州學教授范柔中感嘆熙寧、元豐

---

[100] 〔元〕脫脫等撰，楊家駱主編：《新校本宋史并附編三種》，卷155，頁3616-3621。

[101] 例如楊繪時任御史中丞，他就表示「以經術取士，獨不用《春秋》，宜令學者以三《傳》解經。」見〔宋〕王稱：〈楊繪傳〉，《東都事略》（臺北：文海出版社，1967年1月臺初版《宋史資料萃編第一輯》），卷92，頁1412。而熙寧六年（1073）十月辛未，光州刺史駙馬都尉張敦禮乞立《春秋》學官，不許。見〔宋〕李燾撰，上海師大古籍所、華東師大古籍所點校：《續資治通鑑長編》（北京：中華書局，2004年9月第2版），卷247，頁6019。

[102] 〔元〕脫脫等撰，楊家駱主編：〈選舉志〉，《新校本宋史并附編三種》，卷157，頁3660。

[103] 〔宋〕李燾撰，上海師大古籍所、華東師大古籍所點校：《續資治通鑑長編》，卷368，頁8858；卷371，頁8976；卷380，頁9227；卷382，頁9317。

[104] 〔元〕脫脫等撰，楊家駱主編：〈選舉志〉，《新校本宋史并附編三種》，卷155，頁3620。

[105] 〔元〕脫脫等撰，楊家駱主編：〈選舉志〉，《新校本宋史并附編三種》，卷155，頁3622。

以來，廢經不講，乞立《春秋》博士；[106]而張大亨於隔年（1101）三月上奏，乞三《傳》內文非解經者，更不出題。[107]崇寧元年（1102），臣僚卻認為元符三年（1100）置《春秋》博士，乃殆失神考以經術造士之意，且《春秋》文約意隱，當時史事無可稽考，虛實是非無得而知，何以訓迪多士？故乞詔進士勿治《春秋》，省博士。[108]至欽宗靖康元年（1126）四月，少宰兼中書侍郎吳敏上奏箚子，願上下詔，復立《春秋》學官，[109]七月，朝廷奉旨依奏，可止於正經出題。[110]

　　回顧各朝歷史事件，北宋自王安石秉政就開始不取《春秋》，有計畫地使天下學官與科場程試專誦《周禮》、《尚書》、《詩經》三經新義，期望達成神宗「使學者歸一」之目的。但到了哲宗時期，朝廷由宣仁高太皇太后垂簾聽政，改召司馬光、呂公著等舊臣同心輔政，檢討熙寧年間政事弗便者，次第罷之，[111]故科舉又恢復《春秋》科，置《春秋》博士一員，不過持續至紹聖四年（1097），新黨重回朝中掌政，又罷《春秋》科。然徽宗朝又乞立《春秋》博士，兩年後又廢，過二十多年後，欽宗時期再立《春秋》學官。這反覆廢置的過程關係士子研治《春秋》的態度，

---

[106] 范柔中乞奏：「《春秋》之書，六經中獨此經與《易》為全書。自熙寧、元豐以來，廢經不講。元祐中曾置，不久復罷，遂使學者不見天地之全、聖人之妙，深可痛惜！臣欲乞依舊立博士講貫之，使孔子之志明於聖時，以慰學者之願。」見〔清〕徐松輯：〈選舉三之五八〉，《宋會要輯稿》，頁4290。

[107] 張大亨曰：「近復置《春秋》科，契勘《春秋》正經內，可為題者不多。乞於正經內三《傳》解經處出題外，有緣經生文，即不係解經旨處更不出題。」見〔清〕徐松輯：〈選舉四之一〉，《宋會要輯稿》，頁4291。

[108] 〔清〕徐松輯：〈選舉四之三〉，《宋會要輯稿》，頁4278。

[109] 吳敏曰：「近者王安石以經術自任，又廢其一。意謂魯史既亡，而三《傳》不足取信，則《春秋》永無復可攷。不知聖人作經，豈不料後世縣遠，群言次第湮沒，而此經獨存。當是時，聖人豈不欲明其說於天下？……昔韓宣子適魯，見《易象》與《魯春秋》曰：『周禮盡在魯矣。』《易》明天道而《春秋》著世法，然則文王之《易》，孔子之《春秋》，皆周禮之所在也。願下明詔，復立《春秋》學官，三歲貢舉，遂以取士，庶幾共講聖人之遺經，以輔世教並從之。」見〔宋〕朱熹、李幼武撰：《宋名臣言行錄五集》（臺北：文海出版社，1967年1月臺初版《宋史資料萃編第一輯》），卷2，頁836-837。

[110] 〔清〕徐松輯：〈選舉四之一六〉，《宋會要輯稿》，頁4298。

[111] 〔元〕脫脫等撰，楊家駱主編：〈英宗宣仁聖烈高皇后傳〉，《新校本宋史并附編三種》，卷242，頁8625-8627。

而其中以王安石的影響最鉅。

《宋史‧王安石傳》載：

> 初，安石訓識《詩》、《書》、《周禮》，既成，頒之學官，天下
> 號曰「新義」。晚居金陵，又作《字說》，多穿鑿附會。其流入於
> 佛、老，一時學者，無敢不傳習，主司純用以取士，士莫得自名一
> 說，先儒傳註，一切廢不用。黜《春秋》之書，不使列於學官，至
> 戲目為「斷爛朝報」。[112]

　　究竟王安石是否確言《春秋》為「斷爛朝報」，已有學者提出己見，
謂此應為誤傳，[113]然而「貢舉不取《春秋》」以及「頒佈《周禮》、
《尚書》、《詩經》新義」卻是不爭的事實，也是箇中重要的關鍵。據程
頤〈回禮部取問狀〉所記：「孫殿丞復說《春秋》，初講旬日閒，來者莫
知其數，堂上不容，然後謝之，立聽戶外者甚眾，當時《春秋》之學為之
一盛，至今數十年傳為美事。」[114]從孫復講經的盛況可以明白慶曆之前
士人頗關注《春秋》，所以當朝廷不取《春秋》的政策一出，不滿聲浪接
踵而至，因為這對許多人來說王安石根本就是「欲廢《春秋》」，對學風
勢必產生衝擊。比方如常秩（1019-1077）舊好治《春秋》，曾著《春秋
學》數十卷，自許甚高，及王安石不喜《春秋》之後，絕口不言，匿書不
出，時人戲秩：「公之《春秋》，亦權倚閣乎！」[115]遑論其他地方官學

---

[112] 〔元〕脫脫等撰，楊家駱主編：〈選舉志〉，《新校本宋史并附編三種》，卷 327，頁
10550。

[113] 清人李紱（1673-1750）已於〈書周麟之孫氏春秋傳序後〉辨明，而蔡上翔（1717-1810）於
乾隆四十二年（1777）亦作〈荊公不信《春秋》辨〉，以王安石未詆《春秋》。見〔清〕李
紱：〈書周麟之孫氏春秋傳序後〉，《穆堂別稿》（上海：上海古籍出版社，2002 年《續
修四庫全書》），卷 39，頁 568-569。〔清〕蔡上翔撰，裴汝誠點校：《王荊國文公年譜考
略》（北京：中華書局，1994 年 1 月），卷 11，頁 388-392。

[114] 〔宋〕程顥、程頤著，王孝魚點校：〈回禮部取問狀〉，《二程集》，「河南程氏文集」卷
7，頁 568。

[115] 此事可見於〔宋〕邵博撰，劉德權、李劍雄點校：《邵氏聞見後錄》（北京：中華書局，
1983 年 8 月第 1 版《唐宋史料筆記叢刊》），卷 22，頁 174。

的學生，更不可能再研讀《春秋》。

　　此外，當《三經新義》成為官方學說之後，士子一度只讀此教材，形成科舉唯王學是依的局面。劉摯於元祐元年（1086）閏二月上疏：「今之治經，以應科舉，則與古異矣。以陰陽性命為之說，以泛濫荒誕為之辭，專誦熙寧所頒《新經》、《字說》，而佐以莊、列、佛氏之書不可詰之論，爭相誇高。場屋之間，雖群輩百千，而混用一律。」[116]自從科舉罷詩賦而專《三經新義》之後，學者靡然趨之，宗法《字說》的情況亦然，註疏一時紛起，[117]學士大夫只知有《新經》而不復讀他經，《春秋》當然不受學者重視。曾任太學博士的朱長文（1039-1098）就於紹聖元年感嘆：「熙寧中，王荊公秉政，以《詩》、《書》、《易》、《禮》取天下士，置《春秋》不用，蓋病三家之說紛糾而難辨也。由是學者皆不復治此經。」[118]因為熟讀王氏之書才可干進梯榮。

---

[116] 〔宋〕劉摯撰，裴汝誠、陳曉平點校：〈論取士並乞復賢良科疏〉，《忠肅集》（北京：中華書局，2002 年 9 月第 1 版），卷 4，頁 93。

[117] 度正（1166-？）亦點出當時學術風尚：「蓋自金陵王氏得志而頒其所謂《新經》者於天下，自後其徒互相祖述推尊之，以為聖人復生，庠序專以設教，科舉專以取士，其或不由此者一切棄絕，甚者屏逐之，學士大夫知有《新經》而不知有其他。」見〔宋〕李明復：〈春秋集義原序〉，《春秋集義》（臺北：臺灣商務印書館，1986 年景印文淵閣《四庫全書》），頁 176。呂祖謙曰：「初，熙寧中，王荊公安石以《新義》惑天下。其後章、蔡更用事，繫以王氏說律天下士，盡是老師宿儒之緒言餘論為曲學，學輒擯斥。當是時，內外校官非《三經義》、《字說》不登几案，他書雖世通行者，或不能舉其篇秩。」見〔宋〕呂祖謙：〈故左朝散郎徽猷閣待制提舉江州太平興國宮江都縣開國子食邑五百戶致仕贈左通議大夫王公行狀〉，《東萊呂太史文集》，載《呂祖謙全集》（杭州：浙江古籍出版社，2008 年 1 月），卷 9，頁 139。陸游（1125-1210）也點出《字說》盛行與親友酷好的情景：「《字說》盛行時，有唐博士耜、韓博士兼，皆作《字說解》數十卷，太學諸生作《字說音訓》十卷，又有劉全美者，作《字說偏旁音釋》一卷，《字說備檢》一卷，又以類相從為《字會》二十卷。故相吳元中試辟雍程文，盡用《字說》，特免省。門下侍郎薛肇明作詩奏御，亦用《字說》中語。予少時見族伯父彥遠〈和霄字韻詩〉云：『雖貧未肯氣如霄。』人莫能曉。或叩之，答曰：『此出《字說》霄字，云：凡氣升此而消焉。』其奧如此。鄉中前輩胡浚明尤酷好《字說》，嘗因浴出，大喜曰：『吾適在浴室中有所悟，《字說》直字云：在隱可使十目視者直。吾力學三十年，今乃能造此地。』近時此學既廢，予平生惟見王瞻叔參政篤好不衰。每相見，必談《字說》，至暮不雜他語，雖病亦擁被，指畫誦說，不少輟。其次晁子止侍郎亦好之。」見〔宋〕陸游：《老學庵筆記》（臺北：廣文書局，1972 年 5 月初版），卷 2，頁 72-74。

[118] 〔宋〕朱長文撰，朱思輯：〈春秋通志序〉，《樂圃餘蕙》（臺北：臺灣商務印書館，1986 年景印文淵閣《四庫全書》），卷 7，頁 36。

　　即使哲宗初期，司馬光等人已有改革，但到了晚期紹聖四年（1097）
四月甲寅，官方上詔王安石配享神宗廟庭；[119]元符元年（1098）十月令太
學講官編纂《三經新義》音義，朝廷又開始推行荊公新學，[120]孫覿
（1081-1169）於元符末著籍鄉校，描述所見之狀：「是時，方尊王氏
《三經》、《字說》之學，學者數百人，手鈔口誦，連榻累笥，非王氏之
書不讀也。」[121]王學又開始成為主流。之後的徽宗皇帝有意繼述先帝神
宗之政，務合以經術造士之志，故下詔將王安石配享孔子廟庭，並追封為
舒王，[122]仍又回到推行荊公新學的政策，況且宋徽宗本身就不重視《春
秋》，[123]《春秋》在朝廷的地位必是擺盪不定，這所有環節都與王安石
「貢舉不取《春秋》」和「頒佈《周禮》、《尚書》、《詩經》新義」有
關。

　　是故，當宋人歷經靖康之禍，朝廷上下開始檢討政策，將所有問題指
向王安石的變法亂章，如靖康元年（1126）四月，臣僚上言：「王安石執
政，改更祖宗之法，附會經典，號為新政，以爵祿招誘輕進冒利之人，使

---

[119] 〔宋〕楊仲良：《皇宋通鑑長篇紀事本末》（臺北：臺灣商務印書館，1981 年 10 月初版
《宛委別藏》），卷 130，頁 4045。

[120] 《續資治通鑑長編》記曰：「詔《三經新義》與舊音不同者，令本經講官編纂音義。」見
〔宋〕李燾撰，上海師大古籍所、華東師大古籍所點校：《續資治通鑑長編》，卷 503，頁
11981。

[121] 〔宋〕孫覿：〈宋故左朝請大夫李公靖之墓誌銘〉，《鴻慶居士集》（臺北：臺灣商務印書
館，1986 年景印文淵閣《四庫全書》），卷 35，頁 376。

[122] 〔宋〕楊仲良：《皇宋通鑑長篇紀事本末》，卷 130，頁 4049。

[123] 《北狩行錄》記載南宋建炎二年（1128），徽宗於北狩之行悔嘆晚見《春秋》：「《春秋》
博士廢之久矣，諸王有得此書閱者，太上聞之不懌，宣諭蔡絛曰：『《春秋》之書，多弒君
弒父之事，為人臣者，豈宜觀哉？』絛頓首從容對曰：『《春秋》者，魯之史記也，周德
既衰，君臣失守，上下無別，孔子所以懲惡勸善，以正褒貶，使後世知懼。凡君子之所疑而
不決者，至《春秋》而後定，故司馬遷曰：《春秋》，禮義之大宗也，為人君而不知《春
秋》者，前有讒臣而不見《春秋》，後有賊臣而不知；為人臣而不知《春秋》者，守經事而
不知其宜，遭變事而不知其權，願陛下試取一觀之。』他日絛因奏事，太上謂曰：『比取
《春秋》讀之，始知宣聖之深意，恨見此書之晚。』自是披覽不倦，凡理亂興廢之跡，賢君
忠臣之行，莫不採摭其華實，探涉其源流，鈎纂樞要而編節之，改歲篇而成書。」此事足可
反映徽宗在朝未曾重視《春秋》。見〔宋〕蔡絛：《北狩行錄》（北京：中華書局，1985
年《叢書集成初編》），頁 3-4。

為奧援，挾持新政，期於必行，自比商鞅，天下始被其害矣。」[124]六月，崔鶠（1058-1126）上奏：「安石著《三經》之說，用其說者入官，不用其說者斥落，于是天下靡然雷同，不敢可否，陵夷至于今大亂。」[125]批判新法政策的失當，以其破壞祖宗法度，[126]廢絕《春秋》麟經，導致中原陷沒，二帝遠栖，黎民塗炭，此類抨擊意見到南宋高宗朝後都還有學者陸續提出。[127]胡安國同樣身逢戎禍，對國家災難的感慨甚多，《春秋傳》之成書就是針對王安石而來，藉由註解孔子《春秋》大義，明示王道之法與經世之志，希冀高宗能見聖人之用，發明《春秋》以整頓綱紀，有補於世。

---

[124] 撰人不詳：《靖康要錄》，卷 5，頁 103。

[125] 撰人不詳：《靖康要錄》，卷 7，頁 140。

[126] 「祖宗法度」關係到兩宋政治的發展，宋人將此視為王朝紀綱與治國原則，詳細內容可參見鄧小南：《祖宗之法：北宋前期政治述略》（北京：生活・讀書・新知三聯書店，2006 年 9 月北京第 1 版）。

[127] 如胡寅曾奉旨撰〈追廢王安石配饗詔〉，文曰：「安石廢絕《春秋》，實與亂賊造始。」在〈魯語詳說序〉亦直指王氏學術不本於仁，遂致不仁之禍。李光（1078-1159）比較司馬光與王安石，以兩人是非邪正，雖兒童走卒、粗有知識者莫不知之，糾舉「安石欲盡廢祖宗法度，則為說曰『陛下當制法而不當制於法』；欲盡逐元老大臣，則為說曰『陛下當化俗而不化於俗』。蔡京兄弟祖述其說，五十年間搢紳受禍，生靈被害，海內流毒，而祖宗法度、元老大臣掃蕩禁錮，幾無餘蘊矣。」張栻（1133-1180）於乾道三年（1167）秋八月曰：「臣栻創見靖康翰墨，拊膺痛哭，不知涕泪之橫流也。竊惟國家自王安石壞祖宗法度以行其私意，姦凶相承，馴兆大釁，至靖康初元，國勢蓋岌岌矣，而馮澥輩猶敢封殖邪說、庇護死黨如此。」認為誤國之罪，推原安石，宜絕其本根，如農夫之務去草焉。而程珌（1164-1242）更認為王安石不以道治天下，故惡《春秋》，將荊公廢書與秦代焚書並談：「王者以道治天下，則《春秋》之道隱；不以道治天下，而惡其書之著，則王臨川是也。……蓋臨川欲滅其書，是猶畏《春秋》之存也；金陵之秦，則眡書存亡皆以為不足計矣。王黜聖經，實基戎禍；秦害忠良，益稔戎驕。流毒千古，吾不知何時而已邪？」以上分見〔宋〕胡寅：《斐然集》（長沙：嶽麓書社，2009 年 7 月），卷 14，頁 286；卷 19，頁 374。〔宋〕李光：〈論王氏及元祐之學〉，《莊簡集》（臺北：臺灣商務印書館，1986 年景印文淵閣《四庫全書》），卷 8，頁 519。〔宋〕張栻：〈題李光論馮澥劄子〉，《南軒集》（臺北：廣學社印書館，1975 年 6 月），卷 33，頁 812-813。〔宋〕程珌：〈四明高氏春秋解後序〉，《洺水集》（臺北：臺灣商務印書館，1986 年景印文淵閣《四庫全書》），卷 8，頁 340。

三、世變時移：北宋靖康之禍的衝擊

從宋朝立國開始，北方異族的侵擾始終造成威脅，由於五代後晉石敬塘將燕雲十六州割予遼國之後，宋人已體認到邊境不具天然屏障，地理形勢早已失守，[128] 所以如何處理華夷關係，防禦西夏、遼、金等外族的議題在當代甚為重要。北宋末年，女真崛起，威脅遼國生存。徽宗君臣有意收復故土燕雲十六州，不顧朝廷反對，堅持採取聯金滅遼之計，但沒想到金人也有意向南壓境，探取中原富地之美，隨之而來的是金太宗於宣和七年（1125）派大軍揮戈南下，開啟一連串宋人戰敗、割地、交質、賠款的局勢。[129]

宋廷不斷與金人和議，但卻不能遏止攻擊，反而更加暴露軍事政策的弱點，導致金人侵擾日趨嚴重，中國存於危亡之際。靖康元年（1126）正月，金人擄掠城北，屠戮百姓，發掘城外皇妃皇子帝姬墳墓，此時朝廷始有用兵之謀，大集勤王之師、西兵將帥，[130] 但為時已晚。二月，金人來圍京城。十月，金兵元帥粘罕再圍京城，大軍壓境，京城陷落，宋臣尚執和議，苦無計畫。閏十一月，金人下城，殺民劫財，「城中百姓皆以布被蒙體而走，士大夫以綺羅錦繡易貧民衲襖布袴以藏，婦女提攜童稚於泥雪中走，惶急棄河者無數，自縊投井者萬餘，哭聲徹天，軍民踰城出走者十

---

[128] 例如李清臣（1032-1102）〈議戎策〉曰：「自石晉割幽、薊、檀、順、媯、儒、武、應、寰、朔、涿、蔚略戎以市天下，而營、平、易亦陷於虜，阻固拒束，我皆失之，而劃滄、霸、瓦橋、信安、安肅、廣信、保定、常山、忻、岢嵐、火山、寧化千里平曠之地以為界，戎軍胡馬，馳突去來如股掌之上耳。此天下之所以不勝勞敝，而凜凜常為憂也。」以夷狄可來去自如，認為北方既無屏障，和親亦無濟於事。見編者不詳：《宋文選》，卷 20，頁 304。李綱亦曰：「天地之所以限制中外者，必有險阻之地，故北虜之與中國接者，若飛狐、古北之口，所謂險阻也。幽燕割而險阻之地悉歸於虜中，今之所恃者不過塘濼耳。自雄、霸以達畿甸，平原易野，健馬疾馳，不半月可至。一有不然，可不為之寒心哉！」見〔宋〕李綱著，王瑞明點校：〈制虜論〉，《李綱全集》，卷 143，頁 1366。

[129] 關於北宋聯金滅遼的過程與問題可參見陶晉生：〈對於北宋聯金滅遼政策的一個評估〉，《宋遼關係史研究》（臺北：聯經，2005 年 11 月初版），頁 203-215。

[130] 撰人不詳：《靖康要錄》（北京：中華書局，1985 年《叢書集成初編》），卷 1，頁 19-20。

餘萬人,城外為番兵殺死者居半」。[131]十二月,粘罕已遣使入城,著手派兵搬運法物、車輅、太常樂器、監書藏經,肆兵劫掠,「言國主有命,於京師中,選擇十八已下女子,一千五百人,充後宮祇應,於逐方巷、廿四廂,集民女子,揀選出城,父母號泣,聲動天地,其女子往往為金人恣行淫濫。」[132]貧民飢餓,死者盈路,但金人的暴掠未止於此。據《靖康要錄》詳載,靖康二年(1127)正月,金虜欲有所須,即脅欽宗傳旨取之,內容包含:

> 南郊法駕、大駕之屬:五輅、副輅、鹵簿、儀杖,皇后以下車輅、鹵簿、儀杖,皇太子諸王以下至百官車輅、儀杖、禮器、法物、禮經、禮圖、大樂、軒架、樂舞、樂圖、舜文二琴,教坊樂器、樂書、樂章、祭器、明堂布政、閏月體式,八寶、九鼎、元圭、鎮圭、大器合臺、渾天儀、銅人、刻漏、古器、祕閣三館書籍、監本印板、古聖賢圖像、明堂辟雍圖、皇城宮闕圖、四京圖、大宋百司并天下州府職貢、令應宋人文集、陰陽醫卜之書,諸科暨二百七十人,教坊樂工四百人,金玉雜役諸工如消、碾、染、刷、織、綉、棋、畫、針、線、木、漆、帽、帶、皮、鈇之類,課命人、卜祝司、天臺官、六尚局搭材修內司、廣備、廣固、諸軍曹司。[133]

舉凡宮廷之禮儀文物、珍寶藏書、百工伎藝,無不徵索,並命開封府公吏至民間搜刮,導致士民奔湊,搬挈甚峻,絡繹於街,滿市號慟不已。除了國家器物,金人又奪取內人街巷弟子女童以及權貴戚里家之細人侍女,尤指定童貫、蔡京家端麗貌榮之夫人倡優,縱使出宮從良者亦要之。許多女子蓬首垢面,佯裝體弱羸病,覬得倖免,但宋朝內侍鄧珪為滿足金

---

[131] 撰人不詳:《靖康朝野僉言》(北京:中華書局,1985 年《叢書集成初編》),頁 2。

[132] 撰人不詳:《宣和遺事》(北京:中華書局,1985 年《叢書集成初編》),〈後集〉,頁 68。

[133] 撰人不詳:《靖康要錄》,卷 15,頁 303。

人之欲，派官尹徐秉哲自置釵粉鮮花，粉黛妝飾，交刃防護，送赴金營，父母夫妻抱持號哭，觀者莫不隕涕。[134]

從靖康元年（1126）十月城陷之後，陰雪連日，薪糧缺乏，《靖康紀聞》載錄靖康二年（1127）正月之民間情狀：

> 至是城陷已兩月，小民樵蘇不給，饑死道路者以千計，市井所食，至於取貓鼠，甚者雜以人肉，如鼓皮、馬甲、皮筒，皆煎爍食用，又取五岳觀保真宮花葉樹皮、浮萍蔓草之類，無不充食，雖士夫豪右之家皆食之。[135]

時京師物價踊貴：「米斗一千三百，麥斗一千，驢肉觔千五百，歲前羊肉觔四千，豬肉觔三千，至是不復有矣」，[136]百姓生活苦不堪言，無法自給者只能捉取貓鼠而雜人肉、樹皮充饑，城中貓犬幾盡，許多人飢餓困乏，迫於凍餒，開始剽掠死人，剖剝割屍以啖，開封府不得不貼榜告示：「街市屍首暴露，擅敢剝剔者，許人告首，賞錢五十貫。」[137]遏止市井剮剔人肉。

靖康二年（1127）二月，徽宗趙佶與諸王后妃出詣金營，包含諸王三十二人、駙馬四十七人、[138]學官十人、明經學生三十人，[139]迫往北方而行。由《靖康要錄》所記可見當時狀況：

> 十一日午後，皇后太子出門，車凡五兩，百官軍民奔隨號泣，拜於州橋之南，攀轅號慟，往往隕絕於地。至南薰門，太學諸生擁拜車

---

[134] 撰人不詳：《靖康要錄》，卷15，頁303。

[135] 〔宋〕丁特起編集：《靖康紀聞》（北京：中華書局，1985年《叢書集成初編》），頁26。

[136] 撰人不詳：《靖康要錄》，卷15，頁300。

[137] 〔宋〕丁特起編集：《靖康紀聞》，頁28。

[138] 撰人不詳：《靖康朝野僉言》，頁2。

[139] 撰人不詳：《靖康要錄》，卷15，頁317。

前，哭聲震天，車中有一人大哭，擗踴於上，其他往往皆氣塞泪
盡，無能哭者。時薄暮，將近門，猶聞車中呼云：百姓救我！百姓
救我！[140]

在金兵逼促之下，眾人只能前行，士庶心骨靡爛，莫知所措，而金使
亦親手抽去后妃帝姬之首飾與宮人釵釧，令拜表請張邦昌三日內再納金七
萬五千八百餘兩，銀一百一十四萬五千餘兩，裘緞四萬八千四百疋。[141]
三月，張邦昌受偽命即皇帝位，國號大楚。金人元帥粘罕迫二帝、二后易
服，每日僅能一食一飲。《宣和遺事》記：

騎吏牽馬四疋，令帝及二后乘之，二后素不能騎，吏遂掖而乘之。
路傍見者泣曰：「皇帝父子北去，我等百姓，何日見太平也？」因
上羹飯二小盂，太上及帝二后分食之，粗糲不堪食，騎吏從者約五
百人，皆衣青袍，與二帝不可辨。……四月十四日，至信安縣，帝
及太上、太后、皇后自離京未嘗滌面，至是，見野水澄清，四人方
掬水洗面灌滌，相視哽咽不勝，傍有人獻牛酒於澤利者，澤利拔刀
切肉啖食，飲酒連五七盂，以其餘酒殘食餉帝。[142]

金人離去，京城景象一片慘澹，[143]徽、欽二帝北狩播遷，毫無尊
嚴，后妃亦被迫勸酒唱歌，赴燕京的路途上狼狽不堪。王室五月抵燕京朝

---

[140] 撰人不詳：《靖康要錄》，卷15，頁315。

[141] 撰人不詳：《靖康要錄》，卷16，頁324。

[142] 撰人不詳：《宣和遺事》，〈後集〉，頁73。

[143] 《靖康要錄》記載靖康二年（1127）三月二十八日：「是日，交割外城，賊既不能下南京，
乃自寧陵而上，盡為置官屬，安撫士民，至是悉驅而北，舍屋焚盡。東至柳子，西至西京，
南至漢上，北至河朔，皆被其毒。墳塚無大小，啟掘略遍，郡縣為之一空。京城被圍半年，
斗米二千餘，羊肉斤七千，豬肉四千，他物稱是。細民雖賴官賣柴米自給，然餓莩不可勝
數，人多苦腳氣，被疾者不旬決即死，病目者即瞽，蔬菜絕少，虜人據城擷菜，與市人貿
易，雖價高而易得，至是椿槐採亦盡，餘枯枝爾。」見撰人不詳：《靖康要錄》，卷16，
頁334-335。

金主；六月朱后死，年僅二十六歲；紹興二年（1132）鄭后崩，年五十七；紹興六年（1136）徽宗崩，時年五十四；而欽宗趙桓拘於燕京之北，囚於多處，最後崩於紹興二十二年（1152），年六十歲。[144]

從胡舜陟上奏欽宗的一段話可概括靖康之禍的慘況：「金寇猖獗，莫之能禦。屠戮士庶，攻陷城邑。長驅于中原，問罪于都城；親王宰臣為質，虜人磨牙搖毒，搏噬不已。我師之出，出無不敗。前後殺傷，如麻如毛。蹙國喪氣，傷威損重。」[145]從金戎破城之日開始，整個宋朝就陷於顛覆危亡，兩宮受虜對時人造成莫大衝擊，張元幹（1091-1170？）〈石州慢〉下片云：

> 心折。長庚光怒，群盜縱橫，逆胡猖獗。欲換天河，一洗中原膏血。兩宮何處？塞垣只隔長江，唾壺空擊悲歌缺。萬里想龍沙，泣孤臣吳越。[146]

既慨歎社稷內憂外患，又直抒擊退逆胡、收復中原的壯志，滿腔憤懣；後半遙想徽、欽二帝居處塞北，自身只能唾壺空擊，徒見金甌殘缺之勢，內心悲痛。當時不少文人詩家都將情感寓於詞章、著於篇籍，[147]而靖康元年（1126），胡安國五十三歲，同樣憤慨金戎禍害中原，憂國救時，於二月移書楊時，引《春秋》經義論國勢安危，心有復仕之志。二年（1127）五月，康王趙構即位，胡安國上言糾舉朝政，謂國策自崇寧以來共有九大失誤。《春秋傳》奉詔纂修是紹興五年（1135），為宋人南渡初期，世變帶來的傷害尚未平復，胡安國成書抗金正與靖康之禍有密不可分的關係。

---

[144] 撰人不詳：《南渡錄大略》（北京：中華書局，1985年《叢書集成初編》），頁1。

[145] 撰人不詳：《靖康要錄》，卷12，頁234。

[146] 〔宋〕張元幹著，曹濟平校注：《蘆川詞》（上海：上海古籍出版社，1991年11月第1版《宋詞別集叢刊》），卷上，頁30。

[147] 見傅錫壬：〈以詩證史 以史詮詩──以宋代靖康之禍為例〉，《淡江人文社會學刊》第1期（1998年5月），頁19-35。

四、胡安國之生平行誼與學術活動

（一）傳略事跡

胡安國，字康侯，福建崇安人。生於熙寧七年（1074），卒於紹興八年（1138），年六十五。高祖胡敏，曾祖胡容，祖父胡罕，皆不仕。父胡淵，字澤之，任宣義郎致仕、贈中大夫。母吳氏，永壽縣君、贈令人。初能言，母吳氏試教童蒙韻語數十字，兩過能記。祖母余氏撫之曰：「兒必大吾門。」七歲，作小詩，有「自任以文章道德」之句，「負傑出絕異之資，見善必為，必要其成，知惡必去，必絕其根。自幼少已有出塵之趣。」[148]吳氏母教對胡安國影響甚深，康熙《建寧府志》有云：「安國稍能言，（母吳氏）即遣就外傳，且戒不得歸，歸及信宿，乃遣之學，宗人曰：『兒稚弱，少休之。』夫人曰：『休正在此。』安國自是感奮力學。」[149]十五歲，遊學信州。十八歲，入太學，修懋德業，不捨晝夜。二十四歲，中進士第。除荊南教授。據胡寅〈先公行狀〉記載，時學校頹廢，職事者欺其年少，扞格頑冒，胡安國再三鐫諭不悛，遂按其蠹弊，盡屏之。遠近父兄皆喜，遣弟子來學。文定公正身律己，非休沐不出，凡所訓說，必明忠孝大端，不貴文藝。繕修宇舍，整立法度。謝絕請求，足不躡權門。

徽宗崇寧三年（1104），胡安國三十一歲，奉使湘中，過衡岳山下，愛其雄秀，欲登覽，俄曰：「非職事所在也。」即止罷。他日二親欲遊，仍是以告，二親喜曰：「爾周慎如此，吾復何憂？」[150]時蔡京行事不善，官吏奉承過當，愈為民害，學校其一也。胡安國撙節此況，舉凡士子恃法自肆者，必嚴懲。五年（1106），蔡京、李良輔贓誣所舉匪人，陷獄不成，胡安國遂求田問舍於漳水之濱，治理農桑，甘於淡薄，婉然愉色，

---

[148] 〔明〕何喬遠編撰，廈門大學《閩書》校點組校點：〈蓄德志〉，《閩書》，卷 153，頁 4509。

[149] 〔明〕何喬遠編撰，廈門大學《閩書》校點組校點：〈閩閣志〉，《閩書》，卷 142，頁 4205。

[150] 〔宋〕胡寅撰，尹文漢點校：〈先公行狀〉，《斐然集》，卷 25，頁 522。

專意經史古籍及百家之文，藉此自娛。

宣和元年（1119），胡安國除提舉江南東路學事，復召對，未受命。十一月，父胡淵捐館，卒於所居之正寢。迨乎免喪，始有致仕之意。至宣和七年（1125），侍臣李彌大、吳敏、譚世勣合章推薦胡安國齒髮未衰，經學可用，特落致仕，除尚書屯田員外郎，而公辭。靖康元年（1126）二月，除太常少卿，又辭；再除起居郎，又辭。至金兵直擣京師，作城下之盟，遂移書楊時，援《春秋》經義論社稷安危，有復仕之心，作〈上欽宗論聖學以正心為要〉一文。期間凡四次辭免，以身得足疾而婉謝君命。九月，耿南仲指胡安國毀謗聖德，昔既不事上皇，今又不事陛下，欽宗謂胡安國非有向背之心，詢問臣僚意見，中丞許翰以其超然遠迹，不為當世所污，肯定德行。欽宗遂遣中書舍人晁說之至其所居，令勉受命，有旨除中書舍人。唯耿南仲又使李擢、胡舜陟論胡安國稽遲君命、傲慢不恭，宜從黜削，以儆在位。疏奏不下，乃就職。

建炎元年（1127）五月一日，高宗即位。胡安國上言進呈，糾舉朝政，謂國策自崇寧以降共有九大失誤。六月四日，召為給事中，會宰相黃潛善專權妄作，斥逐忠賢，胡安國再辭免。三年（1129），樞密使張浚薦胡安國可用，申命前除。公辭，並致書宰相呂頤浩，進言政務之失。八月，呂頤浩引朱勝非為助，讒言胡安國屢召不至，無能致身盡瘁，落職提舉建昌軍仙都觀。而約於建炎四年（1130）前後，胡安國自荊、郢趨吳、越，遇疾而返，至湖南碧泉，喜其地，遂披山斬棘，興舍通道，晚年常居於此。紹興元年（1131）十一月，秦檜薦其試中書舍人兼侍講。十二月，除中書舍人兼侍講，辭，致書參政秦檜，引《春秋》經義言明內政外交之方。朝廷不允辭，又遣使至所居，胡安國獻《時政論》，論入，上即命再遣使促召。未至，復除給事中。

紹興二年（1132）七月，入對於臨安行在所，再拜辭謝，進言恤民核實之事。居旬日，又因疾故，懇求去位，高宗遂以《左傳》付公點句正音。八月一日，尋命為兼侍讀，專講《春秋》，而胡安國乞在外編集成書，進御乙覽，不敢當講席，高宗不許。時會除朱勝非同都督江淮荊浙諸

軍事，胡安國上奏指斥，並言呂頤浩等人紊亂官制，隳敗紀綱。[151]三年
（1133）秋七月前後，胡安國徙家至衡岳，創立書堂。五年（1135）四
月，詔令胡安國纂修《春秋傳》，隔年十二月，《春秋傳》成，凡十餘萬
言，作〈進《春秋傳》表〉一文，高宗謂其深得聖人之旨。八年（1138）
正月，除寶文閣直學士，賜銀絹三百疋兩。胡安國念故鄉宗族貧苦，無法
自給，故交代姪子胡憲買田於先廬旁，修祀曾、高墳墓，賑濟親屬。同年
四月，歿於書堂正寢。九月，葬於潭州湘潭縣龍穴山，令人王氏祔焉。禮
部太常官合議，請諡為文定。有文集十五卷、《春秋傳》三十卷、《資治
通鑑舉要補遺》一百卷。子三：胡寅、胡寧、胡宏。

　　胡安國事親至善，克敦孝行，立身端正，淡薄名利。朝廷多次進舉授
官，大多堅辭未就，「自登第逮休致凡四十年，在官實歷不登六載，雖數
以罪去，其愛君之心遠而逾篤。」[152]一生不樂近城市，不求萬鍾俸祿，
不伍權貴顯要。仕宦期間善盡職責，言必有教，動必有法，整頓不良風
氣，裨於世教。行止氣度沖和，襟懷坦白，燕居慎獨，接納無倦。性格嫉
惡如仇，屏絕讒佞，雖然屢受陷害，卻毫無畏懼，依舊多次上奏抨擊朝中
小人，不假辭色。

　　從三十歲開始就甘於恬淡，躬耕漳濱，過著隱遁般的生活。晚年又樂
居湖南碧泉，買山結廬於衡岳之下，治經講學，高超遠引，在在顯現他澹
泊明志的人生態度。而他即使身在山林，卻心馳魏闕，「每被召，即置家
事不問，或通夕不寐，思所以告君者。」[153]始終繫念社稷政事與天下蒼
生，所以當家國面對靖康之禍，痛切心骨，即上奏進呈，糾舉朝政之失；
又獻《時政論》一文，就「覈實」、「尚志」、「正心」、「養氣」、
「宏度」、「寬隱」、「定計」、「建都」、「設險」、「制國」、「恤
民」、「立政」等各方面建言，引《春秋》經義發揮內政外交之策，以安

[151] 〔宋〕李心傳：《建炎以來繫年要錄》（北京：中華書局，1988 年 4 月），卷 57，頁 992-
　　993。

[152] 〔宋〕胡寅撰，尹文漢點校：〈先公行狀〉，《斐然集》，頁 525。

[153] 〔清〕黃宗羲原著，〔清〕全祖望補修，陳金生、梁運華點校：〈武夷學案〉，《宋元學
　　案》（北京：中華書局，1986 年 12 月第 1 版），卷 34，頁 1178。

世濟民、康濟時艱為己任。《宋史·胡安國傳》記錄：「侯仲良言必稱二程先生，他無所許可，後見安國，嘆曰：『吾以為志在天下，視不義富貴真如浮雲者，二程先生而已，不意復有斯人也。』」[154]侯師聖提出的「志在天下」與「視不義富貴如浮雲」這兩句話正可概括胡安國一生的寫照，絕非溢美之詞。

（二）師友學侶

〈先公行狀〉記載胡安國入太學所從遊者為伊川先生之友朱長文及潁川靳裁之。[155]朱長文（1039-1098），字伯原，吳縣人，人稱樂圃先生，從孫復學《春秋》，能得《春秋尊王發微》之深旨，[156]著有《春秋通志》一書。〈春秋通志序〉提到成書之法：「兼取三《傳》而折衷其是，旁考啖、趙、陸淳諸家之義，而推演明復之旨，頗繫之以自得之說。」[157]有意雜揉眾家，並推演孫復「自得」主張。胡安國早期求學與朱長文同遊，必深受孫復一派不惑傳註，兼取眾說，折衷自得等治學方法之影響。

靳裁之，潁昌人，「才識高邁，最奇重公，與論經史大義。」[158]《宋元學案·明道學案》曰：「少聞伊洛程氏之學。胡文定入太學時，以師事之。」[159]胡安國早年透過靳裁之而了解二程學術，之後與二程弟子亦多有來往。其自言：「吾于謝、游、楊三公，義兼師友，實尊信之。」[160]點出與謝良佐、游酢、楊時的師友關係。楊時，字中立，福建將樂人。崇寧元

---

[154] 〔元〕脫脫等撰，楊家駱主編：〈胡安國傳〉，《新校本宋史并附編三種》，卷 435，頁 12915。

[155] 〔宋〕胡寅撰，尹文漢點校：〈先公行狀〉，《斐然集》，頁 486。

[156] 《宋元學案》記朱長文「從泰山學《春秋》，得《發微》深旨。」見〔清〕黃宗羲原著，〔清〕全祖望補修，陳金生、梁運華點校：〈泰山學案〉，《宋元學案》，卷 2，頁 118。

[157] 〔宋〕朱長文撰，朱思輯：〈春秋通志序〉，《樂圃餘薰》，卷 7，頁 36。

[158] 〔宋〕胡寅撰，尹文漢點校：〈先公行狀〉，《斐然集》，頁 486。

[159] 〔清〕黃宗羲原著，〔清〕全祖望補修，陳金生、梁運華點校：〈明道學案〉，《宋元學案》，卷 14，頁 582。

[160] 〔清〕黃宗羲原著，〔清〕全祖望補修，陳金生、梁運華點校：〈龜山學案〉，《宋元學案》，卷 25，頁 956。

年（1102），胡安國二十九歲，楊時代其典教渚宮，為兩人從遊之始，[161]
而胡安國改使湖南，楊時備朝膳留之。《閩書》記：「罷官荊南，僚舊餞
行於渚宮，呼樂戲以待，而交代楊龜山具朝膳，留公，鮭菜蕭然，引觴徐
酌，置《語》、《孟》案間，清坐講論，不覺暮晷。」[162]從《龜山集》現
存〈送胡康侯使湖南〉、〈渚宮觀梅寄康侯〉、〈答胡康侯論學書〉、
〈再答胡康侯論學書〉、〈答胡康侯問政事書〉等詩文就可察見兩人交遊
甚篤，互動頻繁。而且紹興二年（1132），胡安國上宰相書，以經筵薦楊
時，又彼此針對《春秋》改元與正朔之說交換意見，切磋學問。

　　游酢，字定夫，建州建陽（今福建建陽）人，學者稱廌山先生，為胡
安國之講友。宣和元年（1119）十一月，胡淵捐館，胡安國請游酢撰寫墓
誌銘，銘後稱頌：「孰不為事，事莫嚴於親；孰不為守，守莫先於身。惟
此兩者，公得之於己，而又以成其子之仁。少也文詞發策上第，壯也學行
望隆縉紳，而且惕然內省，力久不息，以要於古人，則公之子也，公誰與
倫？」[163]褒揚胡淵立身處世的風範以及庭訓對胡安國的影響，肯定胡氏
父子之學行。

　　謝良佐，字顯道，壽春上蔡（今安徽壽縣）人。胡安國於崇寧元年
（1102）使湖北時，曾親訪顯道，禮之甚恭，來見離去，必端笏正立目
送，同僚驚異，道鄉先生鄒浩聞之嘆曰：「將軍北面帥師降敵，此事人間
久寂寂。」[164]朱熹〈德安府應城縣上蔡謝先生祠記〉記載這段問學經
過：「南陽胡文定公以典學使者行部，過之，不敢問以職事。顧因紹介，
請以弟子禮見。入門，見吏卒植立庭中，如土木偶人，肅然起敬，遂稟學
焉。」[165]可見胡安國之尊重，而謝良佐也肯定胡安國人格之氣節，嘗

---

[161] 〔宋〕胡安國：〈楊文靖公墓誌銘〉，《伊洛淵源錄》，載《朱子全書》（上海：上海古籍
　　　出版社；合肥：安徽教育出版社，2002年12月），卷10，頁1053。

[162] 〔明〕何喬遠編撰，廈門大學《閩書》校點組校點：〈蓄德志〉，《閩書》，卷153，頁
　　　4509。

[163] 〔宋〕游酢：〈宣義胡公墓誌銘〉，《游廌山集》（臺北：臺灣商務印書館，1986年景印
　　　文淵閣《四庫全書》），卷4，頁698。

[164] 〔宋〕胡寅撰，尹文漢點校：〈先公行狀〉，《斐然集》，頁524。

[165] 〔宋〕朱熹：〈德安府應城縣上蔡謝先生祠記〉，《晦庵先生朱文公文集》，載《朱子全

曰：「胡康侯正如大冬嚴雪，百草萎死，而松柏挺然獨秀者也。」[166]亦
曾向他述及治學心得，[167]益強其學問，見識日明。

　　此外，胡寅〈先公行狀〉曰：「從遊三君子之外，則河清劉奕君曼、
開封向子韶和卿、贛上曾開天游、荊南唐恕處厚及朱震子發，情義最篤者
也。」[168]劉燮（？-？），字君曼，河清人。《胡氏傳家錄》曰：「四海
神交，惟河清劉曼字君奕，其人有相業。」[169]向子韶（1079-1128），字
和卿，開封人，與胡安國有深交。其子向沈（1108-1171）亦從學於胡安
國，尤重《春秋》復仇大義，[170]並娶其女胡申為妻。曾開（-1133-），字
天游，「天性孝友，厚于九族，信於朋友。立朝遇事，臨大節而不可
奪。」[171]其弟曾幾（1084-1166），字吉甫，是胡安國門人。[172]朱震

書》，卷 80，頁 3794。

[166] 〔宋〕胡寅撰，尹文漢點校：〈先公行狀〉，《斐然集》，頁 524。

[167] 例如手東胡安國云：「儒異于禪，正在下學處。顏子工夫，真百世軌範，舍此應無入路，無
住宅，三二十年不覺便處過了。」又曰：「《春秋》大約如法家斷例也，折以中道耳。恐因
是及中庸，因『中』有『權』與『取兩者之中』之說。」又曰：「進學加功處，若欲少立得
住，做自家物，須要自用法術，乃可得之。」詳見〔清〕黃宗羲原著，〔清〕全祖望補修，
陳金生、梁運華點校：〈上蔡學案〉，《宋元學案》，卷 24，頁 929、937。

[168] 〔宋〕胡寅撰，尹文漢點校：〈先公行狀〉，《斐然集》，頁 524。

[169] 〔清〕黃宗羲原著，〔清〕全祖望補修，陳金生、梁運華點校：〈武夷學
案〉，《宋元學案》，卷 34，頁 1180。劉燮之名似又作劉奕、劉曼，不解何者為是。王梓材對此亦言：
「先生名字，二書不同，未知孰是。」

[170] 張栻〈通直郎致仕向君墓表〉亦記：「君生名門，資稟靜厚，既受室於胡氏，日親文定之
教，薰陶義理，步趨矩度，益以成其德。獨痛家國禍難之酷，終身於祿仕蓋泊如也，至於
《春秋》復讎之義，則不能以忘於中。」見〔宋〕張栻：〈通直郎致仕向君墓表〉，《南軒
集》（臺北：廣學社印書館，1975 年 6 月），卷 39，頁 956。胡寅〈伊山向氏有裕堂記〉
曰：「寅先君子喜宣卿資氣剛正，授以《左氏春秋傳》，且為之言大義，故宣卿學古益力，
守義益固，兊宗糾族，樂多賢友，不與惡人言。」見〔宋〕胡寅：〈伊山向氏有裕堂記〉，
《斐然集》，卷 21，頁 418。

[171] 〔清〕黃宗羲原著，〔清〕全祖望補修，陳金生、梁運華點校：〈鷹山學
案〉，《宋元學案》，卷 26，頁 997。

[172] 《宋元學案‧武夷學案》記：「先生早從舅氏孔文仲、武仲講學，又從劉元城、胡文定遊，
其學亦粹。」黃宗羲案：「朱子言：『曾吉甫答文定書天理人欲之說，只是籠罩，其實初不
見得，文定便許可之，他便即如此住了。』蓋亦入于禪者也。」見〔清〕黃宗羲原著，
〔清〕全祖望補修，陳金生、梁運華點校：〈武夷學案〉，《宋元學案》，卷 34，頁 1184-
1185。

（1072-1138），字子發，荊門軍（今湖北荊門）人。胡安國非常器重朱震，曾於紹興二年（1132）推薦為官，當朱震被召，問出處之宜，胡安國曰：「世間惟講學論政，不可不切切詢究，至於行己大致，去就語默之幾，如人飲食，其饑飽寒溫，必自斟酌，不可決諸人，亦非人所能決也。吾平生出處皆內斷於心，浮世利名如蟻蟻過前，何足道哉！」[173]既體現對朱震的期許，更可察見文定公宦情如寄之心志。

（三）《春秋》學之淵源與成書經過

胡安國畢生致力於《春秋》經，王梓材謂：「先生為泰山再傳弟子，可知其《春秋》之學之所自出矣。」[174]認為文定《春秋》學可師承自孫復。但其實胡安國自己已具體指出：「吾所聞在《春秋》，自伊川先生所發。」[175]程頤的影響更為直接深刻。胡寅於〈先公行狀〉敘述：

> 公自少留心此經，每曰：「先聖親手筆削之書，乃使人主不得聞講說，學士不得相傳習，亂倫滅理，用夷變夏，殆由此乎！」於是潛心刻意，備徵先儒，雖一義之當，片言之善，靡不采入。歲在丙申，初得伊川先生所作《傳》，其間大義十餘條，若合符節，公益自信，研窮玩索者二十餘年，以為天下事物無不備於《春秋》。喟然歎曰：「此傳心要典也。推明克己修德之方，所以尊君父、討亂賊、存天理、正人心者必再書屢書，懇懇至詳，於是聖人宏規大用，較然明著，讀而味之，犁然當於人心。」[176]

以《春秋》尊君父、討亂賊、存天理、正人心，為經世之大用，研窮

---

[173] 〔元〕脫脫等撰，楊家駱主編：〈胡安國傳〉，《新校本宋史并附編三種》，卷 435，頁 12915。

[174] 〔清〕黃宗羲原著，〔清〕全祖望補修，陳金生、梁運華點校：〈武夷學案〉，《宋元學案》，卷 34，頁 1173。

[175] 〔清〕黃宗羲原著，〔清〕全祖望補修，陳金生、梁運華點校：〈龜山學案〉，《宋元學案》，卷 25，頁 956。

[176] 〔宋〕胡寅撰，尹文漢點校：〈先公行狀〉，《斐然集》，頁 518-519。

玩索二十餘年，乃聖人傳心要典。胡安國於政和六年（1116）初得程頤
《春秋傳》，其書雖未完成，但對《胡傳》經說有相當大的啟迪與影響。
胡安國在《春秋傳・述綱領》推許孟子、莊子、董仲舒、王通、邵雍、張
載、程頤等七人能發明《春秋》綱領，而「七家所造，固自有淺深。獨程
氏嘗謂之傳，然其說甚畧，於義則引而不發，欲使後學慎思明辨，自得於
耳目見聞之外者也。」（頁 2265）所以《春秋傳》之微詞多以程頤說法
為證。[177]

　　南宋紹興二年（1132），高宗曾以《左傳》付胡安國點句正音，安國
遂向高宗上奏，謂《左傳》一書繁碎，若執於此書是虛費光陰，耽玩文
采；而《春秋》是經世大典，義精理奧，難以窺測，南面之術盡在是經。
高宗尋命為兼侍讀，專講《春秋》。紹興五年（1135）四月，上詔：「胡
某經筵舊臣，引疾辭郡，重憫勞之。可特從其請，差提舉江州太平觀，令
纂修所著《春秋傳》，候書成進入，以副朕崇儒重道之意。仍給吏史筆
札，委疾速投進。」[178]隔年十二月，《春秋傳》成，十餘萬言，高宗謂
其深得聖人之旨。胡寅〈先公行狀〉載胡安國語：

> 某之初學也，用功十年，遍覽諸家，欲多求博取，以會要妙，然但
> 得其糟粕耳。又十年，時有省發，遂集眾傳，附以己說，猶未敢以
> 為得也。又五年，去者或取，取者或去，己說之不可於心者尚多有
> 之。又五年，書向成，舊說之得存者寡矣。及此二年，所習似益
> 察，所造似益深，乃知聖人之旨益無窮，信非言論所能盡也。[179]

　　研治《春秋》的過程長達三十多年，若大略推敲，胡安國約於崇寧三
年（1104）三十一歲時初學《春秋》，至政和四年（1114）這十年間以遍

---

[177] 胡安國《春秋傳・敘傳授》曰：「故今所傳，事按《左氏》，義採《公羊》、《穀梁》之精
　　　者，大綱本孟子，而微詞多以程氏之說為證云。」（頁 2265-2266）
[178] 〔宋〕胡寅撰，尹文漢點校：〈先公行狀〉，《斐然集》，頁 519。
[179] 〔宋〕胡寅撰，尹文漢點校：〈先公行狀〉，《斐然集》，頁 519。

覽諸家論著為主，未見堂奧，僅得糟粕。而四十二到五十一歲這十年已漸有省發，遂以己意折衷眾說；但五十二到六十一歲這十年對過往去取的標準與選擇仍不滿意，迨後期書成，全書已少見舊說，改易範圍甚大。直至紹興五年（1135）高宗下詔，奉旨纂修，認為自己所習益察，所造益深，學術上更加精進，但在重新披覽《春秋》之時，卻感受到經旨無窮，非是言語文字能一一道盡。伏盼高宗崇信是經，撥亂反正，「監天人休咎之符，覈賞罰是非之實，懋檢身之盛德，恢至治之遠圖，式敘邦經，永康國步」（〈進表〉，頁 2267），持循經義，行諸天下。

第貳章　胡安國《春秋傳》與一字褒貶

　　范甯曰：「一字之褒，寵踰華袞之贈；片言之貶，辱過市朝之撻。」[1]自三《傳》闡釋經文即已就名氏稱謂、時月日等書詞辨明其義，根據一字取捨探討聖人筆削之旨。胡安國認為聖人筆削魯史而成《春秋》，或損而不益，[2]或削而不存，[3]筆削因革，必有以也。故大義推見至隱，如化工賦像並情，非畫筆肖形而已，[4]必須精覈一字一詞之褒貶，才可了解聖心之意、經世之法。

　　「一字褒貶」必會涉及「例」的問題，因為要從不同書詞發揮經說，就得依循某個標準作為判斷，這個標準是統合經文、歸結書法而成，讀者可掌握常例，由例生義。三《傳》雖未明確整理「例」之內容，但卻是說「例」之濫觴。自漢代始有《春秋》「條例」之書，開啟以例釋經的風氣，一時之間出現不少釋例著作。[5]晉代杜預曾作《春秋釋例》一書，並

1　〔晉〕范甯集解，〔唐〕楊士勛疏：〈春秋穀梁傳注疏序〉，《春秋穀梁傳注疏》（臺北：藝文印書館，1982 年《十三經注疏》），頁 5。

2　《胡傳》曰：「《春秋》何以謂之作？曰：其義則斷自聖心，或筆或削，明聖人之大用，其事則因舊史，有可損而不能益也。」（卷 6，頁 2289）

3　《胡傳》曰：「凡崩薨卒葬，人道始終之大變也。不以得禮為常事而不書，其或失禮而害於王法之甚者，聖人則有削而不存以示義者矣。」（卷 14，頁 2326）

4　胡安國常以「畫筆」、「化工」借喻「魯史」、「《春秋》」：「聖人因魯史舊文能立興王之新法也，故史文如畫筆，經文如化工，嘗以是觀，非聖人莫能修之審矣。」（卷 4，頁 2283）又曰：「仲尼筆削推見至隱，如化工賦像，并其情不得遯焉，非特畫筆之肖其形耳，故《春秋》者，化工也，非畫筆也。」（卷 12，頁 2317）

5　除了胡毋生《公羊條例》之外，《後漢書》載有賈逵《左氏條例》、鄭眾《春秋難記條例》、穎容《春秋左氏條例》、荀爽《春秋條例》等。分見〔宋〕范曄撰，〔唐〕李賢等注：〈賈逵傳〉、〈鄭興傳〉、〈穎容傳〉、〈荀淑傳〉，《後漢書》（北京，中華書局，1965 年 5 月第一版），卷 36，頁 1234；卷 36，頁 1224；卷 79，頁 2584；卷 62，頁 2057。另外，從《隋書・經籍志》所記，晉代也有許多以「例」為名的書目，例如劉寔《春秋條例》、方範《春秋經例》、王述之《春秋左氏傳條例》、《春秋義例》、《春秋左傳例苑》等。見〔唐〕魏徵等撰，楊家駱主編：《新校本隋書》（臺北：鼎文書局，1979 年 2 月），卷 32，頁 929。

分《左傳》體例為三:「凡例」、「變例」、「非例」,唐代孔穎達進而將「凡例」作為「正例」,成為孔子著《春秋》的規則,而「變例」為發明經書大義。胡安國亦主張由例解經:

> 《春秋》之文有事同則詞同者,後人因謂之例。然有事同而詞異,則其例變矣。是故,正例非聖人所能立,變例非聖人所能裁。正例,天地之常經;變例,古今之通誼。惟窮理精義,於例中見法、例外通類者,斯得之矣。(〈明類例〉,頁2265)

強調「正例」、「變例」皆透過聖人而定,藉由解例即可得義,故於例中見法、例外通類,在此之中採取「一字褒貶」昭顯《春秋》聖筆微旨。本章處理《胡傳》之釋例內容,包含「構例之方」、「執例之弊」、「窮例之變」,進一步分析相關問題,希冀全面建構《胡傳》解經主軸及其得失。

第一節　構例之方

歷代有「牒例」、「諡例」、「釋例」、「條例」、「經例」、「傳例」、「詭例」、「略例」、「通例」、「統例」等例名,[6]而《胡傳》有〈明類例〉一文,以「類例」作為稱法,說明「正例」、「變例」之由。目前已有學者整理《胡傳》類例內容,[7]本書參考前人研究,另外討

---

[6] 朱彝尊羅列不少例名:「牒例」、「諡例」、「釋例」、「條例」、「經例」、「傳例」、「詭例」、「略例」、「通例」、「統例」、「纂例」、「總例」、「凡例」、「說例」、「志例」、「演例」、「義例」、「刊例」、「明例」、「新例」、「門例」、「地例」、「會例」、「斷例」、「異同例」、「顯微例」、「類例」、「序例」、「括例」等,並將胡安國歸於「通例」,但若查考《胡傳》,其立〈明類例〉一文,清楚稱作「類例」,朱氏歸類有待商榷。見〔清〕朱彝尊:〈涪陵崔氏春秋本例序〉,《曝書亭集》(臺北:世界書局,1964年2月初版),卷34,頁426。

[7] 宋鼎宗羅列「天王例」、「諸侯即位例」、「王臣名爵例」、「諸侯之兄弟稱公子例」、

論胡安國建立類例的方法，細繹以例說經的態度。

一、依循前說

胡安國判斷類例並非全出己意，許多觀點都自前代而發，三《傳》中尤以承襲《公羊傳》最多。如「盟會例」之「同盟」一詞，《公羊傳》曰：「同盟者何？同欲也。」何休曰：「同心欲盟也。」[8]胡安國亦解「同盟」為「同欲」。《春秋》文公十四年：「公會宋公、陳侯、衛侯、鄭伯、許男、曹伯、晉趙盾。癸酉，同盟于新城。」此年諸侯盟於宋地，《胡傳》曰：「其曰同者，志諸侯同欲，非強之也。」（卷15，頁2332）書同以志諸侯同欲，去夷即華而同心欲盟。又如「用兵例」之「戰」，《春秋》昭公十七年：「楚人及吳戰于長岸。」《公羊傳》曰：「詐戰不言戰，此其言戰何？敵也。」[9]《胡傳》曰：「言戰不言敗，勝負敵也。」（卷25，頁2379）《春秋》書「敗」之常例為：「○敗○于○。」「戰」與「敗」為相對之詞，若兩兵相接，皆陳曰「戰」；若敵未陳，而詭道勝之，以詐取勝則曰「敗」，[10]另又直引《公羊傳》對滅的釋義，主張「滅」為「亡國之善詞，上下之同力也。」[11]

「諸侯之兄弟稱字例」、「盟會書及書人例」、「外兵例」、「內兵例」、「諸侯卒葬例」等。見宋鼎宗：《春秋胡氏學》，頁15-102。王江武基於《春秋胡氏學》，對「天王例」、「諸侯即位例」另作修正及補充，並新增「弒君例」、「殺大夫例」。見王江武：《胡安國《春秋傳》研究》，頁55-103。

[8] 〔漢〕何休解詁，〔唐〕徐彥疏：《春秋公羊傳注疏》，卷7，頁93。

[9] 〔漢〕何休解詁，〔唐〕徐彥疏：《春秋公羊傳注疏》，卷23，頁291。

[10] 故《春秋》莊公十年：「春，王正月，公敗齊師于長勺。」胡安國言：「詐戰曰敗，敗之者為主。」（卷8，頁2297）僖公元年：「九月，公敗邾師于偃。」胡氏亦言：「詐戰曰敗，敗之者為主。」（卷11，頁2309）皆以詐謀取勝。

[11] 《春秋》僖公五年：「冬，晉人執虞公。」《公羊傳》曰：「虞已滅矣，其言執之何？不與滅也。曷為不與滅？滅者，亡國之善辭也。滅者，上下之同力者也。」何休注：「言滅者，王者起，當存之，故為善辭。……言滅者，臣子與君戮力一心，共死之辭也。」《公羊傳》強調被滅者的表現，解釋「滅」的角度並非從主滅他國者的行動出發，故虞公因為貪財而自取滅亡，不符合君臣上下抵抗，同心共死之義，所以不與滅，而僅書「執」。見〔漢〕何休解詁，〔唐〕徐彥疏：《春秋公羊傳注疏》，卷10，頁128-129。胡安國承襲《公羊傳》對

　　然而三《傳》解釋各有優劣，胡安國並不完全偏向《公羊傳》，如
「用兵例」之「侵」、「伐」是基於《左傳》：「凡師，有鐘鼓曰伐，無
曰侵。」[12]說明聲罪致討曰「伐」，潛師掠境曰「侵」。有鐘鼓以聲罪，
整眾而行，為兵法之正；無鐘鼓以潛師，出其不意，為兵法之奇。《春
秋》僖公二十六年：「齊人侵我西鄙，公追齊師至酅，弗及。」《胡傳》
即言：「潛師入境曰侵」。（卷 12，頁 2320）《春秋》僖公四年：「公
會齊侯、宋公、陳侯、衛侯、鄭伯、許男、曹伯侵蔡，蔡潰，遂伐楚，次
于陘。」《胡傳》曰：「潛師掠境曰侵，侵蔡者，奇也。聲罪致討曰伐，
伐楚者，正也。」（卷 11，頁 2310-2311）未以「侵」、「伐」之書詞為
貶，僅單就行師兵法發義。

　　而且某些說法還是統合二《傳》而另成新義。例如《春秋》隱公十
年：「公敗宋師于菅。」《左傳》曰：「凡師，敵未陳曰敗某師，皆陳曰
戰。」[13]《公羊傳》言：「《春秋》敵者言戰。」[14]並提出詐戰書法：
「○敗○于○。」《胡傳》融合《左》、《公》：「皆陳曰戰，詐戰曰
敗。」（卷 3，頁 2278）又如用兵例書「入」，《公羊傳》曰：「入者
何？得而不居也。」[15]《穀梁傳》曰：「入者，內弗受也。」[16]《胡傳》
融合《公》、《穀》：「以事言之，入者，造其國都；以義言之，入者，
逆而不順。」（卷 1，頁 2270）又云：「入者，不順之詞，義不可而強入
之也。」（卷 3，頁 2277）用兵例之「以」，《左傳》曰：「凡師能左右
之曰以。」[17]《公羊傳》曰：「以者何？行其意也。」[18]《胡傳》結合

滅的釋義，主張「滅」為「亡國之善詞，上下之同力也。」如《春秋》莊公十三年：「齊人
滅遂。」《胡傳》曰：「非至不仁者，莫之忍為見滅而書滅，亡國之善詞，上下之同力也，
其亦不幸焉爾。」（卷 8，頁 2298-2299）

[12] 〔晉〕杜預注，〔唐〕孔穎達疏：《春秋左傳正義》（臺北：藝文印書館，1982 年《十三
經注疏》），卷 10，頁 178。

[13] 〔晉〕杜預注，〔唐〕孔穎達疏：《春秋左傳正義》，卷 9，頁 152。

[14] 〔漢〕何休解詁，〔唐〕徐彥疏：《春秋公羊傳注疏》，卷 9，頁 110。

[15] 〔漢〕何休解詁，〔唐〕徐彥疏：《春秋公羊傳注疏》，卷 2，頁 24。

[16] 〔晉〕范甯集解，〔唐〕楊士勛疏：《春秋穀梁傳注疏》，卷 1，頁 13。

[17] 〔晉〕杜預注，〔唐〕孔穎達疏：《春秋左傳正義》，卷 16，頁 265。

《左》、《公》：「以弱假強而能左右之曰以。」又曰：「師而曰以者，能左右之，以行己意也。」（卷6，頁2289）表能左右其師，進退在己。

唐代啖、陸、趙也對胡氏有很大的影響。「用兵例」之「襲」、「追」、「戍」，《左傳》曰：「輕曰襲。」[19]趙匡曰：「掩其不備曰襲。」[20]胡氏融合二者：「輕行而掩之曰襲。」啖助曰：「追者，寇已去而躡之。」[21]胡氏亦言：「已去而躡之曰追。」（卷12，頁2320）啖助曰：「戍者，以兵守之也。」[22]而胡氏曰：「聚兵而守之曰戍。」（卷8，頁2299）

《胡傳》亦常援引北宋劉敞之說，例如「諸侯公子復國例」中，「歸」與「入」皆承自於劉敞。關於「歸」詞，劉敞曰：「歸者，順辭也。有易辭焉，非所順而書歸，易也。」[23]而胡氏也以「歸」有二義：易詞、順詞。[24]至於「入」字，劉敞曰：「入者，逆辭也。有難辭焉，非所逆而書入。難也。」[25]《胡傳》亦曰：「入有二義：一難詞也，一逆詞也。」（卷7，頁2294）將「入」分為二義。[26]

---

18 〔漢〕何休解詁，〔唐〕徐彥疏：《春秋公羊傳注疏》，卷5，頁65。

19 〔晉〕杜預注，〔唐〕孔穎達疏：《春秋左傳正義》，卷10，頁178。

20 〔唐〕陸淳：《春秋集傳纂例》，卷5，頁124。

21 〔唐〕陸淳：《春秋集傳纂例》，卷5，頁125。

22 〔唐〕陸淳：《春秋集傳纂例》，卷5，頁125。

23 〔宋〕劉敞：《春秋劉氏傳》，卷2，頁10874。

24 《胡傳》曰：「《春秋》書歸有二義：一易詞也，一順詞也。」（卷6，頁2288）釋「歸」有二義，表「易詞」者如桓公十一年：「突歸于鄭。」《胡傳》曰：「突以庶奪正，固不為順矣。然內則權臣許之立，外則大國為之援，而世子忽之才不能以自固也，則其歸無難，故穀梁子曰：歸，易詞也。」（卷6，頁2288）鄭公子突有內外協助而順利復國，故書歸。其他又如莊公二十四年：「赤歸于曹。」《胡傳》曰：「歸，易詞也。」（卷9，頁2303）僖公二十八年：「衛侯鄭自楚復歸于衛。」《胡傳》曰：「其曰歸于衛者，易詞也。」（卷13，頁2322）表「順詞」者如哀公八年：「歸邾子益于邾。」《胡傳》曰：「曰歸者，順詞也。」（卷30，頁2395）昭公十三年：「蔡侯廬歸于蔡。陳侯吳歸于陳。」《胡傳》曰：「曰歸者，順詞也。」（卷25，頁2377）

25 〔宋〕劉敞：《春秋劉氏傳》，卷2，頁10874。

26 例如《春秋》桓公十五年：「許叔入于許。」《胡傳》曰：「今乃因亂竊入，則非復國之義，故書入于許。入云者，難詞也。」（卷6，頁2290）昭公元年：「莒去疾自齊入于莒。」《胡傳》曰：「其書入者，難詞也。」（卷24，頁2371）此類皆因難入而書。其

　　由上可知，前代之說都是《胡傳》參考憑據，不專主一家而發，特別的是，箇中又有以三《傳》為基礎，另借程頤之說補充深化，有意讓整體類例內容更為詳盡。例如《公羊傳》僅以「同盟」為「同欲」，但胡氏以經文書「同盟」還有「惡其反覆」之義，此乃依循程頤而來。《春秋》襄公十一年：「公會晉侯、宋公、衛侯、曹伯、齊世子光、莒子、邾子、滕子、薛伯、杞伯、小邾子伐鄭。秋七月己未，同盟于亳城北。」程頤曰：「鄭服而同盟也，隨復從楚伐宋，云『同』，見其反覆。」[27]《胡傳》亦曰：「盟于亳城北，鄭服而同盟也。尋復從楚伐宋，故書同盟，見其既同而又叛也。」（卷 21，頁 2363）此年鄭與諸侯盟，共有盟辭，但鄭國旋即背盟向楚，跟隨楚國伐宋，是慢鬼神、廢刑牲，既同又叛，反覆無信，故書同盟。

　　又如諸侯之兄弟例稱字，但變例則書名，[28]胡氏此觀點則是以《穀梁傳》、范甯作為書法解釋的基礎，再取程頤講法以深化聖人書法大義。《胡傳》曰：「諸侯之尊，弟兄不得以屬通。曰公子者，其本當稱者也；曰弟者，因事而特稱之也。所以然者，諸侯非始封之君則臣諸父，昆弟、族人不得以屬戚君也。」（卷 24，頁 2370）《穀梁傳》曰：「諸侯之

次，《春秋》莊公六年：「衛侯朔入于衛。」《胡傳》曰：「朔藉諸侯之力，連五國之師，距王官之微者以復歸于衛，其勢亦無難矣，而書入者，逆王命也。」（卷 7，頁 2294）此書「入」則為「逆」義。

27　〔宋〕程顥、程頤著，王孝魚點校：《二程集》，「河南程氏經說」卷 4，頁 1121。

28　《胡傳》曰：「諸侯之兄弟例稱字。」（卷 1，頁 2269）書「字」為正例，例如桓公十七年：「蔡季自陳歸于蔡。」《胡傳》曰：「季，字也。」（卷 6，頁 2291）蔡季為諸侯兄弟，例當稱字。關於諸侯兄弟之書法，胡安國以經文變例有二：第一，書名。《胡傳》曰：「諸侯兄弟貶則書名。」（卷 7，頁 2293）例如秦鍼為秦景公母弟，王引之《春秋名字解詁》云：「秦公子鍼，字伯車。」（見〔清〕王引之：《春秋名字解詁》（北京：國家圖書館出版社，2009 年 5 月第一版《春秋戰國史研究文獻叢刊》），卷下，頁 104。）此應書秦伯車，但此卻稱其名，亦為變例。又如《春秋》桓公十四年：「鄭伯使其弟語來盟。」《胡傳》曰：「諸侯之弟兄，例以字通，而書名者，罪其有寵愛之私，非友于之義也。」（卷 6，頁 2289）書「名」罪鄭屬公寵愛其之私。第二，書弟。凡經文書「弟」皆貶之。如《春秋》昭公元年：「秦伯之弟鍼出奔晉。」《胡傳》曰：「書曰弟者，罪秦伯也。」（卷 24，頁 2370）又如《春秋》襄公二十七年：「衛侯之弟鱄出奔晉。」《胡傳》曰：「其稱弟，罪衛侯也。」（卷 23，頁 2367）「弟」為聖人特書。

尊，弟兄不得以屬通。」[29]范甯曰：「禮：非始封之君則臣諸父。昆弟，匹敵之稱。人臣不可以敵君，故不得以屬通，所以遠別貴賤、尊君卑臣之義。」[30]因諸侯之位尊，故弟兄不得以屬通，胡氏亦主此法，言「公子」為本稱，「弟」則為特書。而程頤曰：「凡不稱公子而稱弟者，或責其失兄弟之義，或罪其以弟之愛而寵任之過。」[31]《胡傳》曰：「書盟、書帥師而稱兄弟者，罪其有寵愛之私；書出奔、書歸而稱兄弟者，責其薄友恭之義。」（卷2，頁2275）同於伊川所言，舉凡不以兄弟之道待之者，則經文必稱「兄」、「弟」責罪，此皆變例書法。[32]

二、細究書法

胡安國對經文書法的推求甚詳，除了詳辨箇中義涵，細繹詞彙指涉之外，還試圖將每個字詞收入歸納類例，就此架構詮說。例如「盟會例」之「同盟」，北宋儒者的解釋較為簡易，孫覺曰：「《春秋》書盟者多矣，未有曰同盟者，二百四十二年之間，其書同盟者十有八，蓋盟載之書有同獎王室、同恤災患之語，有異於以強陵弱、以大脅小之盟，故特書曰同盟也。」[33]以「同」或本為盟載書策之語，凡盟異於以強陵弱、以大脅小即特書「同盟」。劉敞曰：「杜氏云：『言同者，服異也。』按《春秋》書同盟者凡十餘，或服異，或未嘗服異，大約相半。若一以服異解之，則不可通者多，清丘、斷道之類是矣。此吾所不曉也。」[34]認為杜預言「同」

---

[29] 〔晉〕范甯集解，〔唐〕楊士勛疏：《春秋穀梁傳注疏》，卷4，頁39。

[30] 〔晉〕范甯集解，〔唐〕楊士勛疏：《春秋穀梁傳注疏》，卷2，頁23。

[31] 〔宋〕程顥、程頤著，王孝魚點校：《二程集》，「河南程氏經說」卷4，頁1096。

[32] 《春秋》宣公十七年：「冬，十有一月，公弟叔肸卒。」此則書弟、書字為特例。《穀梁傳》曰：「其曰公弟叔肸，賢之也。其賢之，何也？宣弒而非之也。」《胡傳》亦曰：「稱弟，得弟道也。稱字，賢也。何賢乎？叔肸，宣弒而非之也。……《春秋》書曰公弟而稱字以表之也。」（卷18，頁2348）援說《穀梁》之語，認為經文書此乃取責叔肸，故以變文合稱。

[33] 〔宋〕孫覺：《春秋經解》，卷4，頁618。

[34] 〔宋〕劉敞：《春秋權衡》，卷3，頁10990。

為「服異」似非確說，難以統括所有經文。蕭楚（1064-1130）曰：「凡有攜貳之國來受盟則曰同，謂初異而今同；有舉一時誓之而無彼己之約亦曰同。」[35]大抵仍以杜預服異為說。

　　胡安國對「同盟」的義例解釋較北宋學者豐富深刻，既糾舉「王臣預盟而書同」的說法為非，[36]還仔細辨析同盟之例：「有惡其反覆而書同盟，有諸侯同欲而書同盟。」（卷 9，頁 2303-2304）《春秋》宣公十七年：「公會晉侯、衛侯、曹伯、邾子同盟于斷道。」程頤曰：「諸國同心欲伐齊，故書同盟。」[37]《胡傳》亦言：「書同盟者，志同欲也。大國率之，小國畏威而從命，非同欲也。小國訴之，大國勉強而應焉，非同欲也。若斷道之盟，諸侯同心，謀欲伐齊，釋其憤怒，非有不得已而要之者也。」（卷 18，頁 2348）就小國畏威從命與大國勉強而應，說明同盟同欲之意。此年斷道之盟，「魯、衛、曹、邾皆迫于齊，故同有伐齊之心；而晉又欲討其貳，會逢其適，觀明年晉、衛伐齊，又二年，四國與齊戰奪，則此盟為同謀伐齊可知矣。」[38]諸侯有同欲征討華夏之意，故經文書同盟。

　　而同欲之義甚廣，凡有共同目標皆如是書。如《春秋》莊公十六年：「冬十有二月，會齊侯、宋公、陳侯、衛侯、鄭伯、許男、滑伯、滕子，同盟于幽。」《胡傳》曰：「其曰同盟，何也？程氏曰：上無明王，下無方伯，列國交爭，桓公始霸，天下與之，故書同盟，志同欲也。」（卷 8，頁 2299）援引程子之言，以諸侯於此盟同欲推許齊桓為霸主，故書。

---

[35] 〔宋〕蕭楚：《春秋辨疑》（北京：中華書局，1985 年《叢書集成初編》），卷 1，頁 17。

[36] 《胡傳》曰：「同盟或以為有三例：一則王臣預盟而書同，二則諸侯同欲而書同，三則惡其反覆而書同。夫惡其反覆與諸侯同欲而書同，信矣。王臣預盟而書同，義則未安。」（卷 21，頁 2360）以有惡其反覆而書同盟，或諸侯同欲而書同盟，不因王臣與盟而書，蓋王臣必惇信明義以表正天下，諸侯宜尊主奉法而保國守地，王臣若與諸侯私相約誓，則已悖亂君臣之道，不待經文書同則已自見其罪。

[37] 〔宋〕程顥、程頤著，王孝魚點校：《二程集》，「河南程氏經說」卷 4，頁 1117。

[38] 〔元〕汪克寬：《春秋胡傳附錄纂疏》（臺北：臺灣商務印書館，1986 年景印文淵閣《四庫全書》），卷 18，頁 470。

又如《春秋》莊公二十七年：「夏六月，公會齊侯、宋公、陳侯、鄭伯同盟于幽。」《左傳》曰：「陳、鄭服也。」[39]《穀梁傳》以諸侯共同尊周，齊桓得眾也。[40]程頤曰：「同志而盟，非率之也。」[41]《胡傳》曰：「此盟，鄭伯之所欲而書同盟者也。凡盟皆小國受命於大國，不得已而從焉者也。其有小國願與之盟，非出於勉強者，則書同盟，所以志同欲也。前此鄭伯嘗貳於齊矣，至是齊桓強盛，有伯中國、攘夷狄之勢，諸侯皆歸之，鄭伯於是焉有畏服之心，其得與於盟所欲也，故特書同。」（卷 9，頁 2303-2304）盟有小國不得已而從，亦有非出於勉強者，凡自願與盟則書同盟，以志同欲，如此年之盟。胡氏詳述鄭國從攜貳到畏服的改變，並近於《穀梁》，認為齊桓得眾，諸侯同志而盟，故特書同。

其次，諸侯同欲書同盟，但既盟又叛，《春秋》惡其反覆亦書同盟。顧棟高曾批評鄭國「明事勢，識利害，常首鼠晉、楚兩大國之間，視其強弱以為向背，貪利若鶩，棄信如土。故當天下無伯則先叛，天下有伯則後服。」[42]若觀《春秋》書同盟惡其反覆者，多屬鄭國。如《春秋》襄公九年：「冬，公會晉侯、宋公、衛侯、曹伯、莒子、邾子、滕子、薛伯、杞伯、小邾子、齊世子光伐鄭，十有二月，己亥，同盟于戲，楚子伐鄭。」胡安國曰：「鄭之見伐於楚，子駟欲從楚，子展曰：小國無信，兵亂日至，亡無日矣，請完守以老楚，杖信以待晉，其策未為失也，而子駟遂及楚盟，於是晉師至矣，諸侯伐鄭。」（卷 21，頁 2362）此年諸侯伐鄭，鄭遂與諸侯同盟於戲，《左傳》載戲之盟後，楚子伐鄭，鄭乃及楚平，公子罷戎遂入鄭都為盟。由此可見，此書同盟仍著鄭國反覆無常、背約失信之惡。

---

[39]　〔晉〕杜預注，〔唐〕孔穎達疏：《春秋左傳正義》，卷 10，頁 175。

[40]　《穀梁傳》曰：「同者，有同也，同尊周也，於是而後授之諸侯也。其授之諸侯，何也？齊侯得眾也。桓會不致，安之也；桓盟不日，信之也。信其信，仁其仁，衣裳之會十有一，未嘗有歃血之盟也，信厚也；兵車之會四，未嘗有大戰也，愛民也。」見〔晉〕范甯集解，〔唐〕楊士勛疏：《春秋穀梁傳注疏》，卷 6，頁 61-62。

[41]　〔宋〕程顥、程頤著，王孝魚點校：《二程集》，「河南程氏經說」卷 4，頁 1110。

[42]　〔清〕顧棟高：《春秋大事表》（北京：中華書局，1993 年 6 月第一版），卷 25，頁 1893。

　　另外，「弒殺例」之中，經文常例為「○弒其君○」，抑或「○弒其君○及其大夫○」，胡安國從「稱國」、「稱人」、「稱公子」、「稱大夫」等書詞建立「弒」例，在解釋經文時會先從此角度著手，納入書法體系，和學者有所不同。如《春秋》文公十四年：「齊公子商人弒其君舍。」《胡傳》曰：「按《左氏》：魯叔姬妃齊昭公，生舍。叔姬無寵，舍無威。商人心知其孤危寡特，可以取而代也，於是驟施於國而多聚士。然則商人弒逆出於其身之所為，而非昭公有以致之也，故曰：稱公子者，誅止其身。」（卷 15，頁 2333）稱「公子」表罪止其身，弒逆出於個人心志，與國君無關，解釋重心在於「稱公子」之上，藉此印證「弒」例。反觀北宋儒者多圍繞在「舍稱君」的問題，[43]即使有談到公子之稱，也不納於弒殺體系，[44]相比之下，胡安國的區分較為細密，有明確的歸納對象，書法則扣緊類例發義。

三、藉甲說乙

　　胡安國恆常使用「藉甲說乙」的方法解經，透過一方書法肯定、貶責，或驗證另一處，彰顯《春秋》隱微大義。例如「用兵例」之「救」，《春秋》常例為「○救○」，胡安國認為聖人書「救」有其書法用意，凡

---

[43] 例如孫復曰：「舍未踰年，稱君者，孔子疾亂臣賊子之甚，嫌未踰年與成君異也，故誅一公子商人為萬世戒。」見〔宋〕孫復：《春秋尊王發微》，卷 6，頁 10780。孫覺曰：「《春秋》未逾年之君稱子者，人子之心不忍有變於中年也。齊侯潘卒於五月，而舍見弒於九月，未逾年也不日子而日君者，商人之弒，弒成君也。人子之心則未逾年而稱子，國人弒君則未逾年而稱君，此《春秋》所以辯君臣之分而防篡弒之禍也。」見〔宋〕孫覺：《春秋經解》，卷 7，頁 708。

[44] 例如蘇轍曰：「商人將以為君，其稱公子，何也？州吁無知將以為君而不終，故不稱公子，以見其欲為君也。商人終為君矣，不待去公子而後見也，稱公子以親責之也。舍未逾年而稱君，既葬也若以其未逾年而不稱君，是商人之罪，可得而免也，正舍之名所以正商人之罪也。」見〔宋〕蘇轍：《春秋集解》，卷 6，頁 55。葉夢得除了討論舍稱君，也論述稱名問題，但都納於成君與否，不列入「弒」例：「舍，未踰年之君也。何以稱弒其君？惡商人也。成之為君則可名以弒，不成之為君則不可名以弒，商人取舍而代之者也，君子以為異乎里克之殺奚齊，故成舍之為君者，所以正商人之弒也。」見〔宋〕葉夢得：《春秋傳》，卷 12，頁 11936。

書「救」皆善之：

> 凡書救者，未有不善之也。救在京師則罪列國，子突救衛是也。救
> 在夷狄則罪諸侯，狄救齊、吳救陳是也。救在遠國則罪四鄰，晉陽
> 處父帥師伐楚以救江是也。救而不速救者則書所次，以罪其慢，叔
> 孫豹救晉，次于雍榆是也。救而不敢救者則書所至，以罪其怯，齊
> 侯伐我北鄙，圍成，公救成至遇是也。（卷 10，頁 2306）

　　共分為五：第一，救在京師則罪列國。如《春秋》莊公六年：「王人
子突救衛。」《胡傳》曰：「王人，微者。子突，其字也。以下士之微超
從大夫之例而書字者，褒救衛也。」（卷 7，頁 2294）第二，救在夷狄則
罪諸侯。例如《春秋》哀公十年：「楚公子結帥師伐陳，吳救陳。」《左
傳》載哀公六年，吳國為了復修舊怨，故用兵伐陳，楚昭王以其先君與陳
有盟，故救陳，但卻救之不得，卒於城父，陳遂親吳。九年夏，楚國伐
陳，陳即吳故也，不成。十年冬，復伐陳，吳延州來季子救陳。《胡傳》
曰：「陳者，有虞之後，嘗為楚滅而僅存耳。今又無故興師，肆行侵伐，
而列國諸侯縱其暴橫，不能修方伯連帥之職，而吳能救之，故獨以號舉，
深著楚罪而傷中國之衰也。」（卷 30，頁 2395）批評楚國無故興師，肆
意侵伐，中國無霸，諸侯不能相救，唯吳國能救，故聖人稱許吳國，獨以
號舉，並著楚罪而傷中國之衰。第三，救在遠國則罪四鄰。如《春秋》文
公三年：「晉陽處父帥師伐楚救江。」晉襄公不能帥諸侯伐楚，卻由大夫
專伐救江，《胡傳》既責備晉襄公不能奉天討之，又申斥救之不以其道：

> 當是時，楚有覆載不容之罪，晉主夏盟，宜合諸侯，聲罪致討，命
> 秦甲出武關，齊以東兵略，陳蔡而南，處父等軍方城之外，楚必震
> 恐而江圍自解矣，計不出此，乃獨遣一軍，遠攻強國，豈能濟乎？
> 故書伐楚以救江，言救江雖善，而所以救之者，非其道矣。此《春
> 秋》紀用兵之法也。（卷 14，頁 2328）

　　孫復曾言此不能救江，且非救患之師，[45]胡氏更進一步點出用兵之法，說明晉襄公當合諸侯，聲罪致討，不應獨遣大夫帥師，救江非合於道，此「救」亦有貶斥秦、齊、陳、蔡等國不能援兵相救之意。第四，救而不速救者則書所次。如《春秋》僖公元年：「齊師、宋師、曹師次于聶北，救邢。」《胡傳》曰：「三國稱師，見兵力之有餘也。聶北書次，譏救邢之不速也。《春秋》大義，伐而書次，其次為善，遂伐楚次于陘，美之也。救而書次，其次為貶，救邢次于聶北，譏之也，聖人之情見矣。」（卷11，頁2309）前儒實已談到「救」而「次」的書法用意，[46]胡氏觀點相近，認為《春秋》書救書次，於次為貶，譏齊、宋、曹三國慢於進兵，救難不速。第五，救而不敢救者則書所至。如《春秋》襄公十五年：「夏，齊侯伐我北鄙，圍成。公救成，至遇。」《公羊傳》曰：「其言至遇何？不敢進也。」[47]魯國畏齊，不敢至成，故書所至，表怠慢膽怯，救而不敢救也。

　　藉甲說乙之法又可見於用兵例之「伐」。《春秋》文公十年：「秦伐晉。」《胡傳》曰：

> 程氏以為晉舍嫡嗣而外求君，罪也。既而悔之，正矣。秦不顧義理是非，惟以報復為事，則夷狄之道也。以此狄秦，義固然矣。或者猶有深許晉人悔過能改，終不遂非之意，故重貶秦伯以見乎？（卷15，頁2331-2332）

---

45 孫復曰：「先言伐楚而後言以救江者，惡不能救江也。楚人圍江，陽處父帥師不急赴之，乃先伐楚，欲其引兵自救而江圍解，非救患之師也。」見〔宋〕孫復：《春秋尊王發微》，卷6，頁10776。

46 例如《公羊傳》曰：「救不言次，此其言次何？不及事也。不及事者何？邢已亡矣。」見〔漢〕何休解詁，〔唐〕徐彥疏：《春秋公羊傳注疏》，卷10，頁120。《穀梁傳》曰：「救不言次，言次非救也。」見〔晉〕范甯集解，〔唐〕楊士勛疏：《春秋穀梁傳注疏》，卷7，頁69。啖助曰：「凡救當奔命而往，救次失救道也。」見〔唐〕陸淳：《春秋集傳纂例》，卷5，頁122。劉敞曰：「《春秋》所書救，正欲其急病拯危耳，若頓師安次，則失救國之義。」見〔宋〕劉敞：《春秋權衡》，卷11，頁11063。孫復曰：「言次言救者，惡諸侯緩于救患也。」見〔宋〕孫復：《春秋尊王發微》，卷5，頁10766。

47 〔漢〕何休解詁，〔唐〕徐彥疏：《春秋公羊傳注疏》，卷20，頁253。

　　經文以戎狄之法單書「秦」，儒者多解為「闕文」，[48]但胡安國除了主張程頤說法為是，以秦國伐晉，報復非義，故狄之；更進一步認為經文狄秦是肯定晉人悔過能改，明顯採取藉甲說乙。熊過（-1529-）曰：「胡子：『晉取少梁，不經，見謂秦報令狐，故狄之耳。』夫《春秋》所書，其罪在我，奚必沒秦伯之名，擅為進退哉？蓋縱掠無什伍如狄，然直書之矣。」[49]稱狄為直書，否定胡氏藉秦伯去名而進退他人的意見。

　　在「稱謂例」中，《胡傳》說明列國之命大夫，例稱「公子」、「公孫」：「諸侯之子為大夫則稱公子，其孫也而為大夫則稱公孫。」（卷3，頁 2277）若絕其稱，即為變例。《春秋》莊公八年：「齊無知弒其君諸兒。」《穀梁傳》曰：「大夫弒其君，以國氏者，嫌也。弒而代之也。」[50]陸淳以此為非：「《穀梁》曰：『大夫弒其君以國氏者，嫌也。弒而代之也。』按例：不命之卿例不書氏，既不書氏，自然以名連國，強說嫌理，迂僻之甚。」[51]批評《穀梁傳》說法錯誤，國卿不命則不書氏，故以名連國。後代詮說亦糾舉《穀梁》，主張未命而不氏，[52]但《胡傳》

<hr />

48　例如蘇轍曰：「書秦伯，闕文也。」見〔宋〕蘇轍：《春秋集解》，卷 6，頁 55。黃仲炎曰：「此年秦伐晉、成三年鄭伐許、昭十二年晉伐鮮虞，皆脫人字，如夏五，闕月是也。」見〔宋〕黃仲炎：《春秋通說》，卷 7，頁 13055。家鉉翁曰：「秦伐晉，《春秋》狄之。論者疑貶秦太甚，以為有缺文，其說是矣。」見〔宋〕家鉉翁：《春秋集傳詳說》（臺北：大通書局，1972 年《通志堂經解》），卷 14，頁 13600。王樵曰：「按秦下當有闕文。或云：『晉舍適嗣而外求君，既而悔之，正矣。秦不顧是非，惟以報復為事，故狄之。』恐非。」見〔明〕王樵：《春秋輯傳》（臺北：臺灣商務印書館，1986 年景印文淵閣《四庫全書》），卷 6，頁 664。

49　〔明〕熊過：《春秋明志錄》（臺北：臺灣商務印書館，1986 年景印文淵閣《四庫全書》），卷 6，頁 151。

50　〔晉〕范甯集解，〔唐〕楊士勛疏：《春秋穀梁傳注疏》，卷 5，頁 50。

51　〔唐〕陸淳：《春秋集傳辨疑》，卷 3，頁 37。

52　例如孫復曰：「無知不氏，未命也。諸兒，襄公。」見〔宋〕孫復：《春秋尊王發微》，卷 3，頁 10749。孫覺曰：「按無知之弒，義同隱四年衛州吁弒其君完，未命故不書氏也。《穀梁》曰：『以國氏者，嫌也。弒而代之也。』按未命之大夫，例不書氏，若宋督弒其君，未嘗代之，然亦以國氏謂之嫌，非也。」見〔宋〕孫覺：《春秋經解》，卷 3，頁 602。劉敞亦云：「齊無知弒其君諸兒，《穀梁》曰：『大夫弒君以國氏者，嫌也。弒而代之也。』非也。宋萬豈亦弒而代之者乎？公子商人豈非弒而代之者乎？」見〔宋〕劉敞：《春秋權衡》，卷 15，頁 11099。

卻曰：「無知曷為不稱公孫而以國氏？罪僖公也。弒君者無知，於僖公何罪乎？不以公孫之道待無知，使恃寵而當國也。」（卷 7，頁 2295）認為無知有寵於齊僖公，國君待其未以公孫之道，遂致弒逆，故不稱公孫，逕以國氏書之，從「甲」說「乙」，藉「不稱公孫」歸罪「僖公未以公孫之道待之」。又，同樣的說例方式，《春秋》隱公四年：「衛州吁弒其君完。」此亦不稱「公子」州吁，解經者各有其主，[53]《胡傳》則曰：「此衛公子州吁也，而削其屬籍，特以國氏者，罪莊公不待之以公子之道，使預聞政事，主兵權而當國也。」（卷 2，頁 2273）衛莊公寵愛公子州吁，養成匹嫡奪正之惡，「不稱公子而以國氏著後世，為人君父者之戒耳。」（卷 2，頁 2273）仍藉「削屬籍以國氏著」貶斥「莊公不待之以公子之道」，解法同於「齊無知弒其君諸兒」之經文。

第二節　執例之弊

錢謙益（1582-1664）提出《胡傳》說例之失：

> 仲尼之所削者，不可見矣；其所筆者，具在據事直書，內不敢易史書，外不敢革赴告，而一字褒貶，口銜天憲，亦可以令吳、楚之僭王者乎？此又胡之失也。元年之元也，鼎銘先之矣；五等諸侯之稱公也，《儀禮》先之矣。由此推之，凡所謂一字一句傳義比例者，非棄灰之刑，則畫蛇之足也，此又胡之失也。[54]

---

[53] 唐代孔穎達曰：「州吁實公子而不稱公子者，傳文更無褒貶，直是告辭不同，史有詳略耳。」以褒貶不繫於「公子」之稱，依史詳略而書。見〔晉〕杜預注，〔唐〕孔穎達疏：《春秋左傳正義》，卷 3，頁 55。宋儒則多以「國卿未命」解之，如孫復曰：「州吁不氏，未命也。」〔見〕孫復：《春秋尊王發微》，卷 1，頁 10730。劉敞曰：「州吁者何？衛公子也。何以不稱公子？公子雖貴，非三命不氏。」見〔宋〕劉敞：《春秋劉氏傳》，卷 1，頁 10867。又如葉夢得云：「州吁，公子也。不氏，未三命也。」見〔宋〕葉夢得：《春秋傳》，卷 2，頁 11834。

[54] 見〔清〕朱彝尊撰，〔清〕翁方綱撰，羅振玉撰：《經義考‧補正‧校記》（北京：中國書

　　以聖人成《春秋》是據事直書，不革舊史、赴告所載，書「元」稱「公」皆有所因，胡安國將一字一句歸附書例是過於苛酷，無濟於事。牧齋是站在「據事直書」的角度，批評胡安國一字褒貶為非，解經路向與胡氏有所對立。本書思考的是，若從不同立場批評胡安國，確實容易看出錯誤，糾舉其弊；但若回歸到《胡傳》本身，就類例評類例，是否更能說明問題，具體指出缺失？換言之，欲抉摘《胡傳》類例疏謬，宜先置其說解體系，從其觀點作為針貶之始，倘若已先持相向主張，必難客觀釐清相關論題。以下依序詮說《胡傳》執例之弊。

一、一例兩解

　　三《傳》定例往往有許多矛盾之處，《胡傳》也有此問題，形成一例兩解的牴觸。例如「稱謂例」中，《春秋》隱公元年：「天王使宰咺來歸惠公仲子之賵。」《胡傳》曰：「王朝公卿書官，大夫書字，上士、中士書名，下士書人。」（卷 1，頁 2269）說明王臣各有書官、書字、書名、書人的標準，而王朝公卿則書官。但桓公四年：「天王使宰渠伯糾來聘。」《胡傳》卻曰：「王朝公卿書爵，大夫書字，上士、中士書名，下士書人，例也。」（卷 4，頁 2283）同樣述及王朝公卿的稱謂，但前者言「書官」，後者稱「書爵」，說法互異。[55]

　　又如經文書諸侯卒或名或不名，《胡傳》提到諸侯之名皆記於載書簡牘，聖人因舊史而不革：「卒而或名或不名者何？會盟則名於載書，聘問則名於簡牘，未嘗會盟聘問而無所證者，雖使至告喪，其名亦不可得而知矣，凡此類因舊史而不革者也。」（卷 1，頁 2272）提到諸侯之名皆記於

店，2009 年 1 月），卷 206，頁 1391。

[55] 查考《春秋》經文書王朝公卿者，多以爵繫，如「召伯」、「毛伯」、「凡伯」、「祭伯」等，唯四處有稱官：隱公元年：「天王使宰咺來歸惠公仲子之賵。」桓公四年：「天王使宰渠伯糾來聘。」僖公三十年：「天王使宰周公來聘。」僖公九年：「公會宰周公、齊侯、宋子、衛侯、鄭伯、許男、曹伯于葵丘。」而「宰咺」更只有稱官，不如「宰渠伯糾」、「宰周公」稱官亦稱爵。由此可見，胡氏認為王朝公卿稱號一說書「官」，一說書「爵」，說法有所矛盾，事實上也應以書「爵」為正例。

載書簡牘，聖人書此與日月之例一樣，因舊史不革。然《春秋》隱公八年：「宿男卒。」《胡傳》又表示仲尼書諸侯薨必以名稱：「經書其終，雖五霸強國，齊桓、晉文之盛莫不以名者，是仲尼筆之也。赴不以名而書其名者，與魯通也；已通而不名者，舊史失之爾；未通而名者，有所證矣。……諸侯薨赴不以名，而仲尼革之必以名書，變周制矣。」（卷 3，頁 2277）另提到史策載諸侯之薨不論書名與否，仲尼必以名書，和前言提到聖人因舊史而不革者似有矛盾，既已說明經文書名乃因舊史，後又提出仲尼筆削之法，[56]明顯有兩種解釋。

二、例中有例

胡安國雖歸納正例、變例，習經者看似可直從變例探查聖人大義，但事實上卻非如此。因為正例之中又存在著新變例，它和對立於正例的變例不同，恆常出現「例中有例」的問題。例如「諸侯薨葬例」之「魯公葬」，《春秋》書魯公葬之書法正例：「○時，○月○日，葬我君○。」啖助曰：「凡公葬皆書，唯隱公、閔公不書者，言賊不討如不葬然也。」[57]胡氏亦言：「不書葬，示臣子於君父有討賊復讎之義，非聖人莫能修謂此類也。」（卷 3，頁 2279）國君見弒，人臣宜致力討賊，若亂賊未討則不書葬，為經文變例。而桓公十八年：「冬，十有二月己丑，葬我君桓公。」魯桓見弒，尚未討賊，但經文仍書葬，胡氏對此又以「內」、「外」解釋：「公羊曰：賊未討，何以書葬？讎在外也。穀梁子曰：讎在外者，不責踰國而討于是也。夫桓公之讎在齊，則外也。隱公之讎在魯，

---

56 後儒批評胡氏筆削之說，例如陸粲（1494-1551）曰：「赴不以名而書其名者，亦舊史之文耳。襄、昭以前非仲尼所親見，使舊史本無，亦何從而筆之哉？」見〔明〕陸粲：《春秋胡氏傳辨疑》（臺北：臺灣商務印書館，1986 年景印文淵閣《四庫全書》），卷上，頁 759。徐學謨（1521-1593）曰：「辛亥，宿男卒，不名也。名不名，從其國之赴也。胡氏曰：諸侯薨，訃不以名，而仲尼革之必以名書，變周制也，以為作《春秋》之驗也。孔子而變周制則《春秋》可以無作也。」見〔明〕徐學謨：《春秋億》（臺北：臺灣商務印書館，1986 年景印文淵閣《四庫全書》），卷 1，頁 9。

57 〔唐〕陸淳：《春秋集傳纂例》，卷 3，頁 57。

則內也。在外者不責其踰國，固有任之者矣。在內者討于是，此《春秋》
之法也。」（卷 6，頁 2291）依循《公》、《穀》，認為賊在外邦，仇雖
未復，魯內仍可稱葬，書法有所權變，經文雖為正例之記，但卻又是例中
之例。朱朝瑛（1605-1670）批評道：「胡氏謂外賊難討，夫君父之讎不
與共天下，何論內外？」[58]湛若水亦云：「《公》、《穀》、胡氏皆以為
賊未討，何以書葬？及在外在內之說，皆後人趀例耳，聖人未嘗有明訓
也。」[59]點出拘例之病，導致例中有例、例內生例。

又如「諸侯葬」，胡安國以外諸侯卒或葬或不葬為聖人筆削，[60]弒逆
之賊既討則書葬，以此為《春秋》正例，但仍有出例的情形。如襄公三十

---

[58] 〔明〕朱朝瑛：《讀春秋略記》（臺北：臺灣商務印書館，1986 年景印文淵閣《四庫全
書》），卷 2，頁 34。

[59] 〔明〕湛若水：《春秋正傳》（臺北：臺灣商務印書館，1986 年景印文淵閣《四庫全
書》），卷 6，頁 118。

[60] 舉凡外諸侯葬，魯國往會則卒、葬並書，此為書法正例，但胡安國認為《春秋》乃天子之
事，聖人就大義之法或存或削：「卒而或葬或不葬何？有急於禮而不葬者，有弱其君而不
葬者，有討其賊而不葬者，有譎其辱而不葬者，有治其罪而不葬者，有避其號而不葬
者。……急於禮而不往，弱其君而不會，無使事、闕其文，魯史之舊也。討其賊而不葬，譎
其辱而不葬，治其罪而不葬，避其號而不葬，聖人所削，《春秋》之法也。」（卷 1，頁
2272）分析經文不書葬之因：首先，因「急於禮」、「弱其君」而不葬乃魯史舊文，非孔子
削之。汪克寬曰：「滕、邾屢朝魯，而滕七君書卒，三世不書葬；邾亦七君書卒，五世不
葬；莒、宿書卒皆不葬，是皆急於弔送，欺其微弱，非惟不使卿往，亦不使微者往會。」見
〔元〕汪克寬：《春秋胡傳附錄纂疏》，卷 1，頁 54。魯國欺陵滕、邾、莒、宿四國弱小，
故於慰問弔送上有急慢之失，未使使往會，故不全書葬。其次，「討其賊而不葬」。《公羊
傳》隱公十一年：「《春秋》君弒，賊不討，不書葬，以為無臣子也。」見〔漢〕何休解
詁，〔唐〕徐彥疏：《春秋公羊傳注疏》，卷 3，頁 42。胡安國承襲此說：「《春秋》大
法：君弒而賊不討則不書葬。」（卷 23，頁 2369）凡賊討則書葬，如隱公五年：「葬衛桓
公。」《胡傳》曰：「衛亂是以緩，魯往會故書，聖人存而弗削者，弒逆之賊討矣。」（卷
2，頁 2274）反之，若不能討賊者，即使魯史書之仍削。第三，「譎其辱而不葬」。《左
傳》成公十年：「秋，公如晉。晉人止公，使逆葬，於是糶茷未反。冬，葬晉景公。公送
葬，諸侯莫在。魯人辱之，故不書，譎之也。」見〔晉〕杜預注，〔唐〕孔穎達疏：《春秋
左傳正義》，卷 26，頁 450。晉景公葬，諸侯皆未在場，魯國以此為恥辱，故不書葬晉景
公。第四，「治其罪而不葬」。《春秋》僖公九年：「春，王三月丁丑，宋公御說卒。」宋
桓公卒，同年宋襄公即背殯盟會，故經不書葬，連桓公、襄公、成公三世皆不以葬書者，治
其罪也。第五，「避其號而不葬」。《公羊傳》宣公十八年：「吳、楚之君不書葬，辟其號
也。」見〔漢〕何休解詁，〔唐〕徐彥疏：《春秋公羊傳注疏》，卷 16，頁 210。胡氏承襲
其說，黜夷狄之僭，故不書葬。此類皆為聖人筆削，屬經文變例。

年:「葬蔡景公。」《胡傳》曰:「《春秋》大法:君弒而賊不討則不書葬,況世子之於君父乎!蔡景公何以獨書葬?遍刺天下之諸侯也。」(卷23,頁2369)蔡世子般弒君,罪大惡極,不如禽獸、夷狄,而諸侯不能討賊,是廢人倫、滅天理,故聖人特書「葬」,遍刺天下之諸侯。又如昭公十九年:「葬許悼公。」《胡傳》曰:「許世子止不知嘗藥,累及許君也。觀止自責,可謂有過人之質矣,乃至以弒君獲罪,此為人臣子而不知《春秋》之義者也。」(卷25,頁2380)明顯寬赦許世子止弒君之罪,即使此賊未討,仍書公葬,為例中之例。對於胡氏承襲《公》、《穀》,亦將「討賊」貫串於「薨葬」之中,藉此解釋《春秋》的方式,元代趙汸已提出異詞,認為經文書諸侯薨、葬等「皆魯史遺法,有不待筆削而義已明者,所謂策書之大體也」,[61]主張此類是就魯史所載,依簡冊而書,箇中大義不必透過筆削而見。其又曰:

> 《公羊》、《穀梁》不達斯義,見《春秋》弒君不書葬者之多,而不得其說,乃為之辭曰:「君弒,賊不討不書葬,以為無臣子也。」然內於桓公書葬而辭窮,則又遁其辭曰:「讎在外也。」外於許悼書葬而辭窮,則又遁其辭曰:「是君子之赦止也。」至於蔡景書葬則無以為辭矣,於是又有為之說者曰:「遍刺天下之諸侯也。」學者習聞其辭義之雋,而未有能辯其失者。[62]

《胡傳》之所以會衍生例中有例之失,就是因為執於類例,不斷用同一套準則規範《春秋》,一旦經文書法與標準牴觸,就造成理屈詞窮的狀況,不得不另發遁詞掩飾矛盾說法,學者讀《傳》自然會陷於字詞,難以跳脫框架,尋繹聖人真義。

此外,「盟會例」也明顯有這類問題。關於「公及盟」的內容,《胡

---

61 〔元〕趙汸:《春秋屬辭》(臺北:大通書局,1972年《通志堂經解》),卷3,頁14618-14619。

62 〔元〕趙汸:《春秋屬辭》,卷3,頁14618。

傳》曰：「經於魯君盟會不信則諱公而不書，不臣則諱公而不書，棄中國從夷狄則諱公而不書。」（卷 19，頁 2351）提到聖人為魯公隱諱之因，故《春秋》文公二年：「及晉處父盟。」《胡傳》曰：「諱不書公者，抑大夫之亢，不使與公為敵，正君臣之分也。」（卷 14，頁 2327）《春秋》成公三年：「丙午，及荀庚盟。丁未，及孫良夫盟。」《胡傳》曰：「其言及者，公與之盟而不言公，見二卿之亢也。盟者，《春秋》所惡，於惡之中又有惡焉者，此類是也。」（卷 19，頁 2352）皆貶抑大夫與魯君盟，不使與公匹敵，故諱不書公。但比較其他經文，會發現諱「公」及盟並非限於「不信」、「不臣」與「從狄」。《春秋》莊公二十二年：「及齊高傒盟于防。」《胡傳》曰：「蓋公也，其不言公，諱與高傒盟也。來議結昏，娶仇人女，大惡也。」（卷 9，頁 2301）因莊公欲娶仇讎之女，親仇讎為《春秋》所惡，故不書公以諱此盟，正例之外還有別例，是獨立於變例之外的書法。

又，「公及盟」之「及」為魯欲，《春秋》桓公元年：「公及鄭伯盟于越。」《胡傳》曰：「越之盟，魯志也，故稱及。」（卷 4，頁 2281）《春秋》定公四年：「公及諸侯盟于皋鼬。」《胡傳》曰：「書公及者，內為志也。」（卷 27，頁 2837）書「及」皆表魯志、魯欲。但若仔細分析胡氏觀點，《春秋》書「及」又非全為正例，有時仍配合其他字詞而歸屬於變例書法。例如隱公元年：「及宋人盟于宿。」此不書公，相盟對象又稱「人」，為變例書法，《胡傳》曰：「內稱及，外稱人，皆微者。其地以國，宿亦與焉。微者，盟會不志于《春秋》，此其志者，有宿國之君也。」（卷 1，頁 2269）解釋此乃微者之盟，但因宿國之君在焉，故《春秋》特別書之。又，隱公八年：「公及莒人盟于浮來。」《胡傳》曰：「莒，小國。人，微者，而公與之盟，故特言及，以譏失禮，且明非大夫之罪也。」（卷 3，頁 2277）此亦書「人」，譏隱公失禮故特書「及」。由此可見，《胡傳》公「及」盟例除了有「魯欲」、「內志」之正例，還有特書之變例，藉由書「及」書「人」表微者與盟，若魯公與微者盟，此「及」又有譏貶之意。

三、解詞紛繁

　　胡安國常歸納經文字詞的立義，往往將整條經文割離成一個個的詞彙，而這些詞彙又互有連結，造成字例繁雜瑣碎。例如「用兵例」中，經文稱「師」之立義不同：矜其盛而稱師、著其暴而稱師、惡其無名不義而稱師等，[63]但胡安國卻又另外提到，若大夫身為主將，書法會因攻敵態度而有差異：「晉滅潞氏、甲氏，及再伐鮮虞，皆用大夫為主將，而或稱人，或稱國，或稱其名氏，何也？以殄滅為期而無矜惻之意則稱人，見利忘義而以狄道欺詐行之則稱國，以正兵加敵而不納其叛臣則稱名氏。」（卷 25，頁 2378）故書法有三：第一，稱人。如宣公十六年：「晉人滅赤狄甲氏及留吁。」《胡傳》曰：「按《左氏》：董是役者，士會也。上將主兵，其稱人，貶詞也。……《春秋》於夷狄攘斥之，不使亂中夏則止矣。……必欲盡殄滅之無遺種，豈仁人之心、王者之事乎？士會所以貶而稱人也。」（卷 18，頁 2347）攘斥夷狄戎以殄滅，晉荀林父滅潞，無仁人之心、矜惻之意，故稱人示貶。第二，稱國。例如昭公十二年：「晉伐鮮虞。」《胡傳》曰：「《左氏》曰：晉荀吳偽會齊師者，假道鮮虞，遂入昔陽。冬，書晉伐鮮虞，狄之也。」（卷 24，頁 2375）荀吳詐譎鮮虞，失信棄義，是夷狄行也，故稱「晉」伐鮮虞。第三，稱名氏。此例以正兵加敵而不納其叛臣，如昭公十九年：「齊高發帥師伐莒」、定公五年：「晉士鞅帥師圍鮮虞」、哀公六年：「晉趙鞅帥師伐鮮虞」等，皆書大夫名氏，「夫稱其名氏，非褒之也，纔免於貶耳。」（卷 25，頁

---

[63] 《胡傳》曰：「稱師者，紀其用眾而立義不同：有矜其盛而稱師者，如齊師、宋師、曹師城邢之類是也。有著其暴而稱師者，楚滅陳、蔡，公子棄疾主兵而曰楚師之類是也。有惡其無名不義而稱師者，次于郎以俟陳、蔡及齊圍郕之類是也。」（卷 2，頁 2274）稱「師」有三義：第一，矜其盛。如僖公元年：「齊師、宋師、曹師次于聶北，救邢。」《胡傳》曰：「三國稱師，見兵力之有餘也。」（卷 11，頁 2309）軍隊強盛，足以救患，故稱師。第二，著其暴。如隱公五年：「秋，衛師入郕。」批評衛宣公不能固本恤民而入郕毒眾，稱「師」著暴。又如宣公十五年：「晉師滅赤狄潞氏。」《胡傳》曰：「上卿為主將，略而稱師者，著其暴也。」（卷 18，頁 2346）第三，有惡其無名不義。例如《春秋》莊公八年：「師次于郎，以俟陳人、蔡人」、「師及齊師圍郕」，此罪魯莊公無名黷武、勞民毒眾，故義繫於「師」。

2378）由此可見，關注一條經文必須顧慮許多書法，除了先從稱「師」立義，還得再注意是否有大夫帥師的問題，進而依照稱「人」、稱「國」、稱「名氏」等詞彙逐層分析，否則無法掌握經義。這推求書法字例的過程已窄化了聖人褒貶，限制其中義蘊的闡發方向。

又如《春秋》有言滅而涉及國君的書法，如莊公十年：「齊師滅譚，譚子奔莒」或僖公二十六年：「楚人滅夔，以夔子歸」，《胡傳》曾分析見滅之君義例：

> 《春秋》滅人之國，其罪則一，而見滅之君，其例有三：以歸者，既無死難之節，又無克復之志，貪生畏死，甘就執辱，其罪為重，許斯、頓牂之類是也。出奔者，雖不死於社稷，有興復之望焉，託於諸侯，猶得寓禮，其罪為輕，弦子、溫子之類是也。若夫國滅死於其位，是得正而斃焉者矣。（卷 12，頁 2315）

除了國滅死於其位之外，[64]還有「○滅○，以○歸」、「○滅○，○奔○」等書法，各表君死其位，得正合禮；書以歸者，其罪最重；書出奔者，其罪最輕。[65]北宋孫覺已提到此說，認為《春秋》之法，滅有三例：

> 國滅而其君死之者書滅，莊十三年齊人滅遂是也。國滅而其君出奔者書奔，齊師滅譚，譚子奔莒是也。滅其國以其君歸者書歸，僖二

---

[64] 《胡傳》曰：「國君死社稷，正也。」（卷 8，頁 2297）

[65] 見滅之君的書法亦各有其例：第一，關於書「奔」書「爵」。《春秋》莊公十年：「齊師滅譚，譚子奔莒。」《胡傳》曰：「滅而書奔，責不死位也。不書出，國亡無所出也。國滅身奔，而不能守其富貴，何以書爵乎？己無取滅之罪，為橫逆所加，而力不能勝至於出奔，則亦不幸焉爾矣，其義蓋未絕也。」（卷 8，頁 2297）責備國君不死其位，故書奔；因國亡無出，故不書出；力不能勝而出奔，義未絕也，故書爵，如僖公五年：「楚人滅弦，弦子奔黃」、僖公十年：「狄滅溫，溫子奔衛」等皆如是書。第二，以其君歸皆名。胡氏曰：「凡書敗、書滅、書入而以其君歸，皆名者，為其服為臣虜，故絕之也。」（卷 8，頁 2297）故《春秋》宣公十五年：「晉師滅赤狄潞氏，以潞子嬰兒歸。」定公十五年：「楚子滅胡，以胡子豹歸。」皆書潞子、胡子之名。而僖公二十六年：「楚人滅夔，以夔子歸。」此獨不書名，是一變例，胡氏認為楚國滅夔，乃非其罪，故特存其爵而不名。

十六年楚人滅夔，以夔子歸是也。《春秋》之義就其可責者責之，
不責其所不能也。彊大之國以兵加弱小之諸侯而奪其土地、有其人
民、絕其宗祀，其國之君不能守，以死繼之，則滅人之國而殺人之
君其罪不容誅也。國為之滅而身為之死者，非無罪焉，聖人方深誅
滅者之罪，不得少緩死者之責也，故滅而其君死之者但書曰滅，不
更出死之名，以深罪滅其國而殺其君。天子之土地已不能守，先君
之宗社又不能全，愛其一身之死而蒙恥忍辱，奔亡於外者則書滅、
書奔，罪其不死社稷也。國為之滅而人民為之有也，宗社又不能全
焉，則是有不同天之讎而莫之恥也，乃苟完其一身，隨之歸而為之
臣，蓋其罪不可勝誅矣。故書滅、書歸、又書名也。國為之滅者，
非其罪也。以其君死之則滅者之罪重而死者之責輕，不得更書滅者
之名也。國滅而不能死，固已有罪矣，以其奮然出奔，不為仇讎之
屈則比之隨軍以歸者罪差殺焉。又欲深明滅者之罪，故亦少寬奔者
之責，但書奔而不名焉。[66]

　　此段資料著重於「滅」、「奔」、「歸」等字詞，以書「歸」之罪最
甚，不可勝誅；書「滅」見國滅君死，其責為輕。孫覺也補述書「名」的
問題，強調聖人就可責者而責之：第一，滅國殺君之惡，罪不容誅，邦君
尚能以死繼之，故不更出死之名，僅書「滅」。第二，國家見滅，有國者
愛己保身而出奔，故罪不死社稷，書「滅」、「奔」。第三，國為之滅，
人主隨敵歸而為其臣，罪無可逭，故書「滅」、書「歸」、又書「名」。
因去就輕重以辨罪惡之淺深，藉書法差異以示誅責之輕重。胡安國《春秋
傳》也有輕重之別，除了論述稱「名」，還另及稱「爵」：以力不能勝而
出奔，義未絕也，故書爵。但他不像孫覺將「滅」、「奔」、「歸」、
「名」置於同一軸線上討論，層層遞進，反而是將「爵」單獨放在「奔」
之範疇，與「滅」、「歸」無關，而「名」除了列於「滅」之框架，還可

---

[66] 〔宋〕孫覺：《春秋經解》，卷3，頁608-609。

配合「敗」、「入」並談，[67]解詞極為紛繁瑣碎，會使讀經者者顧此失彼，耽慮若無法統視所有字例歸屬，則無法進一步詮釋經義，此使《春秋》更為難讀。

四、強分二例

　　胡安國認為《春秋》是仲尼筆削之文，聖人大義都透過字詞褒貶與奪。不可否認，經文書法必與魯史有別，但若務求合於類例，此易造成泥例而迂曲真義的問題，尤其是經文根本就沒有統一明確的記載方式時，強以正例、變例歸納只會徒增穿鑿附會，《胡傳》的解釋就有這類狀況。例如「天王例」強調《春秋》書王必稱「天」，視「天王」為正例，反之書「王」則為變例，有聖人大義寓焉；但經文除了書「天王」與「王」之外，成公八年書「天子使召伯來錫公命」，此稱「天子」，出於正、變二例，胡氏僅解釋「天子」與「天王」皆為王者通稱，如果依其判斷思路，魯成公並未涉及篡弒，在此情況下應直書「天王」，何以另書「天子」？難道「天子」就沒有義例的問題？胡氏此處因強調書「王」必稱「天」，不僅執於「天」與「王」的書法關聯，還斷然主張「《春秋》繫王於天」的觀點，所以對經文書「天子」就難有合理的解釋。

　　又，若回到不稱「天」之經文，《春秋》莊公元年：「王使榮叔來錫桓公命。」《胡傳》曰：「今桓公弒君篡國而王不能誅，反追命之，無天甚矣。」（卷 7，頁 2292）以魯桓為篡弒之賊，周莊王既不能討，今卻使臣錫命，無天之甚，故去「天」。漢代何休已提到不稱「天王」之因，而唐代陸淳、北宋孫覺、劉敞也都有聖人去「天」之說，但不同的是，他們少有強分經文的判斷，可能已意識到《春秋》書法並非如此絕對；而且聖人大義的彰顯不見得透過固定詞彙，每則經文或有同樣的書法表現，但是抑揚褒貶已有不同。例如桓公五年：「蔡人、衛人、陳人從王伐鄭。」

---

[67]　胡氏曰：「凡書敗、書滅、書入而以其君歸，皆名者，為其服為臣虜，故絕之也。」（卷 8，頁 2297）

《胡傳》曰：「《春秋》書王必稱天，所章則天命也，所用則天討也。王奪鄭伯政而怒其不朝，以諸侯伐焉，非天討也，故不稱天。……《春秋》，天子之事，述天理而時措之也，既譏天王以端本矣。」（卷 5，頁 2284-2285）周王伐鄭非義，不合於天討，故不稱「天」，譏天王以端本。褒貶方式從「天王」入手，焦點放在周王不義，而孫覺卻言：「桓王以蔡人、衛人、陳人伐鄭，鄭伯叛王也。其言蔡人、衛人、陳人從王伐鄭者，不使天子首兵也。……桓王親伐下國，惡之大者，曷為不使首兵？天子無敵，非鄭伯可得伉也，故曰『蔡人、衛人、陳人從王伐鄭』以尊之，尊桓王所以甚鄭伯之惡也。」[68]重點置於「不使天子首兵」，因為天子無敵，諸侯不得相抗，故經文如是書，尊周桓王地位。劉敞曰：「其言從王伐鄭何？從王正也。」[69]解說角度就「從王伐鄭」而發，和孫覺都是依照整體經文的書法定義，集中於諸侯行為。即使胡安國也同有「尊王」立場，但此處仍關注於「天王」與「王」的別異，從字詞挖掘大義，根本處有所不同。因為胡安國強分正例「天王」與變例「王」的差別，所以必得解釋此則經文何以不書「蔡人、衛人、陳人從『天王』伐鄭」，若未進一步詮說，則類例系統不明，如何架構聖人褒貶大義？但若執泥此態度解經，容易流於拘守字例、本末倒置的流弊。

　　是故，對「天王例」的判斷，劉敞提到：「《春秋》所刺譏於王亦多矣，皆莫謂之無天，獨至於錫桓公命、葬成風而以無天責之者，王者之位至貴也、至重也、至大也，不尸小事、不任小義，未可以小失貶也。」[70]表達聖人並非在每則經文上都冠予去「天」之法，唯「錫桓公命」與「葬成風」等經文有此法，因其廢王義、滅人倫，關係至大，其他小事小義則不以無天貶之。換言之，「蔡人、衛人、陳人從王伐鄭」之經文就不在「王者法天」的框架中，觀點較胡安國來的彈性，不必受到字例羈絆。

---

68 〔宋〕孫覺：《春秋經解》，卷2，頁 571。

69 〔宋〕劉敞：《春秋劉氏傳》，卷2，頁 10873。

70 〔宋〕劉敞：《春秋意林》，卷上，頁 11133。

五、貶法不一

《春秋》中有相同義之經文，但卻有不同的書法記載，胡安國解釋此類經文多用統一的褒貶標準看待，但事實上經文又非圍繞著固定標準書寫，有不少出例情形，使得《胡傳》產生貶法不一、旁生枝節的失誤。例如「盟會例」之「公及盟」中，《胡傳》提到：「不臣則諱公而不書。」（卷 19，頁 2351）故《春秋》文公二年：「及晉處父盟。」成公三年：「丙午，及荀庚盟。丁未，及孫良夫盟。」此類皆正君臣之分，貶抑大夫與魯公盟，故諱公不書。但莊公九年：「公及齊大夫盟于蔇。」此年魯莊公與齊大夫盟，與上述經文事同，但卻未諱公，義例有所出入。

又如「天王例」中，《春秋》隱公元年：「天王使宰咺來歸惠公仲子之賵。」《胡傳》曰：「仲子，惠公之妾爾，以天王之尊下賵諸侯之妾，是加冠於屢，人道之大經拂矣。……壞亂法紀，自王朝始也，《春秋》重嫡妾之分，故特貶而書名，以見宰之非宰矣。」（卷 1，頁 2269）仲子為妾，非魯惠公之夫人，周平王下賵諸侯之妾，壞亂法紀，故《春秋》書宰咺之名。然同樣都是周王亂倫廢法、厚禮妾母，胡氏卻以《春秋》文公五年「王使榮叔歸含且賵」乃去「天」謹之，一是藉書「宰咺」為貶，其一卻是去「天」示謹，相同之惡但竟有不同的褒貶方法。湛若水對此評論：

> 胡氏謂貶而書名，以見宰之非宰。然則成風亦莊公之妾，榮叔歸含賵，召伯來會葬，又何以書字而不名也？由是觀之，則名不名史之文有詳略耳，聖人但舉其事而書之，其義自見矣。……愚謂宰與名並書，則名不足以辱宰，但書云天王使某歸某賵則非禮自見矣，何假乎一字之加乎？[71]

認為經文「名」或「不名」乃依舊史詳略而書，非禮之義從「天王使某歸某賵」已自見，不必假於一字增減。徐庭垣亦言：

---

[71] 〔明〕湛若水：《春秋正傳》，卷 1，頁 46。

宰咺稱名者，凡王官有封邑與爵則書其封爵，如祭公、凡伯等是。
無封爵而有氏則書其氏與字，如南季、家父、榮叔等是。無封爵而
又未有氏則稱名，如宰咺者是。渠伯糾之有封爵而名者，父在故
也。王之卿大夫皆不書官，惟宰為六卿之長，於官無所不統，故重
而獨以官稱，此皆史書之體。謂孔子作《春秋》貶咺而名之，非
也。[72]

　　點出經文書封爵、氏、字、官等皆史書本載之體，冢宰失職，聖人直
書而罪自見，不須書名示貶。又，胡安國以周莊王錫桓公命為無天，故去
「天」，主要針對魯桓篡弒而發。《春秋》桓公四年：「天王使宰渠伯糾
來聘。」《胡傳》曰：「諸侯有賊殺其親則正之，放弒其君則殘之，桓公
之行，當此二者，舍曰不討而又聘焉，失天職矣。……始而來聘，冢宰書
名以見貶；終而追錫，王不稱天以示譏，其義備矣。」（卷 4，頁 2284）
書「糾」為貶，因其始聘篡弒之賊，而終魯桓薨，錫命去「天」以刺，聖
人討賊之義為備。然《春秋》桓公五年：「天王使仍叔之子來聘。」桓公
八年：「天王使家父來聘。」同為來聘魯桓，《胡傳》曰：「下聘弒逆之
人而不加貶，何也？既名冢宰於前，其餘無責焉。」（卷 5，頁 2286）
《春秋》貶斥來聘篡弒之賊，僅就桓公四年「天王使宰渠伯糾來聘」以及
莊公元年「王使榮叔來錫桓公命」兩處經文為主，且不統一去「天」示
義，以貶斥稱名在前，所以其餘無責，解經方法無所適從。湛若水曰：
「愚謂胡氏常以一字觀《春秋》，至於義同而字之褒貶不同，則不得其
說，又從而為之詞，皆此類也。蓋聘弒君之賊，則凡天王使之來與受命而
來者皆可責，何必獨責之於相，又此王何以不去其天耶？如其前後不一則
亦不足以示貶矣。」[73]不僅道出胡安國以例說經的解套方法，還糾舉其貶
法不一的弊病，有其見地。

---

[72] 〔清〕徐庭垣：《春秋管窺》（臺北：臺灣商務印書館，1986 年景印文淵閣《四庫全
　　書》），卷 1，頁 690。

[73] 〔明〕湛若水：《春秋正傳》，卷 5，頁 97。

六、異例同文

　　胡安國分析經文類例，許多時候正例和變例竟都是同樣書法，發生異例同文的現象。例如「同盟」例中，《春秋》有三則經文雖書「同盟」，但卻屬變例書法，此為聖人特書，有別於「諸侯同欲」、「惡其反覆」之義。第一，《春秋》成公五年：「公會晉侯、齊侯、宋公、衛侯、鄭伯、曹伯、邾子、杞伯同盟于蟲牢。」《胡傳》曰：「九國諸侯會盟不廢，故特書同盟，以見其皆不臣。」（卷 19，頁 2352）時周王崩，赴告已及諸侯之策，諸侯不以奔喪為先，反而同盟於蟲牢，故聖人特書同盟，見其不臣王室之罪。第二，《春秋》成公九年：「公會晉侯、齊侯、宋公、衛侯、鄭伯、曹伯、莒子、杞伯同盟于蒲。」《胡傳》曰：「晉人不知反求諸己，惇信明義，以補前行之愆，而又欲刑牲歃血，要質鬼神以御之，是從事於末而不知本矣，特書同盟以罪晉也。」（卷 20，頁 2355）成公八年，晉景公曾使韓穿來魯，欲魯將汶陽田歸於齊，此年有意彌補失信棄義之過，故再尋盟。《春秋》特書「同盟」，罪其不能反躬自省，徒以盟會要誓為固。第三，《春秋》襄公二十五年：「諸侯同盟于重丘。」《胡傳》曰：「崔杼既弒其君矣，晉侯受其賂而許之成，故盟于重丘，特書曰同。」（卷 22，頁 2366）晉平公接受崔杼賄賂而盟於重丘，夫子特書曰「同」亦有貶斥之意。此三則經文書同盟之因與「諸侯同欲」、「惡其反覆」有別，是聖人特殊筆法，但異例同文、二例一書的問題實令《春秋》大義更顯曲折隱晦。

　　又如「弒殺例」中，《春秋》文公十六年：「宋人弒其君杵臼。」《胡傳》曰：「此襄夫人使甸殺之也，而書宋人者，昭公無道，國人之所欲弒也。」（卷 15，頁 2334）杵臼無道失眾，稱「人」以示宋國百姓皆欲弒之，為《春秋》書法正例。文公十八年：「齊人弒其君商人。」從《左傳》所載，弒齊懿公者為邴歜、閻職，微者應書「盜」，此變稱「齊人」，胡氏曰：「懿公見殺，特不書盜，反以弒君之罪歸諸齊人，以誅亂賊之黨，弭篡弒之漸，所謂拔本塞源，懲禍亂之所由也。」（卷 15，頁 2334-2335）認為公子商人以財貨利誘齊國百姓，藉此聯合亂臣賊子以濟

其惡,故國人貪一時私施而不顧君臣之義,《春秋》書「齊人」誅討亂賊之黨,嚴懲禍亂之由。弒齊懿公為微者邴歂、閻職,本應書「盜」,但此卻改作「齊人」為書法變例,雖與「宋人弒其君杵臼」皆稱人,但一為正例,另一為變例,立義大不相同。

七、釋例未全

　　胡安國解釋變例並未周詳,雖說某些經文的書法相同,不須一一發論即可明白大義,但不少地方仍因釋例未全,而使讀者無法確知出例之因與聖人大義的關係。例如《春秋》書魯及戰共四則經文,皆不稱公,而胡氏未全解說。僖公二十二年:「秋,八月丁未,及邾人戰于升陘。」《胡傳》曰:「魯既敗績,邾亦幾亡,輕用師,徒害及兩國,亦異於誅暴禁亂之兵矣,故諱不言公而書及,內以諱為貶。」(卷 12,頁 2319)批評魯國舉師動眾,不僅自傷內耗,亦害邾國幾亡,故此諱公貶之。而莊公九年:「八月庚申,及齊師戰于乾時,我師敗績。」《胡傳》曰:「何以不言公?貶之也。公本忘親釋怨,欲納讎人之子,謀定其國家,不為復讎與之戰也。是故,沒公以見貶。」(卷 8,頁 2296)因為魯莊不以復讎而戰,故聖人諱公,深貶其忘親釋怨。由於另外兩則並無解釋,[74]難以將此義概括至彼,故無法具體掌握諱公之因。

　　又如「諸侯薨葬例」中,胡安國以聖人載諸侯卒必以「名」書:「諸侯薨赴不以名,而仲尼革之必以名書,變周制矣。」(卷 3,頁 2277)但《春秋》經文中如隱公八年:「宿男卒」、莊公三十一年:「薛伯卒」、僖公二十三年:「杞子卒」、宣公九年:「滕子卒」、成公十四年:「秦伯卒」等,此些皆未書名,不如胡氏所言。出例情形既多,但傳文沒有解釋何以不書名?除了無法知曉變例之因,更對《胡傳》說法產生困惑,進而影響聖人大義的理解。湛若水對此批評:「愚謂或名或不名,史有詳略

---

[74] 《春秋》桓公十三年:「及齊侯、宋公、衛侯、燕人戰,齊師、宋師、衛師、燕師敗績。」桓公十七年:「及齊師戰于奚。」

耳，非聖人拘拘之筆。信斯言也，聖人一一而筆之，則何為不於宿男之下
而加之名乎？孟子言：『孔子作《春秋》。』作者，創物之名，書以見義
而未嘗加損之也。故曰：『其文則史，其義則丘竊取之矣。』」[75]認為稱
「名」與否並非孔子所拘，一以舊史書之，未嘗增減加損，直接否定胡氏
說法。

　　另外，胡氏以諸侯出奔未稱「名」為變例，故僖公二十八年：「衛侯
出奔楚。」《胡傳》曰：「諸侯失國出奔，未有不名者，衛侯何以不名？
著文公之罪也。」（卷 13，頁 2322）批評晉文不能釋怨許盟，導致衛成
公奔楚，此不書衛侯之名，以責文公之咎。而文公十二年：「郕伯來
奔。」襄公十四年：「衛侯出奔齊。」郕伯、衛侯皆不書名，但《胡傳》
未釋不書之因，難解此義為何？後代對胡安國「不名以著晉文之罪」的說
法多有抨擊，[76]因此可見，在執於類例而卻釋例未遍的情況下，聖人蘊於
變例中的大義難以窺全，更易造成一例殊義的情況。

---

[75] 〔明〕湛若水：《春秋正傳》，卷 3，頁 68。

[76] 如徐學謨認為胡氏「著晉文之罪」的觀點穿鑿，經文不書名乃舊史略之，《春秋》大義不會
如此模糊幽深：「衛侯出奔楚，何以出奔楚也？晉偪之也。不書名，史略之也。而胡氏以為
著晉文之罪，鑿也。晉文驅夏入楚，誠有罪矣，《春秋》顧以不名衛侯罪之，疑不若是之曖
昧也。」見〔明〕徐學謨：《春秋億》，卷 3，頁 35。熊過認為胡安國不考於事：「胡康侯
謂不以罪名之，重晉文之咎，是不考于事而以虛辭說《春秋》也。」見〔明〕熊過：《春秋
明志錄》，卷 5，頁 121。徐庭垣云：「胡氏曰：諸侯失國出奔，未有不名者，衛侯何以不
名？著文之罪也。按衛獻公出奔，定姜曰：舍大臣而與小臣謀，一罪也；先君有冢卿以為師
保而蔑之，二罪也；余以巾櫛事先君而暴妾使余，三罪也。告亡而已，無告無罪是獻公實有
罪者而不名，何獨於成公之不名為罪晉文也？同一例而義殊，豈夫子昭示後人之意乎！」比
較衛獻公與晉文公，談到衛獻公有罪，但經文不書名，何以歸罪晉文公而不書衛成公之名，
否定《胡傳》「書名著文之罪」的觀點。見〔清〕徐庭垣：《春秋管窺》，卷 5，頁 759。
葉酉亦以此為非：「《傳》：衛侯聞楚師敗，懼，出奔楚，使元咺奉叔武以受盟，衛侯不
名，胡氏以為著晉侯之罪，非也。諸侯失國出奔而名者，以有二君也，無二君則不名。後獻
公、郕伯不名與此同。其無二君而名者，去國而不返也。諸侯卒必名，去國而不返則以終
矣。北燕伯欵、蔡侯朱、莒子庚輿、邾子益是也。」主張國有二君則諸侯出奔書名，藉以辨
別，無二君則不須名之；至於無二君而稱名者，因去國不返，遂以諸侯卒必名的方式記載。
見〔清〕葉酉：《春秋究遺》（臺北：臺灣商務印書館，1986 年景印文淵閣《四庫全
書》），卷 7，頁 481。

第三節　窮例之變

范甯曰：「文同而義異者甚眾，故不可以一方求之。」[77]意識到不能用同一書例標準衡量所有經文，因為《春秋》書法本身就不是整齊劃一的，強以例解容易陷滯其中，造成曲解大義之失。胡安國其實也面對此類情況，發現難將類例套用到所有經文，故在例窮義澀的局面中，採取其他變通方法，以此作為補苴。茲就「美惡不嫌同辭」、「事同既貶則從同同」、「不待貶絕而罪自見」、「屬辭比事」、「據事直書」分述如下：

一、美惡不嫌同辭

《公羊傳》曰：「《春秋》貴賤不嫌同號，美惡不嫌同辭。」[78]解釋經文同辭同號可分別代表貴賤、美惡之義。胡安國將此作為解經要領，尤其是針對例中有例的問題。例如「魯公即位例」中，胡安國以《春秋》書「即位」為正例，若魯公內無所承、上不請命則不書即位，則以變例示義，如隱公、莊公、閔公、僖公、定公皆內不承國於先君，上不稟命於天子，故聖人絀之，未稱即位，正人道之大倫。但《春秋》桓公元年與宣公元年：「春，王正月，公即位。」雖為正例書法，但是用意又為別出，另與「篡弒」連結，和正例之義無關：「桓公與聞乎，故而書即位，著其弒立之罪，深絕之也。美惡不嫌同詞。」（卷 4，頁 2280）又云：「宣公為弒君者所立，受之而不討賊，是亦聞乎弒也，故如其意焉，而書即位以著其自立之罪，而不嫌於同辭。美，一也，有小大則褒詞異；惡，一也，有小大則貶詞異，一美一惡無嫌於同。」（卷 16，頁 2335）書「即位」皆著其弒立之意。胡氏認為聖人書「即位」一方面既肯定魯公緣始終之義，另一方面又藉此深絕篡弒之罪，由「美惡不嫌於同辭」補合例中有例的缺

---

[77] 〔晉〕范甯集解，〔唐〕楊士勛疏：《春秋穀梁傳注疏》，卷 1，頁 13。

[78] 〔漢〕何休解詁，〔唐〕徐彥疏：《春秋公羊傳注疏》，卷 3，頁 37-38。

失，強調書「即位」有二：肯定魯公緣始終之義、順從魯公弒立之意。這個說法看似能彌縫例外生例之失，但若不斷另起新義反而讓經文書法更加錯亂。朱朝瑛批評：

> 同一即位也，胡氏之說褒貶異義，以為美惡不嫌同辭。夫不嫌于同者，謂其美惡較然，如涇渭之不可淆也，若諸公之不朝天子與受賊臣之立者，媺惡不甚相遠，豈得不嫌于同？故知書即位者，猶書公薨，志其終始而已，非褒貶之所繫也。[79]

他不反對「美惡不嫌同辭」的觀點，但前提必須是曲直分明，箇中黑白當下立判，若是立君位、朝天子等事，媺善邪惡相差不遠，難以採用不嫌同辭的褒貶方式。又，王介之（1606-1686）也反對胡氏此類說法，認為《春秋》書即位乃據實書之：

> 桓公篡立，《春秋》起即位之文。胡氏曰：如其意焉。亂臣賊子之意，其可如乎？……《春秋》，天子之事，而巧為如意之文以如許如謔，而與亂賊相形於心迹之間乎？書即位者，桓公行告廟，臨羣臣之禮，因其實而紀之。篡與非篡不嫌同辭而於他事著之，即位之文何容心焉？胡氏之說巧而誣矣。[80]

主張聖人不可能與亂賊相形心迹，無有巧為如意之文，批評《胡傳》說法巧誣，認為「即位」與褒貶無涉，《春秋》因實紀之而已。故桓公即使篡弒立位也非「如其意」而書，以其行告廟、臨群臣而書「即位」。

---

[79]　〔明〕朱朝瑛：《讀春秋略記》，卷7，頁109。

[80]　〔明〕王介之：《春秋四傳質》，卷上，頁238。

二、事同既貶則從同同

　　對於一些經文出例，胡安國也採用「事同既貶則從同同」的方法，如「公及盟」例，《胡傳》曰：「經於魯君盟會不信則諱公而不書，不臣則諱公而不書，棄中國從夷狄則諱公而不書。」（卷 19，頁 2351）提到聖人為魯公隱諱之由，諱「公」及盟隸屬變例書法。《春秋》成公二年：「公及楚人、秦人、宋人、陳人、衛人、鄭人、齊人、曹人、邾人、鄫人盟于蜀。」魯公與各國諸侯盟，胡氏曰：「盟而魯與必先書公，尊內也。次書主盟者，眾所推也。」（卷 19，頁 2351）班序先書魯公，次書主盟者。此年從夷狄盟，依褒貶標準宜諱魯公不書，但此則經文卻又書公。胡安國曰：「事同而既貶，則從同同，正始之義也，從荊楚而與盟既諱公，於僖十九年齊之盟矣，是以於此不諱而人諸國之大夫以見意也。」（卷 19，頁 2351）認為《春秋》僖公十九年：「會陳人、蔡人、楚人、鄭人盟于齊。」楚國與中國會盟始於此，故聖人先行沒公，又人陳、蔡等諸侯，惡諸侯失道。蜀之盟與此事相同，故不再諱公，改以人諸國之大夫，「事同而既貶，則從同同，正始之義也」，這是胡安國就「公及盟」中與變例不合的經文所提出之解決方法。

　　此外，胡氏此經文同則書重之法也出現於「天王例」，其解「天王使宰渠伯糾來聘」是藉書「糾」以貶刺天王不討篡弒者，反而來聘亂賊，不過同樣都是來聘魯桓：「天王使仍叔之子來聘」、「天王使家父來聘」，《胡傳》亦言：「下聘弒逆之人而不加貶，何也？既名冢宰於前，其餘無責焉。」（卷 5，頁 2286）在面對來聘一事，三則經文同書天王，說解不易；而「宰渠伯糾」、「仍叔之子」、「家父」的書辭不同，亦難以統釋，故只能單就「宰渠伯糾」發義，以正始為重，事同而既貶，則從同同。

三、不待貶絕而罪自見

　　《胡傳》雖以類例歸納經文，解釋書法正、變之例，從「例」得

「義」，但他應有發現難將全部經文納於例中，或是書法類例已明，但卻沒有任何變文示義，遂由「不待貶絕而罪自見」的方式發揮褒貶。例如「用兵例」之「伐」，《春秋》成公七年：「楚公子嬰齊帥師伐鄭。」《胡傳》曰：「楚人軍旅數起，頻年伐鄭，以其背己而從諸夏也，與莊之欲討徵舒而入陳亦異矣。書大夫之名氏、書帥師、書伐而無貶詞者，所謂不待貶絕而罪自見者也。」（卷 19，頁 2353）胡安國一向關注夷狄稱號：「荊」、「荊人」、「楚子」、「楚人」等，此年楚國侵擾華夏、征伐中原，經文無有貶詞而直書大夫名氏，故例窮則變，說明不待聖人貶絕而罪自見，藉此勸斥夷狄。

　　另一方面，《春秋》書「如」者多矣，但胡安國並未建立相關類例，所以解釋上就不能從正例、變例探討大義，逕以「不待貶絕而罪自見」詮說。《春秋》僖公三十年：「公子遂如京師，遂如晉。」《胡傳》曰：「冢宰上兼三公，其職任為至重而來聘于魯，天王之禮，意莫厚焉。魯侯既不朝京師，而使公子遂往，又以二事出，夷周室於列國，此大不恭之罪，履霜堅冰之漸，《春秋》之所誅而不以聽者也，則何以無貶乎？有不待貶絕而罪惡見者，不貶絕以見罪惡。」（卷 13，頁 2324）點出魯僖公不能朝覲，怠慢非禮之甚，而大夫以二事出，如周及晉，大不恭也，其罪不待詞之褒貶而善惡自見。又如宣公元年：「公子遂如齊逆女。」《胡傳》曰：「魯秉周禮，喪未朞年，遣卿逆女，何亟乎？太子赤，齊出也。仲遂殺子赤及其母弟而立宣公，懼於見討，故結昏于齊，為自安計，越典禮以逆之如此，其亟而不顧者，必敬嬴、仲遂請齊立接之始謀也。……喪紀浸廢，夫豈一朝一夕之故？自文、宣莫之行矣，此所謂不待貶絕而罪惡見者也。」（卷 16，頁 2335）魯國不待喪畢，亟遣大夫如齊逆女，紊亂典禮，罪惡自明，故胡氏認為不再從「如」字褒貶，仍可端見聖人大義。

四、屬辭比事

　　《禮記・經解》曰：「屬辭比事，《春秋》教也。」[81]關於「屬辭比事」之義，歷代學者各有說解，[82]大抵謂「連屬前後文之辭，以比觀其相類或相反之事，以見筆削褒貶之微言大義。」[83]成為依循三《傳》之外的解經方法，[84]胡氏亦將此融於解經之中，同樣在未分類例而書「如」的經文就有此項運用。《春秋》宣公元年：「春，王正月，公如齊，公至自齊。夏，仲孫蔑如京師。」《胡傳》曰：「以淺言之，屬辭比事，《春秋》教也。當歲首月，公朝于齊。夏，使大夫聘于京師，此皆比事可考，不待貶絕而惡自見者也。」（卷 17，頁 2341）比觀前後，藉此批評魯國輕廢聘覲之禮，邦君如齊而人臣如周，君臣失位，倍畔侵陵，不待貶絕而見惡。又若宣公十年：「公孫歸父如齊。葬齊惠公。」《胡傳》曰：「宣公深德齊侯之能定其位，而又以濟西田歸之也，故生則傾身以事之而不辭於屈辱，沒則親往奔喪而使貴卿會其葬，亦不顧天王之禮，闕然莫之供也，比事考辭，義自見矣。」（卷 17，頁 2343）魯君使卿會葬，慢於周室而謹於齊國，胡安國不從「如」字貶斥，反而就前後比事，考其得失。

　　在「諸侯薨葬例」中，《春秋》書魯公薨之書法正例：「○時，○月○日，公薨于○」抑或「○時，○月○日，公薨」，後者屬魯君見弒之書

81　〔漢〕鄭玄注，〔唐〕孔穎達疏：《禮記注疏》（臺北：藝文印書館，2001 年 12 月《十三經注疏》），卷 50，頁 845。

82　張素卿統整歷代學者如鄭玄、孔穎達、陸佃、吳澄、趙汸、毛奇齡、王夫之、孫希旦、章學誠、章炳麟等對「屬辭比事」的詮解，並釐清其與《禮記・經解》的關係，綜結「屬辭比事」的涵義。參見張素卿：《敘事與解釋──《左傳》經解研究》（臺北：書林，1998 年 4 月），頁 110-135。

83　張師高評：〈《史記》筆法與《春秋》書法〉，載《春秋書法與左傳學史》（臺北：五南圖書，2002 年 1 月），頁 82-83。

84　張素卿說道：「中唐以後的《春秋》學者，企圖在三傳之外自標新義，蔚為一時風尚。於是，有些學者不依三傳軌轍而致力於專研《春秋》經文──所謂『獨抱遺經』，於是以『離經辯類』或『依經比類』的方式詮經說例，逐漸發展出異於三傳的解經法。他們往往以『比事』或『屬辭』等自名其書，表示其方法靈感源自〈經解〉之《春秋》教。」見張素卿：《敘事與解釋──《左傳》經解研究》，頁 117。

例，乃聖人親筆。隱公十一年：「冬，十有一月壬辰，公薨。」胡安國曰：

> 隱公見弒，魯史舊文必以實書。其曰公薨者，仲尼親筆也。……不書弒，示臣子於君父有隱避其惡之禮；不書地，示臣子於君父有不沒其實之忠；不書葬，示臣子於君父有討賊復讎之義，非聖人莫能修謂此類也。（卷3，頁2279）

國史不諱國惡，而《春秋》斷自聖心，故魯公見弒，經文不書弒、不書地、不書葬，各有大義之法，如閔公二年：「秋，八月辛丑，公薨。」《胡傳》曰：「其曰公薨不地者，仲尼親筆也。……書薨以示臣子之情，不地以存見弒之實。」（卷10，頁2307）為隱避君弒國惡，故仍稱公「薨」，另藉不書薨地以存見弒之實，此為《春秋》之法，非聖人毋能修之。但此說無法統一全例。桓公十八年：「夏，四月丙子，公薨于齊。」《公羊傳》載：「夫人譖公於齊侯，公曰：『同非吾子，齊侯之子也。』齊侯怒，與之飲酒。於其出焉，使公子彭生送之。於其乘焉，擠幹而殺之。」[85]彭生弒殺魯桓，經文不應書地，此卻出例稱地。胡氏曰：「魯公弒而薨者，則以不地見其弒。今書桓公薨于齊，豈不沒其實乎？前書公與夫人姜氏如齊，後書夫人孫于齊，去其姓氏而莊公不書即位，則其實亦明矣。」（卷6，頁2291）藉由前後書夫人如齊孫齊、不書莊公即位等經文，證明魯桓遭弒，具文見義，從屬辭比事的角度彌補出例之失。湛若水曰：「胡氏又以為魯公弒而薨者則以不地見其弒，今書桓公薨于齊，豈不沒其實乎？前書公與夫人姜氏如齊，後書夫人孫于齊，去其姓氏而莊公不書即位，則其實亦明矣。愚謂此何其費於詞耶？」[86]認為從前後比事來印證魯桓見弒，實乃費詞多舉。湛氏所言亦有其理，因為胡安國解經主軸是「明類例」，屬辭比事是為了解釋出例、無例之經文，在詮說上不免有牽

---

[85] 〔漢〕何休解詁，〔唐〕徐彥疏：《春秋公羊傳注疏》，卷6，頁72。
[86] 〔明〕湛若水：《春秋正傳》，卷6，頁117。

合勉強、冗言辭費之失。[87]

五、據事直書

　　「據事直書」是《春秋》書法之一，作者直書其事，讀者具文見意。[88]胡安國分明類例，但某些類例的變例甚少，無法專就字詞連結聖人筆削之旨，故援用「據事直書」入經，主張部分經文，《春秋》是採直書於策，義可自見，不須逐詞剖析其義，尋找貶抑的關鍵詞。藉由「據事直書」確實可減去過多臆測，但這同樣也是在窮例之上採取的變法，非解經主軸，而「用兵例」是最常行使的內容。例如隱公二年：「莒人入向。無駭帥師入極。」經文書「入」共二十八則，只有一則是變例，[89]在難以用一字褒貶解釋正例的情況下，《胡傳》就採取「據事直書」發揮聖人大義：「非王命而入人國邑，逞其私意，見諸侯之不臣也。擅興而征討不加焉，見天王之不君也。據事直書，義自見矣。」（卷 1，頁 2270）認為經文直書「入人國邑」，學者讀此自可瞭解諸侯不臣、天王不君之義。又如

---

[87] 此處必須說明：胡安國「屬辭比事」並非都有這類問題，如同樣呈顯弒君事實，《胡傳》曰：「子赤，夫人之子，今卒于弒，不著其實，是為國諱惡，無以傳信於將來，而《春秋》大義隱矣，故上書大夫並使，下書夫人歸于齊，中曰子卒，則見禍亂邪謀發於奉使之日，而公子遂弒立其君之罪著矣。」（卷 15，頁 2335）以經文「公子遂、叔孫得臣如齊」、「子卒」、「夫人姜氏歸于齊」，因文端見大夫擅廢立君，比事丕顯公子遂無君之心，不隱沒弒君之惡，許多儒者如鄭玉《春秋闕疑》、湛若水《春秋正傳》、熊過《春秋明志錄》、姜寶《春秋事義全考》等皆援引其說，肯定此義。

[88] 張師高評認為「據事直書」相當於賦、比、興詩法中之賦法，並說明：「『據事直書』之書法，注重直筆表述，據實呈露，筆不旋繞，而美惡自見，蓋取決於史料之安排措注，文獻之剪裁筆削，以及歷史編纂之結構設計。」見張師高評：〈《左傳》據事直書與以史傳經〉，載《春秋書法與左傳學史》，頁 17-18。

[89] 《春秋》哀公八年：「宋公入曹，以曹伯陽歸。」《胡傳》曰：「此滅曹也，曷為不言滅？滅者，亡國之善辭，上下之同力也。曹伯陽好田弋，鄙人公孫彊獲白雁獻之，且言田弋之說，因訪政事，大說之，彊言霸說於曹伯，因背晉而奸宋，宋人伐之，晉人不救，書宋公入曹，以曹伯陽歸，而削其見滅之實，猶虞之亡，書晉人執虞公而不言滅也。」（卷 30，頁 2395）「滅」乃君臣戮力，同心共死之詞，曹伯陽聽取公孫彊之霸說，背晉奸宋，遭致見滅，不符合「君臣戮力、同心共死」，故不書「宋滅曹」，改書「宋公入曹」，如同虞國自取滅亡之義。

僖公元年：「八月，公會齊侯、宋公、鄭伯、曹伯、邾人于檉。九月，公敗邾師于偃。」書「敗」之經文有十六則，全為正例，書法無異，《胡傳》難以從正例見義，故曰：「檉之會，謀救鄭而公與邾人咸與焉，則是志同而謀恊也。今既會邾人于檉，又敗邾師于偃，於此責公無攘夷狄、安中國之誠矣。凡此類皆直書其事而義自見也。」（卷 11，頁 2309）將「敗邾師于偃」和「檉之會」連結，以經文據實直書，從事見義：魯僖公既會而敗，不務睦鄰，無攘夷狄、安中國之心，其惡可見。再看僖公三十年：「狄侵齊。」經文書「侵」僅有一則變例，[90]對於其他書「侵」之正例經文，胡安國就不一定會採字例解之：「《左氏》曰：晉人伐鄭，以觀其可攻與否，狄間晉之有鄭虞也，遂侵齊。《詩》不云乎：『戎狄是膺，荊舒是懲。』四夷交侵，所當攘斥。晉文公若移圍鄭之師以伐之，則方伯連率之職修矣。上書狄侵齊，下書圍鄭，此直書其事而義自見者也。」（卷 13，頁 2323）狄人陵侮齊國，《春秋》直書此事，藉此譏刺晉文不救之義。

察看《胡傳》類例內容，可發現他確實關注一字褒貶的運用方式，重視書法削存、字句損益，恆常從名、字、官、爵、君、國、人、盜等稱謂建立類例，或其他如盟會、用兵、出奔、薨葬等用詞亦著意推敲，闡發聖人奉天正法、討賊誅弒、禁暴惡戰、譏刺世卿、貶黜夷狄、拔本塞源等觀點，彰顯是非曲直，垂戒天下後世之大義，「一字褒貶」成為胡安國《春秋傳》與仲尼《春秋》的締立關鍵。

而《公》、《穀》的「時月日例」[91]不是《胡傳》所重視的，全書少

---

[90] 《春秋》宣公二年：「夏，晉人、宋人、衛人、陳人侵鄭。」《胡傳》曰：「晉主夏盟，盾既當國，合諸侯之師，何畏乎楚？何避乎鬭椒？然力非不足而去之者，以理曲也。故卿不氏而稱人，師書侵而不言伐。」（卷 16，頁 2337）此改「伐」為「侵」，因趙盾為宋報大棘之役，勞民動眾，本應書「伐」，但卻畏楚而去，有悖於「聲罪致討」，故改書「侵」。

[91] 《公》、《穀》以經文書「時」、「月」、「日」是出自孔子筆削，蓋皆有義，但後儒駁者甚多，對此書法問題，王熙元言：「蓋公、穀先師，去孔子不遠，師說相承，安知不前有所本乎？其初必平實合理，迨後師日以己意增之，瑣碎立例，遂致牽強附會，有所不通；純駁相淆，辨之不易。」見王熙元：《穀梁范注發微》（臺北：嘉新水泥公司文化基金會，1972年），頁 506。

見闡發書「時」、書「月」之語，對於書「日」也持「謹之」抑或「恩數厚薄」所由，「時月日」並不構成類例內容。如《春秋》隱公二年：「秋，八月庚辰，公及戎盟于唐。」《胡傳》曰：「與戎歃血以約盟，非義矣，是故成於日者，必以事繫日。而前此盟于蔑則不日，盟于宿則不日，後此盟于密則不日，盟于石門則不日，獨盟于唐而書日者，謹之也。」（卷 1，頁 2270）成公九年：「庚申，莒潰。」《胡傳》曰：「經於莒潰，特書日以謹之者。」（卷 20，頁 2355）皆直以「謹之」解釋。又，隱公五年：「十有二月辛巳，公子彄卒。」《胡傳》曰：「以《公羊》三世考之，則所傳聞之世也，而書日，見恩禮之厚明矣。」（卷 2，頁 2275）宣公五年：「叔孫得臣卒。」《胡傳》曰：「內大夫卒無有不日者，以《春秋》魯史也。其或不日則見恩數之略爾。」（卷 16，頁 2339）因恩數厚薄而有詳略，不涉及正、變之例。

另外，當胡安國無法盡例解經，遂採取「美惡不嫌同辭」、「事同既貶則從同同」、「不待貶絕而罪自見」、「屬辭比事」、「據事直書」等變通方法，但「美惡不嫌同辭」與「事同既貶則從同同」卻未能補合出例，反而不斷另起新義，此是彼非，一甲一乙，使經文書法更為難通，這是過崇類例而產生的問題。又，「不待貶絕而罪自見」與「屬辭比事」、「據事直書」並非截然分立，因為胡氏認為某些經文並不透過一字一辭示褒示貶，而是直由經文即可見義，故三者互為連用，成為窮例之外的解經方式。[92]必須補充說明，胡安國雖與朱熹一派皆談「據事直書」，但兩者卻有極大差異：朱熹認為《春秋》依魯史筆削，聖人據事直書而善惡自見，不藉由褒貶凡例示義，[93]從其立場中，「據事直書」和「一字褒貶」

---

[92] 例如《春秋》宣公十一年：「晉侯會狄于欑函。」《胡傳》曰：「今中國有亂，天王不能討，則方伯之責也；又不能討，則四鄰諸侯宜有請矣。而魯方會齊、伐莒，晉方求成于狄，是失肩背而養其一指，不能三年而緦小功之察，不亦傎乎！凡此直書其事，不待貶絕而義自見者也。」（卷 17，頁 2343）又如宣公十四年：「晉侯伐鄭。」《胡傳》曰：「按《左氏傳》，為郯故也。比事以觀，知其為報怨復讎之兵，詞無所貶者，直書其事而義自見矣。」（卷 18，頁 2345）

[93] 朱熹曰：「《春秋》所書，如某人為某事，本據魯史舊文筆削而成。今人看《春秋》，必要謂某字譏某人。如此，則是孔子專任私意，妄為褒貶！孔子但據直書，而善惡自著。今若必

是對立的；但在胡安國看來，「一字褒貶」是主軸，「據事直書」屬居次，作為類例詮說之輔助，兩者都是解經路向，非牴觸相背。胡、朱二人提出「據事直書」的思維角度有著鮮明的不同。

至於歷代對胡安國一字褒貶有許多批評聲浪，從南宋當朝一直持續到清代，不少儒者指出《胡傳》拘於類例，強以凡例穿鑿聖經。例如宋人蔡沈認為《胡傳》是非褒貶紛紜聚散、各立偏見；[94]黃震（1213-1281）則站在孔子隨事直書的立場，質疑以經說求合凡例、從褒貶生成凡例的方式。[95]明清反對意見更多，如湛若水、賀燦然、何其偉都有這類看法，秉持《春秋》依舊史修成，聖人據事筆削，褒貶自見，不拘於日月爵氏等字例；[96]沈堯中、毛奇齡更對胡氏「美惡不嫌同辭」的論說不以為然，批評

要如此推說，須是得魯史舊文參校，筆削異同，然後為可見，而亦豈復可得也？」見〔宋〕黎靖德編，王星賢點校：《朱子語類》，卷83，頁2146。

[94] 蔡沈肯定胡安國能闡揚聖人大義，但對於一字褒貶卻深有微詞：「武夷胡先生研窮編輯，著為成書，正以扶三綱、敘九法、尊王賤霸、內夏外夷，而聖人精微之旨已闡揚於當世矣，豈沈淺見薄識所能彷彿其萬一哉？但其中於賵仲子、納郜鼎，皆為私欲所勝有以致之。又如彼此一事，彼以為是，此以為非；前後一人，前以為褒，後以為貶；或以爵號，或以日月，或書侯、或書子、書名、書字、書人、書州、書國，前氏後名，是非褒貶，殆有不同，紛紜聚散，各立一偏之見。」見〔宋〕蔡沈：〈春秋五論序〉，《復齋公集》，載〔明〕蔡有鵾編纂，〔清〕蔡重增輯：《蔡氏九儒書》（北京：線裝書局，2004年5月《宋集珍本叢刊》），卷4，頁367-368。

[95] 黃震曰：「孔子曰：『吾志在《春秋》。』孟子曰：『《春秋》，天子之事。孔子作《春秋》而亂臣賊子懼。』蓋方是時，王綱解紐，篡奪相尋，孔子不得其位以行其權，於是約史記而修《春秋》，隨事直書，亂臣賊子無所逃其罪，而一王之法以明，所謂撥亂世而反之正，此其為志，此其為天子之事，故《春秋》無出於夫子之所自道，及孟子所以論《春秋》者矣。自褒貶凡例之說興，讀《春秋》者往往穿鑿聖經以求合，其所謂凡例，又變移凡例以遷就其所謂褒貶：如國各有稱號，書之所以別也，今必曰『以某事也，故國以罪之』，及有不合，則又遁其辭；人必有姓氏，書之所以別也，今必曰『以某事也，故名以誅之』，及有不合，則又遁其辭；事必有月日，至必有地所，此記事之常，否則闕文也，今必曰『以某事也，故致以危之，故不月以外之，故不日以畧之』，及有不合，則又為之遁其辭。是則非以義理求聖經，反以聖經釋凡例也。聖人豈先有凡例而後作經乎？何乃一一以經而求合凡例耶？」見〔宋〕黃震：《黃氏日抄》（臺北：臺灣商務印書館，1986年景印文淵閣《四庫全書》），卷7，頁106。

[96] 湛若水認為義例並非孔子所立說，胡安國也有以義例解《經》的弊病：「紫陽朱子曰：『直書其事，而善惡自見。』此其義矣。惜也，《魯史》之文，世遠而久湮，《左氏》之傳事實而未純，其餘皆多臆說耳。自三氏百家，以及胡氏之《傳》，多相沿襲於義例之蔽，而不知義例非聖人立也。」見〔明〕湛若水：〈春秋正傳自序〉，《春秋正傳》，頁156。賀燦然〈春秋翼附序〉曰：「蓋據事筆削，褒貶自見，非拘拘於日月爵氏以為衰鉞也。拘拘於日月

其具舞文弄字、辭窮理屈之弊。[97]由此可見，否定胡氏一字褒貶的評論不少，主張《春秋》非依凡例而成，拘於字例徒使聖人大義框限其中，趨使微旨更為隱晦。

由是，胡安國執例確有不少弊病：「一例兩解」、「例中有例」、「解詞紛繁」、「強分二例」、「貶法不一」、「異例同文」、「釋例未全」等，但必須注意：歷代許多指摘者的解經方法和胡安國是完全不同的，從《春秋》「據事直書」的路向必難以接受「一字褒貶」，否定《胡傳》其實也是質疑《公》、《穀》，對此類主求例解的釋經門徑不表贊同。胡安國雖也認為聖人筆削魯史而成《春秋》，但他不只停留在筆削之「文」，反而進一步探求筆削之「法」，深重筆削之「義」，圍繞經文字句與存削因革，藉此昭明經旨，與純粹地據事直書、由文見義有很大的分歧。

爵氏之間，求所謂袞鉞者，而有合有不合，于是曲為正例、變例之說，至云『美惡不嫌同辭』，說愈繁而愈晦矣。」見〔明〕黃正憲：《春秋翼附》（臺南：莊嚴文化，1997 年《四庫全書存目叢書》），頁 42。何其偉曰：「世之尊胡氏者方過於孔氏，是固胡氏之《春秋》矣，乃以為孔氏之《春秋》，孔氏焉可誣已夫？……褒貶不與於名稱、爵號與日月，則是非善惡之繫乎其文較然已，而必欲穿鑿於一人一字之間，而係二百四十二年之諸侯大夫盡入孔氏之深文為刻、為薄、為專，其誣聖何如？而況彼此之矛盾、前後之牴牾者，又比諸儒甚焉久矣。」見〔清〕朱彝尊撰，〔清〕翁方綱撰，羅振玉撰：《經義考・補正・校記》，卷 208，頁 1408。

[97] 沈堯中曰：「《公羊》、《穀梁》各自為例，《胡傳》參用其說，說窮則又曰『美惡不嫌同辭』，俄而用此以誅人，俄而用此以賞人，使天下後世求之而莫識其意，是舞文吏之所為，而謂聖人為之乎？」見〔明〕沈堯中輯：《沈氏學弢》（臺南：莊嚴文化，1997 年 2 月《四庫全書存目叢書》），卷 11，頁 591。毛奇齡曰：「隱公不書即位，胡氏自造一例曰：上不稟命於天子，內不承國於先君，大夫扳己立而即立之則不書即位。隱之不書，是仲尼削之也。則《春秋》二百四十餘年，凡列國立君，或爭或篡，或出或入，何嘗一稟命天子？至不承先君，則桓不承隱、宣不承文、定不承昭，而三君偏得書即位，何也？據曰『隱之不書，仲尼削之』，則桓之得書，將必仲尼褒之矣，夫亂賊其可褒乎？乃自知難通於桓即位，《傳》則曰：『美惡不嫌同辭。』於宣即位，《傳》則曰：『一美一惡，不嫌相同。』夫美惡可同，是善惡混也。亂莫大於善惡混，乃以夫子作《春秋》而使善惡混，則或褒或貶，何所分別？吾不意胡氏之學一開卷間，即辭窮理屈如此。」見〔清〕毛奇齡：《春秋毛氏傳》（臺北：臺灣商務印書館，1986 年景印文淵閣《四庫全書》），卷 2，頁 20。

第參章　胡安國《春秋傳》與聖王經世之志

　　「經世」為中國傳統儒家思想的中心，蘊涵不同層次的內容，大抵同於「理世」、「治世」、「淑世」，除了就字面義可界定為「經劃世務」、「經國濟世」之外，[1]也或有「經世致用」、「經緯世事」等意旨，主要是建立和諧的社會秩序，具備徹底關懷的入世精神。[2]

　　《莊子・齊物論》曰：「《春秋》經世，先王之志，聖人議而不辯。」[3]許多宋儒援引莊周此語，連結《春秋》與孔子經世的關係。[4]《孟子・滕文公下》曰：「世衰道微，邪說暴行有作；臣弒其君者有之，子弒其父者有之，孔子懼，作《春秋》。《春秋》，天子之事也。」[5]又曰：「昔者禹抑洪水而天下平，周公兼夷狄、驅猛獸而百姓寧，孔子成《春秋》而亂臣賊子懼。」[6]大禹、周公面對洪水猛獸與夷狄之害，能遏止膺懲，使天下平與百姓寧。春秋以降，世衰道微，禮壞樂崩，聖人身處篡弒竊國、倫常攸斁之際，假魯史而成《春秋》，與奪進退，褒善貶惡；誅討

1　參見林保淳：《經世思想與文學經世——明末清初經世文論研究》（臺北：文津出版社，1991 年 12 月），頁 26。

2　張灝說：「『經世』這一觀念代表儒家所特有的一種基本價值取向——一種入世精神。」並指出宋明以來儒學的經世思想有三層意義，其中一項是「徹底的入世精神」，它還蘊含著積極進取的人生態度，主要特徵是透過政治表現入世精神，就是儒家所謂以天下治平為己任的人生理想。見張灝：〈宋明以來儒家經世思想試釋〉，《近世中國經世思想研討會論文集》（臺北：中央研究院近代史研究所編，1984 年 4 月），頁 3-19。

3　郭慶藩輯：《莊子集釋》（臺北：河洛圖書出版社，1974 年 3 月臺景印一版），卷 1 下，頁 83。

4　例如〔宋〕蕭楚：《春秋辨疑》，卷 3，頁 52。〔宋〕張洽：〈綱領〉，《春秋集註》，頁 13116。〔宋〕程公說：〈例要〉，《春秋分紀》（臺北：臺灣商務印書館，1986 年景印文淵閣《四庫全書》），頁 10。

5　〔漢〕趙岐注，〔宋〕孫奭疏：《孟子注疏》，卷 6 下，頁 117。

6　〔漢〕趙岐注，〔宋〕孫奭疏：《孟子注疏》，卷 6 下，頁 118。

姦邪頹壞，扶正天理人心；建立和諧的社會秩序，維持穩定的倫理規範，這即是「《春秋》經世」之指涉。孔子欲撥亂濟危、扶立三綱，雖與大禹、周公的具體事功不同，但卻一樣有「經邦濟世」的用意。

朱熹蓋言：「《春秋》之書，亦經世之大法也。」[7]《春秋》因孔子筆削而內含經世之志，宋代開始勃興辨疑思潮，有意舍《傳》求《經》，直探《春秋》微言筆下的褒貶大義。陳植鍔《北宋文化史述論》談到宋學具有實用精神：「一是重視實際從政能力的培養，二是重視從經典中尋找治世的依據。」[8]儒生常藉古代典籍闡述時政，發揮聖人經世之志，運用於政治社會，胡安國同樣如此，《春秋傳》就充溢著強烈的經世思想。侯外廬《宋明理學史》說：「胡安國的學問重在匡世，其為學以『康濟時艱』為職志。……胡安國所講的『經世』，主要是人主的『經邦濟世』。」[9]已清楚概括胡氏學問的宗旨。而胡安國提《春秋傳》「雖微辭奧義，或未貫通，然尊君父、討亂賊、闢邪說、正人心、用夏變夷，大法略具，庶幾聖王經世之志，小有補云。」[10]以其書所言大抵合於聖王經世之志。孟子曾云：「我亦欲正人心、息邪說、距詖行、放淫辭，以承三聖者。」[11]胡氏闡釋《春秋》經也確同孟子主張，從中發揮尊君父、討亂賊、用夏變夷等具體項目，改善國家政治的弊病。

胡安國認為孔子「其志存乎經世，其功配於抑洪水、膺戎狄、放龍蛇、驅虎豹，其大要則皆天子之事也。」[12]並以「尊君父」、「討亂賊」、「闢邪說」、「正人心」、「用夏變夷」等為聖王經世之志，而這亦是《春秋傳》的寫作意旨。〈春秋傳序〉曰：「近世推隆王氏新說，按為國是，獨於《春秋》貢舉不以取士，庠序不以設官，經筵不以進讀，斷

7　〔宋〕黎靖德編，王星賢點校：《朱子語類》，卷 83，頁 2154。

8　陳植鍔：《北宋文化史述論》（北京：中國社會科學出版社，1992 年 3 月第 1 版），頁 309。

9　侯外廬、邱漢生、張豈之主編：《宋明理學史》，頁 228-229。

10　〔宋〕胡安國：〈春秋傳序〉，《春秋傳》，頁 2264。

11　〔漢〕趙岐注，〔宋〕孫奭疏：《孟子注疏》，卷 6 下，頁 118。

12　〔宋〕胡安國：〈春秋傳序〉，《春秋傳》，頁 2263。

國論者無所折衷，天下不知所適，人欲日長，天理日消，其効使夷狄亂華，莫之遏也。噫！至此極矣。」[13]不僅批評王安石視《春秋》為斷爛朝報，而使科考不取，學官不置的現象，更進一步建言北宋金人禍國，姦佞用事，苟且偏安，欲立綱常道義則必須進讀《春秋》。因為聖人寓王法於此，唯發明《春秋》大義，才能抑人欲示天理、進君子退小人、辨華夏別內外。對此，胡安國作《春秋傳》以闢邪說，「上以感發人君天職之所當行，下以啟天下人心之所久蔽」，[14]抵禦夷寇侵略，使《春秋》成為定斷國論之準繩。「闢邪說」是欲摒除那些貶損《春秋》以及曲解聖人之志的言論，此為《胡傳》成書的基礎與原因，在此之上發揮「尊君父」、「討亂賊」、「正人心」、「用夏變夷」等要義。

元儒汪克寬已發現《胡傳》專以「尊君父」、「討亂賊」為要旨，[15]姚瀛艇《宋代文化史》亦承襲其觀點，認為「尊君父，討亂賊」是《胡傳》核心。[16]然錢穆《宋明理學概述》說道：「安國《春秋傳》，遠本孫復尊王攘夷，旨在提倡『大復仇』之旨，而終以『天下為公』為歸宿。」[17]這「復仇」正與「討賊」有密切關聯，因為君父見弒，人子必須復仇討賊。《春秋》隱公十一年：「冬，十有一月壬辰，公薨。」《胡傳》曰：「不書葬，示臣子於君父有討賊復讎之義。……夫賊不討，讎不復而不書葬。」（卷 3，頁 2279）將「討賊」與「復仇」並言，可見兩者是環環相扣的。

另外，天下為公即是《胡傳》「正人心」的涵義。《春秋》隱公元年：「鄭伯克段于鄢。」《胡傳》曰：「王政以善養人，推其所為，使百

[13] 〔宋〕胡安國：〈春秋傳序〉，《春秋傳》，頁 2264。

[14] 〔元〕虞集：〈春秋胡傳附錄纂疏原序〉，《春秋胡傳附錄纂疏》，頁 3。

[15] 汪克寬曰：「文定作《傳》，當宋高宗南渡之初，是時徽宗、欽宗與二后被幽於金國，遭戮辱不可勝紀。而高宗信任秦檜之姦，偷安江左一隅，忘君父大讎，不敢興兵致討，反與之議和講好，下拜稱藩，既無外攘之計，又乏內修之備，君臣父子、上下內外大義之不明，莫此為甚。是以《傳》專以尊君父、討亂賊為要旨，而《春秋》之大法實以斯為重也。」見〔元〕汪克寬：《春秋胡傳附錄纂疏》，卷首上，頁 15。

[16] 姚瀛艇主編：《宋代文化史》（開封：河南大學出版社，1992 年 2 月），頁 152-157。

[17] 錢穆：《宋明理學概述》（臺北：蘭臺出版社，2001 年 2 月），頁 91。

姓興於仁而不偷也。況以惡養天倫，使陷於罪，因以剪之乎！《春秋》推見至隱，首誅其意以正人心，示天下為公，不可以私亂也，垂訓之義大矣。」（卷 1，頁 2269）批評鄭莊公刻意養成叔段之惡，使以弟篡兄、以臣伐君，逆跡陷罪而致討，無天倫之念。胡氏於《春秋》隱公元年發義「正人心」，寄寓「天下為公」，此乃承襲《禮記・禮運》而來：「正君臣」、「篤父子」、「睦兄弟」、「和夫婦」，重視倫常關係的禮義之道。[18]忠孝仁義、倫常名教即屬「三綱」範疇，人心不正，就會以私害公，夫婦、父子、君臣三綱的重要亦本於此。

基於上述，本章分析胡安國《春秋傳》與聖王經世之志的內容，以「尊君父」、「討亂賊」、「重復仇」、「存三綱」與「攘夷狄」為探討主軸，完整呈現胡安國的關注面向及其時代意義，試圖釐清相關問題。

第一節　尊君父

學界多已點出胡安國主張尊王的觀點，但究竟他是從何面向發明《春秋》尊王之義？除了「繫王於天」之外，是否還具體指出諸侯遵奉王命的原則？這些尚為模糊不清，未能精確地解讀，扣緊「尊王」大義而發。此節試圖建構《胡傳》尊王的要求與相關內容，並在此之上呈顯其特色。茲分述如下：

一、尊王室以正王法

宋鼎宗以宋儒尊王之內涵為「嚴三綱以申政刑」、「懲僭侯以尊天

---

[18] 羅清能連結《胡傳》與《禮記・禮運》「天下為公」的關係，並言：「今考胡氏春秋志在天下為公之義，蓋以『天下為公』為目標，而以父慈、子孝、兄良、弟恭、夫義、婦聽、長惠、幼順、君仁、臣忠之人義為次第，循禮義而至天下為公也。」見羅清能：《胡氏春秋傳研究》（花蓮：真義出版社，1989 年 1 月），頁 69-73。

王」、「獎忠貞以抑權姦」，並專對胡安國「聖人以天自處」討論。[19]本
節分析《胡傳》「尊王室」的觀點：「班位明尊君之義」、「即位請命天
王」、「請天王而正疆理」、「以王命興諸侯之師」、「朝王為重」，探
討胡安國本諸王事的具體立言，亦藉此明瞭其與前代經說的關係。

（一）班位明尊君之義

　　《春秋》有兩條經文記載周王室與諸侯會盟，胡安國從經文班列順序
詮說聖人推重王室、尊君抑臣之義。《春秋》僖公五年：「公及齊侯、宋
公、陳侯、衛侯、鄭伯、許男、曹伯會王世子于首止。」《胡傳》曰：

> 及以會，尊之也。以王世子而下會諸侯則陵，以諸侯而上與王世子
> 會則抗。《春秋》抑強臣、扶弱主、撥亂世、反之正，特書及以會
> 者，若曰王世子在是，諸侯咸往會焉，示不可得而抗也。後世論其
> 班位，有次于三公宰臣之下，亦有序乎其上者，則將奚正？自天王
> 而言，欲屈遠其子，使次乎其下，示謙德也；自臣下而言，欲尊敬
> 王世子，則序乎其上，正分義也。天尊地卑而其分定，典敘禮秩而
> 其義明，使羣臣得伸其敬則貴有常尊，上下辨矣。經書宰周公祇與
> 王人同序於諸侯之上，而不得與殊會同書，此聖人尊君抑臣之旨
> 也，而班位定矣。（卷 11，頁 2311-2312）

　　此段循《公》、《穀》一派的學者而發：第一，經文書「及以會」乃
尊王世子之意，此為《穀梁》說法，[20]胡氏直接援引其言。第二，何休
曰：「言當世父位，儲君副主不可以諸侯會之為文，故殊之，使若諸侯為
世子所會也。」[21]范甯亦云：「言及諸侯然後會王世子，不敢令世子與諸

---

[19] 宋鼎宗：《春秋宋學發微》（臺北：文史哲出版社，1986 年 9 月），頁 134-166。

[20] 《穀梁傳》曰：「及以會，尊之也。何尊焉？王世子云者，唯王之貳也，云可以重之存焉，
尊之也。何重焉？天子世子，世天下也。」見〔晉〕范甯集解，〔唐〕楊士勛疏：《春秋穀
梁傳注疏》，卷 7，頁 74-75。

[21] 〔漢〕何休解詁，〔唐〕徐彥疏：《春秋公羊傳注疏》，卷 10，頁 128。

侯齊列。」[22]胡氏同於二人，亦表此書法是明諸侯往會不可抗王世子，人臣無法與至尊儲副相比之義。又，何休曰：「自王者言之，以屈遠世子在三公下。……自諸侯言之，世子尊於三公，此禮之威儀，各有所施。」[23]胡氏緣此，另強調「示謙德」、「正分義」，以群臣得伸其敬則貴有常尊，明辨上下大分，建構聖人尊君抑臣之旨。

《春秋》僖公八年：「公會王人、齊侯、宋公、衛侯、許男、曹伯、陳世子欵盟于洮。」《胡傳》曰：

> 王人，下士也。內臣之微者，莫微於下士；外臣之貴者，莫貴於方伯公侯。今以下士之微序乎方伯公侯之上，外輕內重，不亦偏乎？《春秋》之法，內臣以私事出朝者直書曰來，以私好出聘者不稱其使，以私情出計者止錄其名，不以其貴故尊之也。以王命行者，雖下士之微序乎方伯公侯之上，不以其賤故輕之也。然則班列之高下不在乎內外，特繫乎王命耳，聖人之情見矣，尊君之義明矣。（卷11，頁2312-2313）

王人為內臣微者，因行王命，故序方伯公侯之上，強調班列高下以王命所繫為依歸，表尊君之義。胡氏此說亦沿自前人，《公羊傳》即以王人身分微賤，序諸侯之上乃尊崇王命，[24]《穀梁傳》也持相同看法。[25]何休曰：「銜王命會諸侯，諸侯當北面受之，故尊序於上。」[26]啖助亦言：「天子大夫士雖微，亦在諸侯上，尊王室也。」[27]孫復更源於《公羊》而

---

22 〔晉〕范甯集解，〔唐〕楊士勛疏：《春秋穀梁傳注疏》，卷7，頁74。

23 〔漢〕何休解詁，〔唐〕徐彥疏：《春秋公羊傳注疏》，卷10，頁128。

24 《公羊傳》曰：「王人者何？微者也。曷為序乎諸侯之上？先王命也。」見〔漢〕何休解詁，〔唐〕徐彥疏：《春秋公羊傳注疏》，卷11，頁113。

25 《穀梁傳》曰：「王人之先諸侯，何也？貴王命也。」見〔晉〕范甯集解，〔唐〕楊士勛疏：《春秋穀梁傳注疏》，卷8，頁78。

26 〔漢〕何休解詁，〔唐〕徐彥疏：《春秋公羊傳注疏》，卷11，頁133。

27 〔唐〕陸淳：《春秋集傳纂例》，卷6，頁127。

發尊王之義：「王人，微者也。序于諸侯之上者，《春秋》尊王，故王人雖微，序于諸侯之上也。」[28]胡氏此處繫乎王命之尊君大義亦非獨創，是遵循前說而來。

（二）即位請命天王

《春秋》莊公元年：「春，王正月。」《胡傳》曰：

> 不書即位，內無所承，上不請命也。或曰：莊公嫡長，其為儲副明矣，雖內無所承，上不請命，獨不可以享國而書即位乎？曰：諸侯之嫡子必誓於王，莊雖嫡長而未誓，安得為國儲君副，稱世子也？夫為世子必誓於王，為諸侯可以內無所承，上不請命，擅有其國，即諸侯之位耶？《春秋》絀而不書，父子君臣之大倫正矣。（卷7，頁2292）

魯桓公薨於齊國，未能託付，故莊公內無所承；莊公未嘗誓王，是上不請命於天子，故此不書即位，正君臣父子之大倫。又如《春秋》僖公元年：「春，王正月。」《胡傳》亦曰：

> 不書即位，內無所承，上不請命也。閔公薨，夫人孫于邾，慶父出奔莒，公於是焉。以成風所屬而季子立之，內無所承也。嗣子定位於初喪而魯使不告于周，明年正位改元而周使亦不至于魯，又明年服喪已畢而不見于京師，上不請命也。承國於先君者，父子之倫；請命於天王者，君臣之義。今僖公內無所承，上不請命，不書即位，正王法也。是故有四海而即天王之位者，受之於天者也；有一國而即諸侯之位者，受之於王者也。受之於天者，必奉若天道而後能保天下；受之於王者，必謹守王度而後能保其國。（卷11，頁2309）

---

[28] 〔宋〕孫復：《春秋尊王發微》，卷5，頁10764。

《左傳》對此年不書即位以僖公出奔在外，隱諱國惡；《公》、《穀》以子繼弒君，例不書即位。胡安國別於三《傳》，除了主張內必承國於先君，還強調上必請命於天王。諸侯受之於王，周王受之於天，層層受命，自然能保天下、安社稷，此年不書即位，乃正王法。

（三）請天王而正疆理

陸淳曰：「不能申明直辭，請於王以正疆理，但專以兵爭奪，不得正道，故悉同辭言之。」[29]此段資料是針對《春秋》僖公三十一年「取濟西田」與成公二年「取汶陽田」而發，說明魯國無王命以正疆理，取濟西田與汶陽田皆不以其道，故書同辭。胡氏承襲其說，也強調「請天王以正疆理」的觀點。如《春秋》隱公四年：「莒人伐杞，取牟婁。」此為春秋伐國取邑之始，《公羊傳》即以此書是「疾始取邑」[30]。《胡傳》曰：

> 取者，收奪之名。牟婁，杞邑也。聲罪伐人而強奪其土，故特書曰取，以著其惡。或曰，諸侯土地，上受之天王，下傳之先祖，所以守宗廟之典籍也。聖王不作，諸侯放恣，強者多兼數圻，弱者日以侵削，當是時有取其故地者，夫豈不可？然僖公嘗取濟西田矣，成公嘗取汶陽田矣，亦書曰取，何也？苟不請於天王以正疆理，而擅兵爭奪，雖取本邑，與奪人之有者無以異。《春秋》之義，不以亂易亂，故亦書曰取，正其本之意也。（卷2，頁2273）

諸侯為天子之守臣，土地亦由天子所受封。今莒國既伐杞國，又取杞邑，強奪土地，殘暴益肆，本所當誅，故特書「取」以著其惡。胡氏強調請於天王以正疆理的重要，並援說《穀梁》，[31]主《春秋》不以亂易亂，皆書曰「取」有正本之意。又如《春秋》成公二年：「取汶陽田。」《胡

29　〔唐〕陸淳：《春秋集傳纂例》，卷5，頁120。

30　〔漢〕何休解詁，〔唐〕徐彥疏：《春秋公羊傳注疏》，卷2，頁29。

31　《穀梁傳》昭公四年曰：「《春秋》之義，用貴治賤，用賢治不肖，不以亂治亂也。」見〔晉〕范甯集解，〔唐〕楊士勛疏：《春秋穀梁傳注疏》，卷17，頁166。

傳》曰：「汶陽之田，本魯田也。取者，得非其有之稱，不曰復而謂之
取，何也？恃大國兵力，一戰勝齊，得其故壞而不請於天王以正疆理，則
取之不以其道，與得非其有奚異乎！」（卷19，頁2350）汶陽本為魯
地，齊國侵之，魯國因晉國之力而得地，《春秋》以上有天王，晉、魯二
國不稟命于王以正疆理，竟擅自予奪，取之不以其道，故書「取」以示魯
國得非其有，雖取本地，與奪人之有何異？

（四）以王命興諸侯之師

《春秋》成公九年：「晉人執鄭伯，晉欒書帥師伐鄭。」楚國以重賂
求鄭，鄭成公和楚公子成在鄧地會盟。秋，晉國討其貳於楚，執諸銅鞮，
欒書攻打鄭國，鄭人派遣伯蠲求和，晉人殺之。《胡傳》曰：「楚子重侵
陳以救鄭，稱人而執者，既不以王命，又不歸諸京師，則非伯討也。」
（卷20，頁2355）晉國怒鄭有貳心而拘其君、戮其國、殺其使，此舉未
以王命，不歸諸京師。又如《春秋》成公十三年：「晉侯使郤錡來乞
師。」程頤曰：「不以王命興諸侯師，故書乞。」[32]已強調王命興師的重
要。陸淳亦曰：「晉之於魯，霸主也，其使之來，召兵而已，而云乞師
者，用明列國之禮，小大雖殊，不相統屬，魯兵非晉所宜有，又非王命，
且譏之也。」[33]說明魯兵非晉所有，乞師又非天子之命，經文書「乞」已
有譏貶之意。胡安國結合兩人之說：「列國疏封雖有大小，土地甲兵受之
天子，不相統屬，魯兵非晉所得專也，今晉不以王命興諸侯之師，故特書
曰乞，以見其卑伏屈損，無自反而縮之意矣。」（卷20，頁2356）同樣
表達諸侯土地受之天子，彼此不相統屬，晉國不以王命興師召兵，故卑辭
乞之。

（五）朝王為重

《春秋》成公十三年：「三月，公如京師。夏，五月，公自京師，遂

32　〔宋〕程顥、程頤著，王孝魚點校：《二程集》，「河南程氏經說」卷4，頁1118。

33　〔唐〕陸淳：《春秋微旨》（北京：中華書局，1985年《叢書集成初編》），卷下，頁
　　58。

會晉侯、齊侯、宋公、衛侯、鄭伯、曹伯、邾人、滕人伐秦。」《胡傳》
曰：

> 諸侯每歲侵伐四出，未有能修朝覲之禮者，今公欲會伐秦，道自王
> 都不可越天子而往也，故皆朝王而不能成朝禮，書曰如京師，見諸
> 侯之慢也，因會伐而行矣。又書公自京師，以伐秦為遂事者，此仲
> 尼親筆，明朝王為重，存人臣之禮也。古者諸侯即位，喪服畢則
> 朝，小聘大聘終則朝，巡狩于方嶽則朝，觀《春秋》所載天王遣使
> 者屢矣，十二公之述職蓋闕如也，獨此年書公如京師又不能成朝
> 禮，不敬莫大焉。君臣，人道之大倫而至於此極，故仲尼嘗喟然嘆
> 曰：夷狄之有君，不如諸夏之亡也，為此懼作《春秋》，或抑或
> 縱，或與或奪，所以明君臣之義者至矣。其義得行則臣必敬於君，
> 子必敬於父，天理必存，人欲必消，大倫必正，豈曰小補之哉！此
> 以伐秦為遂事之意也。（卷20，頁2356-2357）

據《左傳》載，魯成公和諸侯朝覲周天子，遂從劉康公、成肅公會合
晉厲公攻打秦國。胡氏批評魯公之慢，蓋因伐秦塗過京師，不敢過天子而
不朝，本意並非朝王，故《春秋》先書「公如京師」，譏其怠慢。後先書
公自京師而再以伐秦為遂事，此乃仲尼親筆，明示朝王為重；亦因成公如
京師是為伐秦而往，無有尊周之心，「重於伐人，輕於事君，雖有朝之
名，而無朝之誠」，[34]故《春秋》著此以存君臣之義。

春秋時期，王綱不振，諸侯少行朝周，聘覲之禮既廢。胡氏對此發
義，不斷強調《春秋》以朝王為重，批評諸侯不臣，不重京師。例如《春
秋》宣公九年：「春，王正月。公如齊，公至自齊。夏，仲孫蔑如京
師。」《胡傳》曰：

> 以淺言之，屬辭比事，《春秋》教也。當歲首月，公朝于齊。夏，

---

34 〔宋〕劉敞：《春秋意林》，卷下，頁11154。

使大夫聘于京師，此皆比事可考，不待貶絕而惡自見者也。宣公享
國九年，於周纔一往聘，其在齊則又再朝矣，經於如齊每行必致，
深罪之也。下逮戰國，周衰甚矣，齊威王往朝于周而天下皆賢之，
況春秋時乎，而宣公不能也，故聘覲之禮廢則君臣之位失，諸侯之
行惡，而倍畔侵陵之敗起矣，此經書君如齊臣如周之意，而特書王
正月以表之也。（卷17，頁2341）

《禮記・經解》有言：「朝覲之禮，所以明君臣之義也。」[35]魯宣公
親自朝齊，卻僅使大夫聘於京師，廢聘覲之禮，失君臣之義，故經文特書
王正月，著「君朝于鄰國，臣聘于京師，其所厚者薄而其所薄者厚，不知
大一統之義。」[36]又如《春秋》成公三年：「公至自晉。」《胡傳》曰：
「宣公薨，至是三年之喪畢矣，宜入朝京師，見天子受王命，然後歸而即
政可也。嗣守社稷之重而不朝于周，以拜汶陽田之故而往朝于晉，其行事
亦悖矣，此《春秋》所為作也。公行多不致，其書公至自晉，何其至也，
必有以也。」（卷19，頁2351-2352）諸侯除喪應入見周王，受賜命而成
君。今魯成公朝晉，四年再往晉，十年與十八年又如晉，可見知有霸主而
不知有周天子，行事悖反，故書「公至自晉」譏之。《春秋》襄公元年：
「九月辛酉，天王崩。邾子來朝。冬，衛侯使公孫剽來聘，晉侯使荀罃來
聘。」《胡傳》曰：「簡王崩，赴告已及，藏在諸侯之策矣，則宜以所聞
先後而奔喪。今邾子方來修朝禮，衛侯、晉侯方來修聘事，於王喪若越人
視秦人之肥瘠，曾不與焉，而《左氏》以為禮，此何禮乎？」（卷21，
頁2359）《左傳》視邾宣公、公孫剽、荀罃朝聘為禮，[37]但胡氏反駁其
言，以諸侯不先奔周喪，反而首至魯國朝聘，無君臣之禮，標舉朝王為
重。

---

[35] 〔漢〕鄭玄注，〔唐〕孔穎達疏：《禮記注疏》，卷50，頁847。

[36] 〔元〕汪克寬：《春秋胡傳附錄纂疏》，卷17，頁441。

[37] 《左傳》云：「九月，邾子來朝，禮也。冬，衛子叔、晉知武子來聘，禮也。凡諸侯即位，
　　小國朝之，大國聘焉，以繼好、結信、謀事、補闕，禮之大者也。」見〔晉〕杜預注，
　　〔唐〕孔穎達疏：《春秋左傳正義》，卷29，頁497。

二、從《公》、《穀》隱諱之辭到尊君之義

　　春秋霸主迭起，多僭天子之職，胡安國維護周室，多處點出聖人隱諱書法，明王法之正、尊君父之義。《春秋》僖公二十八年：「公會晉侯、齊侯、宋公、蔡侯、鄭伯、衛子、莒子盟于踐土。」晉文公於城濮一戰大敗楚國，有功於中原，故周襄王親至踐土，策命晉文公為侯伯，賜其大輅之服、戎輅之服、彤弓一、彤矢百、旅弓矢千、秬鬯一卣，虎賁三百人，尊崇倍至。但天王居於王庭，實無降尊而赴諸侯會盟之事，故《穀梁傳》曰：「諱會天王也。」以「實會天王，而文不言天王，若諸侯自共盟然，是諱之也，所謂讁而不正。」[38]《胡傳》曰：

> 踐土之會，天王下勞晉侯，削而不書，何也？周室東遷所存者，號與祭耳，其實不及一小國之諸侯。晉文之爵雖曰侯伯，而號令天下幾於改物，實行天子之事，此《春秋》之名實也。與其名存實亡，猶愈於名實俱亡，是故天王下勞晉侯于踐土，則削而不書，去其實以全名，所謂君道也、父道也。晉侯以臣召君，則書天王狩于河陽，正其名以統實，所謂臣道也、子道也，而天下之大倫尚存而不滅矣。衛侯奔楚不書名者，未絕其位也，叔武受盟而稱衛子者，立以為君也，此見聖人深罪晉文報怨行私、專權自恣、廢置諸侯之意。（卷13，頁2322）

　　從名實角度探討《春秋》維護周室，此乃循邵雍之說，[39]主張天王下

38　〔晉〕范甯集解，〔唐〕楊士勛疏：《春秋穀梁傳注疏》，卷9，頁93。

39　邵雍曰：「平王名雖王，實不及一小國之諸矦，齊、晉雖矦而實僭王，此《春秋》之名實也。子貢欲去告朔之餼羊，羊，名也；禮，實也。名存而實亡，猶愈於名實俱亡。苟存其名，安知後世無王者作？是以有待也。」見〔宋〕邵雍：《皇極經世書》（臺北：中國子學名著集成編印基金會，1978年12月），卷6，頁377。侯外廬等《宋明理學史》提到《胡傳》「從名實關係方面揭示了《春秋》辨正名分的尊王實質，這在歷來主《春秋》尊王說的經解中確無先例，即使是像孫復那樣的宋初大儒，也未曾從名實關係方面予以說明。可見《胡傳》從名實關係方面對《春秋》辨正名分的實質所作的理論概括，確是發前代說經家之

勞晉侯于踐土，聖人削而不書，去實全名，全臣子當尊王之名，合於君
道、父道。至於晉文以臣召君使狩，則書「天王狩于河陽」，使其若自巡
狩，不與再致天子，正名統實，尊周全晉，正天王自尊之行，使合於臣
道、子道，此皆在《穀梁》「為天王諱」之上大張「尊君父」之義。《胡
傳》又曰：

> 按《左氏》：晉侯召王以諸侯見，仲尼曰：以臣召君不可以訓，故
> 書曰「天王狩于河陽」，以尊周而全晉也。啖助謂以常禮言之，晉
> 侯召君，名義之罪人也，其可訓乎？若原其自嫌之心，嘉其尊王之
> 意，則請王之狩，忠亦至焉，故夫子特書狩于河陽，所謂原情為制
> 以誠變禮者也。夫踐土之會，王實自往，非晉罪也，故為王諱而足
> 矣。溫之會，晉則有罪而其情順也，故既為王諱之，又為晉解之，
> 於以見《春秋》忠恕也。（卷 13，頁 2322）

《春秋》僖公二十八年稱「天王狩於于河陽」，《穀梁傳》曰：「全
天王之行也，為若將守而遇諸侯之朝也，為天王諱也。」[40]「召」為上對
下之詞，以臣召君不可以訓，故改書「天王狩于河陽」，顯見諸侯會天子
於狩獵之地而行朝禮，非晉文自請周王會於溫地，得為周王隱諱；而晉文
「其禮雖悖，其情甚順，仲尼原心定罪，故寬其法耳」[41]，書此亦可明其
尊王之義。又如《春秋》僖公二十八年：「公朝于王所。」《公羊傳》
曰：「曷為不言公如京師？天子在是也。天子在是，則曷為不言天子在
是？不與致天子也。」[42]不贊成諸侯會盟召見周天子。《穀梁傳》曰：
「朝不言所，言所者，非其所也。」[43]諸侯朝覲應在京師，此王所仍在踐

所未發。」但北宋邵雍已有「名實」的說法，胡安國明顯受其影響，似乎不是發前代說經家
　之所未發。見侯外廬等主編：《宋明理學史》，頁 239。

[40]　〔晉〕范甯集解，〔唐〕楊士勛疏：《春秋穀梁傳注疏》，卷 9，頁 93。

[41]　〔宋〕劉敞：《春秋權衡》，卷 4，頁 11003。

[42]　〔漢〕何休解詁，〔唐〕徐彥疏：《春秋公羊傳注疏》，卷 12，頁 153。

[43]　〔晉〕范甯集解，〔唐〕楊士勛疏：《春秋穀梁傳注疏》，卷 9，頁 93。

土，故非其所。《胡傳》亦言：

> 朝不言所，言所非其所也。朝于廟，禮也；于外，非禮也。……古
> 者天子巡守于四方有常時，諸侯朝于方嶽有常所。其宮室道途可以
> 預修，故民不勞；其共給調度可以預備，故國不費。今天王下勞晉
> 侯，公朝于王所，則非其時與地矣。……然則天子在是，其可以不
> 朝乎？天子在是而諸侯就朝，禮之變也，《春秋》不以諸侯就朝為
> 非，而以王所非其所為貶，正其本之意也。（卷 13，頁 2322）

天王下勞晉侯，魯僖公朝王已非時非地，但天子在是而諸侯就朝，為
禮之變，故不批評諸侯就朝，以《春秋》婉而成章，不言京師而言王所，
正其尊王之名。由此可知，胡氏依循《公》、《穀》隱諱之詞，但又不單
限其說，在此之上仍進一步扣緊「尊君父」之義，保全君臣上下之大倫。

三、非一味尊君：著王室衰亂失道

《胡傳》開篇曾說明《春秋》為何託始於隱，提到周平王晚年失道，
致使三綱淪、九法斁、人望絕，[44] 對王室不能自強已有具體貶責。胡安國
維護王室，以「尊君父」為中心，但對於周室不遵正道、未合綱常、違悖
禮法，抑或嫡庶爭位等自亂之事亦多貶抑。例如《春秋》昭公二十二年：
「夏，四月乙丑，天王崩。六月，叔鞅如京師葬景王，王室亂。」據《左
傳》載，王子朝受到周景王與賓起寵愛，景王欲立之，但劉獻公庶子劉蚠
事奉單穆公，欲去賓起與王子朝。夏四月，王於北山田獵，將殺單、劉二
人。五月庚辰，單、劉遂攻賓起，害怕諸王子黨於子朝，故與群王子在單
氏結盟，王子朝因以舊官、百工之喪職秩者與靈、景之族作亂，率領郊、
要、餞三邑之甲驅逐劉蚠，後單子殺靈、景之族，王子朝出奔至京，單子
攻打京地。此為王室之亂，《胡傳》曰：

---

44 〔宋〕胡安國：《春秋傳》，卷 1，頁 2268。

何言乎王室亂？王者以天下為家，則以京師為室，京師者，本也，周公作〈立政〉曰：「迪惟有夏，乃有室大競。」其作〈鴟鴞〉詩以遺成王，亦曰：「既取我子，無毀我室。」皆指京師言之也。以京師為室，王畿為堂，諸夏為廷戶，四夷為藩籬，治外者先自內，治遠者先自近，本亂而末治者否矣。景王寵愛子朝，使孽子配嫡以本亂者，其言王室，譏國本之不正也，本正而天下定矣。（卷26，頁2381）

　　《周易‧家人‧彖》曰：「正家而天下定。」[45]胡氏批評周景王未明嫡庶之分，溺愛王子朝，致使父子兄弟自亂，書「王室」譏國本不正。胡安國常言《春秋》譏天王以端本，[46]主張治外者先自內，治遠者先自近，尤其關注周室之行，倘若衰亂失道，則亦糾舉貶斥，直言其非。如《春秋》成公元年：「王師敗績于茅戎。」《胡傳》曰：

程氏曰：王師於諸侯不言敗，諸侯不可敵王也；於夷狄不言戰，夷狄不能抗王也。不可敵不能抗者，理也；其敵其抗，王道之失也。桓王伐鄭，兵敗身傷，而經不書敗，存君臣之義，立天下之防也。劉康公邀戎伐之，敗績於徐吾氏，而經不書戰，辨華夷之分，立中國之防也。是皆聖人筆削，非魯史之舊文也。然筆於經者，雖以尊君父，外戎狄為義，而君父所以尊，戎狄所以服，則有道矣。桓王不以討賊興師而急於伐鄭，康公不以惇信持國而輕於邀戎，是失其所以君天下禦四夷之道也。書敗績于茅戎者，言自敗也，其自反亦至矣。（卷19，頁2350）

---

[45] 〔魏〕王弼、韓康伯注，〔唐〕孔穎達正義：《周易正義》（臺北：藝文印書館，2001年12月《十三經注疏》），卷4，頁89。

[46] 《春秋》桓公五年：「秋，蔡人、衛人、陳人從王伐鄭。」《胡傳》曰：「《春秋》，天子之事，述天理而時措之也，既譏天王以端本矣。」（卷5，頁2284-2285）說明《春秋》書王必稱天者，所章為天命，所用為天討，周王奪鄭政而怒其不朝，率諸侯討伐，非合於天討，故不稱天，譏天王以端本。

王師無敵於天下，故無戰、敗之文。晉景公派遣瑕嘉平戎於王，但劉康公意趁戎不設防而伐之，故敗績於徐吾氏[47]，不書「戰」以辨華夷之分，立中國之防。胡氏主張尊君父、變內外須合於正道，今周室不能以仁義征四夷，反而徵戎致敗，故《春秋》書「敗績于茅戎」表周室自敗。

又，周王下求諸侯如「求賻」、「求車」、「求金」、「錫命」更是胡氏所斥。例如《春秋》隱公三年：「武氏子來求賻。」《胡傳》曰：「夫賻以貨財，則生者所須索也。君取於臣不言求，而曰求賻、求車、求金，皆著天王之失道也，上失其道則下不臣矣。」（卷1，頁2271）周王遣使下求魯國，經文直書著天王墮體失政，嚴君臣名分。《春秋》隱公九年：「天王使南季來聘。」《胡傳》曰：

> 隱公即位九年于此，而史策不書遣使如周，則是未嘗聘也；亦不書公如京師，則是未嘗朝也，一不朝則貶其爵，再不朝則削其地，如隱公者貶爵削地可也，刑則不舉遣使聘焉，其斯以為不正乎！經書公如京師者一，朝于王所者二，卿大夫如京師者五，舉魯一國則天下諸侯怠慢不臣可知矣；書天王來聘者七，錫命者三，賵葬者四，則問於他邦及齊、晉、秦、楚之大國又可知矣。王之不王如此，征伐安得不自諸侯出乎？諸侯之不臣如此，政事安得不自大夫出乎？君臣上下之分易矣，陪臣執國命，夷狄制諸夏矣，其原皆自天王失威福之柄也。《春秋》於此蓋有不得已焉爾矣。（卷3，頁2277-2278）

諸侯不修朝覲，周桓王未能端正典刑，反而派大夫來聘，失道之甚。胡氏排比「魯國如京師」與「周室來聘」等史事，顯現諸侯怠慢不臣，天王亦失威福之柄，易君臣上下之大分。又如《春秋》桓公十五年：「天王

---

47 據孔穎達言，徐吾氏是茅戎內聚落之名。見〔晉〕杜預注，〔唐〕孔穎達疏：《春秋左傳正義》，卷25，頁420。

使家父來求車。」三《傳》皆以為非禮，[48]何休曰：「王者千里，幾內租稅足以共費，四方各以其職來貢，足以尊榮，當以至廉無為，率先天下不當求，求則諸侯貪，大夫鄙，士庶盜竊。」[49]《胡傳》循何休而發：

> 遣使需索之謂求，王畿千里，租稅所入，足以充費，不至於有求。四方諸侯各有職貢，不至於來求，以喪事而求貨財已為不可，況車服乎！經於求賵、求車、求金皆書曰求，垂後戒也。夫上有好者，下必有甚焉者矣。王者有求，下觀而化，諸侯必將有求以利其國，大夫必將有求以利其家，士庶人必將有求以利其身，皇皇焉唯恐不足，未至於篡弒奪攘則不厭矣。（卷6，頁2290）

君上越禮求下，以貴尊求車，尊卑登降既悖，成周號令不行矣。且上有所好，下必甚焉，此開邦國貪利、衷官失德、民志寵賂之例，故經文求賵、求車、求金皆書「求」，垂戒後世。《春秋》成公八年：「天子使召伯來賜公命。」《胡傳》曰：

> 諸侯嗣立而入見則有賜，已修聘禮而來朝則有賜，能敵王所愾而獻功則有賜。成公即位，服喪已畢而不入見，既更五服，一朝之歲矣，而不如京師，又未嘗敵王所愾而有功也，何為來賜命乎？召伯者，縣內諸侯為王卿士者也，來賜公命，罪邦君之不王，譏天子之僭賞也。（卷20，頁2354）

---

[48] 《左傳》曰：「天王使家父來求車，非禮也。諸侯不貢車服，天子不私求財。」見〔晉〕杜預注，〔唐〕孔穎達疏：《春秋左傳正義》，卷7，頁127。《公羊傳》曰：「何以書？譏。何譏爾？王者無求。求車，非禮也。」見〔漢〕何休解詁，〔唐〕徐彥疏：《春秋公羊傳注疏》，卷5，頁65。《穀梁傳》曰：「古者諸侯時獻于天子，以其國之所有，故有辭讓，而無徵求。求車，非禮也；求金，甚矣。」見〔晉〕范甯集解，〔唐〕楊士勛疏：《春秋穀梁傳注疏》，卷4，頁40。

[49] 〔漢〕何休解詁，〔唐〕徐彥疏：《春秋公羊傳注疏》，卷5，頁65。

孫復已點出天子濫賞，[50]胡氏更具體批評魯成公未嘗朝覲於周，無大
功明德足以褒賞，但天子卻使卿士錫命加恩，可見賞罰濫權，故《春秋》
書此，譏天子僭賞。

四、與孫復《春秋尊王發微》的別異

孫復是北宋重要的《春秋》學家，作《春秋尊王發微》一書，發揮聖
人「尊王」之義。清代《欽定四庫全書總目》曰：「復之論上祖陸淳，而
下開胡安國，謂《春秋》有貶無褒，大抵以深刻為主。」[51]胡安國同樣力
倡尊王，箇中也受孫復影響，但若仔細比較兩人觀點，會發現胡氏已別於
孫復，有其獨立詮說。例如上述談到胡氏會在《穀梁》「為天王諱」之上
大張「尊君父」之義，孫復卻沒有如此闡述。就《春秋》僖公二十八年：
「公朝于王所」為例，孫復以公朝王所非禮，《春秋》不言諸侯，示天子
不可得致；[52]但《胡傳》仍肯定天子在是而諸侯就朝，故經文書「王所」
而正尊王之義。又如《春秋》僖公二十八年：「天王狩于河陽。」孫復
曰：「冬，會于溫，其言天王狩于河陽者，不與晉文再致天子也，晉文再
致天子，惡之大者，故孔子以襄王自狩為文，所以黜強侯而尊天子也。」
[53]胡安國云：「仲尼曰：以臣召君不可以訓，故書曰『天王狩于河陽』，
以尊周而全晉也。」（卷 13，頁 2322）孫復以襄王自狩為文，黜強侯而
尊天子，但胡氏認為此書法一方面能為周王隱諱，一方面又可肯定晉侯尊
王，這和孫復藉由貶黜諸侯以貴尊天子的說法有所不同。

又，胡氏主張尊王室、正王法，有清楚具體的內容，旨揭諸侯尊王的

---

[50] 孫復曰：「成雖即位八年，非有勤王之績，天子使召伯來賜公命，濫賞也。」見〔宋〕孫
復：《春秋尊王發微》，卷 8，頁 10791。

[51] 〔清〕紀昀、陸錫熊、孫士毅等：《欽定四庫全書總目》（北京：中華書局，1997 年），
卷 26，頁 335。

[52] 孫復曰：「非禮也。《書》曰：『六年五服一朝。又六年，王乃時巡，諸侯各朝于方嶽。』
公朝于王所，非禮可知也。不言諸侯者，言諸侯則是天子可得致也，故王申之朝，諸侯亦沒
而不書焉。」見〔宋〕孫復：《春秋尊王發微》，卷 5，頁 10771-10772。

[53] 〔宋〕孫復：《春秋尊王發微》，卷 5，頁 10772。

原則，包含「班位明尊君之義」、「即位請命於天王」、「請天王而正疆理」、「以王命興諸侯之師」、「朝王為重」等，這都是胡氏顯著的觀點，不同於孫復。例如《春秋》隱公三年：「武氏子來求賻。」孫復曰：「武氏，世卿也，其言武氏子，父死未葬也。武氏子來求賻者，武氏子父死未葬，故來求賻，賻不可求，來求非禮也。」[54]關注經文為何書「武氏子」以及求賻之因，也點出求賻非禮。但《胡傳》曰：「武氏子，天子之大夫，何以不稱使？當喪未君，非王命也。……夫賻以貨財，則生者所須索也。君取於臣不言求，而曰求賻、求車、求金，皆著天王之失道也，上失其道則下不臣矣。」（卷1，頁2271）不以書武氏子為重，反而強調天子大夫非王命故不稱使，抬高「尊王命」的重要。又如《春秋》宣公九年：「公如齊，公至自齊。」孫復曰：「公有母喪而遠朝強齊，公之無哀也甚矣。」[55]以宣公母喪卻無哀悼之意，《胡傳》則批評魯宣公廢聘覲之禮，藉此發揮「朝王為重」。[56]

　　胡氏重視諸侯應請命天王而正疆理。《春秋》隱公四年：「春，王二月，莒人伐杞，取牟婁。」孫復曰：「二月，莒人伐杞，取牟婁，甚之也。莒人二年入向，天子不能誅，故此肆然伐杞，取牟婁。牟婁，杞邑。」[57]僅說明天子不能誅討莒國入向，故此年有伐杞取邑之惡，但胡氏進一步強調「請天王正疆理」：「苟不請於天王以正疆理，而擅兵爭奪，雖取本邑，與奪人之有者無以異。」（卷2，頁2273）成公二年：「取汶陽田」亦然，孫復曰：「汶陽之田，魯地也，齊人侵之，今魯從晉，故復取之，不言取之齊者，明本非齊地。」[58]解讀經文不書取之齊，是因汶陽

---

[54] 〔宋〕孫復：《春秋尊王發微》，卷1，頁10730。

[55] 〔宋〕孫復：《春秋尊王發微》，卷7，頁10785

[56] 《胡傳》曰：「以淺言之，屬辭比事，《春秋》教也。當歲首月，公朝于齊。夏，使大夫聘于京師，此皆比事可考，不待貶絕而惡自見者也。宣公享國九年，於周纔一往聘，其在齊則又再朝矣，經於如齊每行必致，深罪之也。下逮戰國，周衰甚矣，齊威王往朝于周而天下皆賢之，況春秋時乎，而宣公不能也，故聘覲之禮廢則君臣之位失，諸侯之行惡，而倍畔侵陵之敗起矣，此經書君如齊臣如周之意，而特書王正月以表之也。」（卷17，頁2341）

[57] 〔宋〕孫復：《春秋尊王發微》，卷1，頁10730。

[58] 〔宋〕孫復：《春秋尊王發微》，卷8，頁10789。

田本為魯地，故復取之；而胡氏批評晉、魯二國正疆理不請命于天王，故書「取」以示魯國得地與奪人之地無異，特別高舉尊王的重要性。

　　另外，孫復認為「孔子之作《春秋》也，以天下無王而作也，非為隱公而作也」[59]，強調元年書王乃「端本」之意。[60]《胡傳》也援用「端本」，但卻主《春秋》去「天」端本，譏王法不正，和孫復立意已有不同，這也是兩人最大的差異。而且胡安國並不隱諱周室衰亂失道，常有嚴厲批評，但孫復卻少有諸類評論。例如《春秋》隱公九年：「天王使南季來聘。」孫復曰：「南季，天子大夫。南氏，季字。」[61]僅解釋南季身分，但胡氏卻曰：「王之不王如此，征伐安得不自諸侯出乎？諸侯之不臣如此，政事安得不自大夫出乎？君臣上下之分易矣，陪臣執國命，夷狄制諸夏矣，其原皆自天王失威福之柄也。」（卷3，頁2277-2278）明顯批評天王失道，已失威福之柄，易君臣大分。《春秋》桓公五年：「蔡人、衛人、陳人從王伐鄭。」孫復曰：

> 桓王以蔡人、衛人、陳人伐鄭，鄭伯叛王也。其言蔡人、衛人、陳人從王伐鄭者，不使天子首兵也。……桓王親伐下國，惡之大者，曷為不使首兵？天子無敵，非鄭伯可得伉也，故曰蔡人、衛人、陳人從王伐鄭以尊之，尊桓王所以甚鄭伯之惡也。夫鄭同姓諸侯，密邇畿甸，桓王親以三國之眾伐之，拒而不服，此鄭伯之罪不容誅矣。人者，眾辭。[62]

　　孫復從《春秋》書法論說「不使天子首兵」，因天子無敵，非鄭莊公

---

[59] 〔宋〕孫復：《春秋尊王發微》，卷1，頁10727。

[60] 孫復曰：「春秋自隱公而始者，天下無復有王也，夫欲治其末者，必先端其本；嚴其終者，必先正其始，元年書王，所以端本也。正月所以正始也，其本既端，其始既正，然後以大中之法從而誅賞之，故曰：元年春，王正月也。」見〔宋〕孫復：《春秋尊王發微》，卷1，頁10727。

[61] 〔宋〕孫復：《春秋尊王發微》，卷1，頁10734。

[62] 〔宋〕孫復：《春秋尊王發微》，卷2，頁10739-10740。

可抗，故批評鄭國之惡，罪不容誅。胡安國亦以鄭伯有罪，但「鄭伯不朝，貶其爵可也，何為憤怒自將以攻之也？」（卷5，頁2284-2285）批評周桓王此年因私人小忿而剝奪鄭國政權，又率諸侯討伐，此舉非天子之事，已失天下共主之義，故不稱「天王」，逕書「王」譏之以端本。又如《春秋》成公元年：「王師敗績于茅戎。」孫復曰：

> 此王師及茅戎戰，王師敗績也。經言王師敗績于茅戎者，王者至尊天下，莫得而敵，非茅戎可得敗也。定王庸暗，無宣王之烈，王師為茅戎所敗，惡之大者，故孔子以王師自敗為文，所以存周也。[63]

王師天下無敵，但卻為茅戎所敗，經文作王師自敗為文，所以存周也。胡氏雖也引程頤之語，表「諸侯不可敵王」、「夷狄不能抗王」，但有更多是批評周室不能由仁義服四夷，反而徼戎致敗，故《春秋》書「敗績于茅戎」表周室自敗。

另一方面，若從天王求賻、求車、求金、賜命等事，也能看出胡氏直言周室壞法亂道的特色。如《春秋》隱公元年：「天王使宰咺來歸惠公仲子之賵。」孫復曰：

> 天王使宰咺來歸惠公仲子之賵，非禮也。仲子孝公妾，惠公母，惠公既君，仲子不稱夫人者，妾母不得稱夫人，故曰惠公仲子也。其曰惠公仲子者，非他以別惠公之母爾。[64]

孫復與胡安國雖對仲子身分有不同意見，[65]但兩人都秉持天王下賵非禮，而胡安國還有較強烈地抨擊：「仲子，惠公之妾爾，以天王之尊下賵

---

[63] 〔宋〕孫復：《春秋尊王發微》，卷8，頁10789。

[64] 〔宋〕孫復：《春秋尊王發微》，卷1，頁10727。

[65] 孫復以仲子為孝公妾，惠公母；胡安國則視仲子為惠公妾，見〔宋〕胡安國：《春秋傳》，卷1，頁2269。

諸侯之妾，是加冠於屨，人道之大經拂矣。天王，紀法之宗也。六卿，紀
法之守也。議紀法而修諸朝廷之上，則與聞其謀；頒紀法而行諸邦國之
間，則專掌其事，而承命以賵諸侯之妾，是壞亂法紀，自王朝始也。《春
秋》重嫡妾之分，故特貶而書名，以見宰之非宰矣。」（卷 1，頁 2269）
藉貶公卿亦貶周王，示周室壞法亂紀，瀆亂嫡妾之分，倒置夫婦之綱，故
經文稱名言「宰咺」。又如《春秋》桓公十五年：「天王使家父來求
車。」孫復曰：「天王使家父來求車者，諸侯貢賦不入周室，材用不足
也。」[66]未批評周王下求之事，反指責諸侯未有貢賦，故周室材用不足而
下求。但胡安國卻認為周王越禮求下，悖禮之甚，王靈下替，使致社稷主
於貨賂，開貪利之惡，故書「求」。《春秋》莊公元年：「王使榮叔來錫
桓公命。」孫復曰：

> 賞所以勸善也，罰所以懲惡也，善不賞，惡不罰，天下所以亂也。
> 桓弒逆之人，莊王生不能討，死又追錫之，此莊王之為天子可知
> 也，不書天者，脫之。[67]

此處胡氏說法與泰山有相近處：「今桓公殺君篡國而王不能誅，反追
命之，無天甚矣。桓無王，王無天，其失非小惡也。」（卷 7，頁 2292）
但孫復視此不書「天王」是《春秋》脫文，胡氏卻以不書「天王」足見周
王無天，明王道已廢，責備周室的意味更為激烈。

當宋室發生靖康之禍後，皇室成員盡遭金人捕至北地，獨有徽宗九子
康王趙構倖免於難，成為社稷唯一而且正統之嗣君。雖然趙構於建炎元年
（1127）五月於南京登基，但其實並非透過徽宗、欽宗之旨而授為儲副，
是迫於時勢之亂才被擁立為君，就合法性來說，尚有不足。因此，維護君
權、穩定朝政是南渡之後最重要的課題。另外，王夫之《宋論》曰：

---

[66] 〔宋〕孫復：《春秋尊王發微》，卷 2，頁 10743。

[67] 〔宋〕孫復：《春秋尊王發微》，卷 3，頁 10747。

徽宗之世，河北之盜已興。迨及靖康，女直破汴京而不有，張邦昌
僭大號而不尸，高宗遠處淮左而不能令。郡邑無吏，吏無法。遊奕
之虜騎，往來蹂踐，民莫能自保其命。豪彊者聚眾砦處，而農人無
可耕之士，市肆無可居之廛，則相率依之，而據太行之麓，以延旦
夕之命。室無終歲之計，甕無宿舂之糧，鳥獸聚而飛蟲遊，勿問彊
弱，合而有此數也。[68]

　　高宗即位除了仍須面對金人侵討與威脅之外，對內還得處理苗傅、劉
正彥等叛亂兵變，福建、湖南、江西各地的農民起義，以及四處流竄，屠
害百姓，強劫擄掠的潰軍游寇，這內憂外患不斷交侵，一再威脅南宋政
權，擾亂社會秩序，影響高宗復國中興之大業。是故，在建炎初期這幾
年，外攘夷狄所在必行，而內尊王權更是刻不容緩，唯有先確立高宗君
政，正內才足以制外，勝討夷狄之患，這也是胡安國力倡「尊君父」的重
要原因。

　　其次，文中分析《胡傳》並無一味尊君，對於周室不尊常道、違反禮
法等亂事亦多貶抑，這些抨擊言論似乎與鞏固君權形成扞格，反而易使高
宗初立的政局陷入動盪。但實際上，胡安國於建炎元年（1127）五月高宗
即位時，即已上言進呈，糾舉朝政，直指自崇寧以來，奸臣擅朝，濁亂天
下，國策共有九大失誤，念茲在茲的是盡除北宋以降紊亂規程與賞罰無章
之弊端，遂藉由《春秋》天王失道、倒置三綱等亂事為鑑戒，垂盼高宗改
弦易轍、乘勢更張，社稷才有興復之望。由此，《胡傳》才會基於
《公》、《穀》隱諱之辭大張「尊君父」之義，而且對於尊王室、正王法
之原則也較孫復《春秋尊王發微》具體深刻，甚至直言周室壞亂法紀的責
備意味也更為濃厚。

---

[68]　〔清〕王夫之著，舒士彥點校：《宋論》（北京：中華書局，1964 年 4 月北京第 1 版），
　　卷 10，頁 167。

第二節　討亂賊

　　《春秋》經傳記載不少弒君事例與書法，歷來對此有許多爭議，各家圍繞史實或經傳探討其理，呈現不同的價值判斷。[69]胡安國對聖人所書也有己見，以其備書「討賊」之義，嚴討「弒君」之賊，故《春秋》成而亂臣賊子懼。

　　胡安國「討亂賊」有極清楚的說明，除了抨擊篡弒者毀滅天理，罪無可逭之外，關於「善知賊而能討者」以及「不能討而成其亂者」也都有具體褒貶，深加貶斥篡弒黨羽之合謀、共事、受賂等大惡。又，胡氏還大張「篡弒之賊人人可討」，相關書法皆扣緊聖人討賊之義。以下就此分析《胡傳》「討亂賊」的內容要旨。

一、弒君為天下大罪

　　春秋二百四十二年，篡弒奪國不斷，胡安國視「弒君」為「天下之大罪」，「討賊」為「天下之大刑」，[70]將《春秋》所作和弒君畫上關係，明著聖人誅討弒君之賊。《春秋》桓公元年：「春，王正月，公即位。」據《左傳》所載，公子翬向魯隱公請求殺桓公，以求大宰一職，但隱公不肯，公子翬懼怕，遂向桓公誣陷隱公，使人弒於寪氏而立桓公為君。《胡傳》曰：

> 桓公與聞乎，故而書即位，著其弒立之罪，深絕之也，美惡不嫌同
> 詞。……古者諸侯不再娶，於禮無二適，惠公元妃既卒，繼室以聲
> 子，則是攝行內主之事矣。仲子安得為夫人？母非夫人則桓乃隱之

69　林素娟從《春秋》經傳的弒君書法探究為君復仇的問題，先陳述三《傳》弒君書法的主張，進而討論其中稱國、稱人弒君書法的爭議。詳見林素娟：〈春秋戰國時期為君父復讎所涉之忠孝議題及相關經義探究〉，《漢學研究》第 24 卷第 1 期（2006 年 6 月），頁 38-45。

70　〔宋〕胡安國：《春秋傳》，卷 20，頁 2358-2359。

庶弟，安得為適子，謂當立乎？桓不當立，則國乃隱公之國，其欲
授桓，乃實讓之，非攝也。攝、讓，異乎？曰，非其有而居之者，
攝也，故周公即政而謂之攝；推己所有以與人者，讓也，故堯舜禪
授而謂之讓。惠無適嗣隱公，繼室之子於次居長，禮當嗣世，其欲
授桓，所謂推己所有以與人者也，豈曰攝之云乎？以其實讓而桓乃
弒之，《春秋》所以惡桓，深絕之也。然則《公羊》所謂桓幼而
貴，隱長而卑，子以母貴者，其說非與？曰：此徇惠公失禮而為之
詞，非《春秋》法也。仲子有寵，惠公欲以為夫人，母愛者子，抱
惠公欲以桓為適嗣，禮之所不得為也，禮不得為而惠公縱其邪心而
為之，隱公又探其邪志而成之，《公羊》又肆其邪說而傳之，漢朝
又引為邪議而用之，夫婦之大倫亂矣。《春秋》明著桓罪，深加貶
絕，備書終始討賊之義，以示王法，正人倫，存天理，訓後世不可
以邪汩之也。（卷4，頁2280）

　　《公羊傳》有「母貴」之義：「立適以長不以賢，立子以貴不以長。
桓何以貴？母貴也。母貴則子何以貴？子以母貴，母以子貴。」何休注：
「禮：嫡夫人無子，立右媵；右媵無子，立左媵。」[71]桓公母親仲子為右
媵，故桓公地位貴於隱公，但隱公年長且賢能，大夫皆薦舉為君，隱公有
意日後讓位於桓，所以先行代桓，如《左傳》隱公元年言：「不書即位，
攝也。」[72]

　　胡安國糾正《左》、《公》二傳，以隱公本當嗣位為君，魯國本為隱
公之國，桓公並非嫡子，隱公實欲讓位於桓，但桓公弒之，故《春秋》書
「公即位」著弒立之罪，深加貶絕。胡氏此言本於劉敞，[73]開宗明義批評
桓公罪大惡極，聖人絕其以臣弒君、以弟篡兄，正書即位而誅討亂賊，並

---

[71] 〔漢〕何休解詁，〔唐〕徐彥疏：《春秋公羊傳注疏》，卷1，頁11。

[72] 〔晉〕杜預注，〔唐〕孔穎達疏：《春秋左傳正義》，卷2，頁34。

[73] 劉敞曰：「《傳》謂隱公攝，是非其位而據之也，于王法所不得為。于王法所不得為，則桓
之弒隱，惡少減矣，《春秋》不宜深絕之，今以其深絕之，知隱公乃讓也，非攝也。」見
〔宋〕劉敞：《春秋權衡》，卷1，頁10970。

於《春秋》隱公十一年：「冬十有一月，壬辰，公薨」發義：

> 不書葬，示臣子於君父有討賊、復讎之義，非聖人莫能修，謂此類
> 也。夫賊不討，讎不復而不書葬，則服不除，寢苫枕戈，無時而終
> 事也，以此法討罪至嚴矣，故曰：《春秋》成而亂臣賊子懼。（卷
> 3，頁 2279）

公葬皆書，但隱不書乃賊未討，警示人臣必須戮力討賊以復人君之
讎。胡安國痛斥魯桓弒君，從許多書法變例探討仲尼討賊之意。例如《春
秋》桓公十八年：「春，王正月。」《胡傳》曰：「十八年復書王者，明
弒君之賊雖身已沒，而王法不得赦也。又據桓十五年，天王崩，至是新君
嗣立，三年之喪畢矣，明弒君之賊雖在前朝，而古今之惡一也。然則簒弒
者不容於天地之閒，身無存沒，時無古今，皆得討而不赦，聖人之法嚴
矣。」（卷 6，頁 2291）語氣極為強烈，以王法討制，不因新君嗣立而
易，無可赦之理，嚴懲簒弒亂賊。

又，胡安國認為孔子假魯史而用五刑、奉天討、誅亂賊，垂天子之法
於後世，[74] 其他魯公君位若由簒弒而來仍大力抨擊。例如《春秋》宣公元
年：「公會齊侯于平州。」《胡傳》曰：

> 按《左氏》曰：會于平州以定公位，魯宣簒立，踰年舉國，臣子既
> 從之矣，若之何位猶未定，而有待於平州之會也？春秋以來，弒君
> 簒國者已列於諸侯之會，則不復致討，故曹人以此請負芻于晉。夫
> 簒弒之賊，毀滅天理，無所容於天地之間，身無存沒，時無古今，
> 其罪不得赦也。以列於會而不復討，是率中國爲戎夷，棄人類爲禽

---

[74] 《胡傳》曰：「世衰道微，暴行交作，仲尼有聖德無其位，不得如黃帝、舜、禹、周公之伐
蚩尤、誅四凶、戮防風、殺管蔡，行天子之法於當年也，故假魯史用五刑、奉天討、誅亂
賊，垂天子之法於後世，其事雖殊，其理一耳，何疑於不敢專進退諸侯以爲亂名實哉！夫奉
天討、舉王法以黜諸侯之滅天理、廢人倫者，此名實所由定也，故曰：《春秋》成而亂臣賊
子懼。」（卷 4，頁 2281-2282）。

歔,此仲尼所爲懼,《春秋》所以作也。然欲定其位者魯宣公,宜
稱及齊而曰會者,討賊之法也。(卷16,頁2336)

　　《左傳》曰:「會於平州,以定公位。」襄仲殺太子惡及其母弟視,
賂齊求會。杜預注:「篡立者,諸侯既與之會,則不得復討,臣子殺之,
與弒君同,故公與齊會而位定。」[75]即使宣公篡立,無法討之,但其行實
迺毀滅天理,其罪無所容於天地,故改「公及齊侯于平州」為「公會齊侯
于平州」,執行討賊之法,不減釋輕放。

二、《春秋》著討賊之義

(一)善知賊而能討者

　　王政不綱,天子不能討賊,故當弒逆之賊已討,胡氏則以《春秋》書
法示之。如《春秋》隱公五年:「夏四月,葬衛桓公。」《胡傳》曰:
「衛亂是以緩,魯往會故書,聖人存而弗削者,弒逆之賊討矣。」(卷
2,頁 2274)衛桓公於魯隱四年三月被殺,九月衛人殺州吁于濮,至此既
葬雖已一年之餘,但弒君者州吁見討,「君弒而臣子能討其賊,則送終之
責始盡」,[76]故孔子存而不削。
　　《春秋》桓公六年:「蔡人殺陳佗。」《胡傳》以陳佗為當討之賊,
故經文書其名:

> 佗弒大子而代其位,至是踰年不成之爲君者,以賊討也。書蔡人以
> 善蔡,書陳佗以善陳。善蔡者,以蔡人知佗之爲賊;善陳者,以陳
> 國不以佗爲君。知其爲賊,故稱人,稱人,討賊之詞也;不以爲
> 君,故稱名,稱名,當討之賊也。魯桓弒君而鄭伯與之盟,宋督弒
> 君而四國納其賂,則不知其爲賊矣。齊商人弒君者,及其見殺則稱

---

[75] 〔晉〕杜預注,〔唐〕孔穎達疏:《春秋左傳正義》,卷21,頁361。

[76] 〔元〕汪克寬:《春秋胡傳附錄纂疏》,卷2,頁64。

位；蔡般殺父者，及其見殺則稱爵，是齊蔡國人皆以爲君矣。聖人於此抑揚與奪，遏人欲於橫流，存天理於旣滅，見諸行事，可謂深切著明矣。篡弒之賊外則異國皆欲致討而不赦，內則國人不以爲君而莫之與，誰敢勸於爲惡，故曰，孔子成《春秋》而亂臣賊子懼。（卷5，頁2285）

　　程頤曰：「佗弒世子而竊位，不能有其國，故書曰『陳佗』。」[77]胡氏說法近於伊川，因陳國不以佗爲君，故直稱其名，視爲當討之賊。又，《胡傳》多次稱「人」爲討賊之辭，[78]陸淳曾語：「臣弒其君，子弒其父，凡在官者，殺無赦。陳佗，殺太子之賊也，蔡雖鄰國，以義殺之亦變之正也，故書曰蔡人。」[79]以此處變文稱蔡人，正蔡國能討賊，胡氏亦肯定蔡國知佗爲賊，將討賊之義歸諸於蔡。

（二）貶不能討而成其亂者

　　「弒君之賊，夫人之所得討也，而況於諸侯乎？況於鄰國乎？」[80]諸侯不討賊是率中國爲戎夷，棄人類爲禽獸，凡諸侯不討賊者，胡氏亦同斥責，無有寬免。例如《春秋》桓公十年：「齊侯、衛侯、鄭伯來戰于郎。」《胡傳》曰：

　　　魯桓弒立，天下大惡，人人之所得討也。鄭伯則首盟于越以定其

---

[77]　〔宋〕程顥、程頤著，王孝魚點校：《二程集》，「河南程氏經說」卷4，頁1105。

[78]　《春秋》隱公四年：「九月，衛人殺州吁于濮。」《胡傳》曰：「殺州吁稱人，眾詞也。……殺州吁則石碏謀之，而使右宰醜涖之也，變文稱人，則是人皆有欲討賊之心，亦夫人之所得討也，故曰眾詞。公羊子曰：『稱人者何？討賊之辭也。』其義是矣。」（卷2，頁2274）依循《公羊傳》，表國中之人，人人得討之，人人欲討之，故稱衛「人」爲討賊之眾辭。又如《春秋》莊公九年：「春，齊人殺無知。」《胡傳》曰：「殺無知者，雍廩也，而曰齊人者，討賊之詞也。弒君之賊，人人之所惡，夫人之所得討，故稱人。人者，眾詞也，無知不稱君，己不能君，齊人亦莫之君也。」（卷8，頁2296）同樣都稱「人」爲討賊之詞。

[79]　〔唐〕陸淳：《春秋微旨》，卷上，頁9。

[80]　〔宋〕胡安國：《春秋傳》，卷15，頁2333-2334。

位，齊侯則繼會于稷以濟其姦，曾不能修方伯之職，駐師境上，聲
罪致討，伸天下之大義也。今特以私忿小怨，親帥其師，戰于魯
境，尚為知類也哉！此《春秋》之所必誅而不以聽也，故以三國為
主而書來戰于郎。（卷5，頁2287）

據《左傳》載，魯桓公於桓公元年和鄭莊公在越地結盟，隔年又與齊
僖公、陳桓公、鄭莊公在稷地會面，成全宋國叛亂。齊、鄭二國既不能討
魯桓弒君，竟又與其會盟，而鄭國卻因魯國周班後鄭，發怒請師於齊，齊
國又率領衛軍幫助鄭國，兩國先前不能討桓公篡弒之罪，之後又因私忿小
怨而作戰於郎，故經文以齊、衛、鄭三國為主而書來戰于郎，藉此誅之。
又如《春秋》文公十七年：「晉人、衛人、陳人、鄭人伐宋。」《胡傳》
曰：「列國之卿，其君所與，共天位、治天職者。宋有弒君之亂，欲行天
討而伐宋，乃其職也。復不能討而成其亂，是不足為國卿，失其職矣，故
皆貶而稱人。」（卷15，頁2334）文公十六年宋昭公見弒，晉荀林父、
衛孔達、陳公孫寧、鄭石楚伐宋，雖責之弒君，但仍立宋文公而還，胡安
國批評他們不能討賊，不足為國卿，故《春秋》貶而稱人。

三、《春秋》誅亂賊之黨

胡安國以《春秋》著討賊之義，其法尤嚴於亂賊之黨，與篡弒之賊同
黨者，聖人亦行誅討。例如《春秋》桓公二年：「滕子來朝。」《胡傳》
曰：

《春秋》爲誅亂臣討賊子而作，其法尤嚴於亂賊之黨，使人人知亂
臣賊子之爲大惡而莫之與，則無以立於世；無以立於世則莫敢勸於
爲惡，而篡弒之禍止矣。今桓公弟弒兄，臣弒君，天下之大惡，凡
民罔弗憝也，已不能討，又先鄰國而朝之，是反天理、肆人欲，與
夷狄無異而《春秋》之所深惡也，故降而稱子，以正其罪；四夷雖
大皆曰子，其降而稱子，狄之也。（卷4，頁2281-2282）

《春秋》爲誅亂臣討賊子而作，其法尤嚴於亂賊之黨，對於桓公弒君之天下大惡，滕侯率先來朝，是反天理、肆人欲，故《春秋》狄之，貶而稱子。因此，除了貶抑主謀，還包含與事者，深絕其黨，務使人們莫敢為惡，遏篡弒之禍。

《胡傳》痛惡魯桓弒君，凡來朝相盟者皆視為亂賊之黨。《春秋》桓公七年：「穀伯綏來朝，鄧侯吾離來朝。」《胡傳》曰：

> 《春秋》之法，諸侯不生名，穀伯鄧侯何以名？桓，天下之大惡也，執之者無禁，殺之者無罪，穀伯、鄧侯越國踰境，相繼而來朝，即大惡之黨也，故特貶而書名。與失地滅同姓者比焉，經於朝桓者，或貶爵，或書名，或稱人，以深絕其黨，撥亂之法嚴矣。誅止其身而黨之者無罪，則人之類不相賊殺為禽獸也幾希。（卷5，頁2286）

魯桓弒君，天理已滅，不容於天下，穀伯、鄧侯交臂來朝，視為同惡，故特貶書名。又如《春秋》桓公十五年：「邾人、牟人、葛人來朝。」《胡傳》曰：「《公羊》曰：『皆何以稱人？夷狄之也。』其狄之何？天王崩不奔喪，而相率朝弒君之賊也。」（卷6，頁2290）貶責三國相朝弒逆之賊，故稱人狄之。[81]

---

[81] 胡安國此處將經文中名號稱謂與聖人貶責亂賊黨羽連結，觀點獨特，程頤與其門人皆未有這類意見。程頤曰：「滕本侯爵，後服屬于楚，故降稱子，夷狄之也。首尾桓公，其辠自見矣。」朝桓之罪非見於號號之上，滕侯書「子」乃因服楚而稱。謝湜亦云：「滕侯爵稱子，以其臣屬於楚也。四夷君長，爵不過子。滕侯臣屬於楚，稱子黜之也。先義後利，上賢下力，貴信賤詐，中國之道也。禽獸惟利是嗜而不知義之在所先也，惟力是務而不知賢之在所上也，惟詐是用而不知信之在所貴也，《春秋》之所以賤楚者以此而已，故中國諸侯臣屬於楚則黜之。」完全依循伊川說法，貶斥滕侯臣屬於楚，背棄中國信義尚賢之理，故稱子黜之。而劉絢曰：「諸侯不生名，穀伯、鄧侯來朝而名之，何也？中國附庸例稱字，邾儀父、蕭叔是也。凡外附庸例稱名，郳犂來、介葛盧來是也。穀、鄧微弱之國，自此蔑然不見於經，蓋從是失爵入楚為附庸，故於其來朝，聖人即以夷狄附庸之例名之。」解釋穀伯、鄧侯稱名也是歸咎於入楚為附庸，既已成為夷狄附庸則稱名，例同郳犂來、介葛盧來。以上引文分見〔宋〕程顥、程頤著，王孝魚點校：《二程集》，「河南程氏經說」卷4，頁1101。〔宋〕李明復：《春秋集義》，卷6，頁291；卷8，頁315。

　　與篡弒者朝會相盟是亂賊黨羽，而「亂臣賊子之動於惡，必有利其所為而與之者，人人不利其所為而莫之與，則孤危獨立無以濟其惡，篡弒之謀息矣。惟利其所為而與之者眾，是以能濟其惡，天下胥為禽獸而莫之遏。」[82]故受賄賂餽贈以定君位更是亂賊之徒。《春秋》宣公元年：「齊人取濟西田。」《左傳》記：「齊人取濟西之田，為立公故，以賂齊也。」[83]《胡傳》曰：

> 魯人致賂以免討，而書齊人取田者，所以著齊罪。《春秋》討賊尤嚴于利，其為惡而助之者，所以孤其黨。夫齊、魯鄰國，盟主之餘業也，子惡弒，出姜歸，而宣公立不能聲罪致討，務寧魯亂，首與之會，是利其為惡而助之也。弒君篡國，人道所不容，而貨賂公行免於諸侯之討，則為人臣子者，胥不知有君父矣。其禍乃自不知以義為利而以利之，可以為利而為之也。孟子為梁王極言利國者，必至於弒奪而後饜，蓋得經書取田之意，舉法如此，然後人知保義棄利，亂臣賊子孤立無徒而亂少弭矣。（卷16，頁2336）

　　弒君篡國，人道既所不允，桓公篡立，謀鄭莊之援，誘以許田；宣公奪位，致齊惠之賂，得以免討，若「鄭莊、齊惠不貪其利，則桓、宣必不能以自立矣。」[84]故《春秋》討賊尤嚴于利，受其賂者同貶為亂賊之黨，書「齊人取濟西田」以著齊罪。又如《春秋》襄公二十五年：「諸侯同盟于重丘。」《胡傳》曰：「崔杼既弒其君矣，晉侯受其賂而許之成，故盟于重丘，特書曰同。」（卷22，頁2366）據《左傳》載，晉平公本在夷儀會合諸侯欲攻打齊國，報朝歌之役，但齊國派隰鉏請求媾和，向晉國解釋弒殺齊莊公之事，且「賂晉侯以宗器、樂器。自六正、五吏、三十帥、三軍之大夫、百官之正長師旅及處守者皆有賂，晉侯許之。」故胡安國以

---

[82]　〔宋〕胡安國：《春秋傳》，卷15，頁2334-2335。

[83]　〔晉〕杜預注，〔唐〕孔穎達疏：《春秋左傳正義》，卷21，頁361。

[84]　〔宋〕張洽：《春秋集註》，卷6，頁13162。

晉國知賊不討而受其賂，又與弒君之齊同盟于重丘，天下大惡，《春秋》治之。《春秋》莊公十二年：「宋萬出奔陳。」《胡傳》曰：

> 夫天下之惡一也，陳人不以萬為賊而納之，又受宋人之賂而使婦人飲之酒，是與賊為黨，非政刑也，特書萬出奔陳而閔公不葬，以著陳人與賊為黨之罪而不能正，天討其法嚴矣，故曰《春秋》成而亂臣賊子懼。（卷8，頁2298）

　　宋萬弒閔公於蒙澤而奔陳，陳國納賊受賂非政刑也。張洽曰：「今不曰宋人殺萬而書宋萬出奔陳，惡于陳也。天下之惡，當奉天討，容受其奔，辠已大矣，受賂而後歸之，所謂肆人欲而滅天理，與所謂殺其人、汙其宮而瀦焉之意，何其異哉？」[85]故《春秋》特書，示陳國與賊為黨。
　　《春秋》文公十四年：「齊公子商人弒其君舍。」《左傳》文公十五年記：「晉侯、宋公、衛侯、蔡侯、陳侯、鄭伯、許男、曹伯盟于扈，尋新城之盟，且謀伐齊也。齊人賂晉侯，故不克而還。」[86]《胡傳》言：「齊人弒君不能致討，受賂而退，奚以賢於狄矣？不曰晉人會諸侯盟于扈，而曰諸侯盟者，分惡於諸侯也。」（卷 15，頁 2333）晉靈公接受齊國餽贈，不能討商人弒君之罪，故《春秋》不書「晉人會諸侯盟于扈」而書「諸侯盟于扈」，分惡於諸侯。

四、深美夷狄討賊之功

　　「《春秋》之法，亂臣賊子人人得而討之，不必士師也。」[87]胡安國主張弒君之賊，人人皆得討之：「討賊者，非臣子也，何以書葬？天下之惡一也，本國臣子或不能討，而上有天王下有方伯，又其次有四鄰、有同

85　〔宋〕張洽：《春秋集註》，卷3，頁13138。

86　〔晉〕杜預注，〔唐〕孔穎達疏：《春秋左傳正義》，卷19下，頁339。

87　〔宋〕朱熹：《四書集註》（臺北：藝文印書館，1980年5月），卷6，頁13。

盟、有方域之諸侯，有四夷之君長與凡民皆得而討之，所以明大倫、存天理也。」（卷 18，頁 2344）不論是華夏諸侯、四方夷狄，民皆可討，眾皆可誅，故《春秋》宣公十一年：「楚子、陳侯、鄭伯盟于辰陵。」《胡傳》發義：

> 晉、楚爭此二國，爲日久矣。今陳、鄭背晉從楚盟于辰陵，而《春秋》書之無貶詞者，豈與其下喬木入幽谷乎？中國而不能令則夷狄進矣，經之大法在誅亂臣討賊子，有亂臣則無君，有賊子則無父，無父與君即中國變爲夷狄，人類殄爲禽獸，雖得天下不能一朝居也。今魯與齊方用兵伐莒，晉與狄方會于櫕函，而不謀少西氏之逆也，而楚人能謀之，所謂禮失而求之野，夷狄之有君不如諸夏之亡也。辰陵之盟所以得書於經而詞無貶乎？聖人討賊之意可謂深切著明矣。（卷 17，頁 2343）

《左傳》宣公十一年載：「冬，楚子為陳夏氏亂故，伐陳。謂陳人：『無動！將討於少西氏。』遂入陳，殺夏徵舒，轘諸栗門。因縣陳。」[88] 陳大夫夏徵舒弒陳靈公，楚莊王伐陳殺夏徵舒，胡安國肯定楚國能討伐弒君者，故之後經文不斷讚許楚國討賊之功。《春秋》宣公十一年：「冬十月，楚人殺陳夏徵舒。丁亥，楚子入陳。」《胡傳》曰：

> 稱人者，眾詞也。大惡，人人之所同惡，人人之所得討，其稱楚人殺徵舒，諸夏之罪自見矣。按《左氏傳》：楚子爲夏氏亂，故謂陳人無動，將討於少西氏，遂入陳殺徵舒，轘諸栗門，而經先書殺，後書入者，與楚子之能討賊，故先之也。討其賊爲義，取其國爲貪，舜、跖之相去遠矣，其分乃在於善與利耳。楚莊以義討賊，勇於爲善，舜之徒也；以貪取國，急於爲利，跖之徒矣。爲善與惡，特在一念須臾之間，而書法如此，故《春秋》傳心之要典，不可以

---

[88] 〔晉〕杜預注，〔唐〕孔穎達疏：《春秋左傳正義》，卷 22，頁 383-384。

不察者也。……仲尼重傷中國，深美其有討賊之功，故特從末減不稱取陳而書入，雖曰與之，可矣。（卷 17，頁 2344）

《公羊傳》以諸侯不得專討，基本上是不贊成楚子向外討賊；[89]而《穀梁傳》亦明楚討有罪，不使夷狄為中國也。[90]胡安國意見與此相反，因為人人皆可討賊，即使身為夷狄，若能討賊亦是為善明義，有功於華夏，故經文先書「殺」，後書「入」，大加稱美楚國討賊之舉。

胡氏看法是基於前人而發。杜預曰：「不言楚子而稱人，討賊辭也。」[91]范甯曰：「變楚子言人者，弒君之賊若曰人人所得殺也。」[92]程頤亦言：「人，眾辭。大惡，眾所欲誅也。」[93]各家都以稱「人」為討賊眾詞，表人人得討得殺，胡安國進而分析夫子讚許楚子之因，另從討賊為義，取國為貪的角度入手，高舉楚莊。但需要說明，胡安國深美夷狄討賊之功似有過崇楚莊殺夏徵舒一事。《春秋》宣公十二年：「楚子圍鄭。」《胡傳》曰：

按《公羊傳》例，戰不言伐，圍不言戰，入不言圍，滅不言入，書其重者。楚子縣陳，蓋滅之矣，而經止書入；其於鄭也，入自皇門至于逵道，蓋即其國都矣，而經止書圍，曷為悉從輕典，不書其憑陵諸夏之罪乎？上無天王，下無方伯，天下諸侯有臣弒君，子弒

---

[89] 《公羊傳》曰：「此楚子也，其稱人何？貶。曷為貶？不與外討也。不與外討者，因其討乎外而不與也，雖內討亦不與也。曷為不與？實與而文不與。文曷為不與？諸侯之義，不得專討也。諸侯之義不得專討，則其曰實與之何？上無天子，下無方伯，天下諸侯有為無道者，臣弒君，子弒父，力能討之，則討之可也。」見〔漢〕何休解詁，〔唐〕徐彥疏：《春秋公羊傳注疏》，卷 16，頁 202。

[90] 《穀梁傳》曰：「此入而殺也，其不言入，何也？外徵舒於陳也。其外徵舒於陳，何也？明楚之討有罪也。」又曰：「入者，內弗受也。曰入，惡入者也。何用弗受也？不使夷狄為中國也。」見〔晉〕范甯集解，〔唐〕楊士勛疏：《春秋穀梁傳注疏》，卷 12，頁 120-121。

[91] 〔晉〕杜預注，〔唐〕孔穎達疏：《春秋左傳正義》，卷 22，頁 382。

[92] 〔晉〕范甯集解，〔唐〕楊士勛疏：《春秋穀梁傳注疏》，卷 12，頁 120。

[93] 〔宋〕程顥、程頤著，王孝魚點校：《二程集》，「河南程氏經說」卷 4，頁 1116。

父，諸夏不能討而夷狄能討之。《春秋》取大節，略小過，雖如楚子憑陵上國，近造王都之側，猶從末減，於以見誅亂臣、討賊子、正大倫之重也。（卷18，頁2344）

　　楚國憑陵華夏，但由於能討夏徵舒，所以聖人改變書法，經止書圍，猶從末減，彰顯誅亂臣討賊子之大義。然而事實上，「入陳」與「圍鄭」是兩件事，胡氏卻統一從討賊之功評騭，此似偏頗。徐學謨《春秋億》即曰：「楚子圍鄭，胡氏曰：楚子入自皇門至於逵道，已即其國都矣，而止書圍者，以嘗討陳亂，故略其入而書圍也，此信傳而不信經之過也。書圍者，實圍之也，得於陳而失於鄭，功過自不相掩也。」[94]批評《胡傳》信《傳》而不信《經》，經文稱「圍」並非楚莊嘗討陳亂而書，乃實圍之，[95]「入陳」與「圍鄭」功過並不相掩。又，胡氏以《春秋》取大節、略小過，故書楚子「圍」鄭，見誅亂臣、討賊子、正大倫之重。王介之《春秋四傳質》對此提到：

　　賞必當其功，刑必如其罪，故曰：「刑賞忠厚之至。」無溢喜，無溢怒，不為已甚之謂也。一行之瑕，遂以累及沒齒；一節之善，遂以蓋其生平，聖人其為已甚乎！楚莊借少西之義問肆，啟疆之雄心，當其事，君子猶弗過許焉，奈何溢其喜而為皇門之役，解其憑陵之罪也？……胡氏曰：「近在王都，猶從末減。」則殺一徵舒而下三川、移九鼎、剗絕宗周之大命亦可許以義，而為之末減乎，討賊大義也，……聖人奉天以行法，而豈其以殺一忿戾凶愚之賊子，

---

[94]　〔明〕徐學謨：《春秋億》，卷4，頁46。

[95]　袁仁也說明不言入而言圍亦實錄：「《胡傳》以為臣弒君、子弒父，諸夏不能討而夷狄能討之，《春秋》取大節，畧小過，故從末減，此論未為全謬，然知其一不知其二也。按楚子雖縣陳，然卒從申叔時之言而復封陳，則不言滅而言入者，蓋實錄也。楚子雖入鄭，卒退三十里而許之平，則不言入而言圍者，亦實錄也。若謂討弒逆而從輕典，於陳猶合，於鄭則非。」見〔明〕袁仁：《春秋胡傳考誤》（臺北：臺灣商務印書館，1986年景印文淵閣《四庫全書》），頁944。

遂不勝其喜，盡取其惡而矜宥之也？胡氏之論不亦過乎！[96]

以胡安國過崇楚莊「一節之善」，僅因討賊而溢喜其功，矜免憑陵上國、近造王都之罪，褒貶有失公允。明人季本（1485-1563）亦曰：

> 圍鄭者，本止於圍，未入其國也。自《左氏》附為入自皇門，至於
> 逵路之說，世儒因之，遂謂末減書圍，則事亦可以不從實錄乎？且
> 楚之入陳，本圖其國，非真為討賊也，乃欲緣此，併圍鄭之罪而減
> 之，是聖人論事不究人心，術之微也，其不至於長奸者幾希矣！若
> 以為退師與鄭為盟，其情可恕，則凡楚兵所加之國如此類者亦多
> 矣，何不悉從末減乎？此理之難通者也，故書圍鄭者，直著其憑陵
> 諸夏之罪耳。[97]

先言《左傳》影響胡氏判斷，強調「圍」之本義乃未入其國，不言入而言圍蓋為實錄，否定末減書圍的說法。接續點明楚國入陳並非為討賊而來，藉此事減圍鄭之罪，是夫子論事不究人心，況且楚國對中原侵擾所在多有，何以未能悉數輕典而特以此例示之？故胡氏以楚莊討賊而末減書圍的道理難通，書「圍」乃直著憑陵諸夏之罪也。由此可見，胡安國申明嚴討篡弒之賊，強調人人可討，眾民可誅，但在深美夷狄討賊之功上，已流於過重討賊而影響褒貶的判斷，造成曲解聖人大義的問題。

宋徽宗於元符三年（1100）正月即位，至宣和七年（1125）十二月退位，共在朝二十五年。此時期宮中朝臣專制擅權、殘害舊黨，貪贓枉法、奢侈揮霍，對政治、社會、經濟、軍事的影響極大。主導整個北宋末政權走向敗亡的就是蔡京（1047-1126）、王黼（1079-1126）、童貫（1054-

---

[96]〔明〕王介之：《春秋四傳質》（臺北：臺灣商務印書館，1986 年景印文淵閣《四庫全書》），卷下，頁 283。

[97]〔明〕季本：《春秋私考》（臺南：莊嚴文化，1997 年《四庫全書存目叢書》），卷 20，頁 551。

1126）、梁師成（？-1126）、李彥（？-1125）、朱勔（1075-1126）等六賊。蔡京在朝為相，「天資凶譎，舞智御人，在人主前，顓狙伺為固位計，始終一說，謂當越拘攣之俗，竭四海九州之力以自奉。」[98]迫害元祐黨人，肆意打擊政敵，[99]極盡討好徽宗。王黼「才疏雋而寡學術，然多智善佞」[100]，其父事梁師成。黼得位，官吏多承望其意，舉凡四方水土珍異之物，盡苛取於民；又常向女真使展示尚方錦繡、金玉、瑰寶，誇耀富盛，使女真生心。而童貫「性巧媚」[101]，掌握北宋兵權二十年，權傾一時，軍政盡壞。梁師成更是「善逢迎，希恩寵」[102]之輩，蔡京父子亦諂附焉，時人稱蔡京為「公相」，童貫為「媼相」，梁師成為「隱相」。至於李彥「天資狠愎，密與王黼表裏」[103]，和朱勔二人漁奪百姓財產，剝削民脂民膏。這六賊都是徽宗身邊的佞臣，官居要塗，卻陰擠賢良、蠹竭國用，使民不聊生，結怨數路，爆發宋江與方臘之起義。宣和七年（1125）十二月，欽宗即位，太學生陳朝老（1077-1147）等上書，乞誅蔡京、王黼、童貫、梁師成、李彥、朱勔六賊，直指「蔡京壞亂於前，梁師成陰敗於內。李彥結怨於西北，朱勔結怨於東南，王黼、童貫又從而結怨於二虜，敗祖宗之盟，失中國之信，創開邊隙，使天下勢危如絲髮，此六賊者，異名同罪。」[104]伏望欽宗大明誅賞，去奸臣賊子，以示天下。

　　徽宗在位期間正是胡安國二十七歲到五十二歲，對於朝廷專權怙勢，變亂祖宗法度，而造成天下困弊、盜賊迭起、外狄交侵的情況必有體認。

---

[98] 〔元〕脫脫等撰，楊家駱主編：《新校本宋史并附編三種》，卷 472，頁 13727。

[99] 《宋史》載：「時元祐群臣貶竄死徙略盡，京猶未愜意，命等其罪狀，首以司馬光，目曰姦黨，刻石文德殿門，又自書為大碑，偏班郡國。初，元符末以日食求言，言者多及熙寧、紹聖之政，則又籍范柔中以下為邪等。凡名在兩籍者三百九人，皆錮其子孫，不得官京師及近甸。」見〔元〕脫脫等撰，楊家駱主編：《新校本宋史并附編三種》，卷 472，頁 13724。

[100] 〔元〕脫脫等撰，楊家駱主編：《新校本宋史并附編三種》，卷 470，頁 13681。

[101] 〔元〕脫脫等撰，楊家駱主編：《新校本宋史并附編三種》，卷 468，頁 13658。

[102] 〔元〕脫脫等撰，楊家駱主編：《新校本宋史并附編三種》，卷 468，頁 13662。

[103] 〔元〕脫脫等撰，楊家駱主編：《新校本宋史并附編三種》，卷 468，頁 13664。

[104] 〔清〕黃以周等輯注，顧吉辰點校：《續資治通鑑長編拾補》（北京：中華書局，2004 年 1 月第 1 版），卷 51，頁 1597-1598。

內修若未備，不足以外攘，之所以闡發《春秋》討亂賊，亦是有鑑於此。藉由以蔡京為首之六賊為例，希冀宋高宗更應謹微慎始，端本清源，勿再使亂臣賊子禍國殃民，並間接影射朝中黃潛善（1078-1130）、汪伯彥（1069-1141）逼使馬伸（？-1129）、許翰（？-1133）、楊時、李綱（1083-1140）、宗澤（1060-1128）等人見逐，專持國柄，詆毀忠賢，變亂名實，顛倒是非，奏請高宗灼知忠佞、洞察正邪。另一方面，春秋魯公卒遭禍亂皆緣於權臣專政而人君未察，所以《胡傳》多次提出慮患於早，履霜之戒的重要，國君宜見微知萌，防止大臣攀附權貴、結黨聚群，對社稷上下產生嚴重的災害。質言之，亂賊既能弒君，則何惡而不為？故須知賊而能討，絕惡於未形，杜禍於未發，君若贅旒，非一朝一夕之故也。

第三節　重復仇

　　《春秋傳》成書於高宗紹興南渡初期，宋人未忘靖康戎禍造成的影響與傷害，激起朝野不少儒者主張雪恥復仇，陸續乞奏高宗宜自強不息、克復故疆。靖康初吏部員外郎衛膚敏（1081-1129）就於建炎元年（1127）九月上疏：「今二聖北狩，鑾輿未復，寰宇痛心。況陛下抱父兄之念，為如何哉？惟陛下至誠克己，處心積慮，不忘報雪之志。」[105]希冀高宗卑宮室、薄飲食、斥聲樂，奉迎徽、欽二帝歸復宮庭。紹興六年（1136）十月，充秘閣修撰魏矼（？-1151）亦曰：「臣仰料天意亦須助順，攘戎狄而復侵疆，寔係此舉。願自睿斷，立罷『講和』二字。」[106]而秘書省校書郎許忻亦於紹興十年（1140）正月上疏：

　　　　望陛下采中外之公言，定國家之大計，深察敵人變詐之狀，丕安天

---

[105]〔宋〕李心傳：《建炎以來繫年要錄》，卷9，頁216。

[106]〔宋〕徐夢莘編：《三朝北盟會編》（臺北：文海出版社，1962年9月初版），卷170，頁287。

　　下憂虞之心。繼自今時，嚴為守備，激將士捐軀效死之氣，雪陛下
　　不共戴天之讎，上以慰祖宗在天之靈，下以解黎元倒垂之命，庶幾
　　中興之效，足以垂光於萬世。[107]

　　對中原塗炭與宗社讎恥念茲在茲，盼高宗能惕然於心，達成中興圖強
之功業。這觀念到高宗以後都還有學者不斷提出，形成強烈意識，[108]而
胡安國高舉復仇也與此氛圍有關。

　　目前學界探討胡氏「復仇」的論著不少，各家多會提及此觀點而提出
評論。本書認為可以採更細緻的方式重構胡氏之說，發揮其中的價值意
義。首先就「大張《春秋》復仇之義」的內容入手，包含「魯莊公忘親釋
怨」、「仇女說」、「復仇與易世」，逐層敘述如何藉《春秋》經而建立
復仇說，建立過程中是否有缺失，說法有無矛盾？並在此基礎分析「過崇
復仇的貶抑態度」，以期客觀評價，體察他在復仇上的立意。

一、大張《春秋》復仇之義

（一）魯莊公忘親釋怨

　　《胡傳》於魯莊通篇提倡《春秋》復仇，大力申斥莊公忘親釋怨，突
顯「復仇」的重要。《春秋》莊公四年：「公及齊人狩于禚。」《胡傳》
曰：

---

[107]〔宋〕李心傳：《建炎以來繫年要錄》，卷134，頁2145。

[108] 例如張栻於孝宗隆興二年（1164）十一月論復讎疏：「吾與金人有不共戴天之讎，異時朝廷
　　　雖嘗興縞素之師，然旋遣玉帛之使，是以講和之念未忘於胸中，而至忱惻怛之心無以感格於
　　　天人之際，此所以事屢敗而功不成也。……謂宜深察此理，使吾胸中了然無纖芥之感，然後
　　　明詔中外，公行賞罰，以快軍民之憤，則人心悅，士氣充，而敵不難卻矣。」希望孝宗誓不
　　　言和，專務自強。見〔元〕脫脫等撰，楊家駱主編：〈張栻傳〉，《新校本宋史并附編三
　　　種》，卷429，頁12770-12771。而林大中（1131-1208）亦曰：「今日之事，莫大於讎恥之
　　　未復。此事未就，則此念不可忘。此念存於心，于以來天下之才，作天下之氣，倡天下之
　　　義。此義既明，則事之條目可得而言，治功可得而成矣。」謂仇恥之念不可忘。見〔元〕脫
　　　脫等撰，楊家駱主編：〈林大中傳〉，《新校本宋史并附編三種》，卷393，頁12013。

穀梁子曰：「齊人者，齊侯也，其曰人，何也？卑公之敵。所以卑
公也何？爲卑公不復讎而怨不釋，刺釋怨也。」父母之讎，不共戴
天；兄弟之讎，不與同國；九族之讎，不同鄉黨；朋友之讎，不同
市朝。今莊公於齊侯不與共戴天，則無時焉可通也，而與之狩是忘
親釋怨，非人子矣。……故齊侯稱人，而魯公書及，以著其罪。
（卷7，頁2294）

與《公》、《穀》皆將重點置於經文何以書「齊人」。《公羊傳》譏
莊公與仇者共狩，《春秋》書「齊人」諱與讎狩也。[109]《胡傳》引《穀
梁傳》說法：書齊人是貶抑齊襄公與魯莊公，[110]強調父母之仇，不共戴
天，譏刺魯莊不復仇而與之馳騁田獵是忘親釋怨，非人子矣。又如《春
秋》莊公九年：「秋，七月丁酉，葬齊襄公。八月庚申，及齊師戰于乾
時，我師敗績。」《胡傳》曰：

內不言敗，此其言敗者，爲與讎戰，雖敗亦榮也。按《左氏》，戰
于乾時，公喪戎路，乘傳而歸，則敗績者，公也，能與讎戰，雖敗
亦榮，何以不言公？貶之也。公本忘親釋怨，欲納讎人之子，謀定
其國家，不爲復讎與之戰也，是故沒公以見貶，若以復讎舉事，則
此戰爲義戰，當書公冠于敗績之上，與沙隨之不得見，平丘之不與
盟爲比，以示榮矣，惟不以復讎戰也，是故諱公，以重貶其忘親釋
怨之罪，其義深切著明矣。（卷8，頁2296-2297）

《公羊傳》謂此役是復仇之戰，不贊成由魯莊復仇，因復仇應是臣下

---

[109] 《公羊傳》曰：「公曷為與微者狩？齊侯也。齊侯則其稱人何？諱與讎狩也。前此者有事
矣，後此者有事矣，則曷為讀於此焉譏？於讎者將壹譏而已，故擇其重者而譏焉，莫重乎其
與讎狩也。於讎者則曷為將壹譏而已？讎者無時，焉可與通；通則為大譏，不可勝譏，故將
壹譏而已，其餘從同同。」見〔漢〕何休解詁，〔唐〕徐彥疏：《春秋公羊傳注疏》，卷
6，頁78。

[110] 鍾文烝曰：「卑之猶言貶之，貶齊侯正以貶公。」見〔清〕鍾文烝撰，駢宇騫、郝淑慧點
校：《春秋穀梁經傳補注》（北京：中華書局，1996年7月），頁154。

所為。[111]胡安國糾舉其言，以莊公志在納糾定國而不在復仇雪恥，若此戰役真是為復仇而戰，則屬「復讎以死敗為榮」之義戰，[112]當書「公敗績」，但此處諱公，顯然是重貶莊公忘親釋怨之罪。

（二）仇女說

胡安國批評魯莊忘親釋怨，尤其針對迎娶哀姜一事，因為哀姜為齊襄之女，莊公於義不得娶仇人之女。《春秋》莊公二十二年：「秋，七月丙申，及齊高傒盟于防。冬，公如齊納幣。」《公羊傳》曰：「納幣不書，此何以書？譏。何譏爾？親納幣，非禮也。」[113]《穀梁傳》曰：「納幣，大夫之事也。禮有納采，有問名，有納徵，有告期，四者備而後娶，禮也。公之親納幣，非禮也，故譏之。」[114]《胡傳》曰：

> 微者名姓不登於史冊，高傒，齊之貴大夫也，曷為就吾之微者盟？蓋公也，其不言公，諱與高傒盟也。來議結昏，娶仇人女，大惡也。娶者其為吉，下主乎己，上主乎宗廟，以為有人之心者，宜於此焉變矣。公親如齊納幣，則不待貶也。（卷9，頁2301）

《公》、《穀》皆以經文不書公是為魯君隱諱，並以魯公親納幣為非禮，而胡安國則批評高傒來議結婚，莊公娶齊襄之女才是大惡。

宋代之前，各家僅以哀姜為「仇國子弟」、「仇女」、「仇國女」，未明言哀姜身分是齊襄之女或仇人之女。按《春秋》莊公二十四年：「夫人姜氏入。」《穀梁傳》曰：「娶仇人子弟，以薦舍於前，其義不可受也。」[115]以哀姜為齊襄子弟。陸淳曰：「凡逆夫人至國，禮既定成，故

---

[111] 《公羊傳》：「內不言敗，此其言敗何？伐敗也。曷為伐敗？復讎也。此復讎乎大國，曷為使微者？公也。公則曷為不言公？不與公復讎也。曷為不與公復讎？復讎者在下也。」見〔漢〕何休解詁，〔唐〕徐彥疏：《春秋公羊傳注疏》，卷7，頁87。

[112] 〔漢〕何休解詁，〔唐〕徐彥疏：《春秋公羊傳注疏》，卷7，頁87。

[113] 〔漢〕何休解詁，〔唐〕徐彥疏：《春秋公羊傳注疏》，卷8，頁99。

[114] 〔晉〕范甯集解，〔唐〕楊士勛疏：《春秋穀梁傳注疏》，卷6，頁58。

[115] 〔晉〕范甯集解，〔唐〕楊士勛疏：《春秋穀梁傳注疏》，卷6，頁60。

至時書月。唯莊公逆文姜,以娶讎女之故,特變文書入而又書日,以示急切。」[116]言娶「仇女」。《春秋》莊公二十二年:「夏,五月。」何休曰:「以五月首時者,譏莊公娶仇國女,不可以事先祖,奉四時祭祀,猶五月不宜以守時。」[117]仍僅言哀姜為仇國女,皆未明說為齊襄之女。至北宋孫覺遂有「仇人之女」的說法:「莊公父見弒于齊,而娶讎人之女,以事其父之廟,義不可致,禮不可合也。」[118]胡安國更具體明言:「姜氏,齊襄公之女。」(卷9,頁2302)認為莊公娶仇人齊襄公之女是為大惡,故於《春秋》復仇說反覆申論此義,斥言莊公無復仇之志。

《春秋》莊公二十四年:「刻桓宮桷。」范甯曰:「非禮,謂娶讎女;非正,謂刻桷丹楹也。本非宗廟之宜,故曰加言將親迎欲為夫人飾,又非正也。」又曰:「不言新宮而謂之桓宮,以桓見殺於齊而飾其宗廟,以榮讎國之女,惡莊不子。」[119]范甯亦言哀姜為讎國之女,刻桷丹楹乃為尊榮讎國之女。北宋孫復也有相近說法:「此斥言丹桓宮楹,刻桓宮桷者,惡莊不子,忘父之怨,侈宗廟以夸讎女也。」[120]重點置於「侈宗廟以夸讎女」。胡氏循泰山意見,亦將重點置於夸示仇人之女:

> 桓公見殺于齊則不能復而盛飾其宮,夸示仇人之女,乃有亂心,廢人倫、悖天道而不知正者也。御孫知為大惡而不敢盡言,《春秋》謹禮於微,正後世人主之心術者也,故詳書于策,斥言桓宮以惡莊,為後鑒也。(卷9,頁2302)

認為魯莊公盛飾宮廟,將迎娶仇女之惡作為炫耀之喜,並緣《穀梁傳》「斥言桓宮以惡莊」的觀點,貶責莊公廢人倫、悖天道。三《傳》主

---

[116] 〔唐〕陸淳:《春秋集傳纂例》,卷9,頁191。

[117] 〔漢〕何休解詁,〔唐〕徐彥疏:《春秋公羊傳注疏》,卷8,頁99。

[118] 〔宋〕孫覺:《春秋經解》,卷6,頁169。

[119] 〔晉〕范甯集解,〔唐〕楊士勛疏:《春秋穀梁傳注疏》,卷6,頁59。

[120] 〔宋〕孫復:《春秋尊王發微》,卷3,頁10754。

以「刻桓宮桷」為非禮，[121]而胡安國自范甯、孫復說法而來，不單言非禮，更以莊公為了榮耀仇人之女而奢僭宗廟，批評他忘君親、釋父怨，強調《春秋》謹禮於微的用意。

　　南宋時已有不少學者強調「齊襄之女」、「仇人之女」，宋代之後亦然。[122]胡氏也透過此說大張《春秋》復仇，圍繞魯莊不孝之罪。雖然孫覺等輩先以仇人之女發義，胡安國再扣緊為齊襄之女，但究竟哀姜是否為齊襄之女或齊襄之妹，已實難探查。陸粲即言：

> 謂姜氏為齊襄公之女，於經傳未有明據也。莊公生三十七年而始娶，事既異常，且母喪未終而圖婚，又委社稷而親如齊納幣，至是又不與夫人俱入，故《春秋》詳書以示譏也，非必為娶仇女也。[123]

　　點出《春秋》譏莊公違禮之甚，迎娶仇女非必是聖人關注。是故，胡氏或欲大張《春秋》復仇，基於三《傳》詮解，另立此說，明示復仇討賊的重要；依循前人觀點，借仇人之女批評莊公忘親釋怨，作為天下後世之永鑑。

---

[121] 《左傳》曰：「刻其桷，皆非禮也。」見〔晉〕杜預注，〔唐〕孔穎達疏：《春秋左傳正義》，卷10，頁172。《公羊傳》曰：「何以書？譏。何譏爾？刻桓宮桷，非禮也。」見〔漢〕何休解詁，〔唐〕徐彥疏：《春秋公羊傳注疏》，卷8，頁101。《穀梁傳》曰：「禮：天子之桷，斲之礱之，加密石焉；諸侯之桷，斲之礱之。大夫斲之，士斲本，刻桷非正也。夫人所以崇宗廟也。取非禮與非正而加之於宗廟，以飾夫人，非正也。刻桓宮桷，丹桓宮楹，斥言桓宮以惡莊也。」見〔晉〕范甯集解，〔唐〕楊士勛疏：《春秋穀梁傳注疏》，卷6，頁59。

[122] 高閌曰：「嗚呼！莊公真忍人哉！志先君之讎，娶讎人之女，又加非禮于先君之廟以欺其臣民，御孫謂之大惡，豈不信夫！」見〔宋〕高閌：《春秋集註》（臺北：臺灣商務印書館，1986年景印文淵閣《四庫全書》），卷11，頁340。家鉉翁已言：「主夏盟者，齊桓也。今納幣而請昏者，齊襄之女，讎女也。」見〔宋〕家鉉翁：《春秋集傳詳說》，卷6，頁13516。高攀龍（1562-1626）曰：「魯可以釋桓公之讎而不可以娶襄公之女，娶仇女，大惡也，況喪未畢而又親納幣，不待貶絕而著矣。」見〔明〕高攀龍：《春秋孔義》（臺北：臺灣商務印書館，1986年景印文淵閣《四庫全書》），卷3，頁29。清馬驌（1621-1673）曰：「噫！莊公竟忘讎乎？思姜氏，誰之女也？齊襄之女也。襄嘗殺桓公矣，殺父者之女可娶乎！」見〔清〕馬驌：《左傳事緯》（臺北：廣文書局，1967年6月），卷2，頁179。

[123] 〔明〕陸粲：《春秋胡氏傳辨疑》，卷上，頁761。

（三）復仇與易世

在胡安國「復仇說」中，特別標舉「復仇」和「易世」的關係，以魯莊和齊襄雖有不共戴天之仇，但恩怨不在後嗣，故可對齊桓釋怨不復。《春秋》莊公十三年：「公會齊侯盟于柯。」《胡傳》曰：

> 始及齊平也，世讎而平，可乎？於《傳》有之，敵惠敵怨，不在後嗣，魯於襄公有不共戴天之讎，當其身，則釋怨不復而主王姬、狩于禚、會伐衛、同圍郕、納子糾，故聖人詳加譏貶，以著其忘親之罪。今易世矣，而桓公始合諸侯、安中國、攘夷狄、尊天王，乃欲修怨怒鄰而危其宗社，可謂孝乎！故長勺之役專以責魯，而柯之盟公與齊侯皆書其爵，則以為釋怨而平可也。或稱齊襄公復九世之讎，而《春秋》賢之，信乎？以仲尼所書柯之盟，其詞無貶，則復九世之讎而《春秋》賢之者妄矣，其諸傳者借襄公事以深罪魯莊，當其身而釋怨耶！（卷8，頁2299）

《左傳》載輿騈言：「吾聞前志有之曰：『敵惠敵怨，不在後嗣，忠之道也。』」[124] 胡安國援說其義，認為今已易世，不須報仇子孫，故《春秋》於魯公、齊侯皆書爵，示魯莊可釋怨而平；再批評《公羊傳》九世之仇，《春秋》無賢齊襄公，所以魯莊也無九世猶可復仇之理，應當釋怨不復。

南宋家鉉翁對易世釋怨的說法不表贊同：

> 敵怨不在後嗣者，謂疆場小忿可以釋怨，於易世之後，若不共戴天之仇，怨無時而可釋。如公羊子所陳者，《春秋》之義也，魯莊於齊襄之未死也，不以為仇而莫之報，《春秋》責之屢矣。及齊襄既死，因納糾之怨與齊屢戰，敗之於長勺，又敗宋卻齊於乘丘，聖人喜其能自強，書以錄之，猶望其能伸復讎之義也。蓋魯莊至是始壯

124　〔晉〕杜預注，〔唐〕孔穎達疏：《春秋左傳正義》，卷19上，頁315-316。

而有知，苟能因是二勝，伸大義於讎人已死之後，猶足有辭於千
載，曾未幾日而為柯之盟矣，聖人前日責之甚深，望之甚切，及是
而無責，始以會盟之常書之，非與之也，曰公曰齊，譏公與齊始特
為會盟也。……胡氏謂柯之盟，《春秋》爵之無譏，而以公羊子復
讎之論為不然，所闢甚大，不得不辨。[125]

　　肯定《公羊》九世復仇之理，申明仇讎無時可釋。魯國日後請婚於
齊，和仇國往來頻繁都是肇始此盟，故聖人書爵譏刺魯莊和齊桓特為會
盟，希冀莊公有自強之志，能伸復仇大義。萬斯大（1633-1683）亦曰：
「先儒猥援敵惠敵怨不在後嗣之言，謂齊、魯可平。嘻！怨之與讎可同日
語乎？怨者，一時之嫌；讎者，沒身之痛。公之於齊，讎也，非怨也。讎
無時而可通，讎而可通，是天下有無父之人矣。」[126]分析「怨」與
「讎」的不同，襯托「讎」乃沒身之痛，間接否定胡氏所謂仇讎可釋怨。
　　各家糾舉胡氏多矣，[127]大抵認為仇讎無易世可釋之理，但若不就批
評意見而發，單對胡氏此說討論，可發現箇中自有矛盾，互有牴觸。例如
《春秋》莊公二十二年：「秋，七月丙申，及齊高傒盟于防。冬，公如齊
納幣。」《胡傳》斥責莊公「娶仇人女，大惡也」，若謂「敵惠敵怨，不
在後嗣」，齊襄才是魯莊仇人，何以牽連齊襄之女？故此處既已易世卻不
主張釋怨，反而突顯魯莊娶仇人女的大惡，似有矛盾。又如莊公九年：
「公及齊大夫盟于蔇。」《胡傳》曰：

---

[125] 〔宋〕家鉉翁：《春秋集傳詳說》，卷6，頁13508。

[126] 〔清〕萬斯大：《學春秋隨筆》（上海：上海古籍出版社，2002年《續修四庫全書》），
　　　卷3，頁255。

[127] 又如湛若水曰：「愚謂九世之讎猶可復，況易世乎！不修怨可也，忘怨以會盟不可也，此愚
　　　所謂忘讎之罪也。」見〔明〕湛若水：《春秋正傳》，卷8，頁144。張自超亦言：「文定
　　　謂敵惠敵怨不在後嗣，猶若以莊之所釋為殺父之怨者，夫殺父之怨未結於襄，何釋於桓哉？
　　　若莊果怨其殺父不得與襄之身而報之，一旦遽釋於後嗣，猶不能無譏也。《春秋》之義，以
　　　為莊於大怨且不能報，小怨之釋無庸譏矣。」見〔清〕張自超：《春秋宗朱辨義》（臺北：
　　　臺灣商務印書館，1986年景印文淵閣《四庫全書》），卷3，頁63。

及者，內為志。大夫不名者，義繫於齊而不繫於大夫之名氏也。曰
「公及齊大夫盟」者，譏公之釋父怨、親仇讎也。或曰：以德報
怨，寬身之仁，何以譏之也？曰：德有輕重，怨有深淺，怨莫甚於
父母之仇，而德莫重乎安定其國家而圖其後嗣也，有父之讎而不知
怨，乃欲以重德報之，則人倫廢天理滅矣，然則如之何？以直報
怨，以德報德。（卷8，頁2296）

　　《公羊傳》譏魯公與齊大夫盟，[128]《穀梁傳》著重「大夫不名，無
君也」、「不日，其盟渝也」，道出魯國不能成功護送子糾回國，即位為
君。[129]胡安國依劉敞「德」、「怨」之說，[130]強調「怨莫甚於父母之
仇」，批評莊公釋父怨、親仇讎，人倫廢、天理滅矣。季本曰：「胡康侯
謂莊公有父之讎而不知怨，欲以重德報之，此論亦迂濶。夫魯所當讎者，
襄公也，糾以襄公庶弟出奔于魯，豈宜與之為讎邪？故公為糾謀但當論其
輔不正，不當論其忘讎也。」[131]時襄公已薨，魯莊此納子糾為要，子糾
為襄公庶弟，非莊公仇人，胡安國卻罪魯莊釋怨親仇、以德報怨，又與
「敵惠敵怨，不在後嗣」的說法全然相悖。

二、堅決復仇的貶抑態度

　　三《傳》復仇觀各有立說，彼此特色亦不同。[132]胡安國雖非首倡復

---

[128] 《公羊傳》曰：「公曷為與大夫盟？齊無君也。然則何以不名？其譏與大夫盟也，使若眾
　　　然。」見〔漢〕何休解詁，〔唐〕徐彥疏：《春秋公羊傳注疏》，卷7，頁86。

[129] 《穀梁傳》曰：「公不及大夫，大夫不名，無君也。盟納子糾也。不日，其盟渝也。當齊無
　　　君，制在公矣。當可納而不納，故惡內也。」見〔晉〕范甯集解，〔唐〕楊士勛疏：《春秋
　　　穀梁傳注疏》，卷5，頁50。

[130] 劉敞曰：「仲尼正天下之義，明德怨之處，以謂德不可以報怨，設之詭其理則去王遠矣，故
　　　怨莫甚乎父母之仇，而德莫重乎君國子民，豈可相貿易哉！」見〔宋〕劉敞：《春秋意
　　　林》，卷上，頁11134。

[131] 〔明〕季本：《春秋私考》，卷7，頁89。

[132] 李新霖探討《公羊傳》復讎論，包含「君父之讎」、「復九世之讎」、「復讎之道」等內
　　　容。見李新霖：《春秋公羊傳要義》，頁162-187。吳智雄則分析《穀梁傳》復讎觀念，說

仇之論，但卻特別標顯《春秋》復仇之義，即使《公》、《穀》解釋未涉
復仇，胡氏仍貶斥莊公親仇讎之惡，表明復仇的語氣更加強烈。例如《春
秋》莊公八年：「師及齊師圍郕，郕降于齊師。」《胡傳》曰：「書及齊
師者，親仇讎也。圍郕者，伐同姓也。郕降于齊師者，見伐國無義而不能
服也，於是莊公之惡著矣。」（卷 7，頁 2295）《公》、《穀》不言及仇
讎，[133]但胡安國非常強調復仇，重點置於經文書法，以《春秋》書及齊
師者，親仇讎也，也將圍郕之罪加於莊公。又如《春秋》莊公元年：「王
姬歸于齊。」《公羊傳》曰：「何以書？我主之也。」[134]《穀梁傳》
曰：「為之中者，歸之也。」[135]《公》、《穀》關注經文書法，而《胡
傳》則曰：「魯主王姬之嫁舊矣，在他公時，常事不書，此獨書者，以歸
于齊故也。逆于京師，築館于外而不書歸于齊，則無以見其罪之在也；書
歸于齊而後忘親釋怨之罪著矣，《春秋》復讎之義明矣。」（卷 7，頁
2292）從經文書法罪及莊公忘親釋怨，明示《春秋》復仇之義。

　　《春秋》莊公元年：「築王姬之館于外。」《穀梁傳》曰：

　　築，禮也。于外，非禮也。築之為禮，何也？主王姬者，必自公門

明是書雖沒有濃厚的仇讎觀念，但卻有復仇觀念，主要集中在魯莊公時代對齊國的態度。見
吳智雄：《穀梁傳思想析論》（臺北：文津出版社，2000 年 6 月），頁 125-127。李隆獻研
究三《傳》復仇說，提出《左傳》似乎不贊成復仇，《公》、《穀》雖皆肯定復仇，但《穀
梁傳》卻主張復仇的動機與手段必須正當，而《公羊傳》的復仇觀最為激烈。關於三《傳》
復仇說的異同可參見李隆獻：〈復仇觀的省察與詮釋——以《春秋》三傳為重心〉，《臺大
中文學報》第 22 期（2005 年 6 月），頁 99-149。林素娟也以《春秋》經傳為對象，從弒君
書法與相關問題入手，探討春秋戰國時期士人對君臣關係的思考，以及在具體復仇事例中，
忠孝、公私衝突時所面臨的矛盾與衝突，有助了解三《傳》復仇說背後的文化層面。見林素
娟：〈春秋戰國時期為君父復讎所涉之忠孝議題及相關經義探究〉，《漢學研究》第 24 卷
第 1 期（2006 年 6 月），頁 35-70。

[133]《公羊傳》曰：「成者何？盛也。盛則曷為謂之成？諱滅同姓也。曷為不言降吾師？辟之
也。」見〔漢〕何休解詁，〔唐〕徐彥疏：《春秋公羊傳注疏》，卷 7，頁 85。《穀梁傳》
曰：「其日降于齊師何？不使齊師加威於郕也。」見〔晉〕范甯集解，〔唐〕楊士勛疏：
《春秋穀梁傳注疏》，卷 5，頁 50。

[134]〔漢〕何休解詁，〔唐〕徐彥疏：《春秋公羊傳注疏》，卷 6，頁 74。

[135]〔晉〕范甯集解，〔唐〕楊士勛疏：《春秋穀梁傳注疏》，卷 5，頁 45。

出。於廟則已尊，於寢則已卑。為之築，節矣。築之外，變之正
也。築之外，變之為正，何也？仇讎之人非所以接婚姻也，衰麻非
所以接弁冕也。其不言齊侯之來逆，何也？不使齊侯得與吾為禮
也。[136]

　　周室嫁王姬於齊國，魯國主婚。《穀梁傳》基本上以築館於外為非
禮，和《公羊傳》「築之禮也，于外非禮也」[137]的說法相同；但又提到
築館於外是權宜之變，因為魯桓死於齊國，齊國為魯國仇讎，不得與仇讎
有婚姻之禮的接觸，且著喪服者也不適合接待穿禮服者，故築於城外，變
之正也。《胡傳》曰：

魯於王室為懿親，其主王姬亦舊矣，館於國中必有常處，今特築之
于外者，穀梁子以為仇讎之人，非所以接婚姻也，衰麻非所以接弁
冕也，知其不可故特築之于外也。築之于外，得變之正乎？曰：不
正，有三年之喪，天王於義不當使之主；有不戴天之讎，莊公於義
不可為之主。築之於外之為宜，不若辭而弗主之為正也，是以君子
貴端本焉。或曰：天王有命，固不可辭，使單伯逆于京師，上得尊
周之義；為之築館于外，下未失居喪之禮，奚為不可？曰：以常禮
言之可也，今莊公有父之讎，方居苫塊，此禮之大變也，而為之主
婚，是廢人倫滅天理矣。《春秋》於此事一書再書又再書者，其義
以復讎為重，示天下後世臣子不可忘君親之意，故雖築館于外，不
以為得禮而特書之也。（卷7，頁2292）

　　《穀梁傳》提到仇讎之人仍可築館於外為主婚之禮，胡安國反對其
說，表魯莊有不共戴天之仇，根本不能主持婚事，為仇讎主婚是廢人倫、
滅天理，《春秋》書此仍以復仇為重。而且莊公居喪，有父之仇，已為禮

---

[136] 〔晉〕范甯集解，〔唐〕楊士勛疏：《春秋穀梁傳注疏》，卷5，頁44-45。
[137] 〔漢〕何休解詁，〔唐〕徐彥疏：《春秋公羊傳注疏》，卷6，頁73。

之大變，不能就一般常禮看待這次主婚，遑論築館於外之事，完全否定
《穀梁傳》說法。

　　胡安國強調復仇的態度之所以甚於《公》、《穀》，正與宋代局勢有
關，是基於時代背景發義，[138]但因為極度重視「復仇」，所以註解《春
秋》經的過程就產生不少問題。比方經文只要涉及復仇而戰，《胡傳》多
有不同評價，以經文有恕罪之詞，[139]就是明顯偏重「復仇」；當他將所
有解釋都指向莊公忘親釋怨時，更是影響聖人褒貶、隱晦書法經旨，未能
真正發掘大義。例如前面已舉《春秋》莊公二十四年：「刻桓宮桷。」
《胡傳》主張《春秋》斥言「桓宮」以惡魯莊娶仇女。呂大圭視此說為
非：

> 案成公三年：「甲子，新宮災。」親廟切近不忍稱，故稱新宮，桓
> 宮乃親廟切近也，斥言桓宮以惡莊也，然乎？曰：不然。成三年書
> 新宮災，蓋喪制僅終，神主方入廟而遇災，故書「新宮」，若桓宮
> 則固已久矣，宜其稱「桓宮」也。《春秋》書武宮、煬宮、桓宮、
> 僖宮皆斥言之，然則桓宮亦所宜稱，非斥言以惡莊也。然既書丹桓
> 宮楹，又言刻桓宮桷；繼言如齊逆女，夫人姜氏入，則桓公有弗受
> 者矣，比事而觀之，則得失可見。[140]

　　以「桓宮」所稱已久，《春秋》書此非惡莊，糾舉胡氏連結「《春

---

[138] 李隆獻說：「胡氏對復仇經義的特別注重，實導源於南宋積弱不振的政治局勢。」見李隆獻：〈宋代經生復仇觀的省察與詮釋〉，《臺大中文學報》第 31 期（2009 年 12 月），頁 178。章權才亦言：「胡安國強調『復仇』，其本質和核心，就是企圖恢復失地，實現統一，光復宗室。」見章權才：《宋明經學史》，頁 177。

[139] 羅清能提到《胡傳》「復讎而戰，其罪可恕」，分析是書對《春秋》宣公十四年：「晉侯伐鄭」、哀公元年：「楚子、陳侯、隨侯、許男圍蔡」的說法，並援引汪克寬語：「楚昭王圍蔡，未足以為善，文定以宋高宗不復金國之讎，故拳拳以復讎為說，此朱子所謂以義理穿鑿者也。」說明胡氏因復仇之意而有恕罪的解釋。見羅清能：《胡氏春秋傳研究》，頁 131-135。

[140] 〔宋〕呂大圭：《春秋或問》（臺北：大通書局，1972 年 9 月《通志堂經解》），卷 9，頁 13301。

秋》書桓宮」與「魯莊娶仇人女」的關係，強調比事以觀即能端見箇中得失。

又如《春秋》閔公二年：「夫人姜氏孫于邾。」《左傳》陳述事由：「閔公，哀姜之娣叔姜之子也，故齊人立之。共仲通於哀姜，哀姜欲立之。閔公之死也，哀姜與知之，故孫于邾。」[141]《公羊傳》無發義，《穀梁傳》云：「孫之為言，猶孫也。諱奔也。」[142]三《傳》未言莊公忘親復仇。南宋《春秋》學家多就兩面論說：第一是比較《春秋》書文姜與哀姜的差異。如陳傅良（1141-1203）曰：「文姜無妻道，哀姜無母道，是故文姜一見貶絕之，哀姜再見而後貶也。」[143]陳深曰：「文姜殺其夫，哀姜殺其子，罪有輕重，故文不得一。稱孫者，與聞乎故也。」[144]趙鵬飛亦言：「文姜弒桓而奔，《春秋》去其氏；哀姜弒閔而奔，聖人不去其族，蓋弒夫之義與君父同，而殺子之罪以尊殺卑也。不異其文，無以別罪之輕重。」[145]皆關注《春秋》莊公元年：「夫人孫于齊」與閔公二年：「夫人姜氏孫于邾」的書法，解釋何以一書姜氏，一去姜氏。第二則是呈現哀姜、慶父弒君之罪。例如黃仲炎曰：「姜氏、慶父同為弒逆之跡可見矣。」[146]家鉉翁也關注慶父、姜氏亂倫犯分，手弒二君之罪，並探討《春秋》於公薨之下書「夫人姜氏孫于邾」、「公子慶父出奔莒」的用意。[147]但《胡傳》卻言：

---

141 〔晉〕杜預注，〔唐〕孔穎達疏：《春秋左傳正義》，卷11，頁190。

142 〔晉〕范甯集解，〔唐〕楊士勛疏：《春秋穀梁傳注疏》，卷6，頁66。

143 〔宋〕陳傅良：《春秋後傳》（臺北：大通書局，1972年《通志堂經解》），卷4，頁12054。

144 〔宋〕陳深：《清全齋讀春秋編》（臺北：大通書局，1972年《通志堂經解》），卷4，頁15395。

145 〔宋〕趙鵬飛：《春秋經筌》（臺北：大通書局，1972年《通志堂經解》），卷5，頁11552。

146 〔宋〕黃仲炎：《春秋通說》，卷4，頁13029。

147 家鉉翁曰：「嗟夫，姜氏於慶父君夫人也、嫂也；慶父於姜氏臣也、叔也，始由嫌疑之不謹，馴致亂倫犯分，手弒二君，謀篡不遂，君母與公子俱逃，魯大亂國幾亡，夫豈一朝一夕之故哉！」又云：「在哀姜為以母戕子，在慶父為以臣弒君，將以慶父為戕乎？將歸獄哀姜乎？此舊史所以不容直正其事而惟以公薨書，至聖人修《春秋》，於公薨之下書夫人姜氏孫

夫人稱孫，聞乎故也。不去姓氏，降文姜也。莊公忘親釋怨，無志
於復讎，《春秋》深加貶絕，一書再書又再書，屢書而不諱者，以
謂三綱，人道所由立也，忘父子之恩，絕君臣之義，國人習而不
察，將以是為常事，則亦不知有君之尊，有父之親矣。莊公行之而
不疑，大臣順之而不諫，百姓安之而無憤疾之心也，則人欲必肆，
天理必滅，故叔牙之弒械成于前，慶父之無君動於後，圉人犖、卜
齮之刃交發于黨氏、武闈之間，哀姜以國君母與聞乎故而不忌也，
當是時，魯君再弒，幾至亡國，其應不亦憯乎！《春秋》以復讎為
重而書法如此，所謂治之於未亂，保之於未危，不可不察也。（卷
10，頁 2307）

胡氏將閔公見弒歸咎於莊公，推展至《春秋》復仇，批評魯莊忘父子
之恩，絕君臣之義，無志於復仇，不能防微謹始，哀姜遂得與聞弒閔，故
《春秋》重復仇，制於未亂，保於未危，解說路向別於時人。

姜寶（-1568-）曰：「康侯之言為高宗不復金讐而發也。」[148]宋代一
旦與外族議和，皆以邊鄙無事而廢弛軍備，導致戎虜屢犯、侵掠未息。
[149]胡安國身處靖康世變，不容許南宋再與夷狄妥協，重蹈戰敗割地、和

于邾，公子慶父出奔莒，而哀姜慶父之罪始無以自隱矣。此《春秋》書法用之於魯者也，非
舊史書之，聖人為之諱之也。」見〔宋〕家鉉翁：《春秋集傳詳說》，卷8，頁 13533。

[148] 〔明〕姜寶：《春秋事義全考》，卷 16，頁 471。

[149] 早在宋仁宗慶曆四年（1044）六月，樞密副使富弼（1004-1083）於〈上仁宗河北守禦十三
策〉即曰：「當國大臣議和之後，武備皆廢，以邊臣用心者謂之引惹生事，以搢紳慮患者謂
之迂闊背時。大率忌人談兵，幸時無事。謂虜不敢背約，謂邊不必預防，謂世常安，謂兵永
息。恬然自處，都不為憂。西北之寇，稔知朝廷作事如此之失也，於是陰相交結，乘虛有
謀。」見〔宋〕趙汝愚編，北京大學中國中古史研究中心校點整理：《宋朝諸臣奏議》（上
海：上海古籍出版社，1999 年 12 月第 1 版），卷 135，頁 1501。而宋英宗治平二年
（1065）正月，歐陽修（1007-1072）時為參知政事，其亦上奏：「自真宗皇帝景德二年盟
北虜於澶淵，明年始納西夏之款，遂務休兵。至寶元初，元昊復叛，蓋三十餘年矣。天下安
於無事，武備廢而不修，廟堂無謀臣，邊鄙無勇將，將愚不識干戈，兵驕不知戰陣，器械朽
腐，城郭隳頹。而元昊勇鷙桀點之虜也，其包畜姦謀欲窺中國者累年矣。而我方恬然不以為
慮，待其謀成兵具，一日反書來上，然後茫然不知所措，中外震駭，舉動倉惶。所以用兵之
初，有敗而無勝也。」見〔宋〕歐陽修著，李逸安點校：〈言西邊事宜第一狀〉，《歐陽修
全集》（北京：中華書局，2001 年 3 月第 1 版），卷 114，頁 1721。

議屈辱以及二帝北狩、宗社幾滅之恥,所以大張《春秋》復仇之義,上勸宋高宗應力抗金人,光復中原。因為有此拳拳復仇的積極心志,所以解釋經文的態度就比三《傳》和兩宋學者更加強烈,甚至因堅主復仇而衍生曲解經義的毛病,後人所批評的「矯枉過正」、「微有過當」確實看出問題,[150]但更應重視《胡傳》成書與靖康之禍宋人南渡後的仇痛,從此角度才能客觀評述胡安國的立說動機與意義。

第四節　存三綱

　　「三綱」之義,所見早矣。先秦雖未明確提出「三綱」之名,但已清楚強調君臣、父子、夫婦的三種從屬關係。《周易・序卦》曰:「有天地,然後有萬物;有萬物,然後有男女;有男女,然後有夫婦;有夫婦,然後有父子;有父子,然後有君臣;有君臣,然後有上下;有上下,然後禮義有所錯。」[151]將夫婦、父子、君臣相配,以存於天地萬物之上,逐層建立上下的禮義秩序。而君臣本於父子,父子又本於夫婦,三綱環環相扣,共為天下人倫,不得不細察其理。漢代董仲舒首先指出「三綱」一詞,《白虎通義》又進一層深化「三綱」觀念,至六朝時期,政局動盪,「三綱」功能和排序已和前代不同,這與當時的學術思潮有很密切的關係。[152]

---

[150] 如吳師道曰:「胡氏以經筵進講,至於王業偏安、父讎未報,則猶或未免乎矯枉而過正也。」見〔元〕吳師道:〈春秋胡傳補說序〉,《淵穎吳先生集》(臺北:臺灣商務印書館,1979 年 11 月《四部叢刊正編》),卷 10,頁 103。桑悅亦言:「當宋高宗南渡之時,欲輸忠蓋於章句之間,故於復讎外夷處,言之微有過當,有非萬世之通論者。」見〔明〕桑悅:《思玄集》(臺南:莊嚴文化,1997 年 2 月《四庫全書存目叢書》),卷 5,頁 53。尤侗亦曰:「《胡傳》專以復讎為義,割經義以從己說,此宋之《春秋》,非魯之《春秋》也。」見〔清〕朱彝尊撰,〔清〕翁方綱撰,羅振玉撰:《經義考・補正・校記》,卷 185,頁 1261。

[151] 〔魏〕王弼、韓康伯注,〔唐〕孔穎達正義:《周易正義》,卷 9,頁 187-188。

[152] 關於「三綱」觀念的緣起與改變,閻鴻中曾以君臣關係為主要探討對象,分析唐代以前「三綱」意義的轉變。見閻鴻中:〈唐代以前「三綱」意義的演變——以君臣關係為主的考

何休曰：「《春秋》正夫婦之始也，夫婦正則父子親，父子親則君臣和，君臣和則天下治。故夫婦者，人道之始，王教之端。」[153]「夫婦」為「父子」、「君臣」之始，無有和諧尚禮的夫婦關係，就沒有親愛孝悌的家庭倫理，國家亦無法維持尊卑有別的社會秩序，故《春秋》重人倫之始，始於夫婦之由即此。胡安國多次強調三綱為軍政之本，[154]但尤重君臣綱常，不論是周王與諸侯，或是諸侯與卿大夫，舉凡君臣所應恪守之道，胡氏皆以三綱大義申之，藉此呈顯聖人匡時濟世，垂法千載之意。本節探究胡安國三綱論說，依「君臣」、「夫婦」、「父子」為序，剖析箇中內容，求得經世之志的人倫意涵。

一、君臣之和

（一）正君臣名分

浮休居士張舜民（ -1097- ）〈名分論〉曰：「君臣上下，是謂名分。」[155]君臣上下有其所職，君有君道，臣有臣道，彼此應嚴謹分際。談論君臣之道必得先明君臣之分，胡安國曾於〈時政論〉云：「立政者，人主宰臣之事，而必先明其所職，然後政可立也。」[156]認為人主與宰臣得先明其職守，而後立政，將此觀念融於《春秋》之中。《春秋》隱公三年：「武氏子來求賻。」《胡傳》曰：

察），《錢穆先生紀念館館刊》第 7 期（1999 年 12 月），頁 56-75。許正蕾更就「先秦『三綱』觀念的肇始」、「兩漢『三綱』觀念的建構」、「六朝『三綱』觀念的扭曲」、「宋代『三綱』觀念的革新」、「明代『三綱』觀念的鬆動」等五項子題，逐次剖析「三綱」的形成、建立與革新。見許正蕾：《論晚清知識份子對「三綱」的排拒與維護》（臺北：輔仁大學中國文學系碩士論文，2006 年 6 月），頁 45-87。

[153]〔漢〕何休解詁，〔唐〕徐彥疏：《春秋公羊傳注疏》，卷 2，頁 25。

[154] 例如〔宋〕胡安國：《春秋傳》，卷 5，頁 2285；卷 24，頁 2373；卷 24，頁 2374；卷 26，頁 2381。

[155]〔宋〕張舜民：〈名分論〉，載《國朝二百家名賢文粹》（北京：線裝書局，2004 年 6 月第一版《宋集珍本叢刊》），卷 24，頁 464。

[156]〔明〕黃淮，〔明〕楊士奇等編：《歷代名臣奏議》，卷 47，頁 656。

武氏，天子之大夫，何以不稱使？當喪未君，非王命也。嗣子定位
於初喪，其曰未君，何也？古者君薨諒陰，百官總己以聽於冢宰三
年，夫百官總己以聽，則是攝行軍國之事也，以非王命而不稱使，
《春秋》之旨微矣，於以謹天下之通喪而嚴君臣之名分也。（卷
1，頁 2271）

　　天王未葬，嗣子當喪未君，武氏子至魯求賻乃非王命，故經文不稱
「使」，嚴君臣名分，示人臣須尊君命，不得私意行事。《春秋》文公二
年：「及晉處父盟。」《胡傳》曰：「及處父盟者，公也，其不地於晉
也，諱不書公者，抑大夫之亢，不使與公為敵，正君臣之分也。」（卷
14，頁 2327）陽處父為晉國大夫，《春秋》不許大夫地位敵於魯文公。
《公羊傳》曰：「諱與大夫盟。」[157]《穀梁傳》云：「為公諱。」[158]胡
氏也以經文隱諱不書魯公，抑大夫之亢，正君臣之分。

　　《春秋》昭公十三年：「楚公子比自晉歸于楚。弒其君虔于乾谿。」
《左傳》細載觀從、公子棄疾、公子比、公子黑肱等自立得國與楚靈王自
縊的經過，《公羊傳》以公子比無惡於弒立，故書「歸」，《穀梁傳》也
探討書「歸」與書「弒」的原因，[159]宋儒分析為何經文先言「歸」而後
言「弒」，[160]或是點明公子棄疾與公子比合謀互助之志，[161]或探討公子

---

[157] 〔漢〕何休解詁，〔唐〕徐彥疏：《春秋公羊傳注疏》，卷13，頁164。

[158] 〔晉〕范甯集解，〔唐〕楊士勛疏：《春秋穀梁傳注疏》，卷10，頁99。

[159] 《公羊傳》曰：「此弒其君，其言歸何？歸無惡於弒立也。歸無惡於弒立者何？靈王為無
道，作乾谿之臺，三年不成，楚公子棄疾脅比而立之。然後令于乾谿之役曰：『比已立矣，
後歸者不得復其田里。』眾罷而去之，靈王經而死。」見〔漢〕何休解詁，〔唐〕徐彥疏：
《春秋公羊傳注疏》，卷23，頁287。《穀梁傳》曰：「自晉，晉有奉焉爾。歸而弒，不言
歸，言歸非弒也。歸一事也，弒一事也，而遂言之，以比之歸弒，比不弒也。弒君者日；不
日，比不弒也。」見〔晉〕范甯集解，〔唐〕楊士勛疏：《春秋穀梁傳注疏》，卷17，頁
171。

[160] 例如孫復曰：「先言歸而後言弒者：先言歸者，明比不與謀也；後言弒者，正比之罪也。初
楚子麇卒，靈王即位，公子比出奔晉，靈王無道，公子棄疾作亂，召公子比于晉，立之以弒
靈王，故曰：楚公子比自晉歸于楚，弒其君虔于乾谿也。」見〔宋〕孫復：《春秋尊王發
微》，卷10，頁10812。

比到底有無弒君，[162]但《胡傳》則獨從「君臣名分」發義：

> 楚師伐徐，楚子虔次于乾谿為之援。公子棄疾君陳、蔡，主方城之
> 外有觀從者，率羣失職，以棄疾命，召比于晉，既至脅比而立之，
> 令于乾谿曰：「先至者，復其田里。」師潰而歸，楚子經而死。或
> 曰：昭元年楚虔弒立，比出奔晉十三年，比歸而虔縊于棘圍，則比
> 未嘗一日北面事虔為之臣，虔又弒立固非比之君矣，而書曰比弒其
> 君虔，何也？曰：凡去國出奔而君不以為臣，則晉於欒盈是也；臣
> 不以為君，則公子鱄於衛是也。若去國雖久而爵祿有列於朝，出入
> 有詔於國，不掃其墳墓，不收其田里，不係纍其宗族，即君臣之分
> 猶在也。比雖奔晉，而晉人以羈待比，以國底祿固楚之亡公子也。
> 楚又未嘗錮之如晉之於欒盈，比又未嘗不向楚而坐如子鮮之於衛，
> 安得以為比非楚臣而虔非比之君乎？《春秋》書比弒其君虔，明於
> 君臣之義也。或曰：虔弒郟敖以立，比之獲罪，豈其無討賊之心而
> 徒貪夫位歟？曰：《春秋》罪比不明乎君臣之義，不責其無討賊之
> 心。夫比雖當次及之序，而棄疾亦居楚國之常，以取國言之，比具
> 五難而棄疾有五利，此事之變也。為比者，宜乎效死不立，若國有
> 所歸，為曹子臧、魯叔肸，不亦善乎？不然，身居令尹，都貴戚之

---

[161] 例如趙鵬飛曰：「楚虔初立，公子比奔晉，則比固不能於虔久矣，今棄疾謀逆知比之疾虔
也，因其所疾而以弒君之，故比歸而遂弒虔，虔之弒意出于棄疾而禍成于比，聖人不直誅其
意而書比弒者，蓋楚虔無道，比與棄疾均欲行其逆，比因棄疾而堅其欲弒之心，棄疾假比以
成其篡奪之志，故《春秋》兩書而並誅之。」見〔宋〕趙鵬飛：《春秋經筌》，卷 13，頁
11765。又如家鉉翁曰：「比自晉而歸，實預初議，《左傳》乃謂觀從獨為此謀，矯棄疾之
命，召比於晉，強與之盟，然後襲蔡，蔡公始覺。愚以為區區一觀從豈能獨辦此事，蓋棄疾
與比內外合謀而為之也。」見〔宋〕家鉉翁：《春秋集傳詳說》，卷 24，頁 13726。

[162] 例如孫覺曰：「歸，易辭也。公子比晉奉之以歸，因國人之不悅其君，弒而篡之也。《左
氏》、《公羊》皆以為公子比自晉歸，脅楚子而死，故書曰弒也。公子比誠不親刃，但脅之
使縊，則亦公子比弒之爾，《穀梁》以為不弒君，若實不弒，則經何以得言弒乎？但不親刃
爾，安得不弒哉？《穀梁》失之。」見〔宋〕孫覺：《春秋經解》，卷 13，頁 346。高閌
曰：「先言比歸者，明在外本無弒君之心也；及其以棄疾之請也，遂有得位之心，故復言弒
者，正比之罪也。既曰歸于楚，又曰弒于乾谿者，非比親弒之也，加之罪爾。」見〔宋〕高
閌：《春秋集註》，卷 33，頁 527-528。

卿，為社稷鎮亂不自已，亦可也，今乃脅於勢而忘其守，怵於利而
忘其義，彼之大惡欲辭而不可得矣。為人臣而不知《春秋》，守經
事而不知其宜，遭變事而不知其權者，若此類是也。悲夫！聖人垂
戒之意明矣。（卷 25，頁 2376）

　　詳盡說明公子比與楚靈王的君臣關係，並相較晉欒盈與衛公子鱄，以
公子比「若去國雖久而爵祿有列於朝，出入有詔於國，不掃其墳墓，不收
其田里，不係纍其宗族，即君臣之分猶在也。」突顯楚靈王與公子比尚存
君臣之分，故《春秋》書公子比弒君於乾谿，以明君臣之義；且公子比脅
勢忘守，怵利忘義，故《春秋》不責其無討賊之心，而罪其不明君臣之
義。胡氏於此強調君臣之分有其用意，因為君臣名分關係到《春秋》褒
貶，故尤其注意此論，必先確立尊卑之殊、上下之別、君臣之分後，價值
判斷才能合於聖人垂戒之意。

（二）罪君臣之行

　　《孟子‧離婁上》曰：「規矩，方員之至也。聖人，人倫之至也。欲
為君，盡君道；欲為臣，盡臣道，二者皆法堯舜而已矣。」[163]《胡傳》
亦曰：「《春秋》之義，欲為君盡君道，為臣盡臣道，各守其職而不渝
也。」（卷 26，頁 2384）注意君臣盡道，各守其職的重要。然春秋時
期，君臣之道不義者多矣，胡安國多次貶絕君臣上下悖反之事。例如《春
秋》閔公二年：「鄭棄其師。」《胡傳》曰：

人君擅一國之名寵，殺生予奪，惟我所制爾，使克不臣之罪已著，
按而誅之可也，情狀未明黜而遠之可也，愛惜其才以禮馭之可也，
烏有假以兵權，委諸境上，坐視其失伍離散而莫之恤乎！然則棄師
者鄭伯，乃以國稱，何也？二三執政，股肱心膂，休戚之所同也，
不能進謀於君，協志同力，黜逐小人而國事至此，是謂危而不持，

163　〔漢〕趙岐注，〔宋〕孫奭疏：《孟子注疏》，卷 7 上，頁 125。

顛而不扶，則將焉用彼相矣。……鄭國二三執政，畏一高克，不能退之以道，何政之為？書曰鄭棄其師，君臣同責也。（卷 10，頁 2308）

據《左傳》載：「鄭人惡高克，使帥師次于河上，久而弗召，師潰而歸，高克奔陳。」[164]胡氏批評鄭文公及其用事之臣：人君執威福之柄，應惜才禮馭，若高克不臣，當舉法罪之，焉可使臣假兵戎於外，委諸境上而致眾潰散？且人臣與國君一體，休戚所同，既不能進謀於君，協志同力，反而黜逐小人，藉禦狄去之，故棄師者雖為鄭伯，但直以國稱，示君臣上下同責，皆無可逭。又如《春秋》定公十年：「宋公之弟辰暨仲佗、石彄出奔陳。」《胡傳》曰：

按《左氏》：宋公子地有白馬四，公以與桓魋，地怒抶魋奪之，魋懼將走，公泣之。母弟辰曰：子為君禮，不過出竟，君必止子。地出奔陳，公弗止，辰為之請，弗聽。辰曰：是吾迋吾兄也，吾以國人出，君誰與處。書曰宋公之弟辰暨仲佗、石彄出奔陳，其弟云者，罪宋公以嬖魋，故以失二弟，無親親之恩。暨云者，罪辰以兄，故帥其大夫出奔，無尊君之義。夫暨者，不得已之詞，又以見仲佗、石彄見脅於辰，不能自立，無大臣之節也。（卷 28，頁 2390）

宋景公嬖桓魋而與公子地爭，公子辰是宋景公母弟，教公子地出奔，避公以為禮。胡安國認為宋景公因向魋之嬖而失公子地，又致公子辰出奔，以其無親親之恩。仲佗、石彄是宋國大夫，公子辰率仲佗、石彄與之偕行，更見無尊君之義。仲佗、石彄身為卿佐，不能以道事君，為辰強挾而去，無大臣之節，經文一書共貶。

察看胡安國的觀點，可發現他非常注意君臣之道，不僅要求臣子本

---

[164] 〔晉〕杜預注，〔唐〕孔穎達疏：《春秋左傳正義》，卷 11，頁 192。

分，還強烈規範人君所為應符合其身分地位，若是非義見逐，《胡傳》必嚴厲抨擊。魯昭公與季孫就是胡安國屢次貶責的對象，特別從中發揮君不君、臣不臣等悖謬之事。《春秋》昭公二十五年：「齊侯取鄆。」《胡傳》曰：

> 鄆，魯邑也。直書齊侯取之，何也？齊不自取而為公取鄆，使居之也。昭公出奔，經書次于陽州，見公於魯未絕而季氏逐君為不臣；及書齊侯取鄆，則見公已絕於魯而逐於季氏為不君。君者，有其土地人民以奉宗廟之典籍者也，已不能有而他人是保則不君矣。《春秋》之義，欲為君盡君道，為臣盡臣道，各守其職而不渝也。昭公失君道，季氏為亂臣，各淪其職而不守矣，其為後世戒，深切著明矣。（卷26，頁2384）

杜預曰：「欲取以居公。」[165]胡氏也以齊景公為昭公取鄆，使其居之。此批評季氏逐君不臣，昭公見逐不君，各失其道，故聖人書此為後世戒。《春秋》昭公三十一年：「春王正月，公在乾侯，季孫意如會晉荀躒于適歷。」《胡傳》曰：

> 《左氏》曰：晉侯將以師納公，士鞅曰：若召季孫而不來，則信不臣矣，然後伐之，若何？晉人召季孫，鞅使私焉，曰：子必來，我受其無咎。意如出君不事，專有魯國，晉實主盟，不能致討，而寵以會禮，不亦悖哉！或曰：季孫事君如在國，未知其罪而君伐之，是昭公之過也，則非矣。行貨齊、晉，使不納公，禱於煬宮，求君不入，及其復也，猶欲絕其兆域，加之惡諡，安在乎事君如在國，猶曰未知其罪乎？齊、晉不能誅亂禁姦，悖君臣之義，不知其從自及也。陸淳以謂逐君之臣，晉不之罪而反與為會，書曰意如會晉荀躒于適歷，晉侯之為盟主可見矣，荀躒之為人臣可知矣，此不待貶

---

165 〔晉〕杜預注，〔唐〕孔穎達疏：《春秋左傳正義》，卷51，頁895。

絕而罪惡見者也，得《春秋》所書之意矣。（卷26，頁2385）

批評齊景公、晉定公不能討季孫而納昭公，以正君臣之義，貶絕季孫意如出君、行貨等事，以及荀躒竟和逐君之臣相會，試圖掩飾晉君耳目，上不能誅亂禁姦，下不無奸譎飾詐，全悖君臣之道，不待貶絕而罪惡見矣。而《春秋》昭公三十二年：「十有二月己未，公薨于乾侯。」《胡傳》曰：

> 公雖失國，然每歲之首月必書公在乾侯，誅意如也。書齊侯取鄆，公圍成，鄆潰，絕昭公也。為人臣者，觀每歲必書公所在，必不敢萌拔扈不臣之心；為人君者，觀《春秋》所書圍成鄆潰，知社稷之無常奉也，亦必少警矣。嗚呼！可謂深切著明者矣。（卷26，頁2386）

昭公在位二十五年，居鄆四年，又客乾侯三年，胡氏以其失國。經文昭公三十年至三十二年必書「公在乾侯」以誅季孫，明魯公內為強臣所逐，戒後世人臣萌跋扈不臣之心；又以經文昭公二十五年書「齊侯取鄆」、昭公二十六年書「公圍成」、昭公二十九年書「鄆潰」皆絕昭公，以示社稷無常奉。《左傳》昭公三十二年載史墨語：「社稷無常奉，君臣無常位，自古以然。」[166]胡氏明顯援引此語，貶絕昭公、告誡人君。

另外，胡安國對於聖人所記常探求事亂之本，意從根源處洞察禍福之由，細察國君始謀不臧、殘暴淫虐之罪，端本清源以警戒人君。例如《春秋》隱公四年：「衛州吁弒其君完。」據《左傳》，衛國州吁是嬖人之子，有寵好兵，莊公不禁。石碏對諫，莊公亦不聽。後桓公立，州吁弒之而自立為君。《胡傳》曰：

> 此衛公子州吁也，而削其屬籍，特以國氏者，罪莊公不待之以公子

---

166 〔晉〕杜預注，〔唐〕孔穎達疏：《春秋左傳正義》，卷53，頁933。

之道，使預聞政事，主兵權而當國也。以公子之道待州吁，教以義
方，弗納於邪，不以賤妨貴、少陵長，則桓公之位定矣，亂何由
作？州吁有寵好兵而公弗禁，石碏盡言極諫而公弗從，是不待以公
子之道，使預聞政事，主兵權而當國也。《春秋》之旨在於端本清
源，以衛詩〈綠衣〉諸篇考之，所謂前有讒而不見，後有賊而不知
者，莊公是也。其不稱公子而以國氏，著後世為人君父者之戒耳，
故傳有之曰：為人君父而不通《春秋》之義者，必蒙首惡之名。
（卷2，頁2273）

批評衛莊公不能教以義方，弗納於邪，依公子之道待公子州吁，反而
寵愛姑息，縱其主兵，以致亂罪，故此不稱「公子」而冠以國名，乃深罪
莊公。又如《春秋》宣公三年：「宋帥圍曹。」《左傳》曰：「宋文公即
位三年，殺母弟須及昭公子，武氏之謀也。使戴、桓之族攻武氏於司馬子
伯之館，盡逐武、穆之族。武、穆之族以曹師伐宋。秋，宋師圍曹，報武
氏之亂也。」[167]武氏之族將奉昭公子須以作亂，故文公十八年，宋文公
殺母弟須及昭公子，使戴、莊、桓族攻武氏族，逐之於曹。《胡傳》曰：

按《左氏》：宋文公即位，盡逐武、穆之族，二族以曹師伐宋，然
不書于經者，二族以見逐而舉兵，非討罪也。及宋師圍曹，報武氏
之亂而經書之者，端本清源之意也。武、穆二族與曹之師奚為至於
宋哉，不能反躬自治，恃眾強以報之兵革，何時而息也？宋惟有不
赦之罪，莫之治也，故書法如此。（卷16，頁2338）

宋文公殺人在先，既不能責躬省過，又恃眾強暴，非義圍曹，故經文
書之以端本清源，正文公之罪。高閌即言：「夫武氏之亂，非曹人所致
也。宋人不能反躬自治、內睦九族，而興兵以圍人之國，不亦左乎！」[168]

---

[167] 〔晉〕杜預注，〔唐〕孔穎達疏：《春秋左傳正義》，卷21，頁367-368。

[168] 〔宋〕高閌：《春秋集註》，卷21，頁427。

胡氏對霸者的要求亦然，秉持此法而原情誅意、評斷是非。《春秋》
僖公二十八年：「衛侯出奔楚。」《胡傳》曰：

> 諸侯失國出奔，未有不名者，衛侯何以不名？著文公之罪也。衛侯
> 失守社稷，背華即夷，於文公何罪乎？衛之禍，文公為之也。初，
> 齊、晉盟于斂盂，衛侯請盟，晉人不許，是塞其向善之心，雖欲自
> 新改轍，而其道無由也。……夫心不外者，乃能統大眾；智不鑿
> 者，乃能處大事。文公欲主夏盟，取威定霸而舉動煩擾，若不勝任
> 者，惟鑿智自私而心不廣也。《春秋》於衛侯失國出奔，不以其罪
> 名之，而重文公之咎，蓋端本議刑，責備賢者之意也。（卷 13，
> 頁 2322）

初，晉文公逃亡在外，曹、衛皆不禮焉，故晉國侵曹伐衛。此年晉文
公與齊昭公盟于斂盂，衛成公請盟，晉人不許，衛侯欲與楚，國人不欲，
故出其君，以說於晉。胡氏認為晉文應釋怨解紛，許衛結盟，統歸諸侯以
南向制楚，批評其惟怨是圖，拒絕衛之請盟，塞其向善之心，使衛君竄身
無所，奔於荊蠻，兄弟殘殺，君臣交訟，故衛侯出奔不名以責備晉文懷私
復怨。

胡安國主張《春秋》端本清源，故在撥亂辨始的觀點上充滿罪君之
意，申明國君若不能自正，則聖人變文警示。如《春秋》哀公四年：「盜
殺蔡侯申。」《胡傳》曰：

> 按《左氏》：蔡侯將如吳，諸大夫恐其又遷也，公孫翩逐而射之
> 卒。然則翩非微者，其以盜稱，何也？蔡侯背楚誑吳，又委罪於執
> 政，其謀國如是，則信義俱亡，禮文並棄，無以守身而自衛，夫人
> 得而害之矣，故變文書盜以警有國之君也。（卷 29，頁 2394）

蔡昭公因公孫翩追射而卒，胡氏謂其身為一國之君卻不能自正，亡信
義、棄禮文；上得罪於楚、吳，下又無道於百姓，故《春秋》以盜殺書

之，警有國之君。又，《春秋》書國君出奔者多矣，胡安國認為經不書所逐之臣，而僅以國君自奔為文，也是警示人主。例如《春秋》桓公十五年：「鄭伯突出奔蔡。」《胡傳》曰：

> 按《左氏》：祭仲專，鄭伯使其壻雍糾殺之，雍姬知之以告仲，仲殺雍糾，公出奔蔡，是祭仲逐之也，沒而不書，其義何也？陸淳曰：「逐君之臣，其罪易知也，君而見逐，其惡甚矣。聖人之教在乎端本清源，故凡諸侯之奔皆不書，所逐之臣而以自奔為名，所以警乎人君。」其說是也。夫君實有國而出於臣，乃其自取焉耳，本正而天下之事理矣。（卷6，頁2290）

鄭厲公使雍糾殺祭仲，事跡敗露，故厲公避祭仲而出。胡氏引陸淳語，以逐君之惡易知，但見逐之罪難彰，故《春秋》記鄭厲公自奔蔡國為文，責備國君見逐乃咎由自取。又如《春秋》襄公十四年：「衛侯出奔齊。」《胡傳》曰：

> 按《左氏》：衛甯殖將死，語其子曰：吾得罪於君，名在諸侯之策，曰孫林父甯殖出其君。夫所謂諸侯之策，則列國之史也，諸侯則若晉若魯是也，史則若晉之乘、魯之《春秋》是也。今《春秋》書衛侯出奔齊，而不曰孫林父甯殖出其君者，蓋仲尼筆削不因舊史之文也。欲知經之大義，深考舊文筆削之不同，其得之矣。或曰：孫甯出君，眾所同疾，史策書之是也，聖人曷為掩姦藏惡，不暴其罪而以歸咎人主，何哉？曰：臣而逐君，其罪已明矣。人君擅一國之名，寵神之主而民之望也，愛之如父母，仰之如日月，敬之如神明，畏之如雷霆，何可出也？所為見逐，無乃肆於民上，縱其淫虐，以棄天地之性乎！故衛衎出奔，使祝宗告亡，且告無罪，而定姜曰：有罪，若何告無？《春秋》端本清源之書，故不書所逐之臣而以自奔為名，所以警乎人君者，為後世鑒，非聖人莫能修之，為此類也。（卷22，頁2363-2364）

　　唐代啖助已言聖人在「逐君之臣」與「見逐之君」上的筆削用意：「或曰：臣出其君非至公，而其罪不彰，無迺掩姦乎？答曰：出君之罪，史氏知之也。《春秋》舉王綱、正君則而治道興矣，不善之積，莫非己招也。」[169]主張《春秋》舉王綱、正君則，以人君自招不善之積。胡氏也認為「臣而逐君，其罪已明」，但衛獻公身為一國威權，民人之所敬畏，反而淫虐暴戾、道敗德淫，以致見逐失國。《春秋》端本清源，故書「衛侯出奔齊」而不書逐君之賊出君之文，歸罪其君。

　　關於諸侯出奔之書法，明代學者批評「警乎人君」皆直從《胡傳》入手，[170]但須特別注意，早在杜預就曾提出《春秋》以自奔為文而罪君，[171]孔穎達也責君不能自固，[172]雖未確切明言「警乎人君」，但是已有罪君之意，而至啖助、陸淳等輩才有更具體的說法。《胡傳》是承襲先儒而來，非獨創此說，相形之下，清人則能看出胡安國本於前人的發明，[173]

---

[169] 〔唐〕陸淳：《春秋集傳纂例》，卷7，頁156。

[170] 例如王樵曰：「胡氏謂舊史書孫林父甯殖出其君，而仲尼筆削稱衛侯出奔，恐無此理。出之為言不容而見逐之謂也，臣子施於君父，而史氏直書於策，則非辭也。故但言出奔而已，言出奔則或君無道或臣強，皆可推上下比事而見之矣，專以為歸罪其君者，害教之言也。」見〔明〕王樵：《春秋輯傳》，卷9，頁811。又如朱朝瑛（1605-1670）曰：「在諸侯之策曰孫林父甯殖出其君，甯殖猶知惡之，聖人作《春秋》反掩其罪而以自奔為文。胡氏以為臣而弒君，其罪已明，《春秋》發其所未明者，以警乎人君也。然則弒君之罪豈有未明而必書之大都？其君既沒，則以討賊之義責其臣子；其君尚存則以討賊之義責其身。……君之見弒不論有罪無罪而皆書弒其君，君之見逐不論有罪無罪而皆書出奔，無非正名定分之義也。君與臣不嫌同詞，君臣之辨自明也。正與邪不嫌同辭，邪正之辨自明也。」見〔明〕朱朝瑛：《讀春秋略記》，卷9，頁156。

[171] 杜預曰：「突既篡立，權不足以自固，又不能倚任祭仲，反與小臣造盜賊之計，故以自奔為文罪之也。」見〔晉〕杜預注，〔唐〕孔穎達疏：《春秋左傳正義》，卷7，頁126。

[172] 孔穎達曰：「凡諸侯出奔皆被逐而出，非自出也。舊史書臣以逐君，仲尼脩《春秋》責其不能自固，皆以自奔為文。」見〔晉〕杜預注，〔唐〕孔穎達疏：《春秋左傳正義》，卷7，頁126。

[173] 例如葉酉曰：「《傳》：祭仲專，鄭伯患之，使其壻雍糾殺之，雍姬知之以告仲，仲殺雍糾，公出奔蔡。按不書逐，陸氏淳曰：『君而見逐，其惡甚矣。聖人之教在乎端本澄源，故以自奔為文，所以警乎人君。』其說非也。逐者，上施於下之辭，以臣逐君，聖人之所不忍言也，故以自奔為文，若謂警人君，書逐不更足警乎？」見〔清〕葉酉：《春秋究遺》，卷2，頁409。又如《欽定春秋傳說彙纂》載：「逐突者，祭仲也，不書仲逐其君而書鄭突出奔者，《春秋》誅討亂賊，嚴君臣之大分，不使賊臣得以逞志於其君，故以自奔為文也。胡本陸氏淳，謂所以警乎人君，豈逐君者其罪尚可貸乎？於義頗有未安。」又曰：「《春秋》

批評角度較為公允。

（三）明君臣之道

　　上述提出胡安國正君臣名分，謂君有君道，臣有臣道，確定上下尊卑，彼此謹職守則可立政事。而《胡傳》中也列舉了君、臣之道的具體事理，藉《春秋》經義發明國事建言，不少觀點是沿襲北宋以降，朝臣對時務守邦之意見。

　　關於人君方面，《春秋》桓公二年：「宋督弒其君與夷及其大夫孔父。」《公羊傳》以孔父「正色而立於朝」，《春秋》賢其「義形於色」。[174] 程頤亦曰：「人臣死君難，書『及』以著其節。父，名也。稱大夫，不失其官也。」[175] 胡氏同於程子說法：「父者，名也，著其節而書及，不失其官而書大夫，是《春秋》之所賢也。」（卷4，頁2281）又云：

> 華督欲弒君而憚孔父，劉安欲叛漢而憚汲直，曹操欲禪位而憚孔融，此數君子者，義形於色，皆足以衛宗社而忤邪心，姦臣之所以憚也，不有君子，其能國乎？《春秋》賢孔父，示後世人主崇獎節義之臣，乃天下之大閑，有國之急務也。（卷4，頁2281）

　　錢顗（-1070-）曾向神宗建言「公行賞罰」：「臣聞賞罰者，人主之

於衛侯之出，不書逐君之賊而以自奔為文，杜注、孔疏皆以為責其君而胡傳因之，非經旨也。人臣而出其君，罪莫大焉，乃謂聖人專責其君，有是理乎？」分見〔清〕王琰等奉敕撰：《欽定春秋傳說彙纂》（臺北：臺灣商務印書館，1986年景印文淵閣《四庫全書》），卷6，頁212；卷26，頁731。

[174] 《公羊傳》曰：「及者何？累也。弒君多矣，舍此無累者乎？曰：有，仇牧，荀息，皆累也。舍仇牧、荀息，無累者乎？曰：有。有則此何以書？賢也。何賢乎孔父？孔父可謂形於色矣。其義形於色奈何？督將弒殤公，孔父生而存，則殤公不可得而弒也，故於是先攻孔父之家。殤公知孔父死，己必死，趨而救之，皆死焉。孔父正色而立於朝，則人莫敢過而致難於其君者，孔父可謂義形於色矣。」見〔漢〕何休解詁，〔唐〕徐彥疏：《春秋公羊傳注疏》，卷4，頁47。

[175] 〔宋〕程顥、程頤著，王孝魚點校：《二程集》，「河南程氏經說」卷4，頁1101。

操柄，非至公之道，不可以行之也。蓋賞者，所以旌天下之有功；罰者，所以懲天下之有罪。賞當功，則為善者無不勸；罰當罪，則為惡者無不沮。」[176]唯有賞功罰罪以克紹祖宗之大業。胡安國不單談聖人取其死節而貴之，亦引申至人主應崇獎節義之臣，表達社稷若有孔父、汲直、孔融等義形於色的君子，則可使奸臣忌憚，遏制邪心，具有公行賞罰的觀念。

靖康元年（1126），校書郎余應求（-1145-）上欽宗條畫利害：「君臣之間，欲上下交而情通，人臣獻言，尤所難者。陛下既已虛心屈己以來天下之言，欲乞每遇退朝後，開延賢士，賜坐從容，使陳治亂安危之本，古今興亡成敗之要，及令百司無問大小各以本職言事，親加省覽，以進忠讜。」[177]伏願欽宗博延賢臣，謀於廣廷，使百官執事力陳治道得失。胡氏也有相似見解，藉諸侯宜尊大夫以使能來發揮此義。《春秋》昭公三年：「北燕伯欵出奔齊。」《胡傳》曰：

> 君雖不君，臣不可以不臣。燕伯欲去諸大夫，固不君矣，而大夫相與比以殺其外嬖，是威脅其主而出之也，與鬻拳之以兵諫無異，而獨罪燕伯，何哉？大夫，國君之陪貳，以公心選之而不可私也，以誠意委之而不可疑也，以隆禮待之而不可輕也，以直道馭之而不可辱也，否則是忽其陪貳以自危矣。晉厲公殺三郤立胥童而弒於麗氏，漢隱帝殺楊史立郭允明而弒於蘇村，衛獻公蔑冢卿而信其左右亦奔夷儀，久而後復也，故人主不尊陪貳而與賤臣圖柄臣者，事成則失身而見弒，事不成則失國而出奔，此有國之大戒也。《春秋》凡見逐於臣者，皆以自奔為文，正其本之意也，而垂戒遠矣。（卷24，頁2373）

[176] 〔宋〕錢顗：〈上神宗論要務十事〉，載〔宋〕趙汝愚編，北京大學中國中古史研究中心校點整理：《宋朝諸臣奏議》，卷2，頁12。

[177] 〔宋〕趙汝愚編，北京大學中國中古史研究中心校點整理：《宋朝諸臣奏議》，卷150，頁1717。

　　據《左氏》載：「燕簡公多嬖寵，欲去諸大夫而立其寵人。冬，燕大夫比以殺公之外嬖，公懼奔齊。書曰：北燕伯欵出奔齊，罪之也。」[178]罪燕簡公失人君之道。胡氏雖也點出燕大夫不臣，但卻獨罪燕簡公，以其未重視諸大夫，忽視臣子輔佐的重要。臣子「所貴乎國君者，選賢拔能，布在有位，信之任之，與之共圖，國政近習不得間也」[179]，今燕伯不能以公心選之、以誠意委之、以隆禮待之、以直道馭之，反而遭致見逐，故《春秋》書之正本。

　　范仲淹（989-1052）曰：「自古帝王，與佞臣治天下，天下必亂；與忠臣治天下，天下必安。」[180]視奸邪之凶甚於夷狄之患。宋代朝臣常伏盼皇帝能審察邪正，辨別君子與小人，由是治理天下之先務。[181]胡安國於靖康元年（1126）上奏：「小人善窺人主之指意以求合，君子則為義之

---

[178] 〔晉〕杜預注，〔唐〕孔穎達疏：《春秋左傳正義》，卷42，頁725。

[179] 〔宋〕家鉉翁：《春秋集傳詳說》，卷23，頁13715。

[180] 〔宋〕范仲淹著，李勇光、王蓉貴校點：〈論時務十一事〉，《范仲淹全集》（成都：四川大學出版社，2007年11月），卷9，頁204。

[181] 辨別君子、小人以及邪、正之分是宋儒經常關注的議題，內容大抵可分為：第一，審察邪正是治理天下之要。如朱光庭（1037-1094）〈上哲宗乞以善利二者別邪正之臣〉曰：「臣聞自古治天下之先務，唯別邪正之臣爾。」曾肇（1047-1107）〈上徽宗論君子之道直而難合小人之言遜而易入〉亦云：「臣聞治天下在於正朝廷，正朝廷在於辨邪正。」第二，君子、小人與義、利的關係，這是承襲《論語・里仁》：「君子喻於義，小人喻於利」的觀點。如范祖禹〈上哲宗論學本於正心〉曰：「君子專於為義，小人專於為利。」劉摯（-1092-）〈上神宗乞謹好惡重任用〉曰：「蓋善惡者，君子小人之分，其實義利而已。」第三，君子、小人之特質。例如元祐五年（1090）三月，范百祿（1030-1094）上奏哲宗，進呈邪正大臣之事類十則，而富弼〈上神宗論采聽既多當辨君子小人〉亦曰：「君子力行仁義，尊主庇民，為好事也，君子則惟道是從，不計身之進退，用則進而行道，不用則退而無悶也。小人則不然，惟利是嚮，若為正道所抑，其身不得進，則戚戚不肯休，千歧萬路，不顧名節，經營鑽刺，得其進而後已也。」又如蔡襄（1012-1067）向英宗論辨邪佞：「阿隨人主之意，而不論理道之是非，此佞臣也。附托權要之勢，因事自媒其身，此邪臣也。多引前事之事，專為高論，不顧今世難行，此迂疏之臣也。多取眾人之譽，捨違公道，不為國家久計，此奸詐之臣也。其言忠，其事實，此鯁直之臣也。無所附依，進退自守，此公正之臣也。」以上引文分見〔宋〕趙汝愚編，北京大學中國中古史研究中心校點整理：《宋朝諸臣奏議》，卷16，頁149；卷17，頁157；卷5，頁47；卷15，頁141；卷14，頁126。〔宋〕蔡襄撰，陳慶元、歐明俊、陳貽庭校注：〈國論要目十二事〉，《蔡襄全集》（福州：福建人民出版社，1999年7月第1版），卷18，頁427-428。

從而不苟。」[182]希冀欽宗能先正其心，以洞察群臣之邪正，灼知忠姦，倘若不能辨之於早，則天下之事去矣。這觀點亦能見於胡安國《春秋傳》。《春秋》襄公二十三年：「陳殺其大夫慶虎及慶寅。」《胡傳》曰：

> 夫人君擅一國之利勢，使其臣暴蔑其身而不能遠，欲去其親而不能保，譖愬之於大國而不能辨，至因夷狄之力，然後能克，則非君人之道也。故二慶之死，稱國以殺，公子黃之出，特以弟書者，譏歸陳侯也。凡此皆《春秋》端本之意。（卷22，頁2366）

按《左傳》：「陳侯如楚，公子黃愬二慶於楚，楚人召之。使慶樂往，殺之。慶氏以陳叛。夏，屈建從陳侯圍陳。陳人城，版隊而殺人。役人相命，各殺其長，遂殺慶虎、慶寅。」[183]二慶據國叛楚，經文書「陳」殺其大夫者，《穀梁傳》曰：「稱國以殺，罪累上也。」[184]胡安國同此，視陳哀公不能防制權臣、明辨譖愬，又因夷狄之力、役人之手然後能克，故主譏陳侯非君人之道。

而《胡傳》對臣子的規範較多，主要都扣緊禮法而發，避免群臣坐亂行私，讒陷忠良，惑亂國政。《春秋》隱公元年：「祭伯來。」《胡傳》曰：「按《左氏》曰：『非王命也。』祭伯，畿內諸侯，為王卿士，來朝於魯而直書曰來，不與其朝也。人臣義無私交，大夫非君命不越境，所以然者，杜朋黨之原，為後世事君而有貳心者之明戒也。……經於內臣朝聘告赴皆貶而不與，正其本也，豈有誣上行私，自植其黨之患哉！」（卷1，頁2270）《左傳》以其非王命，《穀梁傳》亦曰：「寰內諸侯，非有天子之命，不得出會諸侯，不正其外交，故弗與朝也。」[185]胡氏同此，

---

[182] 〔宋〕趙汝愚編，北京大學中國中古史研究中心校點整理：《宋朝諸臣奏議》，卷4，頁43。

[183] 〔晉〕杜預注，〔唐〕孔穎達疏：《春秋左傳正義》，卷35，頁601-602。

[184] 〔晉〕范甯集解，〔唐〕楊士勛疏：《春秋穀梁傳注疏》，卷16，頁158。

[185] 〔晉〕范甯集解，〔唐〕楊士勛疏：《春秋穀梁傳注疏》，卷1，頁12。

不與祭伯無王命而委官朝魯，說明人臣義無私交，聖人書此，杜朋黨之原。北宋哲宗朝出現元祐黨爭，朝廷新、舊黨相互攻訐傾軋，舊黨又因地緣背景或政治主張的不同而再分裂成洛、蜀、朔黨，形成更強烈的扞格與衝突，影響長達五十年，對當時的國是政策、學術文化產生嚴重傷害。[186]有鑑於此，胡安國遂透過經義表達人臣義無私交植黨。

又如《春秋》宣公元年：「公子遂如齊。」《左傳》曰：「東門襄仲如齊拜成。」[187]公子遂與叔孫得臣逆謀宣公篡立，《胡傳》曰：「遂及行父則一再見于經矣，如齊拜成，雖削之可也。又再書于策者，於以著其始終成就弒立之謀，以戒後世人臣或內交宮禁以固其寵，或外結藩鎮以為之援，至於殺生廢置皆出其手而人主不悟者，其慮深矣！凡此皆直書于策而義自見者也。」（卷 16，頁 2336）經文一再書「季孫行父如齊」、「公子遂如齊」以著始終成就弒立之謀，戒後世人臣內交宮禁以固寵，抑或外結藩鎮以為援，甚至是殺生廢置皆出人臣之手者。

此外，胡安國以臣子須識時務，明去就從違之義。《春秋》文公十六年：「宋人弒其君杵臼。」《胡傳》曰：

> 此襄夫人使甸殺之也，而書宋人者，昭公無道，國人之所欲弒也。君無道而弒之，可乎？諸侯殺其大夫，雖當於罪，若不歸司寇，猶有專殺之嫌，以為不臣矣，況於北面歸戴奉之以為君也，故曰人臣無將，將而必誅。昭公無道，聖人以弒君之罪歸宋人者，以明三綱人道之大倫，君臣之義不可廢也。然則有土之君可以肆於民上而無誅乎？諸侯無道，天子方伯在焉，臣子國人其何居死於其職，而明於去就從違之義斯可矣。蕩意諸亦死職，《春秋》削之，不得班於孔父、仇牧、荀息，何也？三子閑其君而見殺，《春秋》之所取

---

[186] 胡安國於建炎元年（1127）五月上奏，謂國策自崇寧以來有九大失誤，其中一失就是黨爭問題：「士大夫進為於元祐之初與元符之末者，盡忠許國，不顧其私，乃誣以謗訕，竄逐下逮其子孫，追削上及其祖父，於是善類陷於黨籍，不能自明而羣飛刺天，讒諂益勝。」見〔宋〕胡寅撰，尹文漢點校：〈先公行狀〉，《斐然集》，卷25，頁494-495。

[187] 〔晉〕杜預注，〔唐〕孔穎達疏：《春秋左傳正義》，卷21，頁361。

也，意諸知國人將弒其君而不能止，知昭公之將見殺而不能正，坐
待其及而死之，所謂匹夫匹婦自經於溝瀆而莫之知也，奚得與死於
其職者比乎！聖人所以獨取高哀之去而書字以褒之也。（卷15，
頁2334）

　　此段資料說明：第一，大夫有罪應歸司寇處置，諸侯不可專殺大夫。
而君雖不君，臣不可以不臣，所以國人不能弒君。「宋昭公雖為無道，人
臣將而必誅，《春秋》正宋人為弒君之罪，所以明人道之大倫也。」[188]
藉此督教之義。第二，身為臣子，君若無道要知曉去就從違，因為尚有天
子方伯，臣不得因弒君而廢君臣之道。所以比較之下，蕩意諸和孔父、仇
牧、荀息皆因諸侯而死，但胡氏卻批評蕩意諸「知國人將弒其君而不能
止，知昭公之將見殺而不能正，坐待其及而死之，所謂匹夫匹婦自經於溝
瀆而莫之知也。」遂不將蕩意諸與其君杵臼並書。反之，《春秋》文公十
四年：「宋子哀來奔。」《胡傳》即言：

　　宋昭公無道，高哀為蕭封人，以為卿，不義宋公而出，遂來奔。書
　　曰子哀，貴之也。《易》曰：「幾者，動之微，吉之先見者也。君
　　子見幾而作，不俟終日。」宋子哀有焉。昔微子去紂，列於三仁之
　　首，子哀不立於危亂之邦，而《春秋》書字，謂能貴愛其身以存道
　　也，若偷生僻禍而去國出奔，亦何取之有？（卷15，頁2333）

　　肯定高哀貴愛其身以存道，故不立於危亂之邦，此與偷生僻禍者不
同，深得國君無道而出奔之義，故《春秋》書字褒之。
　　而臣子明去就從違，對非常處境等狀況必須判斷是非、知所進退，這
就牽涉到經、權的問題。[189]《公羊傳》曰：「大夫受命不受辭，出竟有

---

[188] 〔宋〕胡安國：《春秋傳》，卷15，頁2334。

[189] 《公羊傳》對「經」、「權」有其看法：「權者何？權者反於經，然後有善者也。權之所
　　設，舍死亡無所設。行權有道：自貶損以行權，不害人以行權。殺人以自生，亡人以自存，
　　君子不為也。」見〔漢〕何休解詁，〔唐〕徐彥疏：《春秋公羊傳注疏》，卷5，頁63。李

可以安社稷、利國家者，則專之可也。」[190]大夫越出國境，若能安定社稷、利益國家，則可專權行事。胡安國沿襲此說，談到人臣若於境外則專之可也，境外方可專權。《春秋》宣公十五年：「夏，五月，宋人及楚人平。」《胡傳》以聖人貶華元、子反，先言此「二卿自以情實私相告語，取必於上，以成平國之功，而其君不預知焉，非人臣之義也」，[191]又以臣於境外而有安國家利社稷者，則可專之；但認為「子反在君之側，無奏報之難，幾會之失，奚急於平而專之若是哉！」否定二卿釋怨解紛之功，其行是君聽於臣，人倫紊亂，非《春秋》之法也。又如《春秋》宣公十八年：「冬，十月壬戌，公薨于路寢，歸父還自晉，至笙，遂奔齊。」《胡傳》曰：

> 書曰：歸父還自晉者，已畢事之詞也。至笙遂奔齊者，罪成公君臣死君而忘父逐之巫也。穀梁子曰：捐殯而奔其父之使者，是亦奔父也，得經意矣。君薨家遣，方寸宜亦亂，而造次顛沛不失禮焉，非志於仁者，弗能也。詞繁而不殺，歸父之善自著矣。（卷18，頁2348-2349）

據《左傳》載，歸父還魯，到達笙地，就地設置帷幕，視其副手為宣公，向其報告出使晉國的情況，完成復命之後，又解去外衣，以麻束髮，即位哭君，三踴而出，遂奔齊。《公羊傳》也曰：「歸父使於晉，還自晉，至檉，聞君薨家遣，壿帷，哭君成踴，反命乎介，自是走之齊。」[192]同樣稱許公孫歸父能終事不失禮。胡氏同於前言，肯定公孫歸父家族

新霖歸納《公羊傳》經、權之運用：「吾人於正常狀況下，應遵循一定之倫理規範，如三綱五常等，此萬事不易之常道，即所謂之『經』也。但於異常狀況下，既不得行常道，則可順應所在之時、地、事、人，採取因應措施，看似有違常道，實則為處非常之最善之道，故此種臨機應變之處置，亦所謂之『權』也。」見李新霖：《春秋公羊傳要義》，頁205。

190　〔漢〕何休解詁，〔唐〕徐彥疏：《春秋公羊傳注疏》，卷8，頁97。

191　〔宋〕胡安國：《春秋傳》，卷18，頁2346。

192　〔漢〕何休解詁，〔唐〕徐彥疏：《春秋公羊傳注疏》，卷16，頁210。

雖受到驅逐，但仍成踊哭君，盡哀而奔，顛沛造次不失禮，終全臣子之道。

（四）尊君抑臣

北宋黃葆光（1067-1124）曰：「君尊如天，臣卑如地。剛健者君之德也，而其道不可屈；柔順者臣之常也，而其分不可亢。苟自屈以求合，則是傷仁，非所以馭下也；苟矯亢以求伸，則是犯分，非所以尊君也。」[193]論人君馭下之術，主張尊君卑臣。《胡傳》也談尊君抑臣，學界對此多有討論，[194]然究竟《胡傳》「尊君抑臣」的實質內涵為何？「尊君」與「抑臣」是否有因果關聯，抑或分屬對立？以及歷代學者如何看待胡安國藉由經說發揮此義？諸類問題尚須細探，還原《胡傳》「尊君抑臣」的意義與缺失。

《春秋》僖公五年：「公及齊侯、宋公、陳侯、衛侯、鄭伯、許男、曹伯會王世子于首止。」《胡傳》曰：「經書宰周公衹與王人同序於諸侯之上，而不得與殊會同書，此聖人尊君抑臣之旨也，而班位定矣。」（卷11，頁 2311-2312）由班位次序論述尊卑禮秩，因不使君臣上陵下替，故書公及諸侯以會王世子，表諸侯不得抗周，存正分義。又，《春秋》僖公八年：「春，王正月，公會王人、齊侯、宋公、衛侯、許男、曹伯、陳世子款盟于洮。」《春秋》僖公九年：「夏，公會宰周公、齊侯、宋子、衛侯、鄭伯、許男、曹伯于葵丘。」王人與宰周公同是人臣之列，不因屬周室之臣而可共尊，如汪克寬曰：「尊無二上，三公雖貴亦人臣也。王世

---

[193] 〔宋〕王稱：〈黃葆光傳〉，《東都事略》，卷 105，頁 1611。

[194] 學界雖已點出《胡傳》「尊君抑臣」之說，但其實大部分的解釋是偏重「尊君」，並將「尊君」和「抑臣」視為因果關係，以「抑臣」之目的是為了「尊君」，並延伸至「攘夷」。筆者謂此非胡安國本意。而鄭丞良談及「尊君抑臣」的時代意義，將「抑臣」論為「抑權臣」，辨正皮錫瑞將岳飛之死聯繫胡安國「解經不精，以致誤國」的觀點為非，強調討論《胡傳》君臣義不可單就「尊君」或「抑臣」，論說極為正確。相關研究可參見章權才：《宋明經學史》，頁 167-169。鄭丞良：《胡安國《春秋傳》與《公羊傳》之比較研究——以三綱思想的考察為主》，頁 110-117。王雷松：〈胡安國政治哲學簡析〉，頁 3。劉玲娣：〈胡安國政治思想及其實踐略論〉，頁 38-39。張運生：〈上下尊卑與義利之辨——胡安國《春秋》的政治理念解讀〉，頁 104-105。

子，天王之貳，非人臣也。故《春秋》殊會王世子，不以儕之人臣之列，
宰周公雖兼公相之職，僅同下士之微者，序乎諸侯之上耳。」[195]此乃聖
人尊君抑臣之旨。

《春秋》僖公十七年：「夏，滅項。」《胡傳》曰：

> 按《左氏》：淮之會，公有諸侯之事未歸而取項，齊人以為討而止
> 公，然則滅項者，魯也，二《傳》以為桓公滅之，孰信乎？考於經
> 未有書外滅而不言國者，如齊師滅譚是也。亦未有書內取而直言魯
> 者，如取鄆、取邿、取鄟是也，由此知項為魯滅無疑矣。然聖人於
> 魯事有君臣之義，凡大惡必隱避其詞而為之諱，今此滅項，其惡大
> 矣，曷不諱乎？曰：事有隱諱，臣子施之於君父者也，故成公取
> 鄆，襄公取邿，昭公取鄟，皆不言滅而書取。程氏以為在君則當諱
> 是也，若夫滅項則僖公在會，季孫所為耳，執政之臣擅權為惡而不
> 與之諱，此《春秋》尊君抑臣，不為朋黨比周之意也。（卷 12，
> 頁 2316-2317）

《公》、《穀》認為項國為齊桓所滅，故為桓諱，[196]啖助已言其
非，[197]胡氏亦同糾舉，並以此為魯國所滅。程頤曰：「滅人之國，罪惡
大矣，在君則當諱。故魯滅國，書『夏，滅項』，君在會，季孫所為也，
故不諱。」[198]《胡傳》承襲其說，若此是魯公滅國，實乃大惡，必為君
諱，但此直書滅項實因季孫所為，《春秋》尊君抑臣，不為朋黨比周，故
不與之諱。

---

[195] 〔元〕汪克寬：《春秋胡傳附錄纂疏》，卷 11，頁 284。

[196] 《公羊傳》曰：「孰滅之？齊滅之。曷為不言齊滅之？為桓公諱也。」見〔漢〕何休解詁，
〔唐〕徐彥疏：《春秋公羊傳注疏》，卷 11，頁 140。《穀梁傳》曰：「孰滅之？桓公也。
何以不言桓公也？為賢者諱也。」見〔晉〕范甯集解，〔唐〕楊士勛疏：《春秋穀梁傳注
疏》，卷 8，頁 85。

[197] 啖助曰：「按其文義，乃是魯諱，豈可為齊諱而魯自取惡乎？齊桓雖賢，滅項非合義，何得
為之諱乎？」見〔唐〕陸淳：《春秋集傳辨疑》，卷 6，頁 61。

[198] 〔宋〕程顥、程頤著，王孝魚點校：《二程集》，「河南程氏經說」卷 4，頁 1112。

《春秋》成公六年：「取鄟。」《胡傳》曰：

> 鄟，微國也。書取者，滅之也。滅而書取，為君隱也。項亦國也，
> 其書滅者，以僖公在會，季孫所為，故直書其事而不隱，此《春
> 秋》尊君抑臣，以辨上下，謹於微之意也。人倫之際，差之毫釐，
> 繆以千里，故仲尼特立此義，以示後世臣子使以道事君，而無朋附
> 權臣之惡。……使《春秋》之義得行尊君抑臣，以辨上下，每謹於
> 微，豈有此患乎！（卷19，頁2353）

此又再談《春秋》尊君抑臣，故魯公滅鄟諱書取，季孫滅項直書滅，
以辨上下。胡氏亦援引史事為鑑，說明權臣犯上干主、專恣結黨的影響，
明示人主應明《春秋》之義，得謹於微，以避殺生失柄之禍。

章權才《宋明經學史》提到：「在闡發『尊君抑臣』的微旨中，胡安
國強調了兩個問題，很引人注目。一個是君臣之間要相互尊重，互盡義務
的問題，一個是陪臣辦事要出自公心，不搞朋黨比周的問題。」[199]很清
楚點出《胡傳》尊君抑臣之旨，因為胡安國並非一味尊君，「尊君抑臣」
仍是以「君臣之分」為基礎，確定彼此名分，嚴正職守，若是君臣下陵上
替，則必綱紀弛亂，禮秩悖反。[200]《春秋》宣公八年：「壬午，猶繹。
萬入去籥。」大夫之喪，宣公不當舉行繹祭。《左傳》曰：「有事于太
廟，襄仲卒而繹，非禮也。」[201]《禮記‧檀弓下》云：「仲遂卒于垂，
壬午猶繹，萬入去籥。仲尼曰：『非禮也。卿卒不繹。』」[202]皆以此繹

---

[199] 章權才：《宋明經學史》，頁168。

[200] 鄭丞良將《胡傳》「尊君抑臣」置於其天、君、臣所組成的政治秩序架構中討論，除了從禮
的秩序性說明之外，還以實際政治秩序分析胡氏「抑臣」之義則是「抑權臣」，「抑權臣」
是為了建立合理的政治秩序：「『尊君抑臣』之說即是對權臣位擬國君，甚且弒君，破壞場
域和諧之亂行，進行貶討。」若僅單就「尊君」或「抑臣」討論，容易模糊胡安國論君臣的
原義。參見鄭丞良：《胡安國《春秋傳》與《公羊傳》之比較研究——以三綱思想的考察為
主》，頁106-116。

[201] 〔晉〕杜預注，〔唐〕孔穎達疏：《春秋左傳正義》，卷22，頁379。

[202] 〔漢〕鄭玄注，〔唐〕孔穎達疏：《禮記注疏》，卷10，頁188。

為非禮。《胡傳》曰：

> 繹者，祭之明日以賓尸也。猶者，可已之詞。萬，舞也，以其無聲
> 也，故入而遂用籥管也，以其有聲也，故去而不作，是謂故知不可
> 存其邪心而不能格也。禮，大夫卒當祭則不告，終事而聞則不繹。
> 不告者，盡肅敬之誠於宗廟；不繹者，全始終之恩於臣子。今仲遂
> 國卿也，卒而猶繹，則失寵遇大臣之禮矣。《春秋》雖隆君抑臣而
> 體貌有加焉，則廉陛益尊而臣節礪，後世法家專欲隆君而不得其
> 道，至以犬馬國人相視，大倫滅矣。聖人書法如此，存君臣之義
> 也。（卷17，頁2340）

　　依循《公羊傳》說法，[203] 並進一步以大夫卒應不告不繹，盡肅敬之
誠於宗廟，全始終之恩於臣子。此明知卿佐之喪不應舉樂，知其不可而為
之，故聖人書此，卒而猶繹，萬入去籥，存君臣之義。胡氏極重視臣子之
體貌，非全然推主隆君抑臣，「若專於尊君，則視臣如犬馬，臣亦視君如
冦讎，上下俱無恩禮，則賢者退處，所存者阿諛小人，將有以天下奉一人
之說矣。」[204] 尊君抑臣的意義仍是在君臣名分的框架中實踐，使其合於
君君臣臣的精神，在此規範之上才可談尊君抑臣。單看「尊君」、「抑
臣」字面，容易混淆成因果關係，將此視作對立抵觸，但實際上兩者都受
到君臣名分的要求，《胡傳》並非貶抑人臣以襯托君權的至高無上，極端
力倡隆君尊主，反而是主張君道、臣道皆得合於正軌，這即是「尊君抑
臣」的實質意義。

　　另外，回顧歷代對《胡傳》的批評，會發現各家並不否定胡安國「尊
君抑臣」之說，但對當中經義判斷卻有很大的質疑。例如胡安國分析《春

---

[203] 《公羊傳》曰：「繹者何？祭之明日也。萬者何？干舞也。籥者何？籥舞也。其言萬入去籥
　　何？去其有聲者，廢其無聲者，存心焉爾。存其心焉爾何？知其不可而為之也。猶者
　　何？通可以已也。」見〔漢〕何休解詁，〔唐〕徐彥疏：《春秋公羊傳注疏》，卷15，頁
　　195。

[204] 胡寧《春秋通旨》之語，見〔元〕汪克寬：《春秋胡傳附錄纂疏》，卷17，頁437。

秋》王世子、宰周公、王人之書法有所差異時，提出：「自天王而言，欲
屈遠其子，使次乎其下，示謙德也；自臣下而言，欲尊敬王世子，則序乎
其上，正分義也。」（卷 11，頁 2311-2312）強調君臣天尊地卑之上下分
義。北宋學者談經文書公及諸侯會王世子皆指向「尊之」，[205]但胡安國
卻另延伸天王貴尊、群臣伸敬之義。徐學謨曰：「王世子在首止而諸侯往
會之也，故不序王世子於諸侯之上也，非胡氏所謂天王欲屈遠其子，使次
乎下示謙德。鑿也。」[206]袁仁《春秋胡傳考誤》亦道：

> 《傳》云：書及以會者，若曰王世子在，是諸侯咸往會焉，示不可
> 得而抗也。此論甚正。既而云後世論其班位，有次于三公宰臣之
> 下，亦有序乎其上者，則將奚正？自天王而言，欲屈遠其子，使次
> 乎其下，示謙德也；自臣下而言，欲尊敬王世子，則序乎其上，正
> 分義也。此臆說不可為訓。名分之嚴，一毫不可假，一日不可廢，
> 奈何屈遠其子以示謙哉？《春秋》之法，王人雖微，必序于諸侯之
> 上，此序王世子于其下者，尊王世子也。[207]

　　表明《春秋》為尊王世子，故書法序於諸侯之下，無有屈遠王子以示
謙德之義，胡氏說法純屬臆測。又如上述僖公十七年，滅項之事，北宋儒
者各執己見，主滅之方不一，[208]而《胡傳》以為「滅項則僖公在會，季

---

[205] 孫復曰：「經言公及齊侯、宋公、陳侯、衛侯、鄭伯、許男、曹伯會王世子于首止者，不與桓致王世子，使與諸侯齊列也。故先言公及諸侯而後言會王世子以尊之，尊王世子所以重桓之惡也。」見〔宋〕孫復：《春秋尊王發微》，卷 5，頁 10763。孫覺曰：「齊桓欲帥諸侯以尊王室，于是致王世子而會之首止。不列敘世子者，《春秋》尊之，不與王致世子也。」見〔宋〕孫覺：《春秋經解》，卷 6，頁 660。蘇轍曰：「齊桓帥諸侯而會之以定其位，世子不名而殊會，尊之也。」見〔宋〕蘇轍：《春秋集解》，卷 5，頁 35。崔子方曰：「殊會王世子，尊之也。尊世子所以尊天王也，所謂正而不謫也。」見〔宋〕崔子方：《春秋經解》，卷 5，頁 232。

[206] 〔明〕徐學謨：《春秋億》，卷 3，頁 28。

[207] 〔明〕袁仁：《春秋胡傳考誤》，頁 942。

[208] 孫復認為是齊、徐滅項：「此齊人、徐人滅項也。上言齊人徐人伐英氏，下言滅項，此齊人、徐人滅項可知也。」見〔宋〕孫復：《春秋尊王發微》，卷 5，頁 10767。劉敞主張魯公滅項：「夏，滅項。孰滅之？公滅之。曷為不言公滅之？內大惡諱也。內大惡則曷為或諱

孫所為耳，執政之臣擅權為惡而不與之諱，此《春秋》尊君抑臣，不為朋黨比周之意也。」（卷 12，頁 2317）說明滅項者為「季孫」，故不隱諱。此觀點受到明、清學者強烈質疑。徐學謨云：「夏滅項，不書何國滅之，疑史有闕文也。……胡氏曰：僖公在會，季孫所為，故不與之諱也。此尤無據之甚也。」[209]批評《胡傳》之說空疏無據。此外，姜寶《春秋事義全考》、清初官方《日講春秋解義》、《欽定春秋傳說彙纂》、俞汝言（1614-1679）《春秋平義》、葉酉《春秋究遺》更一致表示季孫行父時尚稚幼，不可能專擅滅項，胡安國說法尚待斟酌。[210]由此可見，《胡傳》從經文書法、傳文史事建立《春秋》尊君抑臣，但因過求此義，往往不能明辨究竟，導致解經陷於穿鑿，模糊聖人原意，成為後代詬病的問題。

或不諱？或以為諱，或不以為諱。曷為或以為諱，或不以為諱？或以為恥，或不以為恥。諱者，非諱其實也，諱其義也。」見〔宋〕劉敞：《春秋劉氏傳》，卷 6，頁 10898。蘇轍則泛言魯國所滅：「魯滅之也。」見〔宋〕蘇轍：《春秋集解》，卷 5，頁 39。

[209] 〔明〕徐學謨：《春秋億》，卷 3，頁 32。

[210] 姜寶曰：「先儒以項為魯滅，僖公在會，季孫所為者，非也。季孫行父當祖友卒，而父無佚早亡，時尚稚年，焉得擅為此事乎？」見〔明〕姜寶：《春秋事義全考》，卷 5，頁 201。《日講春秋解義》曰：「先儒謂考之於經，未有書外滅而不言國者，如齊師滅譚之類是也。未有書內取而直言魯者，如取鄆、取邿、取鄟是也。僖公在會，滅項乃季孫所為，故不諱。其惡與取鄆、取邿、取鄟為君諱惡，實滅而書取異義。舊說相承，未敢更易。但季友卒後，魯卿見經者惟公子遂、叔孫得臣、公孫敖、季友，生而賜氏，使世為卿，而友子無佚不見於經，不書其卒，故傳記謂其早亡。行父至文六年始使於齊，則是時滅項之季孫，果何人耶？」見〔清〕庫勒納等奉敕撰：《日講春秋解義》（臺北：臺灣商務印書館，1986 年景印文淵閣《四庫全書》），卷 18，頁 239。《欽定春秋傳說彙纂》云：「胡氏安國謂滅項為季孫所為，則非矣。當是時，季友已卒，友子無佚不見於經，經不書其卒，是未為卿也。友卒之後，魯卿奉命而出者：公子遂、叔孫得臣、公孫敖三人而已。文六年，行父始如齊，是無佚卒，行父幼，及其既長而後為卿也。然則滅項之季孫何人耶？」見〔清〕王琰等奉敕撰：《欽定春秋傳說彙纂》，卷 14，頁 402。俞汝言曰：「先儒以項為魯滅，僖公在會，季孫所為者，非也。夫季孫行父當祖友卒，其父無佚蚤亡，時尚稚年，終僖公朝未專國政焉，得擅為此事乎？」見〔清〕俞汝言：《春秋平義》（臺北：臺灣商務印書館，1986 年景印文淵閣《四庫全書》），卷 5，頁 471。葉酉云：「先儒以公方在會，滅項非公意，故不為季氏諱，其說非也。是時季友已卒，其子無佚早亡，行父稚年，嗣位未久，滅項之事豈得歸罪季孫哉？」見〔清〕葉酉：《春秋究遺》，卷 6，頁 466。

二、夫婦之正

（一）謹嫡妾之分

汪克寬曰：「嫡妾之分乃人君所當謹，以妾母為夫人必致以妾為嫡，以妾為嫡必致庶孽奪正之禍。」[211]春秋時期，嫡妾之位紊亂，胡氏多次點出《春秋》謹嫡妾之分，以正是非。《春秋》隱公五年：「考仲子之宮。」《胡傳》曰：

> 考者，始成而祀也。其稱仲子者，惠公欲以愛妾為夫人，隱公欲以庶弟為嫡子，聖人以為諸侯不再娶，於禮無二適，孟子入惠公之廟，仲子無祭享之所，為別立宮以祀之，非禮也，故因其來賵而正名之曰仲子之賵，因其考宮而正名之曰仲子之宮，而夫人眾妾之分定矣，隱公攝讓之實辨矣，桓公篡弒之罪昭矣。存則以氏繫姓，以姓繫號，沒則以謚繫號，以姓繫謚者，夫人也。存不稱號，歿不稱謚，單舉姓字者，妾也。凡宮廟非志災失禮則不書。（卷 2，頁 2274）

杜預曰：「諸侯無二嫡，蓋隱公成父之志，為別立宮也。」[212]程頤亦曰：「諸侯無再娶，仲子不得為夫人。春秋之初，尚以為疑，故別宮以祀之。考，始成而祀也，書以見非禮。」[213]《春秋》未稱仲子為夫人，未稱為小君，存不稱號，歿不稱謚，則仲子為妾非嫡。因禮無二嫡，故替仲子立宮屬非禮，所以書曰「仲子之宮」，明定夫人和眾妾的別異。

又，《春秋》文公四年：「夫人風氏薨。」《胡傳》曰：

> 風氏，僖公之母，莊公妾也，而稱夫人，自是嫡妾亂矣。《語》

---

[211] 〔元〕汪克寬：《春秋胡傳附錄纂疏》，卷 14，頁 372。

[212] 〔晉〕杜預注，〔唐〕孔穎達疏：《春秋左傳正義》，卷 3，頁 57。

[213] 〔宋〕程顥、程頤著，王孝魚點校：《二程集》，「河南程氏經說」卷 4，頁 1094。

曰：邦君之妻，邦人稱之曰君，夫人稱諸異邦曰寡小君，蓋敵體之
稱也，若夫妾媵則非敵矣。其生亦以夫人之名稱號之，其沒亦以夫
人之禮卒葬之，非所以正其分也。以妾媵為夫人，徒欲尊寵其所
愛，而不虞卑其身；以妾母為夫人，徒欲崇貴其所生，而不虞賤其
父，卑其身則失位，賤其父則無本，越禮至是，不亦悖乎！夫禮，
庶子為君為其母無服，不敢貳尊者也，《春秋》於成風記其卒葬，
各以實書，不為異辭者，謹禮之所由變也。（卷14，頁2329）

「自成風以後，妾母稱夫人，嫡妾亂矣。」[214]胡氏於此強調《春
秋》不沒其實，風氏為莊公之妾，但經文前後皆以夫人稱之，以夫人之禮
待之，明著非禮，謹禮所變。《春秋》文公五年：「王使榮叔歸含且
賵。」程頤曰：「天子成妾母為夫人，亂倫之甚，失天理矣。不稱天，義
已明。……『王使召伯來會葬』，天子以妾母同嫡，亂天理，故不稱天。
聖人於此，尤謹其戒。」[215]胡安國也認為王化以正家為先，今周襄王使
榮叔歸含且賵，厚禮妾母，成為夫人。《春秋》去天示貶，謹夫婦人倫之
本；而於隱公元年書「天王使宰咺來歸惠公、仲子之賵」，稱「惠公仲
子」是「正後世之為人夫者當明夫道，不可亂嫡妾之分，以卑其身。」
（卷15，頁2331）

（二）慎男女婚配

《禮記·昏義》云：「敬慎重正而后親之，禮之大體，而所以成男女
之別，而立夫婦之義也。」[216]男女之際為人倫之本，「敬慎重正」為婚
姻的基本精神。胡氏以《春秋》慎男女婚配，對於締結夫婦之後，婦女見
出而歸，或是婚前男女私相邂逅，仲尼皆書，端正人倫。

《春秋》成公九年：「杞伯來逆叔姬之喪以歸。」《胡傳》曰：

214 〔宋〕程顥、程頤著，王孝魚點校：《二程集》，「河南程氏經說」卷4，頁1114。
215 〔宋〕程顥、程頤著，王孝魚點校：《二程集》，「河南程氏經說」卷4，頁1114。
216 〔漢〕鄭玄注，〔唐〕孔穎達疏：《禮記注疏》，卷61，頁1000。

凡筆於經者，皆經邦大訓也。杞叔姬一女子爾，而四書于策，何
也？有男女然後有夫婦，有夫婦然後有父子，故《春秋》慎男女之
配，重大昏之禮，以是為人倫之本也，事有大於此者乎？男而賢
也，得淑女以為配，則自家刑國可以移風俗；女而賢也，得君子以
為歸，則承宗廟奉祭祀能化天下以婦道，豈曰小補之哉？夷攷杞叔
姬之行，雖賢不若宋共姬，亦不至如鄫季姬之越禮也。杞伯初來朝
魯，然後出之，卒而復逆，其喪以歸者，豈非叔姬本不應出，故魯
人得以義責之，使復歸葬乎？魯在春秋時，內女之歸不得其所者有
矣，聖人詳錄其始卒，欲為後鑒，使得有終而無弊也，其經世之慮
遠矣。（卷20，頁2355）

發義《春秋》「慎男女之配，重大昏之禮」，主張君子淑女若互為配
屬歸附，則可移風易俗，化天下婦道。又舉杞叔姬無悖德反義之行，經文
四書杞叔姬之事，蓋因魯女於春秋之歸不得其所者有矣，故聖人詳錄始
卒，欲為後鑒，使有終而無弊。所以，《春秋》必詳書男女居室之人倫於
策，尤其是魯女來歸，特別重視。如《春秋》宣公十六年：「郯伯姬來
歸。」《胡傳》曰：

按《左氏》：「郯伯姬來歸，出也。」內女出，書之策者，男女居
室，人之大倫也。婚姻之禮廢，則夫婦之道苦，滛辟之罪多矣。復
相弃背，喪其配耦，〈氓〉之詩所以刺衛，日以衰薄，室家相弃。
〈中谷有蓷〉所以閔周，《易》序〈咸〉、〈恒〉，為下經首。
《春秋》內女出，夫人歸，凡男女之際，詳書于策，所以正人倫之
本也，其旨微矣。（卷18，頁2347）

《穀梁傳》曰：「婦人之義，嫁曰歸，反曰來歸。」[217]郯伯姬被夫
家所遣，見棄而歸。胡氏援引《禮記・經解》：「昏姻之禮廢，則夫婦之

---

[217] 〔晉〕范甯集解，〔唐〕楊士勛疏：《春秋穀梁傳注疏》，卷13，頁131。

道苦,而淫辟之罪多矣。」[218]內女既嫁見出,書之正人倫之本。又如《春秋》成公五年:「杞叔姬來歸。」《胡傳》曰:

> 前書杞伯來朝,《左氏》以為歸叔姬也;此書杞叔姬來歸,則出也。《春秋》於內女,其歸其出,錄之詳者,男女居室,人之大倫也。男子生而願為之有室,女子生而願為之有家,父母之心人皆有之,而不能為之擇家與室,則夫婦之道苦,淫辟之罪多矣。王法所重人倫之本,錄之詳也,為世戒也。(卷19,頁2352)

引孟子語,並以父母應善盡子女婚嫁之事,使有良好家室。杞叔姬是魯僖公次女,今出歸魯,經文載錄甚詳,謹慎男女之配,為世所戒,避免婦人見出而歸。

孟子曰:「不待父母之命、媒妁之言,鑽穴隙相處,踰牆相從,則父母國人皆賤之。」[219]由此可見,男女不得私相邂逅,必須依禮而行。《春秋》僖公十四年:「季姬及鄫子遇于防,使鄫子來朝。」孫復云:「季姬上無歸鄫之文,則是未嫁者也,此年六月季姬及鄫子遇于防,使鄫子來朝;明年九月季姬歸于鄫,是季姬先與鄫子遇于防而後乃嫁于鄫也,此季姬之行不正可知矣,故稱及、稱遇、稱使,以著其惡。」[220]《胡傳》亦有相近說法:

> 《春秋》內女適人者,明有所從則繫諸國,若杞伯姬是也。其未適人者,欲有所別,則書其字,若子叔姬是也。季姬書字而未繫諸國,其女而非婦亦明矣。及者,內為志,內女而外與諸侯遇,譏魯也。朝不言使,言使非正,鄫子國君而季姬使之朝,病鄫也。魯秉周禮,男女之際豈其若是之甚乎?蓋魯公鍾愛其女,使自擇配,故

---

[218] 〔漢〕鄭玄注,〔唐〕孔穎達疏:《禮記注疏》,卷50,頁847。

[219] 〔漢〕趙岐注,〔宋〕孫奭疏:《孟子注疏》,卷6上,頁109。

[220] 〔宋〕孫復:《春秋尊王發微》,卷5,頁10766。

得與鄫子遇于防而遂以季姬歸之爾，有孟光之德，有伯鸞之賢，變
而不失禮之正則猶可矣，不然非所以為愛而厚其別也，故稱及、稱
遇、稱使，罪魯與鄫以正男女之禮，為後世戒也。（卷 12，頁
2315）

　　季姬乃未嫁之女，僖公愛之，使自擇配。故季姬先與鄫子遇於防地，
又使之朝魯請婚，經文書「及」以譏魯國使內女外與諸侯會，不言「使」
亦病鄫子，「禮：男不親求，女不親許」，[221]未嫁之女與諸侯私相邂
逅，鄫子不夫，季姬不婦。

（三）正婚姻之禮

　　《禮記・哀公問》：「孔子曰：『天地不合，萬物不生。大昏，萬世
之嗣也。』」[222]男女由婚姻之禮而成夫婦，故婚姻是五倫之本，為聖人
所重。鄭玄（127-200）曰：「昏義者，以其記娶妻之義，內教之所由成
也。」[223]婚姻嫁娶是成為夫婦關係的必然過程，故婚禮之正更顯重要，
它是維繫人倫的環節，也是教化天下的核心。整體而言，胡安國主張「娶
妻親迎」、「不娶同姓」、「避忌喪娶」，藉此正婚姻之禮。

　　親迎為婚禮大節，《詩經・大雅・大明》載：「文王嘉止，大邦有
子。大邦有子，俔天之妹。文定厥祥，親迎于渭。造舟為梁，不顯其
光。」[224]《詩經・大雅・韓奕》亦云：「韓侯取妻，汾王之甥，蹶父之
子。韓侯迎止，于蹶之里。」[225]文王、韓侯娶妻親迎，舟橋車馬，禮儀
榮盛，顯見嘉禮光輝。而胡安國亦以諸侯娶妻必親迎。《春秋》隱公二
年：「九月，紀履緰來逆女。冬十月，伯姬歸于紀。」《胡傳》曰：

---

[221] 〔漢〕何休解詁，〔唐〕徐彥疏：《春秋公羊傳注疏》，卷 11，頁 137。

[222] 〔漢〕鄭玄注，〔唐〕孔穎達疏：《禮記注疏》，卷 50，頁 849

[223] 〔漢〕鄭玄注，〔唐〕孔穎達疏：《禮記注疏》，卷 61，頁 999。

[224] 〔漢〕毛亨傳，〔漢〕鄭玄箋，〔唐〕孔穎達疏：《毛詩正義》（臺北：藝文印書館，1982
　　年《十三經注疏》），卷 16 之 2，頁 541。

[225] 〔漢〕毛亨傳，〔漢〕鄭玄箋，〔唐〕孔穎達疏：《毛詩正義》，卷 18 之 4，頁 682。

按穀梁子：逆女，親者也。使大夫，非正也。魯哀公問冕而親迎不
已重乎？孔子對曰：合二姓之好以為宗廟，社稷主君何謂已重乎？
「文定厥詳，親迎于渭，造舟為梁，不顯其光。」則世子而親迎
也；「韓侯娶妻，蹶父之子，韓侯迎止，于蹶之里。」則諸侯而親
迎也。有夫婦然後有父子，有父子然後有君臣。夫婦，人倫之本
也。逆女必親，使大夫非正也。（卷1，頁2270）

《公羊傳》已提到逆女親迎：「外逆女不書，此何以書？譏。何譏
爾？譏始不親迎也。」[226]《公》、《穀》皆有親迎之說，胡氏亦以社稷
諸侯娶妻必親迎，使大夫往逆非禮。[227]《春秋》桓公三年：「公子翬如
齊逆女。」《胡傳》曰：

娶妻必親迎，禮之正也。若夫邦君以爵則有尊卑，以國則有小大，
以道途則有遠邇，或迎之於其國，或迎之於境上，或迎之於所館，
禮之節也。紀侯於魯，以小大言則親之者也，而使履緰來；魯侯於
齊，以遠邇言則親之者也，而使公子翬往，是不重大昏之禮，失其
節矣，故書。（卷4，頁2283）

力主娶妻親迎之禮，「禮者，所以別嫌明微，制治于未亂，不可不謹
也。娶夫人，國之大事。」[228]親迎為婚禮大節，諸侯娶妻必親迎，使大
夫往逆則非禮，各因邦君尊卑、國家大小、道途遠邇之別，或迎於其國，
或迎於境上，或迎於所館，不論是紀履緰抑或公子翬，兩人迎女皆非合
禮。

---

[226] 〔漢〕何休解詁，〔唐〕徐彥疏：《春秋公羊傳注疏》，卷2，頁25。

[227] 鄭丞良以《胡傳》和《公羊傳》討論親迎之禮的看法不盡相同，關鍵在於《公羊傳》「婚禮
不稱主人」之義，並指出：「在君臣尊卑殊絕的影響下，已無法堅持《公羊》『婚禮不稱主
人』的原則，《胡傳》必須採取與《公羊》相異的立場詮釋角度，以調適時代環境與經義原
則的落差。」見鄭丞良：《胡安國《春秋傳》與《公羊傳》之比較研究——以三綱思想的考
察為主》，頁54-56。

[228] 〔宋〕胡安國：《春秋傳》，卷4，頁2283。

　　另外，諸侯娶妻必親迎，但天子娶王后則非。《春秋》襄公十五年：「劉夏逆王后于齊。」孫復言：「天子不親迎，取后則三公逆之。劉夏，士也。王后，天下母。使微者逆之，可哉？故曰：劉夏逆王后于齊，以著其惡。」[229]《胡傳》亦曰：

> 劉夏何以不稱使？不與天子之使夏也。昏姻，人倫之本。王后，天下之母。劉夏，士也，士而逆后，是不重人倫之本而輕天下之母矣。然則何使卿往逆，公監之？禮也。官師從單靖公逆王后于齊，書劉夏而不書靖公，是知卿往逆，公監之，禮也。《春秋》昏姻得禮者常事不書。（卷22，頁2364）

　　「天子不親昏，使上卿逆而公監之」，[230]劉夏非卿，故不應往逆王后，《春秋》昏姻得禮者常事不書，此為非禮，故載之不稱使。[231]

---

[229]〔宋〕孫復：《春秋尊王發微》，卷9，頁10801。

[230]〔晉〕杜預注，〔唐〕孔穎達疏：《春秋左傳正義》，卷32，頁565。

[231] 關於夫婦娶妻之道，胡安國主張「諸侯親迎」的觀點迥異於程門之說。程頤曰：「先儒皆謂諸侯當親迎。親迎者，迎於所館，故有親御授綏之禮，豈有委宗廟社稷，遠適他國以逆婦者乎？非惟諸侯，卿大夫而下皆然。《詩》稱文王親迎于渭，未嘗出疆也。」推求諸侯親迎乃迎於所館，否定遠適他國，出疆逆婦的說法。謝湜亦曰：「女子以柔靜為體，以正順為德，故昏姻必行親迎之禮。雖然諸侯主社稷人民，及親迎亦視勢之所宜而已，其迎也以宗廟之命遣卿，以國之貴卿，將命其至也。國君出迎於館，御輪於庭，禮之情文斯盡矣，又何必去國越境，然後為禮哉？文王以莘女為配，其迎也親至于渭而已，則文王未嘗至莘也。韓侯以蹶女為配，而蹶為王室卿士，其迎也于蹶之里，則韓侯因入覲至周而迎之也，諸侯親迎不必遠適他國，於此見矣。」詳細地交代親迎之禮：由國家貴卿親迎而至，邦君出迎於館，兼顧禮之情文，焉有委國越境而成婚禮之事？謝湜又列舉文王、韓侯為例，證明諸侯親迎不必遠適他國，和胡安國認為親迎可以迎於國中、疆界、館舍的論點有別。又，胡氏不僅在親迎之道與程頤弟子意見不一，就連天子之婚應使何人往逆也有分歧。如正文所舉《春秋》襄公十五年：「劉夏逆王后于齊。」胡安國謂天子不親婚，依禮應使卿往逆而公監之，而此為非禮，故經文不書「使劉夏逆王后于齊」。劉絢與謝湜同樣不贊成劉夏逆后，劉絢曰：「婚姻者，人倫之本。王后者，天下之母。劉夏非三公而逆后，是不重人倫之本，不尊天下之母，禮義何以興，而風化何以成乎？」批評周室使劉夏出迎是不重人倫之本，和胡安國持相同意見，但若依其文義，劉絢主張三公逆后和胡安國主張使卿往逆的說法卻有很大差異。謝湜亦曰：「王后配天子以主宗廟社稷者也，其體尊矣。以王后之尊而不以三公逆之，非所以敬宗廟社稷也。王后上以母道育天下，下以婦道風天下，其體重矣。以王后之重而不以三公逆之，非所以母天下而育之，風天下而勸之也。王后書劉夏，著王室婚姻之失道也。劉夏，王國之

　　又，《禮記・曲禮上》云：「取妻不取同姓，故買妾不知其姓則卜之。」[232]胡安國亦主張此論，說明娶妻不娶同姓。《春秋》哀公十二年：「孟子卒。」《公羊傳》曰：「孟子者何？昭公之夫人也。其稱孟子何？諱娶同姓，蓋吳女也。」[233]《穀梁傳》亦曰：「孟子者，何也？昭公夫人也。其不言夫人，何也？諱取同姓也。」[234]《胡傳》說法同於《公》、《穀》：「孟子，吳女，昭公之夫人。其曰孟子云者，諱取同姓也。禮取妻不取同姓，買妾不知其姓，則卜之，厚男女之別也。……昭公不謹於禮，欲結好強吳，以去三家之權，忍取同姓，以混男女之別，不命于天子以弱其配，不見於廟、不書於策以廢其常，典禮之大本喪矣，其失國也宜。」（卷30，頁2396）批評魯昭公迎娶同姓，不謹於禮，混亂男女之別，喪失常禮之本。

　　此外，《公羊傳》有「譏喪娶」之貶義，[235]胡安國亦闡發婚禮避忌喪娶。《春秋》文公四年：「逆婦姜于齊。」《左傳》載：「逆婦姜于齊，卿不行，非禮也。君子是以知出姜之不允於魯也，曰：貴聘而賤逆之，君而卑之，立而廢之，棄信而壞其主，在國必亂，在家必亡。不允宜哉！《詩》曰：『畏天之威，于時保之。』敬主之謂也。」[236]此年是由卿位之下者往逆，前以尊貴禮節行聘，後卻以微賤身分迎接，必會為社稷家族帶來災禍。《胡傳》從喪娶角度點明出姜不允於魯之因：

士，故書名。」與劉絢都主張三公親迎，因為王后其體尊重高貴，必得由三公往逆，使其配天子、敬宗廟、育天下也，今遣使王國之士迎后，顯見婚姻失道。以上引文分見〔宋〕程顥、程頤著，王孝魚點校：《二程集》，「河南程氏經說」卷4，頁1090。〔宋〕李明復：《春秋集義》，卷2，頁239；卷39，頁664；卷39，頁664-665。

[232] 〔漢〕鄭玄注，〔唐〕孔穎達疏：《禮記注疏》，卷2，頁37。

[233] 〔漢〕何休解詁，〔唐〕徐彥疏：《春秋公羊傳注疏》，卷28，頁352。

[234] 〔晉〕范甯集解，〔唐〕楊士勛疏：《春秋穀梁傳注疏》，卷20，頁204。

[235] 例如《春秋》文公二年：「公子遂如齊納幣。」《公羊傳》曰：「納幣不書，此何以書？譏。何譏爾？譏喪娶也。」見〔漢〕何休解詁，〔唐〕徐彥疏：《春秋公羊傳注疏》，卷13，頁166。《春秋》宣公元年：「三月，遂以夫人婦姜至自齊。」《公羊傳》曰：「夫人何以不稱姜氏？貶。曷為貶？譏喪娶也。」見〔漢〕何休解詁，〔唐〕徐彥疏：《春秋公羊傳注疏》，卷15，頁187。

[236] 〔晉〕杜預注，〔唐〕孔穎達疏：《春秋左傳正義》，卷18，頁306。

逆皆稱女，以未成婦，而女者在父母家之所稱也，往逆而稱婦，入
國不書至，何哉？此《春秋》誅意之効也。禪制未終，思念娶事，
是不志哀而居約矣。方逆也而已成為婦，未至也而如在國中，原其
意而誅之也。不稱夫人姜氏者，亦與有貶焉。婦人不專行，何以與
有貶？父母與有罪也。文公不知敬其伉儷，違禮而行，使國亂子
弒，齊人不能鑒微知著，冒禮而往，使其女不允於魯，皆失於不正
其始之過也。夫婦之際，人倫之首禮，不可不謹也，故交貶之以為
後鑒。（卷 14，頁 2328）

　　禪禮未終，哀戚未絕，魯文公卻已思念娶事，故《春秋》不書「逆
女」而變書「逆婦姜」；入國亦不書至，誅文公紊亂通喪之禮。又，齊國
不能鑒微知著，使女冒禮而行，最終不允於魯，也失於不正其始，故交貶
兩方，謹人倫首禮。

（四）明婦人之道

　　《公羊傳》宣公元年曰：「夫人與公一體也。」[237]胡安國亦云：
「夫人與君敵體。」（卷 15，頁 2331）同樣表達「夫妻相齊」的見解之
外，[238]也點出其他婦道原則。首先，胡安國認為夫先婦從，婦以從夫為
義。《春秋》隱公二年：「十有二月乙卯，夫人子氏薨。」《胡傳》曰：

按穀梁子曰：「夫人子氏者，隱之妻也。卒而不書葬，夫人之義，
從君者也。」邦君之妻，國人稱之曰小君，卒則書薨以明齊也，先

---

[237] 〔漢〕何休解詁，〔唐〕徐彥疏：《春秋公羊傳注疏》，卷 15，頁 187。

[238] 鄭丞良認為胡安國吸收《公羊傳》「妻者，齊也」的觀念，還另增加意涵以適應時代環境：
「《公羊》與《胡傳》對於夫婦在家庭場域地位設計的原理原則是一致的，兩者皆是以『妻
者齊也』為總綱。在『妻者齊也』的總綱中，漢代導論出『王者不臣妻之父母』；在《胡
傳》由於政治倫理與內外之別的嚴謹，因此不僅以『夫人與君敵體，同主宗廟之事』為妻之
地位的依據，並且此義已在具體歷史事件中發揮重要歷史意義。」他又從「齊」、「順」來
看夫婦相處的實際意義，並探討《胡傳》和《公羊傳》的關聯。見鄭丞良：《胡安國《春秋
傳》與《公羊傳》之比較研究──以三綱思想的考察為主》，頁 61-72。

　　卒則不書葬以明順也。有夫婦然後有父子，有父子然後有君臣，夫
　　婦，人倫之本也。入春秋之始，於子氏書薨不書葬，明示大倫，苟
　　知其義則夫夫婦婦而家道正矣。（卷1，頁2271）

　　以子氏為魯隱公夫人。程頤曰：「婦人從夫者也，公在，故不書葬，
於此見夫婦之義矣。」[239]經文只書隱公薨，未書隱公葬，「隱弒，賊未
討，故不書葬」，[240]夫人子氏卒亦不書葬，表從君者也。張洽即言：
「子氏不書葬者，婦人從君故，君存則葬禮未備，待君薨而合祔也。」
[241]又如《春秋》莊公十一年：「王姬歸于齊。」《胡傳》曰：「按周
制：王姬嫁於諸侯，車服不繫其夫，下王后一等，禮亦隆矣。《春秋》之
義，尊君抑臣，其書王姬下嫁，曷為與列國之女同辭而不異乎？曰：陽唱
而陰和，夫先而婦從，天理也。述天理訓後世，則雖以王姬之貴，其當執
婦道，與公侯、大夫、士、庶人之女何以異哉？」（卷8，頁2298）不論
是周王之女或諸侯之女出嫁，《春秋》皆同書歸，揭櫫夫先婦從之義。

　　其次，胡安國主張自克以禮，引鄫季姬事例發義。《春秋》僖公十六
年：「夏，四月丙申，鄫季姬卒。」《胡傳》曰：

　　　內女嫁於諸侯則尊同，尊同則記其卒，記其卒則必記其葬，然而有
　　　不記者，此筆削之旨，非可以例求者也。宋伯姬在家為淑女，既嫁
　　　為賢婦，死於義而不回，此行之超絕卓異者，既書其葬又載其謚。
　　　僖公鍾愛季姬，使自擇配，季姬不能自克以禮，恃愛而行，雖書其
　　　卒，因奪其葬，所以謹夫婦之道，正人倫之統，明王教之始也。
　　　（卷12，頁2316）

　　魯女為諸侯夫人者共七位：紀伯姬、宋共姬、杞叔姬、郯伯姬、齊子

---

[239] 〔宋〕程顥、程頤著，王孝魚點校：《二程集》，「河南程氏經說」卷4，頁1090。

[240] 〔晉〕范甯集解，〔唐〕楊士勛疏：《春秋穀梁傳注疏》，卷1，頁14。

[241] 〔宋〕張洽：《春秋集註》，卷1，頁13124。

叔姬、杞伯姬、鄫季姬。其中紀伯姬和宋共姬書卒葬，其他或因見出而不書卒葬，唯鄫季姬恃愛違禮，不能自克而行，故經文僅書卒，不書葬，藉此謹夫婦之道，正人倫之統，明王教之始。

第三，藉由襃揚宋伯姬守死全節，表達秉節不渝之婦道。《春秋》襄公三十年：「五月甲午，宋災，宋伯姬卒。」《胡傳》曰：

> 穀梁子曰：「取卒之日加之災上者，見以災卒也。伯姬之舍失火，左右曰：夫人少避火乎？曰：婦人之義，傅姆不在，宵不下堂，遂逮乎火而死。婦人以貞為行者也，伯姬之婦道盡矣。詳其事，賢伯姬也。」《易》曰：「恒其德，貞，婦人吉，夫子凶。」而或以為共姬女而不婦，非也。世衰道微，暴行交作，女德不貞，婦道不明，能全其節，守死不回，見於春秋者，宋伯姬耳。聖人冠以夫諡，書於《春秋》曰：「葬宋共姬。」以著其賢行，勵天下之婦道也。（卷23，頁2369）

引《穀梁》語，彰顯宋伯姬為婦道之表，造次顛沛不失節，未害其貞，和春秋時期「女德不貞，婦道不明」相較，更見不因避火而全生，不因求生而害仁，故仲尼冠以夫諡而書「葬宋共姬」，著守禮死義，勵天下之婦道。

此外，中國歷史上發生不少婦人亂政的情形，《詩經・大雅・瞻卬》是凡伯刺幽王大壞，惡政害民，謂主因就是嬖暱褒姒，使其預政。方玉潤（1811-1833）曰：「極言女禍之害，以為亂自婦人，匪由天降。」[242]對於西周因婦人滅亡之鑑，春秋初期就開始有防範的觀念。《穀梁傳》記載僖公九年，葵丘之盟特意明天子之禁，其中一項就是「毋使婦人與國事」[243]，不使婦人干政，避免女禍再度發生，而《胡傳》也有相同意見，主

---

[242] 〔清〕方玉潤撰，李先耕點校：《詩經原始》（北京：中華書局，1986年2月第1版），卷15，頁569。

[243] 〔晉〕范甯集解，〔唐〕楊士勛疏：《春秋穀梁傳注疏》，卷8，頁80。

張婦人戒預國事。《春秋》僖公三十一年：「冬，杞伯姬來求婦。」《胡
傳》曰：

> 蕩伯姬來逆婦而書者，以公自為之主，失其班列書也。杞伯姬敵
> 矣，其來求婦，曷為亦書？見婦人之不可預國事也。王后之詔命，
> 不施於天下，夫人之教令，不施於境中。昏姻大事也，杞獨無君
> 乎？而夫人主之也，故特書於策，以為婦人亂政之戒。母為子求婦
> 猶曰不可，況於他乎？此義行，無呂武之禍矣。（卷 13，頁
> 2324）

　　《穀梁傳》曰：「婦人既嫁，不踰竟。杞伯姬來求婦，非正也。」
[244]孫復亦曰：「為其子來求婦，非禮也。」[245]胡安國進一層點出婦人不
可參與國政，婚姻大事應由杞國國君主之。是年杞伯姬求婦，聖人特書於
策，戒後世婦人亂政，並強調若遵行此義，則可避免漢代呂后、唐代武后
臨朝擅主之禍。

三、父子之親

（一）立嫡嗣之禮

　　《春秋》僖公五年：「諸侯盟于首止。」《胡傳》曰：「王將以愛易
世子，桓公有憂之，控大國、扶小國會于首止，以定其位，太子踐阼是為
襄王，一舉而君臣父子之道皆得焉。……中國之為中國，以有父子君臣之
大倫也，一失則為夷狄矣，故曰：首止之盟，美之大者也。」（卷 11，
頁 2312）太子鄭是周惠王嫡子，齊桓定其位，故稱許齊桓公明父子之
倫。三《傳》於此未談齊桓定位之事，由此可見，嫡嗣之立是胡安國特別
強調的內容。

---

[244] 〔晉〕范甯集解，〔唐〕楊士勛疏：《春秋穀梁傳注疏》，卷9，頁95。

[245] 〔宋〕孫復：《春秋尊王發微》，卷5，頁10773。

歐陽修曰：「自古人君，必有儲副，所以承宗社之重而不可闕者也。」[246]張浚（1097-1164）亦言：「人君即位，必蚤建太子，所以承祖宗、廣孝愛、固根本、懷萬方也。」[247]儲嗣足以定天下根本，上可承宗廟之重，下可絕臣之邪謀。胡氏亦以嫡子為國家之本，宜早定其位，擇賢教導，藉此涵養品德、薰陶言行。《春秋》桓公六年：「九月丁卯，子同生。」《胡傳》曰：

> 適冢始生，即書于策，與子之法也。唐虞禪夏，后殷周繼，《春秋》兼帝王之道，賢可禪則以天下為公，而不拘於世及之禮；子可繼則以天下為家，而不必於讓國之義，萬世之通道也。與賢者，貴於得人；與子者，定於立適，傳子以適，天下之達禮也，故有君薨而世子未生之禮，植遺腹，朝委裘，而天下不亂者，以名分素明而民志定也。經書子同生，所以明與子之法，正國家之本，防後世配適奪正之事，垂訓之義大矣。此世子也，其不曰世子，何也？天下無生而貴者，誓於天子，然後為世子。（卷5，頁2285-2286）

子同為魯莊公，胡氏說明世及之禮，以社稷主器，莫重嫡嗣，故此年經文書子同生，定魯國之傳嗣。「夫即位，大事也，宗嗣先定則變故不生，蓋代君享國而主其祭，宜戚宜懼，一失幾會，或萌窺伺之心，至於生變則為不孝矣。古人所以貴於早定，國家之本也。」（卷27，頁2386）防範嬖孽佞幸覬覦君位之事。

若國君不能早定即位，任意更立世子，極易導致災禍。春秋末期，衛靈公與世子蒯聵之爭就對國家造成很大的影響。按《左傳》載，蒯聵是衛靈公太子，但靈公卻欲私立子南嗣位為君，[248]故《春秋》哀公二年：

---

[246]〔宋〕歐陽修著，李逸安點校：〈論水災疏〉，《歐陽修全集》，卷109，頁1658。

[247]〔明〕黃淮，〔明〕楊士奇等編：《歷代名臣奏議》，卷73，頁1007。

[248]《左傳》載：「初，衛侯遊于郊，子南僕。公曰：『余無子，將立女。』不對。他日又謂之，對曰：『郢不足以辱社稷，君其改圖。君夫人在堂，三揖在下，君命祇辱。』夏，衛靈公卒。夫人曰：『命公子郢為太子，君命也。』曰：『郢異於他子，且君沒於吾手，若有

「晉趙鞅帥師納衛世子蒯聵于戚。」《胡傳》曰:「特係納衛世子蒯聵于戚於趙鞅帥師之下,而鞅不知義,靈公與衛國大臣不能早正國家之本,以致禍亂,其罪皆見矣。」(卷 29,頁 2393)對此舉衍生的禍亂有所批評。

另一方面,《穀梁傳》隱公元年曰:「為子受之父,為諸侯受之君。」[249]提到世子之立乃受於父命,諸侯之立亦受先君之命。胡氏同於《穀梁》,主張「為子必受之於父」。《春秋》隱公四年:「冬,十有二月,衛人立晉。」《胡傳》曰:

> 人,眾辭。立者,不宜立也。晉雖諸侯之子,內不承國於先君,上不稟命於天子,眾謂宜立而遂自立焉,可乎?故《春秋》於衛人特書曰立,所以著擅置其君之罪,於晉絕其公子,所以明專有其國之非,以此垂法而父子、君臣之義明矣。未有為子而不受之父也,未有為諸侯而不受之王也。(卷 2,頁 2274)

此與三《傳》皆以「人」為眾辭,書「立」表示不宜立。[250]程頤曰:「諸侯之立,必受命於天子,當時雖不受命於天子,猶受命於先君。衛人以晉公子也,可以立,故立之,《春秋》所不與也。雖先君子孫,不由天子先君之命,不可立也,故去其公子。」[251]胡安國也強調「未有為子而不受之父也,未有為諸侯而不受之王」,世子即位須承國於先君,故

之,郢必聞之。且亡人之子輒在。』乃立輒。」見〔晉〕杜預注,〔唐〕孔穎達疏:《春秋左傳正義》,卷 57,頁 993-994。

[249] 〔晉〕范甯集解,〔唐〕楊士勛疏:《春秋穀梁傳注疏》,卷 1,頁 9。

[250] 《左傳》曰:「書曰『衛人立晉』,眾也。」見〔晉〕杜預注,〔唐〕孔穎達疏:《春秋左傳正義》,卷 3,頁 57。《公羊傳》曰:「晉者何?公子晉也。立者何?立者不宜立也。其稱人何?眾立之之辭也。然則孰立之?石碏立之。石碏立之,則其稱人何?眾之所欲立也。眾雖欲立之,其立之非也。」見〔漢〕何休解詁,〔唐〕徐彥疏:《春秋公羊傳注疏》,卷 2,頁 30。《穀梁傳》曰:「衛人者,眾辭也。立者不宜立也。晉之名惡也,其稱人以立之,何也?得眾也,得眾則是賢也。賢則其曰不宜立,何也?《春秋》之義:諸侯與正而不與賢也。」見〔晉〕范甯集解,〔唐〕楊士勛疏:《春秋穀梁傳注疏》,卷 2,頁 20。

[251] 〔宋〕程顥、程頤著,王孝魚點校:《二程集》,「河南程氏經說」卷 4,頁 1093。

經文書「立」以罪衛人擅置其君，未承君父之命，且去公子而僅書晉，明專國之非，垂法父子、君臣之義。

（二）明父子之道

《左傳》、《公羊傳》與《穀梁傳》對父子之道已有闡釋，而《胡傳》大抵皆依三《傳》發義，延伸君父立子之道與人子事親之理。關於君父之道，胡安國的看法主要集中在嫡庶立位的問題，既避免寵幸內嬖、謀及婦人而紊亂國本，更指出教養嗣子不可不慎。

《國語·晉語》載晉大夫史蘇言：「昔夏桀伐有施，有施人以妹喜女焉，妹喜有寵，於是乎與伊尹比而亡夏。殷辛伐有蘇，有蘇氏以妲己女焉，妲己有寵，於是乎與膠鬲比而亡殷。周幽王伐有褒，褒人以褒姒女焉，褒姒有寵，生伯服，於是乎與虢石甫比，逐太子宜臼，而立伯服。太子出奔申，申人、鄫人召西戎以伐周，周於是乎亡。」[252]將夏、商、周三朝滅亡之因導向人主寵幸嬖女，因嬖女而信讒言、亂嫡庶，國家必亡。胡安國也藉經文書法，開罪諸侯寵嬖聽讒，作為後代人君之戒。《春秋》僖公五年：「春，晉侯殺其世子申生。」《胡傳》曰：

> 公羊子曰：「殺世子母弟直稱君者，甚之也。」申生進不能自明，退不能違難，愛父以姑息而陷之不義，讒人得志，幾至亡國，先儒以為大仁之賊也，而目晉侯斥殺，專罪獻公，何也？《春秋》端本清源之書也，內寵並后，嬖子配適，亂之本也。驪姬寵而齊卓子，嬖亂本成矣，尸此者其誰乎？是故目晉侯斥殺，專罪獻公，使後世有欲紊妃妾之名，亂適庶之位，縱人欲滅天理以敗其家國者，知所戒焉。（卷11，頁2311）

陸淳有批評申生「小仁大仁之賊」的說法，[253]而胡氏專罪晉獻公溺

---

[252] 徐元誥撰，王樹民、沈長雲點校：《國語集解》（北京：中華書局，2002 年 6 月第 1 版），卷 7，頁 250-251。

[253] 陸淳曰：「申生進不能自明，退不能違難，雖其愛父之心，而乃陷之于不義，俾讒人得志，

愛內嬖、寵信驪姬，惑其讒言以致太子申生縊於新城，不君不父，殘忍殺子，故經文斥言晉侯。恩寵嬖妃易使嫡嗣更位，胡安國就曾以隱、桓之事作為鑑戒：「仲子有寵惠公，欲以為夫人，母愛者子，抱惠公欲以桓為嫡嗣，禮之所不得為也，禮不得為而惠公縱其邪心而為之，隱公又探其邪志而成之，《公羊》又肆其邪說而傳之，漢朝又引為邪議而用之，夫婦之大倫亂矣。」（卷 4，頁 2280）夫婦與父子關係甚切，夫婦正則父子親，父子親則君臣和，嬖亂則動搖國本，不得不慎。又，《春秋》襄公二十六年：「秋，宋公殺其世子痤。」《胡傳》曰：

> 殺世子母弟直書君者，甚之也。宋寺人伊戾為太子內師，無寵，譖於宋公而殺之，則賊世子痤者，寺人矣，而獨甚宋公，何哉？譖言之得行也，必有嬖妾配嫡以惑其心，又有小人欲結內援者以為之助，然後愛惡一移，父子夫婦之間不能相保者眾矣，尸此者，其誰乎？晉獻之殺申生，宋公之殺痤，直稱君者，《春秋》正其本之意。（卷 22，頁 2367）

據《左傳》載，宋平公寵愛芮棄，芮棄生了公子佐，而寺伊戾身為太子痤之內師卻不受寵信，故「內連宦寺，外結大臣，共造讒而殺之，吁可畏哉！而芮棄之寵愛，向戌之權任不為之衰，更立棄之子為太子，此人道之大變。」[254] 故胡氏專罪宋平公，書法如同「晉侯殺其世子申生」，直書君表君罪之甚。

嫡庶立位除了防止謀及婦人，更重要的是禁止驟欲廢立。《春秋》文公元年：「楚世子商臣弒其君頵。」據《左傳》載，楚成王初將以商臣為太子，徵詢令尹子上的意見。子上曰：「君之齒未也，而又多愛，黜乃亂也。楚國之舉，恆在少者。且是人也，蠭目而豺聲，忍人也，不可立

國以亂離。古人云：小仁、大仁之賊也，其斯謂與？」見〔唐〕陸淳：《春秋微旨》，卷中，頁 34。

[254] 〔宋〕家鉉翁：《春秋集傳詳說》，卷 22，頁 13703。

也。」[255]但成王不聽，既立商臣為太子，又欲立王子職而黜太子商臣，故使商臣反叛，楚成王自縊而死。《胡傳》曰：

> 嫡妾必正而楚子多愛，立子必長而楚國之舉常在少者，養世子不可不慎也。而以潘崇為之師，侍膳問安，世子職也，而多置宮中降而不憾，憾而能眕者，鮮矣。乃欲黜兄而立其弟，謀及婦人，宜其敗也；而使江半知其情，是以不仁處其身，而以不孝處其子也，其及宜矣。楚頵僭王，憑陵中國，戰勝諸侯，毒被天下，然昧於君臣父子之道，禍發蕭牆而不之覺也，不善之積豈可揜哉！君不君則臣不臣，父不父則子不子，《春秋》書世子弒其君者，推本所由而著其首惡，為萬世之大戒也。然則商臣無貶矣？曰：弒父與君之賊，其惡猶待於貶而後著乎？（卷14，頁2327）

楚成王立商臣為太子之後，又意黜兄立弟，終究遭弒殺身。胡氏進一步提出養世子不可不慎，認為楚國常立年少者為太子，多寵溺驕縱，一旦貶黜其位，少有不憾恨而自安自重者；而且楚成王謀及婦人，又使江半知情，昧於君臣父子之道，遂殞其身，必速其斃，聖人書此為萬世大戒。

至於《胡傳》所主張的人子之道，首先，世子面對仇讎脅迫宜效死不降。《春秋》昭公十一年：「楚師滅蔡，執蔡世子有，以歸用之。」《左傳》云：「楚子滅蔡，用隱大子于岡山。」[256]殺蔡靈公太子以祭。《胡傳》曰：

> 內入國而以其君來，外滅國而以其君歸，皆服而以之易詞也。既書滅蔡矣，又書執蔡世子有者，世子無降服之狀，強執以歸而虐用之也。或以為未踰年之君其稱世子者，不君靈公，故不成其子，非也。楚虔殺蔡般，棄疾圍其國，凡八月而見滅，世子在窮迫危懼之

---

[255] 〔晉〕杜預注，〔唐〕孔穎達疏：《春秋左傳正義》，卷18，頁299。

[256] 〔晉〕杜預注，〔唐〕孔穎達疏：《春秋左傳正義》，卷45，頁787。

中，固未暇立乎其位，安得以為未踰年之君而稱子也？假使立乎其
位而般死於楚，其喪未至，不斂不葬，世子亦不成乎為君矣。然世
子繼世有國之稱，必以此稱蔡有者，父母之仇不與共天下，與民守
國，效死不降，至於力屈就擒，虐用其身而不顧也，則有之為世子
之道得矣。（卷 24，頁 2375）

楚靈王曾饗蔡侯般於申，醉而執殺。公子棄疾帥師圍蔡，世子有守國
八月，楚國才克之滅蔡。胡氏依循孫復語，[257]除了探討世子有窮迫危
懼，蔡國無暇準備成君之禮，故未立為君，此年遂書「世子」，糾舉《公
羊傳》：「不君靈公，不成其子也。」[258]未踰年為君的說法；並強調
《春秋》稱蔡有之因，近於劉敞所言：「古者父母之仇，不與共天下，寢
苫枕戈終身，則友之為者，盡於世子矣。」[259]以其「與民守國，效死不
降，至於力屈就擒，虐用其身而不顧也」，肯定蔡有得世子之道。

第二，世子不得據國辭父。《春秋》哀公三年：「齊國夏、衛石曼姑
帥師圍戚。」《公羊傳》以蒯聵無道，衛靈公遂逐蒯聵而立輒，認為石曼
姑受衛靈公之命，立輒為君；由於「不以父命辭王父命」、「不以家事辭
王事」，所以贊同立為國君。[260]《胡傳》曰：

蒯聵前稱世子者，所以深罪輒之見立，不辭而拒其父也。輒若可
立，則蒯聵為未絕，未絕則是世子尚存而可以拒乎？主兵者，衛

---

[257] 孫復曰：「言世子有者，有未立也。案四月丁巳，楚子虔誘蔡侯般殺之于申，楚公子棄疾帥
師圍蔡。十有一月丁酉，楚師滅蔡，執蔡世子有以歸用之，有窮迫危懼以至于死，此未立可
知也。」見〔宋〕孫復：《春秋尊王發微》，卷 10，頁 10812。

[258] 〔漢〕何休解詁，〔唐〕徐彥疏：《春秋公羊傳注疏》，卷 22，頁 281。

[259] 〔宋〕劉敞：《春秋劉氏傳》，卷 12，頁 10945。

[260] 《公羊傳》曰：「齊國夏曷為與衛石曼姑帥師圍戚？伯討也。此其為伯討奈何？曼姑受命乎
靈公而立輒，以曼姑之義為固，可以距之也。輒者曷為者也？蒯聵之子也。然則曷為不立蒯
聵而立輒？蒯聵為無道，靈公逐蒯聵而立輒。然則輒之義可以立乎？曰：可。其可奈何？不
以父命辭王父命，以王父命辭父命，是父之行乎子也；不以家事辭王事，以王事辭家事，是
上之行乎下也。」見〔漢〕何休解詁，〔唐〕徐彥疏：《春秋公羊傳注疏》，卷 27，頁
341。

也，何以序齊為首？罪齊人與衛之為惡而黨之也。公孫文仲主兵伐鄭，而序宋為首，以誅殤公；石曼姑主兵圍戚而序齊為首，以誅國夏，訓天下後世討亂臣賊子之法也。古者孫從祖，又孫氏，王父之字。考於廟制，昭常為昭，穆常為穆，不以父命辭王命，禮也。輒雖由嫡孫得立，然非有靈公之命，安得云受之王父辭父命哉？（卷29，頁2393）

　　胡氏與《公羊傳》立場完全不同，他從《左傳》敘事入手：「夏，衛靈公卒。夫人曰：『命公子郢為太子，君命也。』對曰：『郢異於他子，且君沒於吾手，若有之，郢必聞之。且亡人之子輒在。』乃立輒。」（卷57，頁 994）認為輒並無靈公之命，豈可云受之王父而辭父命？否定《公羊傳》說法。深罪輒不辭立君而拒父圍戚，強調「輒辭其位以避父，則衛之臣子拒蒯聵而輔之，可也。輒利其位以拒父，則衛之臣子舍爵祿而去之，可也。烏有父不慈，子不孝，爭利其國，滅天理而可為者乎？」（卷29，頁 2393）衛公子輒不得佔據國君之位而討父拒父，此乃人倫相害之事，非為天理之道。

　　第三，事親宜盡道敬慎。《春秋》昭公十九年：「許世子止弒其君買。」《左傳》引君子曰：「盡心力以事君，舍藥物可也。」[261]未全責世子止弒君，反而以其盡心力。《公羊傳》僅譏不盡子道，書「許世子止弒其君買，是君子之聽止也。葬許悼公，是君子之赦止也。赦止者，免止之罪辭也。」[262]一方面仍治弒君之罪，一方面卻又赦免其過。《穀梁傳》以許世子止並非欲弒君父，但「君子即止自責而責之也」[263]。胡安國曰：

　　按《左氏》：許悼公瘧，戊辰，飲世子止之藥卒，書曰「弒其君」

---

[261] 〔晉〕杜預注，〔唐〕孔穎達疏：《春秋左傳正義》，卷48，頁844。

[262] 〔漢〕何休解詁，〔唐〕徐彥疏：《春秋公羊傳注疏》，卷23，頁292。

[263] 〔晉〕范甯集解，〔唐〕楊士勛疏：《春秋穀梁傳注疏》，卷18，頁177。

者，止不嘗藥也，古者醫不三世，不服其藥。夫子之所慎者三，疾居其一。季康子饋藥，曰：丘未達，不敢嘗。敬慎其身如此也，而於君父可忽乎？君有疾，飲藥，臣先嘗之；父有疾，飲藥，子先嘗之，蓋言慎也。止不擇醫而輕用其藥，藥不先嘗而誤進於君，是有忽君父之心而不慎矣。自小人之情度之，世子弒君欲速得其位，而止無此心，故曰：我與夫弒者，不立乎其位。哭泣，歠飦粥，嗌不容粒，未逾年而卒，無此心，故被以大惡而不受。自君子聽之，止不嘗藥是忽君父之尊而不慎也，而止有此心，忽君父之尊而不慎，此篡弒之萌，堅冰之漸，而《春秋》之所謹也。有此心故加以大惡而不得辭，書許世子止弒君，乃除惡於微之意也。（卷 25，頁 2379）

《禮記·曲禮下》曰：「君有疾，飲藥，臣先嘗之。親有疾，飲藥，子先嘗之。醫不三世，不服其藥。」[264]胡氏亦引其意，並未探討許世子止是否確有弒君之心，反而與《左傳》、《公羊傳》近似，具體地指出世子止侍父未能敬慎其心，忽視君父，此為篡弒之萌、堅冰之漸，故仲尼書之，訓臣子除惡於微，積善於早，表明臣子於君父之身必得致謹宜慎。

春秋時期孝道逐漸動搖，[265]胡安國藉經文強調孝子事親須盡道。《春秋》桓公九年：「曹伯使其世子射姑來朝。」《穀梁傳》曰：「朝不言使，言使非正也。使世子伉諸侯之禮而來朝，曹伯失正矣！諸侯相見曰朝，以待人父之道待人之子，以內為失正矣！內失正，曹伯失正，世子可以已矣！則是故命也。尸子曰：『夫已，多乎道。』」[266]認為曹伯、魯國皆失正，故曹世子不應朝魯。胡氏引《穀梁》發義：

---

[264] 〔漢〕鄭玄注，〔唐〕孔穎達疏：《禮記注疏》，卷 5，頁 96。

[265] 康學偉援引史料文獻證明春秋時代孝道開始動搖，忠孝道德走向衰微。見康學偉：《先秦孝道研究》（臺北：文津出版社，1992 年 10 月），頁 121-126。

[266] 〔晉〕范甯集解，〔唐〕楊士勛疏：《春秋穀梁傳注疏》，卷 4，頁 37。

諸侯聞於王事則相朝，其禮本無時，曹伯既有疾，何急於朝桓而使世子攝哉？大位，姦之窺也；危病，邪之伺也；世子，君之貳也。君疾而儲副出，啟窺伺之心，危道也。當享而射姑歟，踰月而終生卒，其有疾明矣，而使世子來，終生之過也，世子將欲已乎則方命矣，曰：孝子盡道以事其親者也，不盡道而苟焉，以從命為孝，又焉得為孝？故尸子曰：夫已，多乎道。（卷5，頁2287）

《荀子・子道》云：「從道不從君，從義不從父，人之大行也。」[267]胡氏不談經文稱使的原因，而將重點置於曹世子苟從父命之咎，蓋「世子奉冢祀社稷之粢盛，以朝夕視君膳，君行則守，有守則從，而代君行朝禮於諸侯及與諸侯會盟救伐，皆非世子之所宜也。」[268]今曹世子未能明道從父，此違事親之理，易啟窺伺之心，人子宜知先後進退。

胡安國於紹興二年（1132）上〈時政論〉：

三綱，軍國政事之本，人道所由立也。三綱正則基於治以興，三綱淪則習於亂以亡。按《春秋》華督有不赦之惡，魯、鄭、齊、陳同會于稷，以成其亂，受賂而歸，而天子不討，方伯不征，咸自以為利也。不知百官象之有大不利焉。未幾，陳有五父之亂，齊有無知之亂，鄭有祭仲子、突篡儀之亂，魯有叔牙、慶父、般閔之亂，數十年間，四國舛逆，幾至喪亡，則以昧於履霜堅冰之戒，不能辨之於早也。《春秋》備書于策，明三綱之重，為後世鑒，深切著明矣。[269]

---

[267] 〔唐〕楊倞注，〔清〕王先謙集解：《荀子集解・考證》（臺北：世界書局，2000年12月二版），卷20，頁479。

[268] 〔元〕汪克寬：《春秋胡傳附錄纂疏》，卷5，頁135。

[269] 〔明〕黃淮，〔明〕楊士奇等編：《歷代名臣奏議》，卷47，頁642。

　　春秋桓公二年，宋國華父督弒君及其大夫孔父。三月，魯桓公會齊僖公、陳桓公、鄭莊公於稷地，以成宋亂，批評魯、鄭、齊、陳四國不討亂賊，同惡相濟，進而受利賂、立華氏，從此弒君之禍接迹天下，肇始於三綱淪佚，人主不能慮患於早。胡安國將此引申至宋高宗須奉行天討，正張邦昌之罪，並將曾乞用張邦昌、苗傅、劉正彥之黨者依法處置，審其輕重，以正人心、息邪說，使三綱立而軍政成，避免群臣有華督動惡之心，危害國君聖位、廟社宸宇。

　　另一方面，孟子曰：「人之所以異於禽獸者幾希，庶民去之，君子存之。舜明於庶物，察於人倫；由仁義行，非行仁義也。」[270]人與禽獸的差別就是仁義五倫，宋儒都能體認「三綱五倫」是維繫著人之所以為人的關鍵。劉安節（1068-1116）少師事程頤，其云：「人之所以異於禽獸者有二焉，一曰形，二曰道。含二氣之精，鍾五行之秀，首圓象天，足方象地，視明而聽聰，貌肅而言義，人之形也。父子之恩，君臣之義，夫婦之別，賓主之禮，朋友之信，人之道也。形與道具，則人所以為人者盡矣。」[271]以人有「形」有「道」，而「道」就是三綱。白牛居士陳舜俞（1026-1076）曰：

　　《詩》曰：「人而無禮，胡不遄死？」無禮有六：人禽獸交於中國謂之亂，君弱臣強謂之叛，父不慈、子不孝謂之逆，男不正乎外、女不正乎內謂之乖，四民易處謂之奪，車服器械無節謂之蕩。是不曰速禍之道乎？故觀天下者觀禮，觀禮必本六者。此明王所以慎固其正，為防禍於微眇之術也。[272]

　　同樣說明人之所以貴於禽獸就是有「禮」，此禮乃朝廷君臣、閨門父

---

[270] 〔漢〕趙岐注，〔宋〕孫奭疏：〈離婁下〉，《孟子注疏》，卷 8 上，頁 145。

[271] 〔宋〕劉安節：〈君師治之本論〉，《劉左史集》（臺北：臺灣商務印書館，1986 年景印文淵閣《四庫全書》），卷 3，頁 94。

[272] 〔宋〕陳舜俞：〈說禮〉，《都官集》（臺北：臺灣商務印書館，1986 年景印文淵閣《四庫全書》），卷 6，頁 463-464。

子、男女婚姻等三綱，能守三綱之禮，則可安天下之分，明天下之義。換言之，人倫為國家治亂的關鍵，得則興，悖則亡。[273]對胡安國來說，中國因為三綱五常蕩壞，朝廷上下不再以仁義為紀才發生靖康之禍，導致夷狄亂華，如鄭俠（1041-1119）所說的：「父子不親、君臣不義、夫婦無別、長幼失序，然而天下不亂不相率而為夷狄者未之有也。」[274]所以《胡傳》積極地重振三綱秩序，建立君臣、夫婦、父子之道，視此為國家軍政之本、人主經邦之基。

第五節　攘夷狄

　　許倬雲《我者與他者：中國歷史上的內外分際》討論到中國歷史上各個時代的「中－外」關係模式，透過「我者」與「他者」的相對地位，以及「中心」與「邊陲」的互動，探討「中國」這不斷變化的系統、秩序與複雜觀念。[275]對於隸屬於「他者」的外族在中國歷史上始終與華夏關係甚切，西周因犬戎而亡，秦漢面對匈奴崛起，就連異族文化興盛的唐代[276]也有吐蕃和突厥的問題。從五代至宋初，時人其實已淡化外來民族的

---

[273] 孫復〈儒辱〉就提到：「君臣、父子、夫婦，人倫之大端也。彼則去君臣之禮，絕父子之戚，滅夫婦之義，以之為國則亂矣，以之使人賊作矣。」見〔宋〕孫復：〈儒辱〉，《孫明復小集》，頁 176。徐積〈四維辯〉亦云：「君君、臣臣、父父、子子、夫夫、婦婦，由閨門而達朝廷，由朝廷而達天下。得之則正，失之則邪；得之則治，失之則亂。」見〔宋〕徐積：〈四維辯〉，《節孝集》（臺北：臺灣商務印書館，1986 年景印文淵閣《四庫全書》），卷 29，頁 932。

[274] 〔宋〕鄭俠：〈祭葉成甫文〉，《西塘集》（臺北：臺灣商務印書館，1986 年景印文淵閣《四庫全書》），卷 5，頁 426。

[275] 許倬雲：《我者與他者：中國歷史上的內外分際》（臺北：時報文化，2009 年 10 月初版），〈引言〉，頁 25-26。

[276] 傅樂成提到唐代初期有所謂華夷一家之觀念及政策，而且異族人才在政治表現上也極為突出，即使在玄宗時期，異族文化輸入中國亦極盛。至安史之亂以後，夷夏之防的觀念才漸趨轉嚴，甚至是對異族文化已漸有歧視之意。見傅樂成：〈唐代夷夏觀念之演變〉，載《漢唐史論集》（臺北：聯經出版事業公司，1977 年 9 月初版），頁 209-226。

背景，從歷史紀錄就可少見「胡／漢」語境的區分，[277]直到党項、契丹、女真等外族勢力興起，對當朝的邊境軍事造成不少威脅後，兩宋朝臣「華夷之辨」的論述也逐漸變得清晰、具體且深刻。這「華夷之辨」是整個大宋必須關注的議題，而此時代思潮也無形間產生了影響，表現在許多層面。[278]

北宋初雍熙三年（986），宋太宗統領諸軍伐遼，於岐溝關展開對戰，宋軍此役大敗，之後耶律休哥又以數萬騎兵乘勝南下，與劉廷讓戰於君子館一地，導致宋軍「全軍皆沒，死者數萬人，廷讓得麾下他馬乘之，僅脫死。先鋒將六宅使、平州團練使、知雄州賀令圖，武州團練使、高陽關部署楊重進，俱陷於敵。」[279]北宋對遼的攻防計畫也開始採取守勢。到真宗即位之後，遼國有意強化對中國的征討，遂於景德元年（1004）閏九月，由遼聖宗、蕭太后率領二十萬大軍攻進，此役宋真宗亦御駕親征，適時擊退遼兵，扭轉整個戰爭局勢，雙方於十二月和議，訂立歷史上著名

---

[277] 鄧小南從史書敘事的表述方式探查五代宋初「胡／漢」語境逐漸消解：「中原地區的五代迭興，民族色彩逐漸淡薄而政治色彩愈益突顯；人們意識中印象更深的是『政權』的更替而非統治民族的更迭。時至宋代，時人更傾向於淡化處理業已捲進中原地區、逐漸融入一體的沙陀等外來民族之背景。」見鄧小南：〈試談五代宋初「胡／漢」語境的消解〉，載張希清主編：《10-13 世紀中國文化的碰撞與融合》（上海：上海人民出版社，2006 年 11 月第 1 版），頁 114-137。

[278] 例如宋人詠寫王昭君和親詩的文學作品多融入華夷之辨，如黃裳〈昭君行〉、陸游〈明妃曲〉、舒邦佐〈詠昭君〉、王炎〈明妃曲〉、趙汝鐩〈昭君曲〉、華岳〈閨明妃傳〉等，體現《春秋》「內諸夏而外夷狄」、「不與夷狄之主中國」、「不與夷狄之獲中國」等意識。見張師高評：〈王昭君和親主題之異化與深化——以《全宋詩》為例〉，《中國文學學報》創刊號（2010 年 12 月），頁 116-121。宋朝對邊防地圖極為重視，有《古今華夷區域總要圖》、《華夷圖》、《契丹地理圖》等，楊渭生《兩宋文化史研究》指出主要表現在兩個方面：「第一，是密切注視周邊諸國地理現狀，乃至戶口多寡、衣冠風俗等。第二，是防止本朝圖籍流出國外或境外。」見楊渭生等著：《兩宋文化史研究》（杭州：杭州大學出版社，1998 年 12 月第 1 版），頁 732-734。又，若翻查趙汝愚《宋朝諸臣奏議》一書，可發現在〈邊防門〉收錄了北宋朝臣上疏的章奏，都是如何處理遼夏、青唐、高麗、女真等外族的建言，其中關於遼夏有 100 篇、青唐 6 篇、高麗 3 篇、女真 15 篇，這些制度或政策都與邊境夷狄密切相關，牽涉國防軍事和地域版圖的安全，成為宋朝獨特且鮮明的時代特徵。見〔宋〕趙汝愚編，北京大學中國中古史研究中心校點整理：《宋朝諸臣奏議》，卷 129-142，頁 1416-1618。

[279] 〔宋〕李燾撰，上海師大古籍所、華東師大古籍所點校：《續資治通鑑長編》，卷 27，頁 625。

的澶淵之盟，使邊境晏安，減省軍費，促進彼此經濟文化的交流與發展。

仁宗時期，北宋與西夏有三大戰役，宋軍皆失利，暴露國防軍事的弱點，西夏也傷亡慘重，兩方遂於慶曆四年（1044）十月己丑議和，宋以歲賜絹匹、銀兩、茶、雜帛等作為條件。[280]神宗熙寧三年（1070），范育詔使河東，論仁宗寶元、康定年間與西夏三戰三北之因是「不察彼己，妄舉而驟用之爾。」[281]元豐五年（1082）八月，神宗支持伐夏政策，同意在銀、夏、宥三州邊界築永樂城，不久，西夏遂派三十萬兵力攻城，城陷，「是役也，死者將校數百人，士卒、役夫二十餘萬，夏人乃耀兵米脂城下而還。」[282]哲宗元祐六年（1091）九月，章楶上奏，謂對付西夏之計「宜敕戒諸路休養兵民，修嚴警備，事事整辦，毋妄作輕舉。」[283]不再主動對西夏征戰用兵。

由上可見，宋初在與遼國、西夏戰爭的過程中，難以藉軍事力量成功地解決外族問題，唯有依憑議和以鞏固邊境和平與人民生活的安全。至北宋晚期，宋朝對付契丹的政策開始轉變。政和元年（1111），徽宗有意結好女真，相約攻遼，始有圖燕之計，但朝臣反對意見甚多，如顯謨閣直學士洪中孚（1049-1131）就不贊成此舉，認為契丹與中國通好歲久，居遼士人毫無歸意，況且糧草不足，兵將驕惰，權貴又以侈麗自矜，一旦滅遼之後，女真亦未易制，[284]但徽宗仍不顧群臣意見，於宣和二年（1120）與

---

[280] 據《續資治通鑑長編》記載：「歲賜絹十三萬匹、銀五萬兩、茶二萬斤，進奉乾元節回賜銀一萬兩、絹一萬匹、茶五千斤，賀正貢獻回賜銀五千兩、絹五千匹、茶五千斤，仲冬賜時服銀五千兩、絹五千匹，及賜臣生日禮物銀器二千兩、細衣著一千匹、雜帛二千匹。」見〔宋〕李燾撰，上海師大古籍所、華東師大古籍所點校：《續資治通鑑長編》，卷152，頁3706。

[281] 〔元〕脫脫等撰，楊家駱主編：〈范育傳〉，《新校本宋史并附編三種》，卷303，頁10050。

[282] 〔元〕脫脫等撰，楊家駱主編：〈外國傳〉，《新校本宋史并附編三種》，卷486，頁14012。

[283] 〔宋〕李燾撰，上海師大古籍所、華東師大古籍所點校：《續資治通鑑長編》，卷466，頁11131。

[284] 〔宋〕徐夢莘編：《三朝北盟會編》，卷19，頁136-137。至宣和四年（1122），朝散郎宋昭（-1129-）亦直議此事：「今女真性剛很，善戰鬥，茹毛飲血，殆非人類。……本朝與北虜通好，百有餘年，一旦敗之女真，果能信其不渝乎？異日女真決先敗盟，為中國患必矣！

金人達成協議，聯金滅遼，史稱「海上之盟」，也因此發生日後金寇重兵侵凌，迅速攻下宋都開封，造成慘烈的靖康災禍。

胡安國生於北宋熙寧七年（1074），對國家與外夷長久的互動關係必有深切體認，雖然「諸戎飲食衣服不與華同，贄幣不通，言語不達，何惡之能為？」[285]但在宋人看來，戎狄本性貪悌反覆、桀驚殘暴，[286]之所以必攘就是因為「非我族類，其心必異。」[287]而此時女真業已侵犯中國，對宋朝上下造成嚴重的威脅，更須高舉「攘夷狄」之大旗。胡安國處於世變大辱，壯氣激憤，愍惜痛心，於紹興初成《春秋傳》一書，借麟經發揮夷夏之辨，寄託高宗復仇雪恥。本節討論《胡傳》如何詮解《春秋》攘夷，探看他對夷狄的態度與主張，並比較三《傳》、宋人意見，了解胡安國觀點的特色及相關內容。

一、關注《春秋》夷狄稱謂之書法

胡安國攘夷觀是建立在稱謂之上，從稱「國」、稱「人」、稱「子」、稱「名」等名號改變，揭示麟經褒貶，灌輸夷夏之防的信念，有必要先掌握《胡傳》處理夷狄稱謂之書法用意及特點。

此理之必然，事之必至，雖使伊周復生，不能易此議也。」強調聯金滅遼之計不可行，女真必會悖盟而反攻中國。見〔宋〕宋昭：〈上徽宗論女真決先敗盟〉，載〔宋〕趙汝愚編，北京大學中國中古史研究中心校點整理：《宋朝諸臣奏議》，卷142，頁1603。

[285] 〔晉〕杜預注，〔唐〕孔穎達疏：《春秋左傳正義》，卷32，頁558。

[286] 咸平五年（1002）十一月，河陽節度判官張知白（956-1028）〈上真宗論時政〉奏：「夫戎狄者，亦天地之一氣耳。其性貪暴，惡生好殺，與中國絕異。」而元祐五年（1090）六月，殿中侍御史上官均（1038-1115）〈上哲宗論棄地非便〉曰：「夷狄天性桀驚，恃遠負險，中國弱則先叛，強則後服。」靖康元年（1126）二月，御史中丞許翰〈上欽宗論決戰有五利〉亦云：「夫以夷狄之性，貪悌無厭。」以上引文分見〔宋〕趙汝愚編，北京大學中國中古史研究中心校點整理：《宋朝諸臣奏議》，卷146，頁1657；卷140，頁1576；卷142，頁1608。

[287] 〔晉〕杜預注，〔唐〕孔穎達疏：《春秋左傳正義》，卷26，頁439。

（一）突顯聖人褒貶與奪

胡安國注重夷狄稱號，對於《春秋》夷狄書子、書名、書人的異同逐一剖析，呈顯聖人進退與奪。《春秋》莊公十年：「荊敗蔡師于莘，以蔡侯獻舞歸。」《公羊傳》曰：「州不若國，國不若氏，氏不若人，人不若名，名不若字，字不若子。」[288]《穀梁傳》曰：「州不如國，國不如名，名不如字。」[289]兩傳皆發夷狄稱號的等級。胡安國雖也提出夷狄稱號，但看法和《公》、《穀》不盡相同。《禮記‧曲禮下》云：「其在東夷、北狄、西戎、南蠻，雖大，曰子。」[290]胡安國主此，強調「四夷雖大皆曰『子』，此《春秋》之法，仲尼之制。」（卷 19，頁 2353）以楚、吳、徐、越、滕等夷狄皆降而稱「子」，此乃《春秋》正例，藉此狄之。例如《春秋》哀公十三年：「公會晉侯及吳子于黃池。」《胡傳》曰：「春秋四夷雖大，皆曰子，吳僭王矣，其稱子，正名也。」（卷 30，頁 2396）吳雖為太伯之後，但僭號稱王，故不稱吳王，以吳稱「子」為正名。同樣地，「楚僭稱王，降而稱子者，是仲尼筆之也。」（卷 18，頁 2348）楚同樣也稱楚子，不稱楚王。經文中有許多未稱「子」而改書「人」、「國」等異詞，胡安國則會另行發義，點出聖人褒貶。例如《春秋》昭公五年：「楚子、蔡侯、陳侯、許男、頓子、沈子、徐人、越人伐吳。」《胡傳》曰：

> 越始見經而與徐皆得稱人，何也？吳以朱方處齊慶封而富於其舊崇惡也，楚圍朱方，執齊慶封殺之討罪也，吳不顧義，入棘、櫟、麻以報朱方之役，狄道也。楚於是以諸侯伐吳，則比吳為善而師亦有名，其從之者，進而稱人，可也。（卷 24，頁 2373）

以楚國師出有名，能伐狄道之吳，故《春秋》嘉許跟隨楚國的徐、越

---

[288] 〔漢〕何休解詁，〔唐〕徐彥疏：《春秋公羊傳注疏》，卷 7，頁 89。

[289] 〔晉〕范甯集解，〔唐〕楊士勛疏：《春秋穀梁傳注疏》，卷 5，頁 53。

[290] 〔漢〕鄭玄注，〔唐〕孔穎達疏：《禮記注疏》，卷 5，頁 90。

二國得以書「人」。由此可見，夷狄書「子」為《春秋》正例，反之則隸屬《春秋》變例，箇中必有聖人大義。胡氏將此書法納於仲尼「夷狄之法」，夷狄稱號在《春秋》中的變易成為他所注意的問題之一。

（二）正名責實：特別注意楚國稱謂

　　楚國強盛影響華夏諸侯之政事，胡安國尤其留心楚國稱號。《春秋》僖公二十六年：「秋，楚人滅夔，以夔子歸。」其他宋儒多申發楚滅同姓之罪與夔子書名與否，[291]但《胡傳》則說：「楚滅同姓，何以不名？人而不名，《春秋》待夷狄之體也。」（卷 12，頁 2320）特別注意楚國稱謂，因為滅同姓國皆書名，此既已書楚人，故不再書名。又如《春秋》宣公十八年：「甲戌，楚子旅卒。」黃仲炎曰：「吳楚之君不書葬者，避夷狄僭號，尊王室，存中國也。其以子稱者，從本爵也。」[292]葉夢得言：「何以不書葬，辟其號也。」[293]家鉉翁亦曰：「楚自入春秋以來，迨今百年，武文成穆，更起旋仆，未有窺周室之心也。至楚莊觀兵中原，睥睨周鼎，挾智任詐，欲遂其僭王之夙心，故《春秋》書法至此為之一變。……抑夷狄之僭名，示海內共主在周，夷雖盛強，欲僭而莫得也。」[294]各家多關注書卒書葬的問題，藉此懲戒夷狄僭王。但《胡傳》卻曰：

> 楚僭稱王，降而稱子者，是仲尼筆之也。其不書葬者，恐民之惑而避其號，是仲尼削之也。若楚、若吳、若徐，皆自王降而稱子，若滕自侯降而稱子，若杞自伯降而稱子，四夷雖大皆曰子，其降而稱

---

[291] 例如家鉉翁曰：「楚以不祀為辭，伐而滅之，楚當有滅同姓之罪，故夔子見執而不名，專罪楚也。」見〔宋〕家鉉翁：《春秋集傳詳說》，卷 11，頁 13568。葉夢得亦言：「夔子何以不名？申夔子也。凡滅國之君，內無君則不名，然國滅而奔則不名，國滅而以歸則名者，著屈不屈也。夔，楚之同姓，楚人責其不祀祝融與鬻熊，夔子以熊摯有疾，別於楚而不得祀，楚用是滅焉，則夔子為有辭而未嘗屈，故以出奔之辭書之，見夔子非楚之所得歸也。」見〔宋〕葉夢得：《春秋傳》，卷 10，頁 11916。

[292] 〔宋〕黃仲炎：《春秋通說》，卷 8，頁 13067。

[293] 〔宋〕葉夢得：《春秋傳》，卷 13，頁 11951。

[294] 〔宋〕家鉉翁：《春秋集傳詳說》，卷 16，頁 13640-13641。

子者，狄之也。或謂《春秋》不擅進退諸侯，亂名實則非矣。述天
理、正人倫，此名實所由定也，奚名為亂哉！（卷18，頁2348）

　　雖然都談到不書葬是為了避其號，乃仲尼削之，目的在大一統以存
周，[295]但《胡傳》有更多內容是分析楚莊王降而稱子之因，並述及吳、
徐、滕、杞亦書子狄之。是故，即使一樣是貶抑夷狄，胡安國卻著重夷狄
稱子、稱人、稱名正名與否，強調名實的重要及其與天理人倫的關係。

（三）判斷稱謂褒貶之標準含混矛盾

　　胡安國雖欲建立夷狄名號的類例，但由於太過細求，所以許多解釋產
生矛盾，抑或自立一說的問題。例如《春秋》莊公二十三年：「荊人來
聘。」胡氏曰：「荊自莊公十年始見於經，十四年入蔡，十六年伐鄭，皆
以州舉者，惡其猾夏不恭，故狄之也。至是來聘，遂稱人者，嘉其慕義自
通，故進之也。」（卷9，頁2302）未解釋經文何以書「荊」，僅強調
《春秋》惡其猾夏故以州舉，後書「荊人」乃嘉其慕義。但《春秋》文公
九年：「楚子使椒來聘。」《胡傳》又曰：「楚僭稱王，春秋之始，獨以
號舉，夷狄之也。中間來聘，改而書人，漸進之矣。至是其君書爵，其臣
書名而稱使，遂與諸侯比者，是以中國之禮待之也。」（卷15，頁
2331）不解既以「州」舉又以「號」舉的分別為何？且同樣來聘中國，一
書「荊人」，一書「楚子」，《胡傳》亦未詳明這兩者間的差異，難以掌
握《春秋》書「荊」、「荊人」、「楚子」、「楚人」的用意，反而使意
義更含混不清。明人陸粲即云：「荊楚之舊號，其後國既彊大，乃改號以
通於中夏，非《春秋》輒有所進退也。……今曰進而稱人矣，俄曰貶詞，
俄曰諱詞，俄又曰眾詞，一字而有數義焉，《春秋》之法固若是，其紛紜
也與哉！」[296]反對進之稱人的說法，間接批評胡安國言《春秋》之法的
不當。又如《春秋》成公七年：「吳伐郯。」《胡傳》曰：「稱國以伐，

---

[295] 《胡傳》成公六年曰：「荊楚僭號稱王，聖人比諸夷狄而不赦者，大一統以存周，使民著君
臣之義。」（卷19，頁2353）。

[296] 〔明〕陸粲：《春秋胡氏傳辨疑》，卷上，頁761。

狄之也。……何以狄之？為其僭天子之大號也。」（卷 19，頁 2353）此年解釋吳稱「國」以伐是僭天子大號，但成公十五年又夷其僭竊稱王故以「號」舉，[297]哀公十三年又發吳國僭王故稱「子」正名，同樣懲斥夷狄僭王，卻有稱國、舉號、書子等不同書法。由此可見，胡安國雖欲推求《春秋》夷狄之法，逐次建立仲尼之制，但或限於書詞異同而過求褒貶，所以各條經文的關係未能清楚連結。

二、《春秋》之法：中國而夷狄行者則狄之

張齊賢（943-1014）曰：「戎虜之性，變詐多端。」[298]司馬光（1019-1086）亦云：「戎狄之俗，自為兒童，則習騎射，父子兄弟，相與群處，未嘗講仁義禮樂之言也，唯以詐謀攻戰相尚而已。」[299]皆強調「兵戰變詐」是夷狄俗性。在胡安國看來，若中國用兵不能以信義居之，而採巧詐計謀者，就是夷狄之行，《春秋》必貶。例如《春秋》昭公元年：「晉荀吳帥師敗狄于大鹵。」《胡傳》曰：「太原在禹服之內，而狄人來侵，攘斥宜矣。其過在毀車崇卒，以詐誘敵人而敗之，非王者之師耳。」（卷 24，頁 2371）攘夷狄不能詐誘，故《春秋》書「敗狄」示譏。又如《春秋》昭公十二年：「晉伐鮮虞。」晉國荀吳假意會合齊軍而向鮮虞借路，遂入昔陽，得滅鮮虞屬國。《胡傳》曰：

> 楚奉孫吳討陳，因以滅陳；誘蔡般殺之，因以滅蔡，晉人視其殘虐，莫能救則亦已矣，而効其所為，以伐人國，是中國居而夷狄行

---

[297] 《春秋》成公十五年：「冬，十有一月，叔孫僑如會晉士燮、齊高無咎、宋華元、衛孫林父、鄭公子鰌、邾人會吳于鍾離。」《胡傳》又曰：「吳以號舉，夷之也。……至其後世遂以號舉者，以其僭竊稱王，不能居中國之爵號耳。」（卷 12，頁 2317）

[298] 〔宋〕張齊賢：〈上真宗論陝西事宜〉，載〔宋〕趙汝愚編，北京大學中國中古史研究中心校點整理：《宋朝諸臣奏議》，卷 130，頁 1439。

[299] 〔宋〕司馬光撰，李之亮箋注：〈橫山疏〉，《司馬溫公集編年箋注》（成都：巴蜀書社，2009 年 2 月第 1 版），卷 38，頁 512。

也。人之所以為人，中國之所以為中國，信義而已矣。一失則為夷
狄，再失則為禽獸，禽獸逼人，人將相食。（卷24，頁2375）

　　晉國身為霸主，不能援救陳、蔡二國既已失道，竟還仿效楚國採譎詐
之計，《春秋》書此狄之，批評晉國背信棄義，既失為夷狄，再失為禽
獸，人將相食。

　　北宋末期，由於朝廷聯金滅遼的政策失當，加速女真騷虐中原，災禍
迭起。對照春秋二百四十二年，楚、吳、越三國勢力強盛，同樣對華夏諸
侯侵擾不休，胡安國有鑑於此，為維護中原安定，大力主張攘除夷狄的重
要，若有諸侯聯合夷狄討伐中原者，《胡傳》必加以申斥。例如《春秋》
僖公二十六年：「公以楚師伐齊取穀，公至自伐齊。」《胡傳》曰：「夫
背華即夷，取人之邑為己，有失正甚矣。」（卷12，頁2320）又如《春
秋》僖公二十六年：「公子遂如楚乞師。」《胡傳》曰：「僖公不能省德
自反，深思遠慮，計安社稷，乃乞楚師與齊為敵，是以蠻夷殘中國也，於
義可乎！其書公子遂如楚乞師而惡自見矣。」（卷12，頁2320）皆抨擊
魯國聯同楚國伐齊，結合蠻夷侵擾華夏。《春秋》成公三年：「鄭伐
許。」《胡傳》亦云：

　　稱國以伐，狄之也。晉楚爭鄭，鄭兩事焉，及邲之敗，於是乎專意
　　事楚，不通中華，晉雖加兵，終莫之聽也。至此一歲而再伐許，甚
　　矣。夫利在中國則從中國，利在夷狄則從夷狄，而不擇於義之可否
　　以為去就，其所以異於夷者幾希。……《春秋》之法，中國而夷狄
　　行者則狄之。（卷19，頁2352）

　　程頤已言：「鄭附於楚，一年而再伐許，故夷之。」[300]簡易點出鄭
國從楚之過，《春秋》夷之，但胡安國進一步談及義利，責備鄭國從利不
從義，與夷狄無異，故《春秋》稱國以伐，狄之。

---

300 〔宋〕程顥、程頤著，王孝魚點校：《二程集》，「河南程氏經說」卷4，頁1117。

　　胡安國此處強調「中國而夷狄行者則狄之」的論點並非獨有，宋代已有不少學者持相同看法，例如上述所舉《春秋》僖公二十六年「公子遂如楚乞師」之例，《胡傳》批評公子遂向楚國乞師是以蠻夷殘中國，孫復已言：「書者，惡魯不能內修戎備而外乞師于夷狄。」[301]黃仲炎批評態度也很強烈：「千乘之國，兵不素備，一旦有倉卒之警，則乞諸其鄰，已非立國之道矣，況乞師於夷狄者哉！引非類以鬩同室，非義也；示弱於夷狄以啓其輕中國之志，非謀也，故書曰公子遂如楚乞師，以為後世失義與謀者之戒焉。」[302]無不糾正魯國向夷狄乞師的行為。又如《春秋》昭公十二年「晉伐鮮虞」，胡安國批評晉國失信棄義，程頤也直言：「晉假道於鮮虞而遂伐之，見利忘義，夷狄之道也。」[303]葉夢得說法亦與胡安國相近：「鮮虞，白狄之別種也，晉何以舉國？狄之也。荀吳欲伐鮮虞，偽會齊師而假道焉，以入昔陽，遂因其師而伐鮮虞，詐而乘人，以是為夷狄之道也。」[304]不少學者都反對中國聯合夷狄以及用兵採夷狄之計。

三、待夷狄之道：存仁心、居忠恕

　　《左傳》襄公四年，晉悼公有意討伐山戎，魏絳阻之，謂和戎有五利，當中二利是「以德綏戎，師徒不勤，甲兵不頓」、「鑑於后羿，而用德度，遠至邇安。」[305]已提出以「德」撫戎的政策，既能防止勞民傷財，又可使鄰國親睦，有其利益。北宋端拱二年（989）正月，吏部侍郎李至（947-1001）上書宋太宗，引漢高祖、漢文帝與漢武帝御外之道為例，說明懷柔北狄的重要，若能綏之以德，使夷狄服義懷仁，則國可保安；但若懾之以威，摧凶殄寇，則人民勞苦，社稷疲弊。[306]

[301] 〔宋〕孫復：《春秋尊王發微》，卷5，頁10770。

[302] 〔宋〕黃仲炎：《春秋通說》，卷6，頁13044。

[303] 〔宋〕程顥、程頤著，王孝魚點校：《二程集》，「河南程氏經說」卷4，頁1122。

[304] 〔宋〕葉夢得：《春秋傳》，卷18，頁11994。

[305] 〔晉〕杜預注，〔唐〕孔穎達疏：《春秋左傳正義》，卷29，頁508。

[306] 李至曰：「臣竊惟北狄為患，自古而然，不足致怒，唯在御之得其道爾。若綏之以德，則其

　　胡安國謂「《春秋》立法謹嚴而宅心忠恕」，雖講求攘斥夷狄，但對夷狄的態度也並非偏激急進，務求殲滅。從他對經文的解讀就可看出這類想法。《春秋》宣公十五年：「晉師滅赤狄潞氏，以潞子嬰兒歸。」孫復曰：「《詩》云：『薄伐玁狁，至于太原。』夷狄亂華，諸侯驅之、逐之可也。晉師滅赤狄潞氏，以潞子嬰兒歸，此則甚矣。」[307]認為驅逐夷狄即可，晉師不必滅之。《胡傳》亦曰：

> 其稱日，謹之也。上卿為主強，略而稱師者，著其暴也；滅而舉號及氏者，滅見滅之罪，著滅者之甚不仁也。……今赤狄未嘗侵掠晉境，非門庭之寇而恃強暴以滅之，其不仁甚矣，《春秋》所以責晉而略狄也。（卷18，頁2346）

　　攘斥夷狄需有仁人之心，戒以殄滅為首務。晉國荀林父在曲梁打敗赤狄，滅了潞國，《春秋》舉號及氏，顯見滅者不仁。《春秋》宣公十六年：「晉人滅赤狄甲氏及留吁。」《胡傳》曰：

> 《春秋》於夷狄攘斥之，不使亂中夏則止矣。伯禽征徐夷，東郊既開而止；宣王伐玁狁，至于太原而止；武侯征戎瀘，服其渠帥而止，必欲盡殄滅之無遺種，豈仁人之心、王者之事乎！士會所以貶而稱人也。（卷18，頁2347）

　　討伐夷狄蓋有道矣，不贊成窮追深入、殄滅無遺的方式，應以不傷仁義為先，故士會率領軍隊滅亡赤狄甲氏、留吁兩國，《春秋》貶而稱人。

用功也逸，其經費也約，其見效也速，其保安也久，而無銜耀彰灼之名，但有安樂富壽之實。若懾之以威，則在良將勁兵，奇謀詭道，士冒鋒鏑霜露，民竭貲財糧穀，伏尸流血，搴旗斬將，然後振旅凱樂，獻功清廟，此誠天下之壯觀，臣非不欲之也。直以非被堅執銳之士，無運籌借箸之智，欲之而不能致之也。」見〔宋〕李至：〈上太宗乞懷柔北狄〉，載〔宋〕趙汝愚編，北京大學中國中古史研究中心校點整理：《宋朝諸臣奏議》，卷130，頁1430。

[307]〔宋〕孫復：《春秋尊王發微》，卷7，頁10786。

　　胡安國主「驅逐」、反「殲滅」的觀點早見於北宋學者。曾任中書舍人的孔文仲（1033-1088）就說：「夫夷狄之性，非可以法度風化調習之也。先王待之甚輕，責之甚簡，雖有驚慢不遜，往往置之度外。周宣之時，獫狁內侵，至於太原，其事變亦已亟矣。宣王未嘗投袂撫劍角逐之也，命將驅之出境而止。」[308] 批評唐太宗戎衣親征，涉海冒險，敗則辱國，勝則不武。章粢（1027-1102）於元符元年（1098）正月向哲宗議邊防利害；「臣聞夷狄天之一氣，從古無滅絕之理。」[309] 不應對西夏深窮巢穴，掃蕩覆滅，而使民力殫屈。華鎮（1052-？）〈禦戎論〉亦曰：

> 秦始漢武之兵，惡得謂之禦戎哉？彼將盡滅其族而有其地，故中國多事，民擾而無聊，以至於亂。若侵軼則禦之以兵，守境則置而弗問，慕義則接之以禮，竄伏則棄而勿追，計義則威靈無屈，論事則金帛不費，此堯舜三代之長策也，何秦始漢武之患哉！[310]

　　對於資戎狄予金帛不以為然，秦漢禦戎滅族導致中國多事更非守備邊境之計，主張屈威費財不如驅逐。胡安國也是同於這類意見，以驅趕守禦為攘外原則。

　　族類人種或居處地域並非中國優於夷狄之因，能否持守信義倫理才是華、夷最大的差別。[311] 上文敘述《胡傳》關注夷狄書法，實乃針對楚、吳僭王貶抑，但胡安國亦強調《春秋》對夷狄宅心仁厚，倘若外夷能修中

---

[308] 〔宋〕孔文仲：〈唐太宗論〉，《舍人集》（臺北：新文豐，1989 年 7 月臺一版《叢書集成續編》），卷 2，頁 466。

[309] 〔宋〕李燾撰，上海師大古籍所、華東師大古籍所點校：《續資治通鑑長編》，卷 505，頁 12036。

[310] 〔宋〕華鎮：〈禦戎論〉，《雲溪居士集》（臺北：臺灣商務印書館，1986 年景印文淵閣《四庫全書》），卷 18，頁 461。

[311] 韓維（1017-1098）〈上哲宗論息兵棄地〉曰：「中國之所以為可貴者，為有禮義恩信也；夷狄之可賤者，以其貪狼暴虐也。」牟瀌（-1266-）於理宗朝上奏時亦曰：「中國之所以異於夷狄者，以有三綱五常為之主張，禮義廉恥之維持也。」見〔宋〕趙汝愚編，北京大學中國中古史研究中心校點整理：《宋朝諸臣奏議》，卷 139，頁 1564。〔明〕黃淮，〔明〕楊士奇等編：《歷代名臣奏議》，卷 64，頁 885。

國之禮，抑或救助中原諸侯，則聖人進之，改易稱號書詞。例如《春秋》
莊公二十三年：「荊人來聘。」《胡傳》曰：

> 荊自莊公十年始見於經，十四年入蔡，十六年伐鄭，皆以州舉者，
> 惡其猾夏不恭，故狄之也。至是來聘，遂稱人者，嘉其慕義自通，
> 故進之也。朝聘者，中國諸侯之事，雖蠻夷而能修中國諸侯之事，
> 則不念其猾夏不恭而遂進焉，見聖人之心樂與人為善矣。後世之君
> 能以聖人之心為心，則與天地相似。凡變於夷者，叛則懲其不恪而
> 威之以刑，來則嘉其慕義而接之以禮，邇人安遠者服矣。《春秋》
> 謹華夷之辨，而荊、吳、徐、越、諸夏之變於夷者，故書法如此。
> （卷9，頁2302）

《公羊傳》曰：「荊何以稱人？始能聘也。」[312]《穀梁傳》亦曰：
「善累而後進之。其曰『人』，何也？舉道不待再。」[313]自北宋學者業
已述及《春秋》進楚稱人，[314]胡安國亦依循《公》、《穀》，表夷狄猾
夏不恭則狄之，修禮來聘則進之；楚人能來行聘，合乎禮義，故《春秋》
讚許，從「子」進稱為「人」。又如《春秋》文公九年：「楚子使椒來
聘。」《胡傳》曰：

> 楚僭稱王，《春秋》之始，獨以號舉，夷狄之也。中間來聘，改而
> 書人，漸進之矣。至是其君書爵，其臣書名而稱使，遂與諸侯比
> 者，是以中國之禮待之也。……吳、楚，聖賢之後，見周之弱，王
> 靈不及，僭擬名號，此以夏而變於夷者也，聖人重絕之。夫《春
> 秋》立法謹嚴而宅心忠恕，嚴於立法，故僭號稱王則深加貶黜，比

---

[312] 〔漢〕何休解詁，〔唐〕徐彥疏：《春秋公羊傳注疏》，卷8，頁100。
[313] 〔晉〕范甯集解，〔唐〕楊士勛疏：《春秋穀梁傳注疏》，卷6，頁59。
[314] 例如孫復《春秋尊王發微》即言：「荊十年敗蔡師于莘，始見于經，十四年入蔡，十六年伐
鄭皆曰荊，此稱人者，以其能慕中國，修禮來聘，少進之也。」見〔宋〕孫復：《春秋尊王
發微》，卷3，頁10754。

之夷狄，以正君臣之義；恕以宅心，故內雖不使與中國同，外亦不使與夷狄等，思善悔過，向慕中國則進之而不拒，此慎用刑重絕人之意也。噫！《春秋》之所以為《春秋》，非聖人莫能修之者乎！（卷 15，頁 2331）

《春秋》對待夷狄雖立法謹嚴，但仍存居仁心，若夷狄能敬慕中國，則聖人許之。《穀梁傳》曾言：「楚無大夫，其曰萩，何也？以其來我褒之也。」[315]說明楚國無受王命的大夫，但因能來魯聘問，所以載名國史，褒讚其行。胡氏所云近於《穀梁》，肯定楚國能以禮義接於中國。

除了肯定夷狄修中國之禮，舉凡能在華夏諸侯受到戰爭侵暴而及時救助，聖人也嘉許其功。例如《春秋》僖公十八年：「邢人、狄人伐衛。」《胡傳》曰：

狄稱人，進之也。慕義而來進之，可也。以夷狄伐衛而進之，可乎？伐衛所以救齊也。衛嘗亡滅，東徙渡河，無所控告，齊桓公攘戎狄而封之，使衛國忘亡，誰賜之也？桓公方沒，不念舊德，欲厚報之，遽伐其喪，亦太甚矣。……桓公攘夷狄、安中國，免民於左袵，諸侯不念其賜而於衛為尤，先書狄救齊，以著中國諸侯之罪，再書狄人伐衛，所以見救齊之善，功近而德遠矣。（卷 12，頁 2317）

僖公十七年，齊桓公卒，隔年衛國跟隨宋襄公攻打齊國，胡安國以衛國不念齊桓舊德而伐喪，故《春秋》先書「狄救齊」，再書「邢人、狄人伐衛」，揭示中國諸侯未能救齊之罪，稱「狄人」肯定救齊之功。

《春秋》定公四年：「蔡侯以吳子及楚人戰于柏舉，楚師敗績，楚囊瓦出奔鄭。」《胡傳》曰：

---

315 〔晉〕范甯集解，〔唐〕楊士勛疏：《春秋穀梁傳注疏》，卷 11，頁 107。

　　吳何以稱子？善伐楚，解蔡圍也。荊楚暴橫，盟主不能致其討，天
　　王不能達其命，長惡不悛，復興師而圍蔡，王法所當討而不赦也。
　　吳能自卑聽蔡侯之義，以達天子之命，興師救蔡，戰于柏舉，大敗
　　楚師，成伯討之功善矣。（卷 27，頁 2387）

　　褒揚吳國出伐楚國，戰於柏舉，解救華夏，有伯討之功，故另予尊貴
稱謂。質言之，胡安國對夷狄存有仁厚之心，並非執於攘狄，以殲滅外族
為義，反而主張《春秋》宅心忠恕，不傷仁義；若能向慕中國，行禮義之
道，則聖人進之。

四、《胡傳》與《公》、《穀》書法之比較

　　關於華夷之辨，三《傳》已各有立說，即使觀點不盡相同，大抵仍尊
中國而卑夷狄。《左傳》記載不少「尊夏卑夷」的內容，[316]《公》、
《穀》則有更多對夷狄的規定，明辨華夷上下、內外的區別。[317]若比較
《胡傳》與三《傳》華夷觀，可發現《公》、《穀》對胡安國影響較大，
胡氏部分觀點皆就此而來。例如上述提到中國而夷狄行者則狄之，以及外
夷能修中國之禮、救助中原諸侯者，聖人改變書詞進之，《公》、《穀》
業已發義：種族地域並不是兩者區分主因，仁德禮義才是箇中關鍵，[318]

---

[316] 參見逄振鎬：〈春秋《經》《傳》「尊夏卑夷」「尊魯卑齊」政治思想文化體系——齊、魯
文化研究中的一個根本問題〉，《書目季刊》第 27 卷第 4 期（1994 年 3 月），頁 31-43。

[317] 李新霖分析《公羊傳》華夷觀，主分「釋華、夷」、「華夷之進退」、「攘夷」三節，其
中「華夷之進退」述及「夷狄進至華夏」、「華夏退為夷狄」之說，「攘夷」除了探討嚴夷
夏之防的傳文，還說明齊桓公抵抗侵略、魯莊公制敵機先等攘夷功業，見李新霖：《春秋公
羊傳要義》，頁 88-126。吳智雄探討《穀梁傳》華夷觀，其中「諸夏與夷狄之辨」歸納「中
國取尊稱，不敗於夷狄」、「夷狄以卑稱，不言正不正」、「夷狄信中國則進之」、「中國
從夷狄則退之」、「諸夏同盟以外楚」等要點，呈顯《穀梁傳》的夷夏之防。見吳智雄：
《穀梁傳思想析論》，頁 282-300。

[318] 李新霖《春秋公羊傳要義》曾言《公羊傳》華夷分野仍是禮義文化，而且華夷之稱原無定
詞，亦視其仁義道德之有無而已。見李新霖：《春秋公羊傳要義》，頁 111。

故夷狄可進，[319]中國可退。[320]胡安國在此之上，引申《春秋》立法謹嚴
而宅心忠恕，對夷狄宅心仁厚而非偏激急進。

　　若再仔細分析兩者差異，可發現《公》、《穀》不單就夷狄稱謂而
發，但胡安國多就夷狄稱「子」、稱「人」、稱「名」、稱「國」的正名
與否，從稱謂上談華夷之辨。例如《春秋》隱公七年：「戎伐凡伯于楚丘
以歸。」《公羊傳》曰：「凡伯者何？天子之大夫也。此聘也，其言伐之
何？執之也。執之則其言伐之何？大之也。曷為大之？不與夷狄之執中國
也。」[321]《春秋》昭公十七年：「楚人及吳戰于長岸。」《穀梁傳》
曰：「兩夷狄曰敗，中國與夷狄亦曰敗。楚人及吳戰于長岸，進楚子，故
曰戰。」[322]提出書「伐」不書「執」、書「戰」不書「敗」的貶抑，胡
氏卻少從戰爭用詞貶絕夷狄，以「《春秋》正名之書」（卷 15，頁
2332），較注意名實的重要。

　　此外，同樣的經文，《胡傳》攘夷態度也較《公》、《穀》強烈，批

---

[319] 例如《春秋》莊公二十三年：「荊人來聘。」《公羊傳》曰：「荊何以稱人？始能聘也。」
見〔漢〕何休解詁，〔唐〕徐彥疏：《春秋公羊傳注疏》，卷 8，頁 100。《春秋》定公四
年：「冬，十有一月庚午，蔡侯以吳子及楚人戰于伯莒，楚師敗績。」《公羊傳》曰：「吳
何以稱子？夷狄也而憂中國。」見〔漢〕何休解詁，〔唐〕徐彥疏：《春秋公羊傳注疏》，
卷 25，頁 320。《春秋》僖公十八年：「冬，邢人、狄人伐衛。」《穀梁傳》曰：「狄其稱
人何也？善累而後進之。伐衛所以救齊也。功近而德遠矣。」見〔晉〕范甯集解，〔唐〕楊
士勛疏：《春秋穀梁傳注疏》，卷 8，頁 86。《春秋》莊公十六年：「邾子克卒。」《穀梁
傳》曰：「其曰子，進之也。」見〔晉〕范甯集解，〔唐〕楊士勛疏：《春秋穀梁傳注
疏》，卷 5，頁 53。《春秋》宣公十八年：「甲戌，楚子呂卒。」《穀梁傳》曰：「夷狄不
卒，卒，少進也。卒而不日，日，少進也。」見〔晉〕范甯集解，〔唐〕楊士勛疏：《春秋
穀梁傳注疏》，卷 12，頁 123。

[320] 《春秋》莊公三十年：「齊人伐山戎。」《公羊傳》曰：「此齊侯也，其稱人何也？貶。曷
為貶？子司馬子曰：『蓋以操之為已蹙矣。』」見〔漢〕何休解詁，〔唐〕徐彥疏：《春秋
公羊傳注疏》，卷 9，頁 109。《春秋》昭公十二年：「晉伐鮮虞。」《穀梁傳》曰：「其
曰晉，狄之也。其狄之何也？不正其與夷狄交伐中國，故狄稱之也。」見〔晉〕范甯集解，
〔唐〕楊士勛疏：《春秋穀梁傳注疏》，卷 17，頁 170-171。《春秋》僖公二十七年：
「冬，楚人、陳侯、蔡侯、鄭伯、許男圍宋。」《穀梁傳》曰：「楚人者，楚子也，其曰人
何也？人楚子所以人諸侯也。其人諸侯何也？不正其夷狄而伐中國也。」見〔晉〕范甯集
解，〔唐〕楊士勛疏：《春秋穀梁傳注疏》，卷 9，頁 92。

[321] 〔漢〕何休解詁，〔唐〕徐彥疏：《春秋公羊傳注疏》，卷 3，頁 38。

[322] 〔晉〕范甯集解，〔唐〕楊士勛疏：《春秋穀梁傳注疏》，卷 18，頁 176。

評內容亦具體深刻。《春秋》昭公十一年：「楚子虔誘蔡侯般殺之于申。」楚子本不稱名，《公羊傳》曰：「楚子虔何以名？絕也。曷為絕之？為其誘討也。」[323] 責備楚靈王誘討，故名。《穀梁傳》曰：「何為名之也？夷狄之君誘中國之君而殺之，故謹而名之也。」[324] 因為少見夷狄誘殺中國諸侯，故聖人謹而書名。《胡傳》則曰：

> 今虔本心欲圖其國，不爲討賊舉也，而又挾欺毀信，重幣甘言，詐誘其君，執而殺之，肆行無道，貪得一時，流毒於後。棄疾以是殺戎蠻，商鞅以是紿魏將，秦人以是劫懷王，傾危成俗，天下大亂，劉項之際，死者十九，聖人深惡楚虔而名之，其慮遠矣。（卷24，頁2374）

佐於《左傳》，同樣談到楚子虔書名，言楚靈王肆意妄為，非真討蔡侯弒君之罪，而是以圖蔡為志，詐誘執殺，侵華之甚，故聖人深惡楚子，貶而書名；引後代史事為據，證明聖人謀慮深遠，較《公》、《穀》發揮詳細。又如《春秋》成公十五年：「叔孫僑如會晉士燮、齊高無咎、宋華元、衛孫林父、鄭公子鰍、邾人，會吳于鍾離。」楚與吳皆屬夷狄，但楚不殊會，此卻另書「會吳」。《公羊傳》曰：「曷為殊會吳？外吳也。曷為外也？《春秋》內其國而外諸夏，內諸夏而外夷狄。」[325] 中國和夷狄有內、外區別，故殊會外吳。《穀梁傳》僅言：「會又會，外之也。」[326] 釋義與《公羊傳》相同。《胡傳》曰：

> 會而殊會，外之也。殊會有二義：會王世子于首止，意在尊王室，不敢與世子抗也。會吳于鍾離、于柤、于向，意在賤夷狄而罪諸

---

[323] 〔漢〕何休解詁，〔唐〕徐彥疏：《春秋公羊傳注疏》，卷22，頁280。

[324] 〔晉〕范甯集解，〔唐〕楊士勛疏：《春秋穀梁傳注疏》，卷17，頁169。

[325] 〔漢〕何休解詁，〔唐〕徐彥疏：《春秋公羊傳注疏》，卷18，頁231。

[326] 〔晉〕范甯集解，〔唐〕楊士勛疏：《春秋穀梁傳注疏》，卷14，頁140。

> 侯，不能與之敵也。……成襄之間，中國無霸，齊晉大國亦皆俛首東向而親吳，聖人蓋傷之，故特殊會，可謂深切著明矣。（卷20，頁2357）

不僅解釋「殊會」二義，更具體指出：除了此年鍾離之會，《春秋》襄公十四年：「季孫宿、叔老會晉士匄、齊人、宋人、衛人、鄭公孫蠆、曹人、莒人、邾婁人、滕人、薛人、杞人、小邾婁人會吳于向。」襄公十五年：「公會晉侯、宋公、衛侯、曹伯、莒子、邾婁子、滕子、薛伯、杞伯、小邾婁子、齊世子光會吳于柤。」柤、向殊會皆是賤夷狄而罪諸侯，時晉國率天下大夫會之，聖人傷之，故有殊會書法，示夷狄不能與諸侯匹敵等列，抑強吳而存中國，說法亦詳於《公》、《穀》「外之」，嚴謹華夷之辨。

五、積極闡發《春秋》攘夷大義

胡安國親歷世變大恥，見二帝因靖康戎禍而蒙塵，中國慘遭戮辱，面對夷夏問題充溢著憤懣之情緒。在紹興六年（1136）《春秋傳》成書之際，主張「《春秋》嚴謹華夷之辨」，嚴格劃分華夏和夷狄，明定彼此分際，不忍南宋再苟且求存、偏安一隅，著眼於不得議和，伏望高宗堅守攘逐夷狄的政策，所以詮釋《春秋》的態度就較兩宋學者更為積極。

當然，不可否認仍有宋朝士人發揮《春秋》「明族類」、「別內外」的民族大義，但和他們相比之下，胡安國闡發麟經攘狄的信念強烈許多，在宋儒中是極為突出的，徹底將驅逐金虜、匡復故土之志融於《春秋》。我們可將《胡傳》置於宋儒中討論，彰顯他堅主「華夷之辨」的意志。《春秋》僖公二十一年：「十有二月癸丑，公會諸侯盟于薄，釋宋公。」此年秋，諸侯在盂地會見宋襄公，楚國趁此抓住宋襄公，直至薄地會盟才釋放。《胡傳》曰：

> 盟不書所為，而盟于薄言釋宋公者。宋方主會而蠻夷執而伐之，以

其俘獲來遺，是夷狄反為中國主，禽獸將逼人而食之矣，此正天下大變，《春秋》之所謹也。（卷 12，頁 2318）

　　宋襄公被夷狄所執，胡安國言「禽獸將逼人而食之」，似也呈現他對夷狄的敵視。而孫復曰：「楚子執宋公以伐宋，公懼故會諸侯盟于薄，釋宋公不言楚子釋宋公者，不與楚子專釋也。」[327]注意經文「楚子釋」的書法。黃仲炎曰：「會于薄，釋宋公者，蓋諸侯請於楚而釋之也，操縱在楚也，其不曰楚釋而以諸侯自釋為文者，存中國也。」[328]同樣關切何以聖人不書楚釋而以自釋為詞。葉夢得亦曰：

此前會盂之諸侯也，不序前目而後凡也，何以言公會？約盟而公往會也。執不言釋，此何以言釋？以二王後見重也。楚既得宋矣，宋公猶未釋，諸侯於是請於楚而盟焉，此楚子釋之也，何以不言楚？諸侯與有力也，執不言楚，則諸侯不能逃其罪；釋不言楚，則楚子不能專其德。[329]

　　分析《春秋》書「公會」、「釋」以及不書「楚子釋」的用意，與孫復、黃仲炎一樣，關注楚成王釋放宋襄公，《春秋》不載「楚子釋宋公」，這與胡氏申斥「夷狄反為中國主，禽獸將逼人而食之」，積極灌輸夷夏之防的態度不同。

　　此外，《春秋》文公八年：「冬，十月壬午，公子遂會晉趙盾盟于衡雍。乙酉，公子遂會雒戎盟于暴。」魯國襄仲和晉國趙盾在衡雍共結盟約，又與雒戎在暴地會見。《胡傳》發義：

《春秋》記約而志詳，其書公子遂盟趙盾及雒戎，何詞之贅乎？

---

[327]〔宋〕孫復：《春秋尊王發微》，卷 5，頁 10769。

[328]〔宋〕黃仲炎：《春秋通說》，卷 6，頁 13042。

[329]〔宋〕葉夢得：《春秋傳》，卷 10，頁 11913。

曰：聖人謹華夷之辨，所以明族類、別內外也。雒邑，天地之中而
戎醜居之，亂華夷甚矣；再稱公子，各曰其會，正其名與地，以深
別之者，示中國夷狄終不可雜也。自東漢已來，乃與戎雜處而不
辨，晉至於神州陸沉，唐亦世有戎狄之亂，許翰以為謀國者不知學
《春秋》之過，信矣。（卷14，頁2330）

　　聖人筆法連書「公子遂盟趙盾及雒戎」是表示「中國夷狄終不可
雜」，借古鑑今，透過歷史教訓強調華夷之辨。胡安國很重視華夏夷狄居
處之別，[330]這經文就可發揮他要討論的問題，但事實上各家對此可能較
集中公子遂會晉之後，又會雒戎、盟於暴，是否奉魯命或專斷，注意中國
夷狄雜處應是胡安國的特點。家鉉翁曰：「魯大夫締交強國之卿，以專魯
國而抗其君，自公子遂始，《春秋》不與也。」又曰：「《左傳》謂《春
秋》褒遂之盟戎，以為出疆能利國，愚以為《春秋》著遂之專，再書其
名，罪之非與之也。」[331]貶抑公子遂專魯之罪，似有外結強援的姦謀。
又如趙鵬飛曰：

　　蓋文公之立荒怠不君，上不朝天王，下不會霸主，內不交諸侯，外
不備戎狄，慢於禮而忽於事，四鄰謀取其國家而不知，遂之秉政，
責在遂也。故前日盟趙盾以解其厄，不與盟之憾，今復盟雒戎，
以遏其窺伺之謀而安魯之疆埸，其為迹則專，而其舉則有功也。[332]

　　雖以文公荒於國事，襄仲握權秉政，但仍肯定襄仲有安定魯國疆域之
功，和家鉉翁都是就「公子遂兩會」之上而發，胡安國卻偏重「公子遂會
雒戎」，引申至中國戎狄雜處的問題，詮釋角度有所差異。

---

[330] 例如《春秋》宣公三年：「楚子伐陸渾之戎。」《胡傳》曰：「夷狄相攻不志，此其志何
也？為陸渾在王都之側，戎夏雜處，族類之不分也。楚又至洛，觀兵于周疆，問鼎之大小輕
重焉，故特書于策，以謹華夷之辨，禁猾夏之階。」（卷16，頁2338）

[331] 〔宋〕家鉉翁：《春秋集傳詳說》，卷13，頁13596。

[332] 〔宋〕趙鵬飛：《春秋經筌》，卷8，頁11630。

李心傳《建炎以來繫年要錄》記載：

> 接伴官范同言金使已至常州，上愀然曰：「太后春秋已高，朕朝夕
> 思念，欲早相見，故不憚屈己，以冀和議之成者此也。」秦檜曰：
> 「陛下不憚屈己，講好外國，此人主之孝也。群臣見人主卑屈，懷
> 憤憤之心，此人臣之忠也。君臣用心，兩得之矣。」[333]

　　紹興八年（1138）六月，高宗基於骨肉孝道，為求梓宮、韋太后返
還，開始進行宋金第一次和議，朝中不少大臣反對。樞密副使王庶（？-
1142）就認為不可與金人議和，謂高宗「何可不念父母之仇，不思朝廷之
恥，不痛宮闈之辱，不恤百姓之冤，逆天違人，以事夷狄乎？」[334]十一
月，曾開上疏，援引越王勾踐「堅大志而謀先定」，故成功復國；楚人
「貪近利而忘遠圖」，惑於張儀之言而終被併吞，認為女真待宋正如秦人
欺楚之勢，而宋對女真毫無越人報吳之心，乞奏高宗：「伏望陛下以越為
心，以楚為戒，無忘大恥，無惑和議，堅心定志，一於自治，使政事修於
內，兵將強於外，則將不求而自和矣。」[335]不可輕信增幣割地等姦詐之
語，宜發揚征討令，向金賊開戰。中書舍人李彌遜（1089-1153）亦曰：
「陛下縱未遽興天討，亦當申飭將帥，厲兵秣馬，固守疆場，俟釁而動。
然後修德布政，下至誠惻怛之詔，動人心，激士氣，使皆有報讎強敵之
志，則國威日振，戎事日修，彼將聞風震讋，求附之不暇。」[336]以金人
虜情險詐，賊性詭誕，豺狼蠆薑不足喻其毒，若屈己就和則陷於奸謀詭
計，輕祖宗付託，後患未已也。即使反對者甚眾，[337]秦檜仍「力贊屈己

[333]〔宋〕李心傳：《建炎以來繫年要錄》，卷 120，頁 1938。

[334]〔宋〕徐夢莘編：《三朝北盟會編》，卷 183，頁 380。

[335]〔宋〕李心傳：《建炎以來繫年要錄》，卷 123，頁 1990。

[336]〔宋〕李彌遜：〈答和議奏〉，《筠谿集》（臺北：臺灣商務印書館，1986 年景印文淵閣
　　《四庫全書》），卷 2，頁 606-607。

[337]據李心傳《建炎以來繫年要錄》引呂中《宋大事記講義》，可知反對者甚眾：「檜雖以和議

之說，以為此事當斷自宸衷，不必謀之在廷」，[338]拔擢心腹大臣，盡擊異議。胡安國卒於紹興八年（1138）四月，之後秦檜仍受高宗信任，握有朝中大權，開始進行堅主和議與剷除異己的政治手段，在紹興十一年（1141）又主張第二次宋金和議。由此可見，高宗趙構並未重視《胡傳》建言，南宋初期之政治仍走向主和與主戰、反女真與反秦檜的不斷內耗，終究未能完成匡復中原之大業。

宋代士人多有強烈的淑世精神，關心家國的熱情遠勝前代。[339]胡安國身處動盪時局，所以《春秋傳》有更強烈的入世精神，假《春秋》建立和諧的社會秩序，維持穩定的倫理規範，揭櫫尊君父、討亂賊、重復仇、存三綱、攘夷狄等經世內涵。汪克寬曰：

> 文定作《傳》，當宋高宗南渡之初。是時，徽宗、欽宗及二后被幽於金，國遭戮辱，不可勝紀。而高宗信任秦檜之姦，偷安江左一隅，忘君父大讎，不敢興兵致討，反與之議和講好，下拜稱藩。既無外攘之計，又乏內修之備。君臣、父子，上下、內外，大義不明，莫此為甚。是以此《傳》，專以尊君父、討亂賊為要旨，而《春秋》之大法，實以斯為重也。[340]

德輔所言甚是，《胡傳》並非單純註解經書而已，其中寓託反覆深

斷自聖衷，而人心公議，終不可過。爭之者：臺諫則張戒、常同、方庭實、辛次膺。侍從則梁汝嘉、蘇符、樓炤、張九成、曾開、李燾、晏敦復、魏矼、李彌遜。郎官則胡珵、朱松、張廣、凌景夏。宰執則趙鼎、劉大中、王庶。舊宰執則李綱、張浚。其他如林季仲、范如圭、常明、許訴、潘良貴、薛徽言、尹焞、趙雍、王時行、連南夫、汪應辰、樊光遠，交言其不可。大將岳飛、世忠亦深言其非計。而胡銓乞斬王倫、秦檜、孫近二疏，都人喧騰，數日不定，人心亦可知矣。」見〔宋〕李心傳：《建炎以來繫年要錄》，卷124，頁2029。

[338] 〔宋〕李心傳：《建炎以來繫年要錄》，卷123，頁1996。

[339] 王水照提到：「宋代士人的人格類型自然是多種多樣、異彩紛呈的，從其政治心態而言，則大都富有對政治、社會關注的熱情，懷有『以天下為己任』的責任感和使命感，努力於經世濟時的功業建樹中，實現自我的生命價值。」見王水照：〈「祖宗家法」的「近代」指向與文學中的淑世精神──宋型文化與宋代文學之研究〉，《王水照自選集》，頁14。

[340] 〔元〕汪克寬：《春秋胡傳附錄纂疏》，卷首上，頁15。

切，用立時事，進講治國守邦之道，成書正與宋代內政外交有關，元人多能看出此點，由此角度評論是書。虞集（1272-1348）曰：「胡文定公之學實本於程氏，然其生也當宋人南渡之時，姦佞用事，大義不立，苟存偏安，忠義憤怨，內修之未備，外攘之無策，君臣、父子之間，君子思有以正其本焉，胡氏作《傳》之意，大抵本法於此。」[341]吳萊亦云：

> 當胡氏傳《春秋》時，光堯南渡，父讎未報，國步日蹙，將相大臣去戰主和，寢忘東京宮闕、西京陵寢而不有者，是故特假《春秋》之說進之經筵，且見內夏外夷若是之嚴，主辱臣死若是之酷，冀一悟主聽，則長淮不至於自畫，江左不可以偏安，此固非後世學《春秋》之通論也。[342]

　　淵穎先生點出一項關鍵：《胡傳》有其時代意義，所言並非後世學《春秋》之通論，這是相當重要的觀點。元代始將《胡傳》定作科舉考本，至明代清初都承襲此制度，變成讀書人研治《春秋》只讀《胡傳》，將此視為聖人經旨唯一的解釋，導致學子棄經不讀、尊胡為尚，這是後世學風造成的問題，與《胡傳》一書內容無關。其次，許多明清批評者未回到宋代的歷史情況，跳脫《胡傳》與政治社會的聯繫，眼光僅止於是否符合聖人經旨，當然會定論為穿鑿、附會、畔經、非孔氏之《春秋》，一旦忽略兩宋局勢對《春秋傳》的影響，評價就易流於片面偏頗，難以客觀地理解胡安國，更談不上發揮是書大義與精神等問題。

---

[341] 〔元〕汪克寬：《春秋胡傳附錄纂疏》，頁 3。

[342] 〔清〕朱彝尊撰，〔清〕翁方綱撰，羅振玉撰：《經義考・補正・校記》，卷 185，頁 1262-1263。

第肆章　胡安國《春秋傳》與時政寓託

　　明儒鄭惟桓（-1495-）曰：「胡安國本崇安人，強學力行，卓然有立。蚤與龜山楊時遊，得伊洛之傳，間上書力詆時政，志圖恢復，進講經筵，議論正大，傾動流輩。迨其著解《春秋》，比諸儒所得尤邃，故宋渡江以來，儒者進退合義以安國為首稱。」[1]肯定胡安國人品德行與學術淵源，又讚許他力詆時政、志圖恢復之舉，而且解經深邃，議論正大，影響同流。前章談到《春秋傳》與聖王經世之志，就已體認到胡安國充溢著強烈的經世思想，維持穩定的社會秩序與倫理規範，希冀高宗能實踐《春秋》撥亂濟危之義，抵禦外侮侵略、夷寇殘殺，正與鄭惟桓所言相互契合。

　　〈進《春秋傳》表〉感嘆國家從熙寧以來，崇尚釋、老、蒙莊，以虛無為宗，幾乎不言《春秋》災異之變、政事闕失，反而讚頌慶瑞之符、禮文常事，忽略孔子悉書「災異之變」與「政事闕失」是為了使後世鑑觀天人之理，恐懼祗肅。[2]所以胡安國詮釋《春秋》，託寓時事，緣附經義，希望用事者能體察聖人之心，頗有指畫政治的意味。本章歸納《胡傳》「謹微慎始」、「體元正心」、「惡盟譏會」、「去利從義」、「誅暴禁亂」之立論，爬梳相關論述，突顯胡安國扶翼聖人之教的積極趨向以及《春秋傳》蘊涵的多面性質。

1　〔明〕鄭惟桓：〈胡文定公書院祭祀題本〉，載〔明〕何紀纂，劉熙修：《（弘治）衡山縣志》（南京：江蘇古籍出版社，2002 年 7 月《中國地方志集成‧湖南府縣志輯》），卷 5，頁 120-122。

2　〔宋〕胡安國：〈進《春秋傳》表〉，《春秋傳》，頁 2266。

第一節　謹微慎始

明儒唐之淳（1350-1401）云：「《春秋》貴謹始，君子慎知幾。」[3]
王褘（1289-1373）亦曰：「《春秋》謹始，大《易》知幾，思患預防，
必防其微。」[4]提到《春秋》謹微慎始，防患於未形之幾。胡安國詳掘
《春秋》此義，關注聖人書法，從中建立人君知端恆惕，制於未亂，除惡
於微之說。以下茲就「慮患於早」、「履霜之戒」以及「謹禮於微」三方
面分述之：

一、慮患於早

胡安國謂《春秋》強調人君慎微，制於未亂，若待形勢漸成，則難以
抑制。例如經文書自然災異都有幾微之象，國君應見微知萌，有所防備。
《春秋》僖公三十三年：「隕霜不殺草。李、梅實。」《胡傳》曰：

> 哀公問於仲尼曰：《春秋》記隕霜不殺草，何為記之也？曰：此言
> 可殺也。夫宜殺而不殺，則李梅冬實，天失其道，草木猶干犯之，
> 而況君乎？是故以天道言，四時失其序則其施必悖，無以統萬象
> 矣；以君道言，五刑失其用，則其權必喪，無以服萬民矣。……其
> 論隕霜不殺草李梅冬實，蓋除惡於微，慮患於早之意也。（卷
> 13，頁 2325-2326）

何休曰：「早實霜而不殺萬物，至當實霜之時，根生之物復榮不死，

3　〔明〕唐之淳：《唐愚士詩》（臺北：臺灣商務印書館，1986 年景印文淵閣《四庫全
　　書》），卷 4，頁 589。

4　〔明〕王褘：《王忠文集》（臺北：臺灣商務印書館，1986 年景印文淵閣《四庫全
　　書》），卷 15，頁 322。

斯陽假與陰威。……此祿去公室，政在公子遂之應也。」[5]此時應當霜降，但草木卻不受任何影響，李、梅尚在結實，何休以此咎徵為陰假陽威、臣專君政之象，胡安國進而以「天道四時失序」對應「君道五刑失用」，提出除惡於微、慮患於早，謹人君之戒。又如《春秋》成公元年：「無冰。」《胡傳》曰：

> 寒極而無冰者，常燠也。按〈洪範〉傳曰：「豫，常燠若。」此政事舒緩、紀綱縱弛之象。成公幼弱，政在三家，公室不張，其象已見。……天人一理也，萬物一氣也，觀於陰陽寒暑之變，以察其消息盈虛，此制治于未亂，慎於微之意也。每慎於微，然後王事備矣。（卷19，頁2349）

何休曰：「成公幼少，季孫行父專權而委任之所致。」[6]《胡傳》本此，認為從自然災異可得政事舒緩、紀綱縱弛之象，「無冰」即顯見國君幼弱，政在大夫，故因慎微而備王事。

除了藉災異提醒國君謹微，聖人也常從經文書法顯見慎始之意。例如《春秋》成公六年：「取鄟。」《胡傳》曰：

> 鄟，微國也。書取者，滅之也。滅而書取，為君隱也。項亦國也，其書滅者，以僖公在會，季孫所為，故直書其事而不隱，此《春秋》尊君抑臣，以辨上下，謹於微之意也。人倫之際，差之毫釐，繆以千里，故仲尼特立此義，以示後世臣子使以道事君，而無朋附權臣之惡。（卷19，頁2353）

比較「取鄟」和「滅項」的書法差異：以此書取，為君諱也；彼直書滅，謹微也。胡氏認為《春秋》尊君抑臣，明示人君謹微，避免失柄，故

---

5 〔漢〕何休解詁，〔唐〕徐彥疏：《春秋公羊傳注疏》，卷12，頁159。

6 〔漢〕何休解詁，〔唐〕徐彥疏：《春秋公羊傳注疏》，卷17，頁214。

於僖公十一年先直書「滅項」，意不使後代人臣攀附權貴，結黨聚群，應以道事君。

　　春秋時移世易，初期王室衰微，諸侯並興，霸主迭起；之後霸主功業漸衰，各國大夫握權行政，天下無復有王。仲尼謹記世變初始，提醒人主必須慮患於早，知所警惕，除惡於微。《春秋》隱公八年：「宋公、齊侯、衛侯盟于瓦屋。」《穀梁傳》曰：「外盟不日，此其日，何也？諸侯之參盟於是始，故謹而日之也。誥誓不及五帝，盟詛不及三王，交質子不及二伯。」鍾文烝引王元杰語：「前猶兩國交盟，今三國合黨，馴致列國同盟矣。」[7]春秋初年皆兩國同盟，此為參盟之始。胡氏近於《穀梁》說法，以書日謹始：

> 大道隱而家天下，然後有誥誓。忠信薄而人心疑，然後有詛盟。盟詛煩而約劑亂，然後有交質子，至是傾危之俗，成民不立矣。《春秋》革薄從忠，於參盟書日，謹其始也。《周官》設司盟，掌盟載之法，凡邦國有疑則請盟於會，同聽命於天子，亦聖人待衰世之意耳。德又下衰，諸侯放恣，其屢盟也不待會同，其私約也不繇天子，口血未乾而渝盟者有矣，其末至於交質子，猶有不信者焉。
> （卷3，頁2277）

　　瓦屋為周地，近於王畿，而諸侯不朝覲周室，卻自相盟會，結黨之志著矣，王法不容。胡氏說明誥誓、詛盟、交質之變，主由忠信薄而人心疑，道德誠信已不足繫，故諸侯開始私約屢盟；但盟誓之詞又無法遵行，渝盟悖義者多矣，末流於交質世子，換取信任，終究無濟於事。黃仲炎曰：「春秋之初，有三國相與私盟，而後有諸侯之參盟，有諸侯之參盟，而有諸侯之羣盟，諸侯羣盟則天下有霸而無王矣。」[8]故《春秋》革薄從忠，於此參盟書日，謹世變之始。

7　〔清〕鍾文烝撰，駢宇騫、郝淑慧點校：《春秋穀梁經傳補注》，卷2，頁56。
8　〔宋〕黃仲炎：《春秋通說》，卷1，頁12996。

　　《春秋》襄公八年：「季孫宿會晉侯、鄭伯、齊人、宋人、衛人、邾人于邢丘。」據《左傳》：「五月甲辰，會于邢丘，以命朝聘之數，使諸侯之大夫聽命。季孫宿、齊高厚、宋向戌、衛甯殖、邾大夫會之。」[9]此會多國大夫。《胡傳》云：

> 蘇轍曰：晉悼公修文襄之業，改命朝聘之數，使諸侯之大夫聽命於會，大夫稱人，眾詞也。朝聘之節，儉而有禮，眾之所安也。臣則以為大夫稱人，貶之也。昔周公戒成王以繼自今我，其立政立事，夫不自為政而委於臣下，是以國之利器示人而不知寶也。朝聘，事之大者，重煩諸侯而使大夫聽命，無乃以姑息愛人而不由德乎，使政在大夫而諸侯失國，又豈所以愛之也？後此八年，溴梁之會，悼公初沒，諸侯皆在，而大夫獨盟，君若贅旒，夫豈一朝一夕之故哉！故邢丘之事，魯公在晉而季孫宿會見，魯之失正也。諸侯之大夫，貶而稱人，謹其始也。（卷21，頁2361）

　　子由以大夫稱人為眾詞，無涉褒貶，但胡安國卻認為此因貶稱人，乃謹始之故。一方面批評晉悼公使大夫聽命朝聘之數，顯見諸侯失國而政委臣下，此舉更使襄公十六年溴梁之會後，叔孫豹、晉荀偃、宋向戌、衛甯殖、鄭公孫蠆、小邾之大夫盟，諸侯政權益加旁落；一方面邢丘之會，魯君在晉，晉悼公卻直與季孫宿會，可見魯襄公權弛位空，政在季氏，故經文之大夫書人謹始，嚴上下之分。

　　相對地，「善惡積於至微而不可揜，常情忽於未兆而不預謀」（卷22，頁2364），君若贅旒非一朝一夕之故，若忽略未兆至微之幾，影響後果甚大。例如襄公十六年：「公會晉侯、宋公、衛侯、鄭伯、曹伯、莒子、邾子、薛伯、杞伯、小邾子于溴梁。戊寅，大夫盟。」《胡傳》曰：

> 上二年，春正月，會于向，十有四國之大夫也。夏四月，會伐秦，

十有三國之大夫也。冬，會于戚，七國之大夫也。此三會，皆國之
大事也，而使大夫皆專之，而諸侯皆不與焉，是列國之君不自為
政，弗躬弗親，禮樂征伐已自大夫出矣，況悼公既沒，晉平初立，
無先公之明也。君若贅旒，而大夫張亦宜矣，夫豈一朝一夕之故
哉！（卷22，頁2364）

　　經文此年書「大夫盟」，不稱「諸侯之大夫」而獨書「大夫」，意味
國政皆自大夫出，諸侯失政。《春秋》襄公八年：「季孫宿會晉侯、鄭
伯、齊人、宋人、衛人、邾人于邢丘。」已書人謹始，明示諸侯失權而政
委大夫，若人主不能謹始而制於未亂，則大夫專出會盟、恃強黨惡，諸侯
霸業流於隳敗。故襄公十四年：「春，王正月，季孫宿、叔老會晉士匄、
齊人、宋人、衛人、鄭公孫蠆、曹人、莒人、邾婁人、滕人、薛人、杞
人、小邾婁人會吳于向」、「夏四月，叔孫豹會晉荀偃、齊人、宋人、衛
北宮結、鄭公孫蠆、曹人、莒人、邾婁人、滕人、薛人、杞人、小邾人伐
秦」、「冬，季孫宿會晉士匄、宋華閱、衛孫林父、鄭公孫蠆、莒人、邾
婁人于戚」，一年之中，十四國大夫會於向，十三國大夫伐秦，七國大夫
會於戚，君若贅旒，役皆大夫，豈一朝一夕之由？故謹微慎始之重也。

二、履霜之戒

　　「天下之事必有其幾，幾之所伏至隱至微，眾人蚩蚩昧厥，先見懼
焉。」[10]胡氏強調謹微慎始，尤在危難預兆顯現時，必須警戒防範，尋隱
推微，倘若弗覺弗治，卒遭禍患。《春秋》隱公四年：「翬帥師。」程頤
曰：「翬不稱公子，弒逆之人，積其強惡，非一朝一夕，辨之宜早，故去
其公子。隱公不能辨，是以及禍。」[11]《胡傳》亦言：

10　〔明〕孫承恩：《文簡集》（臺北：臺灣商務印書館，1986 年景印文淵閣《四庫全
　　書》），卷1，頁61。

11　〔宋〕程顥、程頤著，王孝魚點校：《二程集》，「河南程氏經說」卷4，頁1093。

《易》曰：「履霜，堅冰至。履霜，陰始凝也。馴致其道，至堅冰也。」臣弒其君，子弒其父，非一朝一夕之故，其所由來者漸矣，由辨之不早辨也。宋人來乞師而公辭之，羽父請以師會而公弗許，其辭而弗許，義也。翬以不義強其君，固請而行，無君之心兆矣。夫公子公孫升為貴戚之卿者，其植根膠固，難御於異姓之卿，況翬已使主兵而方命乎！隱公不能辨之於早，罷其兵權，猶使之帥師也，是以及鍾巫之禍，《春秋》於此去其公子，以謹履霜之戒。（卷 2，頁 2273）

　　弒逆之禍，逐漸而成；積累達至，並非無由，辨之宜早。公子翬不聽君命，獨自帥師專兵，已兆顯無君之心；隱公不能覺察，乘機罷其兵權，最終慘遭見弒，無法辨早謹微之故。又，《春秋》隱公十年：「夏，翬帥師，會齊人、鄭人伐宋。」《胡傳》曰：「翬不氏，先期也。始而會宋以伐鄭，固請而行。今而會鄭以伐宋，先期而往，不待鍾巫之變，知其有無君之心矣。夫亂臣賊子積其強惡，非一朝一夕之故，及權勢已成，威行中外，雖欲制之，其將能乎？故去其公子，以戒兵柄下移，制之於未亂也。」（卷 3，頁 2278）十一年，隱公祭鍾巫，齊於社圃，公子翬使賊弒公於寪氏。若隱公謹微見緒，當公子翬會諸侯伐宋，即可知其無君之心，宜去兵柄、斷軍權，若待權勢已成、威行中外則無法制之，反而慘遭殺身之禍，不得不慎。

　　魯君失政見弒，層出不窮，歸因於權臣專政而人君未察初萌之兆。《春秋》文公十六年：「毀泉臺。」何休曰：「莊公所築臺于郎。」又云：「但當勿居，令自毀壞，不當故毀，暴揚先祖之惡也。」[12]《胡傳》沿襲其言：「先祖為之，非矣。然臺之存毀，非安危治亂之所係也，雖勿居可也，而必毀之，是暴揚其失，有輕先祖之心。此履霜之漸，弒父與君之萌，《春秋》之所謹也，故書。」（卷 15，頁 2334）魯人毀先君之臺，胡氏以其不該毀臺，毀臺乃輕視先祖，從此表徵連結襄仲殺太子惡及

---

[12]　〔漢〕何休解詁，〔唐〕徐彥疏：《春秋公羊傳注疏》，卷 14，頁 182。

其弟視，明履霜之漸，故書。又如《春秋》昭公八年：「秋，蒐于紅。」
《左傳》曰：「秋，大蒐于紅，自根牟至于商、衛，革車千乘。」[13]檢閱
軍隊，全國大蒐，以習武事。劉敞曰：「蒐，春事也。秋興之，非正也。
蒐有常地矣，于紅亦非正也。然則曷為不言公？公不得與於蒐爾。公曷為
不得與於蒐？三家者專魯而分之，政令出焉，公民食焉爾。」[14]《左傳》
隱公五年：「春蒐、夏苗、秋獮、冬狩，皆於農隙以講事也。」[15]蒐非秋
事，《春秋》凡蒐狩皆不書，悖禮者必書。此年蒐于紅，非其時常地，劉
敞以三家專魯，兵權移此，公不得與，提出奸臣奪政必先非禮動民。《胡
傳》亦云：

> 蒐，春事也。秋興之則違天時。有常所矣，其于紅則易地，利三家
> 專行，公不與焉，而兵權在臣下，則悖人理，此亦直書其事，不待
> 貶絕而自見者也。凡亂臣之欲竊國命，必先為非禮以動民，而後上
> 及於君父，昭公至是，民食於他，不恤其所，昧於履霜之戒甚矣。
> （卷24，頁2373-2374）

三家無君，既反天時、悖人倫、易地利；其欲竊國命，必先非禮動
民，而昭公不悟，昧於履霜堅冰之戒，終失社稷而死。

此外，《春秋》定公元年：「晉人執宋仲幾于京師。」《春秋》大夫
專執始於此。《公羊傳》曰：「仲幾之罪何？不蒇城也。其言于京師何？
伯討也。伯討則其稱人何？貶。曷為貶？不與大夫專執也。曷為不與？實
與而文不與。文曷為不與？大夫之義，不得專執也。」[16]《穀梁傳》亦
曰：「此其大夫。其曰人，何也？微之也。何為微之？不正其執人於尊者

---

[13] 〔晉〕杜預注，〔唐〕孔穎達疏：《春秋左傳正義》，卷44，頁769。

[14] 〔宋〕劉敞：《春秋劉氏傳》，卷12，頁10945。

[15] 〔晉〕杜預注，〔唐〕孔穎達疏：《春秋左傳正義》，卷3，頁59。

[16] 〔漢〕何休解詁，〔唐〕徐彥疏：《春秋公羊傳注疏》，卷25，頁315。

之所也，不與大夫之伯討也。」[17]皆不與大夫專執伯討，故稱人貶之。
《胡傳》亦近於此：

> 按《左氏》：諸侯會城成周，宋仲幾不受功，曰：滕、薛、郳，吾
> 役也。為是執之，則有罪矣。書晉人執仲幾于京師則貶詞也，以王
> 事討有罪，何貶乎？按《周官》司隸掌凡囚執人之事屬於司寇，凡
> 諸侯之獄訟定以邦典，凡卿大夫之獄訟，斷以邦法，則大司寇之職
> 也，不告諸司寇而執人於天子之側，故雖以王事討有罪猶貶，凡此
> 類皆篡弒之萌，履霜之漸，執而書其地，謹之也，每謹於初而禍亂
> 熄矣。（卷27，頁2386）

《左傳》載晉國魏舒合諸侯大夫將以城成周，宋國大夫仲幾不受功，
欲滕、薛、郳三國代其受役，薛宰遂與仲幾爭論，晉大夫士彌牟從中調
停，仲幾卻抑其以鬼神，故士彌牟怒執仲幾以歸，歸諸京師。胡氏謂宋仲
幾雖不義，但國有司隸，屬於司寇刑官，掌理刑事獄訟；晉國大夫不告之
司寇，不請於王命，擅自執人，無王之罪甚矣。其行乃篡弒之萌，履霜之
漸，故《春秋》執而書地，變例謹始，制於未亂。

三、謹禮於微：詳書魯娶夫人之禮

劉敞曰：「夫婦之際，人倫之首，可不慎哉！故鑒末以原本，因微以
知著。」[18]胡安國亦重夫婦之道，解析《春秋》載魯君迎娶夫人之禮，高
舉聖人「謹禮於微」，認為「禮義，天下之大防也，其禁亂之所由生，猶
坊止水之所自來也。」（卷9，頁2301）一再點出魯君娶夫人不正其禮，
不謹於微，故屢有弒逆奪位之禍，不得不慎。

首先，魯桓公與文姜。《春秋》桓公三年：「齊侯送姜氏于讙。公會

---

[17] 〔晉〕范甯集解，〔唐〕楊士勛疏：《春秋穀梁傳注疏》，卷19，頁186。

[18] 〔宋〕劉敞：《春秋意林》，卷上，頁11147。

齊侯于讙。夫人姜氏至自齊。」程頤曰：「齊侯出疆送女，公遠會之，皆
非義矣。」[19]《胡傳》詳言：

> 古者昏禮必親迎則授受明，後世親迎之禮廢，於是有父母兄弟越境
> 而送其女者，以公子翬往逆則既輕矣。為齊侯來，乃逆而會之于
> 讙，是公之行，其重在齊侯而不在姜氏，豈禮也哉！不言以至者，
> 既得見乎公也，不能防閑，於是乎在〈敝笱〉之刺兆矣。禮者，所
> 以別嫌明微，制治于未亂，不可不謹也。娶夫人，國之大事，故
> 詳。（卷4，頁2283）

此年魯桓公使公子翬如齊迎文姜，齊僖公越境送女至讙，非禮也。[20]
桓公不會之親迎，竟以會禮接齊僖公，聖人不與也。《詩經·敝笱》小序
曰：「敝笱，刺文姜也。齊人惡魯桓公微弱，不能防閑文姜，使至淫亂，
為二國患焉。」親迎為婚禮大節，是夫婦人倫之始，胡氏強調禮者：別嫌
明微，制治未亂，批評魯桓、文姜夫婦之道敗壞於其始不正，娶非禮也。
《春秋》莊公五年：「夫人姜氏如齊師。」《胡傳》曰：

> 師者，眾多之地。按齊詩〈載驅〉刺襄公無禮義，盛其車服，疾驅
> 於通道大都，與文姜淫之詩也。其三章曰：「汶水湯湯，行人彭
> 彭。魯道有蕩，齊子翱翔。」彭彭者，多貌也。其四章曰：「汶水
> 滔滔，行人儦儦。魯道有蕩，齊子遊遨。」儦儦者，眾貌也。曰會
> 曰享猶為之名也，至是如齊師，羞惡之心亡矣，夫人之行不可復制
> 矣。《春秋》書此，以戒後世謹禮於微，慮患於早之意也。（卷
> 7，頁2294）

19　〔宋〕程顥、程頤著，王孝魚點校：《二程集》，「河南程氏經說」卷4，頁1103。

20　《公羊傳》曰：「何以書？譏。何譏爾？諸侯越竟送女，非禮也。」見〔漢〕何休解詁，
　　〔唐〕徐彥疏：《春秋公羊傳注疏》，卷4，頁50。《穀梁傳》曰：「送女踰竟，非禮
　　也。」見〔晉〕范甯集解，〔唐〕楊士勛疏：《春秋穀梁傳注疏》，卷3，頁31。

　　齊襄盛其車服，與文姜疾驅於大道，不因淫會而恥，共見行人眾多亦坦然喜樂，肆無忌憚，故經文書此以戒後世謹禮於微、慮患於早。

　　第二，魯莊公與哀姜。《春秋》莊公二十四年：「刻桓宮桷。」莊公欲迎娶哀姜，故修飾宮廟，三《傳》以此非禮，[21]《胡傳》亦批評道：「桓公見殺于齊則不能復而盛飾其宮，夸示仇人之女，乃有亂心，廢人倫、悖天道而不知正者也。御孫知為大惡而不敢盡言，《春秋》謹禮於微，正後世人主之心術者也，故詳書于策，斥言桓宮以惡莊，為後鑒也。」（卷 9，頁 2302）斥責莊公忘父之仇，迎娶仇女已非，此又丹楹刻桷，悖禮之甚，聖人謹禮於微，故書。又如《春秋》莊公二十四年：「大夫宗婦覿，用幣。」《左傳》載：「秋，哀姜至，公使宗婦覿，用幣，非禮也。御孫曰：『男贄，大者玉帛，小者禽鳥，以章物也。女贄，不過榛、栗、棗、修，以告虔也。今男女同贄，是無別也。男女之別，國之大節也；而由夫人亂之，無乃不可乎？』」[22]魯莊公使同姓大夫之婦與哀姜見面，男女其贄，物類不同，各有分別，今男女用幣同贄，亂禮之甚也。《胡傳》曰：「覿用幣，何以書？男贄，大者玉帛，小者禽鳥，以章物也。女贄，不過榛、栗、棗、脩，以告虔也。今男女同贄，是無別也。公子牙慶父之亂兆矣，《春秋》詳書，正始之道也。」（卷 9，頁 2302-2303）夫婦之道基於男女之別，三綱人倫又以夫婦之道為本，莊公此舉已失男女之別、夫婦之道，何以明正君臣之義？故卒致慶父通於哀姜，共成弒逆之禍，《春秋》詳書魯公娶夫人，辭繁不殺，強調謹禮正始的重要。

　　第三，文公與出姜。《春秋》文公四年：「逆婦姜于齊。」《左傳》以此非禮：「逆婦姜于齊，卿不行，非禮也。君子是以知出姜之不允於魯

21　《左傳》曰：「春，刻其桷，皆非禮也。」見〔晉〕杜預注，〔唐〕孔穎達疏：《春秋左傳正義》，卷 10，頁 172。《公羊傳》曰：「何以書？譏。何譏爾？刻桓宮桷，非禮也。」見〔漢〕何休解詁，〔唐〕徐彥疏：《春秋公羊傳注疏》，卷 8，頁 101。《穀梁傳》曰：「禮：天子之桷，斲之礱之，加密石焉；諸侯之桷，斲之礱之。大夫斲之，士斲本。刻桷，非正也。夫人，所以崇宗廟也。取非禮與非正，而加之於宗廟，以飾夫人，非正也。刻桓宮桷，丹桓宮楹，斥言桓宮，以惡莊也。」見〔晉〕范甯集解，〔唐〕楊士勛疏：《春秋穀梁傳注疏》，卷 6，頁 59。

22　〔晉〕杜預注，〔唐〕孔穎達疏：《春秋左傳正義》，卷 10，頁 172-173。

也。」[23]不依國君夫人之禮迎之，故為非禮，並知將不終於魯。《胡傳》曰：

> 逆皆稱女，以未成婦，而女者在父母家之所稱也。往逆而稱婦，入
> 國不書至，何哉？此《春秋》誅意之効也。禫制未終，思念娶事，
> 是不志哀而居約矣。方逆也而已成為婦，未至也而如在國中，原其
> 意而誅之也。不稱夫人姜氏者，亦與有貶焉。婦人不專行，何以與
> 有貶？父母與有罪也。文公不知敬其伉儷，違禮而行，使國亂子
> 弒；齊人不能鑒微知著，冒禮而往，使其女不允於魯，皆失於不正
> 其始之過也。夫婦之際，人倫之首禮，不可不謹也，故交貶之以為
> 後鑒。（卷14，頁2328）

文公二年，襄仲如齊納幣，顯見文公逢喪迎娶齊女，紊其禮也，故聖人不書「逆女」而改書「逆婦姜」，以誌文公違禮而行。齊國不能正始辨微，使出姜冒禮而嫁，不允於魯，《春秋》亦貶。如劉敞所曰：「文公之不能保其後嗣者，由無以刑其妻也；夫人之不能安其位者，由無以謹於禮也，此正始之道也。」[24]因為禮始不正，導致襄仲與敬嬴私自勾結，奪嫡立庶，出姜終以子弒而歸之於齊。循此可知聖人謹禮於微、防微杜漸，為世之慮深矣。

北宋學者已重視夫婦之道，視此為風教之始、人倫之本。孫復曰：「噫！夫夫婦婦，風教之始，人倫之本也，可不重乎？是故昏禮之重，莫重乎親迎。」[25]劉敞亦曰：「夫婦之際，人倫之首，可不慎哉！故鑒末以原本，因微以知著。……禮之於人大矣，是存則存，是亡則亡，文公之不能保其後嗣者，由無以刑其妻也。夫人之不能安其位者，由無以謹於禮

---

23 〔晉〕杜預注，〔唐〕孔穎達疏：《春秋左傳正義》，卷18，頁306。

24 〔宋〕劉敞：《春秋意林》，卷上，頁11147。

25 〔宋〕孫復：《春秋尊王發微》，卷2，頁10739。

也，此正始之道也。」[26]具體點明文公和出姜不能謹禮於微，故文公無以保嗣，出姜不以位終，強調正始之道的關鍵。胡安國亦承其言，重視程度更勝於前代學者，許多經文解釋都是圍繞於此，反覆申義。例如《春秋》莊公五年：「夫人姜氏如齊師。」孫復僅點出非禮，[27]孫覺亦著其會之惡，[28]葉夢得則關注「如師」之義，[29]但胡安國卻認為經文書此以戒後世慮患於早。又如文公四年：「逆婦姜于齊。」《胡傳》提出經文交貶稱婦、不書至，是聖人謹禮正始；而劉敞、孫覺、蘇轍、崔子方同樣談到稱「婦」，但卻解釋為「有姑之辭」，[30]不涉及「謹禮於微」的問題。因此，胡安國比前儒更注重魯公迎娶夫人之禮，藉經文書法呈顯夫子別嫌明微、制於未亂之大義。

　　另外，劉敞〈救日論〉曰：「夫聖王所甚畏而事者莫如天，天神之最著而明者莫如日。」[31]以「日」為眾陽之宗、人君之表，從日食討論到陰侵陽、柔乘剛、臣蔽君、妻陵夫等逆德之漸，籲人上明察災異之變，謹微

26　〔宋〕劉敞：《春秋意林》，卷上，頁 11147。

27　孫復曰：「文姜不安于魯，故如齊師。直曰如齊師，不為會禮也。」見〔宋〕孫復：《春秋尊王發微》，卷 3，頁 10748。

28　孫覺曰：「夫人姜氏會齊侯之惡，《春秋》皆據實書之，以其為惡之迹同而罪無輕重也。或會、或享、或如其師，一時之迹不侔而為行之惡則一，《春秋》必異其事而書之，著其惡以傳信後世耳。」見〔宋〕孫覺：《春秋經解》，卷 3，頁 594。

29　葉夢得曰：「師不言如，如師者，請師也。必有事焉，然後請之。故鞌之役，齊使國佐如師，纔一見焉，亦已希矣，未有婦人而如師者也。」見〔宋〕葉夢得：《春秋傳》，卷 5，頁 11868。

30　劉敞曰：「其稱婦何？有姑之辭也。」見〔宋〕劉敞：《春秋劉氏傳》，卷 7，頁 10908。孫覺曰：「《春秋》書逆女來多矣，未有曰婦者。逆而言婦，則是成禮於彼也。禮成於彼則逆之者，公也。不曰公焉，不與公之成于齊也。《春秋》夫人之至者必書於經，婦姜書逆而不書至，不與其先配而後祖也。夫人之至則告廟矣，《春秋》非之，故不書爾。」見〔宋〕孫覺：《春秋經解》，卷 7，頁 697-698。蘇轍曰：「卿不行，非禮也。曰『婦』，有姑之詞也。《公羊》曰：娶于大夫，畧之也。公子遂如齊納幣，納幣于齊也。執謂娶于大夫乎？《穀梁》曰：親迎而曰婦，成禮乎齊也。不言公，何以知其親迎之？宋蕩伯姬來逆婦，杞伯姬來求婦，皆由姑言之也。」見〔宋〕蘇轍：《春秋集解》，卷 6，頁 50。崔子方曰：「宋蕩伯姬來逆婦，謂姑逆也。今曰逆婦姜，亦姑逆之辭也。……不書至，難言之也。」見〔宋〕崔子方：《春秋經解》，卷 6，頁 247。

31　〔宋〕劉敞：〈救日論〉，《公是集》（北京：中華書局，1985 年《叢書集成初編》），卷 39，頁 459。

慎行。司馬光〈重微〉亦以人君當絕惡於未形，杜禍於未成，並引宋太宗、宋真宗為例證，說明六項常見棄忽的徵兆，戒懼萬事之微。[32]又如宛丘先生張耒（1054-1114）於〈慎微篇〉曰：「天下之患，常養于安樂不慮之處，狗致而積之，而後日深月長，極而後動。而小患之不除者，大患之所積；微害之所在者，深害之所養，是又不可不察也。」[33]認為天下重兵集中在西北之陲，講求訓戒用眾、講武練卒，主張朝廷更應注意東南兩隅，以消去郡縣奸豪、田間惡民等小害微患為先。這類思患預防的觀點都是針對人主發義，而且每當皇帝即位或紀年改元，君臣上下更重視朝廷政策宜端本正始。如元符三年（1100）十一月，宋徽宗下詔：「稽曆數在躬之文，念《春秋》謹始之義，肇心元統，國有典常。是遵踰歲之期，以易紀年之號。」[34]並於來年改為建中靖國元年。宋欽宗趙桓即位，戶部尚書聶山、祕書省校書郎余應求於靖康元年（1126）正月二十八日上奏：「臣聞《春秋》之義大正始，克正其始。始或不正，後將若何？陛下嗣位之初，彊虜入寇，雖曰事守禦，未暇施為，所尤當正始，以示天下。」[35]點出其失有七，盼陛下戒懼萬幾之微，考慎擇賢，兢兢業業，以成日新之德。宋高宗建炎元年（1127），朱勝非曰：「即位之初宜慎始。慎始之說無他，仁義而已。」[36]視仁義為天下大柄，人主一旦失柄，則大臣跋扈；中國失柄，則四夷交侵，乞奏高宗在進退人材、禮樂征伐、慶賞刑威等法度上宜置合於仁義。

　　呂中《宋大事記講義》曰：「靖康之賣國降敵即靖康主和之人也，靖

---

[32] 司馬光曰：「夫宴安怠惰，肇荒淫之基；奇巧珍玩，發奢泰之端；甘言悲辭，啟僥倖之塗；附耳屏語，開讒賊之門；不惜名器，導僭逼之源；假借威福，授陵奪之柄。凡此六者，其初甚微，朝夕狎玩，未睹其害，日滋月益，遂至深固。比知而革之，則用力百倍矣。」見〔宋〕司馬光撰，李之亮箋注：〈重微〉，《司馬溫公集編年箋注》，卷 19，頁 82。

[33] 〔宋〕張耒：〈慎微篇〉，《柯山集拾遺》（北京：中華書局，1985 年《叢書集成初編》），卷 7，頁 675。

[34] 〔宋〕宋綬、宋敏求編：〈改建中靖國元年御札〉，《宋大詔令集》（北京：中華書局，1962 年 10 月第 1 版），卷 2，頁 9。

[35] 撰人不詳：《靖康要錄》，卷 1，頁 20-22。

[36] 〔宋〕徐夢莘編：《三朝北盟會編》，卷 213，頁 133-134。

康之主和即宣和開釁之人也，宣和開釁即熙寧、紹聖用兵之遺孽也，履霜堅冰至，其來有漸矣。」[37]靖康南渡之後，胡安國大力發揮《春秋》謹微慎始，希冀高宗能從天道四時失序對應君道五刑失用，除惡於微、制於未亂，因為善惡積於至隱，常情忽於未兆，是否察萌謂為關鍵。透過魯臣專政而魯公見弒為實例，提醒國失社稷，非一朝一夕，宜早辨臣子輕祖之志與無君之心，防止權臣漸積強惡、攀附朋黨，再對南渡後的國勢造成嚴重傷害。

第二節　體元正心

　　《春秋》隱公元年何以書「元」？三《傳》唯《公羊傳》曰：「元年者何？君之始年也。」[38]但未有深入意見，至漢代董仲舒才開始對「元」有較充分的說明。《春秋繁露·深察名號》曰：「《春秋》大元，故謹於正名。」[39]提到聖人重「元」及其與正名的關係。何休又在董氏之上賦予「氣」的觀念，論述「元」的重要性。[40]孔穎達另結合何休、董仲舒之語，解釋「體元以居正」之義。[41]

　　《胡傳》亦探討為何不稱「一年」而稱「元年」，呈現聖人改「一」為「元」的用意。戴維提出胡安國對「元」的解釋是從理學角度體認，突

---

[37] 〔宋〕呂中：《宋大事記講義》（臺北：臺灣商務印書館，1986 年景印文淵閣《四庫全書》），卷 23，頁 412。

[38] 〔漢〕何休解詁，〔唐〕徐彥疏：《春秋公羊傳注疏》，卷 1，頁 8。

[39] 〔清〕蘇輿著，鍾哲點校：《春秋繁露義證》（北京：中華書局，2010 年 1 月），卷 10，頁 305。

[40] 何休曰：「元者，氣也。無形以起有形，以分造起天地，天地之始也。」見〔漢〕何休解詁，〔唐〕徐彥疏：《春秋公羊傳注疏》，卷 1，頁 8。

[41] 孔穎達曰：「言欲其體元以居正者，元正實是始長之義，但因名以廣之。元者，氣之本也、善之長也。人君執大本、長庶物，欲其與元同體，故年稱元年。正者，直方之間語也。直其行、方其義，人君當執直心、杖大義，欲其常居正道，故月稱正也。以其君之始年、歲之始月，故特假此名以示義。」見〔晉〕杜預注，〔唐〕孔穎達疏：《春秋左傳正義》，卷 2，頁 30-31。

破前人從訓詁角度切入，完全將《春秋傳》定調在理學之上，[42]不僅深許胡安國的說法超越前人，並認定《胡傳》屬於理學範疇之著作。但本書認為《胡傳》說法是與朝政相關，沒有特別突破、新創或獨立，只是將當時普遍的觀念透過《春秋》經義闡發而已。試先分析《胡傳》釋「元」為「人心」之淵源，釐清與前代論「元」的異同後，再結合宋代朝臣意見，呈顯「體元正心」之實義。

一、《胡傳》釋「元」為「人心」之淵源

目前學界探討《胡傳》隱「元」的意見，多從「本體論」角度分析，主張胡氏發揮《春秋》中的哲學義理，從人道拉高至天道，成為自主的宇宙主體。本書嘗試從另一方向思考，還原《胡傳》扣緊時政的特色。

《春秋》隱公「元年」，《公羊傳》曰：「元年者，君之始年也。」[43]程頤曰：「元年，隱公之始年。」[44]釋「始」為「元」，表此年是隱公即位起始。《胡傳》對此別有發義：

> 即位之一年必稱元年者，明人君之用也。「大哉乾元，萬物資始」，天之用也；「至哉坤元，萬物資生」，地之用也。成位乎其中，則與天地參，故體元者，人主之職；而調元者，宰相之事。元即仁也。仁，人心也。《春秋》深明其用，當自貴者始，故治國先正其心，以正朝廷與百官，而遠近莫不壹於正矣。《春秋》立文兼述作，按〈舜典〉紀元日，〈商訓〉稱元祀，此經書元年，所謂祖二帝、明三王，述而不作者也。正次王，王次春，乃立法創制，裁自聖心，無所述於人者，非史冊之舊文矣。（卷1，頁2268）

---

[42] 戴維：《春秋學史》，頁362。

[43] 〔漢〕何休解詁，〔唐〕徐彥疏：《春秋公羊傳注疏》，卷1，頁8。

[44] 〔宋〕程顥、程頤著，王孝魚點校：《二程集》，「河南程氏經說」卷4，頁1086。

　　明顯引用《周易》語，認為「元」是天、地所始所生，人君處天地之中，勢必得體「元」，體察「天地之用」，與天地參；宰相身職輔佐國君，故必須調「元」，調協「人君之用」，成君其中。又，「元」為「仁」，「元」就是「人心」，有國者能先正其心，遂能正朝廷百官，天下遠近無不正也。

　　仔細分析胡安國「元」之觀點，可發現他乃基於前說而發，沿襲各家意見，建構成自己的論述。《周易・乾卦・文言》曰：「元者，善之長也；亨者，嘉之會也；利者，義之和也；貞者，事之幹也。君子體仁足以長人，嘉會足以合禮，利物足以和義，貞固足以幹事。君子行此四德者，故曰：『乾，元、亨、利、貞。』」[45]「元」為善之長，君子體「仁」足以長人，故「仁」為「善」，與「元」有密切關係，胡氏釋「元」為「仁」實源於此。孟子曰：「仁，人心也。」[46]《胡傳》亦循其言，將「人心」結合至「元」。《春秋繁露・天地之行》將一國之君喻為一體之心，《胡傳》釋「元」為「人心」也近於此說。

　　董仲舒《春秋繁露》有不少關於「元」的內容，胡安國汲取箇中論述：第一，人君為國家之「元」。《春秋繁露・立元神》曰：「君人者，國之元，發言動作，萬物之樞機。樞機之發，榮辱之端也。失之豪釐，駟不及追。故為人君者，謹本詳始，敬小慎微，志如死灰，形如委衣，安精養神，寂莫無為。」[47]蘇輿（1873-1914）曰：「天下人心向背，即人君發言之榮辱。」[48]國君言行關乎民心向背，國家善敗繫於人君道德，故應謹本慎始、任賢使能，安養無為以觀照百姓。第二，《春秋》貴「元」重始。《春秋繁露・王道》曰：「《春秋》何貴乎元而言之？元者，始也，言本正也；道，王道也；王者，人之始也。王正則元氣和順、風雨時、景

45　〔魏〕王弼、韓康伯注，〔唐〕孔穎達正義：《周易正義》，卷1，頁12。

46　〔漢〕趙岐注，〔宋〕孫奭疏：《孟子注疏》，卷11下，頁202。

47　〔清〕蘇輿著，鍾哲點校：《春秋繁露義證》，卷6，頁166-167。

48　〔清〕蘇輿著，鍾哲點校：《春秋繁露義證》，卷6，頁166。

星見、黃龍下；王不正則上變天，賊氣并見。」[49]國君居上化下，影響之大，聖人貴「元」即正本重始，「本不立者末必倚，始不盛者終必衰」[50]，王道正則陰陽調和、四時遞嬗、符瑞充塞；王道不正則時節失序、禍殃並生、災異盛起，故人君務以謹微慎始為先。第三，聖人書「一」為「元」之大義。《漢書・董仲舒傳》載：

> 一者萬物之所從始也。元者辭之所謂大也。謂一為元者，視大始而欲正本也。《春秋》深探其本，而反自貴者始。故為人君者，正心以正朝廷，正朝廷以正百官，正百官以正萬民，正萬民以正四方。四方正，遠近莫不敢壹於正，而亡有邪氣奸其間者。是以陰陽調而風雨時，羣生和而萬民殖，五穀熟而草木茂，天地之間被潤澤而大豐美，四海之內聞盛德而皆徠臣，諸福之物、可致之祥，莫不畢至，而王道終矣。[51]

「一」為始，「元」為大，董氏認為《春秋》不稱「一年」而稱「元年」之因：「視大始而欲正本」，「一」為萬物之始，藉由書「元」則更可表達聖人重視「本始」。國君舉事初始若能先正其心，後才可正朝廷百官、親疏遠近、萬民四方，如《春秋繁露・二端》：「《春秋》之道，以元之深正天之端，以天之端正王之政，以王之政正諸侯之即位，以諸侯之即位正竟內之治，五者俱正而化大行。」[52]稱「元」以化天下大行。胡安國亦將「元」、「君」相連，並以「《春秋》深明其用，當自貴者始，故治國先正其心，以正朝廷與百官，而遠近莫不壹於正矣。」貴始意見同於董仲舒，認為此乃聖人改「一」為「元」之深意。另外，杜預曾言：「凡

---

[49] 〔清〕蘇輿著，鍾哲點校：《春秋繁露義證》，卷4，頁100-101。

[50] 〔漢〕劉向著，趙善詒疏證：《說苑疏證》（臺北：文史哲出版社，1986年10月），卷3，頁61。

[51] 〔漢〕班固撰，顏師古注：《新校漢書集注》，卷56，頁2502-2503。

[52] 〔清〕蘇輿著，鍾哲點校：《春秋繁露義證》，卷6，頁155-156。

人君即位，欲其體元以居正，故不言一年一月也。」[53]程頤亦曰：「體仁，體元也。」[54]胡氏也以「體元」為「體仁」，此為人主之職，另補充「調元」為宰相之事，明示君臣上下一心。

是故，關於《胡傳》「一元論」，可得以下幾點意見：

（一）胡安國解「元」為「仁」、「心」可上推至《周易》、《孟子》，其又汲取董仲舒的主張，將「元」、「君」相連，以聖人改「一」為「元」為重始之意；並承襲杜預、程頤「人主體元」，另補述「宰相調元」之說，對「元」的理解是轉益多師，廣納各家說法。

（二）劉昆笛認為胡安國對「元」的理解來自程頤。[55]不可否認，程頤對胡安國《春秋傳》有其影響，但在發揮隱「元」之上，他受董仲舒《春秋繁露》的影響其實更大。清代《欽定春秋傳說彙纂》曰：「元字之義，自董氏以爲視大始而欲正本，至何、杜附益，因有體元之說，《胡傳》乃推衍至乾元、坤元，以爲體元者，人君之職；調元者，宰相之事。又曰：元即仁也；仁，人心也，以益廣董氏之旨。」[56]已勾勒《胡傳》說「元」的因革，內容組成非單從程頤而來。

（三）學界解讀《胡傳》釋「元」較少關注末段之語：「《春秋》立文兼述作，按〈舜典〉紀元日，〈商訓〉稱元祀，此經書元年，所謂祖二帝、明三王，述而不作者也。正次王，王次春，乃立法創制，裁自聖心，無所述於人者，非史冊之舊文矣。」（卷 1，頁 2268）若仔細分析此段內容，論述主軸仍上承董仲舒。《漢書》載董氏語：「《春秋》之文，求王道之端，得之於正。正次王，王次春。春者，天之所爲也；正者，王之所爲也。其意曰，上承天之所爲，而下以正其所爲，正王道之端云爾。」[57]經文書「正次王」、「王次春」，以「王」主「天」下治「正」，聖人有

---

[53] 〔晉〕杜預注，〔唐〕孔穎達疏：《春秋左傳正義》，卷 2，頁 30。

[54] 〔宋〕程顥、程頤著，王孝魚點校：《二程集》，「周易程氏傳」卷 1，頁 699。

[55] 劉昆笛：《胡安國《春秋》學思想研究》，頁 37-42。

[56] 〔清〕王琰等奉敕撰：《欽定春秋傳說彙纂》，卷 1，頁 92。

[57] 〔漢〕班固撰，顏師古注：《新校漢書集注》，卷 56，頁 2501-2502。

其用意：「王道之端，得之於正。」又，《漢書‧司馬遷傳》亦載董氏語：「《春秋》上明三王之道，下辨人事之紀。」[58]陸淳《春秋集傳纂例》曰：「《春秋》參用二帝、三王之法，以夏為本，不全守周典，理必然矣。」[59]胡安國基於董仲舒和啖、陸、趙，認為《春秋》「元年，春，王正月」是聖人明祖二帝三王之道，纂述〈舜典〉和〈商訓〉成說，並未獨創書「元」之法；而又為了立法創制，故將正次王，王次春，舊中立新，《春秋》未同於史冊舊文，箇中書法是裁自聖心。

二、治國以體元正心為始

靖康元年（1126），時任起居郎的胡安國上欽宗論聖學以正心為要：「臣聞明君以務學為急，聖學以正心為要。心者，事物之宗；正心者，揆事宰物之權也。」[60]靖康中又上殿奏事：「古之明德於天下者，先正其心。」[61]紹興二年（1132），胡安國又向高宗上〈時政論〉，言及人主正心：

> 治天下者法也，制法者道也，存道者心也，心者身之本也，身者家之本也，家者國之本也，國者天下之本也。曰家曰國曰天下者，皆心之所體也；曰道曰法者，皆心之所運也。能正其心，則朝廷百官下至萬民莫不壹於正，安與治所由興也。不正其心，則朝廷百官下至萬民莫不習於不正，危與亂所由致也。[62]

將家、國、天下視為心之體，道、法為心之運，心體能正則存道制

---

[58] 〔漢〕班固撰，顏師古注：《新校漢書集注》，卷 62，頁 2717。

[59] 〔唐〕陸淳：《春秋集傳纂例》，卷 1，頁 2。

[60] 〔宋〕趙汝愚編，北京大學中國中古史研究中心校點整理：《宋朝諸臣奏議》，卷 5，頁 52。

[61] 〔明〕黃淮，〔明〕楊士奇等編：《歷代名臣奏議》，卷 156，頁 2064。

[62] 〔明〕黃淮，〔明〕楊士奇等編：《歷代名臣奏議》，卷 47，頁 659。

法、百官萬民皆得正，故人主必得克厥宅心，遠繼周王之美，反覆強調正心的重要。而且國君身為社稷之首，君心不正必會以私害公，推行政事僅憑私意亦必流於隳敗，亂賊也就趁機而生。

　　倘若回到宋代，可發現時人皆視「元年」有謹始之意。例如孫甫（998-1057）《唐史論斷》云：「人君即位之年，謂之元年。元，始也，人君布政自此始，故首月謂之正月，取其正始之義也。」[63]于湖居士張孝祥（1132-1170）〈賀元正節表〉曰：「元年正月，實《春秋》謹始之時。」[64]明確地點出「元年正月」和「《春秋》謹始」的關係。黃庭堅（1045-1105）作〈春秋元氣正天端賦〉一文，謂孔子依舊史成《春秋》乃尊元氣以書，據天端而正之：

> 必變一以書年，裁成有法；備首時之養物，推本於天。運行四序而繼繼無窮，鈞播百嘉而生生罔既。不正其端，則其功或息；不書其元，則其本孰謂。故辭總者大，因一歲以稱名；而歲始春，兆三陽之微氣。且夫將正其中，莫不本於始；欲探其本，莫不本於元。故發明造化之首，以顯著生成之恩。所以唐策劉蕡，以體元而上對；漢稱董子，亦正本以為言。[65]

　　聖人變「一」為「元」是正端本始，撥亂反正，陳教化之本；舉「元」首事亦是謹始敘天，承天為政，養萬物而不乏。治平四年（1067）十一月，知諫院楊繪（1027-1088）上奏神宗：「臣謹按《春秋》君之始年，變一年而謂之元年者，欲其善於始也；變一月而謂之正月者，欲其正

---

[63]　〔宋〕孫甫：〈即位改元〉，《唐史論斷》（北京：中華書局，1991 年《叢書集成初編》），卷上，頁 17。

[64]　〔宋〕張孝祥：〈賀元正節表〉，《于湖集》（臺北：臺灣商務印書館，1986 年景印文淵閣《四庫全書》），卷 20，頁 647。

[65]　〔宋〕黃庭堅著，劉琳、李勇先、王蓉貴校點：《黃庭堅全集》（成都：四川大學出版社，2001 年 5 月第 1 版），〈別集〉卷 1，頁 1483。

於始也。」[66]謂「元」年為善始,「正」月為正始。而徽宗即位,禮部尚
書兼侍讀豐稷(1033-1107)於建中靖國元年(1101)曰:「陛下以『建中
靖國』紀元,臣謂尊賢納諫,舍己從人,是謂『建中』;不作奇技淫巧,
毋使近習招權,是謂『靖國』,以副體元謹始之義。」[67]謂徽宗改年號為
「建中靖國」正符合體元謹始之道。至靖康二年(1127)四月二十七日,
耿南仲(?-1128)請高宗改元為建炎亦曰:「王者即位,求端於天,探
一元之意,以正本始,故必建元。」[68]一旦遇到紀年改元,就會將「一
元」連結至正始、本始、謹始,伏望皇帝能嗣守大業,深知正本貴始之
意。

　　又,胡安國以「元」為「仁」、「人心」,主張治國先正其心,以正
朝廷與百官,而遠近莫不壹於正,此語源於漢代董仲舒。北宋呂陶於〈貴
始〉亦循其言:「昔《春秋》之文謂一為元,學者推明其義,以為視太始
而欲正本,深探其本,而所貴者始也。又曰王次正,王次春者,上承天而
下正己也。人君正心以正朝廷,正朝廷以正百官,正百官以正萬民,則遠
近莫敢不一於正。」[69]與胡安國同期的葉夢得亦奏:「自古帝王為治,廣
狹大小,規模各不同,然必自先治其心者始。」[70]以治國先治心才能不受
貨利所誘,不溺於聲色。到了南宋中期,蔡襄之四世孫蔡戡(1141-?)
曾作〈論謹始八事疏〉一文,當中仍談到《春秋》書元與謹始的關係:

　　　《春秋》書「元年春王正月」,《公羊》曰:「元年者何?君之始
　　也。」《穀梁》曰:「雖無事,必書正月,謹始也。」故伊尹告其

---

[66]　〔宋〕楊繪:〈上神宗論不當差王中正等往外勾事〉,載〔宋〕趙汝愚編,北京大學中國中
　　古史研究中心校點整理:《宋朝諸臣奏議》,卷62,頁690。

[67]　〔元〕脫脫等撰,楊家駱主編:〈豐稷傳〉,《新校本宋史并附編三種》,卷321,頁
　　10425。

[68]　〔宋〕徐夢莘編:《三朝北盟會編》,卷101,頁282。

[69]　〔明〕黃淮,〔明〕楊士奇等編:《歷代名臣奏議》,卷41,頁584。

[70]　〔元〕脫脫等撰,楊家駱主編:〈葉夢得傳〉,《新校本宋史并附編三種》,卷445,頁
　　13132。

君曰：「今王嗣厥德，罔不在初。」召公告其君曰：「王乃初服，
若生子，罔不在厥初生。」古之君臣相與警戒，莫不以謹始為先。
蓋人君體元居正，南面以聽天下，龍飛之初，萬物之所爭睹，四海
之所具瞻。一命令之發，一政事之施，必有以竦動天下，悅服人
心，則天下之人翕然向風從化，不令而行，無為而治。始之不謹，
其後雖有仁心善政，良法美意，人不信也。[71]

　　引《春秋》書「元」之義，援《公羊》、《穀梁》、伊尹、召公為
例，乞奏聖上臨御為政宜謹始防微，並獻上八事作為「謹始」之策，首要
任務就是「正心術」，以天下治亂皆繫於人君之心，念慮既正，則邪佞讒
諂、聲色貨利皆不得入，朝廷萬事、四方遠邇無不歸正，這觀念在兩宋極
為普遍。[72]

　　是故，胡安國「謹始」、「體元」、「正心」、「體仁」的主張依舊
是扣緊朝政，伏念高宗深考《春秋》謹微慎始之義，治諸己以正心，藉此
教化公卿大臣、黎元兆庶與蠻夷戎狄，收復中原故土以扶救國體，不見得
是從內在本體的角度發揮宇宙天道、形上本體，或是道德哲學等內容，更
談不上獨創新立。因為發揮宇宙天道的形上本體並非《胡傳》所主，雖說
胡安國確是發明正心之旨，但他是要發明《春秋》如何正心，解釋夫子改
「一」為「元」的書法用意，仍然聚焦「《春秋》經世」之架構，關注的
還是聖人筆削，並不涉及形上形下、本體主體、宇宙世界，也未提升至倫
理道德和哲理抽象等範疇。

---

[71] 〔明〕黃淮，〔明〕楊士奇等編：《歷代名臣奏議》，卷57，頁812。

[72] 除了文中列舉之例，其他如蘇舜欽（1008-1048）〈上仁宗應詔論地震春雷之異〉曰：「夫
治國如治家。治家者先修于己，修己者先正于心，心正則神明集而萬務理也。」錢顗〈上神
宗論要務十事〉亦提到「正心御下」的重要，李朴（1064-1128）〈上徽宗論人君之要道
三〉也云：「臣聞人主者天下之本也，心術者人主之本也。養之以道德仁義，則終身而未足
以為功；動之以回邪淫佚，則一朝而不可勝其患。」盼徽宗不可使心術失于毫釐之間。范祖
禹〈上哲宗論學本於正心〉又云：「天下治亂，皆繫于人君之心。君心正則朝廷萬事無不
正，故天地順而嘉應降，陰陽和而風雨時。」見〔宋〕趙汝愚編，北京大學中國中古史研究
中心校點整理：《宋朝諸臣奏議》，卷38，頁381；卷2，頁11；卷4，頁37；卷5，頁
46。

第三節　惡盟譏會

　　趙匡曰：「盟者，刑牲而徵嚴於神明者也。王綱壞則諸侯恣而仇黨行，故干戈以敵仇，盟誓以固黨，天下行之，遂為常焉。若王政舉則諸侯莫敢相害，盟何為焉？賢君立則信著義達，盟可息焉。」[73]春秋盟會因王政敗壞、綱紀廢弛而生，諸侯於亂世不勤德修政、惇信明義，反而約盟結黨，徇私營利；但又屢盟屢叛，數會數離，難以將遵信守誓作為固結之本。胡安國言：「盟者，《春秋》所惡，而屢盟以長亂。會者，諸侯所不得，而數會以厚疑，聖人皆存而不削，於以見屢盟而卒叛，數會而卒離，其事可謂著明矣。是故《春秋》之志，在於天下為公，講信修睦，不以會盟為可恃也。」（卷 6，頁 2288）點明聖人公天下，講信修睦，非貴刑牲歃血、要質鬼神等盟會之事。本節就「《春秋》不貴盟會」、「尊周攘楚：美齊桓之盟事」等兩點，分析「惡盟譏會」的內容及其相關問題。

一、《春秋》不貴盟會

　　關於《春秋》載記盟會書法，《胡傳》曰：「盟會皆君臣之禮，故微者之盟會不志于《春秋》。凡《春秋》所志，必有君與貴大夫居其間者也。」（卷 6，頁 2288）不錄微者之盟，凡載盟者，必有國君大夫參與其中，而《春秋》書盟書會者多矣，盡為悖理反道，《胡傳》一再糾舉，彰顯聖人不貴盟會之義。

（一）悖反君臣之道

　　胡安國著重君臣名分、上下之別，強調尊王大義，以聖人不貴盟會即因諸侯無王不臣。《春秋》隱公九年：「公會齊侯于防。」此會為春秋之始。《左傳》曰：「宋公不王，鄭伯為王左卿士，以王命討之，伐宋。宋以入郛之役怨公，不告命。公怒，絕宋使。秋，鄭人以王命來告伐宋。

---

[73] 〔唐〕陸淳：《春秋集傳纂例》，卷 4，頁 77。

冬，公會齊侯于防，謀伐宋也。」[74]宋國不朝周王，鄭莊公奉王命討宋，
來告魯國，故隱公會齊，謀伐宋。《胡傳》批評《左傳》之言：

> 凡書會，皆譏也，謂非王事相會聚爾。《左傳》稱宋公不王，鄭伯
> 以王命討之，使來告命，會于防，謀伐宋也；于中丘，為師期也，
> 亦謂之非王事，可乎？曰：以王命討宋而聽征討之，禁於王都，雖
> 召陵之舉，不是及矣。始則私相會為謀於防，中則私相盟為師期於
> 鄧，終則乘敗人而深為利，以取二邑歸諸己，奉王命討不庭者，果
> 如是乎？（卷3，頁2278）

先以經文書「會」皆譏，否定此乃王事會聚，合於王命之義，直接點
出魯國於隱公九年在防地和齊相會，隔年又會齊侯、鄭伯於中丘，並盟於
鄧後旋即取郜、取防，二邑歸魯所有，何有奉王命討不庭，稟命討罪之
義？實乃假王命以興師，會盟皆以取利為先，無王之甚。又，《春秋》成
公五年：「公會晉侯、齊侯、宋公、衛侯、鄭伯、曹伯、邾子、杞伯同盟
于蟲牢。」程頤曰：「天王崩而會盟不廢，書同，見其皆不臣。」[75]《胡
傳》亦云：

> 按《左氏》：許靈公愬鄭伯于楚，鄭伯如楚訟，不勝，歸而請成于
> 晉，盟于蟲牢，鄭服也。鄭服則何以書同盟？天王崩，赴告已及，
> 在諸侯之策矣，以所聞先後而奔喪，禮也。而九國諸侯會盟不廢，
> 故特書同盟，以見其皆不臣。《春秋》惡盟誓，於惡之中，又有惡
> 焉者，此類是也。（卷19，頁2352）

《左傳》謂此同盟為鄭服之故，胡氏則關注諸侯無王之惡，認為天王
崩駕，赴告已及，諸侯卻不奔喪弔事，反而汲汲於同盟，悖於尊王大義，

---

[74] 〔晉〕杜預注，〔唐〕孔穎達疏：《春秋左傳正義》，卷4，頁76。

[75] 〔宋〕程顥、程頤著，王孝魚點校：《二程集》，「河南程氏經說」卷4，頁1118。

非禮之甚，惡中之惡也，故特書同盟，皆見其不臣。

此外，春秋中晚期後，臣子上替人君者漸多，從會盟亦可見三綱紊亂之失。如《春秋》宣公七年：「衛侯使孫良夫來盟。」《左傳》記：「春，衛孫桓子來盟，始通。且謀會晉也。」[76]衛欲修好於魯，故此年使大夫來盟。《胡傳》曰：「來盟為前定者嘗有約言矣，未足効信而釋疑，又相歃血固結之爾。是盟衛欲為晉致魯，而魯專事齊，初未與晉通也，必有疑焉，而衛侯任其無咎，故遣良夫來為此盟，而公卒見辱，盟非《春秋》之所貴，義自見矣。」（卷 17，頁 2340）除了解釋「來盟」之義與此盟之因，還批評衛成公遣使大夫來，抗尊魯君，宣公見辱，未合君臣之道。汪克寬即言：「他國大夫來盟，皆公與之盟，但言來而與公敵禮，可知外大夫之亢尊，魯君之失列，不待貶而自著矣。」[77]

《春秋》成公三年：「冬，十有一月，晉侯使荀庚來聘。衛侯使孫良夫來聘。丙午，及荀庚盟。丁未，及孫良夫盟。」聘而遂盟，此為始也。《胡傳》曰：

> 劉敞曰：「諸侯有聘無盟，聘，禮也；盟，非禮也。庚與良夫不務引其君當道，而生事專命為非禮不信，以干先王之典，故不繫於國，以見其遂事之辱，非人臣之操。」此說然也。其言及者，公與之盟而不言公，見二卿之亢也。盟者，《春秋》所惡，於惡之中又有惡焉者，此類是也。（卷19，頁2352）

晉、衛二君使臣來聘，尋舊盟，胡氏引劉敞語，說明荀庚與孫良夫專命非禮，《春秋》不書公以見抗君之惡、非人臣之操，如孫復曰：「不言公者，二子亢也。二子來聘，不能以信相親，反要公以盟，非亢而何？故言聘以惡之。」[78]

---

[76]　〔晉〕杜預注，〔唐〕孔穎達疏：《春秋左傳正義》，卷 22，頁 377。

[77]　〔元〕汪克寬：《春秋胡傳附錄纂疏》，卷 17，頁 433。

[78]　〔宋〕孫復：《春秋尊王發微》，卷 8，頁 10790。

（二）盟誓屢叛失信

　　程頤曰：「盟誓以結信，出於人情，先王所不禁也。後世屢盟而不信，則皋也。諸侯交相盟誓，亂世之事也。」[79]春秋屢盟復叛者多矣，此為聖人所惡。如《春秋》隱公元年：「及宋人盟于宿。」魯、宋、宿三國共盟，為《春秋》參盟之始。《左傳》以魯惠公季年，魯國曾於黃邑擊敗宋師，是年隱公即位為君，欲與媾和通好，遂盟。《胡傳》曰：

> 內稱及，外稱人，皆微者。其地以國，宿亦與焉。微者，盟會不志于《春秋》，此其志者，有宿國之君也。……盟以結信，非先王所欲而不禁，逮德下衰，欲禁之而不克也。《春秋》之時，會而歃血，其載果掌於司盟，猶不以為善也；又況私相要誓，慢鬼神、犯刑政，以成傾危之習哉！今魯既及儀父、宋人盟矣，尋自叛之，信安在乎？故知凡書盟者，惡之也。（卷1，頁2269-2270）

　　魯國此年與宋國盟，但隱公十年卻敗宋師於菅，既盟復背，如同《春秋》隱公元年：「公及邾婁儀父盟于眛。」魯既與邾盟，竟又於隱公七年伐邾，私相為盟，屢盟而叛，不守信義，書盟惡之。《春秋》莊公十六年：「冬十有二月，會齊侯、宋公、陳侯、衛侯、鄭伯、許男、滑伯、滕子，同盟于幽。」《胡傳》曰：

> 會者，公也。不書公，諱也。其諱公，何也？程氏曰：齊桓始霸，仗義以盟，而魯首叛盟，故諱不稱公，惡失信也。……自古皆有死，民無信不立，故聖人以信易食，答子貢之問，君子以信易生，重桓王之失，《春秋》之諱公與是盟也，豈不以信之重於生與食乎？（卷8，頁2299）

　　此年諸侯同盟於幽，鄭國雖服從，但隔年即不朝齊，故齊人執鄭詹，

---

[79] 〔宋〕程顥、程頤著，王孝魚點校：《二程集》，「河南程氏經說」卷4，頁1087。

而鄭詹卻自齊逃魯，「而魯首叛盟，受其逋逃，虧信義矣。」（卷 8，頁 2300）故此諱不書公，惡其失信。

（三）與戎約盟非義

張洽曰：「蓋盟者刑牲以相示，謂神之殛，倍約者當如此牲。同類為之，尚以長亂，戎狄豺狼而與之詛，一有間隙，惟利是視，則求小疵而責大信，必肆豺狼之暴，為中國之大禍。」[80]清楚說明華夏與夷狄結盟產生的禍患。胡安國身具強烈的攘夷信念，對華夏諸侯與夷狄會盟者多所貶責，除了批評夷狄狡黠奸猾，也藉此歎傷中國之衰，明著世變之甚。

《春秋》隱公二年：「公及戎盟于唐。」程頤曰：「戎猾夏而與之盟，非義也。」[81]《胡傳》曰：「韓愈氏言《春秋》謹嚴，君子以為深得其旨，所謂謹嚴者何？謹乎莫謹於華夷之辨矣。中國而夷狄則狄之，夷狄猾夏則膺之，此《春秋》之旨也。而與戎歃血以約盟，非義矣，是故成於日者，必以事繫日。」（卷 1，頁 2270）因《春秋》嚴謹華夷之辨，故中國而夷狄行者則狄之，夷狄而行中國者則進之。此年魯君與戎盟唐非義，故聖人書日謹之，垂戒後世。《春秋》僖公三十二年：「衛人及狄盟。」《胡傳》曰：「按《左氏》：狄有亂，衛人侵狄，狄請平焉，衛人及狄盟，其不地者，盟於狄也。再書衛人而稱及者，所以罪衛也。盟會，中國諸侯之禮，衰世之事，已非《春秋》之所貴，況與戎狄豺狼即其廬帳，刑牲歃血以要之哉！」（卷 13，頁 2325）衛國趁狄人內部發生動亂而兵攻侵略，狄人請求議和，衛國遂「就狄廬帳盟」。[82]胡氏就《左傳》事而批評衛國與戎狄刑牲歃血，就地結盟之惡。

楚國侵華，中原服屬盟會之事甚多，聖人謹書仍不離貴內賤外，深罪諸侯之意。例如《春秋》僖公十九年：「會陳人、蔡人、楚人、鄭人盟于齊。」《左傳》曰：「陳穆公請修好於諸侯，以無忘齊桓之德。冬，盟于

---

80 〔宋〕張洽：《春秋集註》，卷 1，頁 13124。

81 〔宋〕程顥、程頤著，王孝魚點校：《二程集》，「河南程氏經說」卷 4，頁 1090。

82 〔晉〕杜預注，〔唐〕孔穎達疏：《春秋左傳正義》，卷 17，頁 287。

齊，修桓公之好也。」[83]可知此會是由陳穆公創議。《胡傳》曰：

> 盟會皆君之禮也，微者盟會不志於《春秋》，凡所志者，必有君與
> 貴大夫居其間也。然則為此盟者，乃公與陳、蔡、楚、鄭之君，或
> 其大夫矣，曷為內則沒公，外則人諸侯與其大夫？譏是盟也。楚人
> 之得與中國會盟，自此始也。莊公十年，荊敗蔡師始見于經，其後
> 入蔡伐鄭皆以號舉，夷狄之也。僖公元年，改而稱楚，經亦書人，
> 於是乎浸強矣。然終桓公世，皆止書人而不得與中國盟會者，以齊
> 修伯業，能制其強故也；桓公既沒，中國無霸，鄭伯首朝于楚，其
> 後遂為此盟，故《春秋》沒公，人陳、蔡諸侯而以鄭列其下，蓋深
> 罪之也。又二年復盟于鹿上，至會于盂，遂執宋公以伐宋，而楚於
> 是乎大張列位於陳、蔡之上而書爵矣，聖人書此，豈與之乎？所以
> 著夷狄之強，傷中國之衰，莫能抗也，故深譏此盟，一以外夷狄，
> 二以惡諸侯之失道，三以謹盟會之始也。（卷12，頁2318）

齊桓之際，楚國不得與中國盟會，蓋因齊桓能遏其強暴。逮齊桓霸業
漸衰，鄭國首叛而朝楚，陳國倡議遂有此盟，故聖人沒公不書，諸侯及其
大夫皆稱人。然《春秋》僖公二十一年：「秋，宋公、楚子、陳侯、蔡
侯、鄭伯、許男、曹伯會于盂，執宋公以伐宋。」楚於齊之盟的排序本列
於陳、蔡之下，至此年盂之會卻序於陳、蔡之上，顯見其勢駸駸，威凌強
攻，可知《春秋》沒公稱人，深譏是盟，亦有謹微慎始，慮患於早之義。
又如《春秋》成公二年：「公及楚人、秦人、宋人、陳人、衛人、鄭人、
齊人、曹人、邾人、薛人、鄫人盟于蜀。」程頤曰：「楚為強盛，凌轢中
國，諸侯苟能保固疆圉，要結鄰好，豈有不能自存之理，乃懼而服從，與
之約盟，故皆稱人，以見其衰弱。責諸侯，則魯可知矣。」[84]《胡傳》承
襲其言：

83　〔晉〕杜預注，〔唐〕孔穎達疏：《春秋左傳正義》，卷14，頁240。

84　〔宋〕程顥、程頤著，王孝魚點校：《二程集》，「河南程氏經說」卷4，頁1117。

盟而魯與必先書公，尊內也。次書主盟者，眾所推也。此書公及楚
人則知主盟者，楚也。公子嬰齊、秦右說、宋華元、陳公孫寧、衛
孫良夫、鄭去疾皆國卿也，何以稱人？楚僭稱王，《春秋》黜之，
比諸夷狄，晉雖不競，猶主夏盟，諸侯苟能任仁賢、修政事，保固
疆圉，要結鄰好，同心擇義，堅事晉室，荊楚雖大，何畏焉？今乃
西向服從而與之盟，不亦恥乎！古者用夏服夷，未聞服於夷也，乃
是之從亦為不善擇矣。（卷 19，頁 2351）

「夷狄之情，自古無信」，[85]一旦畏威而和，亦必窺窬乘釁、潛俟開
隙，若為求鞏固邊境而汲於結盟，實是毫無裨益。故胡安國此處謂經文貶
諸侯從狄與盟，故稱人，譏刺中原各國不能任賢修政、保固疆圉、要結鄰
好，直言應同心病楚、齊義服夷，荊楚強大亦不足畏，而此盟服夷，是為
恥也。

（四）惇信修政為先

盟會非《春秋》所貴，蓋聖人以諸侯修政明德為先，求盟結黨並非保
邦治國之本。《春秋》宣公十二年：「晉人、宋人、衛人、曹人同盟于清
丘。」此為大夫同盟之始。程頤曰：「晉為楚敗，諸侯懼而同盟，既而皆
渝，故書人以貶之。」[86]此年晉、楚戰於邲，晉師敗績，晉原縠、宋華
椒、衛孔達、曹人遂同盟於清丘，共曰：「恤病，討貳。」但衛、晉二國
隨即背盟，程子以其渝盟故書人示貶。《胡傳》曰：

書同盟，志同欲也。或以惡其反覆而書同盟，非也。《春秋》不貴
盟誓，自隱公始年書儀父盟蔑、宋人盟宿，已不實言矣，奚待清丘
然後惡其反覆乎？清丘載書恤病、討貳，口血未乾，敗其盟好，所
謂不待貶而惡見者也，又奚必人諸國之卿，然後知反覆之可罪乎？

85　〔宋〕呂大防：〈上哲宗答詔論西事〉，載〔宋〕趙汝愚編，北京大學中國中古史研究中心
　　校點整理：《宋朝諸臣奏議》，卷 138，頁 1557。

86　〔宋〕程顥、程頤著，王孝魚點校：《二程集》，「河南程氏經說」卷 4，頁 1117。

楚既入陳圍鄭，大敗晉師，伐蕭滅之，憑陵中國甚矣，為諸侯計
者，宜信任仁賢，修明政事，自強於為善，則可以保其國耳；曾不
是圖而刑牲歃血，要質鬼神，蘄以禦楚，謀之不臧，孰大於是？故
國卿貶而稱人，譏失職也。（卷18，頁2345）

　　與程子說法有別，不以惡其反覆而稱大夫為人，強調國卿失職，不能
趁此信任仁賢，修明政事，自強為善，反而汲汲歃血為誓，徵嚴鬼神，約
盟固黨，本末倒置。《春秋》成公九年：「公會晉侯、齊侯、宋公、衛
侯、鄭伯、曹伯、莒子、杞伯同盟于蒲。」去年晉景公使韓穿來魯，逼迫
將汶陽田歸之於齊，已顯見晉無信義；此年又尋同盟，《左傳》載范文子
語：「勤以撫之，寬以待之，堅彊以御之，明神以要之，柔服而伐貳，德
之次也。」[87]《胡傳》否定其言：

夫信在言前者，不言而自喻；誠在令外者，不令而自行。晉初下令
於齊，反魯、衛之侵地，而齊不敢違者，以其順也。齊既從之，魯
君親往拜其賜矣，復有二命俾歸諸齊，一與一奪，信不可知，無或
乎諸侯之解體也。晉人不知反求諸已，惇信明義，以補前行之愆，
而又欲刑牲歃血，要質鬼神以御之，是從事於末而不知本矣，特書
同盟以罪晉也。（卷20，頁2355）

　　晉國欲補先行失信之愆，故再尋盟，但盟誓並非固結諸侯之本，何況
背信棄義在前，如何要人以信？批評晉國既不足宗諸侯同盟，又不能返躬
內省、惇信明義，故特書同盟罪之。
　　《春秋》昭公十三年：「同盟于平丘。」程頤曰：「楚棄疾立，諸侯
懼之，故同盟。」[88]《胡傳》更深一層提出晉國之惡：

87　〔晉〕杜預注，〔唐〕孔穎達疏：《春秋左傳正義》，卷26，頁447。
88　〔宋〕程顥、程頤著，王孝魚點校：《二程集》，「河南程氏經說」卷4，頁1123。

其書同盟者，劉子與盟，同懼楚也。會與盟同地，再書平丘者，書之重，詞之複，其中必有美惡焉，見行事之深切著明，故詞繁而不殺也。是盟蓋或善之，而以為惡，何哉？盟雖衰世之事，然有定人道之大倫者矣，有備天子之明禁者矣，有束牲不歃相命而信自喻者矣，有納斥候、禁侵掠、誠格而不復叛者矣。其次猶以載書詞命，相爭約於大神而不敢越者，則未聞主盟中國，奉承齊犧而矜其威力，恐迫諸侯，又信蠻夷之訴，絕兄弟之勸，求逞私憤，閟其憂疑，如此盟者流及戰國，強眾相誇，恫疑恐喝，恣行陵暴，死者十九，積習所致，有自來矣。《春秋》，禮義之大宗也，曾是以為善乎？詞繁而不殺，則惡其競力不道，為後世鑒也。（卷25，頁2377）

晉國主盟，齊國不可，遂迫於齊，並治兵示眾，臚列戎馬，要脅諸侯。楚國陵蔑華夏既久，胡氏認為晉國「其君當倚於法家拂士，以德修國政，其臣當急於責難陳善，以禮格君心、內結夏盟、外攘夷狄，復悼公之業。」（卷 25，頁 2376）今卻不以德服諸侯，競逞兵甲之威，脅迫諸侯結盟；而同盟又無禮義忠信，使諸侯內外叛離，失固結之本，故此年二書同盟於平丘，詞繁不殺，以為大惡。

二、尊周攘楚：美齊桓之盟事

胡寧《春秋通旨》曰：「盟非《春秋》所善，然高子知權以定魯，貫澤服江、黃以制楚，召陵修禮義以服楚，首止尊世子以定大倫，葵丘發五命以申天子之禁，皆美其事也，非善其盟也。」[89]查考《胡傳》一書，其對春秋盟會多有貶斥，但對貫之盟、召陵之盟、首止之盟、葵丘之盟則別有他義，讚美齊桓公尊周攘楚，故於是盟特許其志。例如《春秋》僖公二年：「齊侯、宋公、江人、黃人盟于貫。」《公》、《穀》以經文獨書

89　見〔元〕汪克寬：《春秋胡傳附錄纂疏》，卷1，頁36。

齊、宋、江、黃是包含所有諸侯，藉由二大國與二遠國盟，意指諸侯皆無
不盟，[90]但胡安國未主其說，反而強調獨書江、黃遠國是嘉許此盟：

> 按《左氏》：盟于貫，服江、黃也。荆楚天下莫強焉，江、黃者，
> 其東方之與國也。二國來定盟，則楚人失其右臂矣。樂毅破齊，先
> 結韓、趙；孔明伐魏，申好江東，雖武王牧野之師，亦誓友邦，遠
> 及庸蜀彭濮八國之人，共為掎角之勢也。桓公此盟，其服荆楚之慮
> 周矣，其攘夷狄，免民於左衽之義著矣。盟雖《春秋》所惡，然諸
> 侯皆在，獨言遠國者，許是盟也。（卷11，頁2310）

　　江、黃二國近楚，今能來盟於貫，讚許齊桓制楚能先折其肘腋，斷其
羽翼，謀服荆楚之計周詳縝密，肯定此盟。《春秋》僖公四年：「楚屈完
來盟于師，盟于召陵。」《左傳》載楚成王使屈完往齊師，師退，次於召
陵。齊桓公向屈完展列諸侯之師，與其乘觀，並言：「以此眾戰，誰能禦
之？以此攻城，何城不克？」屈完對曰：「君若以德綏諸侯，誰敢不服？
君若以力，楚國方城以為城，漢水以為池，雖眾，無所用之。」[91]遂與諸
侯盟。《胡傳》從此肯定召陵之盟，齊桓服楚：

> 楚大夫未有以名氏通者，其曰屈完，進之也。其不稱使，權在完
> 也。來盟于師，嘉服義也。盟于召陵，序桓績也。桓公帥九國之師
> 侵蔡而蔡潰，伐楚而楚人震恐，兵力強矣。責包茅之不貢則諾，問
> 昭王之不復則辭，徵與同好則承以寡君之願，語其戰勝攻克則對以
> 用力之難。然而桓公退師召陵以禮楚，使卒與之盟而不遂也，於此

---

[90] 《公羊傳》曰：「江人、黃人者何？遠國之辭也。遠國至矣，則中國曷為獨言齊、宋至爾？
大國言齊、宋，遠國言江、黃，則以其餘為莫敢不至也。」見〔漢〕何休解詁，〔唐〕徐彥
疏：《春秋公羊傳注疏》，卷10，頁124。《穀梁傳》曰：「貫之盟，不期而至者，江人、
黃人也。江人、黃人者，遠國之辭也。中國稱齊、宋，遠國稱江、黃，以為諸侯皆來至
也。」見〔晉〕范甯集解，〔唐〕楊士勛疏：《春秋穀梁傳注疏》，卷7，頁71。

[91] 〔晉〕杜預注，〔唐〕孔穎達疏：《春秋左傳正義》，卷12，頁203。

見齊師雖強，桓公能以律用之而不暴；楚人已服，桓公能以禮下之
而不驕，庶幾乎王者之事矣，故春秋之盟於斯為盛，而楊子稱之
曰：齊桓之時緼而《春秋》美召陵是也。（卷11，頁2311）

除了嘉許屈完能從善服義，故稱名氏進之，更提及書盟於召陵以序桓
績。「序，次也。績，功也。累次桓公之功，德莫大於服楚，明德及強夷
最為盛。」[92]齊師雖強，卻能不加兵而楚自服；楚既服而齊桓不驕，進退
有禮，故聖人美召陵之盟。

又，《春秋》僖公五年：「諸侯盟于首止。」杜預曰：「惠王以惠后
故，將廢大子鄭而立王子帶，故齊桓帥諸侯會王大子，以定其位。」[93]
《胡傳》曰：

> 無中事，復舉諸侯會盟，同地再言首止者，書之重，詞之複，其中
> 必有大美惡焉。首止之盟，美之大者也。王將以愛易世子，桓公有
> 憂之，控大國，扶小國，會于首止以定其位，太子踐阼是為襄王，
> 一舉而君臣父子之道皆得焉，故夫子稱之曰：管仲相桓公，一匡天
> 下，民到于今受其賜，微管仲，吾其被髮左衽矣，中國之為中國，
> 以有父子君臣之大倫，一失則為夷狄矣，故曰：首止之盟，美之大
> 者也。（卷11，頁2312）

美齊桓首止之盟，能尊奉王嗣以定國家之本，統合諸侯以扶翼世子之
位，殊會王世子於首止，再與諸侯約盟，既明父子之倫，又明君臣之義，
使君君臣臣父父子子，故《春秋》同地再言首止，美之大也。《春秋》僖
公九年：「夏，公會宰周公、齊侯、宋子、衛侯、鄭伯、許男、曹伯于葵
丘。九月戊辰，諸侯盟于葵丘。」《左傳》以「會于葵丘，尋盟且修好，

92　〔漢〕何休解詁，〔唐〕徐彥疏：《春秋公羊傳注疏》，卷10，頁126。
93　〔晉〕杜預注，〔唐〕孔穎達疏：《春秋左傳正義》，卷12，頁207。

禮也。」[94]《胡傳》載《孟子》五命之詞：

> 會盟同地，再言葵丘，何也？書之重，辭之複，其中必有大美惡
> 焉。葵丘之盟，美之大者也。初命曰：「誅不孝，無易樹子，無以
> 妾為妻。」再命曰：「尊賢育材，以彰有德。」三命曰：「敬老慈
> 幼，無忘賓旅。」四命曰：「士無世官，官事無攝，取士必得，無
> 專殺大夫。」五命曰：「無曲防，無遏糴，無有封而不告。」曰：
> 「凡我同盟之人，既盟之後，言歸于好。」以是為盡禁矣，諸侯咸
> 喻乎桓公之志，蓋束牲載書而不歃血也，是故會盟地而再言葵丘，
> 美之也。觀《孟子》所載此盟初命之詞，則知桓公翼戴襄王之事信
> 矣。（卷 11，頁 2313）

《穀梁傳》以此盟書日美之，胡氏就經文再書葵丘來判斷聖人用意，
以其能謀合諸侯、安寧王室，壹明天子之禁，「一命之詞，三綱所繫，蓋
修身正家之要。自此以下，尊賢敬臣，子民柔遠，人懷諸侯之意略
備，……蓋《春秋》之所未有，故於此再書葵丘以美之。」[95]

《胡傳》稱美齊桓盟事的觀點其實源於劉敞。北宋學者如孫復、孫
覺、蘇轍、崔子方等輩對齊桓盟會並無任何褒揚，唯劉敞特別善美齊桓盟
會，異於各家意見。胡安國承自劉敞，但在肯定的態度上又更加正面，論
述也較詳細。例如「首止之盟」，胡安國讚美齊桓尊奉王嗣、殊會世子、
盟於諸侯，明父子君臣之義。北宋學者多談「諸侯不得與王世子盟」，[96]

---

[94]〔晉〕杜預注，〔唐〕孔穎達疏：《春秋左傳正義》，卷 13，頁 218。

[95]〔宋〕張洽：《春秋集註》，卷 4，頁 13148。

[96] 孫復曰：「不言王世子者會，猶可言也，盟之則甚矣。王世子，世天下者也，非諸侯可得盟
也。」見〔宋〕孫復：《春秋尊王發微》，卷 5，頁 10764。蘇轍曰：「稱諸侯，明王世子
不盟也。將君天下，不敢與之盟也。」見〔宋〕蘇轍：《春秋集解》，卷 5，頁 35。崔子方
曰：「再言諸侯，見王世子不與盟也。齊桓行霸尊王室，不敢上盟王世子，諸侯自相與盟
爾。」見〔宋〕崔子方：《春秋經解》，卷 5，頁 232。孫覺曰：「世子者，天子之子而世
天下者也。諸侯盟之而以不信加之，聖人之所不與也，特沒去世子而但曰諸侯也。」見
〔宋〕孫覺：《春秋經解》，卷 6，頁 660。

唯劉敞稱善是盟，點出齊桓得於父子君臣之道，但仍提出齊桓率諸侯會盟於王室之不正，[97]非如胡安國以此為大美，全屬正面肯定的態度。而如「葵丘之盟」，劉敞曰：

> 諸侯盟于葵丘，此一地也。曷為再言葵丘？善是盟也。曷為善之？桓公曰：「誅不孝，無易樹子，無以妾為妻。尊賢育才，以彰有德。敬老慈幼，無忘賓旅。士無世官，官事無攝。取士必得，無專殺大夫。無曲防，無遏糴，無有封而不以告。凡我同盟之人，既盟之後，言歸于好。」以是為盡禁矣，諸侯咸諭乎桓之志，蓋束牲載書而不歃血。[98]

《胡傳》同於劉氏，亦載《孟子》五命之詞，並以桓公翼戴襄王之事，故會盟同地而再言葵丘，大美其行。有別於孫復認為齊桓其心已盈，其惡可見，不能興衰振治以復文武之業；[99]以及孫覺主張聖人不與葵丘之盟，校之三王，齊桓乃為罪人。[100]劉、胡二人的看法較為獨特。

上述分析《胡傳》惡盟譏會的觀點之後，有必要回到南宋初渡的政治

---

[97] 劉敞曰：「此一地也，曷為再言首止？善是盟也。曷為善之？王將以愛易世子，桓公為是率諸侯會而盟之王室以安則是正乎？不正。不正則其嘉之，何也？王將以愛易世子，諸侯莫知以爭則不可，以諫則不得，桓公控大國、扶小國，會世子于首止以尊天王為之也。然而諸侯以睦天王、以尊後嗣、以定一會，而父子君臣之道皆得焉。故孔子曰；正而不譎，此之謂也。」見劉敞：《春秋劉氏傳》，卷5，頁10894。

[98] 劉敞：《春秋劉氏傳》，卷5，頁10895。

[99] 孫復曰：「桓公圖伯，內帥諸侯、外攘夷狄、討逆誅亂以救中國，經營馳驟，出入上下三十年，勞亦至矣。然自服強楚，其心乃盈，不能朝于京師、翼戴天子，興衰振治以復文武之業。前此五年致王世子于首止，今復致宰周公于葵丘，觀其心也，盈已甚矣。……五伯者，三王之罪人也。今之諸侯，五伯之罪人也。今之大夫，今之諸侯之罪人也。此葵丘之盟，桓公之惡從可見矣。」見〔宋〕孫復：《春秋尊王發微》，卷5，頁10765。

[100] 孫覺曰：「葵丘之盟，實會宰周公，自言諸侯而不敘宰周公者，聖人不與齊桓致天子之三公而與之盟。三公之位迫于天子，冢宰之權重于天下，齊桓不能尊事天子而假其位號以令諸侯，又盟其世子、盟其三公，聖人不與其以不信而加天王之近臣，故其于盟葵丘也但曰諸侯焉。……蓋春秋之盛莫盛于齊桓，齊桓之盟莫著於葵丘之事。齊桓最高之業，春秋甚盛之際。以孟子之時諸侯言之，則齊桓在可褒之域；校之三王之盛，則齊桓又其罪人。此《春秋》所以無褒，而孟子言其有罪也。」見〔宋〕孫覺：《春秋經解》，卷6，頁664。

現況，理解為何胡安國有此發義。自從高宗趙構即位，李綱於建炎元年（1127）五月出任尚書右僕射兼中書侍郎，黃潛善、汪伯彥亦分別擔任中書侍郎、同知樞密院事一職，此二人在朝中被視為專權自恣、皆無遠略，[101]復主與金議和，因靖康誓書，畫河為界，[102]但李綱反對：

> 昔金人與契丹二十餘戰，戰必割地厚賂以講和，既和則又求釁以戰，卒滅契丹。今又以和惑中國，至於破都城、墮宗社，易姓改號，而朝廷猶以和議為然，是將以天下畀之敵而後已。為今之計，莫若一切罷和議，專務自守之策，建藩鎮於要害之地，置帥府於大河及江、淮之南。修城壁、治器械，教水軍、習車戰，使其進無抄掠之得，退有邀擊之患，則雖有出沒，必不敢深入。三數年間，軍政益修，甲車咸備，然後大舉以討之，報不共戴天之仇，雪振古所無之恥。[103]

引女真和契丹為例，證明議和毫無建樹，契丹卒遭見滅，中國必須記取前車之鑑，不可再與金人講和，宜興設藩鎮、訓練水師陸軍以防衛河北、河東，積極自強，復仇雪恥。但李綱居相位只有短短七十五日，同年八月隨即罷為觀文殿大學士、提舉杭州洞霄宮，黃、汪二人因此得勢共政，不再經制兩河之地。

同時，金太宗有意消滅南宋，開始出兵南下，於建炎二年（1128）十一月，陷延安府、濮州、淄州，[104]十二月，犯東平府、陷虢州、犯青州，[105]建炎三年（1129）正月，金人再陷青州，焚略殆盡，又陷濰州，焚城而去。[106]三十日，金人犯泗州，計畫渡淮，「泗州奏金人且至，上大

---

101 〔宋〕李心傳：《建炎以來繫年要錄》，卷18，頁375、377。

102 〔宋〕李心傳：《建炎以來繫年要錄》，卷5，頁127。

103 〔宋〕李心傳：《建炎以來繫年要錄》，卷6，頁142-143。

104 〔宋〕李心傳：《建炎以來繫年要錄》，卷18，頁365、367、371。

105 〔宋〕李心傳：《建炎以來繫年要錄》，卷18，頁373、375、376。

106 〔宋〕李心傳：《建炎以來繫年要錄》，卷19，頁379。

驚，軍中倉皇以內帑所有通夕般挈。」[107]二月，金人遊騎至揚州，引兵
縱火，臣民子女及金帛所儲皆被金兵所掠，後又犯泰州、陷滄州，[108]高
宗君臣無力反擊，只能陸續奔赴鎮江、無錫縣、次平江府、秀州，[109]最
後逃至杭州，以州治為行宮，[110]而黃潛善此時竟欲罪綱以謝金。[111]呂中
《宋大事記講義》曰：

> 建炎之初，公為首相，慨然以修內攘外為己任，而為潛善、伯彥所
> 沮，一人之身三定大策而三受重謗，然謗之所至，名亦隨之，使公
> 之言用於宣和之初，則城都必無匱迫之憂；用於靖康，則國家必無
> 顛覆之危；用于建炎之時，則中原不至於淪沒也。以高宗即位之
> 初，召於貶所而任以台衡待之非不專，而公亦以一身任天下之重，
> 邊防軍政已略就緒，中山之功未成而謗書滿篋矣。公之去就甚輕而
> 關於天下之安危者甚重：綱在位則措置兩河，兵民稍集，綱去則兩
> 河無兵而中原沒矣。綱在位則偽臣叛黨，稍正典刑，綱去則叛臣在
> 朝而政事乖矣。綱在位則必主幸襄鄧之策，必從宗澤還京之疏，綱
> 去則維揚有警而翠華南幸矣。當時猶以靖康京城之禍、建炎維揚之
> 禍歸咎於綱，小人之無忌憚一至於此哉！[112]

　　南渡初因黃潛善、汪伯彥當政，專持國柄，毀謗朝臣，導致李綱、宗
澤等人見逐，社稷播遷，寇盜充斥，竟又將靖康、維揚之禍歸咎李綱，仍
冀和議可成。故呂中批評小人肆無忌憚、任意妄為，亦感嘆李綱若能真用
於世，則必無城都匱迫、國家顛覆、中原淪沒等憂患，端正天下安危。

---

[107] 〔宋〕李心傳：《建炎以來繫年要錄》，卷19，頁386-387。
[108] 〔宋〕李心傳：《建炎以來繫年要錄》，卷20，頁396、398。
[109] 〔宋〕李心傳：《建炎以來繫年要錄》，卷20，頁391、395、398。
[110] 〔宋〕李心傳：《建炎以來繫年要錄》，卷20，頁400。
[111] 〔宋〕李心傳：《建炎以來繫年要錄》，卷20，頁401。
[112] 〔宋〕李心傳：《建炎以來繫年要錄》，卷8，頁203-204。

胡安國於高宗建炎元年（1127）五月即位時立刻上奏，糾舉朝政，謂國策自崇寧以來有九大失誤。[113]同年六月，高宗召為給事中，會宰相黃潛善專權妄作，斥逐忠賢，遂辭免。紹興二年（1132）八月，胡安國向高宗推薦李綱，[114]〈時政論〉中批評黃潛善、汪伯彥變亂名實、顛倒是非，[115]尤其反對南渡之初還主論議和，影響高宗志殄寇讎的態度，[116]藉由《春秋》不貴盟會、與戎約盟非義，表達夷狄無信，必離叛悖反，如富弼於〈上仁宗河北守禦十三策〉所言：「夷狄之性，變詐多端，苟欲背盟，何說不可？」[117]伏望高宗惇信修政，不可再以盟誓和議為治國之本，宜重用李綱等忠賢，自強為善，驅逐胡塵，志於恢復中原、迎復兩宮為念。

第四節　去利從義

《孟子・梁惠王上》言：「上下交征利，而國危矣。萬乘之國，弒其君者，必千乘之家；千乘之國，弒其君者，必百乘之家。萬取千焉，千取

---

113 〔宋〕胡寅：〈先公行狀〉，《斐然集》，卷 25，頁 494-497。

114 《建炎以來繫年要錄》記載：「安國入對，因論京都圍城中人，乞再行遣，仍薦李綱可用。上問安國所以知綱，安國曰：『綱為小官，宣政間敢言水災事。』上曰：『綱固以此得時望，然嘗用為宰相矣，如綱昔擁重兵，解太原圍，與官屬只在懷州，相去千餘里，綱多掠世俗虛美，協比成朋，朕今畀以方面，於綱任亦不輕。』翌日，上以語輔臣，頤浩曰：『朋比之風，自蔡京始，靖康伏闕薦綱，亦本其黨鼓倡，乃至殺戮近侍，莫可止遏，此風不可再也。』」見〔宋〕李心傳：《建炎以來繫年要錄》，卷 57，頁 990。

115 〔明〕黃淮，〔明〕楊士奇等編：《歷代名臣奏議》，卷 47，頁 642。

116 胡安國在〈時政論〉言及「尚志」，認為帝王應時而作，必以立志為先，談到高宗「天資神武，自初即位，慨然發憤，志殄寇讎，而當時親信近臣又不能助成大美，乃至因循，坐消歲月，國日益削，六載于今。」直指黃潛善、汪伯彥與金和議，即安屈辱，導致國勢至今仍衰而未振，伏望高宗堅持復仇，志於掃平邊境、迎復兩宮為上願。見〔明〕黃淮，〔明〕楊士奇等編：《歷代名臣奏議》，卷 47，頁 644。

117 〔宋〕趙汝愚編，北京大學中國中古史研究中心校點整理：《宋朝諸臣奏議》，卷 135，頁 1507。

百焉,不為不多矣。苟為後義而先利,不奪不饜。」[118]點出社稷先利後義必至篡弒奪攘而後厭。《大學》亦曰:「長國家而務財用者,必自小人矣。彼為善之,小人之使為國家,菑害並至。雖有善者,亦無如之何矣!此謂國不以利為利,以義為利也。」[119]從孔、孟、荀開始,就已有「義」、「利」詮說,影響後代學術思想史的發展。[120]《胡傳》也涉及「義」、「利」問題,不斷藉春秋史事表達聖人嚴於義利之論。本節分析胡安國「義利」說在《春秋》經傳中的表現,從「拔本塞源:貶斥貨賂公行之事」以及「桓文之事:正其義不謀其利」兩方面切入,體察《胡傳》糾舉《春秋》去義懷利的事項。

一、拔本塞源:貶斥貨賂公行之事

二程「義」、「利」觀影響《胡傳》解釋《春秋》,基本思路也是上承孟子而來。伊川先生曰:「利者,眾人所同欲也。專欲益己,其害大矣。欲之甚,則昏蔽而忘義理;求之極,則侵奪而致仇怨。故夫子曰:『放於利而行,多怨。』孟子謂先利則不奪不饜,聖賢之深戒也。」[121]述及利欲之甚必導致眾人昏蔽侵奪、忘義理而致仇怨,故孔、孟戒「利」。程頤又援例說明趨利之弊:「人無利,直是生不得,安得無利?且譬如椅子,人坐此便安,是利也。如求安不已,又要褥子,以求溫暖,無所不為,然後奪之於君,奪之於父,此是趨利之弊也。」[122]人若求利不止,則奪於君父,同樣談論一味嗜利的弊端。

《胡傳》發揮「義利」亦持孟子、程頤觀點,藉春秋史事主張有國者須去利就義,若棄義向利,則國人上下必去理走邪,賊家禍國。《春秋》

---

118 〔漢〕趙岐注,〔宋〕孫奭疏:《孟子注疏》,卷1上,頁9。

119 〔漢〕鄭玄注,〔唐〕孔穎達疏:《禮記注疏》,卷60,頁988。

120 關於先秦義利觀的內容可參見黃俊傑:〈先秦儒家義利觀念的演變及其思想史的涵義〉,《漢學研究》第4卷第1期(1986年6月),頁109-150。

121 〔宋〕程顥、程頤著,王孝魚點校:《二程集》,「周易程氏傳」卷3,頁917。

122 〔宋〕程顥、程頤著,王孝魚點校:《二程集》,「河南程氏遺書」卷18,頁215-216。

僖公五年：「晉人執虞公。」《胡傳》曰：「書滅下陽於始，而記執虞公
於後，可以見棄義趨利，瀆貨無厭之能亡國敗家審矣。」（卷11，頁
2312）虞公貪圖屈產之乘與垂棘之璧，答應晉國假道伐虢，後遭見滅。聖
人前書滅下陽，後書執虞公，顯見虞公昧於寶貨，貪以自滅，印證「棄義
趨利」為亡國敗家之本。《春秋》貶斥貪利取賂，杜絕君臣父子懷利相
與，如《春秋》隱公六年：「鄭人來輸平。」《胡傳》曰：

> 輸者，納也。平者，成也。鄭人曷為納成于魯？以利相結，解怨釋
> 仇，離宋、魯之黨也。……諸侯修睦以蕃王室，所主者義爾，苟為
> 以利，使為人臣者懷利以事其君，為人子者懷利以事其父，為人弟
> 者懷利以事其兄，諸侯必曰何以利？吾國大夫必曰何以利？吾家
> 士、庶人必曰何以利？吾身上下交征利，不至於篡弒奪攘則不厭
> 矣。故特稱輸平，以明有國者必正其義，不謀其利，杜亡國敗家之
> 本也。（卷2，頁2275）

平者本為解怨釋仇，但此年鄭國輸平於魯，以利相結，故《春秋》貶
之。汪克寬曰：「經書平者凡六，惟此言輸平，輸之為言，必有貨賂行乎
其間，而非虛言求平矣，平乃鄭志而非魯志，苟不以利啗魯，則魯必不從
也。」[123]諸侯修睦所主為「義」，鄭國與魯國卻結好以「利」，故聖人
特書「輸平」，強調取利者不至於篡弒奪攘則不厭，唯有正「義」才能杜
絕此禍。

又，《春秋》莊公六年：「冬，齊人來歸衛俘。」《胡傳》曰：

> 言齊歸衛寶，則知四國皆受朔之賂矣。《春秋》特書此事，結正諸
> 侯之罪也。夫以弟弒兄，臣弒君，篡居其位，上逆天王之命，人理
> 所不容矣。彼諸侯者，豈其弗察而援之甚力，則未有以驗，其喪心
> 失志，迷惑之端也。及書齊人歸寶，然後知其有欲貨之心而後動於

---

[123] 〔元〕汪克寬：《春秋胡傳附錄纂疏》，卷2，頁70。

惡也。世衰道微，暴行交作，徇于貨寶，賄賂公行，使君臣父子兄
弟終去仁義，懷利以相與，不至於篡弒奪攘則不厭也。《春秋》書
此，結正諸侯之罪，垂戒明矣。（卷7，頁2295）

衛惠公朔於桓公十六年出奔至齊，莊公五年冬，齊襄公會魯、宋、
陳、蔡等諸侯之師伐衛，納惠公。據《左傳》載：初，朔與宣姜構陷急
子，使壽子、急子二人皆遭盜殺，胡氏批評四國受惠公朔之賂，志厚利而
黨篡逆，不義之甚，故《春秋》書此，結正諸侯之罪。

此外，若有外國大夫叛逃，以邑適魯者，《春秋》亦書，批評以利接
魯，魯又以利接外。《春秋》襄公二十一年：「邾庶其以漆閭丘來奔。」
《胡傳》曰：「莒慶以大夫即魯而圖婚，接我不以禮者也；邾庶其以地叛
其君而來奔，接我不以義者也。以欲敗禮則身必危，以利棄義則國必亂。
《春秋》，禮義之大宗，故小國之大夫接我以利欲，則特書其姓氏謹之
也。」（卷22，頁2366）反對邾國大夫慶庶其以漆、閭丘二邑來奔，
「時公在晉，而季氏遂納其邑、受其叛臣，是之謂以利主逋逃，惡自見
也。」[124]且《春秋》以禮義為本，邾國大夫以利棄義，聖人謹此，特書
姓氏。又如《春秋》昭公五年：「夏，莒牟夷以牟婁及防茲來奔。」《胡
傳》曰：「其書來奔，是接我以利而我入其利，兩譏之也。為國以義不以
利，如以利則上下交征而國必危矣。為己以義不以利，如以利則患得患
失，亦無所不至矣。」（卷24，頁2373）書來奔譏刺莒國大夫牟夷和魯
國，懲其貪物好利。

胡安國不斷呈顯春秋諸侯行賄重利之惡，是因為人們容易見利忘義、
利令智昏：「為人臣者懷利以事其君，為人子者懷利以事其父，君臣父子
去仁義，懷利以相與，利之所在則從之矣，何有於君父？」（卷13，頁
2325）若是僅以「利益」為先，則必忘君無父，而篡弒奪位之事橫生，故
聖人討賊尤嚴於利。《春秋》宣公元年：「齊人取濟西田。」濟西為魯國

---

[124] 〔宋〕高閌：《春秋集註》，卷30，頁501。

故地，三《傳》皆以此為賂齊，[125]《胡傳》曰：

> 魯人致賂以免討，而書齊人取田者，所以著齊罪。《春秋》討賊尤嚴於利，其為惡而助之者，所以孤其黨。夫齊，魯鄰國，盟主之餘業也，子惡弒，出姜歸而宣公立，不能聲罪致討，務寧魯亂，首與之會，是利其為惡而助之也。弒君篡國，人道所不容，而貨賂公行，免於諸侯之討，則中國胥為戎夷，人類滅為禽獸，其禍乃自不知以義為利而以利之，可以為利而為之也。孟氏為梁王極言利國者必至於弒奪而後饜，蓋得經書取田之意。舉法如此，然後人知保義棄利，亂臣賊子孤立無徒而亂少弭矣。（卷16，頁2336）

　　魯宣公奪嫡篡之，賂齊立位；二國共利結黨，免於誅討。胡氏視弒君為天下大惡，討賊為天下大刑，若諸侯見利貪賂而容許篡弒，不再討賊平亂；社稷無大惡大刑之制裁，可任意盜位竊國，則中國與夷狄無異，人類有同於禽獸，故夫子書「齊人取田」，誅齊惠公貪利成亂之罪。

　　太史公曰：「利，誠亂之始也。夫子罕言利，常防其源也。」[126]《胡傳》闡發春秋貨賄公行、懷利相交，是因「亂臣賊子之動於惡，必有利其所為而與之者，人人不利其所為而莫之與，則孤危獨立，無以濟其惡，篡弒之謀熄矣。惟利其所為而與之者眾，是以能濟其惡，天下胥為禽獸而莫之遏。」（卷15，頁2334）亂賊因「利」而植黨營私，因「利」而濟惡作亂，胡氏以聖人言「義」、「利」著重於拔本塞源、弭篡弒之漸。《春秋》桓公元年：「鄭伯以璧假許田。」《胡傳》曰：「利者，人欲之私，放於利必至奪攘而後厭；義者，天理之公，正其義則推之天下國

---

[125] 《左傳》曰：「齊人取濟西之田，為立公故，以賂齊也。」見〔晉〕杜預注，〔唐〕孔穎達疏：《春秋左傳正義》，卷21，頁361。《公羊傳》曰：「外取邑不書，此何以書？所以賂齊也。曷為賂齊？為弒子赤之賂也。」見〔漢〕何休解詁，〔唐〕徐彥疏：《春秋公羊傳注疏》，卷15，頁188-189。《穀梁傳》曰：「內不言取，言取，授之也。以是為賂齊也。」見〔晉〕范甯集解，〔唐〕楊士勛疏：《春秋穀梁傳注疏》，卷12，頁115。

[126] 〔漢〕司馬遷撰，〔宋〕裴駰集解，〔唐〕司馬貞索隱，〔唐〕張守節正義：《史記》，卷74，頁2343。

家而可行。《春秋》惡易許田,孟子極陳利國之害,皆拔本塞源、杜篡弒之漸也。」（卷 4,頁 2281）隱公時期,鄭國請釋泰山之祀而祀周公,以泰山之祊易許田,使宛來歸祊。至桓公篡立,欲結好固位,遂修好於鄭,鄭國乘此加璧,卒得許田。魯桓篡弒大惡,鄭莊理應誅討,但卻以璧易地,使魯得祊;鄭得許田,以此易彼,互利其國,惡之甚也,故胡氏謂孔、孟言「利」皆拔本塞源、杜篡弒之漸。又如《春秋》僖公二十八年:「曹伯襄復歸于曹,遂會諸侯圍許。」《胡傳》曰:「曹伯襄何以名?其歸之道非所以歸也。晉侯有疾,使其豎侯獳貨筮史曰:以曹為解,晉侯恐,於是反曹伯。夫以賂得國而《春秋》名之,比於失地滅同姓之罪,以此知聖人嚴於義利之別,以正性命之理,其說行而天下定矣,豈曰小補之哉!」（卷 13,頁 2323）曹伯使豎侯獳賄賂晉國筮史,故得復歸,劉敞云:「衛侯以殺叔武名,曹伯以賂得國名,其惡不同,其貶一也。此正性命之理也。」[127]胡氏也認為曹伯歸位之道乃由貨利而來,不得其正,因聖人嚴於義利之別,故於此書「曹伯襄」,正性命之理。

二、桓文之事:正其義不謀其利

劉敞曰:「《春秋》貴義而不貴惠,貴正而不貴功,略小美而優大節,以正待人而已矣。」[128]點明聖人所貴為「正」為「義」,不貴「惠」、「功」。齊桓晉文攘夷狄、盟諸侯,有霸於中國。胡安國從「義」、「利」角度究析兩人霸業,呈顯《春秋》深蘊「正其義不謀其利,明其道不計其功」之旨。

《春秋》僖公二年:「春,王正月,城楚丘。」閔公二年,狄入衛,衛懿公見殺,國滅。孔穎達曰:「封者,聚土之名也。……衛是舊國,今云封者,以其君死國滅,更封建之,故云封也。」[129]《公羊傳》以此書

---

[127] 〔宋〕劉敞:《春秋意林》,卷上,頁 11145-11146。

[128] 〔宋〕劉敞:《春秋意林》,卷上,頁 11143。

[129] 〔晉〕杜預注,〔唐〕孔穎達疏:《春秋左傳正義》,卷 12,頁 199。

為齊桓諱，因為上無天子，下無方伯，衛國被滅，桓公不能救，則桓公恥也；然「實與而文不與」[130]，諸侯之義，不得專封，桓公力能救之，救之可也。《穀梁傳》云：「雖通其仁，以義而不與也。」[131]亦不與齊侯專封，因為非天子不得專封諸侯，即使齊桓發揮仁心封衛存國，但封國是天子之權，桓公城楚丘悖反名義，有擅行專封之失。《胡傳》說法與《公》、《穀》相近：

> 楚丘，衛邑，桓公帥諸侯城之而封衛也。不書桓公，不與諸侯專封也。……桓公封衛，而衛國忘亡，其有功於中華甚大，為利於衛人甚博，宜有美詞，發揚其事，今乃微之若此者，正其義不謀其利，明其道不計其功，略小惠存大節，《春秋》之法也。故曰：五伯，三王之罪人，仲尼之徒無道桓文之事者。（卷11，頁2309-2310）

《春秋繁露·對膠西王越大夫不得為仁》曰：「仁人者，正其道不謀其利，修其理不急其功。」[132]《漢書·董仲舒傳》載對江都王之問曰：「夫仁人者，正其誼不謀其利，明其道不計其功。」[133]胡氏同於《公》、《穀》，不與齊國專封土地，並援說董氏之語，就「義」、「利」與「道」、「功」評斷此事，「以小惠評之，則桓公為有德；以大法論之，則諸侯無專封」[134]。即使齊桓有功於衛，但未能以「尊王命」為先，故聖人書此以正《春秋》之法，存君臣之義。《春秋》僖公十八年：「秋，八月丁亥，葬齊桓公。」《胡傳》曰：「桓公九合諸侯，不以兵車威令加乎四海，幾於改物，雖名方伯，實行天子之事。然而不能慎終如始，付託非人；柩方在殯，四鄰謀動，其國家而莫之恤，至於九月而後

---

[130] 〔漢〕何休解詁，〔唐〕徐彥疏：《春秋公羊傳注疏》，卷10，頁123。

[131] 〔晉〕范甯集解，〔唐〕楊士勛疏：《春秋穀梁傳注疏》，卷7，頁70。

[132] 〔清〕蘇輿著，鍾哲點校：《春秋繁露義證》，卷9，頁268。

[133] 〔漢〕班固撰，顏師古注：《新校漢書集注》，卷56，頁2524。

[134] 〔宋〕劉敞：《春秋意林》，卷上，頁11141。

葬，以此見功利之在人淺矣。《春秋》明道正義，不急近功，不規小利，於齊桓、晉文之事有所貶而無過褒以此。」（卷 12，頁 2317）清楚表達齊桓勤遠略、合諸侯，所行實為天子之事；但好內多寵，本欲立公子昭為太子，卻寵幸雍巫，又另立公子無虧；並將公子昭囑宋襄公，付託非人，雖有一匡天下之功，但心志仍本功利，不能正家，卒致內亂後葬。《春秋》明道正義，不貴伯功，不急小利，貶之有所因也。張洽亦言：「桓公自入國以來，急於功利，志於富彊，其處己待人皆不以正心正家為務，肉未及寒而庶孽爭國，宋伐其喪，冢子見殺，國幾於亡，足以見霸者功烈之卑，聖門不道之實矣。」[135]故《春秋》不許五伯之功，仲尼之徒無道桓文之事。

又，《春秋》僖公二十八年：「晉侯、齊師、宋師、秦師及楚人戰于城濮，楚師敗績。」晉文公於城濮一戰擊敗楚軍，安定中原，使華夏暫免夷狄侵擾。宋儒從此辨析《論語·憲問》載夫子語：「晉文公譎而不正，齊桓公正而不譎。」如朱熹曰：「文公則伐衛以致楚，而陰謀以取勝，其譎甚矣。」[136]張洽亦曰：「當是時，楚為齊、宋二國之患，救之宜也。……文公欲虐曹、衛以報怨，且致楚與戰以取威，乃不許衛盟，使衛出其君，執曹伯以快宋人之心，因激楚人之怒而使之不得不戰，以取一勝之功，其救患取威皆譎而不正之事。」[137]批評晉文藉由虐曹、伐衛以誘楚而戰，所行譎詐。呂大圭所言更為具體：

> 蓋桓公之所為，將以服彊楚之心；而晉文之舉事，所以挫彊楚之氣也。二公所遇之敵不同，故其用計亦異，而立功之緩急亦如之，其為有功於中國則一也。然嘗思之則有以見齊桓之正而晉文之譎也，何也？召陵之師，規模既定，區處既當，則堂堂之陳，正正之旗，聲其罪而伐之，楚亦屈服而不敢校，此正也。晉文欲救宋而侵曹伐

---

[135] 〔宋〕張洽：《春秋集註》，卷4，頁13150。

[136] 〔宋〕朱熹：《四書章句集注》（北京：中華書局，2010年1月），卷7，頁153。

[137] 〔宋〕張洽：《春秋集註》，卷4，頁13152-13153。

衛，此固兵計之所當然，及宋圍既解而又懼楚之遽退師，於是為之
執曹伯以畀宋人，楚方愛曹而怒宋也，其肯遽退師乎？迫子玉使宛
春告晉以釋曹、衛，則又私許復曹、衛而執其使者，楚怒於使者之
見執也，能不請戰乎？及其將戰則又辟楚三舍，名曰報施而實則示
怯以誘子玉也，子玉剛而無禮，怒晉之頑，喜晉之怯，能不進戰
乎？一致師之間而其詭計如此，孔子斷以一言而謂之譎，豈不信
哉！[138]

　　齊桓、晉文雖有功於華夏，但齊桓能先聲討楚國不入苞茅之貢，出兵
聲罪正當合義，並與楚國盟於召陵，使其屈服退師。晉文為了引誘楚國出
戰，採先軫之計：「執曹伯，分曹、衛之田以畀宋人」、「拘宛春於衛，
且私許復曹、衛」，即其將戰，晉國又退避三舍示怯，以誘子玉出戰，城
濮一役詭計甚多，謂之為「譎」。

　　胡安國的觀點亦同於宋儒：「宜有美辭稱揚其績，而《春秋》所書如
此其略，何也？仁人明其道不計其功，正其義不謀其利。文公一戰勝楚，
遂主夏盟，以功利言則高矣，語道義則三王之罪人也。」（卷 13，頁
2321）若從功利角度論之，晉文公退楚確實有功於中國，因其遏止夷狄兵
伐侵擾，維持華夏安定的局面。但就道義而言，謀詭誘敵有失用兵之方，
非王者之師，勝者不以其理，故聖人此處不稱揚晉文功績，書之略也。

　　明道先生曰：「大凡出義則入利，出利則入義。天下之事，惟義利而
已。」[139]萬物有「義」有「利」，將「義」、「利」視為天下普遍性之
事。宋儒解釋「義」、「利」雖各有不同，但整體上卻較先秦、漢唐更具
完整的理論結構，豐富儒家義利觀的內涵。[140]《胡傳》雖未專對

[138]〔宋〕呂大圭：《春秋或問》，卷 12，頁 13343。

[139]〔宋〕程顥、程頤著，王孝魚點校：《二程集》，「河南程氏遺書」卷 11，頁 124。

[140] 陳廷湘提到：「理學諸儒的義利觀則不僅是社會倫理的實踐原則，更是以宇宙生存論為基石
　　的理學邏輯體系的展開環節之一。義利與理氣、太極陰陽、性情等理學基本範疇之有緊密和
　　邏輯關係。天理（太極、太虛）→性（仁義禮智）→義；氣（陰陽）→情（欲）→利。義為
　　形上本體的展開型態，利為形下之氣的派生之物。」認為宋儒義利觀建立了牢固的理論。見
　　陳廷湘：《宋代理學家的義利觀》（北京：團結出版社，1998 年 12 月），頁 193。

「義」、「利」詮說，但仍可知其「利」大抵為貨賄財利，「義」仍不脫「尊王」、「攘夷」等道義之事。此處宜特別說明，《胡傳》之「義」、「利」其實沒有周密具體、單一嚴格的指涉，尤其是談論齊桓、晉文霸業時，「利」的界定更不是非常清楚，因為他所重視的是人們「逐利棄義」導致的影響，言明君臣上下若只知「利」而不從「義」，則必流於篡弒攘奪、綱常倒置，國家也就走向頹敗滅亡。

那麼為何胡安國要談論「逐利棄義」的禍害，不斷藉春秋史事向國君證明「去利就義」的重要？因為北宋末年，蔡京為相，大變鹽法，與民爭利，導致鈔鹽失衡，盜賊滋起，所以南渡之後，胡安國大力陳述此義，盼高宗早更弊法，以幸商民。據《宋史·食貨志》記載：「崇寧間，蔡京始變法，俾商人先輸錢請鈔，赴產鹽郡授鹽，欲囊括四方之錢盡入中都，以進羨要寵，鈔法遂廢。商賈不通，邊儲失備。」[141]蔡京任相，透過變法名目，聚斂鹽利，侈惑人主；改易東南鹽運的轉搬制度，逼使商賈負擔加重，禍國殃民，而「王黼當國，循用蔡京弊法，改行新鈔，舊鹽貼錢對帶，方許出賣，初限兩月，再限一月。是時黼方用事，專務害民，剝下益上，改易鈔法，甚於盜賊。」[142]胡安國不滿蔡京、王黼等朝臣巧取豪奪，貪得無饜，〈時政論〉已直指：

> 保國以得民為本，固本以恤民為務，恤民以革弊為先。凡為國以利不及義者，皆自小人始，謂其所見者小，不知大體，法所以弊也。祖宗時以義為利，盜賊不作，坐享九州四海之奉，其所利者大矣。且如鹽法行於西者與商賈共其利，行於北者與居民共其利，行於東南者與漕司共其利。大計所資，均及中外，所謂以義為利也。[143]

---

[141]〔元〕脫脫等撰，楊家駱主編：〈食貨志〉，《新校本宋史并附編三種》，卷 182，頁 4452。

[142]〔元〕脫脫等撰，楊家駱主編：〈食貨志〉，《新校本宋史并附編三種》，卷 182，頁 4453。

[143]〔明〕黃淮，〔明〕楊士奇等編：《歷代名臣奏議》，卷 47，頁 655。

　　透過上疏，陳述祖宗之法「以義為利」，針砭時政，抨擊崇寧初期謀國之臣「以利為利」；再發揮《春秋》經義與史事，印證一味嗜利是賊家禍國之導向，伏請宋高宗鑑明前失，改更鹽法，存國家大利之源。

　　是故，胡安國不借《春秋》事例印證「義」、「利」，也未像其他宋儒縝密地闡釋「義利」之辨，反而是糾舉《春秋》人事趨利的禍害，警戒國君保義的重要。在此之上又藉由聖人書法強調拔本塞源，此亦是呼應「謹微慎始」之《春秋》大義，更深一層對桓文「明其道不計其功，正其義不謀其利」的主張仍不離「尊君父」，彼此環環相扣，貼緊時政，所有論述還是歸結於「聖王經世之志」。

第五節　誅暴禁亂

　　胡安國云：「夫兵者，安危所係，有國之大事也。」（卷 18，頁2345）國家須設立武備軍制，防止外來敵寇侵略，[144]至於舉兵攻戰、興師征伐必以誅討亂臣賊子為先，倘若肆意侵陵、殘虐逞私、報復無已者，《春秋》必示譏貶。[145]本節首先探討「《春秋》無義戰」：貶私忿、譏用眾、賤欺詐、斥滅國、刺伐喪，呈顯誅暴惡戰的相關言論。接續關注「武備兵戎之道」：內自省德、逢喪止武、救災恤鄰，掌握胡氏對戰爭的規範與主張，最後廓清胡氏觀點的缺失，顯見箇中矛盾。

一、《春秋》無義戰

　　《孟子‧盡心下》曰：「《春秋》無義戰。」以春秋戰爭棄禮貪利，

---

[144] 《春秋》莊公十八年：「夏，公追戎于濟西。」《胡傳》曰：「此未有言侵伐者而書追戎，是不覺其來，已去而追之也。為國無武備，啓戎心而不知警，危道也。」（卷8，頁2300）此即強調為國武備的重要。

[145] 《胡傳》即曰：「用貴卿為主將，舉大眾、出征伐不施於亂臣賊子、奉天討罪而陵弱侵小，近在邦域之中、附庸之國，是為盜也。」（卷17，頁2343）

用兵出於小役大、弱役強，或是因怒興師，未嘗有禁暴救亂之意，趙岐注：「《春秋》所載戰伐之事，無應王義者也。」[146]所有誅討征伐皆不循王命。

（一）貶私忿

《胡傳》曰：「春秋之時，用兵者非懷私復怨，則利人土地爾。」（卷 13，頁 2321）對於諸國私憤興師，胡安國多有抨擊，以此出兵非義不正，聖人貶之。例如《春秋》桓公十年：「齊侯、衛侯、鄭伯來戰于郎。」《胡傳》曰：「魯桓弒立，天下大惡，人人之所得討也。鄭伯則首盟于越，以定其位；齊侯則繼會于稷，以濟其姦。曾不能修方伯之職，駐師境上，聲罪致討，伸天下之大義也。今特以私忿小怨，親帥其師，戰于魯境，尚為知類也哉！此《春秋》之所必誅而不以聽也，故以三國為主而書來戰于郎。」（卷 5，頁 2287）據《左傳》載：「初，北戎病齊，諸侯救之，鄭公子忽有功焉。齊人餼諸侯，使魯次之。魯以周班後鄭。鄭人怒，請師於齊。齊人以衛師助之。」[147]魯國依周室封爵而後鄭，鄭太子忽因此事而蓄怒興兵，請師於齊。胡氏批評鄭、齊二國前不能討魯桓弒君，後卻徇私忿來戰於魯，故經文獨不稱侵伐而以來戰為文。《春秋》僖公二十六年：「齊人侵我西鄙，公追齊師至酅，弗及。」《左傳》曰：「齊師侵我西鄙，討是二盟也。」[148]楊伯峻言：「二盟，洮盟與向盟。齊孝公仍以霸主自居，不以魯與他國盟會為然，竟以為討。」[149]此見齊國侵魯非合於義。《胡傳》曰：

> 書人、書侵、書師，罪齊也。書追、書至酅弗及，罪魯也。潛師入境曰侵，少則稱人，眾則稱師。前書齊人，是見其弱以誘魯也；後書齊師，是伏其眾以邀魯也，其為謀明矣。凡書追者，在境內則譏

---

[146] 〔漢〕趙岐注，〔宋〕孫奭疏：《孟子注疏》，卷 14 上，頁 248。

[147] 〔晉〕杜預注，〔唐〕孔穎達疏：《春秋左傳正義》，卷 7，頁 121。

[148] 〔晉〕杜預注，〔唐〕孔穎達疏：《春秋左傳正義》，卷 16，頁 264。

[149] 楊伯峻：《春秋左傳注》（北京：中華書局，2005 年 5 月），頁 439。

其不預，追戎于濟西是也。在境外則譏其深入，追齊師至酅是也。酅者，齊地。至者，言遠也。弗者，遷詞也，有畏而弗敢及之也。齊、魯皆私憤之兵而非正也，故交譏之。（卷12，頁2320）

　　齊、魯二國相戰皆為私憤之兵，[150]經文書「齊人」、書「侵」、書「齊師」以罪齊誘諼，說明魯國追齊過於深入，已追至齊境。《穀梁傳》曰：「弗及者，弗與也，可以及而不敢及也。」[151]胡氏援說劉敞之語，[152]以弗者為遷詞，意有畏而弗敢及之，經文書「至酅」、「弗及」亦是罪魯，交譏二國。又如《春秋》僖公三十年：「晉人、秦人圍鄭。」《胡傳》曰：

初，晉公子重耳出亡過鄭，而鄭文公亦不禮焉，為是興師而圍鄭。……今鄭伯之於晉公子，特不能厚將迎贈送之禮，而未嘗以橫逆加之也，坐此見圍，為列國者，不亦難乎！故晉侯、秦伯貶稱人者，晉文以私忿勤民動眾，圍人之國；秦伯惟利為向背，從燭之武之言，不以義舉也。而二國結釁連兵，暴骨原野，自此始矣。（卷13，頁2324）

　　昔公子重耳流亡在外，及鄭，鄭文公不禮焉，故晉文公用兵圍鄭以報私怨；秦穆公聽信燭之武，使杞子、逢孫、楊孫戍之，私與鄭盟，貪利非義，故書晉人、秦人，稱人示貶。《春秋》僖公三十三年：「公伐邾，取訾婁。秋，公子遂帥師伐邾。」《胡傳》曰：「按《左氏》：公伐邾，取訾婁，報升陘之役，邾人不設備，襄仲復伐之，此皆不勝忿欲，報怨貪得，恃強陵弱，不義之兵也，直書其事而罪自見矣。」（卷 13，頁

---

[150] 《胡傳》曾說明「應兵」與「忿兵」之別：「夫敵加於己，不得已而起者，謂之應兵；爭恨小故，不忍忿怒者，謂之忿兵。」（卷14，頁2327）

[151] 〔晉〕范甯集解，〔唐〕楊士勛疏：《春秋穀梁傳注疏》，卷9，頁91。

[152] 劉敞曰：「所謂弗及，非弗能及也，弗敢及也。弗敢及者，畏也。」見〔宋〕劉敞：《春秋意林》，卷上，頁11145。

2325）魯國懷升陘之怨，因為郕國沒有設防，故夏取其邑，秋再兵伐，明顯挾怨報復，師出無名，侵凌小國，《春秋》直書其事以見其罪。

（二）譏用眾

《春秋》莊公八年：「甲午，治兵。」《胡傳》曰：「此治兵于郎也，俟而不至，暴師露眾，役久不用，則有失伍離次，逃亡潰散之虞，故復申明軍法，以整齊之，其志非善之也，譏黷武也。」（卷 7，頁 2295）魯莊公治兵將圍郕，胡氏以此書非善，譏莊公黷武。汪克寬進一步申論：「蓋莊公之治兵，非預備不虞之意，實久役不得已而治之爾。大閱、治兵皆一經之特筆。」[153]可見魯國並非教兵習戰，乃因暴師露眾，役久不用，擔憂眾心不一，故假整兵慎戰之義，故《春秋》莊公八年：「秋，師還。」《胡傳》亦曰：

> 書師還，譏役久也。按《左氏》：仲慶父請伐齊師，莊公不可，是國君上將，親與圍郕之役也。然其次、其及、其還，皆不稱公者，重眾也。《春秋》正例：君將不稱帥師，則以君爲重。今此不稱公，又以爲重眾，何也？輕舉大眾，妄動久役，俟陳、蔡而陳、蔡不至，圍郕而郕不服，歷三時而後還，則無名黷武，非義害人，未有如此之甚也，至是師爲重矣。義繫於師，故不書公，以著勞民毒眾之罪，爲後戒也。《春秋》於王道輕重之權衡，此類是矣。（卷7，頁 2295）

魯莊用師，「無故次郎，可謂無名；甲午治兵，可謂黷武；圍郕而郕降齊，可謂無功；歷三時而師還，可謂害民。」[154]胡氏以《春秋》重眾，故經文書「師次於郎」、「師及齊師圍郕」、「師還」，沒公不書，譏久役大眾、勞民毒眾之罪。

---

[153] 〔元〕汪克寬：《春秋胡傳附錄纂疏》，卷 7，頁 180。

[154] 〔宋〕張洽：《春秋集註》，卷 3，頁 13137。

又，宋文公因篡弒得國，多次出師用眾，屢遭譏貶。《春秋》宣公十年：「宋師伐滕。」《左傳》曰：「滕人恃晉而不事宋，六月，宋師伐滕。」[155]《胡傳》云：

> 前圍滕稱人，刺伐喪也。此伐滕稱師，譏用眾也。宋，大國，爵上公，霸主之餘業，力非不足也。今鄰有弒逆，不能聲罪致討，乃用大眾以伐所當矜恤之小邦，且滕不事己，無乃己德猶有所闕，而滕何尤焉？故特稱師，以著其罪，而汲汲於誅亂臣討賊子之意見矣。（卷 17，頁 2342-2343）

陳、鄭鄰國有逆亂，宋文公不致討，竟率大眾伐滕，前圍未服，今又出師伐之，《春秋》此稱宋「師」譏用眾。同樣，《春秋》宣公十四年：「楚子圍宋。」《胡傳》曰：「宋人要結盟誓，欲以禦楚，已非持國之道；輕舉大眾，勤民妄動，又非恤患之兵，特書救陳，以著其罪，明見伐之由也。」（卷 18，頁 2345）針對《春秋》宣公十二年：「宋師伐陳，衛人救陳」而發，糾責宋文公遽用大眾伐陳，故經文書衛救陳，所以罪宋，示其見伐之因。

（三）賤欺詐

《胡傳》曰：「《春秋》賤欺詐，惡侵伐。」（卷 18，頁 2346）汪克寬曰：「中國之於中國，而以詐取勝，則其罪深矣。」[156]凡詐戰者，《春秋》所不與，變文示義。莊公十年：「公敗齊師于長勺。」《穀梁傳》曰：「不日，疑戰也。疑戰而曰敗，勝內也。」范甯注：「疑戰者，言不剋日而戰，以詐相襲。」[157]胡安國亦以為詐戰：

---

[155]〔晉〕杜預注，〔唐〕孔穎達疏：《春秋左傳正義》，卷 22，頁 382。

[156]〔元〕汪克寬：《春秋胡傳附錄纂疏》，卷 8，頁 189。

[157]〔晉〕范甯集解，〔唐〕楊士勛疏：《春秋穀梁傳注疏》，卷 5，頁 51。

齊師伐魯，經不書伐，意責魯也。詐戰曰敗，敗之者為主。或曰：
長勺魯地，而齊師至此，所謂敵加於己，不得已而後應者也，疑若
無罪焉，何以見責乎？善為國者不師，善師者不陣，善陣者不戰，
故行使則有文告之詞，而疆場則有守禦之備。至於善陣，德已衰
矣，而況兵刃相接，又以詐謀取勝乎？故書魯為主以責之，皆已亂
之道、寡怨之方、王者之事也。（卷 8，頁 2297）

《左傳》載此年齊國伐魯，但經文未書，胡氏引《穀梁傳》莊公八年
語：「善為國者不師，善師者不陣，善陣者不戰，善戰者不死，善死者不
亡。」[158]責備魯國詐謀而僥倖取勝，故以魯公為主。《春秋》莊公十
年：「齊師、宋師次于郎。公敗宋師于乘丘。」《穀梁傳》曰：「不日，
疑戰也。」[159]劉敞曾批評魯國詐謀敗齊、宋之師，偷得一時之勝而忘長
世之慮，非君子之道，[160]《胡傳》亦有此意：

齊、宋輕舉大眾，深入他境，肆其報復之心，誠有罪也。魯人若能
不用詐謀，奉其辭令，二國去矣。偷得一時之捷，而積四鄰之忿，
此小人之道，故次者不以其事，勝者不以其理，交譏之。（卷 8，
頁 2297）

《春秋》莊公十年：「春，王正月，公敗齊師于長勺。二月，公侵
宋。」齊、魯為了報復前戰，故次於郎地來討。《左傳》載：「夏，六
月，齊師、宋師次于郎。公子偃曰：『宋師不整，可敗也。宋敗，齊必
還。請擊之。』公弗許。自雩門竊出，蒙皋比而先犯之。公從之。大敗宋

---

[158] 〔晉〕范甯集解，〔唐〕楊士勛疏：《春秋穀梁傳注疏》，卷 5，頁 49。

[159] 〔晉〕范甯集解，〔唐〕楊士勛疏：《春秋穀梁傳注疏》，卷 5，頁 51。

[160] 劉敞曰：「魯人誠能不用詐謀，推忠信，奉辭令，雖以膏沐止齊、宋之師，齊、宋去矣，其
所以弭患止亂，安國便民，不亦益堅且久邪？偷得一時之勝，而忘長世之慮，此小人驚於
勇、昏於禍之咎，非君子之道。」見〔宋〕劉敞：《春秋意林》，卷上，頁 11136。

師于乘丘。齊師乃還。」[161]胡氏據此再談欺詐之事，以魯國敗人不循正道，宜奉辭令而退止敵師。

中國之間不能用詐謀取勝，中國對夷狄用兵也不得行詐誘之計。《春秋》昭公元年：「晉荀吳帥師敗狄于大鹵。」據《左傳》記：晉國將與狄戰，魏舒曰：「彼徒我車，所遇又阨，以什共車，必克。困諸阨，又克。請皆卒，自我始。」遂毀戰車，改徒兵，排列五種步兵陣式：「兩於前，伍於後，專為右角，參為左角，偏為前拒」[162]藉此誘狄，狄人笑之。晉荀吳待狄人尚未結陣，立刻迫近進攻，大敗。《胡傳》曰：「太原在禹服之內，而狄人來侵，攘斥宜矣，其過在毀車崇卒，以詐誘狄人而敗之，非王者之師耳。使後世車戰法亡，崇尚步卒，爭以變詐，相高日趨苟簡，皆此等啟之矣，書敗狄，譏之也。」（卷 24，頁 2371）對晉國詐誘之計不表認同，謂治狄之法宜採攘斥驅逐，既不窮追遠討，也戒以殄滅，此毀車崇卒，變詐誘敵非王者之師，故譏書「敗狄」。

（四）斥滅國

陳柱《公羊家哲學》曰：「公羊家以謂孔子作《春秋》，蓋欲撥亂世反之正，以致太平者也，故其恉必推本於仁義。滅國者至不仁之事也，故《春秋》深貶之。」[163]《春秋》弭兵惡戰，尤以滅國為甚，胡氏對滅國之惡亦有所貶。《春秋》莊公十三年：「齊人滅遂。」《左傳》載遂人未會於北杏，故齊國滅遂戍之。《胡傳》曰：

> 滅國之與見滅，罪孰為重？取國而書滅，奪人土地，使不得有其民人；毀人宗廟，使不得奉其祭祀，非至不仁者，莫之忍為見滅而書滅，亡國之善詞，上下之同力也，其亦不幸焉爾。《語》有之曰：「興滅國，繼絕世，天下之民歸心焉。」今乃滅人之國而絕其世，

---

[161] 〔晉〕杜預注，〔唐〕孔穎達疏：《春秋左傳正義》，卷 8，頁 147。

[162] 〔晉〕杜預注，〔唐〕孔穎達疏：《春秋左傳正義》，卷 42，頁 705。

[163] 陳柱：《公羊家哲學》（臺北：臺灣中華書局，1980 年 11 月臺二版），頁 25。

罪莫重矣。齊人滅遂，其稱人，微者爾。凡書滅者，不待再貶而惡已見。（卷8，頁2298-2299）

滅國者罪之重也，援引《論語》「興滅國，繼絕世」之言，以齊國滅遂，奪人土地，毀其宗廟，使不得有其民人，奉其祭祀，假公濟私，故仲尼深責。《春秋》莊公十七年：「齊人殲于遂。」《穀梁傳》曰：「殲者，盡也。」[164]《胡傳》曰：

殲，盡也。齊滅遂使人戍之，遂之餘民，飲戍者酒而殺之，齊人殲焉。《春秋》書此者，見齊人滅遂，恃強陵弱，非伐罪弔民之師；遂人書滅，乃亡國之善詞，上下之同力也。（卷8，頁2299-2300）

齊人戍遂，遂人因氏、頜氏、工婁氏、須遂氏饗齊戍，醉而殺之，故齊人殲焉。胡氏亦以「殲」為「盡」，強調經文書此見齊人恃強欺弱，殄滅其民，非伐罪弔民之師。

清儒孔廣森（1751-1786）曰：「諸侯有得專征伐之道，不得專滅國，覆人之社，絕人之世，令誠有外內亂鳥獸行者，當以九伐之法正之，非可攘土地以自廣。」[165]諸侯得以合義征伐，但不得覆滅他國，掠奪土地人民為己有。《春秋》宣公十二年：「楚子滅蕭。」《胡傳》曰：

肆其強暴，滅無罪之國，其志已盈，雖欲赦之不得也，故傳稱蕭潰，經以滅書，斷其罪也。孟子曰：「以力假仁者霸，霸必有大國。」楚莊蓋以力假仁，不能久假而遽歸者也。建萬國、親諸侯者，先王之政；興滅國、繼絕世者，仲尼之法。今乃滅人社稷而絕其祀，亦不仁甚矣。（卷18，頁2345）

---

[164] 〔晉〕范甯集解，〔唐〕楊士勛疏：《春秋穀梁傳注疏》，卷5，頁53。

[165] 〔清〕孔廣森：《公羊春秋經傳通義》（上海：上海古籍出版社，2002年《續修四庫全書》），卷1，頁8。

楚國侵宋、伐鄭、入陳、敗晉，憑陵諸夏，深入中國。《左傳》記：「冬，楚子伐蕭，宋華椒以蔡人救蕭。蕭人囚熊相宜僚及公子丙。王曰：『勿殺，吾退。』蕭人殺之。王怒，遂圍蕭。蕭潰。」[166]胡安國解釋《左傳》稱「蕭潰」與《春秋》書「滅蕭」的不同，陳述聖人立意，顯見楚莊王滅無罪之國，殘暴不仁，故以「滅」斷定其罪。

（五）刺伐喪

《春秋》宣公九年：「宋人圍滕。」《左傳》曰：「因其喪也。」[167]八月，滕昭公卒，宋國即帥師圍滕，《胡傳》以「圍滕稱人，刺伐喪也。」（卷 17，頁 2342）又言：「圍國，非將卑師少所能辦也，必動大眾而使大夫為主帥明矣。然而稱人，是貶之也。滕既小國又方有喪，所宜矜哀弔恤之不暇，而用兵革以圍之，比事以觀，知見貶之罪在不仁矣。」（卷 17，頁 2341）滕侯卒未數月，宋國未能矜憐撫恤，反而動眾擅兵，因喪而圍，故《春秋》稱人，貶其不仁。

北宋熙寧元年（1068）三月，知雜御史劉述（-1067-）乞奏神宗，認為朝廷若乘西夏諒祚死亡而舉兵討虜，恐非哀喪恤災，綏懷夷狄之道。[168]對於伐喪一事，早在三《傳》就共同主張不能趁機攻伐有喪之國。《左傳》襄公十三年：

> 吳侵楚，養由基奔命，子庚以師繼之。養叔曰：「吳乘我喪，謂我不能師也，必易我而不戒。子為三覆以待我，我請誘之。」子庚從之。戰于庸浦，大敗吳師，獲公子黨。君子以吳為不弔，《詩》曰：「不弔昊天，亂靡有定。」[169]

---

[166] 〔晉〕杜預注，〔唐〕孔穎達疏：《春秋左傳正義》，卷 23，頁 399。

[167] 〔晉〕杜預注，〔唐〕孔穎達疏：《春秋左傳正義》，卷 22，頁 380。

[168] 〔宋〕趙汝愚編，北京大學中國中古史研究中心校點整理：《宋朝諸臣奏議》，卷 137，頁 1535。

[169] 〔晉〕杜預注，〔唐〕孔穎達疏：《春秋左傳正義》，卷 32，頁 556。

時楚共王卒，吳國認為楚逢國喪，無法成軍抗敵，故乘機侵之，君子認為此舉不善，[170]同樣否定伐喪之行。又如《春秋》僖公十八年：「宋公、曹伯、衛人、邾人伐齊。」《穀梁傳》云：「非伐喪也。」[171]鍾文烝曰：「非，責也。」[172]齊桓公卒於僖公十七年，正逢國喪，宋襄公卻聯合曹、衛、邾三國伐齊，《穀梁傳》指責諸侯「伐喪無道，故謹而月之。」[173]

倘若合禮不伐喪，則《春秋》善之。如《春秋》襄公十九年：「晉士匄帥師侵齊，至穀，聞齊侯卒，乃還。」《左傳》云：「晉士匄侵齊，及穀，聞喪而還，禮也。」[174]說明士匄合乎古禮，褒揚其行。《公羊傳》曰：「還者何？善辭也。何善爾？大其不伐喪也。」何休注：「士匄聞齊侯卒，引師而去，恩動孝子之心，服諸侯之君，是後兵寢數年，故起時善之。」[175]伐喪不義，晉士匄侵齊，聞齊侯卒，哀慟其喪，故舉師而還，《春秋》善之，大其不伐喪。《穀梁傳》亦云：「受命而誅，生死無所加其怒，不伐喪，善之也。」[176]鍾文烝曰：「不伐齊喪，合禮，詳錄之，乃以善之。」[177]同樣善許士匄依禮不伐喪。胡安國亦稱道士匄：

> 穀，齊地也。還者，終事之詞，古之為師不伐喪，大夫以君命出境，有可以安國家利社稷者，則專之可也。世衰道微，暴行交作，利人之難，以成其私欲者眾矣。士匄乃有惻隱之心，聞齊侯卒而還，不亦善乎！或曰：君不尸小事，臣不專大名，為士匄者，宜墠

---

[170] 楊伯峻曰：「弔與淑字古本一字，淑，善也；弔亦善也。」見楊伯峻：《春秋左傳注》，頁1002。

[171] 〔晉〕范甯集解，〔唐〕楊士勛疏：《春秋穀梁傳注疏》，卷8，頁85。

[172] 〔清〕鍾文烝撰，駢宇騫、郝淑慧點校：《春秋穀梁經傳補注》，卷11，頁307。

[173] 〔晉〕范甯集解，〔唐〕楊士勛疏：《春秋穀梁傳注疏》，卷8，頁85。

[174] 〔晉〕杜預注，〔唐〕孔穎達疏：《春秋左傳正義》，卷34，頁586。

[175] 〔漢〕何休解詁，〔唐〕徐彥疏：《春秋公羊傳注疏》，卷20，頁256。

[176] 〔晉〕范甯集解，〔唐〕楊士勛疏：《春秋穀梁傳注疏》，卷16，頁157。

[177] 〔清〕鍾文烝撰，駢宇騫、郝淑慧點校：《春秋穀梁經傳補注》，卷20，頁564。

帷而歸命乎介則非矣。使士匄未出晉境，如是焉可也，已至齊地，則進退在士匄矣，猶欲墠帷而歸命乎介，則非古者命將不從中覆專制境外之意，而況喪必不可伐，非進退可疑而待請者，故至穀聞齊侯卒乃還，善之也。（卷22，頁2364）

　　劉絢曰：「天下無王，諸侯擅命征伐，各自己出，利人之難以成其私，故伐人之喪者比比，而士匄乃還師不侵，不亦善乎！」[178]胡氏援說其意，並引《公羊傳》「大夫受命不受辭，出竟有可以安社稷、利國家者，則專之可也」[179]的說法，謂春秋背殯用師、冒喪伐國者多矣，士匄雖奉命出征，但具惻隱之心，能聞喪而還，故善之，否定《穀梁》言士匄「宜墠帷而歸命乎介」的觀點，認為士匄未出晉境則如是可也，但已至齊國，箇中節度皆付士匄，不須待請君命，故仍大其不伐喪。

二、武備兵戎之道

（一）內自省德

　　《左傳》僖公十九年，宋國圍曹，討不服也。子魚言宋公：「文王聞崇德亂而伐之，軍三旬而不降。退修教而復伐之，因壘而降。《詩》曰：『刑于寡妻，至于兄弟，以御于家邦。』今君德無乃猶有所闕，而以伐人，若之何？盍姑內省德乎，無闕而後動。」[180]宋襄無德，欲為霸主，召諸侯盟於曹南，又使邾文公執鄫子用之，此年圍曹，司馬子魚勸戒宋襄公，以文王退修教而復伐崇，說明省德自察的重要。

　　靖康元年（1126），左司諫陳公輔（1077-1142）〈上欽宗論致太平在得民心〉曰：「以臣觀之，所以勝夷狄者，必在於治中國；所以治中國者，必在於得民心。……臣嘗原先王所以得民心者，無他，莫先乎有德而

---

[178] 引自〔元〕汪克寬：《春秋胡傳附錄纂疏》，卷22，頁566。

[179] 〔漢〕何休解詁，〔唐〕徐彥疏：《春秋公羊傳注疏》，卷8，頁97。

[180] 〔晉〕杜預注，〔唐〕孔穎達疏：《春秋左傳正義》，卷14，頁240。

已。」[181]謂君上有盛德，才足以得民心；能得民心，則可治中國；能治中國，自能除夷狄之患，逐層發揮「德」之影響。胡安國對於武備兵戎，亦極重視德性，其曾言：「春秋諸侯之知德者鮮矣。」（卷 14，頁 2328）常糾舉諸侯不能修德而肆意征伐的惡行，例如《春秋》宣公十年：「宋師伐滕。」《胡傳》曰：「今鄰有弒逆，不能聲罪致討，乃用大眾以伐所當矜恤之小邦，且滕不事已，無乃已德猶有所闕，而滕何尤焉？」（卷 17，頁 2342-2343）批評宋襄公愆德又用師於滕，故此稱師著罪。宋文公於宣公十二年，為履行清丘之盟「恤病、討貳」的約定，出兵伐陳，《胡傳》亦嚴斥：「宋人不能內自省德，遽以大眾伐之，非義舉矣。」（卷 18，頁 2345）同樣是指責宋國諸侯不度德量力。又如《春秋》僖公四年：「公孫茲帥師會齊人、宋人、衛人、鄭人、許人、曹人侵陳。」《胡傳》曰：

> 楚方受盟，志已驕溢，陳大夫一謀不協，其身見執，其國見伐見侵，而怒猶未怠也，桓德於是乎衰矣！愛人不親反其仁，治人不治反其智，禮人不答反其敬，行有不得者，皆反求諸己，其身正而天下歸之，曾可厚以責人，不自反乎？原其失在於量淺而器不宏也。（卷 11，頁 2311）

據《左傳》載，陳國轅濤塗建議齊桓公，諸侯軍隊可以觀兵於東夷，循海而歸，申侯卻勸言出於陳、鄭之間，共其資糧屝屨。齊桓悅，與之虎牢，故執轅濤塗。齊桓公因轅濤塗而動七國之兵侵陳，至陳服罪才釋其大夫。胡氏批評齊桓公識明量淺，不能反求諸己，責人之深，桓德茲是始衰，故《春秋》前書「齊人執陳轅濤塗」，稱人以執，罪齊侯；此稱侵陳，深責之也。

《春秋》宣公六年：「晉趙盾、衛孫免侵陳。」《胡傳》曰：

---

[181] 〔宋〕趙汝愚編，北京大學中國中古史研究中心校點整理：《宋朝諸臣奏議》，卷 4，頁 42。

愛人不親反其仁，治人不治反其智，晉嘗命上將帥師救陳，又再與
之連兵伐鄭，今而即楚，無乃於己有闕，盍亦自反可也，不內省
德，遽以兵加之，則非義矣，故林父不書伐而盾、免書侵，以正晉
人所以主盟，非其道也。（卷 16，頁 2339）

援引《孟子》，強調反求諸己，己身正則天下歸之。前趙盾救陳，今
因陳叛晉即楚，故又加兵於陳，不內自省德，遽加伐之，故經文書侵，正
主盟者之罪。《春秋》文公二年：「晉人、宋人、陳人、鄭人伐秦。」此
晉先且居、宋公子成、陳轅選、鄭公子歸生伐秦，報彭衙之役。程頤曰：
「秦以憤取敗，晉可以已矣，而復伐秦，報復無已，殘民結怨，故貶而稱
人。」[182]批評晉國報復結怨，故貶稱人。《胡傳》曰：

> 按《左氏》：四國伐秦，報彭衙之役，則皆國卿也，其貶而稱人
> 者，晉人再勝秦師，在常情亦可以已矣，而復興此役，結怨勤民，
> 是全不務德，專欲力爭而報復之無已也，以致濟河焚舟之師，故特
> 貶而稱人。（卷 14，頁 2328）

不取《左傳》「尊秦」、「崇德」，認為經不書卿是因晉國專欲力
爭，結怨勤民，內不務德，導致文公三年秦復伐晉，濟河焚舟，取王官及
郊，封殽尸而還，故貶而稱人。

《春秋》僖公二十六年：「齊人伐我北鄙，衛人伐齊，公子遂如楚乞
師。」《左傳》載東門襄仲、臧文仲如楚乞師，《胡傳》曰：

> 衛人報德以怨，伐齊之喪，助少陵長，又遷怒於邢而滅其國，不義
> 甚矣。公既與其君盟于洮，又與其臣盟于向，是黨衛也。故齊人既
> 侵其西，又伐其北，齊師固非義矣，而僖公不能省德自反，深思遠
> 慮，計安社稷，乃乞楚師與齊為敵，是以蠻夷殘中國也，於義可

---

[182] 〔宋〕程顥、程頤著，王孝魚點校：《二程集》，「河南程氏經說」卷 4，頁 1113。

乎？其書公子遂如楚乞師而惡自見矣。（卷 12，頁 2320）

《公》、《穀》偏重「乞」辭之意，[183]宋儒關注魯國向夷狄乞師，用夷狄殘中國之非。[184]胡氏除了各點出衛、齊非義，亦批評魯僖公以蠻夷殘中國，不能省德自反，修明政刑，反而對外乞師，向楚求援，導之伐齊、宋，書此見惡。又如《春秋》成公三年：「叔孫僑如帥師圍棘。」汶陽為魯故地，棘為汶陽邑，今自齊歸魯，《左傳》以棘不服，故圍之；《公羊傳》亦以棘為汶陽不服之邑，不聽故圍。《胡傳》曰：「魯於是時，初稅畝，作丘甲，稅役日益重矣。棘雖復歸故國，所以不願為之民也歟！成公不知薄稅斂，輕力役，修德政以來之，而肆其兵力，雖得之，亦必失之矣。」（卷 19，頁 2352）指摘魯成公不知行仁政、減苛徵，以文德撫順，竟用大師攻環其邑，命上將出圍，「不察己之所以失而疾人之不我服，強國之術若五伯之事則有之，非王道也。」[185]

（二）逢喪止伐

《穀梁傳》曰：「喪不貳事，貳事，緩喪也。」[186]鍾文烝引李光地語：「緩喪，猶云不專意於喪。」[187]喪葬期間應致力收斂歸葬，思親致哀，不得因他事而耽擱延誤，故言喪不貳事。胡安國亦以主喪不貳事為常道，所以貶絀冒喪動戈。例如《春秋》成公三年：「公會晉侯、宋公、衛

---

[183] 《公羊傳》曰：「乞者何？卑辭也。」見〔漢〕何休解詁，〔唐〕徐彥疏：《春秋公羊傳注疏》，卷 12，頁 150。《穀梁傳》曰：「乞，重辭也。」見〔晉〕范甯集解，〔唐〕楊士勛疏：《春秋穀梁傳注疏》，卷 9，頁 91。

[184] 例如孫復曰：「夫國之大小，師之眾寡，皆有王制，不可乞也。書者，惡魯不能內修戎備而外乞師于夷狄。」見〔宋〕孫復：《春秋尊王發微》，卷 5，頁 10770。高閌曰：「是不有天子而導荊蠻以伐中國也。」見〔宋〕高閌：《春秋集註》，卷 16，頁 384。趙鵬飛曰：「今魯憾齊之侵伐而乞師于楚，是召夷狄橫行中國，其罪可勝誅乎！雖齊之伐我，固不義矣，以魯之眾，仗義而報之，何患不克？」見〔宋〕趙鵬飛：《春秋經筌》，卷 7，頁 11597。

[185] 〔宋〕劉敞：《春秋意林》，卷下，頁 11153。

[186] 〔晉〕范甯集解，〔唐〕楊士勛疏：《春秋穀梁傳注疏》，卷 11，頁 112。

[187] 〔清〕鍾文烝撰，駢宇騫、郝淑慧點校：《春秋穀梁經傳補注》，卷 14，頁 414。

侯、曹伯伐鄭。」《胡傳》曰：「宋、衛未葬，曷為稱爵？背殯越境，以吉禮從金革之事也。」（卷 19，頁 2351）成公二年，八月壬午，宋文公卒。庚寅，衛穆公卒，皆未葬，此年宋共公和衛定公竟同晉景公伐鄭，背殯越境，從戎非禮，故稱爵譏之。《春秋》成公四年：「鄭伯伐許。」程頤曰：「稱鄭伯，見其不復為喪，以吉禮從戎。」[188]《胡傳》亦曰：「前此鄭襄公伐許，既狄之矣，今悼公又伐許。乃復稱爵。何也？喪未踰年，以吉禮從金革之事，則忘親矣。稱爵非美詞，所以著其惡也。」（卷 19，頁 2352）同程子之說，鄭襄公死未踰年，鄭悼公卻出兵伐許，吉禮從金革為忘親，故稱「鄭伯」。又如《春秋》僖公三十三年：「晉人及姜戎敗秦于殽。」《公羊傳》曰：「襄公親之，則其稱人何？貶。曷為貶？君在乎殯而用師危，不得葬也。」[189]晉襄公在先君未完葬就帥師出兵，此舉易使先君不得安葬，故《春秋》書人貶之。《穀梁傳》亦曰：「晉人者，晉子也，其曰人，何也？微之也。何為微之？不正其釋殯，而主乎戰也。」[190]以晉襄不應擱置先君棺柩而發兵襲秦，《公》、《穀》皆主張諸侯必待先君完葬才可展開軍事行動。《胡傳》亦曰：「晉襄親將，絀不稱君者，俯逼葬期，忘親背惠，墨衰絰而即戎，其惡甚矣。」（卷 13，頁 2325）同樣貶斥晉襄公冒喪起兵，著墨絰而戰，忘親背惠，故稱「晉人」。

《春秋》昭公十一年：「夫人歸氏薨。大蒐于比蒲。」此年襄公嫡夫人敬歸之娣齊歸卒，魯國仍行蒐示武。《左傳》曰：「非禮也。」[191]表達國家若遇大喪，正應解甲休兵，息止戰爭，並載叔向語：「魯公室其卑乎！君有大喪，國不廢蒐；有三年之喪，而無一日之慼。國不恤喪，不忌君也；君無慼容，不顧親也。國不忌君，君不顧親，能無卑乎？殆其失國。」言魯逢喪卻不恤喪，君無慼容，勢將失國。《胡傳》曰：

---

[188] 〔宋〕程顥、程頤著，王孝魚點校：《二程集》，「河南程氏經說」卷 4，頁 1117。

[189] 〔漢〕何休解詁，〔唐〕徐彥疏：《春秋公羊傳注疏》，卷 12，頁 159。

[190] 〔晉〕范甯集解，〔唐〕楊士勛疏：《春秋穀梁傳注疏》，卷 9，頁 96。

[191] 〔晉〕杜預注，〔唐〕孔穎達疏：《春秋左傳正義》，卷 45，頁 785。

其曰大蒐，越禮也。君有重喪，國不廢蒐，不忌君也。三綱，軍政之本，君執此以御其下，臣執此以事其上，政之大本於是乎在？君有三年之慼，而國不廢一日之蒐，則無本矣。然則君有重喪，喪不貳事，以簡車徒為非禮也，乃有身從金革而無避者，獨何歟？曰：喪不貳事，大比而簡車徒則廢其常可也，有門庭之寇而宗廟社稷之存亡係焉，必從權制而無避矣。伯禽服喪，徐夷並興，至于東郊，出戰之師與築城之役同日並舉，度緩急輕重，蓋有不得已焉者矣。晉王克用薨，梁兵壓境而莊宗決勝於夾寨；周太祖殂，契丹入寇而世宗接戰於高平，若此者，君行為顯親，非不顧也；臣行為愛君，非不忌也，惟審於緩急輕重之宜，斯可矣。（卷24，頁2374）

　　夫人薨而大蒐為非禮，國有重喪應停止講武。三綱為軍政之本，逢小君之喪卻又行大蒐之禮，已失本矣。另外，《禮記‧曾子問》載：「子夏曰：『金革之事無辟也者，非與？』孔子曰：『吾聞諸老聃曰：昔者魯公伯禽有為為之也。今以三年之喪，從其利者，吾弗知也！』」[192]鄭玄注：「伯禽，周公子，封於魯。有徐戎作難，喪卒哭而征之，急王事也。」[193]孔穎達亦云：「伯禽卒哭而從金革，時有徐戎作亂，東郊不開，故征之。」[194]胡氏補充伯禽服喪從金革是關係宗廟存亡，故有責任攘除門庭之寇，從權制而無避忌，與五代後晉莊宗與梁軍戰於夾寨，以及後周世宗與劉旻征於高平同例，逢喪仍有輕重緩急之權宜，此征伐並非國不忌君，君不顧親，與大蒐于比蒲有所不同。

（三）救災恤鄰

　　《胡傳》曰：「《春秋》善解紛，貴遠怨，而惡以兵刃相接。」（卷19，頁2350）又云：「救患分災，於禮為急，而好攻戰，樂殺人者，於罪

---

[192] 〔漢〕鄭玄注，〔唐〕孔穎達疏：《禮記注疏》，卷19，頁385-386。

[193] 〔漢〕鄭玄注，〔唐〕孔穎達疏：《禮記注疏》，卷19，頁385。

[194] 〔漢〕鄭玄注，〔唐〕孔穎達疏：《禮記注疏》，卷19，頁386。

為大。」（卷 11，頁 2309）主張解患救災之道，舉凡鄰國見侵，諸侯皆
應出兵援救。《春秋》莊公二十八年：「荊伐鄭。公會齊人、宋人救
鄭。」諸侯之救始於此。《穀梁傳》曰：「荊者，楚也。其曰荊，州舉之
也。善救鄭也。」[195]啖助曰：「救者，救其患難。凡救患皆為美也。」
[196]《胡傳》詳言：「按《左氏》：楚令尹子元無故以車六百乘伐鄭，入
自純門，是陵弱暴寡之師也，故以州舉，狄之也。鄭人將奔桐丘，諸侯救
之，楚師夜遁，是得救急恤鄰之義也，故書救鄭，善之也。齊、宋稱人，
將卑師少，桓公主兵，攘夷狄、安中國之事見矣。」（卷 9，頁 2304）批
評楚師加兵於鄭，陵弱暴寡，師出無名，故稱州狄之；而齊桓能帥魯、宋
二國，退楚救鄭，得救急恤鄰之義。《春秋》宣公元年：「楚子、鄭人侵
陳，遂侵宋。晉趙盾帥師救陳。」楚國潛師掠境，侵暴肆志，凌駕中夏，
《穀梁傳》曰：「善救陳也。」[197]《胡傳》曰：「鄭在王畿之內而附蠻
夷，陳，先代帝王之後而見侵，逼此門庭之寇，利用禦之者也。晉能救陳
則存諸夏、攘夷狄之師，故特褒而書救。凡書救者，未有不善之也。」
（卷 16，頁 2336）肯定晉國帥師救陳，拯民於水火，此皆《春秋》用兵
之意。

　　相較之下，若中原諸侯不能勤於救災恤患，則《春秋》罪之，其中尤
以霸主為重。例如《春秋》僖公十一年：「楚人伐黃。」黃國因不歸楚
貢，故楚國伐之。《胡傳》曰：

> 按穀梁子曰：貫之盟，管敬仲言於桓公，江、黃遠齊而近楚，楚為
> 利之國也，若伐而不能救，則無以宗諸侯矣。桓公不聽，遂與之
> 盟，管仲死，楚伐江滅黃，桓公不能救，故君子閔之也。遠國慕
> 義，背夷即華，所謂出自幽谷，遷于喬木，《春秋》之所取也。被
> 兵城守，更歷三時，告命已至，而援師不出，則失救患分災，攘夷

---

[195] 〔晉〕范甯集解，〔唐〕楊士勛疏：《春秋穀梁傳注疏》，卷 6，頁 63。

[196] 〔唐〕陸淳：《春秋集傳纂例》，卷 5，頁 122。

[197] 〔晉〕范甯集解，〔唐〕楊士勛疏：《春秋穀梁傳注疏》，卷 12，頁 115。

狄、安與國之義矣。滅弦滅溫，皆不書伐，滅黃而書伐者，罪桓公
既與會盟而又不能救也。（卷 11，頁 2314）

楚國此年伐黃，隔年滅黃，胡氏援引《穀梁》，歸咎齊桓，以其不能
救江、黃二國，致使見滅，失救患分災、攘狄安友之義，並「閔小國之遭
橫逆，而方伯不恤也。」[198]《春秋》僖公十五年：「公孫敖帥師及諸侯
之大夫救徐。」由於徐即諸夏，故楚伐徐。三月，齊桓與魯、宋、陳、
衛、鄭、許、曹盟於牡丘，遂次於匡，謀救徐，但最後卻是魯大夫公孫敖
帥師及諸侯之大夫救徐。《胡傳》批評：

> 楚都于郢，距徐亦遠，而舉兵伐徐，暴橫憑陵之罪著矣。徐在山東
> 與齊密邇，以封境言之，不可以不速救；以形勢言之，非有餽糧越
> 險之難也。今書盟于牡丘，見諸侯救患之不協矣。書次于匡，見霸
> 主號令之不嚴矣。書大夫帥師而諸侯不行，見桓德益衰而禦夷狄、
> 安中國之志怠矣。凡兵而書救，未有不善之也。救而書次，則尤罪
> 其當速而故緩，失用師之義矣。（卷 12，頁 2315-2316）

《穀梁》謂此善救，但胡氏從「盟牡丘」、「次匡」、「大夫帥師」
三項，認為諸侯救患不協，無法即時援救，明顯有懈怠之心。而且齊桓既
合八國之眾，卻僅使大夫出兵，未能汲汲攘除夷狄、安定中原，霸主號令
已不嚴矣，不足以保徐。
　　胡安國主張中原諸侯用兵救患，但亦嘉勉夷狄出師援救受伐者，深許
矜恤救患之功。《春秋》僖公十八年：「春，王正月，宋公會曹伯、衛
人、邾人伐齊。夏，師救齊。五月戊寅，宋師及齊師戰于甗，齊師敗績。
狄救齊。」《胡傳》曰：「伐齊之喪，奉少奪長，其罪大，故其責詳。書
師救齊者，善魯也。救者善，則伐者惡矣。凡書救者，未有不善之也。書
狄救齊者，許狄也。」（卷 12，頁 2317）宋伐齊喪，不義如此，聖人書

---

[198] 〔元〕汪克寬：《春秋胡傳附錄纂疏》，卷 11，頁 291。

「狄救齊」肯定外狄能援兵相救。又如《春秋》僖公十八年：「邢人、狄人伐衛。」此乃狄始稱「人」。《胡傳》曰：

> 狄稱人，進之也。慕義而來，進之可也。以夷狄伐衛而進之，可乎？伐衛所以救齊也。衛嘗亡滅，東徙渡河，無所控告，齊桓公攘戎狄而封之，使衛國忘亡，誰之賜也？桓公方沒，不念舊德，欲厚報之，遽伐其喪，亦太甚矣。以直報怨，聖人之公也；以怨報怨，天下之利也；以德報怨，寬身之仁也；以怨報德，刑戮之民也。至是人理亡矣。桓公攘夷狄，安中國，免民於左衽，諸侯不念其賜，而於衛為尤，先書狄救齊，以著中國諸侯之罪。再書狄人伐衛，所以見救齊之善，功近而德遠矣。（卷12，頁2317）

衛國曾見滅於狄，因齊桓而復存，但衛國忘恩背齊，同宋、曹、邾三國遽伐。《穀梁傳》曰：「狄其稱人，何也？善累而後進之。伐衛，所以救齊也，功近而德遠矣。」[199]范甯曰：「伐衛功近耳，夷狄而憂中國，其德遠也。」[199]何休曰：「狄稱人者，善能救齊，雖拒義兵，猶有憂中國之心，故進之。」[200]胡氏說法同於《公》、《穀》學者，進狄能救齊，故書狄人，批評衛國以怨報德，罪中國諸侯。

三、減罪恕詞的偏誤

胡安國以《春秋》惡戰，徒因私忿、用眾、欺詐、滅國、伐喪，而非討賊救患者，聖人必深罪貶斥。然《胡傳》在判斷上卻有減罪恕詞的偏誤，尤其是楚國對各國的侵擾，胡安國常許其有詞征伐、合理報復，故聖人變文，恕免其罪。例如《春秋》宣公十三年：「楚子伐宋。」《左傳》載宣公十二年，楚子伐蕭，宋國以蔡師救蕭，故此年楚子伐宋，因其救蕭

---

199 〔晉〕范甯集解，〔唐〕楊士勛疏：《春秋穀梁傳注疏》，卷8，頁86。
200 〔漢〕何休解詁，〔唐〕徐彥疏：《春秋公羊傳注疏》，卷11，頁141。

也。《胡傳》曰：

> 楚人滅蕭，將以脅宋，諸侯懼而同盟，為宋人計者，恤民固本，輕
> 徭薄賦，使民効死，親其上則可以待敵矣，計不出此，而急於伐陳
> 攻楚，與國非策也，故楚人有詞于伐而得書爵。（卷 18，頁
> 2345）

批評宋國不能恤民固本，輕徭薄賦，啟兵之釁，故此致伐，楚國於理
得伐，故稱爵。察《春秋》宣公時期所書：元年「楚子、鄭人侵陳，遂侵
宋」、四年「楚子伐鄭」、九年「楚子伐鄭」、十一年「楚子入陳」、十
二年「楚子圍鄭」、「楚子滅蕭」、十三年「楚子伐宋」、十四年「楚子
圍宋」，全部書爵，豈皆有詞？《日講春秋解義》云：「胡氏安國謂宋伐
陳以召楚兵，則楚人有辭以伐，故書其爵，謬矣。上年滅蕭，明年圍宋，
兇暴已甚，而俱書楚子，亦得謂之有辭乎？書楚子以見其君親將耳。」
[201]點明楚國陵夏凶暴，無謂合理有詞，稱「楚子」乃君親將領之意；葉
酉亦曰：「胡氏乃謂楚人有詞于宋而得書爵，誤矣，凡君將則書爵，史之
常文。」[202]

又如《春秋》哀公元年：「楚子、陳侯、隨侯、許男圍蔡。」定公四
年，蔡國以吳師及楚國戰于柏舉，楚師敗績，《左傳》以楚國此年圍蔡是
為了報復柏舉一役。胡氏解釋《春秋》何以書圍蔡：

> 蔡嘗以吳師入郢，昭王奔隨，壞宗廟，徙陳器，撻平王之墓矣。至
> 是楚國復寧，帥師圍蔡，降其眾，遷其國而《春秋》書之略者，見
> 蔡宜得報，而楚子復讎之事可恕也。聖人本無怨而怨出於不怨，故
> 議讎之輕重有至於不與共戴天者。今楚人禍及宗廟，辱逮父母，若
> 包羞忍恥而不能一洒之，則不可以有立而天理滅矣，故特書圍蔡而

---

[201] 〔清〕庫勒納等奉敕撰：《日講春秋解義》，卷29，頁396。

[202] 〔清〕葉酉：《春秋究遺》，卷9，頁528。

稱爵，恕楚之罪詞也。（卷 29，頁 2392）

　　肯定楚昭王報復蔡國，有復仇之志，倘若含羞忍辱，未雪冤仇，則天理既滅，無以立也。故仲尼書楚子圍蔡，稱爵以恕楚罪。家鉉翁曰：「入郢者，吳也；鞭平者，亦吳也。楚不能報之於強吳，而乘中國之無霸，摟二三小國以釋憾，於蔡謂之復讎而讎卒不能復也。前年滅項，去年滅胡，今又以兵加蔡，其志在於蠶食小國以為利，《春秋》奚取哉！」[203]指明楚國滅項、滅胡、圍蔡，志在兼併小國，若為報復，宜對吳國復仇，聖人並未恕楚。汪克寬曰：「楚昭圍蔡，未足以為善。文定以宋高宗不復金國之讎，故拳拳以復讎為說，此朱子所謂以義理穿鑿者也。」[204]胡安國執於復仇，故赦減楚罪，流於穿鑿之失。

　　另外，胡氏認為凡《春秋》書滅，罪不待貶，惡已自見，因滅國本為非義，但解讀經文又常減輕滅國之罪，兩相矛盾。《春秋》文公十六年：「楚人、秦人、巴人滅庸。」《胡傳》據《左傳》記事而發：

> 楚大饑，戎與麇濮交伐之，而庸人幸其弱，帥羣蠻以叛楚，此取滅之道也。楚人謀徙於阪高，蒍賈曰：不可，我能往，寇亦能往，不如伐庸，亦見其謀國之善矣。故列書三國而楚不稱師，減楚之罪詞也。（卷 15，頁 2334）

　　楚國發生飢荒，故庸國帶領蠻人叛逃，因此見滅。胡氏以庸國自取滅亡，故經文不稱楚師，減滅庸之惡。其單就庸國幸弱悖叛而肯定蒍賈善於謀國，藉此輕放楚罪。張洽曰：「庸乘饑饉，率蠻危楚，楚一畏徙國，誠無以保其國矣。然禦變待敵亦制服之而已，夷人宗社豈王法之所容乎？楚子克庸而遂滅之，其罪大矣，是以人楚子而罪其滅也。」[205]具體點出楚

---

[203] 〔宋〕家鉉翁：《春秋集傳詳說》，卷 29，頁 13772。

[204] 〔元〕汪克寬：《春秋胡傳附錄纂疏》，卷 29，頁 722。

[205] 〔宋〕張洽：《春秋集註》，卷 5，頁 13160。

國得以制服，但不能絕其宗社，《春秋》書「楚人」並非減罪之詞。《欽定春秋傳說彙纂》亦批評道：「案《胡傳》謂庸有取滅之道，而蒍賈善謀國，故列書三國，楚不稱師，蓋減楚之罪辭，此說非也。唊氏助曰：凡滅國直書滅，罪來滅者，其於見滅者，言力屈而死故也。今直書滅庸，是罪楚，不罪庸矣。」[206]引唊助言，說明胡氏之說為非，經文直書滅庸是直見楚罪。

又如《春秋》定公十五年：「楚子滅胡，以胡子豹歸。」《左傳》載吳國入楚，胡子盡俘楚邑近胡者，待楚國安定，胡子豹又不事奉楚國，並言：「存亡有命，事楚何為？」楚遂滅胡。《胡傳》曰：

> 夫滅人之國，其罪大矣，然胡子豹乘楚之約，盡俘其邑之近胡者，所謂國必自滅而後人滅之，非滅之者獨有罪也。國君造命不可委命者，既以為有命，而又貪生忍辱不死于社稷，則是不知命矣。書以歸，罪豹之不能死位而與歸也，故楚子書爵而胡子豹名。（卷28，頁2392）

國自滅而後人滅之，不批評楚昭滅國，反而究責胡子不知命，認為經文書楚昭王稱爵、胡子豹稱名是與歸之因，寬赦楚國滅胡而執豹。胡子俘楚邑，確有其惡，但楚滅人國，罪之更甚。姜寶曰：「楚子親帥師滅胡，故書楚子，非是有取於此舉，而書爵以予之，乃君親將之。」[207]此書「楚子」乃君親將之，反對聖人稱爵與楚。徐浦更言：「胡氏以為書以歸罪豹之不能死位而與歸也，故楚子書爵而胡子豹名，則是與楚子之滅胡，豈《春秋》之旨哉！」[208]亦批評胡氏與楚滅胡的觀點為非。

以上所述私憤挾怨、興師動眾、欺詐誘敵、滅國覆社、背殯伐喪皆違

---

[206] 〔清〕王琰等奉敕撰：《欽定春秋傳說彙纂》，卷18，頁536。

[207] 〔明〕姜寶：《春秋事義全考》，卷15，頁468。

[208] 〔明〕徐浦：《春秋四傳私考》，卷下，頁52。

背春秋戰爭之法規，[209]胡安國反對此類用兵，認為國君宜內自省德、逢喪止武、救災恤鄰，符合武備兵戎之道。對於他的看法，明儒何其偉頗有微詞：

> 夫胡氏當建炎間以《春秋》入侍，此何時也，而猶僅僅焉以戒窮兵於遠者？金人之起海角也、遠者也，宋未嘗窮兵也，胡為而徽、欽北？胡為而康王南，尋則奔明州、走溫州？胡氏以《春秋》進而輒戒窮兵，其君復謝謝曰：「安國所講《春秋》，吾率二十四日讀一遍。」嗟夫！惟熟於胡氏之《春秋》而戒窮兵，戒窮兵而厭兵，厭兵而後和議決矣。吾不知所謂因事而進規者，其義安在？[210]

《春秋》昭公十七年：「晉荀吳帥師滅陸渾之戎。」此段經文本應稱「晉人帥師滅陸渾之戎」，但卻直書「荀吳」之名氏。《胡傳》曰：「舉其名氏，非褒詞也，纔得無貶耳，則窮兵於遠，虛內事外者可知矣。」（卷 25，頁 2379）書名氏並非褒舉，只是未貶，但仍不贊成窮兵於遠、虛內事外。何其偉從這段傳文批評胡安國於南渡後竟還向高宗建言「戒窮兵」，因為一旦「戒窮兵」就會「厭兵」，既「厭兵」勢必主「和議」，質疑胡安國的講法不合時局。

本田成之於《中國經學史》也提到：

> 宋人惡北狄金殊甚，安國為了投人所好，專以復讎為經義，以尊王外夷的意味說《春秋》，致被評為這是南宋人底《春秋》而非孔子底《春秋》不是無理的。然而最奇怪的，一面說復讎，一面卻怯戰爭而嫌之，說是應以柔德云。……總之《胡傳》與《公羊》媚漢同

---

[209] 洪鈞培以春秋戰爭之義務有：不伐喪國、不伐亂國、禁通叛逆、處險不薄、禁傷敵君、禁殺俘虜、埋葬死亡、禁傷人民、嚴律兵紀、禮待敵使、禁滅同姓國家等。見洪鈞培：《春秋國際公法》（臺北：臺灣中華書局，1971 年 2 月臺一版），頁 266-276。

[210] 〔清〕朱彝尊撰，〔清〕翁方綱撰，羅振玉撰：《經義考‧補正‧校記》，卷 185，頁 1261。

方法，是媚宋的。[211]

認為胡安國講復仇、尊王、外夷等經義是投人所好，會被評為非孔子之《春秋》有其道理。而且他一方面主張復仇，一方面又嫌惡戰爭，充滿矛盾，完全站在「媚宋」立場。何其偉與本田成之皆批評胡安國用兵之策，給予負面評價，但究竟《胡傳》真有他們所指出的問題嗎？

本書第參章第五節「攘夷狄」已分析胡安國反對窮追深入、殄滅無遺的攘夷方式，而對外除了以「驅逐」為計，「設險」也是國家重要政策。紹興二年（1132），胡安國上〈時政論〉，述及設險一事：「凡立國建都，必設險以守，而後國可保。按《春秋》書晉師伐虢，滅下陽，邑不言滅而此獨書滅者，下陽，虞國之塞邑也。塞邑既舉，則虢已亡矣。聖人特書示後世設險守邦之法。」[212]主張欲保江左，必都建康，因為建康北據大江之險，外有長淮之衛，又有三吳為東門，荊蜀為西戶，七閩二廣為南府，極具防禦守邦之優勢，制國者設居要津才可把握輕重之權，穩觀方來之會。[213]在胡安國看來，「驅逐」與「設險」是國家對外的計畫，而「保國以得民為本，固本以恤民為務」[214]，內政比外謀更加重要。

胡安國屢次於《春秋傳》申明「自強」就是針對內政而發，以「有恥而後能知慣，知慣而後能自強，自強而後能為善，為善而後能立身，身立而後能行其政令，保其國家矣。」（卷 26，頁 2382）伏盼高宗自強政治、信任仁賢、修明國事，若不能先著眼於此，即使地廣民眾，兵甲甚

---

[211] 本田成之：《中國經學史》（臺北：祥生出版社，1975 年 4 月），頁 241。

[212] 〔明〕黃淮，〔明〕楊士奇等編：《歷代名臣奏議》，卷 47，頁 637。

[213] 除了胡安國之外，還有不少朝臣主張定都建康，例如建炎三年（1129）二月，衛膚敏入對：「餘杭地狹人稠，區區一隅，終非可都之地。……臣固嘗三次以建康為請，蓋倚山帶河，實王者之都也。」見〔宋〕李心傳：《建炎以來繫年要錄》，卷 20，頁 396。紹興五年（1135）三月，李綱曰：「願陛下駐蹕建康，料理荊、襄以為藩籬，葺理淮南以為家計。」見〔宋〕李心傳：《建炎以來繫年要錄》，卷 87，頁 1452。紹興七年（1137）正月，參知政事王綯（1074-1137）亦云：「將圖恢復中原，駐蹕之地信未有過於建康者，豈錢塘、蘇、臺所可比擬！」見〔宋〕徐夢莘編：《三朝北盟會編》，卷 175，頁 321。

[214] 〔明〕黃淮，〔明〕楊士奇等編：《歷代名臣奏議》，卷 47，頁 639。

多，城郭堅固，終究日危月傾，猶火銷膏以致滅亡而不自覺也。[215]另一方面，胡安國重視人民，認為有國者必以固本安民為政事之急，[216]宜視「除暴」、「擇縣令」、「輕賦」、「革弊」、「省官吏」為先，[217]循此才是恤民振邦之道，若一味窮兵遠討、興師動眾只是勞民傷財，無有任何裨益，這看法其實與北宋以來眾多大臣的意見相仿，同樣秉持安民為重，先正內再制外，唯有自治自強才足以勝討外夷之患。[218]

是故，就胡安國的主張而言，他反對當朝小人苟且議和，動搖高宗恢復中原、掃除寇讎之心，所以一而再，再而三地發揮《春秋》「復仇攘夷」、「憤恥自強」之大義，對外以「驅逐」、「設險」為主，對內以「恤民」、「修政」為先，觀點非常清楚，是明儒何其偉不了解胡安國的

---

[215] 「自強於政治」的觀點在《胡傳》中恆常出現，胡安國也多據於此評論春秋諸侯。例如《春秋》僖公三十一年：「衛遷于帝丘。」《胡傳》曰：「中國衰微，夷狄強盛，衛侯不能自強於政治，晉文無卻四夷、安諸夏之功，莫不見矣。」（卷13，頁2325）又如《春秋》桓公十一年：「公會諸侯晉大夫盟于扈。」《胡傳》曰：「文公怠惰，事多廢緩，既約晉盟而復後至，故隱其不及，罪公之不能自強於政治，魯自是日益衰矣。」（卷14，頁2330）

[216] 《春秋》莊公九年：「浚洙。」《胡傳》曰：「固國以保民為本，輕用民力，妄興大作，邦本一搖，雖有長江巨川限帶封域，洞庭彭蠡河漢之險猶不足憑，而況洙乎！」（卷13，頁2325）又曰：「城郭溝池、重門擊柝皆守邦之末，務必以固本安民為政之急耳。」（卷20，頁2355）

[217] 〔明〕黃淮，〔明〕楊士奇等編：《歷代名臣奏議》，卷47，頁639-640。

[218] 例如太平興國年間，張齊賢〈上太宗論幽燕未下當先固根本〉曰：「聖人先本而後末，安內以養外。人民本也，戎狄末也。中夏內也，夷狄外也。是知五帝三王，未有不先根本者也。堯舜之道無他，廣推恩于天下之民爾。推恩者何？在乎安而利之。民既安利，則戎狄斂衽而至矣。」載〔宋〕趙汝愚編，北京大學中國中古史研究中心校點整理：《宋朝諸臣奏議》，卷129，頁1417。神宗熙寧六年（1073）二月，韓琦（1008-1075）亦云：「治國之本，當先有富強之術，聚財積穀，寓兵于民，則可以鞭笞四夷，盡復唐之故疆。」見〔宋〕韓琦著，李之亮、徐正英校箋：〈答詔問北邊事宜〉，《安陽集編年箋注》（成都：巴蜀書社，2000年10月），「韓琦詩文補編」卷7，頁1694。司馬光論納橫山非便，更細言安內之策：「臣聞羽翼未成，不可以高飛；近者未悅，不可以來遠。自堯、舜、禹、湯、文、武之王，下至齊桓、晉文之霸，未有不先治其內，而能立功于外者也。……為今日之計，莫如收拔賢俊，隨材受任，以舉百職。有功必賞，有罪必罰，以修庶政。慎擇監司，澄清守令，以安百姓。屏絕浮費，沙汰冗食，以實倉庫。詢訪智略，察驗武勇，以選將帥。申明階級，剪戮桀點，以立軍法。料簡驍銳，罷去羸老，以練士卒。完整器利，變更苦窳，以精器械。俟百職既舉，庶政既修，百姓既安，倉庫既實，將帥既選，軍法既立，士卒既練，器械既精，然後惟陛下之所欲為，復靈、夏、取瓜、沙，平幽、薊，收蔚、朔，無不可也。」見〔宋〕司馬光撰，李之亮箋注：〈橫山疏〉，《司馬溫公集編年箋注》，卷38，頁519。

看法，僅扣住《胡傳》「窮兵於遠，虛內事外」之語就將此連結到「議和」，犯了偏頗失焦的毛病。本田成之的評價更是荒謬無理，既未全面掌握《胡傳》而自生矛盾，還任意批駁胡安國媚宋、投人所好，這段言論已流於虛妄誇誕，完全不具學術參考價值。

第伍章　胡安國《春秋傳》與程門經說

　　戴維《春秋學史》將南宋《春秋》學分為「以胡安國為代表的程學系統」、「朱學系統的發展」，以及「其他諸派《春秋》學」，扼要論述彼此的學術主張與概況。[1]關於胡安國在程學系統之樞紐以及與程學高第的關係，李明復（1174-1234）曰：

> 嗚呼！知孔子者惟軻，知軻惟惇頤乎！惇頤《春秋》之學，程顥、程頤得其傳。頤嘗作《傳》而顥則間及之，若張載則與顥、頤講明而得之，若劉絢、謝湜則見而發明之，若范祖禹諸人則見而知之，若胡安國則聞而發明之，若李侗諸人則聞而知之。其派分，其源同，說雖不無稍異，而尊王賤霸、內中國、外夷狄，即事明綱常以著人君之用則一而已。[2]

　　清楚勾勒二程《春秋》學的發展脈絡，上承孔子、孟子、周惇頤，推許劉絢、謝湜、胡安國能發明二程之學，並點出尊王賤霸、華夷之辨為此學關注面向。

　　李清馥（1703-？）曰：「胡氏父子叔姪闡發經旨，紹述儒學，世以五賢並稱。」[3]全祖望（1705-1755）〈書宋史胡文定傳後〉亦云：「致堂、籍溪、五峯、茅堂四先生並以大儒樹節南宋之初，蓋當時伊洛世適，莫有過于文定一門者。」[4]武夷胡氏家族對南宋學術發展有重要影響，談

1　戴維：《春秋學史》，頁 352-387。

2　〔宋〕李明復：〈進春秋集義表〉，《春秋集義》，頁 179。

3　〔清〕李清馥：《閩中理學淵源考》（臺北：臺灣商務印書館，1986 年景印文淵閣《四庫全書》），卷 3，頁 31。

4　〔清〕黃宗羲原著，〔清〕全祖望補修，陳金生、梁運華點校：〈武夷學案〉，《宋元學案》，卷 34，頁 1182。

到湖湘學派必會涉及他們的貢獻。胡寅著《讀史管見》與《斐然集》，胡寧有《春秋通旨》一書，可以查考他們與文定經說的因由。胡安國門人眾多，其中胡宏、胡銓與范如圭雖沒有《春秋》專著，但從文集、語錄所載，仍可獲取部分經學觀，尋繹文定後學如何發揚《春秋傳》之精神。

　　本章討論將胡安國置於主軸核心，分為兩個方向：第一，「程門學統與胡安國的經說關係」，分析胡安國與程頤的差別，並比較劉絢、楊時、謝湜三位弟子，襯托胡安國《春秋傳》的解經特色。第二，「文定之家學傳承及門生授受」，聯繫胡安國和其後輩，辨析門人發揮《胡傳》的具體細目，彰顯胡氏家學一脈關注的聖人經旨。

第一節　程門學統與胡安國的經說關係

　　目前學界已注意程頤《春秋》經說，大致點出他詮解聖人大義的主軸。[5]胡安國並未直授程頤之教，但與程氏弟子們的關係極為密切，得聞程頤講學論道之內容與風範。程頤《春秋傳》雖未成書，但箇中仍有精闢見解影響胡安國闡發《春秋》微旨，至於程頤弟子如劉絢、謝湜、楊時等人也有留下《春秋》經傳的討論資料，可以看出程門學統之間的傳承與差異。本節主探《胡傳》發揮程頤「理欲」說的面向，並比較程頤及其弟子的經傳論述，試圖突顯胡安國《春秋傳》解經的著眼重點。

5　例如戴維《春秋學史》認為程頤是藉由《春秋》發揮理學觀點：「程頤作《傳》，當然是突破漢唐傳統，而建立其理學的《春秋》學。程頤不侷限於傳統的訓詁、章句，而著重發揮其理學特性，他想借《春秋》來發揮他天道、地道、人道的理學觀點。」見戴維：《春秋學史》，頁 351。趙伯雄《春秋學史》認為程頤反對以史看《春秋》、對三《傳》抱持懷疑態度、批評漢儒之說穿鑿、將「理」的概念引入《春秋》解釋、不忘對統治者進行勸戒。見趙伯雄：《春秋學史》，頁 468-483。劉德明分析程頤《春秋傳》中的解經方法：直書見意、默識心通，以及對《春秋》大義的詮釋，尊王、諸侯間之關係、治理人民、天人關係等。見劉德明：〈程伊川《春秋傳》初探〉，《國立中央大學文學院人文學報》，第 23 期（2001年 6 月），頁 41-68。

一、程頤「理欲」說對《胡傳》的影響

　　《禮記・樂記》曰：「人生而靜，天之性也；感於物而動，性之欲也。物至知知，然後好惡形焉。好惡無節於內，知誘於外，不能反躬，天理滅矣。夫物之感人無窮，而人之好惡無節，則是物至而人化物也。人化物也者，滅天理而窮人欲者也。」[6]提出「天理」、「人欲」之說，將二者對立，後代闡述多循其言，討論理欲關係。「理」、「欲」在中國傳統哲學中有許多涵義，兩宋儒者深入明辨，逐一開展「天理」、「人欲」之架構，成為重要的理學範疇。二程也有自己的主張，程頤還將「天理」、「人欲」融於《春秋》經說，對胡安國有具體影響，使《春秋傳》帶著理學色彩。學界已注意到《胡傳》「天理人欲」的論述，[7]但鮮少觸及胡安國如何發揮「天理人欲」，於程頤之後是否有新立抑或不同的關注面向。以下先探析程頤「天理」、「人欲」運用於《春秋》之事例，再闡發胡安國的觀點，進而比較二者差異，呈現相關問題。

（一）程頤與春秋肆人欲、滅天理之亂事

　　對於「天理」、「人欲」之別，二程發揮此說。《尚書・大禹謨》

---

[6]　〔漢〕鄭玄注，〔唐〕孔穎達疏：《禮記注疏》，卷37，頁666。

[7]　學界多已發明《胡傳》「天理人欲」的理學傾向，各自評述其言。例如王立新說：「胡安國認為『三綱』之道的大源根於天，它以人的本性為根據和支持，因此牢不可破。」見王立新：《開創時期的湖湘學派》，頁105-112。劉榮賢認為：「安國於《春秋》之義常傾向於就天理、人欲之分際上發揮，實代表其治《春秋》學之一新方向。此即在於提升歷史事件中『人』的地位，較之以往《春秋》學重歷史事件中所呈現人類群體社會之共同規範之所謂『禮』者已有明顯之不同。」見劉榮賢：《宋代湖湘學派研究》，頁21。另外，劉昆笛首就「兩宋交替之際天理、人欲之辨在儒學內部的展開」而發，分析張載、二程看法，進而論述「胡安國《春秋》學對於天理、人欲的看法」，以及「胡安國以理欲之辨詮釋《春秋》的解讀路徑對朱熹《春秋》學思想的影響」，提出胡安國「以魯國歷史為對象，對二百四十二年中出現的悖逆天理王法的事件作出評判，進行撥亂反正，重樹三綱以規範人倫，整肅上下等級觀念，這樣來實現對禮制的復興。對歷史事件中湧現的忠臣義士進行褒獎，對亂臣賊子加以批判，深刻揭露他本人所處時代的一些既成事實合法性外衣掩蓋下的罪惡，恢復禮制原貌，從而說明王法存在的重要性，證明存天理的必要性。」劉昆笛的研究是目前較深入有據的，參見劉昆笛：《胡安國《春秋》學思想研究》，頁61-87。

云:「人心惟危,道心惟微。惟精惟一,允執厥中。」[8]程顥云:「『人心惟危』,人欲也。『道心惟微』,天理也。」[9]程頤詳言:「人心,私欲也,危而不安;道心,天理也,微而難得。」[10]將「人欲」視為「人心」,「天理」作為「道心」。程頤又言:「人心私欲,故危殆。道心天理,故精微。滅私欲則天理明矣。」[11]將「天理」、「人欲」相對立,滅人心私欲則可明道心天理,由於人欲常因過當而造成損害,事物本源因為末流而隱晦,故必須消弭人欲影響,澄源天理之本。即如程頤所說:「天下之害,无不由末之勝也。峻宇雕牆,本於宮室;酒池肉林,本於飲食;淫酷殘忍,本於刑罰;窮兵黷武,本於征討。凡人欲之過者,皆本於奉養,其流之遠,則為害矣。先王制其本者,天理也;後人流於末者,人欲也。」[12]要重現天理之本,得先點出人欲之肆,因為「人心莫不有知,惟蔽於人欲,則亡天理也。」[13]人欲不易見,一旦人欲肆虐,天理道心相形磨滅。是故,伊川先生認為天理、人欲無法同列並立,「不是天理,便是私欲。人雖有意於為善,亦是非禮。無人欲即皆天理。」[14]確切劃分二者之別。

程頤不空舉「理」「欲」,其說和日常人事息息相關,透過詮解《春秋》點出「滅天理」與「肆人欲」事例,藉此警戒有國之君。程頤曰:「《春秋》因王命以正王法,稱天王以奉天命。夫婦,人倫之本,故當先正。」[15]三綱五倫有其常道,人們不能違反道德原則,宜順天理而行。春秋時期,夫婦、父子、兄弟、君臣等名分大亂,程頤就此顯明亂倫失理之事。例如《春秋》桓公二年:「春,王正月戊申,宋督弒其君與夷及其大

8　〔漢〕孔安國傳,〔唐〕孔穎達正義:《尚書正義》,卷4,頁55。

9　〔宋〕程顥、程頤著,王孝魚點校:《二程集》,「河南程氏遺書」卷11,頁126。

10　〔宋〕程顥、程頤著,王孝魚點校:《二程集》,「河南程氏粹言」卷2,頁1261。

11　〔宋〕程顥、程頤著,王孝魚點校:《二程集》,「河南程氏遺書」卷24,頁312。

12　〔宋〕程顥、程頤著,王孝魚點校:《二程集》,「周易程氏傳」卷3,頁907。

13　〔宋〕程顥、程頤著,王孝魚點校:《二程集》,「河南程氏遺書」卷11,頁123。

14　〔宋〕程顥、程頤著,王孝魚點校:《二程集》,「河南程氏遺書」卷15,頁144。

15　〔宋〕程顥、程頤著,王孝魚點校:《二程集》,「河南程氏經說」卷4,頁1088。

夫孔父。」程頤曰：「桓公無王，而書王正月，正宋督之辠也。弑逆之罪，不以王法正之，天理滅矣。督雖無王，而天理未嘗亡也。」[16]君臣本於父子，父子又本於夫婦，夫婦不正，則父子不親、君臣不和，篡弑之禍相生。宋督有弑君之罪，必須正王法、存天理，遏止篡弑之惡。又，程頤更斥責魯桓弑君，《春秋》桓公三年：「有年。」程頤曰：「書『有年』，紀異也。人事順於下，則天氣和於上。桓弑君而立，逆天理，亂人倫，天地之氣為之謬戾，水旱凶災，乃其宜也。今乃有年，故書其異。」[17]魯桓悖亂人倫，弑君篡位，違逆天理，影響天地自然之氣，故聖人紀異，書「有年」。

「父子君臣，天下之定理，無所逃於天地之間。」[18]魯桓弑君，雖周王不能正，諸侯不能討，但悖逆天理之罪仍見。《春秋》桓公七年：「穀伯綏來朝，鄧侯吾離來朝。」程頤曰：「臣而弑君，天理滅矣，宜天下所不容也，而反天子聘之，諸侯相繼而朝之，逆亂天道，歲功不能成矣，故不書秋冬，與四年同。」[19]穀伯、鄧侯來朝，同與魯桓逆亂天道，同為大惡之黨，故經文不書秋、冬，貶之。《春秋》桓公四年：「天王使宰渠伯糾來聘。」程頤曰：「桓公弑其君而立，天子不能治，天下莫能討，而王使其宰聘之，示加尊寵，天理滅矣，人道無矣。書天王，言當奉天也，而其為如此。名糾，尊卑貴賤之義亡也。人理既滅，天運乖矣；陰陽失序，歲功不能成矣，故不具四時。」[20]魯桓篡弑泯滅天理，天下不容，周室既不能治，竟使王臣來聘，全無天理人道，故藉書法褒貶其行。程頤反覆從篡弑發義，分析因「人心」而傷害「道心」之例，表達「人倫」為「天理」之大事，憑私欲而廢人倫，人倫廢則天理滅，中國一失禮義則為夷狄，再失天理則為禽獸，人類滅矣。

---

[16] 〔宋〕程顥、程頤著，王孝魚點校：《二程集》，「河南程氏經說」卷4，頁1101。

[17] 〔宋〕程顥、程頤著，王孝魚點校：《二程集》，「河南程氏經說」卷4，頁1106。

[18] 〔宋〕程顥、程頤著，王孝魚點校：《二程集》，「河南程氏遺書」卷5，頁77。

[19] 〔宋〕程顥、程頤著，王孝魚點校：《二程集》，「河南程氏經說」卷4，頁1103。

[20] 〔宋〕程顥、程頤著，王孝魚點校：《二程集》，「河南程氏經說」卷4，頁1103-1104。

（二）胡安國與《春秋》制人欲、存天理之筆法

　　胡安國並不細論「天理」與「人欲」的界定，基本上他是沿襲程頤觀點，糾舉春秋悖反三綱之事，以其人欲恣肆、天理泯滅，毫不隱諱箇中之亂。例如批評魯莊公忘父子之恩：「德有輕重，怨有深淺，怨莫甚於父母之仇，而德莫重乎安定其國家而圖其後嗣也，有父之讎而不知怨，乃欲以重德報之，則人倫廢、天理滅矣。」（卷 8，頁 2296）反覆言及魯莊公未重復仇，忘親釋怨，日久恐習以為常，偏廢父子人倫之道，聖人屢書再書都以「正三綱」為基礎，若身為一國之君尚憑私欲而行，任意倒逆人倫，則天下公理不復存焉。

　　父子之親如是，君臣關係亦然。胡安國認為《春秋》尊君父，對於諸侯不尊周王者多所貶責，其中尤以魯國為甚。魯宣公事齊為勤，不奔會天王喪葬而奔齊公喪葬：「天王之喪不奔，欲行郊禮而汲汲於奔齊惠公之喪；天王之葬不會，使微者往而公孫歸父會齊惠公之葬，其不顧君臣上下尊卑之等，所謂肆人欲、滅天理而無忌憚者也。」（卷 17，頁 2342）又如《春秋》成公十三年：「三月，公自京師。夏五月，公自京師，遂會晉侯、齊侯、宋公、衛侯、鄭伯、曹伯、邾人、滕人伐秦。」魯成公朝覲周王，未能成禮，此遂會而伐，明顯非以朝王為重：「觀《春秋》所載天王遣使者屢矣，十二公之述職蓋闕如也，獨此年書公如京師又不能成朝禮，不敬莫大焉。君臣，人道之大倫而至於此極，故仲尼嘗喟然嘆曰：夷狄之有君，不如諸夏之亡也，為此懼作《春秋》，或抑或縱，或與或奪，所以明君臣之義者至矣。」（卷 20，頁 2356-2357）提出君臣之義的重要，若臣敬於君，子敬於父，則可存正倫常天理，而人欲私情必然減滅；相對地，假如君臣之道未和，君不君臣不臣，父不父子不子，則篡弒之禍易生，更是違抗天理常道，人情所駭也。胡氏即言「篡弒之賊毀滅天理，無所容於天地之間，身無存沒，時無古今，其罪不得赦也。」（卷 16，頁 2336）謂弒君為天下大惡，滅反天理之甚，故聖人辭繁不殺，以示懲戒，務使天下後世察於人倫，知曉君臣父子之道。

　　程頤和胡安國共同貶責春秋「肆人欲」、「反天理」等亂事，但兩人

不同的是，胡安國非單向批評「肆人欲」、「反天理」而已，還在此基礎深入地尋繹夫子「遏人欲」、「存天理」之書法，主探《春秋》筆削抑縱與奪、微詞隱義，將「天理人欲」融入夫子成書動機，彰顯聖王經世之志。例如《春秋》僖公九年：「晉里克殺其君之子奚齊。」陸淳曰：「晉奚齊以本不正，故曰『君之子』，明國人意不以為嗣，獨君意立之，明里克雖有罪而合晉人之心也。」[21]胡氏就「天理」、「人欲」評述：

> 穀梁子曰：其君之子云者，國人不子也，不正其殺申生而立之也。人君擅一國之名寵為其所子則當子矣，國人何為不子也？民至愚而神是非好惡靡不明且公也，其為子而弗子者，莫能使人弗之子也；非所子而子之者，莫能使人之亦子也。周幽王嘗黜太子宜臼，子伯服矣，而犬戎殺其身；晉獻公亦殺世子申生，立奚齊矣，而大臣殺其子。《詩》不云乎：「天生蒸民，有物有則。民之秉彝，好是懿德。」此言天理根於人心，雖以私欲滅之，而有不可滅也。《春秋》書此以明獻公之罪，抑人欲之私，示天理之公，為後世戒，其義大矣。（卷 11，頁 2313）

即使獻公殺世子申生，亂嫡庶之位，意立嬖子奚齊為君，縱人欲、滅天理以敗其家國，但晉人了解嫡庶長幼不可亂之天理，天理仍根於人心，非能私欲易之。夫子明此，遂抑人欲之私、示天理之公，故稱「君之子奚齊」，不以奚齊為君，見是非之義、著獻公之罪。

其次，胡氏云：「述天理、正人倫，此名實所由定也，奚名為亂哉！」（卷 18，頁 2348）「名」、「實」為夫子關注之事，因革筆削仍以述天理、正人倫為依據。對於「弒君」此天下大惡，胡安國認為夫子藉「討賊之詞」延續君臣人倫，並嚴懲篡弒奪位者，連同譏貶亂賊之黨，制人欲於橫流，存天理於既滅。《春秋》宣公十二年：「春，葬陳靈公。」

---

[21] 〔唐〕陸淳：《春秋集傳纂例》，卷 7，頁 147。

《公羊傳》曰：「討此賊者，非臣子也，何以書葬？君子辭也。」[22]《胡傳》認為不論地位身分、種族階級，人人皆得討賊，以示君臣綱紀的重要，存續人倫天理之大義。[23]《春秋》桓公六年：「蔡人殺陳佗。」《胡傳》曰：

> 佗弒太子而代其位，至是踰年，不成之為君者，以賊討也。書蔡人以善蔡，書陳佗以善陳。善蔡者，以蔡人知佗之為賊；善陳者，以陳國不以佗為君，知其為賊。故稱人，稱人，討賊之詞也；不以為君故稱名，稱名，當討之賊也。魯桓弒君而鄭伯與之盟，宋督弒君而四國納其賂，則不知其為賊矣。齊商人弒君者，及其見殺而稱位；蔡般殺父者，及其見殺則稱爵，是齊、蔡國人皆以為君矣。聖人於此抑揚與奪，遏人欲於橫流，存天理於既滅，見諸行事可謂深切著明矣。篡弒之賊，外則異國皆欲致討而不赦，內則國人不以為君而莫之與，誰敢勸於為惡，故曰：孔子成《春秋》而亂臣賊子懼。（卷5，頁2285）

《左傳》載陳文公之子佗趁國家動亂，殺太子免而代其為君，後蔡國又殺佗而立陳厲公。啖助曰：「佗，踰年之君也，不曰陳侯，以賊誅也。」[24]胡氏亦同此說，因篡賊不可為君，蔡國既已誅討弒君之賊，遂不書陳侯；並肯定蔡國能討賊，陳國知其為賊，故稱人、稱名，以示討賊之詞與當討之賊。胡安國重視誅討亂賊，並認為聖人透過書法「遏人欲於橫流，存天理於既滅」，故《春秋》文公十四年：「齊公子商人弒其君舍」與襄公三十年：「蔡世子般弒其君固」皆稱「君」，藉此抑揚與奪，嚴懲

---

22 〔漢〕何休解詁，〔唐〕徐彥疏：《春秋公羊傳注疏》，卷16，頁203。

23 《胡傳》曰：「討賊者，非臣子也，何以書葬？天下之惡一也，本國臣子或不能討，而上有天王下有方伯，又其次有四鄰、有同盟、有方域之諸侯，有四夷之君長與凡民皆得而討之，所以明大倫、存天理也。微舒雖楚討之，陳之臣子亦可以釋怨矣，故得書葬，君子詞也。」（卷18，頁2344）

24 〔唐〕陸淳：《春秋微旨》，卷上，頁9。

奸惡弒逆，為萬世戒。

　　討賊為天下大刑，應對毀滅天理之篡弒，聖人深責弒君奪位，詞微旨遠，透過書法彰顯天理人心，端正世衰道微的風氣。《春秋》文公十六年：「宋人弒其君杵臼。」宋昭公見弒，胡氏認為「昭公無道，聖人以弒君之罪歸宋人者，以明三綱，人道之大倫，君臣之義不可廢也。」（卷15，頁 2334）批評不得弒君。而《春秋》文公十七年：「春，晉人、衛人、陳人、鄭人伐宋。六月癸未，公及齊侯盟于穀，諸侯會于扈。」晉荀林父、衛孔達、陳公孫寧、鄭石楚責以弒君，但仍立宋文公為君，《胡傳》更言：「宋昭公雖為無道，人臣將而必誅，《春秋》正宋人為弒君之罪，所以明人道之大倫也，故大夫無沐浴之請則貶而稱人，諸侯無討賊之功則略而不序，不然是廢君臣之義，人欲肆而天理滅矣。故曰：《春秋》成而亂臣賊子懼。」（卷 15，頁 2334）弒君之賊違反天理人倫，諸侯平宋無功，不能討賊，夫子唯恐人欲恣肆放縱，君臣之義偏廢，故稱「晉人」、「衛人」、「陳人」、「鄭人」，並直言「諸侯會」，直接以書法督教，不使篡弒接迹於中國。

　　除了針對中國諸侯，胡安國也說明夷狄弒君有此立義，如《春秋》昭公元年：「冬，十有一月己酉，楚子麇卒。」《胡傳》曰：

> 此《春秋》之所以為《春秋》，非聖人莫能修之者也。薨則書薨，卒則書卒，弒則書弒，葬則書葬，各紀其實，載於簡策，國史掌之，此史官之所同，而凡為史者皆可及也。或薨或不薨，或卒或不卒，或弒或不弒，或葬或不葬，筆削因革，裁自聖心，以達王事，此仲尼之所獨而游夏亦不能與焉者也。然則郟敖實弒而書卒，何歟？令尹圍弒君以立，中國力所不加而莫能致討則亦已矣，至大合諸侯于申，與會者凡十有三國，其臣舉六王二公之事，其君用齊桓召陵之禮，而宋向戌、鄭子產皆諸侯之良也，而皆有獻焉，不亦傷乎！若革其偽赴而正以弒君，將恐天下後世以篡弒之賊非獨不必致討，又可從之以主會盟而無惡矣。聖人至此憫之甚、懼之甚，憫之甚者，憫中國之衰微而不能振也；懼之甚者，懼人欲之橫流而不能

　　過也。是故察微顯、權輕重而略其篡弑，以扶中國、制人欲、存天
　　理，其立義微矣。（卷 24，頁 2371）

　　楚公子圍弒君，葬王於郟，謂之郟敖。中國諸侯既無能討賊，又與楚
靈王共會於申。胡安國解釋聖人既傷憫列國衰微，霸業不振，又深懼後世
不以篡弒為惡，人欲橫流，故不以弒君書，仍承史策之文書「楚子麇
卒」，權衡輕重，微顯志誨，筆削因革，裁自「扶中國、制人欲、存天
理」之聖心。

　　宋代理學常將「人欲」視為「私欲」，強調「滅私存公」，主要是因
私欲會對人心社會造成危害，影響內聖之學，使本心失去主宰功能，無法
以天地萬物為一體，[25]故理學家提出不少克治私欲的功夫。[26]侯外廬等
《宋明理學史》認為胡安國「把孔子作《春秋》和宋儒『遏人欲，存天
理』的道德說教引為同調，不免過於牽強。」[27]點出《胡傳》「理欲」說
的缺失，然若仔細尋繹察照，宋儒本就常視三綱五常為「天理」、「良
知」，[28]胡安國基本上是發揮程頤說法，揭示春秋「肆人欲」、「滅天
理」之亂事，雖非首將「天理人欲」引自經說，或是具體闡發「克治私
欲」的實踐原則，但在連結仲尼「遏人欲」、「存天理」之筆法上，有更
深切的經世之意，這也是宋代其他《春秋》學家所未及的。[29]

[25] 見翟志成：〈宋明理學的公私之辨及其現代意涵〉，載《公與私：近代中國個體與群體之重
　　建》（臺北：中央研究院近代史研究所，2000 年 6 月），頁 16-28。

[26] 翟志成從五個方面綜合宋明理學家在克治私欲的功夫論中的共同看法：第一，對自己氣質的
　　改造懷有必勝必成的無比決心。第二，運用誠意和慎獨的功夫。第三，以省察克治的功夫清
　　除私欲。第四，須用「勿忘勿助」的「中庸」功夫。第五，反對人們整天瞑目靜坐，懸空守
　　著一個未發之中。見翟志成：〈宋明理學的公私之辨及其現代意涵〉，載《公與私：近代中
　　國個體與群體之重建》，頁 33-38。

[27] 侯外廬、邱漢生、張豈之主編：《宋明理學史》，頁 229。

[28] 魏義霞認為將三綱五常視為天理、從宇宙本體的高度為其辯護則是宋明理學的獨創，並提
　　到：「理學家所講的天理就是三綱五常。從這個意義上說，他們把天理奉為宇宙本體的過程
　　就是三綱五常被誇大和神化為天理的過程。……他們之所以對天理予以神化和誇大，最終目
　　的就是為了論證以三綱五常為核心的倫理道德的神聖性和永恆性。」見魏義霞：《理學與啟
　　蒙：宋元明清道德哲學研究》（北京：商務印書館，2009 年 10 月），頁 150-153。

[29] 南宋《春秋》學家惟高閌《春秋集註》、洪咨夔《春秋說》、呂大圭《春秋或問》、陳深

　　另一方面，由於人事易變，有國者常因私欲己情破壞三綱，使冠履顛倒、名實溷淆，漸而影響後世的價值判斷。胡氏為了端正人心，一再聲明「存三綱」的重要，將形下「三綱」扣緊形上「天理」，表達人事易變，但天理恆存，人們應隨天理而行，肆人欲就會亂人倫，亂人倫即是滅天理，「人之所以為人者，以有天理也。天理之不存，則與禽獸何異矣？」[30]因此，統觀胡安國之說，「天理人欲」是他援用的門徑要領，具體主張就是建立夫婦、父子、君臣等人倫關係，以確定個體群體之名分，藉此維持社會秩序；若國家上下綱紀有律，安內即可攘外，自然可全意應對邊境夷狄的滋擾，如胡氏自言：「天下莫大於理，莫強於信義，循天理、惇信義，以自守其國家，荊楚雖大，何懼焉？」（卷 4，頁 2282）故遏人欲、正大倫、存天理為有國急務，不得不謹。

　　《讀春秋編》、戴溪《春秋講義》等較有天理人欲的闡發，但基本上仍偏重「毀滅天理」、「違逆人倫」之亂事，與胡安國的解經路向不盡相同。例如《春秋》桓公元年：「春，王正月，公即位。」洪咨夔曰：「羽父逆探其心，反譖之，遂成鍾巫之變，紾臂得食，公之罪尚焉逃！天王不討，與國不問，嫁其罪於寪氏，而行即位之禮，如嗣立之常，天理滅矣。」批評魯桓篡弒，仍行即位之禮，泯滅天理矣。魯桓篡弒是最受批評的，《春秋》桓公四年：「天王使宰渠伯糾來聘。」高閌曰：「天子之宰以佐王治邦國為職，今桓公內弒其君以自立，外又成人之亂，天王弗能討，反使其宰聘之，示加尊寵，則天理滅而人道亡矣。」陳深曰：「桓內弒其君，外成人之亂，篡立四年，未嘗請命于周，其罪不容誅矣。天王既不能討，而反使其宰聘之，寵逆亂而瀆三綱，天理滅矣。」皆以魯桓弒君，周王不能誅討亂賊，卻使臣聘之，人道亡、三綱淪、天理滅也。另外，《春秋》隱公四年：「宋公、陳侯、蔡人、衛人伐鄭。」陳深曰：「衛，弒逆之賊，天下所當誅，宋殤蔽於欲而與之修好，同伐人，絕滅天理甚矣。」呂大圭曰：「州吁，弒君之賊也。未能定其位而求媚於諸侯，使宋公有夫子沐浴之意，則率諸侯以討罪人，可也。如其不能則姑不徇其一時之邪說，以聽天下之有能治之者，亦可也。今也徇逆賊之謀，修一己之怨，而合四國以伐鄭，肆人欲、滅天理，非人之所為矣。」不僅批評州吁弒君非義，更指責宋殤公跟從弒君之賊伐鄭，其行絕滅天理之甚。由此可見，即使南宋儒者也有類似意見，但在篇幅或論點上都不及胡安國全面深刻。以上引文分見〔宋〕洪咨夔：《春秋說》，卷 3，頁 476。〔宋〕高閌：《春秋集註》，卷 4，頁 290。〔宋〕陳深：《讀春秋編》，卷 2，頁 11754；卷 1，頁 11721。〔宋〕呂大圭：《春秋或問》，卷 3，頁 13243-13244。

[30]　〔宋〕程顥、程頤著，王孝魚點校：《二程集》，「河南程氏粹言」卷 2，頁 1272。

二、胡安國與程頤及其弟子的解經差異

　　李明復云：「頤《春秋》學得湜、得絢，後又得安國，而其義昭著矣。」[31]劉絢，字質夫，河南緱氏（今河南偃師）人。《宋史‧道學傳》載：「絢力學不倦，最明於《春秋》。」[32]張九成（1092-1159）曰：「近世《春秋》之學，伊川開其端，劉質夫廣其意，至胡文定而其說大明。」[33]劉絢不僅精通《春秋》，還發揚程頤之學，具承先啟後之關鍵。謝湜，字持正，潼川金堂（今屬四川）人。《二程集》載謝湜問學程頤：「昔又有蜀人謝湜提學字持正，解《春秋》成，來呈伊川。伊川曰：『更二十年後，子方可作。』謝久從伊川學，其《傳》竟不曾敢出。」[34]由此可見謝湜亦有《春秋》著作，大抵遵循程頤之說。又，楊時，字中立，諡文靖，福建將樂人，學者稱之龜山先生，是程頤門生中的重要學人。李明復云：「時與程頤往來書講論《春秋》之學極詳，又嘗語學者昔聞之師云，若《經》不通則當求之《傳》，《傳》不通則當求之《經》。又其所著書如《三經義辨》、《論語孟子解》多有及於《春秋》之說。其後胡安國為《春秋傳》間與時商榷。」[35]楊時雖不以《春秋》聞名，但與胡安國皆用心於《春秋》經傳，《胡傳》所成也與其有關。[36]胡安國是程頤私淑弟

---

[31] 〔宋〕李明復：〈諸家姓氏事略〉，《春秋集義》，頁182。

[32] 〔元〕脫脫等撰：《新校本宋史并附編三種》，卷428，頁12731。

[33] 〔清〕朱彝尊撰，〔清〕翁方綱撰，羅振玉撰：《經義考‧補正‧校記》，卷185，頁1258。

[34] 〔宋〕程顥、程頤著，王孝魚點校：《二程集》，「河南程氏外書」卷12，頁433。

[35] 〔宋〕李明復：〈諸家姓氏事略〉，《春秋集義》，頁181。

[36] 楊時與胡安國交往頻繁，《楊龜山先生全集》有十七封〈答胡康侯書〉之文，其中就討論不少治學以及《春秋》經義。見〔宋〕楊時：《楊龜山先生全集》（臺北：臺灣學生書局，1974年6月初版），卷20，頁855-893。清人李清馥曰：「武夷胡氏自其先公淵已有孝德聞，其家本深末茂。得中州教澤，又師友於龜山先生，世傳家學，發《春秋》、《大易》之旨。」且據《龜山先生文靖楊公年譜》載，紹興三年癸丑（1133）：「胡文定借公所著及質正《春秋傳》義，有復文定《春秋》正朔書二，復文定囑編集《二程先生語錄》書。」可見兩人互動之密切。引文見〔清〕李清馥：《閩中理學淵源考》，卷3，頁31。〔宋〕黃去疾編，刁忠民校點：《龜山先生文靖楊公年譜》（成都：四川大學出版社，2002年1月《宋人年譜叢刊》），頁3410。

子，雖未曾親炙其學，但透過和程頤弟子的互動，無形間啟發了他在學術上的論見，影響研治經學的觀點。

　　程頤器重劉絢，曾命其作《春秋傳》，但似乎不是很滿意劉氏所作，所以親自下筆解經，但終未成書。[37]劉絢所撰著作，今也亡佚。謝湜與劉絢一樣，都受到程頤喜愛，[38]朱彝尊《經義考》載謝湜著有《春秋義》二十四卷、《春秋總義》三卷，亦皆已佚，[39]現今唯賴李明復《春秋集義》之徵引才能保存劉絢與謝湜註解《春秋》的內容。[40]楊時之《春秋》學與二程的關係甚深，[41]《龜山集》已有部份經解，若再加上《春秋集義》所收錄的資料，也能考察楊時之說。本書以程頤、劉絢、謝湜與楊時四人為比較對象，探查胡安國與程門經說的差別，並試圖解析在源自同出的情況下，胡安國與他們解經路向的歧異。

（一）程門不拘類例、隨文發義

　　程頤《春秋》經說與胡安國《春秋傳》對根本的字例論斷已有不同，程頤曾云：「《春秋》大率所書事同則辭同，後人因謂之例，然有事同而

37　《二程集》載：「先生嘗問伊川《春秋解》，伊川每曰：『已令劉絢去編集，俟其來。』一日，劉集成，呈於伊川，先生復請之。伊川曰：『當須自做也。』自涪陵歸，方下筆，竟不能成書，劉集終亦不出。」又記：「先生嘗說：『《春秋》之書，待劉絢文字到，卻用功亦不多也。』」《中興國史志》亦云：「絢《傳》說多出於頤書，而頤以為不盡本意，更為之，未及竟，故莊公以後解釋多殘闕。」足見程頤並不滿意劉絢所作之書。見〔宋〕程顥、程頤著，王孝魚點校：《二程集》，「河南程氏外書」卷 12，頁 436；「河南程氏遺書」卷 17，頁 175。〔清〕朱彝尊撰，〔清〕翁方綱撰，羅振玉撰：《經義考・補正・校記》，卷 184，頁 1252。

38　李明復《春秋集義・諸家姓氏事略》談到程頤事略時提及：「其徒謝湜、劉絢最得其意，亦各為《傳》。」見〔宋〕李明復：《春秋集義》，頁 180。

39　〔清〕朱彝尊撰，〔清〕翁方綱撰，羅振玉撰：《經義考・補正・校記》，卷 183，頁 1247。

40　黃覺弘綜輯劉絢《春秋傳》之佚文 184 條，並考證李明復《春秋集義》所引《程氏學》、《程氏雜說》就是出自劉絢《春秋傳》。見黃覺弘：〈劉絢《春秋傳》佚文考說〉，《文學研究》第 12 期（2008 年），頁 112-120。

41　黃覺弘輯考楊時《春秋》遺說，分析其與程頤意旨相同與互補之處，證明兩人學術整體風格的一致性。見黃覺弘：〈楊時《春秋》遺說及其淵源〉，《貴州大學學報》第 27 卷第 5 期（2009 年 9 月），頁 129-134。

辭異者，蓋各有義，非可例拘也。」[42]《河南程氏遺書》也載：「有重疊言者，如征伐盟會之類。蓋欲成書，勢須如此，不可事事各求異義。但一字有異，或上下文異，則義須別。」[43]體認經文書法不得由既定歸納的結果進行分析，因為每字之義或有同，或有異，各與上下文有關，讀者須在「涵畜中默識心通」[44]，不必逐次強解書法字義，抑或將所有經文納於例中而發。[45]但是胡安國則不然，他對書法有充份詳盡的研究，歸納「類例」褒貶標準，恆常從此洞覽聖人大義，對於無法盡釋之處，則採取「美惡不嫌同詞」、「事同既貶則從同同」、「不待貶絕而罪自見」、「屬辭比事」、「據事直書」等解套方法，看似使一字褒貶能合理有據，但事實上卻顯得嚴密過求，反而侷限聖人大義。

《春秋》隱公元年：「天王使宰咺來歸惠公仲子之賵。」《胡傳》謂此賵仲子而名冢宰，後至文公五年「王使召伯來會葬」才去天譏貶，雖形成一套貶責書法，但卻犯了貶法不一的毛病。而程頤沒有設定嚴密的去「天」之法，也未等視所有經文，故對於隱公元年：「天王使宰咺來歸惠公仲子之賵。」伊川曰：「《春秋》因王命以正王法，稱天王以奉天命，夫婦，人倫之本，故當先正。……以夫人禮賵人之妾，不天亂倫之甚也。然《春秋》之始，天王之義未見，故不可去天而名咺，以見其不王。」[46]謂《春秋》初始，尚未見天王之義，故不去天，由名咺以見不王，不必連結「王使召伯來會葬」，統求「王」與「天王」之義。

又如胡安國將桓公四年「天王使宰渠伯糾來聘」、桓公五年「天王使仍叔之子來聘」、桓公八年「天王使家父來聘」與莊公元年「王使榮叔來錫桓公命」視為一組，初以冢宰書名見貶，終以王不稱天示譏，所以其餘無責，這和他一味強調「天王」為正例書法的觀點造成矛盾。反之，程頤

---

[42] 〔宋〕程顥、程頤著，王孝魚點校：《二程集》，「河南程氏經說」卷4，頁1092。

[43] 〔宋〕程顥、程頤著，王孝魚點校：《二程集》，「河南程氏遺書」卷2上，頁19。

[44] 〔宋〕程顥、程頤著，王孝魚點校：《二程集》，「河南程氏遺書」卷15，頁143。

[45] 戴維《春秋學史》亦提到：「程頤非常重視傳例，但他不像傳統的《春秋》學者，糾纏於傳例本身，而是對傳例的觀點較為通達。」見戴維：《春秋學史》，頁351。

[46] 〔宋〕程顥、程頤著，王孝魚點校：《二程集》，「河南程氏經說」卷4，頁1088。

各自就天王的經文發義，雖云：「王者奉若天道，故稱天王，其命曰天命，其討曰天討。……《春秋》因王命以正王法，稱天王以奉天命。」[47]但重點是置於「天王」，主張每則經文之「天王」各有其義，未嘗形成類例，不會衍生經說衝突的問題。

另外，《春秋》桓公五年：「蔡人、衛人、陳人從王伐鄭。」程頤說明周王地位崇高，諸侯不可敵，夷狄不能抗，此年伐鄭而敗，見王道之失。[48]劉絢和謝湜都關注諸侯從王討伐之正，明君臣大義，完全不談去「天」譏貶的問題，[49]胡安國卻獨言：「王奪鄭伯政而怒其不朝，以諸侯伐焉，非天討也，故不稱天。……《春秋》，天子之事，述天理而時措之也，既譏天王以端本矣。」（卷5，頁2284-2285）因為既已擬定「天王」為正例書法，又要結合聖人以天自處之道，故有必要詮說何以不稱天王，將此經文納入類例系統，明顯因主觀執泥而流於拘例。[50]

換言之，程頤了解例各有義，所以不拘類例，而胡安國劃分類例非常

---

[47] 〔宋〕程顥、程頤著，王孝魚點校：《二程集》，「河南程氏經說」卷4，頁1087-1088。

[48] 程頤曰：「王奪鄭伯政，鄭伯不朝。王以諸侯伐鄭，鄭伯禦之，戰于繻葛，王卒大敗。王師於諸侯不書敗，諸侯不可敵王也。於夷狄不書戰，夷狄不能抗王也，此理也。其敵其抗，王道之失也。」見〔宋〕程顥、程頤著，王孝魚點校：《二程集》，「河南程氏經說」卷4，頁1104。

[49] 劉絢曰：「周衰，諸侯背叛，莫有尊王而從命者，唯此年王、蔡、衛、陳人伐鄭，而聖人書曰蔡人、衛人、陳人從王伐鄭，所以明君臣之大義，君行而臣從之，正也。」謝湜曰：「君行而臣從，君臣之大義也。人君總天下之大，以言則行，以動則濟者，以臣子致事君之義也。周衰，諸侯不遵王命久矣，桓王之伐鄭也，三國乃能為王出兵以討不庭，勤王之道矣。《春秋》書曰從王，所以明君臣之大義也。以君臣大義書三國從王，而大國之不能從王，其罪見矣。」見〔宋〕李明復：《春秋集義》，卷7，頁306。

[50] 胡安國非常重視類例，對書法字句的解釋都比程頤等賢儒還要仔細，除了上述列舉的劉絢、謝湜之外，又如《春秋》莊公九年：「公伐齊納糾，齊小白入于齊。」楊時注意糾不稱子、不繫之齊：「嘗致子糾與小白未嘗為世子而俱出奔，故《春秋》不書子而書『公伐齊納糾，齊小白入于齊』。《左氏》曰『納子糾』，《公》、《穀》皆曰『納糾』，其義當以《公》、《穀》為正。以齊繫小白宜為齊者也，糾不稱子，又不繫之齊者，外之，不宜有齊者也。不宜有齊而入之，是為亂而已。」范祖禹也關切糾不稱子、小白繫齊：「《春秋》書公伐齊納糾，稱糾而不稱子，不當立者也。齊小白入于齊，以小白繫之齊，當立者也。」胡安國除了亦討論糾不稱子、小白繫齊，還提到「納」、「入」，以及經文不稱「公子」之因，對書法字例的重視明顯多於楊時和范祖禹。見〔宋〕李明復：《春秋集義》，卷13，頁359。〔宋〕胡安國：《春秋傳》，卷8，頁2296。

細密，顯得僵化制式，難以開展聖人經旨。如「弒殺例」之「稱公子」，《春秋》隱公四年：「衛州吁弒其君完。」程頤曰：

> 自古篡弒多公族，蓋自謂先君子孫，可以為君，國人亦以為然而奉
> 之。《春秋》於此，明大義以示萬世，故春秋之初，弒君者多不稱
> 公子公孫，蓋身為大惡，自絕於先君矣，豈復得為先君子孫也？古
> 者公族刑死則無服，況殺君乎？大義既明於初矣，其後弒立者，則
> 皆以屬稱，或見其以親而寵之太過，任之太重，以至於亂，或見其
> 天屬之親而為寇讎，立義各不同也。[51]

伊川先生申明不可以例拘義，因為經文有事辭皆同，也有事同辭異，應避免單執一例，春秋初期弒君者早已自絕於先君，故不必冠上公子公孫之稱，至於其他弒君者雖以親屬統稱，但也各有立義，不得等視。反看《胡傳》說法：「以國氏者，累及乎上；稱公子者，誅止其身。」（卷15，頁2333）經稱「公子」表罪止其身，弒逆出於個人心志，與國君無關，統一界定此義，並與稱「國」、稱「人」、稱「盜」、稱「君及大夫」相對，涇渭分明。至於不稱公子則必有聖人大義，如隱公四年：「衛州吁弒其君完。」《胡傳》云：「不稱公子而以國氏著後世，為人君父者之戒耳。」（卷2，頁2273）批評衛莊公寵愛公子州吁，不以公子之道相待，遂削屬籍，引為君父之戒。

胡安國統視所有經文其實是很嚴重的問題，前文已歸納《胡傳》七項執例之弊，所以程頤體認到《春秋》非可例拘，就不會犯有諸類毛病，也不用再假借其他方法彌縫出例現象。我們可從魯公即位例看出兩方不同。胡安國曰：「即位者，告廟臨群臣也。……書即位者，緣始終之義。」（卷14，頁2326）「公即位」乃此正例，「緣始終」則為例義；「不書即位」歸為變例，「內無所承，上不請命」即屬例義，如隱公、莊公、閔公、僖公、定公皆然。至於桓公、宣公雖是正例書法，但因涉及「篡

---

[51] 〔宋〕程顥、程頤著，王孝魚點校：《二程集》，「河南程氏經說」卷4，頁1092。

弒」，用意卻又新出，變成例中生例。而程頤曰：

> 平王之時，王道絕矣，《春秋》假周以正王法。隱不書即位，明大
> 法於始也。諸侯之立，必由王命，隱公自立，故不書即位，不與其
> 為君也。法既立矣，諸公或書或不書，義各不同。既不受命於天
> 子，以先君之命而繼世者，則正其始，文、成、襄、昭、哀是也。
> 繼世者既非王命，又非先君之命，不書即位，不正其始也，莊、
> 閔、僖是也。桓、宣、定之書即位，桓弒君而立，宣受弒賊之立，
> 定為逐君者所立，皆無王無君，何命之受？故書其自即位也。[52]

　　清楚說明書即位與否各有其義：有不循王命而自立，有不循王命但受
先君之命，有既非王命又非先君之命，也有無王無君故表其自即位，各從
每則經文探看即可，不必透過「美惡不嫌同辭」彰顯微旨。程頤解經思維
影響門人觀點，如謝湜也不採取固定統一的解釋，除了強調元年書公即位
是「正大本」、「謹始事」，揭示諸侯即位繼世必請命於王，尊王命而正
邦國之義，也列舉《春秋》對於即位書法有正惡、明繼正、明繼故、著其
自立之罪等義，[53]不從正例、變例著手，和胡安國相較，程頤、謝湜的解
經方法較有彈性，不會因例而束縛經義。
　　此外，從闡發經義的內容中也可對照兩者態度，比方像胡安國深美夷

---

[52] 〔宋〕程顥、程頤著，王孝魚點校：《二程集》，「河南程氏經說」卷4，頁1086-1087。

[53] 謝湜曰：「君為國之大本，即位，君之始事，位不正不可以守國，故《春秋》元年必書公即
位，所以正大本、謹始事也。諸侯爵位皆先王度其祖考功德而畀之也，故子孫繼世必請命於
王，頒政施教、考禮修樂必受命於王，所以尊王命而正邦國也。自隱公以降，列國盟會自
專，法令自出，其即位皆受之先君而請命之禮不修，君臣之大義廢矣，故春秋之初，以王法
首奪隱公即位而正其惡也，奪隱公即位以正其惡，而諸侯擅命傳國之罪皆見矣，此隱公所以
不書即位也。文公、成公、襄公、昭公、哀公書即位者，以明繼正也。莊公、閔公、僖公不
書即位者，以明繼故也。桓公以害隱而立，宣公以公子遂害世子而立，定公以季氏背昭而
立，三公書即位者，著其自立之罪也。然則《春秋》之法，書即位者以繼正也，不書即位者
以繼故也，隱公繼世正也，宜書即位而不書者，以罪諸侯不臣；桓公、宣公、定公繼世非正
也，不宜書即位而書者，以責臣子不能討逆也。」見〔宋〕李明復：《春秋集義》，卷6，
頁285-286。

狄討賊之功，謝湜雖亦有類似意見，但並不像胡氏高舉此義，造成肯定楚莊殺夏徵舒而曲解聖人褒貶。《春秋》宣公十一年：「楚子入陳，納公孫寧、儀行父于陳。」謝湜曰：

> 夏徵舒，陳之大逆也。楚子以罪討而殺之，諸侯之師未有義于此者也。殺書楚人，善其得討賊之義也。徵舒之罪，人人皆欲殺之故也。晉，主盟之國也，陳之亂，晉不能討而楚能討之，則義舉在楚而不在晉矣。雖然楚之討陳也，以陳之富因欲縣陳，以叔時之諫然後反之書入，罪其因人之亂而利之也。入，惡辭，以其為陳病也。公孫寧、儀行父導君于淫以起亂，陷君于危以取亡，其罪在所絕也，而楚子復納于陳。書納，罪其黨邪臣也。納，惡辭，以其脅陳而返之也。二子不繫之陳，絕于陳也。《春秋》不以惡廢善，不以善掩惡，楚子始正而終邪，殺有罪而納有罪，故《春秋》美其義于前而懲其惡于後，所以明天王之法也。[54]

　　嘉許楚國討賊之義，但對於楚莊王納公孫寧、儀行父於陳一事不以為然，強調兩人對陳靈公造成的傷害：導君於淫、陷君於危，其罪宜誅，焉有復納於陳之理？故提出聖人不因惡廢善，不因善掩惡，即使以義討賊為善，但仍書「納」以著楚莊之惡，明天王之法。相較之下，胡安國雖也認為楚莊不能察其反覆，又使陳人用之失當，但責備公孫寧、儀行父的意味較重，未深咎楚莊之罪。又如宣公十二年：「楚子圍鄭。」胡安國以《春秋》取大節，略小過，故止書圍而不稱「入」，猶從末減，輕釋楚莊憑陵上國之罪。謝湜曰：「辰陵既盟之後，鄭懼，難復事晉，故楚子圍鄭。圍鄭之役，楚已入鄭矣，不書入者，以楚子叛而伐之，服而舍之，退三十里而許之平，不為鄭國患故也。」[55]完全沒有《胡傳》從討賊之功評騭的問題，單就「圍鄭」而發，不將「入陳」與「圍鄭」相混，解經態度較為客

---

[54] 〔宋〕李明復：《春秋集義》，卷32，頁583-584。

[55] 〔宋〕李明復：《春秋集義》，卷33，頁585。

觀。

（二）胡安國詮說仔細、後出轉精

胡安國雖然在類例上顯得僵化制式，但其實整體的經義發揮比程門還要深切透徹。《春秋》隱公四年：「莒人伐杞，取牟婁。」程頤曰：「諸侯土地有所受，伐之其皋，而奪取其土，惡又甚焉，王法所當誅也。」[56]《胡傳》曰：「苟不請於天王以正疆理，而擅兵爭奪，雖取本邑，與奪人之有者無以異。《春秋》之義，不以亂易亂，故亦書曰取，正其本之意也。」（卷 2，頁 2273）不只停留程頤奪取土地的罪惡之說，還強調諸侯宜請天王以正疆理，寓有更深一層的意蘊。又如《春秋》隱公元年：「祭伯來。」程頤曰：

> 祭伯，畿內諸侯，為王卿士，來朝魯。不言朝，不與其朝也。當時諸侯，不修朝覲之禮，失人臣之義，王所當治也。祭伯為王臣，不能輔王正典刑，而反與之交，又來朝之，故不與其朝，以明其罪。先儒有王臣無外交之說，甚非也。若天下有道，諸侯順軌，豈有內外之限？其相交好，乃常禮也。然委官守而遠相朝，無是道也。《周禮》所謂世相朝謂鄰國爾。[57]

著重王臣祭伯失人臣之義，批評委官遠朝，故經文不書「朝」以不與其朝；另又駁斥王臣無外交之說，引《周禮》為證。《胡傳》則曰：

> 祭伯，畿內諸侯，為王卿士，來朝於魯而直書曰來，不與其朝也。人臣義無私交，大夫非君命不越境，所以然者，杜朋黨之原，為後世事君而有貳心者之明戒也。……經於內臣朝聘告赴皆貶而不與，正其本也，豈有諛上行私，自植其黨之患哉！（卷 1，頁 2270）

---

56 〔宋〕程顥、程頤著，王孝魚點校：《二程集》，「河南程氏經說」卷 4，頁 1092。

57 〔宋〕程顥、程頤著，王孝魚點校：《二程集》，「河南程氏經說」卷 4，頁 1088。

　　程頤「不言朝」與胡安國「直書來」之意相仿，皆指向不與其朝，然胡氏循此點出人臣義無私交植黨之理，建構君臣三綱之道，結合政治時事的規範。

　　程頤亦有闡發討亂賊之義，[58]但在整體論說的態度上不及胡安國強烈。例如《春秋》桓公六年：「蔡人殺陳佗。」程頤曰：「佗弒世子而竊位，不能有其國，故書曰『陳佗』。陳厲公，蔡出也，故蔡桓侯殺佗而立之。佗，天下之惡，人皆得誅之。蔡侯殺之，實以私也，故書蔡人，見殺賊者眾人之公也。」[59]以陳佗為弒君之賊，但蔡侯殺之乃出於私意，經書「蔡人」以見蔡侯為眾人之公。《胡傳》則曰：「書蔡人以善蔡，書陳佗以善陳。善蔡者，以蔡人知佗之為賊；善陳者，以陳國不以佗為君。知其為賊，故稱人，稱人，討賊之詞也；不以為君，故稱名，稱名，當討之賊也。」（卷 5，頁 2285）扣緊「討賊」大義，肯定蔡國能知賊討賊，將經文稱人稱名都歸結於此，高舉其行。

　　胡安國認為聖人嚴討亂賊之黨，糾舉與篡弒之賊同黨者，這在程頤經說中較為少見。《春秋》宣公元年：「齊人取濟西田。」程頤曰：「宣公不義得國，賂齊以求助，齊受之以助不義，故書取。不義不能保其土，故不云我。」[60]解釋經文書「取」表齊國受賂非義，胡安國主張「《春秋》討賊尤嚴于利」，直從「義利」角度批評齊惠公貪利濟惡。而《春秋》文公十五年：「諸侯盟于扈。」程頤曰：「稱諸侯者，眾辭，見眾國無能為也。此盟，為齊亂也。」[61]未關注亂賊黨羽的問題，然《胡傳》云：「不曰晉人會諸侯盟于扈，而曰諸侯盟者，分惡於諸侯也。」（卷 15，頁 2333）罪指晉靈公受齊國餽贈，所以其他諸侯如宋、衛、蔡、陳、鄭、

58　例如《春秋》桓公元年：「公及鄭伯盟于越。」程頤曰：「桓公欲結鄭好以自安，故既與許田，又為盟也。弒君之人，凡民罔弗憝，而鄭與之盟以定之，其舉大矣。」批評鄭莊公與弒君之賊相盟，罪無可逭。見〔宋〕程顥、程頤著，王孝魚點校：《二程集》，「河南程氏經說」卷 4，頁 1101。

59　〔宋〕程顥、程頤著，王孝魚點校：《二程集》，「河南程氏經說」卷 4，頁 1105。

60　〔宋〕程顥、程頤著，王孝魚點校：《二程集》，「河南程氏經說」卷 4，頁 1116。

61　〔宋〕程顥、程頤著，王孝魚點校：《二程集》，「河南程氏經說」卷 4，頁 1115。

許、曹等也不誅討商人弒君，故《春秋》書「諸侯盟于扈」，分惡於諸侯，具備強烈的討賊之義。

謝湜、劉絢與胡安國之《春秋》學源自同出，有些觀點相仿，例如同樣重視魯莊忘親釋怨、聖人尊君抑臣等，但其實《胡傳》解讀許多經文之視角仍與程門有別，闡發經義已能後出轉精。《春秋》僖公二十八年：「天王狩於河陽。」以及同年：「公會晉侯、齊侯、宋公、蔡侯、鄭伯、衛子、莒子盟于踐土。」《穀梁傳》的立場是為天王諱，批評晉文公譎而不正，不使諸侯致天子。胡安國從「尊周全晉」的角度切入，一方面說明聖人正名統實，故經文書「天王狩于河陽」，使周王若自巡狩；一方面又點出聖人去實全名，故經文不書「天王下勞晉侯于踐土」，正天王自尊之行，如此既能嘉勉晉文尊王之心，又能維護周室地位，保全君臣上下之大倫，兩全其美。

程門弟子對此之關注僅著重在聖人抑強扶弱，尊周王而黜諸侯，貶抑晉文公。如楊時曰：「晉文公召王以諸侯見，而《春秋》書曰天王狩于河陽，蓋不與其召也。又書曰公朝于王所，言諸侯自朝于王，蓋不與其以也。」[62]皆不與晉文召王。劉絢亦曰：

> 河陽之行非巡狩也，晉文召之也，而聖人特書「天王狩于河陽」，所以伸天子之勢，抑晉侯之不臣也。若踐土之會，王亦在焉，惟公朝于王所而不書王之來，何也？曰：踐土之事，天王實勞晉侯，然王有巡狩之名，晉無召君之迹，非如河陽之行反道害義，故特書言狩者，足以見其不成狩也，《春秋》之義所以明微，嗚呼！抑強扶弱，尊王而黜諸侯，非聖人誰能修之。[63]

主張《春秋》伸天子之勢，抑晉侯不臣，故特書「天王狩于河陽」否定晉文召君之迹，指責晉文不合臣道。謝湜詮解角度和劉絢很像：

---

[62] 〔宋〕李明復：《春秋集義》，卷24，頁488。

[63] 〔宋〕李明復：《春秋集義》，卷24，頁488。

> 晉文會諸侯朝王于溫，由是王至河陽，然則河陽之行非狩也，晉文
> 召之也。《春秋》書曰天王狩于河陽，所以伸天王之尊也，伸天王
> 之尊所以罪晉文之不臣也。踐土之事，襄王實勞晉文，故踐土書公
> 朝王所而已，以其無召君之迹也。河陽則以臣召君不可以訓，故河
> 陽以天王自狩為文，以其滅君臣之義也。[64]

　　同樣持「伸天王之尊所以罪晉文之不臣」的觀點，並說明踐土之會與
河南之召的不同，強調河南是以臣召君，滅君臣大義，故經文以天王自狩
為文。所以兩相對照，胡安國詮解《春秋》「尊王」並不止於《穀梁傳》
隱諱書法，反而更進一步彰顯聖人「正名統實」與「去實全名」的用意，
維護周王和晉文的君臣身分，較程門弟子以「貶黜晉侯」為主之經說有更
深一層的表現。

　　同樣，胡安國恆常從「義利」評論齊桓、晉文霸業，謂「仁人明其道
不計其功，正其義不謀其利」，故《春秋》不與五伯之功，仲尼之徒無道
桓文之事，這與伊川一派評論角度不同，所持立場別異，整體論說是較為
深入的。如《春秋》僖公二年：「城楚丘。」《公》、《穀》不與齊桓專
封國、城楚丘，因為此乃天子之權，於義不許。楊時曰：「齊桓公攘戎狄
而封衛，未嘗請命于天子而專封之也，故《春秋》書城楚丘而不言其封
衛，蓋無取焉。」[65]責備齊桓不請命天子而專封衛國，故止書「城楚
丘」。謝湜亦曰：

> 城楚丘，齊之功，諸侯之力也。不書諸侯者，齊桓以威率諸侯而城
> 之，諸侯心力未齊故也，城不書諸侯而齊桓未能悅服諸侯，由此見
> 矣。城邢，邢既危而後安之者也；城楚丘，衛既亡而後存之者也。
> 邢危而後安之，衛亡而後存之，雖有安存之力已失安存之道矣。故
> 齊桓攘戎狄、保邦國雖若安邢、存衛，《春秋》皆不美其功也。前

64　〔宋〕李明復：《春秋集義》，卷 24，頁 488。
65　〔宋〕李明復：《春秋集義》，卷 18，頁 419。

書狄入衛，後書城楚丘，則《春秋》不美齊桓，其心見矣。[66]

先點出齊桓未能全得諸侯心力，無法悅服諸侯，再比較城邢一事，表示城楚丘是衛已亡而後存，實失安存之道，故聖人不美其功。胡安國則認為即使齊桓有恩於衛，但從「義利」角度而言：《春秋》不與齊國專封土地，故不書桓公；未能尊王之命，故無美詞，彰顯君臣之義，此是援用董仲舒「義」、「利」與「道」、「功」的觀點，有更深一層之意蘊。

另外，《春秋》僖公四年：「公會齊侯、宋公、陳侯、衛侯、鄭伯、許男、曹伯侵蔡，蔡潰，遂伐楚，次于陘。」楊時、謝湜一致認為齊桓心譎，伐楚為正，以「心譎」作為評斷，[67]劉絢說法則較為多面：

> 孟子曰：春秋無義戰，彼善於此則有之矣。若齊桓伐楚不由王命，非所謂為天吏則可以伐之者也。然楚蠻夷之國，強暴僭逆，憑陵中夏，桓公能奮十國之威，一舉服之而天下不胥為左衽者，迺其力也，故書曰侵蔡，蔡潰，遂伐楚，次于陘；不遽加兵而楚已服矣，故書曰楚屈完來盟于師，盟于召陵，彼自服而來，求盟于我也。[68]

雖然齊桓不循王命，非天吏而不可伐，但已遏止楚國對華夏造成的傷害，所以仍肯定齊桓伐楚之行，援說經文書「侵蔡，蔡潰，遂伐楚，次于陘」以及「楚屈完來盟于師，盟于召陵」的意義：齊桓安定華夏之功以及不加兵而楚服，高舉霸業之美。《胡傳》曰：

> 潛師掠境曰侵，侵蔡者，奇也。聲罪致討曰伐，伐楚者，正也。遂

66　〔宋〕李明復：《春秋集義》，卷18，頁419。

67　楊時曰：「桓公責楚以包茅不入，固非有夾輔王室之誠心而其事則正矣。」謝湜曰：「齊之將伐楚也，先以八國之師攻蔡，兵始涉境而蔡人潰焉，以齊桓威勢之盛也。蔡之潰也，兵震威行，遂以八國伐楚，其伐楚也，兵不遽進而次止于陘，桓公伐楚正也，假攻蔡以伐楚，不正也，霸者不純乎王，雖義事，其心不免乎譎，故蔡書侵伐，楚書遂，罪其師行之不由道也。」見〔宋〕李明復：《春秋集義》，卷19，頁423。

68　〔宋〕李明復：《春秋集義》，卷19，頁423。

者，繼事之詞而有專意。次，止也。楚貢包茅不入，王祭不共，無以縮酒，桓公是徵而楚人服罪，師則有名矣。孟子何以獨言春秋無義戰也？譬之殺人者，或曰：人可殺歟？曰：可。孰可以殺之？曰：為士師則可以殺之矣。國可伐歟？曰：可。孰可以伐之？曰：為天吏則可以伐之矣。楚雖暴橫，憑陵上國，齊不請命，擅合諸侯，豈所謂為天吏以伐之乎？《春秋》以義正名而樂與人為善，以義正名則君臣之分嚴矣，書遂伐楚，譏其專也；樂與人為善，苟志於善斯善之矣，書次于陘、楚屈完來盟于師、盟于召陵，序其績也。（卷11，頁2310-2311）

　　基本上也沒有否認齊桓平定楚狄的功業，但卻表示他不是奉天命治民，竟擅合諸侯，不請周王，非達於正道，這與劉絢說法雷同。不過胡氏雖也點出「侵蔡，蔡潰，遂伐楚，次于陘」以及「楚屈完來盟于師，盟于召陵」的意義，但觀點卻與劉絢有別，全部扣緊「《春秋》以義正名而樂與人為善」，藉「義」而正君臣之分，故書「遂伐楚」譏齊桓專意；由「善」嘉許召陵之盟，故書「次于陘」、「楚屈完來盟于師」、「盟于召陵」序齊桓功績。胡氏除了注重書法一字一句的解釋，也非單以「心謫」而發，仍從「義」之向度作為論述主軸。

　　對於晉文功業的評述亦然。《春秋》僖公二十八年：「夏，四月己巳，晉侯、齊師、宋師、秦師及楚人戰于城濮，楚師敗績。」范祖禹曰：「齊桓公九合諸侯，一正天下；晉文公尊周室定襄王，敗楚師于城濮，遂伯諸侯。齊桓、晉文，五伯之盛者也。」[69]具言桓、文之功。謝湜曰：

城濮之戰，戰之善者也。文公即位四年，選才任能，和輯民庶，蒐被廬，作三軍，國可謂治矣。……城濮之師固有攘狄之功矣，然致楚而敗之，不若召陵伐楚之為善也；戰而克楚，不若召陵不戰而服之為善也，故城濮敗不書伐，責其討罪不明也。戰以晉為主，責其

---

[69] 〔宋〕李明復：《春秋集義》，卷24，頁482。

以攻戰為事也。[70]

　　雖褒揚晉文城濮一戰有攘狄之功，但若與齊桓召陵之盟相較，一是戰而克楚，一是不戰而服，兩者有所區別。胡安國曰：「宜有美辭稱揚其績，而《春秋》所書如此其略，何也？仁人明其道不計其功，正其義不謀其利。文公一戰勝楚，遂主夏盟，以功利言則高矣，語道義則三王之罪人也。」（卷 13，頁 2321）同樣仍從功利而論，在「道」、「義」之上，晉文謀詭誘敵，非用兵之法，故《春秋》不美善晉文之績，簡略書法，亦由「義利」作為評騭伯業的基礎。

第二節　文定之家學傳承及門生授受

　　目前學界探討胡安國之後學，較多集中在理學層面的影響，尤其是與後代湖湘學術的關係，[71]鮮少具論胡安國家族對其《春秋》學的紹承。這或許是因胡氏後嗣少有《春秋》經傳著作，而且大多門人之文集都已散佚，所以較難釐清胡安國《春秋》家學的發展走向。依《宋元學案·武夷學案》所記，胡安國之弟子門生不少，除了其子胡寅、胡寧、胡宏之外，還有江琦（1085-1142）、曾幾、薛徽言（1093-1139）、譚知禮（？-？）、向沈、王樞（紹興十五年（1145）進士）、張默（-1218-）等輩，[72]

---

[70] 〔宋〕李明復：《春秋集義》，卷 24，頁 482-483。

[71] 例如黃聖旻《湘學與晚清學術思潮之轉變》以胡氏治《春秋》使湖湘學術進一步落實在經世時務上，發揚禮義禮制的精神也開啟治學鳩合禮義以察時政的流行。見黃聖旻：《湘學與晚清學術思潮之轉變》（臺南：成功大學中國文學所博士論文，2006 年 7 月），頁 60-64。陳谷嘉、朱漢民《湖湘學派源流》更強調《胡傳》在理學史上佔有重要地位，若要探析湖湘派的學術思想及特點，必須研究《胡傳》。是書除了呈現胡安國「『心與理一』的本體論」、「致知、存心的修身工夫論」的哲學思想之外，還專篇討論《胡傳》的成書經過，歸納義理特色，揭示《胡傳》奠定湖湘學派學術風格的兩項特點。見陳谷嘉、朱漢民：《湖湘學派源流》（長沙：湖南教育出版社，1992 年 4 月），頁 76-79。

[72] 詳見〔清〕黃宗羲原著，〔清〕全祖望補修，陳金生、梁運華點校：〈武夷學案〉，《宋元學案》，卷 34，頁 1167-1210。

孜孜營求經術理學，各有體悟，但限於文獻，已實難詳考整體的經說發展，甚為可惜。本節透過現存可得之材料，試圖勾勒胡寅《讀史管見》與《斐然集》、胡寧《春秋通旨》、胡宏、胡銓、范如圭五人，從其經史著作、文集或語錄著手，探看他們因循文定《春秋》學的面向，分析他們如何闡發《胡傳》經世之志。

一、胡寅《讀史管見》、《斐然集》發揮《胡傳》之要旨

胡寅，字明仲，又字仲虎、仲剛，建寧崇安人，學者稱致堂先生。胡安國長子，[73]曾校定胡安國之文集，進於朝廷。[74]胡寅極度推許胡安國之學行，謂文定時時與君父公卿敷陳宏綱大用，訓教弟子門人精理奧義，「以仁為居，以義為用，以身修家齊國治而天下平為效。若夫記誦訓詁、辨說詞華之習，一不與焉。」[75]胡安國曾云：「近世推隆王氏新說，按為國是，獨於《春秋》貢舉不以取士，庠序不以設官，經筵不以進讀，斷國論者無所折衷，天下不知所適，人欲日長，天理日消，其効使夷狄亂華，莫之遏也。噫！至此極矣。」（頁 2264）批評朝廷不立《春秋》於學官，科舉仕進又不取《春秋》，直指王安石邪說禍國，故作《春秋傳》以闢邪說；而胡寅對王安石亦多不滿，常發議論，詰斥流弊。[76]

---

[73] 胡寅是胡安國之嗣子，胡安國於二十五歲之際，尊奉母命而收養為子。胡寅〈申尚書省議服狀〉載：「伏念寅于先父諡文定為世適長子。」又引胡安國語：「汝祖母于汝始生，收而存之，即以付吾，吾時年二十有五，婚娶之初，孰云無子？而洎爾母氏劬勞顧復，以逮長立，遂承宗祀，亦惟不違汝祖母愛憐付託之重。」見〔宋〕胡寅：〈申尚書省議服狀〉，《斐然集》，卷9，頁195。

[74] 胡寅曰：「臣謹已校定舛訛，分成門次，爰從傳置，進備覽觀。」見〔宋〕胡寅：〈進先公文集表〉，《斐然集》，卷6，頁147。

[75] 〔宋〕胡寅：〈進先公文集序〉，《斐然集》，卷19，頁367。

[76] 如紹興二十四年（1154）三月作〈魯語詳說序〉，文曰：「今皇帝勇智中興，灼知禍敗之釁本由王氏，以其所學迷誤天下，變亂憲章，得罪宗廟，于是詔三省政事並遵至和、嘉祐，發自聖性，篤好孔子所作、安石所廢之《春秋》。」又如奉旨撰〈追廢王安石配饗詔〉有言：「王安石首被眷求，進秉國政，所當致君堯舜，措俗成康，以副委屬之重，而乃文飾姦說，附會聖經，名師帝王，實慕非鞅。以聚斂為仁術，以法律為德政。排擯故老，汲引憸人。變亂舊章，戕毀根本。高言大論，詆訾名節，歷事五代者謂之知道，劌秦美新者謂之合變。遂

　　胡寅《春秋》學的觀點多見於上奏朝廷之文，他認為《春秋》別於五經，乃仲尼所獨，[77]非因不遇而感麟著述，[78]蘊有深刻豐富的聖人大義，因此常以經義佐證陳述內容。例如〈應詔言十事疏〉就是針對國家大事提出建言，不斷透過《春秋》經義印證其說，以修政事、備邊陲、治軍旅、用人才、除盜賊、信賞罰、理財用、核名實、屏佞諛、去奸慝等十事為重，向宋高宗說明治國宜從此十事始，昭德塞違，明治四方，希冀朝廷能解直言之意、憂國之誠。[79]

　　此外，胡寅著《讀史管見》，為謫居時讀《資治通鑑》而作，針對歷代史事發義，多由《春秋》入裡，蘊藏豐富的歷史思想。劉震孫（？-

---

　其流弊之極，賢人伏處，天地閉塞，禍亂相踵，率獸食人，三綱五常，寖以堙滅，而習俗既久，猶未以為安石罪，朕甚懼焉。」見〔宋〕胡寅：《斐然集》，卷 19，頁 374；卷 14，頁 286。

[77] 胡寅曰：「昔者，仲尼無位以行其道，則綱紀典籍，垂範來世。雖然於《易》則繫之而已，於《書》則序之而已，於《詩》則刪之而已，於《禮》、《樂》則正之而已，未嘗作也。年七十致大夫而老，道必不行矣，乃始筆削魯史之文，作為大典，曰：『吾志在《春秋》。』是則《易》、《詩》、《書》、《禮》、《樂》，前聖之所同，而《春秋》仲尼之所獨也。」見〔宋〕胡寅：〈祁陽縣學記〉，《斐然集》，卷 21，頁 406-407。

[78] 關於《春秋》與獲麟的關係，胡安國認為《春秋》成而麟至，因孔子精誠之至而召物產之祥，志壹動氣使然，屬為常理。胡寅也談到麟至，但未從志壹動氣的角度論述：「魯哀公之時，周公之衰已久，於是而獲麟，何也？曰：麟非為魯哀，乃為仲尼耳。仲尼，大聖之人也；《春秋》，聖治之法也。以大聖之人立聖治之法，雖享帝於郊，未足以方其精神之所感動也；雖升中於天，未足以喻其和氣之所薰蒸也。四靈皆至，然後為宜，曾是一麟，而曰多乎？惟麟為仲尼出，所以仲尼識之，不為魯哀公出，所以魯人不識也。」說明麟至是為孔子而來，與魯哀無涉，再擬比祭祀天帝一事，襯托《春秋》書成的價值，扣緊孔子與麟之關係。〈麟齋記〉又駁正仲尼感麟而作《春秋》之說：「先儒謂仲尼感而作《春秋》，曰：『麟出非其時，聖人以自況。』此說非也。仲尼述憲乎帝王，詔教乎萬代，豈以身之不遇，感而著書，與憤世疾邪者比？正使麟適不出，《春秋》遂不作乎？故知《春秋》非本於麟。」指出仲尼與憤世疾邪者相異，並非因其不遇而感麟著述，倘若當時麟未至，則《春秋》豈可不作？故得知夫子乃因經濟無施，遂寓筆削書法，端正性命道德與禮樂法度，黜陟俊良賢傑與讒惡愚姦，化服橫目黔首與蠻夷戎狄，作為萬世太平和樂之原。以上引文見〔宋〕胡寅：〈麟齋記〉，《斐然集》，卷 21，頁 413。

[79] 胡寅〈應詔言十事疏〉上奏曰：「臣嘗計天下事，今可謂多矣，請得舉而論其要，尤在于修政事、備邊陲、治軍旅、用人才、除盜賊、信賞罰、理財用、核名實、屏佞諛、去奸慝十事而已。今政事未修也，何以富國強兵？邊陲未備也，不聞長慮卻顧。論軍旅則罷軟不勝其任，論人才則混淆未得其真。盜賊跨州連縣，而莫敢誰何；賞罰昧于功罪，而士氣先阻。農夫當務足食，而軍無見糧；名實當責成效，而類多苟且。左右使令，豈無諛佞；百官有司，尚有奸慝。」見〔宋〕徐夢莘編：《三朝北盟會編》，卷 131，頁 44。

1268）跋曰：「《致堂管見》蓋以繼文定之遺志，其於君臣之義、夷夏之分、君子小人之別、天理人欲之辨，辭嚴義密，莫不以經為斷。」[80]由是書可看出胡安國的影響以及胡寅祖述之處。以下針對《讀史管見》與《斐然集》中關於《春秋》的內容，歸納胡寅闡述之重要論點。

（一）人主體元正心

胡寅曰：「嗣君即位，明年然後改元，存終始之義，一年不可二君，示有懷也；明年不可不改元，緣臣民之心，不可曠年無君，示有初也。」[81]明顯依循《胡傳》，[82]強調改「一」為「元」的重要：改「元」是要人主體「元」，主張國君先正人心，正人心而正朝廷，正朝廷而正百官萬民。胡寅於〈乙卯上殿劄子〉一文陳述此義，要求皇帝行體元之職：

> 臣聞大哉乾元，萬物資始；至哉坤元，萬物資生。成位乎兩間，則與天地合其德。故體元者，人主之職，而《春秋》謂一為元。元即仁也，仁，人心也。人君者，正心以正朝廷，則百官萬民莫不正，而治道成矣。……夫源清者流澄，本端者末正，有諸內必形諸外，為其事必有其功。今士風陵夷，四維未張，惟利是從，不顧義理。……今陛下于仲尼百世以俟之意，聖性既自得之，若夫體元居正，端本清源，力行所知，以收撥亂反正、天下歸仁之效，更加聖心焉，則何畏乎女真？何憂乎叛賊？何難乎中興之業哉！[83]

不僅只談體元，還結合《胡傳》端本清源之義，強調主政者先正其心，必能流澄末正，教化當世趨利棄義之風；若天下歸仁，則可討伐外夷

---

[80] 〔宋〕胡寅：《讀史管見》（臺南：莊嚴文化，1997 年 2 月《四庫全書存目叢書》），頁 433。

[81] 〔宋〕胡寅：《讀史管見》，卷 8，頁 43。

[82] 胡安國曰：「即位者，告廟臨羣臣也。國君嗣世，定於初喪，必逾年然後改元。書即位者，緣始終之義，一年不二君：緣民臣之心，不可曠年無君。」（卷 14，頁 2326）

[83] 〔宋〕胡寅：〈乙卯上殿劄子〉，《斐然集》，卷 10，頁 200。

叛賊，興治國家建設，行撥亂濟危之效，具體發揮《胡傳》體元正心之
旨。

又，胡寅詳辨《春秋》之「元」具有聖人深意：

> 以之為以，一也，及《春秋》用之則有以君、以師、以地、以人之
> 不同。人之為人，一也，及《春秋》用之則有貶之、微之、眾之、
> 進之之不同。有年、大有年，一也，及《春秋》筆之則為變異。
> 薨、弒、卒、葬，一也，及《春秋》處之則有因革。是故，元日見
> 于〈舜典〉，元后見于〈商訓〉，元年自古稱之，孔子祖述為《春
> 秋》紀年，其名雖同，而以正次王，王次春，係于元年之下，發明
> 人君之大用，則古未有言，此義者也。三代得天下以仁，其失天下
> 以不仁，仁者，人君之大用，即所謂元也。元與仁，古文蓋一字易
> 置，其體乃小異耳。「元」有始意，故乾坤之元，萬物所資，而人
> 君治國正心為本也。萬物資焉，其仁普矣，心無不正，其仁不可勝
> 用矣。由元而動，慎終如始，帝王之德也；其始無首，其卒無尾，
> 昏庸之主也，此治亂興廢之分。而謂稱元為常事，未嘗有法，出於
> 曲學之說，豈非陋乎？是故，識元之所以為元，然後《春秋》之權
> 度在我，不能體元則其心不仁，心不仁則事不義，《春秋》之所治
> 也，是故學者以《春秋》為傳心之要典。[84]

《春秋》筆法與他書不同，每項字詞蘊有聖人微旨，即使同是《春
秋》之詞也各有歧異。例如書「以」、書「人」就彼此有別，「有年」與
「大有年」也不一，「薨」、「弒」、「卒」、「葬」亦互有因革，不可
等視。所以即使「元」已見於歷代史書，但透過聖人之筆則賦予新義──
明人君之大用。再者，「元」與「仁」之古文小異，而「元」有始意，人
君治國須以正心為本，能體元正心，則可仁化天下，滋育萬物，故《春
秋》稱「元」有其法度，非如歐陽修所謂「元」為常事，謂其屬《春秋》

---

[84] 〔宋〕胡寅：《讀史管見》，卷29，頁412。

大法者皆出於曲學之說。

（二）臣子必報父仇

　　胡寅曰：「聖人立復讎之制者，以引懦夫消人慾而存天理也。讎莫重乎君父之見殺，無忿志者，畏於敵而不能報；有貪心者，怵於利而不肯報；惑異端者，推於宿命而不忍報而天理滅矣。天下未有無父之國，故父讎不報，不可名為人；天下未有無君之國，故君讎不報，不可立於世。使人人知君父之重，皆勉為忠孝，故有讎必報，則弒父弒君之禍息矣。」[85]分析不能為君父報仇者有三：畏於敵、怵於利、推於宿命，此三者皆不可名為人，因其不報父仇，強調人人若盡忠孝之心，有仇必報，則可息止弒父弒君之禍。

　　胡寅不空談《春秋》「復仇」大義，而是結合政事，希冀高宗體察聖王經世之志，故時時援舉《春秋》經旨上書朝廷。如〈論遣使箚子〉曰：

> 昔孔子作《春秋》以示萬世，人君南面之術無不備載，而其大要則在父子君臣之義而已。魯桓公為齊所殺，魯之臣子于齊有不共戴天之仇。而莊公者乃桓公之子也，非特不能為父雪恥，又與齊通好。元年為齊主王姬，四年及齊狩于禚，五年會齊同伐衛，八年及齊同圍郕，九年及齊盟于蔇，是年為齊納子糾。仲尼惡之，備書于策，以著其釋怨通和之罪。魯莊惟忘父子君臣之義也。魯之臣子則而象之，故公子牙弒械成于前，慶父無君動于後，卜齮圉人舉之刃交發于黨氏武闈之間，魯之宗祀不絕如綫。此釋怨通和之效也，豈非為後世之永鑒乎？女真者驚動陵寢，戕毀宗廟，劫質二帝，塗炭祖宗之民，乃陛下之讐也。……今乃無故蹈庸臣之轍，踐阽國之址，犯孔子之戒，循魯莊之事，忘復仇之義，陳自辱之辭，臣竊為陛下不

---

[85] 〔宋〕胡寅：《讀史管見》，卷10，頁86。

取也。[86]

　　魯桓見殺於齊，其子莊公忘親釋怨，無法為君父報仇雪恥，又竟與仇讎通好，與齊主姬、及狩、會伐、同圍、及盟，忘《春秋》父子之義。魯臣效君之舉，無有君臣大義，故公子牙弒械既成，而慶父得使圉人犖賊殺子般於黨氏，夫子書之明著釋怨通和所引起的災禍，作為後代鑑戒。胡寅援舉經例，藉此提醒朝廷毋忘女眞戕毀宗廟、劫質二帝之仇，強烈表達「當今之事莫大于敵國之怨也，欲紓此怨，必殄此讎」[87]，反對通使講和，宜平二聖之怨，中國萬乘之君不能稱臣於仇敵。

　　《資治通鑑》載唐代殿中侍御史楊汪殺了張審素，其子張瑝、張琇謀欲復仇，手殺楊汪於都城，後被朝廷所擒。張九齡等人認為二子孝烈，能報父仇，欲矜宥其罪，但裴耀卿、李林甫卻引曾參殺人，宜不可恕，遂杖殺二子。胡寅對此發義：

　　　　復讎因人之至情以立臣子之大義也，讎而不復則人道滅絕，天理淪亡，故曰父之讎不與共戴天，君之讎視父。張審素未嘗反，為人妄告，楊汪受命往，按據以反，聞審素坐斬，此汪之罪也。瑝與琇忿其父死之冤，亡命報之，其失在不訟于司寇，其志亦可矜矣。張九齡欲宥之，豈非為此乎？而裴、李降敕之言何其戾哉！設法之意固欲止殺，然子志不伸，豈所以為教？且曰：曾參殺人，亦不可恕，是有見於殺人者死而無見於復讎之義也。楊汪非理殺張審素，而瑝、琇殺汪，事適均等，但以非司寇而擅殺，當之仍矜其忠則免死而流放之可耳，若直殺之，是楊氏以一人而當張氏三人之命，不亦頗乎！[88]

---

[86] 〔宋〕胡寅：〈論遣使割子〉，《斐然集》，卷 11，頁 213。

[87] 〔宋〕胡寅：〈論遣使割子〉，《斐然集》，卷 11，頁 214。

[88] 〔宋〕胡寅：《讀史管見》，卷 20，頁 255。

張審素未嘗有造反念頭，楊汪坐斬殺之，汪有罪也，此其一。瑝、琇復仇報怨，雖未訟於司寇，但孝心可矜，此其二。若依裴耀卿、李林甫之意，設定法律只為禁止殺人，故不得寬赦，是僅見於殺人者死而無見於復仇之義，所言暴戾，此其三。胡寅此處批評裴、李之語，高度肯定瑝、琇復仇，同情兩人孝心，但亦糾舉其失誤，認為宜矜忠孝而免死流放，若下敕直殺二人，則是一命抵三命，偏頗甚矣。

（三）誅討亂賊黨羽

胡寅對外要求主上必須深持復仇大義，對內則建言討賊嚴懲黨羽。例如傅雱和孔彥舟取民膏血、猖批百姓，胡寅〈繳傅雱用赦量移〉上奏：

> 謹按《春秋》誅討亂賊之法，尤嚴於與惡者。夫欲為賊亂之事，而人皆莫之與，則無以自立於世，其謀尚得施乎？惟有與之者而法不加焉，是以無所畏憚，浸淫滔天，雖陳旅誓師，加以征討，或有所不勝矣。況雱身為朝郎，職在省戶，所為如此，上干國體，按據其罪，揆以《春秋》之法，就死司寇，方為稱當。[89]

推究緣由本末，皆是傅雱終始其事，在背後謀劃奸秘，孔彥舟凶狡欺惑、侮弄詭詐皆由傅雱教之，故不應寬赦其罪，宥貸懷奸黨賊者，宜永不量移，作為羽翼亂賊之戒。又如〈繳吳玕逐便〉一文，胡寅提到吳玕之事：

> 昔者世衰道微，暴行有作，臣弒其君，子弒其父，孔子為此大懼而作《春秋》，以俟後世有能舉行其法者，其法謂何？莫嚴於討賊矣。陛下志在《春秋》，固將見諸行事，深切著明。況當艱難之時，逆臣僭竊，反面事之者，皆我臣庶。天下大變也，若不申著君臣之義以立國政，則乾綱解紐，賊亂迹接，人欲放肆，天理淪滅，

---

89 〔宋〕胡寅：〈繳傅雱用赦量移〉，《斐然集》，卷 15，頁 288-289。

亦何所不至哉！[90]

　　吳幵、莫儔、徐秉哲等人奉女真之意，將宋代祖宗神器交割與叛臣張邦昌，而朝廷竟用赦吳幵，許令自便，胡寅謂為不妥，故引《春秋》討賊之法，向高宗說明遏人欲橫流，止天理淪滅，行撥亂反正之道。

（四）體察君臣大義

　　胡安國強調為人臣子若不知《春秋》之義，必陷篡弒誅死之罪，《讀史管見》也從此角度評論前代史事，興發經說。如南朝宋文帝元嘉七年（430），時北燕王馮跋寢疾，命太子翼攝理國事，勒兵聽政，以備非常。宋夫人欲立其子為君，故謂翼曰：「上疾將瘳，奈何遽欲代父臨天下乎！」並假傳聖旨，除了中給事胡福之外，不讓任何人謁見皇帝。胡福將此事告訴馮弘，弘為馮跋之弟，率壯士數十人入禁中，宿衛皆散，馮跋驚懼而殂，弘遂即位，使人巡城告曰太子翼不侍君疾，疑有逆謀，故攝大位以安國家。翼出戰而敗，弘遣使賜翼死，盡殺馮跋之子百餘人。[91]胡寅認為若君父有疾，則人子須嘗藥奉侍，不可跬步而離，因為「大位者，姦之所覬也；危病者，邪之所伺也」，嗣子不在左右，則女子小人必乘隙而入，行其邪志。批評太子翼不能恪遵君命，捨父而出，時機已失，即使率領東宮兵出戰，於事無補，無法體察《春秋》許世子止以不嘗藥而書弒之意，遭致父親驚懼而殂，實乃己所親弒。翼之見殺，咎由自取。[92]

　　又如唐高宗喜愛太子弘，以其仁孝謙謹，且朝廷內外亦屬心擁戴。唯武后正逞其志，太子奏請，數次迕旨，因此暴薨于合璧宮。時人以為天后酖之。胡寅曰：

　　太子弘幼有美質，居東宮十五年，其過失惟命宮臣擲倒一節而已。

90　〔宋〕胡寅：〈繳吳幵逐便〉，《斐然集》，卷15，頁292。

91　〔宋〕司馬光編著，〔元〕胡三省音注：《資治通鑑》（北京：中華書局，1956 年 6 月第一版），卷121，頁3819-3820。

92　〔宋〕胡寅：《讀史管見》，卷10，頁78。

嘗受《春秋左氏傳》至商臣事，廢書而嘆曰：經籍，聖人垂訓而書此，何耶？郭瑜對曰：《春秋》義存褒貶，故商臣千載而惡名不滅。弘曰：非惟口不可道，亦耳所不忍聞，願受他《經》。瑜請讀《禮》，從之。弘是時年方幼學而至心如此，豈非賢乎？其死也非有它過，特以奏請咈旨。嗚呼！為人臣子而不知《春秋》之義者，必陷誅死之罪，弘之謂矣。太子之職，朝夕問安侍膳，此外非所預也。君父懦昏，母后專忍，尤當遵養時晦以絕疑忌之萌，而輕用其智，不自韜默，此《春秋》所禁也。使郭瑜知此教弘以為太子之道，豈至於一言違忤而見酖哉！[93]

　　此段資料多援引《胡傳》內容，強調為人臣子知曉《春秋》之義的重要，若郭瑜能傳授太子弘《春秋》君臣之道，則能順應時勢，積蓄而發，避免武后猜疑顧忌而遭見酖，可不慎哉！

（五）重視兵戎之道

　　胡安國呈顯《春秋》誅暴禁亂，列舉武備兵戎須合於內自省德、逢喪止伐、救災恤鄰，胡寅也重視戰爭用兵之方，從《春秋》大義說解史事。如後梁均王貞明五年（919），徐知誥請求帥步卒二千，欲乘勝追擊，襲取蘇州，攻打吳越敗軍。徐溫不同意其子之議，嘆曰：「天下離亂久矣，民困已甚，錢公亦未易可輕；若連兵不解，方為諸君之憂。今戰勝以懼之，戢兵以懷之，使兩地之民各安其業，君臣高枕，豈不樂哉！多殺何為！」[94]徐溫有意息兵，懷柔撫民，不再讓軍隊出戰。胡寅曰：

五代之間出休兵息民之言者，惟徐溫而已。溫非急於攻取，假休息之美名也。攻非所當攻，取非所當取，而勞民費財，至或驅所愛子弟以殉之，則不如其已，其已之是也。若夫失祖宗世守之地，有父

93　〔宋〕胡寅：《讀史管見》，卷18，頁225。

94　〔宋〕司馬光編著，〔元〕胡三省音注：《資治通鑑》，卷270，頁8847。

兄沒齒之仇，而日吾欲休兵息民，此孔子所謂似之而非者也。《春秋》善解紛，嘉釋怨，謂不義之兵愒求之舉耳；至於攘夷狄，雪讎恥，義所當為，則一書再書，屢書而猶不足，未嘗以愒求不義一槩蒙之，不如是則人欲日長，天理日消，夷狄不若矣。[95]

高舉聖人善解紛、嘉釋怨，如同《胡傳》所云：「《春秋》善解紛，貴遠怨，而惡以兵刃相接。」（卷 19，頁 2350）出兵以解患救災為重，不肆意侵陵、殘虐逞私，或出於利益而動眾征伐，但對於攘夷狄、雪讎恥之事則不可等同，聖人非以愒求之舉評騭，所以徐溫休兵息民是出於愛惜子弟，解紛釋怨，矜恤撫民。

又，《胡傳》曰：「《春秋》賤欺詐，惡侵伐。」（卷 18，頁 2346）聖人不與詐戰，反對中國之間採詐謀取勝，華夏征討夷狄也不可行詐誘之計。胡寅亦曰：

撫士貴誠，不易之言也。制敵尚詐，非仁義之兵也。《春秋》紀兵法眾矣，獨於以詐勝者則書曰敗。敗者，彼來戰而我以詐勝之也。晉文城濮之戰，其功茂矣，許曹、衛以携楚之黨，拘宛春以激楚之怒，然後得臣之意決則一戰而勝之，孔子不美其功而陋其譎。及大鹵破狄，毀車崇卒以取勝，聖人亦以敗書其惡用詐謀，如此是知制敵尚詐，非仁義之道也。[96]

抨擊晉文公於城濮一戰雖有功華夏，但實乃詐勝，非仁義之師，如胡安國所言，以功利論之，則晉文可取，但就道義而言，其為三王之罪人。至昭公元年，經文記：「晉荀吳帥師敗狄于大鹵。」《胡傳》批評晉國毀車崇卒，變詐誘敵，非王者之兵，故書敗狄譏之；胡寅亦主此說，表經文書「敗」乃惡其詐謀制敵。

---

[95] 〔宋〕胡寅：《讀史管見》，卷 27，頁 382。

[96] 〔宋〕胡寅：《讀史管見》，卷 20，頁 226。

二、胡寧《春秋通旨》補述《胡傳》之方式

　　胡寧，字和仲，學者稱茅堂先生，胡安國之次子。朱彝尊《經義考》載胡寧著《春秋通旨》一書，並記為「未見」。[97]吳萊曰：「胡氏正《傳》三十卷，傳外又有總貫條例、證據史傳之文二百餘章，子寧集之，名曰《春秋通旨》，輔《傳》而行。」[98]陸元輔亦曰：「安國之傳也，編纂檢討多出寧手，又著《春秋通旨》以羽翼之。」[99]由此可知，胡寧傳承胡安國之《春秋》學成《春秋通旨》，羽翼《胡傳》經說，兩書關係極為密切。雖然《春秋通旨》全書已未見，但從今人輯錄尚可端見部分內容，從這些遺存斷章仍有助於了解胡寧補述《胡傳》的方式。整體而言，可分為四個方面：

（一）統合所見

　　《春秋》隱公十一年：「冬，十有一月壬辰，公薨。」《胡傳》曰：「古者史官以直為職而不諱國惡，仲尼筆削舊史，斷自聖心，於魯君見弒，削而不書者，蓋國史一官之守，《春秋》萬世之法，其用固不同矣。不書弒，示臣子於君父有隱避其惡之禮。」（卷3，頁2279）解釋史書和《春秋》書法的差異，聖人筆削舊史，隱諱國惡，故不書弒。《通旨》亦曰：「晉董狐、齊太史皆直書弒君，君子樂道人善，惡稱人惡，況君父乎！仲尼作《春秋》，然後於魯公書薨不書弒，示臣子於君父當隱諱其惡而不忍道者。」[100]也提到《春秋》不書魯公見弒，隱諱其惡，不忍直言。

　　而《春秋》隱公元年「祭伯來」、莊公二十三年「蕭叔朝公」、文公十二年「杞伯來朝」三則經文，《胡傳》曰：「按《左氏》曰：『非王命

97　〔清〕朱彝尊撰，〔清〕翁方綱撰，羅振玉撰：《經義考‧補正‧校記》，卷185，頁1262。

98　〔清〕朱彝尊撰，〔清〕翁方綱撰，羅振玉撰：《經義考‧補正‧校記》，卷185，頁1262。

99　〔清〕朱彝尊撰，〔清〕翁方綱撰，羅振玉撰：《經義考‧補正‧校記》，卷185，頁1263。

100　〔宋〕胡安國著，錢偉彊點校：〈附錄三　胡傳餘藩：春秋通旨〉，《春秋胡氏傳》（杭州：浙江古籍出版社，2010年4月），頁626-627。

也。」祭伯，畿內諸侯，為王卿士。來朝於魯而直書曰來，不與其朝也。
人臣義無私交，大夫非君命不越境。」（卷 1，頁 2270）又曰：「為禮必
當其物，與其所而後可以言禮。……蕭叔朝公，在齊之穀，則非其所
也。」（卷 9，頁 2302）《通旨》將這些經文並說：

> 畿內諸侯與畿外諸侯自有等差。聖人既於祭伯來朝直書曰「來」，
> 不與其朝，以明王臣無外交之義矣。外諸侯本有朝聘之禮，聖人盡
> 書其朝，隨事觀之，其義不一。蕭叔獨書「朝公」者，以穀非其所
> 也。「杞伯姬來朝其子」，婦人而以其子來，聖人大義戒婦人不可
> 與國事也。[101]

　　類比相關書法「祭伯來」、「蕭叔朝公」、「杞伯來朝」的差異，三
者有內外之別：祭伯非王命而來朝，故直書「來」，著王臣無外交之義；
蕭叔、杞伯則一以穀非其所，一戒婦人不可與國事，其義各異。又如《春
秋》隱公七年：「夏，城中邱。」《胡傳》曰：「《春秋》凡用民必書，
其所興作不時害義，固為罪矣。雖時且義亦書，見勞民為重事也。人君而
知此義，則知慎重於用民力矣。凡書城者，完舊也；書築者，創始也。城
中丘，使民不以時，非人君之心也。」（卷 2，頁 2275）《通旨》云：

> 穀梁子之意謂春秋時言之也城不可無，而未為國之急。《易》所謂
> 設險非止於築城，《禮》所謂城池亦固國之一事爾。《春秋》凡城
> 必書，或志其非時，或志其非制，或志其非所得其時制，又當其所
> 而亦書，重民力也。[102]

　　胡安國將重點置於慎用民力之上，胡寧亦主張「城不可無，而未為國

---

[101] 〔宋〕胡安國著，錢偉彊點校：〈附錄三　胡傳餘藩：春秋通旨〉，《春秋胡氏傳》，頁
　　　620-621。

[102] 〔宋〕胡安國著，錢偉彊點校：〈附錄三　胡傳餘藩：春秋通旨〉，《春秋胡氏傳》，頁 626。

之急」，並統整經文書「城」之義：志其非時、志其非所、志重民力，總貫前說。

（二）擴充其義

《春秋》僖公十九年：「夏，六月，宋公、曹人、邾人盟于曹南。」《胡傳》曰：「襄公不能內自省德而急於合諸侯、執嬰齊，非伯討不足以示威；盟曹南，非同志不足以示信，卒於兵敗身傷，不知反求諸己，欲速見小利之過也。」（卷 12，頁 2317）批評宋襄公不知內自省德，無威無信。《通旨》則載：「問：宋大國，君在是而曹、邾敢以微者來，何也？曰：宋方求合諸侯，非諸侯歸之也，故君往而微者來盟。」[103]藉由問答方式，解釋曹、邾二國敢以微者前來之因。又如《春秋》莊公十年：「宋人遷宿。」《胡傳》曰：「其曰遷宿者，宿非欲遷，為宋人之所遷也。……其不仁亦甚矣。凡書遷，不再貶而惡已見矣。」（卷 8，頁 2297）《通旨》云：「有不利焉，意欲自遷，則何惡矣！或介乎大國，或迫於戎狄，為人之所遷者，《春秋》憫之。」[104]胡安國關注宋國之惡，胡寧還另外提到宿人迫於橫逆而遷，故《春秋》憫惻之義。

又，《胡傳》若無清楚詮說，《通旨》多會採取詳細補述。《春秋》宣公九年：「陳殺其大夫洩冶。」《胡傳》曰：「方諸比干自靖自獻于先王，則未可同日而語也。冶雖效忠，其猶在宋子哀、魯叔肸之後乎，故仕於昏亂之朝，若異姓者如子哀潔身而去可也，其貴戚耶不食其祿，如叔肸善矣。」（卷 17，頁 2342）對照比干、子哀、叔肸三人，解釋為何洩冶諫死，而經文獨無褒辭之因，觀點不夠明確。《通旨》詳述：

> 比干在紂之時，親則王子，位則三公，故諫而不從繼之以死。洩冶於靈公，親非貴戚之卿，而位不為上大夫也，直諫而死，傷於勇矣。故書名以示貶。《春秋》書殺大夫，不特罪諸侯之專殺，見殺

---

103 〔宋〕胡安國著，錢偉彊點校：〈附錄三 胡傳餘藩：春秋通旨〉，《春秋胡氏傳》，頁 639。
104 〔宋〕胡安國著，錢偉彊點校：〈附錄三 胡傳餘藩：春秋通旨〉，《春秋胡氏傳》，頁 634。

者與有貶焉。君子危邦不入，亂邦不居，如宋子哀微見宋亂而去，聖人取其見幾，所以書字。自非有撥亂之全才，安可蹈危亂之朝，輕生易死而不自愛乎？[105]

解釋比干和洩冶的身分有別，一為王子三公，一非貴戚之卿，故比干諫而不從，當以死爭之；而洩冶居於大夫，若知陳侯不可諫，則應潔身而去，了解人臣始終進退之義，不須強諫淫亂之君，如今捐生取死，故不為《春秋》所貴。

（三）旁側切入

《春秋》莊公元年：「夫人孫于齊。」《胡傳》曰：「經書夫人孫于齊而恩義之輕重審矣。」（卷 7，頁 2292）《通旨》曰：「絕於外則去姓，絕於內則去氏，內外俱絕則姓氏皆去。曰『夫人孫于齊』，則知其為文姜，若曰『姜氏』，安知其非姪娣乎？」[106]兩人關注角度不同：胡安國發揮經文書「孫」之義，深絕文姜與聞弒桓之罪，但胡寧則著意「夫人」之詞，謂經文書夫人則知為文姜。又如《春秋》僖公二年：「虞師、晉師滅下陽。」《胡傳》曰：「貪得重賂，遂其強暴，滅兄弟之國，以及其身而亡其社稷，所以為首乎！」（卷 11，頁 2310）重視虞國受賂強暴之惡。而《通旨》曰：「《春秋》誅惡，皆罪其與之為惡者，故以齊首石曼姑，以宋首州吁，以虞首晉，以子家首子公，先儒以滅漢者張禹非王氏，亡唐者李勣非武后，得《春秋》之意矣！」[107]胡寧別發虞國參與作惡之事。

（四）另增新說

此是《胡傳》未有論述，而《通旨》進一步補苴罅漏。《春秋》宣公元年：「邾子來朝。」《通旨》曰：「凡經於朝聘皆不徒書，未有書而無

105 〔宋〕胡安國著，錢偉彊點校：〈附錄三 胡傳餘藩：春秋通旨〉，《春秋胡氏傳》，頁 643。
106 〔宋〕胡安國著，錢偉彊點校：〈附錄三 胡傳餘藩：春秋通旨〉，《春秋胡氏傳》，頁 632。
107 〔宋〕胡安國著，錢偉彊點校：〈附錄三 胡傳餘藩：春秋通旨〉，《春秋胡氏傳》，頁 637。

義者也。宣公為弒君者所立，邾子來朝而無貶文者，既於朝桓貶矣，《公羊》曰：『其餘從同同。』」[108]邾子曾朝魯桓，因此稱子，貶其朝於篡弒。今宣公為篡弒者所立，邾子亦來朝，同於朝桓為貶之義。《春秋》定公十五年：「秋，七月壬申，姒氏卒。」《通旨》曰：「姒氏不稱『夫人』為正名，孟子不稱『夫人』為隱惡。姒氏定公妾也，《公羊》據魯史失禮言之爾，論《春秋》之法，哀雖已君，豈得稱『夫人』乎？『來賵仲子』、『會葬成風』，深貶天王而名冢宰，則知哀雖已君，亦不得稱『夫人』矣。」[109]姒氏為魯定公妾，故不稱「夫人」，謹嫡妾之分，正名也，書法大義同於隱公元年「天王使宰咺來歸惠公仲子之賵」、文公五年「王使榮叔歸含且賵」，仲子非魯惠公之夫人，周平王下賵諸侯妾，故《春秋》特貶，書宰咺之名；成風是僖公妾，周王竟使大夫歸含且賵，廢夫婦人倫，故不稱天，此皆透過書詞與奪而存三綱之道。又如《春秋》成公三年：「晉郤克、衛孫良夫伐廧咎如。」《通旨》曰：「經不書『廧咎如潰』者，晉常滅赤狄潞氏、甲氏及留吁矣，其餘黨散入廧咎如，又欲盡殄滅之，非仁人之心也。段紀明請滅羌種，羌雖滅，漢亦亡，後世豈嘗絕羌患哉？廧咎如潰削而不書，聖人之情見矣，惟不使之侵擾華夏斯止矣。」[110]說明為何經文不書「晉郤克、衛孫良夫伐廧咎如，廧咎如潰」，批評晉國殄滅夷狄，不仁之甚，故削而不書，見聖人之情宅心忠恕，攘斥夷狄需有仁人之心，戒以殄滅為首務。

三、胡宏

　　胡宏，字仁仲，學者稱五峰先生，胡安國之季子。朱軾（1665-1737）《歷代名儒傳》載：「自安國以《春秋》專家，諸子皆潛心勵學，負志節，恢廓深遠，建崇論宏議，以消庸靡之習。是有得於《春秋》之旨

---

[108] 〔宋〕胡安國著，錢偉彊點校：〈附錄三　胡傳餘藩：春秋通旨〉，《春秋胡氏傳》，頁 642。

[109] 〔宋〕胡安國著，錢偉彊點校：〈附錄三　胡傳餘藩：春秋通旨〉，《春秋胡氏傳》，頁 655。

[110] 〔宋〕胡安國著，錢偉彊點校：〈附錄三　胡傳餘藩：春秋通旨〉，《春秋胡氏傳》，頁 645。

者也。宏在諸子中偉抱卓識，自許尤為不偶，較其學術，亦最優也。」[111]肯定胡宏在諸子之中的抱負胸襟與學術表現。胡宏曾云：「我祖生文定，傑然繼真儒。」[112]又曰：「我先人上稽天運，下察人事，述孔子，承先聖之志，作《春秋傳》，為大君開為仁之方，深切著明，配天無極者也。」[113]提及胡安國稽察天運人事與先聖之志而作《春秋傳》，高舉是書價值。

對於孔子與《春秋》的關係，胡宏認為孔子作《春秋》是欲正一世之失：

> 春秋之時，周政已失，禮樂征伐自諸侯出。既而諸侯不自為政，禮樂征伐自大夫出。夫能出禮樂征伐者，皆天下之賢諸侯、賢大夫也。子繼厥父，孫繼厥祖，自以為能子能孫，人亦以為孝悌之人矣，曾不察其所行動皆犯上之事，陵夷至於作亂而不自知，未有一人能承天命，由仁義行者也。故有子本仁而言，以正一世之失，其旨深且遠矣。此孔子《春秋》所以作也。[114]

批評春秋周政王綱失道，諸侯大夫僭越禮樂，征伐犯上，行亂背義，故仲尼作《春秋》以撥亂反正。至於箇中具體內容，胡宏云：「昔孔子作《春秋》，正君臣之辨，其旨深且遠，可不察歟！……昔孔子匹夫耳，天下無主，猶以身當天運，作《春秋》，承帝王之烈，行二百四十二年南面之事，討伐亂賊，扶持三綱。」[115]這正與胡安國主張聖人以天自處的觀點雷同，謂孔子上承天理職責，假《春秋》、寓王法以行天子之事，具王者南面之權；透過貶討亂賊而扶振三綱，端正君臣，希冀皇帝以《春秋》

---

[111]〔清〕朱軾、〔清〕蔡世遠輯：《歷代名儒傳》（北京：北京圖書館出版社，2006 年 5 月《叢書人物傳記資料類編・學林卷》），卷 5，頁 83。

[112]〔宋〕胡宏著，吳仁華點校：〈絕句五首之五〉，《胡宏集》，頁 81。

[113]〔宋〕胡宏著，吳仁華點校：〈皇王大紀序〉，《胡宏集》，頁 164。

[114]〔宋〕胡宏著，吳仁華點校：《胡宏集》，頁 33。

[115]〔宋〕胡宏著，吳仁華點校：〈上光堯皇帝書〉，《胡宏集》，頁 88-90。

「討亂賊」、「定名分」、「正三綱」之旨統化天下，面對外夷侵擾。[116]

《胡傳》聖王經世之志強調「三綱」、「討賊」、「復仇」、「攘夷」等觀點，胡宏多能承襲發義，例如他提出君主行三綱之法：「君臣之法」、「父子之法」、「夫婦之法」才可理天下，[117]更曾具言華夷之別在「三綱」：「三綱亡有辨夷華，一處分明萬不差。」[118]至於「名實」問題是隸屬三綱範疇，胡宏也重視此類意見，發揮其義：「有實，而後有名者也。實如是，故名如是。實如是而名不如是，則名實亂矣。名實亂於上，則下莫知所從，而危亡至矣。」[119]聲明名實與危亡的關係。胡安國主張嚴討亂賊之黨，拳拳復仇之志，胡宏〈與高抑崇書〉亦記：「《春秋》之義：誅國賊者，必先誅其黨。」[120]〈與彪德美〉曰：「《春秋》之法，大復仇，然不為復仇而作也。復仇，《春秋》法中一事耳。」[121]完全同於《胡傳》大義。

另外，關於《胡傳》謂「元」為「仁」、「人心」，胡宏也有補充，首先談到「元年」之義：「夫人君即位之一年，謂之元年。所以謂一為元者，竊譬諸人猶其始生也，猶其有首也，生之時一定而不可再，身之首一生而不可易。……元者，義之所存，非若一二之為數也。」[122]廓清

---

[116] 胡宏曰：「況陛下居得為之位，天開聖性，明于《春秋》，又有能為之資乎！誠能更加聖心，勿牽制于文義，毅然討亂賊，定名分，正三綱，窮神化，日新厥德，九重朝誠，四海暮應，豈與漢、唐行智術利勢，與英雄角力角智而後臣之，葸葸然常恐臣妾之軋己者比乎！德格皇天，恩施萬姓，四方歸命，豐功偉績，何憂乎豫賊？何畏乎金人耶？」見〔宋〕胡宏著，吳仁華點校：〈上光堯皇帝書〉，《胡宏集》，頁 88-90。

[117] 胡宏曰：「天下有三大：大本也，大幾也，大法也。大本，一心也。大幾，萬變也。大法，三綱也。有大本，然後可以有天下。見大幾，然後可以取天下。行大法，然後可以理天下。……其大法有三：一曰君臣之法，二曰父子之法，三曰夫婦之法。夫婦有法，然後家道正。父子有法，然後人道久。君臣有法，然後天地泰。泰者，禮之所以興也。禮樂興，然後賞罰中而庶民安矣。」見〔宋〕胡宏著，吳仁華點校：〈漢文〉，《胡宏集》，頁 42-43。

[118] 〔宋〕胡宏著，吳仁華點校：〈和馬大夫闢佛五首之三〉，《胡宏集》，頁 76。

[119] 〔宋〕胡宏著，吳仁華點校：《胡宏集》，頁 43。

[120] 〔宋〕胡宏著，吳仁華點校：〈與高抑崇書〉，《胡宏集》，頁 113。

[121] 〔宋〕胡宏著，吳仁華點校：〈與彪德美〉，《胡宏集》，頁 143-144。

[122] 〔宋〕胡宏著，吳仁華點校：〈成湯改元〉，《胡宏集》，頁 239。

「一」與「元」的不同，「元」乃人猶始生之義，蘊有重要涵義，不得與一、二等數字相混，而天子有元年，諸侯因奉天子正朔，亦必用天子之年，紀「元」乃為實事，[123]「聖人于元上見義，若諸侯無元，則亦不成峕君矣。」[124]言及孔子作《春秋》賦予諸侯「元」義。胡宏具論：「孔子作《春秋》，必書元立本以致大用；孟子告諸侯，必本仁術以行王政。元，即仁也。仁，人心也。心，一也。而有欲心焉，有道心焉，不察乎道而習于欲，則情放而不制，背理傷義，秉彝仆滅，懿德不敷于行，而仁政亡矣。」[125]扣緊孔孟「元」、「仁」的關係，一為立本以致大用，另一本仁而行王政，故「元」為「仁」之本。「仁」是「人心」，隸屬「道心」，人們應察乎道理而收斂情欲，倘若放縱人心，肆情隨欲，則仁政必亡。此將「元」義連結「理欲」，偏向哲理道德層面，有別於胡安國僅將「元」、「君」相連，承襲前代杜預、程頤「人主體元」以及補述「宰相調元」的說法。

四、胡銓

胡銓，字邦衡，號澹庵，江西廬陵（今江西吉安）人，建炎二年（1128）進士，著《春秋集善》，今佚。早期從學蕭楚，後復學於胡安國，[126]所撰文章恆常援引《胡傳》內容以說明時政，可見《胡傳》對他

---

[123] 胡宏分析天子與諸侯紀事皆得書「元年」，援舉《易經》元亨利貞、乾坤四德於它卦皆有為證，說明「元年」並非專用：「首年之義，恐不可泥于一說。諸侯奉天子正朔，便是一統之義。有事于天子之國，必用天子之年。其國史記政，必自用其年，不可亂也。當時諸侯紀元，乃是實事，與後世改元者不同也。聖人于元上見義，若諸侯無元，則亦不成峕君矣。如元亨利貞、乾坤四德，在他卦亦有之，不可謂乾坤方得有元，他卦不得有也。《易》載其理，《春秋》見其用，恐義亦當如此也。」見〔宋〕胡宏著，吳仁華點校：〈與彪德美〉，《胡宏集》，頁 144。

[124] 〔宋〕胡宏著，吳仁華點校：〈與彪德美〉，《胡宏集》，頁 144。

[125] 〔宋〕胡宏著，吳仁華點校：〈上光堯皇帝書〉，《胡宏集》，頁 83。

[126] 胡銓〈清節蕭先生墓誌銘〉云：「晚以其餘受銓，幾十稔，偶登甲第，為《春秋》第一，歸拜牀下。」陳振孫曰：「銓既事蕭楚為《春秋》學，復學於胡文定公安國。」見〔宋〕胡銓：《胡澹庵先生文集》（臺北：漢華文化，1970 年 7 月初版），卷 29，頁 1504。〔宋〕陳振孫撰，徐小蠻、顧美華點校：《直齋書錄解題》，卷 3，頁 67。

的影響。[127]宋儒重視夷夏之防，胡銓和胡安國都有類似觀點，如〈論復
讎疏〉云：「臣是以痛心疾首，飲恨歔泣，思欲如古人枕戈待旦以雪吾
恥，思欲如古人臥薪嘗膽以逞吾憤，未嘗一日不北望慨然痛哭流涕也，尚
忍與之盟哉！如此則將士激勵，不戰而氣已倍。」[128]對宋、金和議三十
年，國家廢防弛備、戈朽鋮鈍不以為然，認為朝廷當思鑑靖康之禍，報復
醜虜劫遷徽、欽二帝，不宜再屈膝請盟，增幣求好。是故胡銓極力反對和
議：

> 臣竊謂自昔夷狄憑陵中原，未有如今日之甚者也。非夷狄有常勝之
> 勢，蓋中國御之失其道爾。何謂御之失其道？自靖康之變，二聖蒙
> 塵，兩宮執辱，非有他也，講和禍之也。……夫自靖康迄今凡四十
> 年，三遭大變，皆坐和議，則醜虜之不可與和彰彰然矣。[129]

謂中國禦夷狄失道，歸因於講和，上奏皇帝不得與夷狄和議，「一溺
於和，則上下偷安，將士解體，終身不能自振」，[130]攘斥外夷之態度極
為強烈，所以對《春秋》涉及楚、吳之筆法，胡銓曰：「吳為封豕長蛇，
薦食上國，而楚奄有荊蠻，凌轢中夏獨甚，故聖人謹而志之，常防其漸而
懲其僭竊桀驁也。……聖人於二國，獨始終而詳志之，以為後之興衰撥亂

---

[127] 例如胡銓引《胡傳》之語，肯定皇帝濟饑恤救災，有卹民之心：「臣聞《春秋傳》曰：『救
災卹鄰，道也。行道有福。』又曰：『是宜為君，有卹民之心。』陛下勤卹民隱，若保赤
子，近緣江浙水旱，詔令為濟饑而下者十常七八，監司郡守為濟饑而行者踵相躡也。比詔州
縣修築圩田，又遣使覆實，誠懼官吏徒為虛文，而實惠不下究，陛下卹民之心，可謂至矣盡
矣，不可以有加矣！」見〔明〕黃淮，〔明〕楊士奇編：《歷代名臣奏議》，卷246，頁
3237。又如〈與左教授〉引《胡傳》談守信的重要：「《春秋傳》曰：『信者言之端。』又
曰：『杖莫如信。』夫瑞猶符也，符所執以守，杖所憑以安。信一失焉，是棄所守而舍所
安，尚何恃以生乎？……春秋之時，一言不仇，兩國為之暴骨。聖人大書特書，於盟會最
嚴，何獨取曹沫之盟哉？左右春秋頗少，望以無誑為法，以失信為戒。他日立朝，必不至左
右賣國，如近世數公也。」見〔宋〕胡銓：《胡澹庵先生文集》，卷13，頁641-642。

[128] 〔明〕黃淮，〔明〕楊士奇等編：《歷代名臣奏議》，卷349，頁4530。

[129] 〔明〕黃淮，〔明〕楊士奇等編：《歷代名臣奏議》，卷349，頁4530-4531。

[130] 〔明〕黃淮，〔明〕楊士奇等編：《歷代名臣奏議》，卷93，頁1273。

者之戒也。故曰：撥亂世反之正，莫近於《春秋》。」[131]聖人嚴謹二國，防漸懲僭，〈吳楚論〉通篇就從夷狄稱號來看聖人褒貶之法，解經立場近似《胡傳》。

其次，胡安國以省德自察為武備兵戎之道，胡銓也於建炎其間上奏：「昔魏文侯恃山河之固，吳起對以在德不在險。楚子問鼎之大小輕重，王孫滿對以在德不在鼎。今日之事，臣亦以謂在德不在兵。夫誠能修德以結民心，以固吾圉，兵雖弱，未害也。德苟不修而惟兵是急，惟民是殘，兵雖強，未善也。」[132]同樣高舉修「德」的重要，並引吳起、王孫滿之語為例，反對女真醜虜方強，故宋軍兵力不敵之說。

然而，胡銓並未全依《胡傳》而發，〈御試策〉一文大量藉《春秋》經義上諫朝廷，講明時事興治，有積極的經世濟民之意，其中即可端見與《胡傳》的異同。例如昭公晚年周室之亂，胡銓曰：

> 昭二十二年書：「王室亂，劉子、單子以王猛居於皇。」是時新有景王之難，王猛以幼沖而嗣大位，劉、單以庸材而相幼君，社稷危如贅疣，則王室安得不亂？夫王室天下根本，根本一亂而播遷於皇，則佽擾阽危亦甚矣。卒之天王蒙塵，避子朝之難，終昭公之世，僅復成周，至黃池之會，天下奔潰。而聖人獨反覆書之，重社稷也。陛下以單微幼沖之資，獨戡多難，則危如王猛；左右大臣，以險佞之才而佐大計，則庸如劉、單。臣恐王室之難又甚於子朝之難矣，安知江都之幸，不變為狄泉之脅迫乎！[133]

胡安國透過聖人書「王室亂」，提出「景王寵愛子朝，使孽子配嫡以本亂者，其言王室，譏國本之不正也，本正而天下定矣。」（卷 26，頁 2381）焦點置於治外先治內，治遠先治近，強調京師本正的重要，而胡銓

---

[131] 〔宋〕胡銓：〈吳楚論〉，《胡澹庵先生文集》，卷 1，頁 117-120。

[132] 〔明〕黃淮，〔明〕楊士奇等編：《歷代名臣奏議》，卷 3，頁 28。

[133] 〔宋〕胡銓：〈御試策〉，《胡澹庵先生文集》，卷 5，頁 262-263。

也說明聖人關注社稷之本，尤以王室為重，進一步類比春秋人物，希冀君
上能監念春秋王室之禍，較《胡傳》有更明顯的託寓時政。

《春秋》莊公八年：「秋，師還。」《胡傳》謂《春秋》重眾，故經
文書「師次於郎」、「師及齊師圍郕」、「師還」，沒魯公不書，譏其久
役大眾、勞民毒眾之罪。胡銓曰：「莊公八年春，師次於郎；夏，師及齊
師圍郕；秋，師還。《春秋》書用兵，未有歷三時而後反者，獨於此書
春、書夏、書秋，惡莊公無故勞師，興圍郕之役，卒之郕降於齊，而魯師
無功，至秋乃還。故書曰師還者，惡其夏已無功，秋始班師，暴露滯留之
甚也。」[134]此處除了也談到魯莊黷武勞師，還另外提及書時之譏，褒貶
角度與《胡傳》不盡相同。

又如天王例，胡安國以聖人去天示貶，經文書「天王」為正例，書
「王」為變例。胡銓雖也解釋「天王」、「天子」、「王」之書義，但與
胡安國完全不一：

> 夫《春秋》何為而作也？為天下無王而作也。周衰，天下不知有
> 王，陪臣竊國命，家臣僭大夫，聖人有憂之，作《春秋》以代王之
> 賞罰。書天子、書王、書天王者，誅賞之大柄也。書天子、書王，
> 皆其常稱也；其曰天王，則至大之稱。天王與《周官‧司服》所稱
> 天王，皆以嗣君之初，君道未著，人心未寧，正危疑之機，大奸之
> 所伺，非常之時，故大威武以防之。稱天王者，大威武以防天下之
> 時，故曰非常也。……《春秋》必書天王者，正賞罰於大亂之時
> 也。若事非王為，但從諸侯之稱，只書王者，禮之常也。其曰天子
> 者，所謂至貴以親諸侯也。莊王不稱天王，以其寵弒逆之人，不足
> 以當至大之稱，故去天字以重其譏。重莊王之譏，則魯桓之罪彰
> 矣。《春秋》大逆，外始於州吁，內始於魯桓，聖人著其惡如此。
> 若曰世亂則從惡者眾，趨善者鮮，善若不予，則是賞不足以有勸；
> 大奸大惡不加誅，則是罰不足以有懲。賞罰不行，而能興衰撥亂者

---

[134] 〔宋〕胡銓：〈御試策〉，《胡澹庵先生文集》，卷5，頁269-270。

無有矣。[135]

　　由於春秋天下復已無王，聖人遂作《春秋》，為天下無王而作，代周王行賞罰之權，經由天子、王、天王定為誅賞大柄。經文書「天子」與「王」乃是常稱，而「天王」則屬非常、至大之稱。只要是出自周王所為，經文則書「天王」，明當時是周王所行，大威武以防天下，突顯王室的重要；倘若事非王為，只單書「王」；而書「天子」則屬周王至貴以親諸侯，三詞各有其義。至於周莊王不稱天王，乃因寵溺篡弒之賊，不配有至大之稱，故去天示譏，藉此亦彰魯桓之罪。[136]由上可見，胡銓解釋「天王例」是較胡安國複雜的，雖然他也注意去「天」譏貶的意義，但並非套用在相關經文之上，反而認為春秋王綱廢弛，故經文書「王」以顯事非王為，成為常稱，這和胡安國始終扣緊去天示貶有相當大的歧異，而且胡銓不執泥於「天王」、「王」的書例，也納入「天子」之詞，如此能避免強分二例所造成的曲解。

五、范如圭

　　范如圭，字伯達，福建建陽人。胡安國是范如圭的舅舅，所以文定之學影響頗深。[137]例如他亦強調《春秋》討賊、復仇大義，〈貽秦檜書責其和議書〉即藉魯莊忘親釋怨之事而發：

---

[135] 〔宋〕胡銓：〈御試策〉，《胡澹庵先生文集》，卷5，頁287-290。

[136] 胡銓〈應詔言事狀〉亦提到去天示貶之法：「魯莊三年：『王使榮叔來錫桓公命。』啖民氏云：『莊王寵篡逆以黷三綱，不能法天正道，故去天字以貶之。』斯言當矣。夫聖王礪世之術，惟賞罰而已，賞當功則錫命一人而萬邦懷，若《師》之九三是也。若宜罰而賞，則寵一篡弒而亂臣賊子接迹而起矣，然則去天字以貶之，以明賞罰天之公理也。」肯定啖助觀點，謂聖人藉去天以明賞罰，譏貶周莊王錫命亂賊，無道之甚。見〔宋〕胡銓：〈應詔言事狀〉，《胡澹庵先生文集》，卷7，頁358-359。

[137] 《宋元學案・武夷學案》曰：「（范如圭）從舅氏胡文定受《春秋》學。」見〔清〕黃宗羲原著，〔清〕全祖望補修，陳金生、梁運華點校：〈武夷學案〉，《宋元學案》，卷34，頁1185。

《禮經》有曰：父母之讎，不與共戴天，寢苫枕土，誓死以報。魯
莊公父弒于齊，反為齊主昏，同狩于禚，連兵合黨，伐衛圍郕，及
盟于蔇，納公子糾。其忘君背父，絕滅人之大倫如此。魯國臣子則
而象之，于是公子牙之弒成於前，慶父無君之心動於後，圉人犖、
卜齮之徒交侵于黨氏、武闈之間，而子班、閔公皆不得其死。仲尼
為此懼，故大書特書，以著其罪惡，為萬世臣子之大戒，不亦深切
著明矣乎！[138]

　　觀點同於《胡傳》，兩人皆將閔公遭弒咎責莊公，批評魯莊忘父子之
恩、絕君臣之義，無意於復仇，導致叔牙弒械成於前，慶父無君動於後，
哀姜遂得與聞弒閔，故聖人書此，明示復仇大義，作為後世鑑戒。范如圭
是針對秦檜不能揮戈北向，嚴治女真，反而卑辭厚幣、祈哀請命，故依循
《胡傳》語：「《春秋》之法：讎不復、賊不討則不書葬。葬者，臣子之
事；不書葬，以為無臣子也。夫人之痛莫甚于不得其死，君親不得其死而
不復讎、不討賊，使神靈含冤抱恨于地下而不伸，雖得梓宮而葬之，於臣
子之心能安否乎！」[139]表達臣子需為君親復仇討敵，為地下皇靈伸冤，
不讓女真肆意玩侮，陷害國政。
　　范氏抨擊夷狄對中國造成的傷害，認為夷狄沒有信義，不得望信義之
道於豺狼，並透過《春秋》書法，嚴謹華夷之辨：「《春秋》之於中國書
名爵，夷狄則以號，外而賤之也。王者欲一乎天下，曷為外而賤之？以為
非我族類，其心必異，不得不峻外內之限，別貴賤之分，以防不測之患於
未然也。凡中國諸侯與夷狄盟會者，《春秋》必謹志而深譏之，其法嚴
矣。」[140]和《胡傳》意見相近，皆從夷狄稱號來看聖人褒貶，譏貶中國
與夷狄會盟，援此對照金人結盟無信，[141]包藏奸詭，難以測度。

---

[138] 〔宋〕徐夢莘編：《三朝北盟會編》，卷187，頁402。

[139] 〔宋〕徐夢莘編：《三朝北盟會編》，卷187，頁402。

[140] 〔宋〕徐夢莘編：《三朝北盟會編》，卷187，頁403。

[141] 范如圭點出女真五項不可信之因，要求朝廷不得和議：「女真自海上結盟，借助於我以滅契
　　丹，契丹既滅，遂犯汴都，其不可信一也。既為城下之盟，講解而退矣，曾不旋踵，復圍太

　　宋儒對胡安國多持高度評價，例如樓鑰（1137-1213）云：「建炎紹
興之初，高宗皇帝復振斯文，胡文定公安國承伊洛之餘，推明斯道，勸講
經筵，然後其學復傳，學者以為標準，可謂大全矣。」[142]謂胡安國得伊
洛之道，進講經筵之義可作為學者標的。彭時（1416-1475）亦云：「其
於扶三綱、敘九法、抑邪說、正人心，與夫尊王內夏之意，尤惓惓焉，自
是《春秋》大義復明矣。」[143]推許胡安國闡發《春秋》經的貢獻。杜範
（1182-1245）亦曰：「文定公當國家多難，驅騖變春，正其時也。今讀
公《春秋傳》義及其他所著書，其正大之識、英嚴之氣，凜凜乎幾欲鬭精
神於風雪之間者。」[144]肯定正大凜然的志氣與節操。而宋遺民如戴表元
（1244-1310）更認為《春秋傳》使亂臣賊子者增懼，使用夏變夷者加
勸，高舉胡安國之功與天地相並；[145]熊禾（1247-1312）也倡明文定公俾
世復治，發明《春秋》筆削之精微，義理之浩瀚，滅人欲而存天理。[146]

原，其不可信二也。自時厥後，和使項背相望，而侵我之兵無歲不有，其不可信三也。既破
京城，乃始斂兵議和，誘我二帝出郊，刲之而去，其不可信四也。劉豫其所立也，事之無所
不至，一旦執之，如探囊取物，其不可信五也。」見〔宋〕徐夢莘編：《三朝北盟會編》，
卷 187，頁 403。

[142] 〔宋〕樓鑰：〈止齋春秋後傳左氏章指序〉，《攻媿集》（臺北：臺灣商務印書館，1986
年景印文淵閣《四庫全書》），卷 51，頁 791。

[143] 〔清〕程應熊、姚文燮纂修：〈藝文志〉，《（康熙）建寧府志》，載殷夢霞選編：《日本
藏中國罕見地方志叢刊續編》（北京：北京圖書館出版社，2003 年 8 月），卷 45，頁 147-
148。其他如真德秀（1178-1235）曰：「公聞道伊洛，慨然以尊君討賊自任，著為訓傳，大
義炳然，使洙泗之道復明，而荊舒之禍以熄，其有功世教可謂盛矣。」見〔宋〕真德秀：
〈祭胡給事墓祝文〉，《真西山文集》，載《真文忠公全集》（臺北：文友書店，1968 年 9
月），卷 53，頁 4696。虞集曰：「胡文定公之學實本乎程氏，然其生也當宋人南渡之時，
奸佞用事，大義不立，苟存偏安，智勇扼腕，內修之未備，外攘之無策，君臣、父子之間，
君子思有以正其本焉，胡氏作《傳》之意，大抵本法於此。」見〔元〕汪克寬：〈春秋胡傳
附錄纂疏原序〉，《春秋胡傳附錄纂疏》，頁 3。卓爾康曰：「胡文定當南渡時，發憤著
書，志固有在。中間詞旨激揚，或有所過，而昭大義、明大法，炳如日星，不可磨滅也。」
見〔清〕朱彝尊撰，〔清〕翁方綱撰，羅振玉撰：《經義考‧補正‧校記》，卷 185，頁
1261。

[144] 〔宋〕杜範：〈題晦翁書楊龜山贈胡文定公詩後〉，《清獻集》（臺北：臺灣商務印書館，
1986 年景印文淵閣《四庫全書》），卷 17，頁 747。周必大（1126-1204）亦云：「胡文定
以《春秋》學為諸儒倡，結知高宗，其褒貶是非得聖人之公。」見〔宋〕周必大：〈跋向子
諲遺書〉，《益公題跋》（臺北：廣文書局，1971 年 12 月），卷 5，頁 3。

[145] 戴表元曰：「咸淳中，余備員太學博士弟子，見學官月講必以《春秋》，竊怪而問諸人，

整體評價是很高的。

　　胡安國之所以受到時人尊重，莫過於學術展現的風采器識以及面對世變的氣節精神，即使解經方法過於執例，有不少謬誤，但絲毫不影響他經世濟民、關注家國的貢獻意義。而胡安國之家學門生胡寅、胡寧、胡宏、胡銓、范如圭都能繼承其學術，發揮聖人大義，謂《春秋》以天自處，故能討伐亂賊、扶振三綱。他們紹承治國先正其心，體元以謹始之主張，伏盼高宗嗣守大業，明明德於天下；批評魯莊忘親釋怨，藉此建言朝廷宜以二聖蒙塵、兩宮執辱之禍為鑑，向金人復仇，不得卑辭請盟，再與夷狄議和。共同提出內、外之治國方針，不空談泛言，時時將經義連結時政，上諫朝廷應借鏡春秋歷史、思鑑聖人褒貶，以治理社稷政事，安定社會秩序。由此可見，文定後學志在匡時濟國、恢復中原，呼籲朝廷積極抗金、掃除醜虜，具備強烈鮮明的經世精神，這「通經致用」正是武夷胡氏貫守的主張，而且不斷展現積極的樣貌，在南宋政治與學術佔有一席之地。

曰：『是自渡江以為復讎之書，不敢廢也。』夫復讎之說，初非《春秋》本旨，中興初，胡康侯諸公痛數千年聖經遭王臨川禁錮，乘其新敗，洗雪而彰明之，使為亂臣賊子者增懼，使用夏變夷者加勸，儒者之功用，所為與天地並，如是而可耳。」見〔清〕朱彝尊撰，〔清〕翁方綱撰，羅振玉撰：《經義考・補正・校記》，卷 191，頁 1297。

146 熊禾曰：「《春秋》者，聖人史外傳心之要典，萬世人主善惡之龜鑑也。筆削之精微，義理之浩瀚，使無武夷胡先生諸儒以發明之，則人心貿貿焉莫知所之，人欲肆而天理滅矣，安能俾世之復治也耶？」見〔宋〕熊禾：〈蔡氏春秋後序〉，《熊勿軒先生文集》（北京：中華書局，1985 年北京新一版《叢書集成初編》），卷 2，頁 19。

第陸章　胡安國《春秋傳》與朱學評論

　　前章已研究胡安國與程門系統的學術互動，呈顯《春秋傳》解經細密之特點，以及後輩子弟闡發經說的概況。而朱熹在南宋學術史的地位極為重要，雖未註解《春秋》，但仍提出不少經傳意見，影響時人治學方向。學界業已說明朱熹批評胡安國《春秋傳》，或是其後學張洽、蔡沆、呂大圭反胡尊朱的主張，[1]唯尚缺乏完整地討論，即使能看出朱熹一派的質疑立場，但究竟各家雖同為朱熹後學，反對《胡傳》的態度是否一致？批評角度或糾舉面向之說法為何，是否確為《胡傳》缺失？在他們批評的背後難道完全不取《胡傳》經說？這些問題有待深入論辨。

　　職是，本書討論著重在時人批評的反動現象，首先論述「朱熹與門人對《胡傳》的批評」，細繹朱熹、蔡沆、黃仲炎、呂大圭與胡安國兩方詮解麟經的態度，歸納朱子之學駁正《胡傳》的主要面向，權衡箇中說法，廓清是非。其次，試圖說明其他朱熹後學的評論，主要針對張洽《春秋集註》與家鉉翁《春秋集傳詳說》，羅列相關事例，探看朱學對《胡傳》的不同聲音與接受，具體深入地勾勒歷史本事，一方面填補學界研究的空白，也藉此確立胡安國《春秋傳》在宋人眼中的價值與貢獻。

---

[1]　例如戴維說：「朱熹反對孫復、胡安國諸人的《春秋》學，認為其最大的錯誤是穿鑿，所以他極力主張公正持平。」又言：「（蔡沆）《春秋五論》，完全是為辨駁胡安國《春秋傳》失聖人之義、無道心之正的地方，認為胡安國在諸如賵仲子、納郜鼎等處顯然有誤。」見戴維：《春秋學史》，頁 369。趙伯雄亦提到：「大致說來，朱子肯定胡傳的『大義』，但對胡傳的務作深求，頗有一些微辭。」見趙伯雄：《春秋學史》，頁 521。蔡方鹿分析：「朱熹並不是反對胡安國所說的義理本身，以義理說經，是朱熹、胡安國共同追求的，而兩人的區別在於，胡安國以義理說經，『多是臆度』；朱熹以義理說經，則須符合經文本義。正因為胡安國說理過分，其所說之理缺乏依據，以致『牽強』、『太過』，使人難以相信，所以才遭到了朱熹等的批評。」見蔡方鹿：《朱熹經學與中國經學》（北京：人民出版社，2004年 4 月第 1 版），頁 476。沈玉成、劉寧《春秋左傳學史稿》指出：「朱熹反對從孫復到胡安國以來的一派學說，在相當程度上對學風起到了補偏救弊的作用。他的這些基本看法，又有門徒弟子的著作為之張目，張洽的《春秋集註》十一卷和呂大圭的《春秋或問》二十卷，主旨就在反胡尊朱。」見沈玉成、劉寧：《春秋左傳學史稿》，頁 232。

第一節　朱熹與門人對《胡傳》的批評

一、詮說《春秋》的態度——否定一字褒貶

　　朱熹對於《春秋》常持「難理會」、「難看」、「不敢問」、「不可曉」的態度，[2]認為夫子依魯史成《春秋》，據事直書而善惡自見：「《春秋》只據赴告而書之，孔子只因舊史而作《春秋》，非有許多曲折。」[3]又曰：「《春秋》所書，如某人為某事，本據魯史舊文筆削而成。……孔子但據直書而善惡自著。」[4]「據事直書」成為朱熹詮解《春秋》的基本立場，強調以讀史方式讀經，據經文所書，準折以先王之道，[5]並參考《左傳》得知事情大意。[6]

　　由於朱熹主張《春秋》與魯史關係甚切，所以面對經文所載亦多從「夫子據魯史直書」解釋，不涉及褒貶與奪，[7]也反對儒者透過「一字褒

2　朱熹曰：「《春秋》難理會。」、「《春秋》難看，此生不敢問。」、「《春秋》，某然有不可曉處，不知是聖人真簡說底話否。」、「《春秋》然有不可曉處。」以上分見〔宋〕黎靖德編，王星賢點校：《朱子語類》，卷83，頁2153；頁2176；頁2144；頁2175。

3　〔宋〕黎靖德編，王星賢點校：《朱子語類》，卷83，頁2146。

4　〔宋〕黎靖德編，王星賢點校：《朱子語類》，卷83，頁2146。

5　《朱子語類》載：「問：『《春秋》當如何看？』曰：『只如看史樣看。』」又記：「問讀《春秋》之法。曰：『無它法，只是據經所書之事迹，準折之以先王之道，某是某非，某人是底猶有未是處，不是底又有彼善於此處，自將道理折衷便見。如看《史記》，秦之所以失如何？漢之所以得如何？楚漢交爭，楚何以亡？漢何以興？其所以為是非得失成敗盛衰者何故？只將自家平日講明底道理去折衷看，便見。看《春秋》亦如此。只是聖人言語細密，要人子細料量考索耳。」見〔宋〕黎靖德編，王星賢點校：《朱子語類》，卷83，頁2148；卷55，頁1318-1319。

6　朱熹曰：「看《春秋》，且須看得一部《左傳》首尾意思通貫，方能略見聖人筆削，與當時事之大意。」見〔宋〕黎靖德編，王星賢點校：《朱子語類》，卷83，頁2148。朱熹本身即肯定《左傳》載事，對於《公》、《穀》則較不認同：「《左氏》所傳春秋事，恐八九分是。《公》《穀》專解經，事則多出揣度。」又曰：「《春秋》制度大綱，《左傳》較可據，《公》《穀》較難憑。」見〔宋〕黎靖德編，王星賢點校：《朱子語類》，卷83，頁2151。

7　例如魯莊復仇，朱熹只以夫子據事寫於策，未及識與不識的問題，《朱子語類》載：「問：『魯桓公為齊襄公所殺，其子莊公與桓公會而不復讎，先儒謂《春秋》不識，是否？』曰：

貶」求取聖人大義：

> 孔子亦何嘗有意說用某字，使人知勸；用某字，使人知懼；用某
> 字，有甚微詞奧義，使人曉不得，足以褒貶榮辱人來？不過如今之
> 史書直書其事，善者惡者了然在目，觀之者知所懲勸，故亂臣賊子
> 有所畏懼而不犯耳。近世說《春秋》者太巧，皆失聖人之意。又立
> 為凡例，加某字，其例為如何；去某字，其例為如何，盡是胡說！[8]

　　認為《春秋》有其大旨，但反對從字例求義，以「《春秋》傳例多不
可信。聖人記事，安有許多義例！」[9]堅持聖人不會專任私意，託寓褒貶
於一字一詞，不必藉日月、爵氏、名字以誅討賞罰。《春秋》載事就是依
照魯史，孔子筆削亦是遵循舊文。
　　朱熹門人亦多持這類觀點，否定一字褒貶的解經方法，蔡沈〈春秋五
論序〉評論《胡傳》得失就已表現此態度：

> 武夷胡先生研窮編輯，著而成書，正以扶三綱、敍九法、尊王賤
> 霸、內夏外夷，而聖人精微之旨已闡揚於當世矣，豈沈淺見薄識所
> 能彷彿其萬一哉！但其中於賵仲子、納郜鼎，皆為私欲所勝，有以
> 致之。又如彼此一事，彼以為是，此以為非；前後一人，前以為
> 褒，後以為貶；或以爵號，或以日月，或書侯、書子、書名、書
> 字、書人、書州、書國，前氏後名，是非褒貶殆有不同，紛紛聚

『他當初只是據事如此寫在，如何見他識與不識？』」又如《春秋》桓公六年：「蔡人殺陳
佗。」朱熹曰：「《春秋》書『蔡人殺陳佗』，此是夫子據魯史書之。佗之弒君，初不見於
經者，亦是魯史無之耳。」同樣也是《春秋》據魯史而書，若魯史不載則經文不書。又如
《春秋》閔公元年：「季子來歸。」朱熹曰：「《春秋》書『季子來歸』，恐只是因舊史之
文書之，如此寬看尚可。」又曰：「『季子來歸』，如『高子來盟』、『齊仲孫來』之類。
當時魯國內亂，得一季子歸國，則國人皆有慰望之意，故魯史喜而書之。夫子直書史家之
辭。」亦謂承自舊史之書，讀者宜寬看。以上分見〔宋〕黎靖德編，王星賢點校：《朱子語
類》，卷83，頁2162、頁2162、頁2163、頁2164。

[8]　〔宋〕黎靖德編，王星賢點校：《朱子語類》，卷55，頁1318。

[9]　〔宋〕黎靖德編，王星賢點校：《朱子語類》，卷83，頁2147。

散，各立一偏之見。若此者不得不推求其大端，研究其的實，作此
〈五論〉以辯正之，使後世學者之讀麟經，曉然知《春秋》大義所
在，而是非曲直有不可掩者，以繼先人之緒耳，豈敢妄有所議，以
取僭踰之罪云。[10]

　　原則上仍尊重《春秋傳》，讚揚他發揮聖人精微之旨：扶三綱、敘九
法、尊王賤霸、內夏外夷，但對一字褒貶的解經方法不以為然，尤其是名
爵稱謂等判斷，否定圍繞於前後書法，藉此斷定聖人褒貶，遂作〈春秋五
論〉，辯正麟經大義，駁正是非曲直。[11]

　　黃仲炎費十年時間作《春秋通說》，大抵參酌孟子、朱熹之論。[12]
〈繳進春秋通說表〉說明撰述動機：「仁宗命昌朝侍講於邇英，曰監戒而
不諱；高廟置安國進解於座右，謂喜學以無忘。至若咨輔弼以玫三《傳》
之異同，又如因答問而審一言之造化。可見先朝極討論之意，所惜儒臣寡
疏暢之功。厥理未彰，茲學幾廢。」[13]謂前儒釋經未達疏暢，間接批評賈
昌朝、胡安國等輩，遂成書若干。「通說」意指去除褒貶茅塞，通諸聖人
教戒之旨。[14]〈春秋通說原序〉曰：

---

[10] 〔宋〕蔡沆：〈春秋五論序〉，《復齋公集》，載〔明〕蔡有鵾編纂，〔清〕蔡重增輯：
《蔡氏九儒書》，卷4，頁367-368。

[11] 蔡沆意見與朱熹相仿，認為《春秋》據事直書而善惡自見，是非善惡繫乎其文，但又不止限
於此，仍揭示《春秋》與魯史有別，內容非全據舊史，說明經文稱日月、名稱、爵號、盟
會、卒葬等詞語乃因魯史而書，為「《春秋》達例」，其他如史之所無而筆之示義，抑或史
之所有而削之示戒者，則為「聖人特筆」，「蓋用達例而無有加損，聖人之公心；有特筆而
明其是非，聖人之精義。……學者之觀《春秋》，必知孰為《春秋》之達例，孰為聖人之特
筆而後可觀《春秋》矣。」換言之，讀經者能破除《春秋》以日月為例、以名稱爵號為褒
貶，再掌握《春秋》達例、聖人特筆，自可得論《春秋》之旨：「明分義」、「正名實」、
「著幾微」之大原。見〔宋〕蔡沆：〈春秋五論三〉，《復齋公集》，載〔明〕蔡有鵾編
纂，〔清〕蔡重增輯：《蔡氏九儒書》，卷4，頁374-375。

[12] 黃仲炎〈繳進春秋通說表〉：「臣肆舉業而罔功，抱遺經而永慨。潛心十稔，課稿一編。遠
稽孟子之書，近酌朱熹之論。務陳理要，痛翦蕪繁。」見〔宋〕黃仲炎：〈繳進春秋通說
表〉，《春秋通說》（臺北：大通書局，1972年《通志堂經解》），頁12985。

[13] 〔宋〕黃仲炎：〈繳進春秋通說表〉，《春秋通說》，頁12985。

[14] 黃仲炎：「通說者，去褒貶之茅塞，而通諸教戒之正途也。」見〔宋〕黃仲炎：〈春秋通說
原序〉，《春秋通說》（臺北：臺灣商務印書館，1986年景印文淵閣《四庫全書》），頁

　　《春秋》者，聖人教戒天下之書，非褒貶之書也。何謂教？所書之
　　法是也。何謂戒？所書之事是也。法，聖人所定也，故謂之教；
　　事，衰亂之迹也，為戒而已矣。彼三《傳》者不知其紀事皆以為戒
　　也，而曰有褒貶焉，凡《春秋》書人、書名或去氏或去族者，貶惡
　　也；其書爵、書字或稱族或稱氏者，褒善也。甚者如日月地名之或
　　書、或不書則皆指曰是褒貶所繫也。質諸此而彼礙，證諸前而後
　　違，或事同而名爵異書，或罪大而族氏不削，於是褒貶之例窮矣，
　　例窮而無以通之則曲為之解焉。專門師授，襲陋仍訛，由漢以來見
　　謂明經者不勝眾多，然大抵爭辨於褒貶之異，究詰於類例之疑，滓
　　重煙深，莫之澄掃，而《春秋》之大義隱矣。[15]

　　以《春秋》是「教」、「戒」之書，非「褒」、「貶」之書，反對三
《傳》將書爵、書字、書人、書名等稱法繫於褒貶，強調此類例法歧異未
一，後儒圍繞此點爭辯不休，反而隱晦《春秋》大義，淹沒聖人之志。黃
仲炎窄化褒貶，另外發揮教戒之義：聖人所定之法為「教」，衰亂事迹為
「戒」，筆削之中就有存法訓教：「若夫筆削有法而訓教存焉：崇王而黜
霸，尊君而抑臣，重內而輕外，辨禮之非，防亂之始，畏天戒，重民生，
為萬世立治準焉。」[16]全書說解乃基於此，反覆提出「教」、「戒」的相
關內容。

　　又，人稱樸鄉先生的呂大圭著有《春秋或問》，謂《春秋》因魯史而
成，屬紀實之書，頗近朱熹主張，[17]其學亦大抵本於朱文公。[18]呂氏

292。

[15] 〔宋〕黃仲炎：〈春秋通說原序〉，《春秋通說》，頁 291。

[16] 〔宋〕黃仲炎：〈春秋通說原序〉，《春秋通說》，頁 291-292。

[17] 呂大圭曰：「《春秋》因魯史而成文者也。史之所有，聖人因之，其所無者，不能以意度
也；史之所述，聖人定之，其所闕者，不敢以強補也。……《春秋》者，紀實之書也。」呂
氏雖認為《春秋》因魯史而成，但仍強調《春秋》與魯史有別：「史之所有，聖人因之，其
情理失實者，聖人故不盡因也；史之所述，聖人定之，其猥冗不綱者，聖人故不盡從也。是
故有史官之筆，有夫子之筆，史官之筆謂其事，夫子之筆謂其義也。」朱熹亦談聖人本據魯
史筆削而成《春秋》，但未盡釋《春秋》與魯史之筆法差異，呂大圭主「史官之筆」和「聖人
之筆」的觀點較為詳細。見〔宋〕呂大圭：《春秋或問》（臺北：大通書局，1972 年《通

〈《春秋》褒貶論〉一文解釋《春秋》有褒貶，但絕非借褒貶以代賞罰，由名稱爵號以判與奪：「後世因其所錄之實而得其可以褒、可以貶之義，可也；謂其借褒貶以代賞罰，某為善，吾字之；某為惡，吾名之；某有功，吾爵之；某有過，吾奪之，則聖人決不如是也。」[19]舉此乃若法家用律，刻覈瑣細，就連《公》、《穀》日月之例也不可信，所以對呂大圭而言，一字褒貶自然衍生許多問題。

因此，朱熹、蔡沆、黃仲炎、呂大圭完全否定一字褒貶的解經路向，特別是藉由日月、爵氏、名字等稱謂發義，抨擊從凡例解經而不斷衍生的遁辭弊病，未取這類解經方法，因為這並非孔子本意，若透過此種方法解讀聖經，易使《春秋》微旨更隱晦。

二、駁正《胡傳》的主要面向

（一）字例褒貶難通

朱熹既否定《春秋》字例，所以亦反對《胡傳》一字褒貶：「胡文定《春秋》非不好，卻不合這件事聖人意是如何下字，那件事聖人意又如何下字。要之，聖人只是直筆據見在而書，豈有許多忉怛！」[20]主張孔子據事直筆，不認同胡氏從字詞推敲《春秋》大義。朱熹又曰：

> 文定是如此說，道理也是恁地。但聖人只是書放那裏，使後世因此

志堂經解》），卷1，頁13221。

18 呂大圭屬於朱熹之三傳弟子，《宋季忠義錄》載：「呂大圭，字圭叔，南安人。少嗜學，師事王昭復，昭復之學得之陳淳，陳淳之學得之朱文公。」見〔清〕萬斯同：《宋季忠義錄》（北京：北京圖書館出版社，2006年10月《宋代傳記資料叢刊》），卷8，頁34。何夢申（-1270-）讚許呂大圭《春秋或問》、《春秋五論》等著作能發明朱熹之意，補其所論：「廣文呂先生加惠潮士，諸士有以《春秋》請問者，先生出《五論》示之，咸駭未聞，因併求全薰，先生又出《集傳》、《或問》二書，蓋本書公之說而發明之。……噫！夫子之心至文公而明，文公之論至先生而備，先生亦有公於世教矣。」見〔宋〕呂大圭：《春秋或問》，頁13317。

19 〔宋〕呂大圭：《春秋或問》，卷1，頁13221。

20 〔宋〕黎靖德編，王星賢點校：《朱子語類》，卷83，頁2155。

去考見道理如何便為是，如何便為不是。若說道聖人當時之意，說他當如此，我便書這一字；他當如彼，我便書那一字，則恐聖人不解恁地。聖人當初只直寫那事在上面，如說張三打李四，李四打張三，未嘗斷他罪，某人杖六十，某人杖八十。如孟子便是說得那地步闊。聖人之意，只是如此，不解恁地細碎。[21]

始終秉持據事直書而善惡自見，一方面批評胡安國字例過於細碎，一方面否定聖人誅罰討逆是後世弄法舞文之吏所為，[22]尤其不滿《胡傳》稱謂例針對諸侯國稱爵、稱名、稱字等皆有正例、變例的討論：

如書鄭忽與突事，才書「忽」，又書「鄭忽」，又書「鄭伯突」，胡文定便要說突有君國之德，須要因「鄭伯」兩字上求他是處，似此皆是杜撰。大概自成襄已前，舊史不全，有舛逸，故所記各有不同。若昭哀已後，皆聖人親見其事，故記得其實，不至於有遺處。如何卻說聖人予其爵，削其爵，賞其功，罰其罪？是甚說話！[23]

由於舊史記載不全，書法稱謂互有差異，解讀成聖人筆削爵號而賞罰功罪則屬謬論，「若要說孔子去褒貶他，去其爵，與其爵，賞其功，罰其罪，豈不是謬也！其爵之有無與人之有功有罪，孔子也予奪他不得。」[24]舉凡與稱謂例相關的經文，朱熹及其門人多否認《胡傳》意見。例如《春秋》桓公二年：「滕子來朝。」《胡傳》以桓公弒君，天下大惡，滕侯率先來朝，故降而稱子，狄之。朱熹曰：「或以《春秋》惡其朝桓，特削而書『子』；自此之後，滕一向書『子』，豈《春秋》惡其朝桓，而并後代

---

21 〔宋〕黎靖德編，王星賢點校：《朱子語類》，卷83，頁2155-2156。

22 朱熹曰：「今乃忽用此說以誅人，未幾又用此說以賞人，使天下後世皆求之而莫識其意，是乃後世弄法舞文之吏之所為也，曾謂大中至正之道而如此乎！」見〔宋〕黎靖德編，王星賢點校：《朱子語類》，卷83，頁2148。

23 〔宋〕黎靖德編，王星賢點校：《朱子語類》，卷83，頁2146。

24 〔宋〕黎靖德編，王星賢點校：《朱子語類》，卷83，頁2146-2147。

子孫削之乎！」[25]又曰：「貶滕稱『子』，而滕遂至於終春秋稱『子』，豈有此理！今朝廷立法，降官者猶經赦敘復，豈有因滕子之朝桓，遂併其子孫而降爵乎！」[26]謂「惡其朝桓」稱子的說法難通，豈有貶絕後代子孫而降爵之理？[27]黃仲炎亦云：

> 先儒論滕侯爵而書子凡有數說，一曰以其朝篡逆之魯桓，故貶而書子，不知《春秋》凡書外國來朝魯桓者，即明其黨惡之罪，不待降爵也。苟以降爵為貶，則凡不降爵者皆無貶乎？鄭伯會桓而猶爵以伯也，杞侯朝桓而猶爵以侯也，何滕之獨見削哉？且滕終《春秋》稱子者，豈聖人因罪滕子之朝桓，遂併及其子孫而不赦耶？[28]

經文貶抑滕子不待降爵，書外國來朝魯桓蓋罪其黨惡篡弒，質疑鄭伯、杞侯同樣會桓、朝桓，何以獨貶滕子？旨揭聖人不可能罪滕子朝桓，而於《春秋》終貶其嗣，削爵為滕子，批評意見與朱熹相近。呂大圭《春秋或問》載道：「胡氏謂朝弒逆之人，是以《春秋》貶之，信乎？曰：《春秋》據事直書而善惡自見矣，豈升降諸侯之爵次而亂其名實哉！」[29]從據事直書角度否定其言，謂滕侯自貶稱子，非貶朝桓黜之。

除了稱謂例之外，朱熹一派對天王例也多有質疑。胡安國主張《春秋》書「天王」為正例，舉凡周室非義亂倫，則去「天」示貶，成為書法變例。朱熹曰：「《春秋》有書『天王』者，有書『王』者，此皆難曉。

---

[25] 〔宋〕黎靖德編，王星賢點校：《朱子語類》，卷83，頁2154。

[26] 〔宋〕黎靖德編，王星賢點校：《朱子語類》，卷83，頁2146。

[27] 朱熹對程頤「服楚稱子」的說法不表贊同，認為文定觀點較佳，但仍深疑其說未妥，曾問李侗，侗考之史料，未見春秋以前有中國諸侯服楚之事，質疑伊川所言，肯定胡氏於諸家之說為精。滕國後代子孫碌碌無名，倘若改稱為侯，讀經者勢必再解詞義，徒使經旨支離紛然，故仍以「滕子」示之。又，李侗同意《胡傳》紀侯來朝而無貶，以紀侯志於諸謀齊難，不在朝桓，糾正朱子所謂義理之正可以危急棄之的觀點。見〔宋〕李明復：《春秋集義》，卷6，頁291-293。

[28] 〔宋〕黃仲炎：《春秋通說》，卷2，頁13001。

[29] 〔宋〕呂大圭：《春秋或問》，卷5，頁13259。

或以為王不稱『天』，貶之。某謂，若書『天王』，其罪自見。……或謂
貶天王之失刑，不成議論，可謂亂道！」[30] 不論書「王」或書「天王」，
善惡自見，聖人不因添減一字而貶天王失刑。蔡沆云：

> 彼徒見《春秋》一書或書名，或書字，或書人，或書爵，或書氏，
> 或不書氏，於是為之說曰：書字、書爵、書氏者，褒之也；其書
> 人、書名、不書氏者，貶之也。褒之，故予之；貶之，故奪之。予
> 之，所以代天子之賞；奪之，所以代天子之罰。賞罰之權，天王不
> 能自執，而聖人執之也。所謂章有德、討有罪，聖人以自任也。夫
> 《春秋》，魯史也；夫子，匹夫也。以魯國而欲僭天王之權，以匹
> 夫而欲操天王之柄，借曰道之所在，獨不曰位之所不可得乎！夫子
> 本惡天下諸侯之僭天子，大夫之僭諸侯，下之僭上，卑之僭尊，於
> 是作《春秋》，正名分，而己自蹈之，將何以律天下之不法者！聖
> 人宜不如是也。[31]

　　這段文字是針對胡安國提出仲尼以天自處，為天理之所在，故得假
《春秋》寓王法，行王者南面之權：貶天子、退諸侯、討大夫，從褒貶是
非而達王義。蔡沆明示此言為非，強調夫子痛惡大夫僭越諸侯、諸侯僭越
周王，上下悖反、尊卑倒逆，焉得以匹夫之身而操天王賞罰之權？聖人非
如是舉，遑論由書字、書爵、書氏、書人、書名等詞褒貶與奪。蔡沆直從
經文辯正謬論：

> 至于來歸仲子之賵，而宰書名，則曰貶之也；使榮叔歸成風之含
> 賵，而王不稱天，亦曰貶之也。豈歸仲子之賵，罪在冢宰，而不在
> 天王乎？歸成風之含賵，罪在天王，而不在榮叔乎？《春秋》書

30　〔宋〕黎靖德編，王星賢點校：《朱子語類》，卷 83，頁 2145-2146。

31　〔宋〕蔡沆：〈春秋五論一〉，《復齋公集》，載〔明〕蔡有鵾編纂，〔清〕蔡重增輯：
　　《蔡氏九儒書》，卷 4，頁 369-370。

王，本以正名分也，若歸賵含賻而稱王，將以為正名分，可乎？[32]

同樣是天王非義，何以前貶宰咺，後卻不貶榮叔？何以上文不去天示貶，下文卻又去天謹之？謂此非孔子正名分之法。

呂大圭同樣對《胡傳》「王使榮叔來錫桓公命」的闡發有所不滿：

> 《春秋》不書天者惟此年與文五年「王使榮叔歸含且賵」、「三
> 月，王使召伯會葬」而已，為先儒之說則曰：《春秋》書王必稱
> 天，所履者天位也，所行者天道也，所賞者天命也，所刑者天討
> 也，今桓公弒君篡國而王不能誅，又反錫之命；僖公成風妾母也，
> 而王使人歸含且賵，又使人會葬，成其為夫人，使妾並適。此二事
> 最大，故皆去天以示貶，謂其不能奉天也。此其說只在拘《春秋》
> 書天王之例，故有此說。《春秋》之作為尊王而作也，而己自貶天
> 王，何以責人乎？榮叔歸含且賵與宰咺來歸仲子之賵一例耳，何以
> 不去天而示貶乎？以名冢宰為貶，則榮叔何以不貶乎？豈歸仲子之
> 賵，罪在冢宰而不在天王乎？又豈歸成風之含賵，罪在天王而不在
> 榮叔乎？此其不通也明矣。[33]

批評意見與蔡沆相像，認為《胡傳》在雷同標準之下，褒貶方式卻不一，去「天」示貶乃拘泥天王之例，道理明顯不通；對於經文不書「天王」則判斷為闕文，[34]否定態度同於朱熹一派主「據事直書」，[35]和胡安

---

[32] 〔宋〕蔡沆：〈春秋五論二〉，《復齋公集》，載〔明〕蔡有鵾編纂，〔清〕蔡重增輯：《蔡氏九儒書》，卷4，頁371。

[33] 〔宋〕呂大圭：《春秋或問》，卷7，頁13280。

[34] 例如《春秋》桓公三年：「春，正月。」呂大圭曰：「《春秋》無事必書首月，首月必書王，此《春秋》書法也，而桓公則十四年不書王。四時雖無事，首時過則書，此《春秋》書法也，而桓公則二年不書秋、冬。吾以是知桓之《春秋》於是多闕文矣。」莊公元年：「王使榮叔來錫桓公命。」呂大圭曰：「王何以不書天？⋯⋯或者以為缺文，理或然矣。」見〔宋〕呂大圭：《春秋或問》，卷5，頁13261；卷7，頁13280。

[35] 關於《胡傳》於魯桓經文主張去「天」、去「秋冬」貶王的見解，朱熹一派多不贊同。如朱

國主「一字褒貶」的立場發明，差異甚大。

又，關於魯公即位例，胡安國曰：「即位者，告廟臨群臣也。……書即位者，緣始終之義。」（卷 14，頁 2326）書「即位」為正例，若魯公內無所承、上不請命則不書即位，聖人絀之。朱熹曰：「胡文定說《春秋》『公即位』，終是不通。且踰年即位，凶服如何入廟？胡文定卻說是冢宰攝行。他事可攝，即位豈可攝？」[36]又云：

> 此是聖人據魯史以書其事，使人自觀之以為鑒戒爾。……若欲推求一字之間，以為聖人褒善貶惡專在於是，竊恐不是聖人之意。如書即位者，是魯君行即位之禮；繼故不書即位者，是不行即位之禮。若桓公之書即位，則是桓公自正其即位之禮耳。其他崩、薨、卒、葬，亦無意義。[37]

魯公實行即位之禮則魯史載記，《春秋》經文端視魯史而書，聖人褒善貶惡不在書「即位」與否，也不藉「崩」、「薨」、「卒」、「葬」等詞彙而發，若從一字之間探求褒貶，毫無意義。呂大圭亦曰：「以隱、莊、閔、僖為上無所承，內無所受可也，桓、宣、定亦上有所承，內有所受乎？以文、成、襄、昭、哀五公為別於內復無所承者，可也，又何以自別於桓、宣、定乎？」[38]既然內無所承、上未請命則不書「即位」，那麼桓、宣、定三公上無所承，內無所受何以不書即位？既稱即位，又如何與文、成、襄、昭、哀五公區別？直述胡安國說法矛盾牴牾。

熹曰：「《春秋》有書『天王』者，有書『王』者，此皆難曉。或以為王不稱『天』，貶之。某謂，若書『天王』，其罪自見。……或謂貶天王之失刑，不成議論，可謂亂道！」又曰：「桓公不書秋冬，史闕文也。」見〔宋〕黎靖德編，王星賢點校：《朱子語類》，卷83，頁 2145-2146、頁 2145。黃仲炎曰：「蓋《春秋》稱王、稱天王、稱天子者，其義一爾。若夫書其事即見其罪，不以去天為貶也。朱氏亦謂若稱天王其罪自見。」見〔宋〕黃仲炎：《春秋通說》，卷3，頁 13011-13012。

36　〔宋〕黎靖德編，王星賢點校：《朱子語類》，卷83，頁 2159-2160。

37　〔宋〕黎靖德編，王星賢點校：《朱子語類》，卷83，頁 2145。

38　〔宋〕呂大圭：《春秋或問》，卷1，頁 13228。

在《胡傳》弒殺例之中，朱熹不解成公十八年「晉弒其君州蒲」的觀
點：「胡解『晉弒其君州蒲』一段，意不分明，似是為欒書出脫。曾問胡
伯逢，伯逢曰：『厲公無道，但當廢之。』」[39]又曰：「某舊不曉文定之
意。後以問其孫伯逢。他言此處有意思，但難說出。如《左氏》分明有稱
晉君無道之說。厲公信有罪，但廢之可也。欒書中行偃直殺之則不是。然
畢竟厲公有罪，故難說出。後必有曉此意者。」[40]朱熹不曉《胡傳》意
見，認為似是為欒書脫罪，所以詢問胡安國之孫胡伯逢，但伯逢無法掌握
箇中要義，難以具體說出意思，僅言晉厲公有罪，廢之即可，欒書直殺有
錯。朱熹也曾問於胡安國之外甥范如圭，但仍未得到確切論述，僅主張厲
公可廢而不可殺也。[41]關於《胡傳》解釋「晉弒其君州蒲」，不僅朱熹有
此疑惑，明人陸粲也提出批評。[42]觀看《胡傳》語：

> 弒君，天下之大罪；討賊，天下之大刑。《春秋》合於人心而定
> 罪，聖人順於天理而用刑，固不以大霈釋當誅之賊，亦不以大刑加
> 不弒之人。然趙盾以不越境而書弒，許世子止以不嘗藥而書弒，鄭
> 歸生以憚老懼讒而書弒，楚公子比以不能效死不立而書弒，齊陳乞
> 以廢長立幼而書弒，晉欒書身為元帥，親執厲公於匠麗氏，使程滑
> 弒公，而以車一乘葬之於翼東門之外，而《春秋》稱國以弒其君，
> 而不著欒書之名氏，何哉？仲尼無私，與天為一。奚獨於趙盾、許

---

[39] 〔宋〕黎靖德編，王星賢點校：《朱子語類》，卷83，頁2168。

[40] 〔宋〕黎靖德編，王星賢點校：《朱子語類》，卷37，頁994。

[41] 《朱子語類》載：「舊亦嘗疑之，後見文定之甥范伯達而問焉。伯達曰：『文定之意，蓋以為欒書執國之政，而厲公無道如此，亦不得坐視。為書之計，厲公可廢而不可殺也。』洽言：『傳中全不見此意。』曰：『文定既以為當如此作傳，雖不可明言，豈不可微示其意乎？今累數百言，而其意絕不可曉，是亦拙於傳經者也。』見〔宋〕黎靖德編，王星賢點校：《朱子語類》，卷83，頁2168。

[42] 陸粲曰：「此書州蒲之弒與經之恆例不合，君子所謂時措從宜，為難知者，謂此類非耶？或曰：稱國以弒者，晉厲無道，是國人之所欲弒也，故書『晉弒其君』而不著欒書、中行偃之名，所以分惡於眾而警乎君人者也，理或然歟？然胡氏此傳，演說數百言，而其指卒不可曉，或謂有微意焉，以余觀之，蓋求其說而不得，而又不可以無說，故支離其辭以蓋之，無他謬巧也。」見〔明〕陸粲：《春秋胡氏傳辨疑》，卷下，頁768。

止、歸生、楚比、陳乞則責之甚備、討之甚嚴，而於樂武子闕略如此乎！學者深求其旨，知聖人誅亂臣、討賊子之大要也，而後可與言《春秋》矣。（卷20，頁2358-2359）

樂書與晉大夫趙盾、許世子止、鄭公子歸生、楚公子比、齊大夫陳乞同樣是弒君，經文何以不著樂書名氏？胡安國認為「仲尼無私，與天為一」，要求學者深求其旨，自可了解聖人誅臣討賊之大要，這說法在許多讀者看來確實未具答問題，反而徒增困惑。但若查看《胡傳》「弒殺例」，他將弒君正例書法歸納為「稱國」、「稱人」、「稱公子」、「稱大夫」，而「晉弒其君州蒲」屬於「稱國」範疇，文公十八年「莒弒其君庶其」、昭公二十七年「吳弒其君僚」、定公十三年「薛弒其君比」都屬此類，由「稱國」表著當國大臣之罪。所以胡安國已有明確觀點，只是若不懂《胡傳》類例系統，勢必無法掌握褒貶大義。換言之，朱熹以據事直書解經，本身就不信一字褒貶，所以也不可能歸納《胡傳》類例，逐一檢討得失，故單從此段經文解釋，當然無法明白胡安國究竟要表達什麼，因此產生疑惑。同樣，傳承胡氏家學的弟子門人如果也未釐清《胡傳》類例，在解答或傳授文定之學時必會造成侷限，這就顯示胡安國類例細碎紛繁，不僅雜亂褒貶方法，也演變成得先全盤分析《胡傳》類例才可通貫《春秋》，使麟經更加難解。

（二）義理內容穿鑿

朱熹否定《胡傳》字例褒貶是基於解經方式，其他亦以「太過」、「過當」、「難穩」、「牽強」作為評語，[43]對是書內容也有斟酌。《朱子語類》載朱熹語：「今理會得一箇義理後，將他事來處置，合於義理者為是，不合於義理者為非。亦有喚做是而未盡善者，亦有謂之不是而彼善

---

[43] 《朱子語類》載：「問：『今欲看《春秋》，且將胡文定說為正，如何？』曰：『便是他亦有太過處。』」、「問胡《春秋》。曰：『亦有過當處。』」又，朱熹云：「《春秋》今來大綱是從胡文定說，但中間亦自有難穩處。」又曰：「胡《春秋》傳有牽強處。」見〔宋〕黎靖德編，王星賢點校：《朱子語類》，卷83，頁2152、頁2155、頁2145、頁2155。

於此者。」[44]點出《胡傳》以固定「義理」論斷是非,頗有主觀之失。其
又云:「或有解《春秋》者,專以日月為褒貶,書時月則以為貶,書日則
以為褒,穿鑿得全無義理!若胡文定公所解,乃是以義理穿鑿,故可
觀。」[45]先責備「時月日例」的解經方法,表示《胡傳》非主於此,另說
明其屬「義理穿鑿」,故仍可讀。元人吳師道曰:「子朱子之論謂其以義
理穿鑿,夫曰穿鑿則不可謂之義理,蓋義理正而事情未必然,故曰以義理
穿鑿耳。」[46]如同朱熹所言:「胡文定說《春秋》,高而不曉事情。」[47]
胡安國雖有義理發揮,但對史事緣由的掌握較不明確,導致解經犯有過當
難穩、牽強偏頗的毛病。

朱熹曰:「《春秋傳》言:『元者,仁也;仁,人心也。』固有此
理,然不知仁如何卻喚做『元』?」[48]針對胡安國釋「元」為「仁」、
「人心」的論點,不解箇中闡釋之道。《朱子語類》又載:

> 問:「胡文定說『元』字,某不能無疑。元者,始也,正所謂『辭
> 之所謂「太」也』。今胡乃訓『元』為『仁』,訓『仁』為
> 『心』,得無太支離乎?」曰:「楊龜山亦嘗以此議之。胡氏說
> 經,大抵有此病。」[49]

認為《胡傳》訓「仁」為「心」之說法支離,提到楊時亦如是云。[50]

---

[44] 〔宋〕黎靖德編,王星賢點校:《朱子語類》,卷 83,頁 2152。

[45] 〔宋〕黎靖德編,王星賢點校:《朱子語類》,卷 83,頁 2146。

[46] 〔元〕吳師道:〈春秋胡氏傳附辨雜說序〉,《吳正傳先生文集》(臺北:國立中央圖書
館,1970 年 3 月),頁 404。

[47] 〔宋〕黎靖德編,王星賢點校:《朱子語類》,卷 83,頁 2157。

[48] 〔宋〕黎靖德編,王星賢點校:《朱子語類》,卷 83,頁 2159。

[49] 〔宋〕黎靖德編,王星賢點校:《朱子語類》,卷 83,頁 2157。

[50] 楊時曰:「公之用意精深,非淺陋所能窺其閫奧。然意有所疑,義不敢默,姑試言之。所謂
元者,仁也;仁者,心也。《春秋》深明其義,當自貴者始,故治國先正其心,其說似太支
離矣,恐改元初無此意。」見〔宋〕楊時:〈答胡康侯書其六〉,《楊龜山先生全集》,卷
20,頁 869。

呂大圭《春秋或問》也有相近意見：「君薨，嗣子踰年而後即位改元，自古然矣。然則書元年者，魯史之文也，而夫子因之爾。……〈舜典〉紀元日、〈商訓〉稱元祀，所從來久矣，非夫子特以是示訓也。」[51]判斷「元年」為魯史舊文，意味聖人未訓義於「元」，釋「元」為「仁」的說法不妥。

又如《春秋》僖公四年：「齊人執陳袁濤塗。」《胡傳》曰：「夫桓公事明而量淺，管仲器不足而才有餘。」（卷 11，頁 2311）從齊國執轅濤塗之事，強調桓德之衰正失於量淺而器不宏。朱熹曰：「胡文定《春秋傳》卻只以執轅濤一事為器小，此太拘泥。」[52]又言：

> 管仲相桓公以伐楚，只去問他「包茅」、「昭王不返」二事，便見他得如此休。據楚當時，憑陵中夏，僭號稱王，其罪大矣！如何不理會？蓋才說著此事，楚決不肯服，便事勢住不得。故只尋此年代久遠已冷底罪過及些小不供貢事去問，想它見無大利害，決不深較。只要他稍稍追聽，便收殺了。此亦是器小之故。才是器小，自然無大功業。[53]

指出《胡傳》未明事理，主張孔子談管仲「器小」是就其一生而言，[54]非單指執陳濤塗一事，況且春秋初期，楚國即已憑陵中夏，僭號稱王，管仲不追問此罪，竟責以「苞茅不入」、「王祭不共」、「昭王不復」，此才是管仲器不足之故，《胡傳》著眼過於拘泥。

朱熹批評後世諸儒各以己意猜傳，故學《春秋》者多鑿說，[55]「唯伊

---

[51] 〔宋〕呂大圭：《春秋或問》，卷 1，頁 13224。

[52] 〔宋〕黎靖德編，王星賢點校：《朱子語類》，卷 25，頁 630。

[53] 〔宋〕黎靖德編，王星賢點校：《朱子語類》，卷 25，頁 630。

[54] 朱熹曰：「蓋當時之人，只見管仲有九合之功，將謂它大處大故。孔子卻見它一生全無本領，只用私意小智做出來，僅能以功利自強其國；若是王佐之才，必不如此，故謂之『器小』。……孔子『器小』兩字，是包括管仲一生，自本至末，是箇褊淺卑狹底人。」見〔宋〕黎靖德編，王星賢點校：《朱子語類》，卷 25，頁 630。

[55] 朱熹曰：「學《春秋》者多鑿說。……某嘗說與學《春秋》者曰：『今如此穿鑿說，亦不

川以為『經世之大法』，得其旨矣。然其間極有無定當、難處置處，今不若且存取胡文定本子與後來看，縱未能盡得之，然不中不遠矣。」[56]肯定程頤謂《春秋》經世之大法，認為《胡傳》能近合於程頤。元人吳師道曰：「朱子雖不滿於胡氏，而終許其大義之正，則談《春秋》而捨胡氏，未有不失焉者也。」[57]即使朱熹對《胡傳》不滿，[58]但仍讚許其「正理」[59]、「大義正」[60]、「議論有開合精神」[61]，基本上持尊重、保留的態度，而這不代表朱熹就是肯定《胡傳》，畢竟兩人在解經方法上差異甚大，胡氏論述在朱熹看來是解經過深且偏頗失允，教讀者難以盡信。[62]另一方面，朱熹自身對《春秋》經傳的研究不像其他宋儒逐次註解經文，擁有獨立專著，反倒從推測角度切入《春秋》，[63]關注程度非屬嚴謹積極。

妨。只恐一旦有於地中得夫子家奴出來，說夫子當時之意不如此爾！』」其又曾以「郢書燕說」解釋時人說《春秋》的弊病。《朱子語類》載：「昔楚相作燕相書，其燭暗而不明。楚相曰：『舉燭。』書者不察，遂書『舉燭』字於書中。燕相得之，曰：『舉燭』者，欲我之明於舉賢也。於是舉賢退不肖，而燕國大治。故曰：『不是郢書，乃成燕說。』今之說《春秋》者，正此類也。」皆見〔宋〕黎靖德編，王星賢點校：《朱子語類》，卷83，頁2158。

56　〔宋〕黎靖德編，王星賢點校：《朱子語類》，卷83，頁2175-2176。

57　〔元〕吳師道：〈春秋胡氏傳附辨雜說序〉，《吳正傳先生文集》，頁404。

58　《朱子語類》載：「問：『《春秋》，胡文定之說如何？』曰：『尋常亦不滿於胡說。』」見〔宋〕黎靖德編，王星賢點校：《朱子語類》，卷83，頁2157。

59　〔宋〕黎靖德編，王星賢點校：《朱子語類》，卷67，頁1650。

60　〔宋〕黎靖德編，王星賢點校：《朱子語類》，卷83，頁2155。

61　〔宋〕黎靖德編，王星賢點校：《朱子語類》，卷83，頁2155。

62　《朱子語類》載：「問胡文定《春秋》。曰：『他所說盡是正理，但不知聖人當初是恁地不是恁地？今皆見不得。所以某於《春秋》不敢措一辭。正謂不敢臆度爾。』」又記：「問：『胡文定《春秋解》如何？』曰：『說得太深。蘇子由教人看《左傳》，不過只是看他事之本末，而以義理折衷去取之耳。』」雖然肯定《胡傳》理正，但仍懷疑其說是否真為聖人微旨，而且亦點出解經太深的問題，終究還是要習經者由讀史之法來看《春秋》。見〔宋〕黎靖德編，王星賢點校：《朱子語類》，卷67，頁1650；卷55，頁1319。

63　例如《春秋》稱「人」之處甚多，朱熹曰：「書『人』，恐只是微者。然朝非微者之禮，而有書『人』者，此類亦不可曉。」又如《春秋》與獲麟的關係，朱熹曰：「《春秋》獲麟，某不敢指定是書成感麟，亦不敢指定是感麟作。大概出非其時，被人殺了，是不祥。」〔宋〕黎靖德編，王星賢點校：《朱子語類》，卷83，頁2146、2172。

況且朱熹不僅不盡信《胡傳》，對其他諸家解釋也都盡信不及，[64]晚年更不想理會《春秋》究竟是據事直書或一字褒貶，[65]面對《春秋》的態度較為獨特。是故，朱熹批評《胡傳》一字褒貶，主張此類解法細碎難通，但在當時以《胡傳》為主說的學風之下，仍會參考其言，表面上或有駁斥、肯定兩面意見，但背後如何處理《春秋》才是影響他評斷《胡傳》的實質意義，這是亟需注意之處。

（三）夏時冠周月錯亂無章

　　《胡傳》「夏時冠周月」牽涉到古代曆法，關係《春秋》在時間上的紀事，這觀點在宋代已受到質疑，後代學者也有不少詬病，批駁意見甚多。《春秋》隱公元年：「春，王正月。」《胡傳》曰：

> 按《左氏》曰：「王周正月。」周人以建子為歲首，則冬十有一月是也。前乎周者，以丑為正，其書始即位曰：「惟元祀十有二月」，則知月不易也；後乎周者，以亥為正，其書始建國曰：「元年冬十月」，則知時不易也。建子非春亦明矣，乃以夏時冠周月，何哉？聖人語顏回以為邦，則曰「行夏之時」；作《春秋》以經世，則曰「春王正月」，此見諸行事之驗也。或曰：非天子不議禮。仲尼有聖德、無其位，而改正朔，可乎？曰：有是言也，不曰

---

[64] 《朱子語類》載：「問：『諸家《春秋》解如何？』曰：『某盡信不及。如胡文定《春秋》，某也信不及，知得聖人意是如此說否？今只眼前朝報差除，尚未知朝廷意思如何，況生乎千百載之下，欲逆推乎千百載上聖人之心！況自家之心，又未如得聖人，如何知得聖人肚裏事！某所以都不敢信諸家解，除非是得孔子還魂親說出，不知如何。』」見〔宋〕黎靖德編，王星賢點校：《朱子語類》，卷83，頁2155。

[65] 朱熹〈答蔡季通〉曰：「《春秋》無理會處，不須枉費心力。吾人晚年，只合愛養精神，做有益身心工夫。如此等事，便可一筆勾斷，不須起念，儘教它是魯史舊文，聖人筆削，又干我何事耶？」據陳來考證，此文作於朱熹六十一歲。見陳來：《朱子書信編年考證》（北京：生活‧讀書‧新知三聯書店，2007年9月），頁323。清人李紱批評朱熹矯枉過正：「謂《春秋》『干我何事』，此言亦太過。果如所云，則孔子不必作《春秋》，而荊公不以進講，不為過矣。朱子生平，專以讀書教人，晚年乃併《春秋》亦謂不必理會，所謂矯枉必過正也。」見〔清〕李紱著，段景蓮點校：《朱子晚年全論》（北京：中華書局，2000年7月），卷8，頁354-355。

> 「《春秋》，天子之事」乎？以夏時冠月，垂法後世；以周正紀
> 事，示無其位，不敢自專也，其旨微矣！（卷1，頁2269）

這段文字先引《左傳》佐證周代以建子為歲首，周正月即夏曆「冬十
一月」，接續提到商代以建丑為歲首，商正月即夏曆「冬十二月」，引
《尚書‧伊訓》記「惟元祀十有二月」表明不改月；秦代則以建亥為歲
首，秦正月即夏曆「冬十月」，引《漢書‧高帝紀》載「元年冬十月」印
證不改時。若依照胡氏思路，則《春秋》宜記「冬，王十一月」，但為何
變成「春，王正月」？因為聖人可改正朔，遂自將「十一月」改為「正
月」，但「冬，正月」的記錄又不合常理，所以再把正月之「冬」改為
「春」，假借夏曆之時冠在周曆正月之上。為了使此說合理有據，胡氏援
引孔子「行夏之時」、孟子「《春秋》天子之事」，強化書夏時以垂法後
世，紀周正表不敢自專的意義。胡安國又云：

> 春之為夏正，何也？夫斗指寅然後謂之春，建巳然後謂之夏，故
> 《易》曰：「兌，正秋也。」今以冬為春，則四時易其位，《春
> 秋》正名之書，豈其若是哉！故程氏謂「周正月，非春也，假天時
> 以立義耳」。商人以建丑革夏正，而不能行之於周；周人以建子革
> 商正，而不能行之於秦；秦人以建亥為正，固不可行矣。自漢氏改
> 用夏時，經歷千載，以至于今，卒不能易，謂為百王不易之大法，
> 指此一事可知矣，仲尼豈有欺後世哉？（卷3，頁2279）

依循程頤之言，提到一項重要關鍵：孔子並非是改易四時之序，將
「冬」變「春」，「春」字其實是虛加的，強調孔子背後真正的動機是欲
假借天時，作為立義之據，非真正為四時之「春」。是故，就胡氏立場，
周代本身是以十一月為歲首，孔子改了正朔，變成正月是歲首，再挪用
「夏時」冠於「周月」之前，一連串的安排寓有聖人筆削之因，筆削背後
是為了立「義」，作為萬世不易之大法。

「夏時冠周月」的觀點看來頗為獨特，能突顯經典的價值，襯托聖人

王制之道，但早在胡安國與楊時討論《春秋》之際，楊時對於孔子改正朔的意見不以為然：

> 周據天統，以時言也；商據地統，以辰言也；夏據人統，以人事言也。故三代之時，惟夏為正，謂春秋以周正紀事是也。正朔必自天子出，改正朔恐聖人不為也。若謂以夏時冠月，如定公元年「冬十月，隕霜殺菽」，若以夏時言之，則十月隕霜，乃其時也，不足為災異。周十月乃夏之八月，若以夏時冠月，當曰「秋十月」也。正朔如建子丑是也，雖用夏時，月不可謂改正朔。鄙意如此，公試思之如何。如未中理，更希疏示，以開未悟。[66]

正朔必由天子而定，周代已由周正紀事，聖人無天子之位，不可能僭竊其權，故無改正朔之理。況且《春秋》若確是夏時冠周月，則經文之例又無法合理解釋，既有不足為災異的狀況，又有紀法錯誤的情形，否定其言。

朱熹也不完全採信此說，認為周代已改月，非由孔子之筆：「某親見文定公家說，文定《春秋》說夫子以夏時冠月，以周正紀事。謂如『公即位』，依舊是十一月，只是孔子改正作『春正月』。某便不敢信。恁地時，二百四十二年，夫子只證得箇『行夏之時』四箇字。據今《周禮》有正月，有正歲，則周實是元改作『春正月』。」[67]反對胡安國「孔子改正朔」的論點，認為周代已經改月，魯史本身就這麼記載，不需要透過夫子之手。朱熹有不少書信都提到正朔的問題，摘錄內容如下：

> 《春秋》書「正」，據伊川說，則只是周正建子之月，但非春而書「春」，則夫子有行夏時之意，而假天時以立意耳。文定引《商書》「十有二月」，《漢史》「冬十月」為證，以明周不改月，此

---

[66] 〔宋〕楊時：〈答胡康侯書其四〉，《楊龜山先生全集》，卷20，頁869-870。

[67] 〔宋〕黎靖德編，王星賢點校：《朱子語類》，卷83，頁2159。

固然矣。然以《孟子》考之，則七、八月乃建午、建未之月，暑雨
苗長之時；而十一月、十二月乃建戌、建亥之月，將寒成梁之候，
又似併改月號，此又何耶？或是當時二者並行，惟人所用。[68]

三代正朔，以元祀十有二月考之，則商人但以建丑之月為歲首，而
不改月號。以《孟子》七、八月、十一月、十二月之說考之，則周
人以建子之月為正月，而不改時。以《書》「一月戊午」、「厥四
月哉生明」之類考之，則古史例不書時。以程子「假天時，以立
義」之云考之，則是夫子作《春秋》時，特加此四字以繫年，見行
夏時之意。若如胡《傳》之說，則是周亦未嘗改月，而孔子特以夏
正建寅之月為歲首，月下所書之事，卻是周正建子月事。自是之
後，月與事常相差兩月，恐聖人制作之意不如是之紛更煩擾，其所
制作亦不如是之錯亂無章也。[69]

《春秋》正朔事，比以《書》考之，凡書月皆不著時，疑古史記事
例只如此。至孔子作《春秋》，然後以天時加王月，以明上奉天
時、下正王朔之義。而加春於建子之月，則行夏時之意亦在其中。
觀伊川先生、劉質夫之意似是如此。[70]

以上書信皆作於朱熹四十一歲，[71]他主張古史例僅著月而不書時，但
聖人將四時寫於《春秋》是欲見行夏時之意，箇中四時之序蘊有聖人微
旨，贊同程頤主張的：孔子假天時以立義，對「夏時」其實是持肯定立
場。其次，朱熹認為周代已改月號，否定胡安國謂周代未改月，而孔子自
行將「十一月」改為「正月」的判斷，因為這使經文記載的時間和史事實

68　〔宋〕朱熹：〈答吳晦叔〉，《晦庵先生朱文公文集》，載《朱子全書》，卷 42，頁 1908。

69　〔宋〕朱熹：〈答林擇之〉，《晦庵先生朱文公文集》，載《朱子全書》，卷 43，頁 1971。

70　〔宋〕朱熹：〈與張敬夫〉，《晦庵先生朱文公文集》，載《朱子全書》，卷 31，頁 1330。

71　見陳來：《朱子書信編年考證》，頁 78、80、71。

際發生的時間相差兩個月，聖人依魯史修《春秋》不可能如此紛冗無序。[72]

　　所以比較楊時和朱熹的意見：龜山認為孔子不可能擅改正朔，春秋時期已經周正紀事；晦庵雖也主張孔子不可能擅改正朔，但卻提出周代已改月而《春秋》仍紀夏時的意義，批評重點置於「月」與「事」的記載時間不一，楊、朱二人持論已有差異。至於後人批評《胡傳》「夏時冠周月」的意見大抵都主張周代已經改時改月，[73]許多儒者如黃震、陳櫟（1252-1334）、王樵（1521-1599）等人雖依循朱熹看法，呈現經文月、事常差兩月的謬誤，[74]但大多未注意他贊同程頤「假天時以立義」的論述。又，若

---

[72] 朱熹〈答胡平一〉亦云：「所喻三代正朔之說，舊嘗疑此而深究之，卒至於不可稽考而益重其所疑，因置不論。今讀來喻，考究雖詳，然反復再三，亦未有以釋所疑也。……前人蓋已見此不通，故為胡氏之學者為之說曰，春王正月者，夫子意在行夏之時，而以建寅之月為歲首也。其下所書之事即建子月之事，無其位而不敢自專也。如此，則或可以不礙。然《春秋》所書之月，遂與月下之事常差兩月，則恐聖人作經又不若是之紛更多事也。凡此之類，反復推說，儘有可通，亦儘有可難。雖嘗遍問前輩，亦未有決然堅定不可疑之說。」此封書信作於文公五十二歲，對《胡傳》改月的評論仍未改變，也可看出他對曆法正朔似乎無法釋疑，不解究竟。見〔宋〕朱熹：〈答胡平一〉，《晦庵先生朱文公文集》，載《朱子全書》，卷58，頁2763。陳來：《朱子書信編年考證》，頁205。

[73] 例如姜寶曰：「按周在當時實是改時改月，蓋以建子之月為正月，以仲冬為孟春。三正迭用，於古有之，今春正月乃夏之十一月，周實改之為正月矣。因魯史故謂之王正月，即《左氏》所云『王周正月』明非魯正月也，夏時冠周月之說恐未然。」表示周代已改時改月，將冬十一月變成春正月了。見〔明〕姜寶：《春秋事義全考》，卷1，頁87。清代官方著作《日講春秋解義》也從《尚書》、《春秋》、《漢書》印證周代已改時改月：「王正月者，周正建子之月也。周人即以是月為春。《夏書‧甘誓》曰：怠棄三正，則三正疊用，古已有此。而《漢書‧陳寵傳》曰：冬至之節，陽氣始萌，天以為正，周以為春，又其明徵也。以經文考之：桓十四年春正月無冰，成元年春二月無冰，襄二十八年春無冰，若夏正建寅之月則凍宜解，無冰非異矣，況卯、辰之月乎！定元年冬十月隕霜殺菽，若建亥之月則隕霜非異而亦無菽矣，以是知先儒『夏時冠周月』之說，未得其實也。」見〔清〕庫勒納等奉敕撰：《日講春秋解義》，卷1，頁26。顧棟高亦作〈春秋時令表〉，駁斥蔡沈「不改時不改月」和胡安國「以夏時冠周月」，主周代已用周正，改正朔即是改時。見〔清〕顧棟高：〈春秋時令表〉，《春秋大事表》，卷1，頁1-24。

[74] 黃震曰：「文定以春為夏正之春，建寅而非建子可也；以月為周之月，則時與月異，又存疑而未決也。故晦庵先生以為：若如胡氏學，則月與時事常差兩月，恐聖人作經，又不若是之紛更也。」見〔宋〕黃震：《黃氏日抄》，卷7，頁109。陳櫟云：「胡氏《春秋傳》不敢謂王正月為非子月，而於春王正月之春字謂以夏時冠周月，皆考之不審，安有隔兩月而以夏時冠周月之理？」見〔清〕朱彝尊撰，〔清〕翁方綱撰，羅振玉撰：《經義考‧補正‧校記》，卷185，頁1260。王樵曰：「史以傳信，時必與月合，月必與所書之事合，若以夏時冠周月，則時與月下所書之事常差兩月。朱子謂以《書》考之，凡書月皆不著時，疑古史記事例如此，至孔子作《春秋》，然後以天時加王月，以明上奉天時，下正王朔之義，而加春

仔細察看歷代各家的反對理由，主要立場就是孔子不可能以匹夫之位僭竊
天子之權，恣意改變曆法正朔，所以胡安國「夏時冠周月」就無法成立，
從宋代黃仲炎、明代湛若水、陸粲、袁仁、至清代俞汝言、徐廷垣都是持
此訾議，駁斥其言。[75]如果依上述觀點來看，先儒批評確有其據，謂周代
已改正朔，不由孔子特筆而易。然胡安國為何會提出這備受爭議的論點？
「夏時冠周月」難道真為謬言，毫不可取？這些問題值得我們進一步省
思，廓清作者闡釋與讀者接受的關係，衡定《胡傳》最初之精神與意義。

　　胡宏曾發揮其父「夏時冠周月」之說：「天道至微，非聖人莫能知，

于建子之月，則行夏時之意亦在其中。然魯史謂之《春秋》似元有此字，吾謂夫子所因者魯
史，魯史所用者周正朔，此處夫子無容有所增損也。」見〔明〕王樵：《春秋輯傳》，卷
1，頁 425。

[75] 黃仲炎以孔子不得僭竊天子之賞罰：「孔子雖因顏淵之問有取於夏時，不應修《春秋》而遽
有所改定也。胡安國氏謂《春秋》以夏時冠月，而朱熹氏非之，當矣。孔子之於《春秋》，
述舊禮者也，如惡諸侯之強而尊天子、疾大夫之僭而存諸侯、憤夷狄之橫而貴中國，此皆臣
子所得為者，孔子不敢辭焉。若夫更革當代之王制，如所謂夏時冠周月，竊用天子之賞罰，
如所謂予奪諸侯大夫之爵氏者，決非孔子意也。夫孔子修《春秋》，方以律當世之僭，其可
自為僭哉」見〔宋〕黃仲炎：《春秋通說》，卷 1，頁 12987。湛若水謂孔子身為匹夫，
不可改周之正朔：「列國之正朔或不同也，《胡傳》以為謂正朔改而時月不改者，非也。
孔子作《春秋》皆因史之文，況肯以匹夫改周之正朔，生今而反古乎？」見〔明〕湛若水：
《春秋正傳》，卷 1，頁 43-44。陸粲也表示孔子不可能改正朔：「仲尼有聖德、無其位而
改正朔，是議禮制度自己出矣，其得為從周乎？聖人一言，世為天下法而身自違之，其何以
訓天下？夫子憫天下之夷狄橫、諸侯彊，不復知有天王也，於是乎作《春秋》，以誅僭亂、
尊周室而已，乃首改周之正朔，其何以服亂臣賊子之心乎？《孟子》所謂《春秋》天子之事
者，謂其時天王之法不行於天下，而夫子作是以明之耳。其賞人之善、罰人之罪、誅人之
惡、與人之善，蓋亦據事直書而襃貶自見，若士師之斷獄，辭具而獄成，然夫子猶自嫌於侵
史之職，而謂天下後世且將以是而罪我，況敢取時王之制而更易之乎？」見〔明〕陸粲：
《春秋胡氏傳辨疑》，卷上，頁 756。袁仁持論聖人不擅改正朔，周代已改時改月：「春王
正月，《左氏》謂周正月是已，不然夫子雖聖，豈敢擅改正朔乎？且謂夏時冠周月，經當書
冬王正月，蓋周之春迺夏之冬也，今書春王正月固與時周月矣，又何疑乎？而又何從而附會
之乎？」見〔明〕袁仁：《春秋胡傳考誤》，頁 939。俞汝言亦曰：「按春王正月，周制則
然，非自仲尼始作，匹夫無位何可以改正朔乎？欲以正天下而自干僭上之罪乎？」見〔清〕
俞汝言：《春秋四傳糾正》，頁 388。徐廷垣云：「胡文定謂周以建子冬十一月為歲首，商
以建丑十二月為歲首，秦以建亥冬十月為歲首，俱改年而不改時月。又曰建子非春，乃聖人
以夏時冠月，垂法後世，以周正紀事示無位不敢自專。推其意謂隱公即位之月，周曆本稱冬
十一月，乃孔子改為春正月也。夫《春秋》首嚴上下之防，凡僭亂者在所必懲，如以匹夫而
擅改時月，廢當代之正朔，僭亂孰加焉？夫子作《春秋》將以懲天下之僭亂而躬自蹈之，其
何以垂法於後世？」見〔清〕徐廷垣：《春秋管窺》，卷 1，頁 686。

建正以昭示天下，使天下之為人上者由之而知，則能養天下之善於至微，而不至於夭閼；止天下之惡於至微，而不至於盈積。深探其幾，推而行之，聖人之妙用也。知道者於此見天心焉，是仁之端也。聖人教天下後世之意，可謂深切著明，豈因易代止以新時人耳目而已哉？」[76]唯有聖人才可改朔建正，藉此養善止惡，教天下後世，並非單純改換曆法，徒借形式眩人耳目而已，它蘊涵更深刻的涵義，關係聖人何以作《春秋》，《春秋》何以為《春秋》的問題。

首先，《胡傳》明言「聖人以天自處」，孔子稟承天理職責，敘天典、秩天禮、命天德，假《春秋》寓王法以行天子之事：貶天子、退諸侯、討大夫，行王者南面之權，當然得以改正朔、假夏時，這是他獨有的身分，凌駕任何人之上，象徵神聖地位。胡安國將孔子拉高至天理，而周王必須法天，諸侯必須尊王，層層相扣，孔子地位已不是諸儒指出的匹夫魯臣，自然就沒有僭竊越位之罪。況且胡安國認為聖人礙於無天子實位，故以周正紀法，表達尊奉周室，不敢自專之意，所以改正朔也是基於「尊周」，非隨意變換時王之制、私廢當代正朔。

第二，假「時」立義之「時」是虛加的，關鍵不在「夏時」、「周月」無法搭配、周代是否改時改月，抑或奉行夏正還是周正等問題。胡安國的動機是要推尊孔子地位，突顯聖人為天理所出，既可權度四時之序，亦能調和人事變化之規律，當他面對周道綱常解紐、亂臣賊子接迹、人欲肆志、天理泯滅等情況，自然得將褒貶與奪、陟罰臧否寓於筆削詳略，承述天理而時措端本，遏止弒君簒位之惡，這也是《春秋》之所以為《春秋》，非聖人莫能修之的主因。

第三，胡安國討論歲首紀事的態度就和發明其他經文書法一樣，欲「創制立名」、「為萬世法」，探究聖人之用，非跳脫這些範疇而獨立論述，所以討論「夏時冠周月」應連結《胡傳》其他經義，統合本旨。胡安國以「畫筆」、「化工」借喻「魯史」、「《春秋》」：「聖人因魯史舊文能立興王之新法也，故史文如畫筆，經文如化工，嘗以是觀，非聖人莫

---

[76] 〔宋〕胡宏著，吳仁華點校：〈商周建正〉，《胡宏集》，頁 250。

能修之審矣。」（卷4，頁2283）又曰：「《春秋》何以謂之作？曰：其義則斷自聖心，或筆或削，明聖人之大用，其事則因舊史，有可損而不能益也。」（卷6，頁2289）魯史是聖人修經之據，筆削之「文」有「義」，「義」中有「用」，夏時冠周月也是筆削方式之一，重點在於背後之「義」與「用」，而非其式。換言之，從畫筆到化工之過程不是胡安國關注的，他在意化工後發明的興王新法，所以假天時立「義」就回歸到《胡傳》揭櫫的經世之志──尊君父、討亂賊、重復仇、存三綱、攘夷狄；時政寓託──謹微慎始、體元正心、惡盟譏會、去利從義、誅暴禁亂，致力改變宋朝國家內政與軍事外交，非與現實社會脫節。

從此角度來看歷代對《胡傳》的批評，可發現兩方的立足點已有不同。各家認為孔子是魯臣，不得僭越天子之權，但胡安國已將孔子視為天理所在，當然可以支配天地人事，彼此看法實已迥異。是故，若純以經書史文的曆法紀錄、古今學者批評意見作為反駁《胡傳》的依據，這類標準方式是否客觀合宜，尚待商榷，假使不能把「夏時冠周月」納於《胡傳》經說之中，即使易直指失誤癥結，但事實上也已扞蔽真義，遑論端見《胡傳》一書的學術價值。

第二節　朱熹後學的不同立場

一、《胡傳》對張洽《春秋集註》的影響

張洽，字元德，江西清江人，嘉定元年（1208）進士，「少穎異，從文公學，博極羣書。」[77]著《春秋集傳》、《春秋集註》二書。據張洽自言：

---

77 〔清〕黃宗羲原著，〔清〕全祖望補修，陳金生、梁運華點校：〈滄洲諸儒學案〉，《宋元學案》，卷69，頁2259。

嘗從師友傳習講論，凡二百四十二年之行事，與漢、唐以來諸儒之議論，莫不考覈研究，會其異同而參其中否，積年既久，似有得於毫髮之益，過不自度，取其足以發明聖人之意者，附於每事之左以為之傳，名曰《春秋集傳》。既又因此書之粗備，復倣先師文公《語》、《孟》之書，會其精意，詮次其說以為《集註》，而間有一得之愚，則亦竊自附於諸賢之說之後。[78]

從《春秋集註》編次前賢之說，可掌握張洽發明聖筆大指的內容，且此書在明代永樂以前與《胡傳》同為科舉考本，[79]可見是書的重要，故本書選取《春秋集註》作為比較材料，分析《胡傳》對張洽的影響。

（一）《春秋集註》摘錄《胡傳》的方式

翻閱《春秋集註》一書，可發現張洽大量援引《胡傳》，參證其說，但並非收錄《胡傳》所有文字，而是採取刪削濃縮之法。整體摘錄方式有三：第一，未載名氏爵號的觀點。如宣公十三年：「夏，楚子伐宋。」張洽《春秋集註》引胡氏語：「楚滅蕭，將以脅宋，諸侯懼而同盟，為宋人計者，恤民固本，輕徭薄賦，使民效死親其上則可以待敵矣。計不出此而急於伐陳攻楚與國，非策也。故楚有詞于伐而得。」[80]而《胡傳》原文：

> 楚人滅蕭，將以脅宋，諸侯懼而同盟，為宋人計者，恤民固本，輕徭薄賦，使民效死親其上則可以待敵矣。計不出此而急於伐陳攻楚與國，非策也。故楚人有詞于伐而得書爵。（卷18，頁2345）

---

[78] 〔宋〕張洽：〈繳春秋集傳等申臨江軍使銜狀〉，《春秋集註》，頁13120。

[79] 《明史・選舉志》記：「《春秋》主左氏、公羊、穀梁三《傳》及胡安國、張洽《傳》，……永樂間，頒《四書五經大全》，廢註疏不用。其後，《春秋》亦不用張洽《傳》。」見〔清〕張廷玉等撰，楊家駱主編：《新校本明史并附編六種》，卷70，頁1694。

[80] 〔宋〕張洽：《春秋集註》，卷6，頁13166。

標記處乃《春秋集註》所削之字，明顯可見張洽僅引經義，卻不涉及稱謂。又如《春秋》宣公十年：「陳夏徵舒弒其君平國。」《胡傳》本書主談稱夏徵舒弒君之因，焦點置於「大夫名氏」的稱謂，但張洽只引《胡傳》責備陳靈公殺洩冶之無道而見弒亡國，為萬世戒也，既未談稱謂問題，也不取稱名氏之大義：驗證洩冶忠言、靈公見弒之由。[81]第二，濃縮《胡傳》所言要義。例如《春秋》文公十五年：「冬，十有一月，諸侯盟于扈。」胡安國認為經文書「諸侯盟」是「分惡於諸侯」（卷15，頁2333）；略諸侯不序是「欲討齊罪後不能」（卷15，頁2334），張洽《春秋集註》則合併成「皆當伏不能討賊之辜也」，[82]濃縮《胡傳》兩種意思。第三，在傳文中新添文字。例如《春秋》文公十年：「楚子、蔡侯次于厥貉。」《春秋集註》引：

> 胡氏曰：伐而次者，其次為善；次而伐者，其次為貶。蓋伐而次則有抑鋒止銳，以待其服之意；次而伐者，無故次止，久師藏禍將以致毒於人也。下書伐麇，則此次為欲獮夏審矣。然案《左氏》：陳、鄭、蔡、宋皆與，而止書蔡侯者，陳、鄭、宋出於畏而從楚，有不得已者，獨蔡侯從楚得已不已，故免三國而止書蔡也。[83]

不僅濃縮《胡傳》內容，還另添加一段文字：「蓋伐而次則有抑鋒止銳，以待其服之意；次而伐者，無故次止，久師藏禍將以致毒於人也。」

---

[81] 《胡傳》原文為：「陳靈公之無道也，而稱大夫之名氏以弒，何也？禍莫大於拒諫而殺直臣，忠莫顯於身見殺而其言驗。洩冶所為不憚斧鉞，盡言於其君者正，謂靈公君臣通於夏徵舒之家，恐其及禍，不忍坐觀，故昧死言之。靈公不能納，又從而殺之，卒以見弒而亡其國，此萬世之大戒也，特書徵舒之名氏，以見洩冶忠言之驗、靈公見弒之由。使有國者必以遠色修身、包容狂直、開納諫諍為心也，以為罪不及民故稱大夫以弒者，非經意矣。」（卷17，頁2342）張洽《春秋集註》只摘錄中間一文，並略改為：「禍莫大於拒諫而殺直臣。泄冶不憚，盡言正以靈公，君臣淫縱，恐其及禍，不忍坐視而言之。公不能納，又從而殺之，卒以見弒而亡其國，此萬世之大戒也。」見〔宋〕張洽：《春秋集註》，卷6，頁13165。

[82] 〔宋〕張洽：《春秋集註》，卷5，頁13160。

[83] 〔宋〕張洽：《春秋集註》，卷5，頁13158。

而《胡傳》並無此語。又如成公二年：「冬，楚師、鄭師侵衛。十有一月，公會楚公子嬰齊于蜀。」《春秋集註》引：「《胡氏傳》：魯以中國降班失列，與夷狄之大夫會，恥也。此由季孫行父為上卿，不能使其君安富尊榮，其民免於侵陵，特起於忿忮，肆其褊心而不能忍也，辱逮君父，不亦憯乎！」[84]比較《胡傳》所載，原文並無「恥也」一語，明顯為張洽新增。

（二）依循「一字褒貶」之法

　　張洽《春秋集註》援引《胡傳》的內容不少，許多地方都參考是書，單引其言，和朱子學派有很大的不同，尤其是在一字褒貶，胡、張兩人就有相近意見。例如經文書「王」與「天王」，胡安國以《春秋》書「天王」為正例，若不繫於「天」則為變例，張洽也有相同看法，謂「周王稱王耳，《春秋》加天於王之上，見天子當奉若天道而行天之命。」[85]所以《春秋》莊公元年：「王使榮叔來錫桓公命。」張洽曰：「今桓公之弒隱，在王法有賊殺其親之罪，乃司馬九伐之所宜加。周王非特不能討，又以惡為善，示以褒嘉，故《春秋》之例，王必稱天，而此年特去天而止書王，以見王之不能奉若天道。」[86]周王寵篡弒而瀆三綱，以惡為善，未能奉若天道，故去天書「王」。又如文公五年：「王使召伯來會葬。」張洽亦云：「王不稱天，與桓元年歸仲子賵及今年含且賵同，譏會寵妾之葬，失禮之甚也。胡氏曰：『舍賵而又會葬，其事益隆，亂人倫、廢王法益甚矣。再不稱天，聖人於此尤謹其戒而不敢略也。』」[87]認為此年不書「天」是譏刺周王以妾為嫡，壞亂法紀，失禮亂倫，拂反人道大經，故聖人特不稱天為謹。此外，《胡傳》強解桓公五年：「蔡人、衛人、陳人從王伐鄭」之經文，關注「天王」與「王」之差異，謂周王討鄭並非天討，故不稱天以譏天王。張洽也談到「王」不稱天之因：「今桓王以小忿奪鄭

84　〔宋〕張洽：《春秋集註》，卷7，頁13170。

85　〔宋〕張洽：《春秋集註》，卷1，頁13123。

86　〔宋〕張洽：《春秋集註》，卷3，頁13135。

87　〔宋〕張洽：《春秋集註》，卷5，頁13157。

伯之政，又帥諸侯伐之；而大姦大惡，反易天常之，亂臣賊子乃屢聘焉，
其失天下共主之義，非小過也。遂致鄭伯敢于抗拒，祝聘逆節加於王身，
而王靈至此竭矣，故人諸侯而王不稱天。」[88]強調周桓王已不符天下共主
之義，既以小忿奪諸侯政，又屢次來聘弒君賊，王靈下替，綱紀弛亂，故
諸侯稱人、王不稱天。

　　然而張洽並非一味承襲胡氏類例，也有以其為基礎而發義，或是另外
提出己見，非全同於《胡傳》者。可透過「弒殺例」看出張洽援用的方
式。首先，《春秋集註》承襲胡氏「稱國以殺乃君與大臣擅殺」之義，[89]
亦基於其例補釋。《春秋》莊公二十二年：「陳人殺其公子禦寇。」張洽
曰：

> 殺世子母弟稱君，今反稱陳人，故胡氏曰：陳亂無政，眾人擅殺之
> 也。眾人擅殺，固不得為無罪。然禦寇乃君之嗣適，為一國之儲
> 貳，而眾人得以殺之，則其所自處必有失其道者矣。[90]

　　依循《胡傳》稱「人」例：「國亂無政，眾人擅殺而不出於其君則稱
人，如陳人殺其公子禦寇之類是也。」（卷 9，頁 2301）另提出公子禦寇
見殺必有失道之處。又如稱「盜」例，《春秋》哀公四年：「盜殺蔡侯
申。」《胡傳》曰：「蔡侯背楚誑吳，又委罪於執政，其謀國如是，則信
義俱亡，禮文並棄，無以守身而自衛，夫人得而害之矣，故變文書盜以警
有國之君也。」（卷 29，頁 2394）以此變文書盜，警有國之君，張洽亦
引其文，並補充曰：「凡弒君稱弒，積漸之名也。蓋崇高非臣下所得輕危
之也，故其謀必非一朝一夕之故而得行焉。今蔡昭不君，上得罪于大國，
下無道於其民，忠謀不用，無罪見殺，人心已離。故公孫翩之事成于一

---

[88] 〔宋〕張洽：《春秋集註》，卷 2，頁 13130。

[89] 例如莊公二十六年：「曹殺其大夫。」宣公九年：「陳殺其大夫泄冶。」見〔宋〕張洽：
《春秋集註》，卷 3，頁 13141；卷 6，頁 13164。

[90] 〔宋〕張洽：《春秋集註》，卷 3，頁 13140。

且，《春秋》以盜殺書之，所以見其幾於獨夫也！」[91]同樣斥責蔡昭侯，所為不君而見弒，變文稱「盜」示義。

其次，除了憑據《胡傳》發明，也有其他例解是張洽未引而獨自詮說。如《春秋》莊公八年：「齊無知弒其君諸兒。」經文不稱「公孫無知」，張洽曰：「無知，公孫也。不書氏，與翬、州吁同例。」[92]視無知為惡逆之首，齊襄公之罪人，故不書氏。[93]胡安國則認為不稱公孫無知是罪齊僖公不以公孫之道待無知，使恃寵當國，[94]兩人雖關注同樣書法，但貶責對象卻不一。[95]又如文公九年：「晉人殺其大夫士穀及箕鄭父。」經文書「及」，張洽曰：「凡殺二大夫或三人不書及者，其皋均也。書及者，因殺是人而并及之也，所以著皋輕而不當殺也。」[96]《胡傳》曰：「箕鄭父書及，示後世司賞罰者必本忠恕，無有黨偏之意，其義精矣。」（卷 15，頁 2331）張洽謂箕鄭父罪輕不當殺，但胡安國偏向先都、士穀、箕鄭父三人使賊殺其中軍佐，蓋皆有罪，故聖人書及，無有偏袒之意，責備對象仍有差別。

（三）聖王經世之志的啟迪

胡安國主張聖王經世之志：尊君父、討亂賊、重復仇、存三綱、攘夷狄，這些觀點對張洽解經有具體影響。《春秋》僖公二十八年：「五月癸

91　〔宋〕張洽：《春秋集註》，卷 11，頁 13216。

92　〔宋〕張洽：《春秋集註》，卷 3，頁 13137。

93　《春秋》隱公四年：「衛州吁弒其君完。」張洽曰：「不稱公子，惡逆之首，去其屬籍以誅之也。」同年：「秋，翬帥師會宋公、陳侯、蔡人、衛人伐鄭。」張洽曰：「翬，魯大夫。公子翬不書公子，隱公之罪人也。」由此例推之，經文不稱公孫，是視無知為惡逆之首，齊襄公之罪人。見〔宋〕張洽：《春秋集註》，卷 1，頁 13125。

94　〔宋〕胡安國：《春秋傳》，卷 7，頁 2295。

95　張洽直指衛公子州吁、魯公子翬、齊公孫無知之罪，但胡安國卻歸咎衛莊公：「此衛公子州吁也，而削其屬籍，特以國氏者，罪莊公不待之以公子之道。」（卷 2，頁 2273）亦未深責公子翬，反而認為魯隱公不能辨之於早：「翬以不義強其君，固請而行，無君之心兆矣。……隱公不能辨之於早，罷其兵權，猶使之帥師也，是以及鍾巫之禍。《春秋》於此去其公子以謹履霜之戒。」（卷 2，頁 2273）和張洽譏貶的對象有很大差異。

96　〔宋〕張洽：《春秋集註》，卷 5，頁 13158。

丑，公會晉侯、齊侯、宋公、蔡侯、鄭伯、衛子、莒子盟于踐土。陳侯如
會。」張洽曰：

> 文公負震主之威，不帥諸侯朝王而致天子屈尊下勞，失正位居體之
> 道，非所以正天下大分。諸侯之受盟，陳侯之新附，皆為文公而
> 來，若書天王下臨而列踐土之盟，則尊卑倒[97]植，綱常易矣，故即
> 其可書者記之。而天王下勞，沒而不書，以示天下之大訓；書公會
> 晉侯、某人、某人盟于踐土，陳侯如會。公朝于王所，正胡氏所謂
> 去其實以全名，而天下之大倫尚存而不滅者也。[98]

天王下勞踐土，晉文公失正位居體之道，若經文如是書法，則上下尊
卑逆亂，綱紀倒易，故贊成胡安國從名實角度探討《春秋》維護周王室的
用意：去實全名，保全臣子當尊王之名，使合於君道、父道，維護「尊君
父」之旨。

《春秋集註》依循《胡傳》「聖王經世之志」之例甚多，本書不逐一
列舉，但必須仔細比較兩人「討亂賊」的論述。胡安國以弒君為天下大
罪，重視誅討亂賊，不斷從經文書法彰顯聖人討賊大義，而張洽力主其
說，亦高舉討賊要旨。比方魯桓弒君，《春秋》桓公二年：「滕子來
朝。」桓公七年：「夏，穀伯綏來朝。鄧侯吾離來朝。」《胡傳》貶滕
侯、穀伯、鄧侯來朝篡弒之賊，故降而稱子、貶而書名，此說法雖受到朱
熹、蔡沈、家鉉翁等學者質疑與批評，但張洽卻承襲此論：「滕隱十一年
稱侯，今纔二年乃降爵稱子，《春秋》以其始朝弒逆之人，特貶之
也。……此滕之始朝桓公，所以特黜而從後日之稱子也，胡氏論之詳
矣。」[99] 又曰：「桓公弒逆之人而二國遠來朝之，故特名二國之君。諸侯

---

[97] 此字《通志堂經解》本作「例」，文淵閣《四庫全書》本作「倒」，依其文義應以「倒」字
為宜，故改之。

[98] 〔宋〕張洽：《春秋集註》，卷4，頁13153。

[99] 〔宋〕張洽：《春秋集註》，卷2，頁13129。

不生名，生名，惡之大也。與反面事讎，滅同姓以孤本根之罪無以異。」[100]說法完全與《胡傳》雷同，並援引其文釋經。

　　又，黃仲炎、呂大圭曾批評胡安國「桓無王」之說，而張洽卻遵循胡氏觀點。胡安國曰：「桓無王而元年書春王正月，以天道王法正桓公之罪也。桓無王而二年書春王正月，以天道王法正宋督之罪也。」（卷 4，頁2281）張洽亦云：「《春秋》書王所以統諸侯、正天下也。桓公弒君自立，故自三年以後不書王。元年書王，以天道王法正桓公之罪，蓋桓公雖無王而天理未嘗亡，此元年所以書王正月也。」[101]又曰：「桓無王而二年書王，以天道王法正宋督之辠也。」[102]兩人都將經文書「王」扣緊魯桓公、華父督纂弒，彰顯天道王法的重要。

　　由上可見，胡安國「討亂賊」的觀點影響張洽甚鉅，即使胡安國見解或有爭議，已受當時學者抨擊，但張洽仍參考其說，基於《胡傳》發揮聖人大義，和朱熹本身的看法完全迥異。

二、家鉉翁《春秋集傳詳說》糾舉《胡傳》之失

　　家鉉翁，四川眉州（今四川眉山）人，《牆東類稿》記：「幼穎悟，自命不凡，脫去紈袴，習修孔氏之業，讀文公之書。」[103]《宋史》又載：「其學邃於《春秋》，自號則堂。改館河間，乃以《春秋》教授弟子，數為諸生談宋故事及宋興亡之故，或流涕太息。大元成宗皇帝即位，放還，賜號處士，錫賚金幣，皆辭不受。」[104]著《春秋集傳詳說》三十卷。家氏雖受朱學影響頗深，但在《春秋》學上並不完全服膺其說，評論《胡傳》的面向更是不一，茲分論試析之：

---

[100] 〔宋〕張洽：《春秋集註》，卷 2，頁 13131。

[101] 〔宋〕張洽：《春秋集註》，卷 2，頁 13129。

[102] 〔宋〕張洽：《春秋集註》，卷 2，頁 13129。

[103] 〔元〕陸文圭：〈送家鉉翁序〉，《牆東類稿》（臺北：臺灣商務印書館，1986 年景印文淵閣《四庫全書》），卷 6，頁 598。

[104] 〔元〕脫脫等撰：《新校本宋史并附編三種》，卷 421，頁 12598-12599。

（一）過拘字例

　　家鉉翁看待《胡傳》一字褒貶的問題頗為獨特，基本上他贊成一字褒貶，認同字例解釋，部分觀點沿襲《胡傳》意見，但也點出過拘類例的弊病。首先，對於字例與褒貶之關係，家氏明言書《春秋》日與不日非全為褒貶所繫。例如《春秋》隱公二年：「秋，八月庚辰，公及戎盟于唐。」《胡傳》曰：「獨盟于唐而書日者，謹之也。」（卷 1，頁 2270）家氏曰：「愚謂胡氏此義可以施于此一時，而不可通於他日。或日或不日，見於會盟者多矣。《春秋》褒貶初不盡在是也，不特會盟為然，凡書日不書日不皆褒貶所係也。」[105]反對胡安國書日謹之的看法，認為褒貶不繫於書日與否，經文或日或不日是因舊史而書。又如《春秋》隱公五年：「冬，十有二月辛巳，公子彄卒。」《胡傳》曰：「書日，見恩禮之厚明矣。」（卷 2，頁 2275）家氏亦言：「然書日不日不係乎褒貶。」[106]同樣提到日或不日與褒貶無涉。[107]其次，「諸侯薨葬例」中，胡氏認為：「有怠於禮而不葬者，有弱其君而不葬者，有討其賊而不葬者，有諱其辱而不葬者，有治其罪而不葬者，有避其號而不葬者。」（卷 1，頁 2272）細分諸侯書葬與不葬之法，或魯史舊文，或聖人所削，但家氏不以為然：「胡氏之說備矣。愚謂《春秋》之葬不葬，不可以定例求也。……或告或不告，或會或不會，是以或書或略，非褒貶之所在也。」[108]主張諸侯書「葬」，隨事而書，不告不會則史無所書，強以例分，易生鑿說。第三，《胡傳》於「用兵例」提出稱「師」之例，義繫於「師」包含矜其盛、著其暴、惡其無名不義。家氏謂：「胡氏之說固為正大，然有以書師而褒者，有以書師而貶者，褒貶在事而不在師也。」[109]仔細辨析《胡傳》

---

[105]〔宋〕家鉉翁：《春秋集傳詳說》，卷 1，頁 13438。

[106]〔宋〕家鉉翁：《春秋集傳詳說》，卷 2，頁 13450。

[107] 這裡必須說明，家鉉翁雖然批評胡安國書「日」內容，但其實「時月日例」並非《胡傳》所重，傳文少見闡發書「時」、書「月」之語，對於書「日」只謂「謹之」或「恩數厚薄」，「時月日」不構成類例，家鉉翁意見不是《胡傳》強調的重心。

[108]〔宋〕家鉉翁：《春秋集傳詳說》，卷 2，頁 13452-13453。

[109]〔宋〕家鉉翁：《春秋集傳詳說》，卷 2，頁 13448-13449。

「師」例，列舉許多事例證明褒貶在事不在師，[110]經文或先譏後美，或一書屢譏，或獨書爵示褒，讀者不可將褒貶單獨拘於「師」字，必須隨事見傳，由史事所載發揮曲直。

家鉉翁並不反對一字褒貶，只是不贊成胡安國過拘於此，這與朱子一派的解經方法有很大的差異。比方胡安國主張聖人以天自處，去天示貶，蔡沆質疑同樣是天王非義，何以上文不去天示貶，下文卻又去天謹之？黃仲炎認為《春秋》稱王、稱天王、稱天子其義一爾，經文直書見罪，聖人不去天為貶。[111]呂大圭批評意見近於蔡沆，認為《胡傳》褒貶方式不一，去天示貶是拘泥天王之例，判斷經文不書「天王」屬於闕文，各家否定態度相當。而家鉉翁則云：「至於衰世，乃有夷狄而僭王號者焉，乃有諸侯而僭王章者焉，《春秋》首明大分，以天加於王，示天下所共主而其尊不可以上，此《春秋》正名之先務也。然亦因以寓褒貶焉，故書天所以明分，去天亦所以示貶。」[112]本方知有「王」，但因夷狄、諸侯僭王，故另加「天」以見天下共主之尊，務正名而寓褒貶，承襲胡氏去天示貶之說，與朱熹等門人全然有別。

再見《春秋》桓公五年：「蔡人、衛人、陳人從王伐鄭。」家鉉翁曰：

> 胡氏謂王奪鄭伯政而怒其不朝，以諸侯伐焉非天討，故不稱天。愚

---

[110] 家鉉翁曰：「如僖元年書『齊師、宋師、曹師次于聶北，救邢』，繼書『齊師、宋師、曹師城邢』，初之書次，譏其兵盛而救緩也；繼之書城，美其能用大師以救危亡之國也。此一書而前譏之、後美之，即事而觀乃見耳。又如莊八年『師次于郎以俟陳人、蔡人』，繼書『師及齊師圍郕』，又書『師還』，此公自將出，例當書公而初書師次而不言公次，繼書師及而不言公及，又繼書師還而不書公至自圍郕，蓋一書屢譏也，以其動大眾、黨仇國、伐同姓，故譏至再三而不以為繁耳。又如僖二十八年書『晉侯、齊師、宋師、秦師及楚人戰于城濮』，此晉侯、宋公在而惟晉侯以爵書，貴晉侯也，以晉侯能用三國之師卻楚師而安諸夏，故變文獨書爵以示褒。此皆隨事而見傳者，師例何可拘乎？故曰褒貶在事而不在師。」見〔宋〕家鉉翁：《春秋集傳詳說》，卷2，頁13449。

[111] 黃仲炎曰：「蓋《春秋》稱王、稱天王、稱天子者，其義一爾。若夫書其事即見其罪，不以去天為貶也。朱氏亦謂若稱天王其罪自見。」見〔宋〕黃仲炎：《春秋通說》，卷3，頁13011-13012。

[112] 〔宋〕家鉉翁：《春秋集傳詳說》，卷1，頁13434。

考當時之事，桓王伐鄭亦有不容已者。……然王不稱天，不得謂之
非譏。譏王失馭臣之柄，以致諸侯之叛，又不能於師以是取敗，以
是而譏，非謂鄭莊無罪而不當伐也。《春秋》誅亂賊之書，豈有不
責臣子而專責其君者乎？[113]

　　站在周王立場，力主周王伐鄭也有不得已，不可咎王恕鄭；周王亦不
能無譏，去天譏其馭臣之道。雖然去天貶責的內容和胡安國稍異，但仍圍
繞去天示貶。而《春秋》桓公唯元年、二年、十年、十八年書「春『王』
正月」，其他皆不書「王」，《胡傳》曰：「桓無王而元年書春王正月，
以天道王法正桓公之罪也；桓無王而二年書春王正月，以天道王法正宋督
之罪也。」（卷 4，頁 2281）書「王」以正篡弒亂賊之罪。至於桓公三年
而後不書「王」，胡氏謂：「見桓公無王，與天王之失政而不王也。」
（卷 4，頁 2283）十年又獨書「王」，胡氏亦云：「十者，盈數也。天道
十年則亦周矣，人事十年則亦變矣。……桓公至是，其數已盈，宜見誅於
天人矣。」（卷 5，頁 2287）積極扣緊「王」與「篡弒」的關係。黃仲
炎、呂大圭咸以經文不書王為「闕文」，[114]批評胡安國說法巧信難通，
但家鉉翁依循胡安國，同樣將元年、二年之「王」連結至篡弒之禍，[115]
也肯定《胡傳》解釋桓三年而後無王的論述為正，[116]並引用十年盈數宜
書王示誅，[117]不如朱子之學直採反對立場。循此得知，家鉉翁並非否定
一字褒貶，而是排斥過拘一字褒貶。

113 〔宋〕家鉉翁：《春秋集傳詳說》，卷 3，頁 13470-13471。

114 黃仲炎曰：「桓三年以後無王者，蓋如夏五闕文爾。」見〔宋〕黃仲炎：《春秋通說》，卷
　　2，頁 13003。呂大圭曰：「或問桓何以不書王？曰：闕文也。」見〔宋〕呂大圭：《春秋
　　或問》，卷 5，頁 13261。

115 家鉉翁曰：「元年書王所以正魯桓篡弒之罪也，二年書王則以魯之篡賊未討而宋亂又作，篡
　　弒之禍接跡而起，深有望於天王赫然發憤，正二賊之戮，而桓王略不以是為意，而魯允宋馮
　　同惡相濟，乃為會于稷以定篡竊之位，上而天王既不能伸王法以正天下，次而方伯連帥皆黨
　　兇怙逆、惟利是謀，亂臣賊子肆然無忌，聖人為此懼，既於歲首書王以正之。」見〔宋〕家
　　鉉翁：《春秋集傳詳說》，卷 3，頁 13463。

116 〔宋〕家鉉翁：《春秋集傳詳說》，卷 3，頁 13466。

117 〔宋〕家鉉翁：《春秋集傳詳說》，卷 4，頁 13477。

　　然而，不同於各家批評，家鉉翁看待《胡傳》是基於補正角度，即使指出該書錯誤也出於尊重，多先肯定胡說正大、完備、良善，才另作補充。例如《春秋》桓公二年：「滕子來朝。」家鉉翁曰：「程子、胡氏之論有益世教，但當時諸侯大國犯上干紀者甚眾，《春秋》未聞有所降黜，而獨施之於一二小國，以是知其猶可疑耳。」[118]認為胡氏之說有益世教，但仍質疑大國諸侯違法亂紀，聖人並未降黜，何以獨陟區區小國？點出其中難通處。又如桓公七年：「穀伯綏來朝。鄧侯吾離來朝。」家鉉翁曰：

> 胡氏謂桓負弒君之大惡，穀、鄧越國而朝之，《春秋》為其黨惡書名以貶之，此論固正。桓當時諸侯黨篡逆，為會盟以定其位者，齊、鄭、宋實為首，《春秋》雖因事誅斥，未有以名書者，此小國似不足深責歟？或曰：春秋初年，魯最強而又僭用王禮，穀、鄧之君循用王朝之禮，自通某伯某、某侯某，故《春秋》因而書之，以見賓主皆有罪。滕、薛之並朝，穀、鄧之名通，邾、牟、葛之旅見，由魯人僭用王禮，故諸侯以王禮朝之，《春秋》因而貶之，當從此義。[119]

　　雖然肯定胡氏說法，但仍存疑，既然皆是黨桓篡逆，聖人何以不貶名齊、鄭、宋三君而獨責小國？所以另提出穀伯、鄧侯僭用王朝之禮，故經文書名，亦顯魯國僭用王禮，雙罪賓主。從這些內容就能發現家氏看法是彌補胡氏之失，而非強烈抨擊，原則上仍尊重《胡傳》。

（二）藉甲說乙

　　胡安國透過「藉甲說乙」成為構例之方，由一邊書法褒揚、貶責，或驗證另一處，彰顯《春秋》隱微深旨，但家鉉翁不以為然。如隱公四年：

---

[118] 〔宋〕家鉉翁：《春秋集傳詳說》，卷3，頁13464。

[119] 〔宋〕家鉉翁：《春秋集傳詳說》，卷3，頁13473。

「衛州吁弒其君完。」《胡傳》曰：「此衛公子州吁也，而削其屬籍，特
以國氏者，罪莊公不待之以公子之道，使預聞政事，主兵權而當國也。」
（卷 2，頁 2273）不稱「公子州吁」而稱「衛州吁」是歸罪衛莊不以公子
之道待州吁。家鉉翁曰：「胡氏乃謂州吁削屬籍以國氏，罪莊公不待以公
子之道，使預聞政事，主兵權而當國也。愚謂此方誅討弒賊，未當追議莊
公既往之咎。莊公者，完州吁之父也。莊公寵州吁之過固有以基亂，而去
族大刑所以治弒君賊，非治其父也。」[120]不當追議既往之咎，即使衛莊
寵溺州吁有過，但削其屬籍乃針對弒君亂賊，非獨誅其父。同樣例法，莊
公八年：「齊無知弒其君諸兒。」家鉉翁曰：

> 胡氏乃云無知不稱公孫而以國氏罪僖公也，僖公不以公孫之道待無
> 知，使之恃寵而當國，以此召亂，故罪僖公。愚三復此說，殆所未
> 喻也。使無知者，當子少國危之際，弒君篡國歸罪於僖公猶可也，
> 今齊襄居位既久，威福自己，無知者亦既廢絀不用，彼因齊襄荒淫
> 不度，乘間伺隙而殺之，豈得復歸罪於僖公乎？《春秋》去逆人之
> 族而日貶在其先君，以此為澄源端本，恐持論太過而不能得聖人之
> 意。[121]

　　胡安國主張經文不稱「公孫無知」而稱「齊無知」，是罪齊僖不以公
孫之道待無知，和「衛州吁弒其君完」的書法用意相同，都是藉甲說乙，
由州吁、無知稱法貶抑衛莊公、齊僖公，說明端本清源之旨。家氏認為胡
氏說經太過，因為齊襄在位已久，無知因齊襄荒淫而乘隙弒殺，已與齊僖
公無涉，強罪僖公似非聖人之意。
　　《胡傳》「稱謂例」定諸侯兄弟之書法變例有二，其中之一是書
「弟」，凡經文書「弟」皆有貶，如昭公元年「秦伯之弟鍼出奔晉」罪秦
伯，襄公二十七年「衛侯之弟鱄出奔晉」罪衛侯，「弟」為聖人特書，所

---

[120] 〔宋〕家鉉翁：《春秋集傳詳說》，卷 2，頁 13445。

[121] 〔宋〕家鉉翁：《春秋集傳詳說》，卷 5，頁 13500。

以隱公七年：「齊侯使其弟年來聘。」《胡傳》曰：「兄弟，先公之子。不稱公子，貶也。」（卷 2，頁 2275）提到經文藉由書弟而貶齊僖公寵溺，遂成篡弒之禍，如同上述「齊無知弒其君諸兒」也是貶斥齊僖公。家氏曰：

> 諸侯之弟或稱公子，或稱弟，公子其本稱，弟因事之稱也。而稱弟之中，書法復有不同，說者謂不書公子而書公弟皆貶，殆不然也。……胡氏曰：僖公私其同母，寵愛異於他弟，施及其子猶與嫡等，而襄公紲之，遂成篡弒之禍，故聖人於年來聘，特變文書弟以示貶。吁有是哉！年之子無知自以篡誅，謂聖人於其父之聘魯而為之貶，三復經旨書法而知聖人決無是心也。[122]

先說明經文稱「公子」和稱「弟」並不一定皆有貶意，「公子」是本稱，「弟」則因事而稱。此年書弟是因齊國親魯，特使其弟來魯，故不稱公子公孫，無貶也。同樣秉持無知弒君與齊僖沒有關係，胡安國謂年之子成篡弒之禍，故聖人藉書弟以貶其父的說法無理。

（三）持論嚴峻

家鉉翁認為《胡傳》部分解經有過峻之失，這是最大的問題，且因為涉及價值判斷，所以批評態度也較激烈。例如《春秋》隱公元年：「鄭伯克段于鄢。」胡安國點出鄭莊之志：害怕共叔段終將軋己，成為後患，故授其大邑，使至失道悖亂，得以叛逆責討。聖人以鄭莊公惡養天倫，遂推見至隱、首誅其意，書鄭伯克段于鄢，專罪鄭伯。家鉉翁云：

> 《春秋》之用法亦平其心而已矣。方鄭莊封叔段于京，以其母故耳。請制弗與，請京而後與之，此時此心亦豈有殺弟之意？而曰與之大邑，縱使失道以至於叛，然後以叛逆之罪討之，無乃失當時之

122 〔宋〕家鉉翁：《春秋集傳詳說》，卷 2，頁 13443。

事實乎！據《傳》：叔段得京之後，收貳以為己邑，繕甲兵且將襲鄭，夫然後不得不討。莊不克段，段則克莊，彼成師之封於曲沃，亦豈晉侯有以稔其惡而甚其罪，積習之漸遂至於此邪？善讀《春秋》者，《春秋》觀聖人用法之心，罪未形而曰《春秋》推見至隱，首誅其意，此秦所以毒天下而謂聖人為之乎？胡氏解經多有此病，讀者謹之。[123]

　　從傳文所載反駁胡氏意見，否定鄭莊公有殺弟之意，不得專責鄭伯而恕段；進而糾舉「推見至隱，首誅其意」，強調聖人用法若基於罪未形而譏貶，則如秦代毒害天下之心，《春秋》何能為《春秋》？告戒讀者需注意這類解經之失。同樣，昭公十九年：「夏，五月戊辰，許世子止弒其君買。」《胡傳》責備世子止未能敬慎侍父，為篡弒之萌、堅冰之漸，故聖人書此，明臣子於君父必得致謹宜慎、積善於早。家鉉翁認為此又以「意誅」貶罪：「胡氏解《春秋》每每拈起意誅二字，謂止有忽君父之心，以為篡弒之萌，故加以大惡而不得辭，此鞅、斯腹誹之誅，流毒至於漢而未已，其非《春秋》垂訓之本旨。」[124]批評胡安國將世子止忽君父之心扣緊至篡弒之萌，一旦世子止有此心，《春秋》便除惡於微，加以大惡而不得辭，那麼聖人如同商鞅、李斯之輩，實非經旨垂訓之義。

　　此外，胡安國主張聖人端本清源，申明國君若不能自正，則變文警示，以國君自奔為文警示人主，責備國君見逐乃咎由自取。如襄公十四年：「衛侯出奔齊。」經文不書「孫林父甯殖出其君」是仲尼筆削，為後世鑑。家鉉翁曰：「林父以其私怒作亂逐君，乃謂《春秋》歸過其君，置賊於不討，是豈聖人意乎？蓋《春秋》於弒君賊則明著其誅死之罪，於逐君賊則每垂人君失馭之戒，故多以自奔為文。……胡氏責君太過，恐非聖人垂訓之本旨。」[125]秉持君雖不君而臣不可以不臣，認為孫林父作亂逐

[123] 〔宋〕家鉉翁：《春秋集傳詳說》，卷1，頁13433。
[124] 〔宋〕家鉉翁：《春秋集傳詳說》，卷25，頁13733。
[125] 〔宋〕家鉉翁：《春秋集傳詳說》，卷20，頁13687。

君，罪之甚大，自奔為文乃著人君失馭之戒，非如胡氏歸罪其君之言，因責君太過並非聖人本旨。

朱熹曾點出《胡傳》義理穿鑿，將固定「義理」套用在人物行事，未顧史事緣由而論斷是非，解經牽強失當。[126]家鉉翁也糾正胡安國執於義理，由於高舉討賊、復仇，導致某些經解流於偏頗，議論過於極端。例如《春秋》宣公十二年：「宋師伐陳。衛人救陳。」《胡傳》認為陳國有弒君之亂，宋國不能討賊，但楚能討之，故經文書「救」意在責宋，未足責楚。家氏曰：「《春秋》之義在於攘夷，胡氏以楚莊縣陳為討賊，主張太過，似據正而實不然。」[127]批評楚國挾仗義之名而行不義之事，幾欲亡滅陳國，赦楚之罪，聖人不與也，胡安國徒就「討賊」發揮楚莊縣陳之義，據實未妥。

此外，家鉉翁也認為《胡傳》評論齊桓、晉文霸業的意見矯枉過正。《春秋》莊公十三年：「春，齊侯、宋人、陳人、蔡人、邾人會于北杏。」胡安國從「正」、「權」角度探討北杏之會，主張齊桓非受命之伯，諸侯擁戴為盟主是無君，故宋、陳、蔡、邾四國稱人，端正王法；桓公稱爵，因權與之。家氏論曰：

> 夫子平日議論間有取於齊桓，為其能以尊王室、正諸侯、攘夷狄為事也。及脩《春秋》，於北杏之會惟齊侯書爵，諸侯在會者皆書人。書爵，貴之也；書人，示眾望之所同屬也。……胡氏乃謂桓非受命之伯，諸侯自相推戴以為盟主，是為無君，故四國稱人，以誅始亂；齊桓稱爵，其與之也。又曰：誅諸侯，正也；與桓公，權也。必若此是，權與正判然為二也。其首者見爵，其從者有誅，是

126 朱熹曰：「今理會得一箇義理後，將他事來處置，合於義理者為是，不合於義理者為非。亦有喚做是而未盡善者，亦有謂之不是而彼善於此者。」見〔宋〕黎靖德編，王星賢點校：《朱子語類》，卷83，頁2152。

127 〔宋〕家鉉翁：《春秋集傳詳說》，卷16，頁13635。

《春秋》略其首而治其從，必不然也。[128]

　　春秋王綱陵夷，諸侯擅恣，孔子推許齊桓尊王室、正諸侯、攘夷狄，
貴北杏之會而爵齊桓、人諸侯，取齊桓倡義尊王，示諸侯眾望同屬，不可
能判分正、權，略首齊桓而治從諸侯。[129]胡氏除了從「正」、「權」評
說，更常以「義」、「利」作為標準，如僖公二年：「城楚丘。」提出正
其義不謀其利，明其道不計其功，故不與齊桓專封衛國，故不書桓公，正
王法也。家氏曰：「胡氏謂桓公封衛，衛國忘亡，有功於中華甚大，為利
於衛人甚博，而《春秋》之法：正其義不謀其利，明其道不計其功，仲尼
之徒無道桓文之事者，是故無美辭。論則高矣，矯枉過正亦甚矣。」[130]
認為齊桓存三亡國乃職分當為，經旨非以功利目之，況且城邢既美齊桓救
患之功，何以城楚丘卻獨不取乎？直接批評胡說矯枉過正。

　　《春秋》僖公二十八年：「晉侯、齊師、宋師、秦師及楚人戰于城
濮，楚師敗績。」《胡傳》云：「仁人明其道不計其功，正其義不謀其
利，文公一戰勝楚，遂主夏盟，以功利言則高矣，語道義則三王之罪人
也。」（卷 13，頁 2321）判定城濮一戰雖勝，但晉文公有「功利」卻無
「道義」。家氏云：

　　胡文定乃曰：文公一戰勝楚，遂長夏盟，以功利言誠亦高矣，語道
　　義則三王之罪人，是故《春秋》於城濮之功所書如此之略。吁！論
　　則美矣，非聖人意也。《春秋》命德討罪、賞善罰惡，尊中國、正
　　諸夏、攘夷狄皆道義中所當為之事，諸侯有功有善者褒之錄之，有

---

[128] 〔宋〕家鉉翁：《春秋集傳詳說》，卷 6，頁 13507-13508。

[129] 明儒也認為胡安國從正、權評價齊桓功業有誤，如袁仁曰：「《傳》謂美齊桓有救患之功是
也，又謂以王命興師者正，能救而與之者權則惑矣。蓋權不離正，非正外有權也。世至春
秋，王綱不振，征伐會盟諸侯莫稟命焉，此夫子所隱也，於其中有能攘夷狄、尊中國而救災
恤患者則亟與之，與之所以尊王也，皆正也，非權也。」見〔明〕袁仁：《春秋胡傳考
誤》，頁 941。

[130] 〔宋〕家鉉翁：《春秋集傳詳說》，卷 9，頁 13536。

罪者討之夷狄之，憑陵諸夏者攘而郤之，如元氣行乎四時，春生秋殺，各中其度而不忒者，《春秋》之教也。……胡氏之學矯枉過正，恐失《春秋》之旨。[131]

謂胡說非合於聖人本意，諸侯應行尊中國、正諸夏、攘夷狄等道義之事，《春秋》命德討罪、褒善罰惡端從諸侯作為而發，如同天地自然之行，各中其度，不可能循從道義之後，聖人卻又謀置於功利，胡安國所舉蓋失《春秋》之旨。

本書第伍章已比較胡安國和程門經說，突顯胡安國細分類例，嚴密過求，導致解經方法僵化制式，不斷發生矛盾扞格的狀況。而本章分析朱熹及其門人的評論，也得出《胡傳》字例褒貶難通的缺失，這就表示過拘類例確實是胡安國治《春秋》最大的問題，即使朱熹等人站在《春秋》據事直書而善惡自見的不同立場，批評也並非無理，此其一。

第二，朱熹、呂大圭認為釋「元」為「仁」、「人心」的說法支離不通，但事實上胡安國的觀點並非獨創，而是統合《周易》、孟子、董仲舒、杜預、程頤等說法，有其淵源，是兩方對改「一」為「元」的論斷不同，不表示胡安國解讀錯誤。另外，朱熹對南宋學術影響雖大，但同為朱子之門卻對《胡傳》的看法迥異。張洽與胡安國在一字褒貶上有相近意見，《胡傳》聖王經世之志也對張洽有所啟迪，這在《春秋集註》都有清楚例證。家鉉翁也贊成一字褒貶，基本上沿襲胡氏所言，只是反對他過拘字例、藉甲說乙的問題。這兩人在解經立場上就與朱熹有很大的分歧。

第三，《胡傳》和時政的關係極為密切，一方面是宋人本身就有強烈的經世精神，所以自然會將六經之義推於行事；但更直接的影響則是靖康之禍，這世變對胡安國造成震撼，趨使他將匡時救世的心志融於《春秋》，不斷從中抉發政事法度、治國準繩，希冀高宗可以撥亂反正，遏止夷狄亂華。也因此時局背景和強烈動機，所以發揮經文就容易過於主觀堅

---

[131] 〔宋〕家鉉翁：《春秋集傳詳說》，卷12，頁13572。

持而衍生偏激、嚴苛、穿鑿等弊病。雖然朱熹等人不滿《胡傳》，反對褒貶賞罰和名爵稱謂有關，將問題指向「一字褒貶」，但他們質疑與批評的立場是基於補苴，仍秉持尊重肯定的態度。朱熹以為《胡傳》能近合程頤所發，讚許是書正理，議論有開合精神；蔡沆褒揚胡安國研窮聖人精微之旨，並闡揚於當世；呂大圭《春秋或問》節錄不少《胡傳》文字，援引其說；家鉉翁在說明《胡傳》錯誤之前，也先肯定其論固正、有益世教，在在顯示他們的批評角度是出於修正，而非一味輒加抨擊，大肆批判，有意推翻《胡傳》的學術地位。

第柒章 結論

　　胡安國潛心《春秋》三十多年，紹興初期奉高宗詔令，纂修《春秋傳》十餘萬言，高宗肯定是書，謂其深得聖人之旨。由於當朝推動與支持，故也受到士子們重視，並關係到後代科考範本，影響深遠。《春秋傳》除了包含胡安國多年來對孔子麟經的體察，還寓有個人對政局動盪、家國興亡的感發，具備深刻的時代意義，這成書原因與背景在《春秋》學史之發展中非常獨特。本書結論試從幾個方面敘述：

一、胡安國《春秋傳》的成就與意義

　　在確立胡安國《春秋傳》的成就與意義之前，我們可先回顧宋人對六經的意見。周諝曰：「六經之義，驗之于心而然，施之行事而順，然後為得。驗之于心而不然，施之行事而不順，則非所謂經義。今之治經者，為無用之文，徼幸科第而已，果何益哉？」[1]強調「六經之義」與「施之行事」的關係。陳舜俞亦曰：「六經之旨不同，而其道同歸於用。」[2]明確指出六經是同歸於「用」，要實行、推用，而《春秋》是最可用於時世的經書。北宋朱長文於紹聖元年（1094）正月作〈春秋通志序〉，認為治天下之術具在《春秋》，希望「異日立朝端、斷國論、立憲章、施政教，可推其本旨而達于行事。」[3]鄭獬亦曰：「孔子為布衣，轗軻天下而不遇，既窮且老，乃贊《易》、《春秋》，載其道于後世。苟能推而用之，使天

---

[1] 〔清〕朱彝尊撰，〔清〕翁方綱撰，羅振玉撰：《經義考・補正・校記》，卷 296，頁 1993。

[2] 〔宋〕陳舜俞：〈說用〉，《都官集》，卷 6，頁 455。

[3] 〔宋〕朱長文撰，朱思輯：《樂圃餘薰》，卷 7，頁 36。

下盡蒙其澤,是亦我之功,不必身見之也。」[4]宋儒一致認為《春秋》有聖人之用,可適經變之務,[5]有必要發揮經旨,作為天下行事之達制。胡安國職以康濟時艱為志,富有匡世救時、拯危濟民的精神,始終關注高宗該如何湔雪國恥,收復中原,振邦圖存,所以透過《春秋》闡發聖人經世之義:尊君父、討亂賊、重復仇、存三綱、攘夷狄,緊扣朝廷政治與國防外交,建言謹微慎始、體元正心、惡盟譏會、誅暴禁亂、去利從義,所有主張都是以闡發「聖人之用」為依歸。

劉師培(1884-1919)認為《胡傳》借今文諷時事,與經旨不符,[6]但事實上胡安國在〈《春秋傳》序〉就已說明:「去聖既遠,欲因遺經窺測聖人之用,豈易能乎?然世有先後,人心之所同然一爾,苟得其所同然者,雖越宇宙,若見聖人親炙之也,而《春秋》之權度在我矣。」(頁2264)既同於孔子之心,當然可以權度麟經,根本沒有經旨不符的問題。胡安國與其他宋儒一樣,念茲在茲的是如何推行孔子所載之道,見用於世,他們有共同的關心和焦慮,不能單純從符合經旨與否給予評價。

朱熹曰:「胡公聞道伊洛,志在《春秋》,著書立言,格君垂後,所以明天理、正人心、扶三綱、敘九法者,深切著明,體用該貫。而其正色危言,據經論事,剛大正直之氣,亦無所愧於古人。」[7]這「體用該貫」正已點出《胡傳》能以《春秋》經為載體,發用經緯邦國之法,完全總括了是書特色以及對時代的貢獻。當然,因為《胡傳》是奉高宗詔令而成,自然有其官方地位,但它真正的價值是徹底將《春秋》經旨推於行事,將

---

[4] 〔宋〕鄭獬:〈讀史〉,《郇溪集》(臺北:臺灣商務印書館,1986 年景印文淵閣《四庫全書》),卷 18,頁 278。

[5] 呂陶曰:「修《春秋》以述法,則可以適經變之務。」見〔宋〕呂陶:〈呂希述字說〉,《淨德集》,卷 19,頁 210。羅從彥曰:「五經論其理,《春秋》見之行事,《春秋》聖人之用也。」見〔宋〕羅從彥:〈春秋指歸序〉,《豫章文集》(臺北:臺灣商務印書館,1986 年景印文淵閣《四庫全書》),卷 12,頁 750。

[6] 〔清〕劉師培著,陳居淵注:《經學教科書》(上海:上海古籍出版社,2006 年 7 月),頁 103。

[7] 〔宋〕朱熹:〈建寧府崇安縣學二公祠記〉,《晦庵先生朱文公文集》,載《朱子全書》,卷 77,頁 3708。

經術發揮地淋漓盡致，完全將「經義之道」和「行事之用」密切結合，是宋代《春秋》學中最能實踐「聖人之用」的著作，當時任何一位《春秋》學家都無法與其匹敵，這方面的學術成就足以在當代推為翹楚，成為最有價值的《春秋》學論著。

二、胡安國《春秋傳》解經的闕失

　　胡安國《春秋傳》的解經方法是採取「一字褒貶」，細密地建構許多類例，從例見義，若產生矛盾難解，就會藉「美惡不嫌同辭」、「事同既貶則從同同」、「不待貶絕而罪自見」、「屬辭比事」、「據事直書」等方法，試圖補合出例。這之中當然已出現許多問題：「一例兩解」、「例中有例」、「解詞紛繁」、「強分二例」、「貶法不一」、「異例同文」、「釋例未全」等，都是過於執例而衍生的弊病，這拘守類例造成束縛經旨、僵化褒貶，是胡安國《春秋傳》解經方法的失當。歷來對此攻擊並非無據，只是大多批評者的立場和胡安國完全不同，他們多站在《春秋》「據事直書」的角度，否定「一字褒貶」，易於直指錯誤，但若比較兩方處理《春秋》筆法的態度：胡安國雖是主張「一字褒貶」，卻不排斥「據事直書」或「屬辭比事」，認為這些都是聖人成經的筆削書法以及褒貶方式；相形之下，秉持「據事直書」的解經者卻盡棄字例，將《春秋》視為史文，兩者對照，胡安國對《春秋》筆法的關注似乎較為兼容。

　　然因兩宋時局影響，胡安國在堅主「華夷之辨」，灌輸「夷夏之防」的經說中，卻又深美蠻夷討賊，肯定戎狄復仇，趨向寬免恕罪，避談侵擾中國之惡，立場自相矛盾。此類之弊可分為二：第一，解經失誤嚴刻，衍生自相矛盾。在「誅暴禁亂」的主張中，《胡傳》犯有減罪恕詞的偏誤，合理楚國侵擾華夏之惡，開罪被伐者之方，既貶斥滅國之罪，焉可容許楚國恃強欺弱，殄滅百姓？不論諸侯如何治國非策、倖弱背叛，楚國或可端法正義，但絕對沒有滅人宗社之理。第二，過崇復仇討賊，造成褒貶穿

鑿。楚國陵夏殘暴，不時征伐中原，亟欲入主華夏，兼併諸侯以問鼎王位。胡安國既深美夷狄具有討賊之功，褒貶已失公允，又寬恕夷狄滅絕中國之罪，究責對象不一，部分解釋多犯此病，未能體察春秋史實，拳拳復仇之志，導致恕楚言論；如同他深美討賊之義，高舉楚莊王殺夏徵舒一事，取節略過，溢喜功業，重振經世旗幟的過程，反而流於曲解褒貶之病，易使書法微旨更為隱晦，教習經者如何掌握《春秋》大義。如汪克寬所言：「文定以宋高宗不復金國之讎，故拳拳以復讎為說，此朱子所謂以義理穿鑿者也。」[8]這是胡安國《春秋傳》在解經內容上最大的問題。

三、胡安國《春秋傳》的研究展望

　　本書以胡安國《春秋傳》為對象，著重是書義理及其與宋代《春秋》學的關係，並在每章內容連結後人評論，呈顯前儒接受《胡傳》的異同。誠如緒論所言，《胡傳》在元、明、清三代有相當的影響力，然而每個朝代的政治環境、社會背景與學術風氣，當中牽涉問題多有別異，也較為複雜，必須佐以更多文獻，逐次歸納、統整、比較，才能全面地透視歷代接受《胡傳》的問題。

　　查考宋代之後的《春秋》學著作，元儒汪克寬作有《春秋胡傳附錄纂疏》三十卷，全書廣採諸說，羽翼《胡傳》，補其闕疑，並權衡諸傳得失優劣，探求聖筆之真，明代《春秋大全》基本上多承襲此書，有其重要性。清代《欽定四庫全書總目》認為：「能於《胡傳》之說，一一考其援引所自出，如注有疏，於一家之學，亦可以云詳盡矣。」[9]倘若能透過研究，有助於了解胡安國對汪克寬的影響，藉此面向探討《胡傳》與元代《春秋》學的關係，並延伸明代官方對胡安國《春秋傳》與汪克寬《春秋胡傳附錄纂疏》的評價與定位。

8　〔元〕汪克寬：《春秋胡傳附錄纂疏》，卷29，頁722。

9　〔清〕紀昀、陸錫熊、孫士毅等：《欽定四庫全書總目》，卷28，頁360。

　　時至有明一代，《胡傳》的接受與評價已有很大差異。由於作為科舉定本，在學子獨取是書、棄經不讀的情況下，造成以尊胡為尚的不良學風，除了隱沒《胡傳》成書本旨及精神，也間接傷害《春秋》之麟經大義。[10]於此氛圍之下，糾舉《胡傳》的著作漸多，指摘言語也更為激烈，又加上明儒並未處於南渡偏安、內外交憂的時代，《胡傳》中某些觀點就不受認可，批評導因是學術風氣使然，和宋、元採取補正的立意截然不同。當時出現許多糾正《胡傳》的論著，如陸粲《春秋胡傳辨疑》、袁仁《春秋胡傳考誤》、何其偉《春秋胡諍》都是直以辨誤為書名，至於其他像桑悅《春秋集傳》、湛若水《春秋正傳》、楊時秀《春秋集傳》、黃正憲《春秋翼附》、楊于庭（-1595-）《春秋質疑》、錢時俊《春秋胡傳翼》、張歧然《春秋五傳平文》、陳肇曾（天啟元年（1621）舉人）《春秋四傳辨疑》等著作也都有評論之語，可以仔細分析各書與《胡傳》的對話，體察明代《春秋》學關注面向。

　　清廷處理《胡傳》的方式又與前代有別，因為是外族身分入主中原，所以在民族思想、華夷之辨等議題上多有忌諱。官方對《胡傳》提倡「攘夷狄」的觀點無法苟同，由《日講春秋解義》、《欽定春秋傳說彙纂》、《御纂春秋直解》和《四庫全書》之中，就能端見清初官方有意摒棄《胡傳》地位，從「以胡氏為宗」至「非全主胡氏」，進而「不主胡氏」，改為朝廷直解《春秋》。[11]這段歷程若僅是刪改夷狄文字並沒有正當性，也趨於消極，所以朝廷擇取朱熹「《春秋》據事直書」的解經方式，藉此糾

---

[10] 戴良就提到明代科考尊胡的現象：「至於我朝，設進士科以取人，治《春秋》者，三家之外，亦獨以胡氏為主，本則以三綱九法粲然具見於是書，而場屋之腐生、山林之曲士因而持摭微文，破碎大道，有可憫念者矣。」見〔清〕朱彝尊撰，〔清〕翁方綱撰，羅振玉撰：《經義考・補正・校記》，卷 195，頁 1327。清代《欽定四庫全書總目》亦云：「後治《傳》漸不引用，遂獨用安國書，漸乃棄經不讀，惟以安國之《傳》為主。當時所謂經義者，實安國之傳義而已，故有明一代《春秋》之學為最弊。馮夢龍《春秋大全》〈凡例〉有曰：『諸儒議論儘有勝胡氏者，然業已尊胡，自難並收以亂耳目。』則風尚可知矣。」直接指出明代《春秋》學為最弊。見〔清〕紀昀、陸錫熊、孫士毅等：《欽定四庫全書總目》，卷 27，頁 345。

[11] 康凱淋：〈論清初官方對胡安國《春秋胡氏傳》的批評〉，《漢學研究》第 28 卷第 1 期（2010 年 3 月），頁 295-323。

舉《胡傳》「一字褒貶」，推翻箇中義理，削弱夷夏之辨，並於乾隆中葉
之後罷用《胡傳》，是書影響也漸趨沒落。不僅官方批評，同時也有不少
學者糾舉，如俞汝言《春秋四傳糾正》、毛奇齡《春秋毛氏傳》、張自超
（1653-1718）《春秋宗朱辨義》、陸奎勳（1665-1740）《春秋義存
錄》、趙佑（1727-1800）《讀春秋存稿》、朱鶴齡（1606-1683）《春秋
集說》、焦袁熹（1661-1736）《春秋闕如編》等都是檢討《胡傳》的重
要著作，既可探析官方評騭主張，亦能比較私家意見，掌握清初批評《胡
傳》的整體方向與特色。特別的是，當晚清遭遇西方各國侵擾之際，也有
不少士人感念胡安國，如曾國藩就說道：「公以忤蔡京罷職，隱衡著《春
秋傳》，使人明君臣大義，其有功於綱常，豈淺鮮哉！今者干戈擾攘，忽
忽十餘年而凱歌未奏，若天下盡明春秋時事，安得至此？」[12]從此看來，
胡安國《春秋傳》的地位也正與「夷狄」有密不可分的關係。

在域外漢學部份，日本於江戶時代以降，關於《胡傳》就有松永尺五
《春秋胡傳集解》、林鵝峰《春秋胡氏傳私考》、中村惕齋《筆記春秋胡
氏傳》、三宅文雅《春秋胡傳旁考》、伊藤東涯《春秋胡氏傳弁疑》等著
作。韓國自高麗末到朝鮮時期出現許多研治《春秋》的專著，其中亦有不
少是主論《胡傳》，透過補述、註解以發揮胡安國之義理，如權發《春秋
胡傳箚義》、申欽〈進春秋左氏程氏胡氏三家傳註箚〉、朴致遠《春秋四
傳總論》、沈大允《春秋四傳續傳》、李宗洙〈春秋胡氏傳箚疑集解〉、
申敏一《春秋瑣說》、趙翼《答申永興功甫春秋瑣說》、李震相《春秋集

---

12 〔清〕文嶽英、胡伯第纂，〔清〕李惟丙、勞銘勳修：〈重修胡文定公書院記〉，《（光
緒）衡山縣志》（南京：江蘇古籍出版社，2002 年 7 月《中國地方志集成・湖南府縣志
輯》），卷 16，頁 469。其他學者如錢邦芑也言：「夫《春秋》書豈直二百四十年之事已
哉！明千古之人倫，立君臣內外之大防，其意深遠，非淺學所能窺。自胡文定公作《傳》，
總會《左》、《公》、《穀》之旨，而折衷之深切著明，其於人心世道，危微剝復之關，辨
之精而防之密，是以前朝獨取列於學宮，為取士典程，而凡《左》、《公》、《穀》諸家皆
列為外傳，則文定公有功於聖學，有關於世道人心，豈他賢所可媲哉？」胡振圭亦曰：「紹
興八年，書成進覽，帝謂深得聖人之旨，詔加寶文閣直學士。當是時，公獨坐秉筆，深處大
義之莫明，而思所以引君於當道，其俯仰樓下，徘徊樓中，身山林而心魏闕，憂國愛君之真
誠猶可想見。抑當王氏柄宋，指麟經為斷爛朝報，黜不列學宮，極其意幾欲縱咸陽一炬，公
《傳》出而經旨益明。」錢、胡二文可見〔清〕文嶽英、胡伯第纂，〔清〕李惟丙、勞銘勳
修：〈書院〉，《（光緒）衡山縣志》，卷 16，頁 470。

傳》等等，查考此類典籍，可掌握胡安國《春秋傳》對日本、朝鮮經學的影響，比較中國與日本、朝鮮接受《胡傳》的差異，試圖勾勒東亞《春秋》學傳播現象，藉由他者眼光省思相關課題。

　　清儒章學誠（1738-1801）於《文史通義・史德》篇中，提到後人泥於司馬遷「發憤著書」之語，謂《史記》百三十篇皆為怨誹而發，以譏謗為能事，忽略太史公「紹名世，正《易傳》，本《詩》、《書》、《禮》、《樂》之際」以及「究天地之際，通古今之變，成一家之言」之本旨，故強調「心術」的重要，主張「必通六義比興之旨而後可以講春王正月之書」。[13]「比」、「興」乃《詩》之所用，宋儒沈作喆曰：「蓋《詩》本以微言諫風，託興於山川草木，而勸諫於君臣、父子、夫婦、朋友之間，其旨甚幽，其詞甚婉，而其譏刺甚切。」[14]《詩》教主微言諫諷，不以辭明意，往往托物寄寓，將耳目心思措於比興之流，言在於此而意寄於彼，《詩》教之旨正與《春秋》之義相同。王慎中曰：「夫《詩》之為教主於誦美刺非，導善禁邪，其義與《春秋》之褒貶不異。」[15]《春秋》以「懲惡勸善」為義，和《詩經》「誦美刺非」印合；《詩經》「微言諫諷」，《春秋》經文亦如杜預指出的：「微而顯」、「志而晦」、「婉而成章」、「盡而不汙」，[16]書法非全然直述見志，要理解聖人褒貶，必得循《詩經》比興之法，觸物圓覽，多方演意，才能跳脫造語字詞的拘限。胡安國雖泥於一字褒貶，但他卻能發揮《春秋》眾端大義：尊

[13] 〔清〕章學誠著，倉修良編注：〈史德〉，《文史通義》（杭州：浙江古籍出版社，2005年10月第1版），頁267。

[14] 〔宋〕沈作喆：《寓簡》（北京：中華書局，1985年《叢書集成初編》），卷1，頁1。

[15] 〔明〕王慎中：〈張文傳公詠史詩序〉，《遵巖集》（臺北：臺灣商務印書館，1986年景印文淵閣《四庫全書》），卷9，頁198。

[16] 宋人喜將《詩經》和《春秋》紀事並談，如楊萬里云：「太史公曰：『〈國風〉好色而不淫，〈小雅〉怨誹而不亂。』《左氏傳》曰：『《春秋》之稱，微而顯，志而晦，婉而成章，盡而不汙。』此《詩》與《春秋》紀事之妙也。」見〔宋〕楊萬里：《誠齋詩話》（臺北：臺灣商務印書館，1986年景印文淵閣《四庫全書》），頁728。又如陳騤（1128-1203）亦云：「《春秋》主於褒貶，《詩》則本於美刺，立言之間，莫不有法。」見〔宋〕陳騤著，劉明暉校點：《文則》（香港：中華書局，1977年4月港一版），頁29。

君、討賊、復仇、攘狄、謹微、慎始、惡盟、譏會、誅暴、禁亂等觀點，諷諫宋高宗懲惡勸善，實踐聖人之用。吾輩研究《春秋傳》也必須推明其感事比興、托辭寓意，才能統合他與宋代政治、社會與外交的關係，確察胡安國遠思落筆之旨。此外，孔子成《春秋》一經，文約事詳，言簡意賅，詮釋者從微言中發掘大義，除了須從比興角度，採取多面廣向的方法之外，又應當以「正明心術」為本，客觀地體察聖人之志，避免曲解妄言，甚至是為了逞私利己而害義違道。研究《春秋傳》一書，同樣務以「正心」為先，釐清是書觀點，勿犯偏頗舛濫的弊病；任何評論也應先回歸當代政治、文化與學術環境，防止先入為主、以今論古之缺失，還原典籍最初的價值及真諦。

主要徵引文獻

說明：

1、徵引文獻分為「古籍」與「近現代論著」兩大類。

2、古籍按照經、史、子、集四部排列，再以朝代先後為序，今人箋注亦
   附於此。

3、近現代論著分為專書、學位論文、期刊論文、專書論文。

4、專書與論文皆依作者姓氏筆劃為序，專書部份先列作者，再列書名，
   次列出版地、出版社、出版年月以及叢書名；論文亦先列作者，次列
   篇名、期刊名（書名）、卷期（年月）、頁碼。

一、古籍

（一）經部

〔漢〕趙岐注，〔宋〕孫奭疏：《孟子注疏》，臺北：藝文印書館，2001
   年 12 月《十三經注疏》。

〔漢〕鄭玄注，〔唐〕孔穎達疏：《禮記注疏》，臺北：藝文印書館，
   1982 年《十三經注疏》。

〔漢〕何休解詁，〔唐〕徐彥疏：《春秋公羊傳注疏》，臺北：藝文印書
   館，1982 年《十三經注疏》。

〔漢〕毛亨傳，〔漢〕鄭玄箋，〔唐〕孔穎達疏：《毛詩正義》，臺北：
   藝文印書館，1982 年《十三經注疏》。

〔漢〕孔安國傳，〔唐〕孔穎達正義：《尚書正義》，臺北：藝文印書
   館，2001 年 12 月《十三經注疏》。

〔魏〕王弼、韓康伯注，〔唐〕孔穎達正義：《周易正義》，臺北：藝文
   印書館，2001 年 12 月《十三經注疏》。

〔晉〕杜預注，〔唐〕孔穎達疏：《春秋左傳正義》，臺北：藝文印書館，1982 年《十三經注疏》。

〔晉〕范甯集解，〔唐〕楊士勛疏：《春秋穀梁傳注疏》，臺北：藝文印書館，1982 年《十三經注疏》。

〔唐〕陸淳：《春秋集傳纂例》，北京：中華書局，1985 年《叢書集成初編》。

〔唐〕陸淳：《春秋微旨》，北京：中華書局，1985 年《叢書集成初編》。

〔宋〕孫復：《春秋尊王發微》，臺北：大通書局，1972 年《通志堂經解》。

〔宋〕劉敞：《春秋意林》，臺北：大通書局，1972 年《通志堂經解》。

〔宋〕劉敞：《春秋權衡》，臺北：大通書局，1972 年《通志堂經解》。

〔宋〕劉敞：《春秋劉氏傳》，臺北：大通書局，1972 年《通志堂經解》。

〔宋〕孫覺：《春秋經解》，臺北：臺灣商務印書館，1986 年景印文淵閣《四庫全書》。

〔宋〕蘇轍：《春秋集解》，臺北：臺灣商務印書館，1986 年景印文淵閣《四庫全書》。

〔宋〕蕭楚：《春秋辨疑》，北京：中華書局，1985 年《叢書集成初編》。

〔宋〕胡安國：《春秋胡氏傳》，臺北：臺灣商務印書館，1976 年 6 月《四部叢刊續編》據上海涵芬樓借常熟瞿氏鐵琴銅劍樓藏宋刊本影印。

〔宋〕胡安國著，錢偉彊點校：《春秋胡氏傳》，杭州：浙江古籍出版社，2010 年 4 月。

〔宋〕葉夢得：《春秋傳》，臺北：大通書局，1972 年《通志堂經解》。

〔宋〕高閌：《春秋集註》，臺北：臺灣商務印書館，1986 年景印文淵
　　閣《四庫全書》。

〔宋〕朱熹：《四書集註》，臺北：藝文印書館，1980 年 5 月。

〔宋〕陳傅良：《春秋後傳》，臺北：大通書局，1972 年《通志堂經
　　解》。

〔宋〕程公說：《春秋分記》，臺北：臺灣商務印書館，1986 年景印文
　　淵閣《四庫全書》。

〔宋〕李明復：《春秋集義》，臺北：臺灣商務印書館，1986 年景印文
　　淵閣《四庫全書》。

〔宋〕黃仲炎：《春秋通說》，臺北：大通書局，1972 年《通志堂經
　　解》。

〔宋〕黃仲炎：《春秋通說》，臺北：臺灣商務印書館，1986 年景印文
　　淵閣《四庫全書》。

〔宋〕張洽：《春秋集註》，臺北：大通書局，1972 年《通志堂經
　　解》。

〔宋〕趙鵬飛：《春秋經筌》，臺北：大通書局，1972 年《通志堂經
　　解》。

〔宋〕家鉉翁：《春秋集傳詳說》，臺北：大通書局，1972 年《通志堂
　　經解》。

〔宋〕杜諤：《春秋會義》，清光緒壬辰（1892）孫氏山淵閣刊本。

〔宋〕呂大圭：《春秋或問》，臺北：大通書局，1972 年《通志堂經
　　解》。

〔宋〕陳深：《清全齋讀春秋編》，臺北：大通書局，1972 年《通志堂
　　經解》。

〔元〕汪克寬：《春秋胡傳附錄纂疏》，臺北：臺灣商務印書館，1986
　　年景印文淵閣《四庫全書》。

〔元〕趙汸：《春秋屬辭》，臺北：大通書局，1972 年《通志堂經
　　解》。

〔明〕王樵：《春秋輯傳》，臺北：臺灣商務印書館，1986 年景印文淵

閣《四庫全書》。

〔明〕湛若水：《春秋正傳》，臺北：臺灣商務印書館，1986 年景印文淵閣《四庫全書》。

〔明〕黃正憲：《春秋翼附》，臺南：莊嚴文化，1997 年《四庫全書存目叢書》。

〔明〕袁仁：《春秋胡傳考誤》，臺北：臺灣商務印書館，1986 年景印文淵閣《四庫全書》。

〔明〕季本：《春秋私考》，臺南：莊嚴文化，1997 年《四庫全書存目叢書》。

〔明〕陸粲：《春秋胡氏傳辨疑》，臺北：臺灣商務印書館，1986 年景印文淵閣《四庫全書》。

〔明〕徐學謨：《春秋億》，臺北：臺灣商務印書館，1986 年景印文淵閣《四庫全書》。

〔明〕熊過：《春秋明志錄》，臺北：臺灣商務印書館，1986 年景印文淵閣《四庫全書》。

〔明〕高攀龍：《春秋孔義》，臺北：臺灣商務印書館，1986 年景印文淵閣《四庫全書》。

〔明〕朱朝瑛：《讀春秋略記》，臺北：臺灣商務印書館，1986 年景印文淵閣《四庫全書》。

〔明〕王介之：《春秋四傳質》，臺北：臺灣商務印書館，1986 年景印文淵閣《四庫全書》。

〔清〕庫勒納等奉敕撰：《日講春秋解義》，臺北：臺灣商務印書館，1986 年景印文淵閣《四庫全書》。

〔清〕王琰等奉敕撰：《欽定春秋傳說彙纂》，臺北：臺灣商務印書館，1986 年景印文淵閣《四庫全書》。

〔清〕俞汝言：《春秋平義》，臺北：臺灣商務印書館，1986 年景印文淵閣《四庫全書》。

〔清〕俞汝言：《春秋四傳糾正》，臺北：臺灣商務印書館，1986 年景印文淵閣《四庫全書》。

〔清〕毛奇齡：《春秋毛氏傳》，臺北：臺灣商務印書館，1986 年景印文淵閣《四庫全書》。

〔清〕朱彝尊撰，〔清〕翁方綱撰，羅振玉撰：《經義考・補正・校記》，北京：中國書店，2009 年 1 月。

〔清〕萬斯大：《學春秋隨筆》，上海：上海古籍出版社，2002 年《續修四庫全書》。

〔清〕徐庭垣：《春秋管窺》，臺北：臺灣商務印書館，1986 年景印文淵閣《四庫全書》。

〔清〕馬驌：《左傳事緯》，臺北：廣文書局，1967 年 6 月。

〔清〕顧棟高：《春秋大事表》，北京：中華書局，1993 年 6 月第一版。

〔清〕張自超：《春秋宗朱辨義》，臺北：臺灣商務印書館，1986 年景印文淵閣《四庫全書》。

〔清〕葉酉：《春秋究遺》，臺北：臺灣商務印書館，1986 年景印文淵閣《四庫全書》。

〔清〕孔廣森：《公羊春秋經傳通義》，上海：上海古籍出版社，2002年《續修四庫全書》。

〔清〕王引之：《春秋名字解詁》，北京：國家圖書館出版社，2009 年 5 月第一版《春秋戰國史研究文獻叢刊》。

〔清〕方玉潤撰，李先耕點校：《詩經原始》，北京：中華書局，1986年 2 月第 1 版。

〔清〕鍾文烝撰，駢宇騫、郝淑慧點校：《春秋穀梁經傳補注》，北京：中華書局，1996 年 7 月。

〔清〕皮錫瑞：《經學通論》，臺北：河洛圖書出版社，1974 年 12 月臺景印初版。

〔清〕蘇輿著，鍾哲點校：《春秋繁露義證》，北京：中華書局，2010年 1 月。

〔清〕劉師培著，陳居淵注：《經學教科書》，上海：上海古籍出版社，2006 年 7 月。

（二）史部

〔漢〕司馬遷撰，〔宋〕裴駰集解，〔唐〕司馬貞索隱，張守節正義：
　　《史記》，北京：中華書局，2003 年 7 月。

〔漢〕班固撰，顏師古注：《新校漢書集注》，臺北：世界書局，1972
　　年 9 月。

〔宋〕范曄撰，〔唐〕李賢等注：《後漢書》，北京，中華書局，1965
　　年 5 月第 1 版。

〔唐〕魏徵等撰，楊家駱主編：《新校本隋書》，臺北：鼎文書局，1979
　　年 2 月。

〔宋〕孫甫：《唐史論斷》，北京：中華書局，1991 年《叢書集成初
　　編》。

〔宋〕司馬光，編著，〔元〕胡三省音注：《資治通鑑》，北京：中華書
　　局，1956 年 6 月第一版。

〔宋〕宋綬、宋敏求編：《宋大詔令集》，北京：中華書局，1962 年 10
　　月第 1 版。

〔宋〕胡寅：《讀史管見》，臺南：莊嚴文化，1997 年 2 月《四庫全書
　　存目叢書》。

〔宋〕李燾撰，上海師大古籍所、華東師大古籍所點校：《續資治通鑑長
　　編》，北京：中華書局，2004 年 9 月第 2 版。

〔宋〕徐夢莘編：《三朝北盟會編》，臺北：文海出版社，1962 年 9 月
　　初版。

〔宋〕朱熹、李幼武撰：《宋名臣言行錄五集》，臺北：文海出版社，
　　1967 年 1 月臺初版《宋史資料萃編第一輯》。

〔宋〕趙汝愚編，北京大學中國中古史研究中心校點整理：《宋朝諸臣奏
　　議》，上海：上海古籍出版社，1999 年 12 月第 1 版。

〔宋〕王稱：《東都事略》，臺北：文海出版社，1967 年 1 月臺初版
　　《宋史資料萃編第一輯》。

〔宋〕黃去疾編，刁忠民校點：《龜山先生文靖楊公年譜》，成都：四川

大學出版社，2002 年 1 月《宋人年譜叢刊》。

〔宋〕李心傳：《建炎以來繫年要錄》，北京：中華書局，1988 年 4 月。

〔宋〕陳振孫撰，徐小蠻、顧美華點校：《直齋書錄解題》，上海：上海古籍出版社，1987 年 12 月第一版。

〔宋〕呂中：《宋大事記講義》，臺北：臺灣商務印書館，1986 年景印文淵閣《四庫全書》。

〔宋〕楊仲良：《皇宋通鑑長篇紀事本末》，臺北：臺灣商務印書館，1981 年 10 月初版《宛委別藏》。

〔宋〕丁特起編集：《靖康紀聞》，北京：中華書局，1985 年《叢書集成初編》。

撰人不詳：《靖康要錄》，北京：中華書局，1985 年《叢書集成初編》。

撰人不詳：《靖康朝野僉言》，北京：中華書局，1985 年《叢書集成初編》。

撰人不詳：《宣和遺事》，北京：中華書局，1985 年《叢書集成初編》。

撰人不詳：《南渡錄大略》，北京：中華書局，1985 年《叢書集成初編》。

〔元〕脫脫等撰，楊家駱主編：《新校本宋史并附編三種》，臺北：鼎文書局，1978 年 9 月。

〔明〕黃淮，〔明〕楊士奇等編：《歷代名臣奏議》，上海：上海古籍出版社，1989 年 10 月第 1 版。

〔明〕薛剛纂修，吳廷舉續修：《嘉靖湖廣圖經志書》，北京：書目文獻出版社，1991 年 10 月《日本藏中國罕見地方志叢刊》。

〔明〕黃仲昭修纂：《八閩通志》，福州：福建人民出版社，1990 年 5 月。

〔明〕夏玉麟、汪佃等修纂：《（嘉靖）建寧府志》，臺北：新文豐，1985 年《天一閣藏明代方志選刊》。

〔明〕何喬遠編撰，廈門大學《閩書》校點組校點：《閩書》，福州：福
　　建人民出版社，1995 年 12 月第 1 版。

〔明〕孫存、潘鎰、楊林、張治修纂：《（嘉靖）長沙府志》，北京：中
　　國書店，1992 年《稀見中國地方志匯刊》。

〔明〕何紀纂，劉熙修：《（弘治）衡山縣志》，南京：江蘇古籍出版
　　社，2002 年 7 月《中國地方志集成・湖南府縣志輯》。

〔明〕陳應信修，鍾世賢纂：《（嘉靖）湘潭縣志》，明嘉靖癸丑三十二
　　年（1553）刊本。

〔清〕黃宗羲原著，〔清〕全祖望補修，陳金生、梁運華點校：《宋元學
　　案》，北京：中華書局，1986 年 12 月第 1 版。

〔清〕王夫之著，舒士彥點校：《宋論》，北京：中華書局，1964 年 4
　　月北京第 1 版。

〔清〕朱軾、〔清〕蔡世遠輯：《歷代名儒傳》，北京：北京圖書館出版
　　社，2006 年 5 月《叢書人物傳記資料類編・學林卷》。

〔清〕張廷玉等撰，楊家駱主編：《新校本明史并附編六種》，臺北：鼎
　　文書局，1975 年 6 月。

〔清〕紀昀、陸錫熊、孫士毅等：《欽定四庫全書總目》，北京：中華書
　　局，1997 年。

〔清〕萬斯同：《宋季忠義錄》，北京：北京圖書館出版社，2006 年 10
　　月《宋代傳記資料叢刊》。

〔清〕蔡上翔：《王荊公年譜考略》，臺北：樂天書局，1975 年 4 月。

〔清〕畢沅：《續資治通鑑》，臺北：洪氏出版社，1981 年 5 月再版。

〔清〕李清馥：《閩中理學淵源考》，臺北：臺灣商務印書館，1986 年
　　景印文淵閣《四庫全書》。

〔清〕王梓材、馮雲濠撰，張壽鏞校補：《宋元學案補遺》，臺北：世界
　　書局，1962 年。

〔清〕黃以周等輯注，顧吉辰點校：《續資治通鑑長編拾補》，北京：中
　　華書局，2004 年 1 月第 1 版。

〔清〕陳壽祺等撰：《福建通志》，臺北：華文書局，1968 年 10 月初

版。

〔清〕管聲駿纂修：《（康熙）崇安縣志》，北京：中國書店，2007 年 2
　　月《稀見中國地方志匯刊》。

〔清〕董天工輯：《武夷山志》，臺北：成文出版社，1974 年 6 月臺一
　　版。

〔清〕劉靖修，張彬纂：《（雍正）崇安縣志》，清雍正十一年（1733）
　　刻本。

〔清〕張雲璈等纂修：《（嘉慶）湘潭縣志》，清嘉慶二十三年（1818）
　　刊本。

〔清〕德貴纂修，鍾光序續修：《衡山縣志》，海口：海南出版社，2001
　　年 4 月《故宮珍本叢刊》。

〔清〕蘇佳嗣纂修：《（康熙）長沙府志》，北京：中國書店，1992 年
　　《稀見中國地方志匯刊》。

〔清〕程應熊、姚文燮纂修：《（康熙）建寧府志》，載殷夢霞選編：
　　《日本藏中國罕見地方志叢刊續編》，北京：北京圖書館出版社，
　　2003 年 8 月。

〔清〕呂正音修，歐陽正煥纂：《（乾隆）湘潭縣志》，南京：江蘇古籍
　　出版社，2002 年 7 月《中國地方志集成·湖南府縣志輯》。

〔清〕王闓運等纂，陳嘉榆等修：《（光緒）湘潭縣志》，上海：上海古
　　籍出版社，2002 年《續修四庫全書》。

趙爾巽等撰：《清史稿》，北京：中華書局，1986 年 8 月。

劉超然、鄭豐稔等纂修：《（民國）崇安縣新志》，上海：上海書店出版
　　社，2000 年 10 月《中國地方志集成·福建府縣志輯》。

（三）子部

〔漢〕劉向著，趙善詒疏證：《說苑疏證》，臺北：文史哲出版社，1986
　　年 10 月。

〔唐〕楊倞注，〔清〕王先謙集解：《荀子集解·考證》，臺北：世界書
　　局，2000 年 12 月二版。

〔宋〕邵雍：《皇極經世書》，臺北：中國子學名著集成編印基金會，
　　1978 年 12 月。

〔宋〕邵博撰，劉德權、李劍雄點校：《邵氏聞見後錄》，北京：中華書
　　局，1983 年 8 月第 1 版《唐宋史料筆記叢刊》。

〔宋〕陸游：《老學庵筆記》，臺北：廣文書局，1972 年 5 月初版。

〔宋〕朱熹：《伊洛淵源錄》，載《朱子全書》，上海：上海古籍出版
　　社；合肥：安徽教育出版社，2002 年 12 月。

〔宋〕沈作喆：《寓簡》，北京：中華書局，1985 年《叢書集成初
　　編》。

〔宋〕吳曾：《能改齋漫錄》，北京：團結出版社，1993 年 11 月第一版
　　《辭書集成》。

〔宋〕黃震：《黃氏日抄》，臺北：臺灣商務印書館，1986 年景印文淵
　　閣《四庫全書》。

〔宋〕黎靖德編，王星賢點校：《朱子語類》，北京：中華書局，2008
　　年。

〔元〕陸文圭：《牆東類稿》，臺北：臺灣商務印書館，1986 年景印文
　　淵閣《四庫全書》。

〔元〕陶宗儀：《書史會要》，臺北：臺灣商務印書館，1986 年景印文
　　淵閣《四庫全書》。

〔明〕沈堯中輯：《沈氏學弢》，臺南：莊嚴文化，1997 年 2 月《四庫
　　全書存目叢書》。

〔清〕李紱著，段景蓮點校：《朱子晚年全論》，北京：中華書局，2000
　　年 7 月。

〔清〕孫志祖：《讀書脞錄》，上海：上海古籍出版社，2002 年《續修
　　四庫全書》。

（四）集部

〔梁〕劉勰著，范文瀾註：《文心雕龍註》，北京：人民文學出版社，
　　2001 年 5 月。

〔唐〕韓愈：《韓昌黎全集》，臺北：新文豐，1977 年 9 月初版。

〔宋〕范仲淹著，李勇光、王蓉貴校點：《范仲淹全集》，成都：四川大學出版社，2007 年 11 月。

〔宋〕孫復：《孫明復小集》，臺北：臺灣商務印書館，1986 年景印文淵閣《四庫全書》。

〔宋〕歐陽修著，李逸安點校：《歐陽修全集》，北京：中華書局，2001 年 3 月第 1 版。

〔宋〕蔡襄撰，陳慶元、歐明俊、陳貽庭校注：《蔡襄全集》，福州：福建人民出版社，1999 年 7 月第 1 版。

〔宋〕劉敞：《公是集》，北京：中華書局，1985 年《叢書集成初編》。

〔宋〕司馬光撰，李之亮箋注：《司馬溫公集編年箋注》，成都：巴蜀書社，2009 年 2 月第 1 版。

〔宋〕王安石：《王安石文集》，臺北：河洛圖書出版社，1974 年 10 月臺景初版。

〔宋〕鄭獬：《鄖溪集》，臺北：臺灣商務印書館，1986 年景印文淵閣《四庫全書》。

〔宋〕徐積：《節孝集》，臺北：臺灣商務印書館，1986 年景印文淵閣《四庫全書》。

〔宋〕呂陶：《淨德集》，北京：中華書局，1985 年《叢書集成初編》。

〔宋〕劉摯撰，裴汝誠、陳曉平點校：《忠肅集》，北京：中華書局，2002 年 9 月第 1 版。

〔宋〕程顥、程頤著，王孝魚點校：《二程集》，北京：中華書局，2004 年 2 月第 2 版。

〔宋〕孔文仲：《舍人集》，臺北：新文豐，1989 年 7 月臺一版《叢書集成續編》。

〔宋〕陳舜俞：《都官集》，臺北：臺灣商務印書館，1986 年景印文淵閣《四庫全書》。

〔宋〕鄭俠：《西塘集》，臺北：臺灣商務印書館，1986 年景印文淵閣
　　《四庫全書》。

〔宋〕朱長文撰，朱思輯：《樂圃餘藁》，臺北：臺灣商務印書館，1986
　　年景印文淵閣《四庫全書》。

〔宋〕黃庭堅著，劉琳、李勇先、王蓉貴校點：《黃庭堅全集》，成都：
　　四川大學出版社，2001 年 5 月第 1 版。

〔宋〕楊時：《楊龜山先生全集》，臺北：臺灣學生書局，1974 年 6 月
　　初版。

〔宋〕尹焞：《和靖尹先生文集》，北京：線裝書局，2004 年 6 月第一
　　版《宋集珍本叢刊》。

〔宋〕游酢：《游廌山集》，臺北：臺灣商務印書館，1986 年景印文淵
　　閣《四庫全書》。

〔宋〕張耒：《柯山集拾遺》，北京：中華書局，1985 年《叢書集成初
　　編》。

〔宋〕晁說之：《嵩山文集》，臺北：臺灣商務印書館，1981 年 2 月初
　　版《四部叢刊廣編》。

〔宋〕羅從彥：《豫章文集》，臺北：臺灣商務印書館，1986 年景印文
　　淵閣《四庫全書》。

〔宋〕王庭珪：《盧溪文集》，臺北：臺灣商務印書館，1986 年景印文
　　淵閣《四庫全書》。

〔宋〕孫覿：《鴻慶居士集》，臺北：臺灣商務印書館，1986 年景印文
　　淵閣《四庫全書》。

〔宋〕李綱著，王瑞明點校：《李綱全集》，長沙：嶽麓書社，2004 年 5
　　月第 1 版。

〔宋〕李彌遜：《筠谿集》，臺北：臺灣商務印書館，1986 年景印文淵
　　閣《四庫全書》。

〔宋〕張元幹著，曹濟平校注：《蘆川詞》，上海：上海古籍出版社，
　　1991 年 11 月第 1 版《宋詞別集叢刊》。

〔宋〕胡寅：《斐然集》，臺北：臺灣商務印書館，1986 年景印文淵閣

《四庫全書》。

〔宋〕劉子翬：《屏山集》，臺北：臺灣商務印書館，1986 年景印文淵
　　閣《四庫全書》。

〔宋〕范浚：《范香溪先生文集》，北京：線裝書局，2004 年 6 月第一
　　版《宋集珍本叢刊》。

〔宋〕胡銓：《胡澹庵先生文集》，臺北：漢華文化，1970 年 7 月初
　　版。

〔宋〕胡宏著，吳仁華點校：《胡宏集》，北京：中華書局，1987 年 6
　　月。

〔宋〕劉安節：《劉左史集》，臺北：臺灣商務印書館，1986 年景印文
　　淵閣《四庫全書》。

〔宋〕華鎮：《雲溪居士集》，臺北：臺灣商務印書館，1986 年景印文
　　淵閣《四庫全書》。

〔宋〕周必大：《益公題跋》，臺北：廣文書局，1971 年 12 月。

〔宋〕楊萬里：《誠齋詩話》，臺北：臺灣商務印書館，1986 年景印文
　　淵閣《四庫全書》。

〔宋〕許顗：《彥周詩話》，臺北：新興書局，1975 年 11 月《筆記小說
　　大觀九編》。

〔宋〕陳騤著，劉明暉校點：《文則》，香港：中華書局，1977 年 4 月
　　港一版。

〔宋〕朱熹：《晦庵先生朱文公文集》，《朱子全書》，上海：上海古籍
　　出版社；合肥：安徽教育出版社，2002 年 12 月。

〔宋〕張孝祥：《于湖集》，臺北：臺灣商務印書館，1986 年景印文淵
　　閣《四庫全書》。

〔宋〕張栻：《南軒集》，臺北：廣學社印書館，1975 年 6 月。

〔宋〕呂祖謙：《呂東萊文集》，載《呂祖謙全集》，杭州：浙江古籍出
　　版社，2008 年 1 月。

〔宋〕李光：《莊簡集》，臺北：臺灣商務印書館，1986 年景印文淵閣
　　《四庫全書》。

〔宋〕陳傅良：《止齋先生文集》，臺北：臺灣商務印書館，1979 年 11
　　月臺一版《四部叢刊正編》。

〔宋〕樓鑰：《攻媿集》，臺北：臺灣商務印書館，1986 年景印文淵閣
　　《四庫全書》。

〔宋〕陳淵：《默堂集》，臺北：臺灣商務印書館，1986 年景印文淵閣
　　《四庫全書》。

〔宋〕葉適：《水心別集》，臺北：河洛圖書出版社，1974 年 5 月臺景
　　印初版。

〔宋〕蔡沆：《復齋公集》，載〔明〕蔡有鶤編纂，〔清〕蔡重增輯：
　　《蔡氏九儒書》，北京：線裝書局，2004 年 5 月《宋集珍本叢
　　刊》。

〔宋〕衛涇：《後樂集》，臺北：臺灣商務印書館，1986 年景印文淵閣
　　《四庫全書》。

〔宋〕程珌：《洺水集》，臺北：臺灣商務印書館，1986 年景印文淵閣
　　《四庫全書》。

〔宋〕真德秀：《真西山文集》，載《真文忠公全集》，臺北：文友書
　　店，1968 年 9 月。

〔宋〕杜範：《清獻集》，臺北：臺灣商務印書館，1986 年景印文淵閣
　　《四庫全書》。

〔宋〕王邁：《臞軒集》，臺北：臺灣商務印書館，1986 年景印文淵閣
　　《四庫全書》。

〔元〕方回選評，李慶甲集評校點：《瀛奎律髓彙評》，上海：上海古籍
　　出版社，2005 年 4 月新 1 版。

〔宋〕熊禾：《熊勿軒先生文集》，北京：中華書局，1985 年北京新一
　　版《叢書集成初編》。

〔元〕吳師道：《淵穎吳先生集》，臺北：臺灣商務印書館，1979 年 11
　　月《四部叢刊正編》。

〔元〕吳師道：《吳正傳先生文集》，臺北：國立中央圖書館，1970 年 3
　　月。

〔元〕梁寅：《梁石門集》，臺北：新文豐，1985 年 4 月《元人文集珍本叢刊》。

〔明〕王褘：《王忠文集》，臺北：臺灣商務印書館，1986 年景印文淵閣《四庫全書》。

〔明〕唐之淳：《唐愚士詩》，臺北：臺灣商務印書館，1986 年景印文淵閣《四庫全書》。

〔明〕桑悅：《思玄集》，臺南：莊嚴文化，1997 年 2 月《四庫全書存目叢書》。

〔明〕李東陽：《懷麓堂集》，上海：上海古籍出版社，1991 年 12 月《四庫明人文集叢刊》。

〔明〕孫承恩：《文簡集》，臺北：臺灣商務印書館，1986 年景印文淵閣《四庫全書》。

〔明〕王慎中：《遵巖集》，臺北：臺灣商務印書館，1986 年景印文淵閣《四庫全書》。

〔明〕袁中道著，錢伯城點校：《珂雪齋集》，上海：上海古籍出版社，1989 年 1 月。

〔明〕郭金臺撰，陶新華點校：《石村詩集》，長沙：嶽麓書社，2010 年 1 月。

〔清〕朱彝尊：《曝書亭集》，臺北：世界書局，1964 年 2 月初版。

〔清〕李紱：《穆堂別稿》，上海：上海古籍出版社，2002 年《續修四庫全書》。

〔清〕法若真：《黃山詩留》，上海：上海古籍出版社，2010 年《清代詩文集彙編》。

〔清〕厲鶚輯撰：《宋詩紀事》，上海：上海古籍出版社，2008 年 4 月第 2 版。

〔清〕孫原湘：《天真閣集》，上海：上海古籍出版社，2002 年《續修四庫全書》。

〔清〕陸心源編撰，徐旭、李志國點校：《宋詩紀事補遺》，太原：山西古籍出版社，1997 年 7 月。

二、近現代論著

（一）專書

王熙元：《穀梁范注發微》，臺北：嘉新水泥公司文化基金會，1972年。

王育濟：《天理與人欲——理學理欲觀演變的邏輯進程》，濟南：齊魯書社，1992 年 12 月。

王立新：《開創時期的湖湘學派》，臺北：洪葉文化，2003 年 8 月。

本田成之：《中國經學史》，臺北：祥生出版社，1975 年 4 月。

朱漢民：《湘學原道錄》，北京：中國社會科學出版社，2002 年 10 月。

宋鼎宗：《春秋宋學發微》，臺北：文史哲出版社，1986 年 9 月。

宋鼎宗：《春秋胡氏學》，臺北：萬卷樓，2000 年 4 月。

李新霖：《春秋公羊傳要義》，臺北：文津出版社，1989 年 5 月。

沈玉成、劉寧：《春秋左傳學史稿》，南京：江蘇古籍出版社，1992 年 6 月。

吳智雄：《穀梁傳思想析論》，臺北：文津出版社，2000 年 6 月。

李建軍：《宋代《春秋》學與宋型文化》，北京：中國社會科學出版社，2008 年 6 月。

林保淳：《經世思想與文學經世——明末清初經世文論研究》，臺北：文津出版社，1991 年 12 月。

姜亞沙、經莉、陳湛綺編：《〔雍正〕（福建）崇安縣志中載書院》，《中國書院志》，北京：全國圖書館文獻縮微複製中心，2005 年 3 月。

姜廣輝主編：《中國經學思想史·第三卷》，北京：中國社會科學出版社，2010 年 11 月。

洪鈞培：《春秋國際公法》，臺北：臺灣中華書局，1971 年 2 月臺一版。

侯外廬、邱漢生、張豈之主編：《宋明理學史》，北京：人民出版社，

1984 年 4 月。

姚瀛艇主編：《宋代文化史》，開封：河南大學出版社，1992 年 2 月。

徐元誥撰，王樹民、沈長雲點校：《國語集解》，北京：中華書局，2002 年 6 月 第 1 版。

康學偉：《先秦孝道研究》，臺北：文津出版社，1992 年 10 月。

章權才：《宋明經學史》，韶關：廣東人民出版社，1999 年 9 月。

張師高評：《春秋書法與左傳學史》，臺北：五南圖書，2002 年 1 月。

張　偉：《黃震與東發學派》，北京：人民出版社，2003 年 6 月。

張素卿：《敘事與解釋——《左傳》經解研究》，臺北：書林，1998 年 4 月。

陶晉生：《宋遼關係史研究》，臺北：聯經，2005 年 11 月初版。

陳　來：《朱子書信編年考證》，北京：生活‧讀書‧新知三聯書店，2007 年 9 月。

陳　柱：《公羊家哲學》，臺北：臺灣中華書局，1980 年 11 月臺二版。

陳植鍔：《北宋文化史述論》，北京：中國社會科學出版社，1992 年 3 月第 1 版。

陳谷嘉、朱漢民：《湖湘學派源流》，長沙：湖南教育出版社，1992 年 4 月。

陳廷湘：《宋代理學家的義利觀》，北京：團結出版社，1998 年 12 月。

許倬雲：《我者與他者：中國歷史上的內外分際》，臺北：時報文化，2009 年 10 月初版。

郭慶藩輯：《莊子集釋》，臺北：河洛圖書出版社，1974 年 3 月臺景印一版。

傅偉勳：《學問的生命與生命的學問》，臺北：正中書局，1994 年 5 月。

簡福興：《胡氏春秋學研究》，高雄：欣禾圖書公司，1997 年。

楊渭生等：《兩宋文化史研究》，杭州：杭州大學出版社，1998 年 12 月第 1 版。

楊伯峻：《春秋左傳注》，北京：中華書局，2005 年 5 月。

趙伯雄：《春秋學史》，濟南：山東教育出版社，2004 年 4 月。

蔡方鹿：《朱熹經學與中國經學》，北京：人民出版社，2004 年 4 月第 1
　　　版。

鄧小南：《祖宗之法：北宋前期政治述略》，北京：生活・讀書・新知三
　　　聯書店，2006 年 9 月北京第 1 版。

戴　維：《春秋學史》，長沙：湖南教育出版社，2004 年 5 月。

羅清能：《胡氏春秋傳研究》，花蓮：真義出版社，1989 年 1 月。

（二）學位論文

王江武：《胡安國《春秋傳》研究》，上海：復旦大學中國哲學博士論
　　　文，2008 年 4 月。

汪嘉玲：《胡安國《春秋傳》研究》，臺北：東吳大學中國文學所碩士論
　　　文，1998 年 5 月。

吳　強：《胡安國「夏時冠周月」考論》，湘潭：湘潭大學中國哲學碩士
　　　論文，2008 年 5 月。

倪天蕙：《宋儒春秋尊王思想研究》，臺北：政治大學中國文學所碩士論
　　　文，1982 年 5 月。

許正蕾：《論晚清知識份子對「三綱」的排拒與維護》，臺北：輔仁大學
　　　中國文學系碩士論文，2006 年 6 月。

劉榮賢：《宋代湖湘學派研究》，臺中：東海大學中文所博士論文，1994
　　　年 5 月。

鄭丞良：《胡安國《春秋傳》與《公羊傳》之比較研究——以三綱思想的
　　　考察為主》，臺北：中國文化大學史學所碩士論文，2000 年 6 月。

劉昆笛：《胡安國《春秋》學思想研究》，蘇州：蘇州大學中國哲學博士
　　　論文，2009 年 5 月。

（三）期刊論文

宋鼎宗：〈胡安國春秋貶宋說〉，《成功大學學報》第 13 卷（1978 年 5
　　　月），頁 135-154。

吳　強、盧艷晗：〈《胡氏春秋傳》「元」思想闡微〉，《黑龍江教育學院學報》第 26 卷第 4 期（2007 年 4 月），頁 14-16。

李遠濤：〈《讀史管見》與胡寅的歷史評論〉，《史學史研究》1994 年第 1 期，頁 35-42。

李隆獻：〈宋代經生復仇觀的省察與詮釋〉，《臺大中文學報》第 31 期（2009 年 12 月），頁 147-196。

李隆獻：〈復仇觀的省察與詮釋──以《春秋》三傳為重心〉，《臺大中文學報》第 22 期（2005 年 6 月），頁 99-149。

林素娟：〈春秋戰國時期為君父復讎所涉之忠孝議題及相關經義探究〉，《漢學研究》第 24 卷第 1 期（2006 年 6 月），頁 35-70。

張師高評：〈王昭君和親主題之異化與深化──以《全宋詩》為例〉，《中國文學學報》創刊號（2010 年 12 月），頁 103-122。

康凱淋：〈論清初官方對胡安國《春秋胡氏傳》的批評〉，《漢學研究》第 28 卷第 1 期（2010 年 3 月），頁 295-323。

黃俊傑：〈先秦儒家義利觀念的演變及其思想史的涵義〉，《漢學研究》第 4 卷第 1 期（1986 年 6 月），頁 109-150。

黃覺弘：〈劉絢《春秋傳》佚文考說〉，《文學研究》第 12 期（2008 年），頁 112-120。

黃覺弘：〈楊時《春秋》遺說及其淵源〉，《貴州大學學報》第 27 卷第 5 期（2009 年 9 月），頁 129-134。

楊布生：〈胡安國、胡宏父子創書院於衡湘考〉，《教育評論》第 4 期（1991 年），頁 54-57。

蔡仁厚：〈南宋胡氏家學與湖湘學統〉，《孔孟學報》第 21 期（1971 年 4 月），頁 75-88。

閻鴻中：〈唐代以前「三綱」意義的演變──以君臣關係為主的考察〉，《錢穆先生紀念館館刊》第 7 期（1999 年 12 月），頁 56-75。

劉德明：〈程伊川《春秋傳》初探〉，《國立中央大學文學院人文學報》，第 23 期（2001 年 6 月），頁 41-68。

（四）專書論文

王水照：〈「祖宗家法」的「近代」指向與文學中的淑世精神——宋型文
　　化與宋代文學之研究〉，《王水照自選集》，上海：上海教育出版
　　社，2000 年 6 月，頁 14-32。

牟潤孫：〈兩宋春秋學之主流〉，《注史齋叢稿》，臺北：臺灣商務印書
　　館，1990 年 6 月臺灣初版，頁 140-161。

馬辛民：〈胡寅年譜及詩繫年〉，《古典文獻研究論叢》，北京：北京大
　　學出版社，1995 年 3 月，頁 134-173。

傅樂成：〈唐代夷夏觀念之演變〉，《漢唐史論集》，臺北：聯經出版事
　　業公司，1977 年 9 月初版，頁 209-226。

翟志成：〈宋明理學的公私之辨及其現代意涵〉，《公與私：近代中國個
　　體與群體之重建》，臺北：中央研究院近代史研究所，2000 年 6
　　月，頁 1-57。

鄧小南：〈試談五代宋初「胡／漢」語境的消解〉，《10-13 世紀中國文
　　化的碰撞與融合》，上海：上海人民出版社，2006 年 11 月第 1 版，
　　頁 114-137。

附錄 胡文定公安國年譜

熙寧七年甲寅（1074） 一歲

胡安國，字康侯。本貫建州崇安縣開耀鄉籍溪里。[1]

按：朱熹《伊洛淵源錄》載公生於熙寧甲寅九月二十二日巳時。[2]

又按：《閩書》記載公世居龜山之旁，[3]而《八閩通志》曰：「胡安國宅在胡坊舊籍溪里。區曰『山居』，其游憩之所曰『芳亭』。」[4]嘉靖《建寧府志》亦錄：「胡安國宅在從籍里胡坊，舊名籍溪。」[5]清人法若真（1613-1696）曾作〈問胡安國宅〉一詩：「何處秋聲九曲溪，草陰杉刺北峯低。愁將廢閣春王傳，不到山門看武夷。」[6]又，公晚年常居湖南，故嘉靖《湖廣圖經志書》亦記有胡安國宅在「荊州府江陵縣城北五里，子孫世居之。」[7]衡州府衡山縣亦有胡安國故居。[8]

---

[1] 〔宋〕胡寅撰，尹文漢點校：〈先公行狀〉，《斐然集》（長沙：嶽麓書社，2009 年 7 月），卷 25，頁 485。本年譜編訂多依胡寅〈先公行狀〉為據，凡參引是文皆此版本，僅附〈行狀〉及頁數於後，不另作註。

[2] 〔宋〕朱熹：《伊洛淵源錄》，載《朱子全書》，卷 13，頁 1092。

[3] 〔明〕何喬遠編撰，廈門大學《閩書》校點組校點：〈方域志〉，《閩書》（福州：福建人民出版社，1995 年 12 月第 1 版），卷 16，頁 363。

[4] 〔明〕黃仲昭修纂：《八閩通志》（福州：福建人民出版社，1990 年 5 月），卷 73，頁 749。

[5] 〔明〕夏玉麟、汪佃等修纂：〈古蹟〉，《（嘉靖）建寧府志》（臺北：新文豐，1985 年《天一閣藏明代方志選刊》），卷 20，頁 448。

[6] 〔清〕法若真：《黃山詩留》（上海：上海古籍出版社，2010 年《清代詩文集彙編》），卷 1，頁 26。

[7] 〔明〕薛剛纂修，吳廷舉續修：《（嘉靖）湖廣圖經志書》（北京：書目文獻出版社，1991 年 10 月《日本藏中國罕見地方志叢刊》），卷 6，頁 531。

[8] 〔明〕薛剛纂修，吳廷舉續修：《（嘉靖）湖廣圖經志書》，卷 12，頁 1017。

五世祖號主簿公，五代中至建州之鵝子峰下釣魚自晦，人莫知其所從來。
（〈行狀〉，頁485）

　　按：游酢〈宣義胡公墓誌銘〉曰：「其先江南人，唐末避地於建州崇
　　安之籍溪。」[9]雍正《崇安縣志》詳曰：「釣魚翁，胡文定之五世祖
　　也，本江南人，五季之亂，避地入閩，隱居於黃栢里之柘洋，以釣魚
　　自晦，人但稱釣魚翁云。」[10]民國《崇安縣新志》以胡夔為祖：「唐
　　末胡夔由江南來，遷居籍溪，七傳至安國，以《春秋》顯於時。」[11]

高祖胡敏。[12]

曾祖胡容，不仕。（〈行狀〉，頁485）

　　按：據游酢〈宣義胡公墓誌銘〉所記，胡敏、胡容二人皆「率德不
　　耀」。[13]

祖父胡罕，不仕。（〈行狀〉，頁485）

　　按：依游酢〈宣義胡公墓誌銘〉所載，胡罕為人負氣節、重然諾，鄉
　　鄰有競，不決於司，而詢求罕言，故閭里間終歲無訟。又云：「資產
　　本饒給，群從數數稱貸無所償，以故致空匱，怡然終不恨。」[14]

---

[9] 〔宋〕游酢：〈宣義胡公墓誌銘〉，《游廌山集》（臺北：臺灣商務印書館，1986年景印
文淵閣《四庫全書》），卷4，頁698。

[10] 〔清〕劉靖修，張彬纂：《（雍正）崇安縣志》（清雍正十一年（1733）刻本），卷6，頁
32。

[11] 劉超然、鄭豐稔等纂修：《（民國）崇安縣新志》（上海：上海書店出版社，2000年10月
《中國地方志集成·福建府縣志輯》），卷4，頁28。

[12] 〔宋〕游酢：〈宣義胡公墓誌銘〉，《游廌山集》，卷4，頁698。

[13] 〔宋〕游酢：〈宣義胡公墓誌銘〉，《游廌山集》，卷4，頁698。

[14] 〔宋〕游酢：〈宣義胡公墓誌銘〉，《游廌山集》，卷4，頁698。

父胡淵，字澤之，任宣義郎致仕、贈中大夫。（〈行狀〉，頁 485）

　　按：胡淵事親至孝，克盡子職，依游酢〈宣義胡公墓誌銘〉記：「公
　　生而聰敏，蚤歲能綴文。及冠，試於有司，不與選，而益務強識，下
　　至陰陽卜筮之書，無不精究。親老家貧，於是往來授學江浙間，歲終
　　度父母所須，力能致者，盡市歸以獻，退無私焉。丁外艱，母有末
　　疾，不復遠遊，里閈教生徒，晨夕歸省，祈寒暑雨不移晷。每諸生餽
　　食有鮮肥，悉持歸以佐母膳，母憐其誠，為之強進，而疏食飲水，躬
　　自安之。」[15]

　　又按：仙洲居士吳羲門教授胡淵六經，歎賞其止，遂妻以女。胡寅
　　〈先公行狀〉云：「父中大始讀書為進士業，時同縣有仙洲翁吳先生
　　以六經教授，中大往從之。翁閱其所寫《論語》、《尚書》終帙如
　　一，無差舛，即妻以女，是為公母令人。」（〈行狀〉，頁 485）游
　　酢〈宣義胡公墓誌銘〉詳載：「公為兒童時，父所傳書於同鄉仙洲吳
　　居士之家，居士閱其所寫《論語》，字體謹慎，終二十篇文無誤，又
　　視瞻凝審，重歎賞之。有女未嫁，聰睿少倫，讀書能探微旨，為擇
　　對，不輕許，察公端愨，特以妻之。公既資純孝，又得賢配，相與竭
　　力，以事其親，雖厄窮貧窶，而閨門之內雍如也。」[16]

　　又按：文定公典教荊州之初，數與守忤，胡淵知公性峻，促使求田置
　　舍，公語妻孥曰：「古者人有恒產，故士不仰祿。今之宦遊者，率低
　　佪餼廩以自負於義，一招廢斥，置父母妻子於飢寒，恝然無念，可
　　乎？」遂買田數頃，自葺廬舍。後崇寧五年（1106），蔡京、李良輔
　　等輩誣公，陷獄不成，坐是除名，公乃歸於所葺之舍，安處無需外
　　營，親舊知胡淵識微而慮遠。[17]

母吳氏，永壽縣君、贈令人。（〈行狀〉，頁 485）

---

[15] 〔宋〕游酢：〈宣義胡公墓誌銘〉，《游廌山集》，卷4，頁 698。

[16] 〔宋〕游酢：〈宣義胡公墓誌銘〉，《游廌山集》，卷4，頁 698。

[17] 〔宋〕游酢：〈宣義胡公墓誌銘〉，《游廌山集》，卷4，頁 699。

按：明代《閩書》載：「吳夫人者，胡安國母，仙州居士羨門之女
也。幼通詩書，皆能析其大義。既歸胡，克盡婦道。姑余太君老得末
疾，寢食盥櫛皆待人，夫人侍膳問衣，委身同起臥者垂十載。及沒，
足屈不伸，宗長欲以羌夷法舉葬，夫人泣曰：『姑不得以全體歸地
下，吾當與俱。』默禱於神，以手徐摩，頃之，姑足遂伸。……
（公）未冠，遂預計偕，迨罷歸，宗人為惋惜，夫人獨喜，因語之
曰：『兒學短淺，使亟竊名第，必惰且驕，難遠大期也。』安國既登
第，復好弈，夫人責之曰：『業止一第耶？』安國遂禁弈終身已。典
教荊州，以事數忤守，夫人曰：『人貴德義耳，不貴以氣凌人。』安
國遵訓飭勵，母教居多焉。」[18]可見吳氏孝敬卑順，母教影響公之甚
深。

弟胡安止、胡安老。

按：胡安止，以兄安國蔭累官朝奉郎、岳州通判。《閩書》誌曰：
「父淵，臨訣，以安止與其弟安老授安國，命嚴勒之。安國誓不忍
撻，乃撫而教焉。皆感奮力學，俱以經術行義著稱。」[19]胡安老，字
康年，「恬簡淡默，喜周人急。用安國蔭補官，嘗知宜春、羅江二
縣。終知袁州。」[20]

熙寧八年乙卯（1075）　二歲

三　月，史館修撰宋敏求奉詔續修《國朝會要》。[21]

18　〔明〕何喬遠編撰，廈門大學《閩書》校點組校點：〈閩閣志〉，《閩書》，卷 142，頁
　　4205。

19　〔明〕何喬遠編撰，廈門大學《閩書》校點組校點：〈英舊志〉，《閩書》，卷 98，頁
　　2928。

20　〔明〕何喬遠編撰，廈門大學《閩書》校點組校點：〈英舊志〉，《閩書》，卷 98，頁
　　2928。

21　〔宋〕李燾撰，上海師大古籍所、華東師大古籍所點校：《續資治通鑑長編》，卷 261，頁
　　6365。

六　　月，王安石《三經新義》書成，詔頒於學官。[22]

七　　月，宋割地與遼。[23]

九　　月，王安石監修國史。[24]

十二月，王安石上再譔《詩關雎義解》。詔并前改定諸《詩序解》付國子
　　　　監，鏤版施行。[25]

熙寧九年丙辰（1076）　　三歲

公初能言，母吳氏試以訓童蒙韻語數十字教之，兩過能記。祖母余氏撫之
曰：「兒必大吾門。」（〈行狀〉，頁485）

熙寧十年丁巳（1077）　　四歲

五　　月，詔以歐陽修《五代史》藏祕閣。[26]

七　　月，邵雍（1011-1077）卒。

十一月，張載（1020-1077）卒。

十二月，葉夢得（1077-1148）生。

元豐元年戊午（1078）　　五歲

閏正月，曾公亮（998-1078）卒。

二　　月，分命輔臣祈雨於郊廟、社稷。[27]

---

[22] 〔清〕蔡元鳳：《王荊公年譜考略》（臺北：樂天書局，1975年4月），卷19，頁257。

[23] 〔清〕畢沅：《續資治通鑑》（臺北：洪氏出版社，1981年5月再版），卷71，頁1778。

[24] 〔清〕蔡元鳳：《王荊公年譜考略》，卷19，頁262。

[25] 〔宋〕李燾撰，上海師大古籍所、華東師大古籍所點校：《續資治通鑑長編》，卷271，頁6650。

[26] 〔宋〕李燾撰，上海師大古籍所、華東師大古籍所點校：《續資治通鑑長編》，卷282，頁6903。

四　月，遼主遣崇義軍節度使耶律永寧，副使劉霶，來賀同天節。[28]
十二月，神宗慨然有恢復燕幽之志。[29]

元豐二年己未（1079）　六歲

五　月，群臣奏事垂拱殿，御衣有蟲自襟沿至御巾，上既拂之至地，視
　　　之，乃行蟲，其蟲善入人耳，上亟曰：「此飛蟲也。」蓋慮治
　　　及執侍者而掩之，實非飛蟲也。[30]
七　月，三佛齋、詹卑國使來貢方物。[31]
是　年，王庭珪（1079-1171）生。

元豐三年庚申（1080）　七歲

公作小詩，有「自任以文章道德」之句。母吳氏使就外家學，歲時得一
歸，留不過信宿。日記數千言，不復忘。（〈行狀〉，頁485）
　　　按：胡寅〈先公行狀〉曰：「公少時有作為文章立名後世之意，其
　　　後篤志於天人性命之學，乃不復作。」（〈行狀〉，頁 525-526）
　　　《閩書》載：「胡文定安國負傑出絕異之資，見善必為，必要其成，
　　　知惡必去，必絕其根。自幼少已有出塵之趣。」[32]

27　〔宋〕李燾撰，上海師大古籍所、華東師大古籍所點校：《續資治通鑑長編》，卷 288，頁
　　7046。
28　〔宋〕李燾撰，上海師大古籍所、華東師大古籍所點校：《續資治通鑑長編》，卷 289，頁
　　7065。
29　〔清〕畢沅：《續資治通鑑》，卷 73，頁 1846。
30　〔宋〕李燾撰，上海師大古籍所、華東師大古籍所點校：《續資治通鑑長編》，卷 298，頁
　　7242。
31　〔宋〕李燾撰，上海師大古籍所、華東師大古籍所點校：《續資治通鑑長編》，卷 299，頁
　　7265。
32　〔明〕何喬遠編撰，廈門大學《閩書》校點組校點：〈蓄德志〉，《閩書》，卷 153，頁
　　4509。

又按：康熙《建寧府志》載：「安國稍能言，（母吳氏）即遣就外傅，且戒不得歸，歸及信宿，乃遣之學，宗人曰：『兒稚弱，少休之。』夫人曰：『休正在此。』安國自是感奮力學。」[33]

元豐四年辛酉（1081）　八歲

三　月，章惇罷，知蔡州。[34]

七　月，太白晝見。[35]

八　月，司馬光等進所修《百官公卿年表》十卷、《宗室世表》三卷。[36]

十　月，種諤破米脂援軍捷書至，神宗喜動顏色，群臣稱賀。[37]

元豐五年壬戌（1082）　九歲

九　月，西夏進攻永樂城，城陷，漢、蕃官二百三十人，兵萬二千三百餘人，皆沒。神宗涕泣悲憤，為之不食，後悔用兵，已無意西伐。[38]

十　月，宋徽宗趙佶（1082-1135）生。

是　年，朱勝非（1082-1144）生。

---

[33]　〔明〕何喬遠編撰，廈門大學《閩書》校點組校點：〈閩闈志〉，《閩書》，卷142，頁4205。

[34]　〔清〕畢沅：《續資治通鑑》，卷76，頁1892。

[35]　〔宋〕李燾撰，上海師大古籍所、華東師大古籍所點校：《續資治通鑑長編》，卷314，頁7600。

[36]　〔宋〕李燾撰，上海師大古籍所、華東師大古籍所點校：《續資治通鑑長編》，卷315，頁7634。

[37]　〔宋〕李燾撰，上海師大古籍所、華東師大古籍所點校：《續資治通鑑長編》，卷317，頁7659。

[38]　〔宋〕李燾撰，上海師大古籍所、華東師大古籍所點校：《續資治通鑑長編》，卷329、330，頁7935、7945。

元豐六年癸亥（1083）　十歲

正　月，李綱（1083-1140）生。

四　月，曾鞏（1019-1083）卒。

閏六月，西夏遣使來貢，乞通好如初。[39]

十一月，胡舜陟（1083-1143）生。

元豐七年甲子（1084）　十一歲

四　月，西夏犯安塞堡。[40]

九　月，西夏圍定西城，將官秦貴等擊卻之。[41]

十　月，西夏犯涇原，民多以火死。[42]

十二月，司馬光《資治通鑑》書成。[43]

是　年，呂本中（1084-1145）、李清照（1084-1155？）、曾幾（1084-1166）生。

元豐八年乙丑（1085）　十二歲

三　月，宋神宗崩，趙煦立，是為哲宗。

五　月，西夏犯鄜延路。[44]

---

[39] 〔清〕畢沅：《續資治通鑑》，卷77，頁1937-1938。

[40] 〔宋〕李燾撰，上海師大古籍所、華東師大古籍所點校：《續資治通鑑長編》，卷345，頁8280。

[41] 〔宋〕李燾撰，上海師大古籍所、華東師大古籍所點校：《續資治通鑑長編》，卷348，頁8362。

[42] 〔宋〕李燾撰，上海師大古籍所、華東師大古籍所點校：《續資治通鑑長編》，卷349，頁8367。

[43] 〔清〕畢沅：《續資治通鑑》，卷78，頁1949。

[44] 〔宋〕李燾撰，上海師大古籍所、華東師大古籍所點校：《續資治通鑑長編》，卷356，頁8526。

六　月，程顥（1032-1085）卒。

八　月，向子諲（1085-1152）卒。

十二月，夏人遣人入貢。[45]

元祐元年丙寅（1086）　十三歲

二　月，館伴高麗使言，高麗人乞《開寶正禮》、《文苑英華》、《太平
　　　御覽》，詔許賜《文苑英華》。[46]

閏二月，禮部請置《春秋》博士，專為一經。[47]

三　月，司馬光上奏言取士之道，立《周易》、《尚書》、《毛詩》、
　　　《周禮》、《儀禮》、《禮記》、《春秋》、《孝經》、《論
　　　語》為九經，其中《春秋》止用《左氏傳》，《公羊》、《穀
　　　梁》、陸淳等說，並為諸家。[48]

四　月，王安石（1021-1086）卒。

六　月，詔大學士置《春秋》博士一員。[49]

七　月，詔以衢州龍游縣令王棐為《春秋》博士，從國子祭酒鄭穆、司業
　　　黃隱薦也。[50]

九　月，司馬光（1019-1086）卒。

是　年，胡憲（1086-1162）生。

---

[45] 〔宋〕李燾撰，上海師大古籍所、華東師大古籍所點校：《續資治通鑑長編》，卷 362，頁
　　8657。

[46] 〔宋〕李燾撰，上海師大古籍所、華東師大古籍所點校：《續資治通鑑長編》，卷 365，頁
　　8744。

[47] 〔宋〕李燾撰，上海師大古籍所、華東師大古籍所點校：《續資治通鑑長編》，卷 368，頁
　　8858。

[48] 〔清〕畢沅：《續資治通鑑》，卷 79，頁 1991。

[49] 〔宋〕李燾撰，上海師大古籍所、華東師大古籍所點校：《續資治通鑑長編》卷 380，頁
　　9227。

[50] 〔宋〕李燾撰，上海師大古籍所、華東師大古籍所點校：《續資治通鑑長編》卷 382，頁
　　9317。

元祐二年丁卯（1087） 十四歲

正　月，詔：「自今舉人程試，並許用古今諸儒之說，或出己見，勿引
　　　　申、韓、釋氏書。攷試官以經義、論、策通定去留，毋于
　　　　《老》、《列》、《莊子》出題。」[51]
十一月，下詔：「雪寒異於常歲，民多死者，宜加存恤，給以錢穀；若無
　　　　親屬收瘞，則官為葬之。」[52]
是　年，呂公著獨相，群賢在朝，以類相從，有洛黨、蜀黨、朔黨之號，
　　　　互相訾議。[53]

元祐三年戊辰（1088） 十五歲

遊學信州。

　　按：胡寅〈先公行狀〉記：「一日有為馬戲于學前者，諸生百許人皆
　　不告而出。教授歙人胡公行兩廡間，聞誦書聲，問為誰，得公姓名，
　　延之堂上，詢所習業與所以不出。咨嗟歎賞，出紙筆佳硯為贈，益勉
　　之曰：『當為大器。』」（〈行狀〉，頁 485）
　　又按：《閩書》記云：「胡原仲說文定少時性最急，嘗怒一兵士，至
　　親毆之。兵輒抗拒，無可如何，遂回入書室中作小冊，盡寫經傳中文
　　有寬字者於冊上。此後，遂不復性急矣。」[54]可見公少時性格。

51　〔清〕畢沅：《續資治通鑑》，卷80，頁 2017。

52　〔宋〕李燾撰，上海師大古籍所、華東師大古籍所點校：《續資治通鑑長編》，卷 407，頁
　　9904。

53　〔清〕畢沅：《續資治通鑑》，卷80，頁 2027。

54　〔明〕何喬遠編撰，廈門大學《閩書》校點組校點：〈蓄德志〉，《閩書》，卷 153，頁
　　4510。

元祐四年己巳（1089） 十六歲

正　月，以夏人通好，詔邊將毋生事。[55]

二　月，呂公著（1018-1089）卒。

四　月，朝廷又立經義、詩賦兩科，專經進士者須習兩經，其中《左氏春
　　　秋》列為大經，《公羊》、《穀梁》為中經。[56]

六　月，夏國遣使入貢。[57]

是　年，李彌遜（1089-1153）生。

元祐五年庚午（1090） 十七歲

二　月，夏人來歸永樂陷沒吏士百四十九人，詔以米脂、葭蘆、浮圖、安
　　　疆四砦還之，仍約以委官畫定疆界。[58]

六　月，陳與義（1090-1138）生。

十一月，高麗遣使貢於遼。[59]

元祐六年辛未（1091） 十八歲

入太學，修懋德業，不捨晝夜。從遊於伊川先生之友朱長文、潁川靳裁
之。靳裁之最奇重公，與論經史大義。（〈行狀〉，頁486）

　　按：胡寅〈先公行狀〉記：「一日博士令諸職長呈其文，將考優劣而
　　去留之，皆爭先自送。公繳還差帖，願列諸生，自祭酒以下相與稱嘆

---

[55] 〔清〕畢沅：《續資治通鑑》，卷81，頁2047。

[56] 〔元〕脫脫等撰，楊家駱主編：〈選舉志〉，《新校本宋史并附編三種》，卷155，頁
3620。

[57] 〔宋〕李燾撰，上海師大古籍所、華東師大古籍所點校：《續資治通鑑長編》，卷429，頁
10367。

[58] 〔清〕畢沅：《續資治通鑑》，卷81，頁2062。

[59] 〔清〕畢沅：《續資治通鑑》，卷82，頁2089。

曰：『是真可為諸生表率矣。』」（〈行狀〉，頁 486）朱熹《伊洛
淵源錄》曰：「少長，入太學，晝夜刻勵。同舍有潁昌靳裁之，嘗聞
西洛程先生之學，獨奇重公，與論經史大義，公以是學問益強，識致
日明，文辭迥出流輩。」[60]

元祐七年壬申（1092） 十九歲

二　月，詔商賈許往外蕃，不得輒帶書物送中國官。[61]

六　月，夏人遣使乞援于遼。[62]

八　月，時朋黨之論浸熾。[63]

十　月，夏人寇環州及永和諸砦，凡七日，始解去。[64]

元祐八年癸酉（1093） 二十歲

正　月，詔：高麗國自先朝以來，累次陳乞《太平御覽》，以禁書難為傳
　　　示外國，故不許。今又陳乞，宜依向來例，或別作一不許意降
　　　指揮。[65]

二　月，于闐請討夏國，不許。[66]

九　月，太皇太后高氏崩，哲宗親政。[67]

---

[60]　〔宋〕朱熹：《伊洛淵源錄》，載《朱子全書》，卷 13，頁 1092。

[61]　〔宋〕李燾撰，上海師大古籍所、華東師大古籍所點校：《續資治通鑑長編》，卷 470，頁
11217。

[62]　〔清〕畢沅：《續資治通鑑》，卷 79，頁 1991。

[63]　〔清〕畢沅：《續資治通鑑》，卷 82，頁 2090。

[64]　〔清〕畢沅：《續資治通鑑》，卷 82，頁 2091。

[65]　〔宋〕李燾撰，上海師大古籍所、華東師大古籍所點校：《續資治通鑑長編》，卷 480，頁
11426。

[66]　〔宋〕李燾撰，上海師大古籍所、華東師大古籍所點校：《續資治通鑑長編》，卷 481，頁
11442。

[67]　〔元〕脫脫等撰：〈哲宗本紀〉，《新校本宋史并附編三種》，卷 17，頁 336。

是　年，李侗（1093-1163）生。

元祐九年甲戌（1094）　二十一歲

三　月，時考官取進士答策者，多主元、祐，及楊畏覆考，乃悉下之，而
　　　以主熙、豐者置前列。自此紹述之論大興，國是遂變矣。[68]
五　月，罷進士習試詩賦，專治二經。[69]

紹聖二年乙亥（1095）　二十二歲

二　月，高麗遣使貢於遼。[70]
六　月，禁京城士人輿轎。[71]
十　月，楊椿（1095-1167）生。沈括（1029-1095）卒。

紹聖三年丙子（1096）　二十三歲

七　月，以蔡京為翰林學士承旨。[72]
八　月，夏人寇寧順砦。[73]
十　月，夏人大入鄜延。戊辰，詔被邊諸路相度城砦要害，增嚴守備。[74]
十一月，章惇上《神宗實錄》。[75]

---

[68] 〔清〕畢沅：《續資治通鑑》，卷 83，頁 2113。

[69] 〔清〕畢沅：《續資治通鑑》，卷 83，頁 2121。

[70] 〔清〕畢沅：《續資治通鑑》，卷 84，頁 2133。

[71] 〔清〕畢沅：《續資治通鑑》，卷 84，頁 2136。

[72] 〔清〕畢沅：《續資治通鑑》，卷 84，頁 2147。

[73] 〔清〕畢沅：《續資治通鑑》，卷 84，頁 2148。

[74] 〔清〕畢沅：《續資治通鑑》，卷 84，頁 2152。

[75] 〔元〕脫脫等撰：〈哲宗本紀〉，《新校本宋史并附編三種》，卷 18，頁 345。

紹聖四年丁丑（1097）　二十四歲

中進士第。初，殿試考官定公策為第一，宰執以無詆元祐語，故撤其名，另列何昌言、方天若與宰相章惇之子。文定公推明《大學》格物致知、正心誠意、修身齊家、治國平天下，以漸復三代為對。哲宗皇帝親擢公為第三。授常州軍事判官，改授江陵府觀察推官，未赴。（〈行狀〉，頁486）

> 按：《續資治通鑑》記：「賜禮部奏名進士新淦何昌言等及諸科及第、出身，共六百九人。」[76]

初登科，燕集微有酒，自是終身飲不過量。（〈行狀〉，頁521-522）

如荊門納李氏為妻，道出江陵，帥臣監司一見，合章乞奏除府學教授，報可。（〈行狀〉，頁486）

> 按：《宋元學案》：「除荊南教授。」[77]《武夷山志》：「授荊南教授。」[78]

時學校頹廢，職事者欺公年少，扞格頑冒，公再三鐫諭不悛，故按其蠹弊事，盡屏之。遠近父兄皆喜，遣弟子來學。公正身律物，非休沐不出，凡所訓說，務明忠孝大端，不貴文藝。繕修宇舍，繩度整立。任滿，除太學錄，謝絕請求，無所假借。未幾，遷博士，足不躡權門，期年用法改京秩。（〈行狀〉，頁486）

> 按：胡寅〈謝御札促召家君劄子〉記：「臣父于哲宗皇帝朝，第三人

---

[76] 〔清〕畢沅：《續資治通鑑》，卷85，頁2159。

[77] 〔清〕黃宗羲原著，〔清〕全祖望補修，陳金生、梁運華點校：〈武夷學案〉，《宋元學案》，卷34，頁1171。

[78] 〔清〕董天工輯：《武夷山志》（臺北：成文出版社，1974年6月臺一版），卷16，頁959。

賜第出官，歷荊南府教授、太學博士。」[79]

紹聖五年戊寅（1098）　二十五歲

公奉母命收養胡寅為子。

> 按：胡寅〈申尚書省議服狀〉載：「伏念寅于先父謚文定為世適長子。」又引胡安國語：「汝祖母于汝始生，收而存之，即以付吾，吾時年二十有五，婚娶之初，孰云無子？而洎爾母氏劬勞顧復，以逮長立，遂承宗祀，亦惟不違汝祖母愛憐付託之重。」[80]〈議服劄子〉亦記：「臣父其時年二十有五，方事婚娶，豈有無子之慮，而必至收養堂兄已棄之子者？緣臣祖母知書好善，告戒之切，于是撫憐鞠育，以為元嗣。」[81]

十　月，令太學講官編纂《三經新義》音義，朝廷又開始推行荊公新學。[82]

元符二年己卯（1099）　二十六歲

五　月，進章惇官五等，曾布三等，許將、蔡卞、黃履皆二等。[83]

八　月，詔熙河依界道圖樣，以十里為一方，取見今城寨地名，考尋古驛程相去里數，畫《西蕃圖》聞奏。[84]

---

[79] 〔宋〕胡寅：〈謝御札促召家君劄子〉，《斐然集》，卷 10，頁 198。

[80] 〔宋〕胡寅：〈申尚書省議服狀〉，《斐然集》，卷 9，頁 393。

[81] 〔宋〕胡寅：〈議服劄子〉，《斐然集》，卷 11，頁 217。

[82] 〔宋〕李燾撰，上海師大古籍所、華東師大古籍所點校：《續資治通鑑長編》，卷 503，頁 11981。

[83] 〔清〕畢沅：《續資治通鑑》，卷 86，頁 2184。

[84] 〔宋〕李燾撰，上海師大古籍所、華東師大古籍所點校：《續資治通鑑長編》，卷 514，頁 12212。

九　月，夏國遣使謝罪。[85]

元符三年庚辰（1100）　　二十七歲

正　月，宋哲宗崩，宋徽宗趙佶繼位。

四　月，宋欽宗趙桓（1100-1161）生。

八　月，秦觀（1049-1100）卒。

十一月，徐州州學教授范柔中感嘆熙寧、元豐以來，廢經不講，乞立《春秋》博士。

　　　　按：范柔中乞奏：「《春秋》之書，六經中獨此經與《易》為全書。自熙寧、元豐以來，廢經不講。元祐中曾置，不久復罷，遂使學者不見天地之全、聖人之妙，深可痛惜！臣欲乞依舊立博士講貫之，使孔子之志明於聖時，以慰學者之願。」[86]

建中靖國元年辛巳（1101）　　二十八歲

正　月，范純仁（1027-1101）卒。

三　月，張大亨上奏，乞三《傳》內文非解經者，更不出題。

　　　　按：張大亨曰：「近復置《春秋》科，契勘《春秋》正經內，可為題者不多。乞於正經內三《傳》解經處出題外，有緣經生文，即不係解經旨處更不出題。」[87]

五　月，蘇頌（1020-1101）卒。

七　月，蘇軾（1036-1101）卒。

是　歲，河東地震，京畿蝗，兩浙、湖南、福建旱。[88]

---

[85] 〔宋〕李燾撰，上海師大古籍所、華東師大古籍所點校：《續資治通鑑長編》，卷515，頁12234。

[86] 〔清〕徐松輯：〈選舉三之五八〉，《宋會要輯稿》，頁4290。

[87] 〔清〕徐松輯：〈選舉四之一〉，《宋會要輯稿》，頁4291。

[88] 〔清〕畢沅：《續資治通鑑》，卷87，頁2227。

崇寧元年壬午（1102）　　二十九歲

會新學法，博士例除諸道提舉官，擬公河北路，公辭以南人不便奉親，遂除湖北路。公到官，改使湖南，作〈謝除湖南學士表〉一文。（〈行狀〉，頁486）

按：楊時於九月赴荊州教授，十二月二十三日到荊南府，二十六日交割胡安國。龜山先生代公典教渚宮，公始獲從遊。[89]而公改使湖南，楊時備朝膳留公。《閩書》記：「罷官荊南，僚舊餞行於渚宮，呼樂戲以待，而交代楊龜山具朝膳，留公，鮭菜蕭然，引觴徐酌，置《語》、《孟》案間，清坐講論，不覺暮晷。」[90]

又按：公使湖北時，質疑親訪謝良佐，禮之甚恭，來見離去，必端笏正立目送，僚屬驚異。鄒公浩聞之歎曰：「將軍北面帥師降敵，此事人間久寂寂。」謝良佐嘗語朱震曰：「胡康侯正如大冬嚴雪，百草萎死，而松柏挺然獨秀者也。」（〈行狀〉，頁524）朱熹亦云：「南陽胡文定公以典學使者行部，過之，不敢問以職事。顧因紹介，請以弟子禮見。入門，見吏卒植立庭中，如土木偶人，肅然起敬，遂稟學焉。」[91]

是　年，臣僚認為元符三年（1100）置《春秋》博士，乃殆失神考以經術造士之意，且《春秋》文約意隱，當時史事無可稽考，虛實是非無得而知，乞詔進士勿治《春秋》，省博士。[92]

---

[89]　〔宋〕胡安國：〈楊文靖公墓誌銘〉，《伊洛淵源錄》，載《朱子全書》，卷10，頁1053。

[90]　〔明〕何喬遠編撰，廈門大學《閩書》校點組校點：〈蓄德志〉，《閩書》，卷153，頁4509。

[91]　〔宋〕朱熹：〈德安府應城縣上蔡謝先生祠記〉，《晦庵先生朱文公文集》，載《朱子全書》，卷80，頁3794。

[92]　〔清〕徐松輯：〈選舉四之三〉，《宋會要輯稿》，頁4278。

崇寧二年癸未（1103） 三十歲

公為國學官，楊時作〈答胡康侯論學書〉、〈再答胡康侯論學書〉二文。[93]

四　月，詔毀呂公著、司馬光、呂大防、范純仁、劉摯、范百祿、梁燾、
　　　王巖叟景靈西宮繪像。乙亥，詔：「蘇洵、蘇軾、蘇轍、黃庭
　　　堅、張耒、晁補之、秦觀、馬涓《文集》、范祖禹《唐鑑》、
　　　范鎮《東齋記事》、劉邠《詩話》、僧文瑩《湘山野錄》等印
　　　板，悉行焚毀。」[94]

十一月，謝良佐（1050-1103）卒。

崇寧三年甲申（1104）　三十一歲

公奉使湘中日，過衡岳山下，愛其雄秀，欲一登覽，俄曰：「非職事所在
也。」即止罷。他日二親欲遊，仍是以告，二親喜曰：「爾周慎如此，吾
復何憂？」（〈行狀〉，頁 522）

　　按：楊時作〈送胡康侯使湖南〉，詩云：「北溟有潛鱗，其廣數千
　　里。揚鬐屬東海，泛泛等蜉蟻。百川競奔注，漫不見涯涘。寄之天地
　　間，大澤曇空耳。胡侯荊山資，妙質久礱砥。飛聲動旒冕，持節照湘
　　水。功名與時會，事道從此始。驊騮駕駑車，夷路道九軌。朝燕暮騰
　　越，快意未為喜。聖門學須強，一簣虧可恥。擴之天地寬，於道乃雲
　　邁。為士貴弘毅，無忘味斯旨。」[95]

　　又按：是年，楊時作詩〈渚宮觀梅寄康侯〉：「欲驅殘臘變春風，只
　　有寒梅作選鋒。莫把疏英輕鬥雪，好藏清豔月明中。」[96]以及〈答胡

---

[93] 〔清〕毛念恃編：《宋儒龜山楊先生年譜》，載《宋明理學家年譜》，頁 40。〔清〕張夏
　　補編：《宋楊文靖公龜山先生年譜》，載《宋明理學家年譜》，卷上，頁 145-150。

[94] 〔清〕畢沅：《續資治通鑑》，卷 88，頁 1103。

[95] 〔宋〕黃去疾編，刁忠民校點：《龜山先生文靖楊公年譜》（成都：四川大學出版社，2003
　　年《宋人年譜叢刊》），頁 3401。

[96] 〔宋〕黃去疾編，刁忠民校點：《龜山先生文靖楊公年譜》，頁 3401。

康侯論持戒併說《春秋》書〉一文。[97]

崇寧四年乙酉（1105）　　三十二歲

蔡京行事不善，官吏奉承過當，愈為民害，學校其一也。公撙節行之，禁
其太甚，士子恃法自肆者必懲之。（〈行狀〉，頁 487）

　　按：王邁〈胡文定張宣公二先生祠堂記〉云：「崇寧間，胡文定以提
　　湖南學事道出湘鄉，遷縣學於東南隅。」[98]

是　年，胡宏（1105-1161）生。

崇寧五年丙戌（1106）　　三十三歲

三　月，例罷學事司，公除通判成德軍。（〈行狀〉，頁 487）
八　月，所罷司官仍舊。時公母令人吳氏多病，厭道途之勞，留居荊門。
　　　公以便養有請，再章上，未報。（〈行狀〉，頁 487）

蔡京、李良輔誣公所舉匪人，命湖南憲司置獄推治，查其推薦永州布衣鄧
璋、王繪之因，陷獄不成，直除公名勒停。公求田問舍於漳水之濱，治農
桑，甘淡薄，婉然愉色。得間專意經史及百家之文，家人忘其貧而親心適
焉。（〈行狀〉，頁 487）

　　按：胡寅〈先公行狀〉載：「會詔諸道學事官舉遺逸，公得永州布衣
　　鄧璋、王繪應詔。繪已老，不願行，公請命以一官，風勸學者。零陵
　　縣主簿李良輔方以贓被劾，乃逃竄訴於朝，稱二人者黨人范純仁客，
　　而鄒浩所請託也。蔡京特改良輔官，與在京差遣，命湖南憲司置獄推

97　〔清〕張夏補編：《宋楊文靖公龜山先生年譜》，卷上，頁 150-151。

98　〔宋〕王邁：《臞軒集》（臺北：臺灣商務印書館，1986 年景印文淵閣《四庫全書》），
　　卷 5，頁 507。

治，人皆為公膽落。帥臣曾孝廣來唁，公退，語人曰：『胡康侯當患難凝然不動，賢於人遠矣。』用例冊致餽，公不受。曾復書曰『前此無不受者，當明載於籍，以彰清德』云。蔡京以獄不成，罷憲使陳義夫，命移北路，迄無請託狀，直除公名勒停，而曾及永守樂昭厚別教官，皆坐黜。五人者非特無怨而問勞不絕。」（〈行狀〉，頁 487）

胡寅〈謝御札促召家君劄子〉亦記：「三舍之初，例察提舉學事官，到任未久，論薦遺逸二人為屬吏，所訴以為所薦之人乃元祐宰相范純仁門客，黨人鄒浩素所厚善。其時蔡京當國，怒臣父沮毀學法，俾湖南、北兩路刑獄官置獄推治，除名勒停。臣父于是時已知是非倒置，直道難用，遂退伏閭里，絕意仕宦。後蒙敘復，屢除監司差遣，終不曾赴。因求侍養，乞宮觀至于致仕。」[99]

是　年，唐文若（1106-1165）、何逢原（1106-1168）、史浩（1106-1194）生。

大觀元年丁亥（1107）　三十四歲

五　月，宋高宗趙構（1107-1187）生。

七　月，崇寧更錢法，以一當十，民嗜利犯法者紛紛。[100]

九　月，程頤（1033-1107）卒。

大觀二年戊子（1108）　三十五歲

正　月，河東、河北盜起。[101]

五　月，日有食之。[102]

99　〔宋〕胡寅：〈謝御札促召家君劄子〉，《斐然集》，卷10，頁198。

100　〔清〕畢沅：《續資治通鑑》，卷90，頁2306。

101　〔清〕畢沅：《續資治通鑑》，卷90，頁2312。

大觀三年己丑（1109）　三十六歲

三　月，時童貫權益張，與黃經臣胥用事，中丞盧航表裏為姦，搢紳側
　　目。[103]

十二月，中丞石公弼、侍御史洪彥章、毛注上奏，直指蔡京朋姦誤國、公
　　私困幣，餘威震於群臣。太學生陳朝老復疏京惡十四事，乞投
　　畀遠方，皆不報。[104]

是　歲，江、淮、荊、浙、福建大旱，自六月不雨至於十月。[105]

大觀四年庚寅（1110）　三十七歲

李良輔以他罪抵法，臺臣毛注辨明前事，有旨復公官，改正元斷。（〈行
狀〉，頁487）

政和元年辛卯（1111）　三十八歲

宰相張商英除公提舉成都府學事。公以親年浸高，旁無攴助，叱馭沂峽，
皆所甚難，遂乞侍養。得請，滿二年未朝參，公作〈謝許侍養表〉一文。
（〈行狀〉，頁487）

政和二年壬辰（1112）　三十九歲

母吳氏卒。

　　按：《宋史》曰：「（政和）二年，丁內艱，移江東。」[106]胡寅

---

102 〔清〕畢沅：《續資治通鑑》，卷90，頁2314。

103 〔清〕畢沅：《續資治通鑑》，卷90，頁2321。

104 〔清〕畢沅：《續資治通鑑》，卷90，頁2324-2325。

105 〔清〕畢沅：《續資治通鑑》，卷90，頁2325。

106 〔元〕脫脫等撰：《新校本宋史并附編三種》，卷435，頁12909。

〈先公行狀〉記：「公侍令人疾，食不盡器，衣不解帶。居喪哀毀，
營奉窀穸，冒犯霜露，一事一物，必躬必親。荊楚風俗素陋，州里見
公自致者如此，然後知以慎終送死為重。公糲食逾年，不能勝衣。中
大勉之力。乃少進滋味，以慰中大之意。」（〈行狀〉，頁487）

是　歲，王十朋（1112-1171）生。蘇轍（1039-1112）卒。

政和三年癸巳（1113）　四十歲

正　月，朝廷追封王安石為舒王，其子王雱為臨川伯。[107]
二　月，以遼、女直相持，詔飭河北邊防。[108]
十一月，以天神降，詔告在位，宋徽宗作《天真降臨示見記》。[109]

政和四年甲午（1114）　四十一歲

九　月，女真阿骨打舉兵伐遼。[110]
十一月，遼人嘗言女真兵滿萬則不可敵，至是始滿萬云。[111]
十二月，雪降，賜宴於蔡京第。[112]
是　年，張耒（1054-1114）卒。

政和五年乙未（1115）　四十二歲

正　月，女真完顏阿骨打稱帝，國號大金，改元收國，更名旻。[113]

---

[107] 〔清〕畢沅：《續資治通鑑》，卷91，頁2347。
[108] 〔清〕畢沅：《續資治通鑑》，卷91，頁2348。
[109] 〔清〕畢沅：《續資治通鑑》，卷91，頁2354。
[110] 〔清〕畢沅：《續資治通鑑》，卷91，頁2359。
[111] 〔清〕畢沅：《續資治通鑑》，卷91，頁2362。
[112] 〔清〕畢沅：《續資治通鑑》，卷91，頁2362。
[113] 〔清〕畢沅：《續資治通鑑》，卷92，頁2364。

二　月，以童貫領六路邊事。[114]

四　月，李燾（1115-1184）生。

九　月，遼黃龍府陷於金。[115]

政和六年丙申（1116）　四十三歲

公初得伊川先生所作《春秋傳》。（〈行狀〉，頁519）

政和七年丁酉（1117）　四十四歲

正　月，徽宗優遇道士。

　　　按：《續資治通鑑》：「春，正月乙未，令天下道士，與免階墀迎接
　　衙府、宮觀科配借索騷擾。郡官、監司相見，依長老法。」[116]

三　月，以童貫領樞密院。[117]

十　月，中書侍郎侯蒙罷，蔡京惡之也。[118]

十二月，徽宗御筆改老子《道德經》為《太上混元上德皇帝道德真經》。[119]

政和八年戊戌（1118）　四十五歲

公服除。（〈行狀〉，頁487）

宰相余深薦名士十人，公赴召，至京師臥疾，知舊交來勸勉，或稱廟堂威

---

[114] 〔清〕畢沅：《續資治通鑑》，卷92，頁2366。

[115] 〔清〕畢沅：《續資治通鑑》，卷92，頁2371。

[116] 〔清〕畢沅：《續資治通鑑》，卷92，頁2385。

[117] 〔清〕畢沅：《續資治通鑑》，卷92，頁2386。

[118] 〔清〕畢沅：《續資治通鑑》，卷92，頁2392。

[119] 〔清〕畢沅：《續資治通鑑》，卷92，頁2393。

怒以脅之，公遜言而已，所訪問惟醫藥。居百餘日，邀巡謁告而歸。
（〈行狀〉，頁488）

公作〈過鳳林關〉一詩：「馬首西南二十年，每經關左重留連。殷勤拂石
臨流水，邂逅憑欄倚暮烟。千古物情吟不盡，四時風景畫難傳。何人可作
隆中伴，待結比鄰買釣船。」

宣和元年己亥（1119）　四十六歲

公除提舉江南東路學事，復召對，未受命。十一月壬子，公父胡淵捐館，
卒於所居之正寢。[120]迨乎免喪，公有致仕之意。（〈行狀〉，頁488）
　　按：胡寅〈先公行狀〉記：「初，中大常欲公及時報國榮家，而令人
　　又欲公保身崇德。公承志以道，既不拂中大之嚴訓且不失令人之素
　　心。及公赴闕，辭，未獲命也，中大手書促之歸，無復曩時督責矣。
　　中大感疾且一年，公奉事節適如一日，凡服餌禁戒，中大必聽。既免
　　喪，謂子弟曰：『吾奮迹寒鄉，為親而仕。今雖有祿萬鍾，將何所
　　施？』遂致其事，築室塋山旁，分置圖籍，瞻省丘墳，繙閱古今。慕
　　陶靖節為人，誦心遠之章，望雲倚杖，臨水觀魚，淡然無外營，將終
　　身焉。」（〈行狀〉，頁488）
　　又按：胡淵臨終語公曰：「儒者特立獨行，不加少以為多，汝當以古
　　人自期。」言訖而逝。[121]宣和二年（1120）三月，游酢撰〈宣義胡公
　　墓誌銘〉一文。張栻〈欽州靈山主簿胡君墓表〉云：「文定公宦遊荊
　　楚歲久，皇考宣義公淵歿，葬於荊門。」[122]嘉靖《湖廣圖經志書》
　　記胡淵墓在荊州府當陽縣西北十五里。[123]

---

[120] 〔宋〕游酢：〈宣義胡公墓誌銘〉，《游鷹山集》，卷4，頁698。

[121] 〔宋〕游酢：〈宣義胡公墓誌銘〉，《游鷹山集》，卷4，頁699。

[122] 〔宋〕張栻：〈欽州靈山主簿胡君墓誌銘〉，《南軒集》（臺北：廣學社印書館，1975年6
　　　月），卷40，頁976。

[123] 〔明〕薛剛纂修，吳廷舉續修：《（嘉靖）湖廣圖經志書》，卷6，頁530。

又按：公有〈重過丫頭巖思先大夫〉一詩：「道旁山色古猶今，綠鬢偏驚白髮侵。回想臨歧分袂處，更誰能會此時心。」又云：「慈顏何在杳難承，教子生來重一經。漫向人間拾青紫，豈勝衣綵日趨庭。」[124]

宣和二年庚子（1120）　四十七歲

正　月，罷道學，以儒道合而為一，不必別置道學也。[125]

二　月，遣趙良嗣、王環使金。夾攻之約，蓋始於此。[126]

四　月，金主自將伐遼，分三路出師，趨上京。[127]

八　月，趙良嗣於上京出御筆與金主議約。[128]

宣和三年辛丑（1121）　四十八歲

三　月，公之長子胡寅進士及第。

　　按：胡寅〈悼亡別記〉：「宣和三年，天下士大比試於南宮，兵部郎中南劍張公弞參主文柄，中選者五百人，寅名在第十。」[129]

是　年，周邦彥（1058-1121）卒。

宣和四年壬寅（1122）　四十九歲

四　月，遼西南面招討使耶律佛頂及雲內、寧邊、東勝等州並降於金。

---

[124] 〔清〕王梓材、馮雲濠撰，張壽鏞校補：《宋元學案補遺》（臺北：世界書局，1962年），卷34，頁1。

[125] 〔清〕畢沅：《續資治通鑑》，卷93，頁2417。

[126] 〔清〕畢沅：《續資治通鑑》，卷93，頁2417。

[127] 〔清〕畢沅：《續資治通鑑》，卷93，頁2418。

[128] 〔清〕畢沅：《續資治通鑑》，卷93，頁2421。

[129] 〔宋〕胡寅：〈悼亡別記〉，《斐然集》，卷20，頁381。

[130]遼使來言曰:「女直之叛本朝,亦南朝之甚惡也。今射一時之利,棄百年之好,結新起之鄰,基他日之禍,謂為得計,可乎?救災卹鄰,古今通義,唯大國圖之。」童貫不能對。[131]

是　歲,萬歲山成,御製《艮嶽記》以紀其勝。

　按:《續資治通鑑》載:「山周十餘里,運四方奇花異石置其中,千巖萬壑,麋鹿成群,樓觀臺殿,不可勝計。最後朱勔於太湖取巨石,高廣數丈,載以大舟,挽以千夫,鑿河斷橋,毀堰拆閘,數月方至京師,賜號昭功慶成神運石,時初得燕地故也,勔緣此授節度使。其後金兵再至,圍城日久,拆屋為薪,鑿石為礮,伐竹為篦籬,唯大石基址存焉。」[132]

宣和五年癸卯（1123）　五十歲

四　月,童貫、蔡攸入燕山府。燕之金帛、子女、職官、民戶、為金人席卷而東,損歲幣數百萬,所得者空城而已。[133]

五　月,游酢（1053-1123）卒。

七　月,下詔禁元祐學術。[134]

八　月,金太祖殂於行宮,年五十六。[135]

是　年,洪邁（1123-1202）、程大昌（1123-1195）生。

---

[130] 〔清〕畢沅:《續資治通鑑》,卷94,頁2443。

[131] 〔清〕畢沅:《續資治通鑑》,卷94,頁2444-2445。

[132] 〔清〕畢沅:《續資治通鑑》,卷94,頁2456。

[133] 〔清〕畢沅:《續資治通鑑》,卷95,頁2464。

[134] 〔清〕徐松輯:〈刑法二之八八〉,《宋會要輯稿》,頁6525。

[135] 〔清〕畢沅:《續資治通鑑》,卷95,頁2469。

宣和六年甲辰（1124）　五十一歲

正　月，西夏稱藩金國。[136]

三　月，京師、河東、陝西地震，宮殿門皆搖動有聲，河東、陝西尤甚。蘭州諸山草木悉沒入地，而山下麥苗皆在山上。詔右司郎中黃潛善按視，潛善不以實聞，帝意乃安。遷潛善為戶部侍郎。[137]

孟　夏，公之孫胡大原（1124-？）生。[138]

宣和七年乙巳（1125）　五十二歲

侍臣李彌大、吳敏、譚世勣合章薦公經學可用，齒髮未衰，特落致仕，除尚書屯田員外郎，公辭不起。（〈行狀〉，頁488）

　　按：公作〈謝落致仕表〉一文。

公賦〈元夕〉一詩，其中一聯云：「詞臣侍宴詩能好，潁客披圖事莫傳。」[139]

　　按：是詩全文已佚，據方回《瀛奎律髓》所載而繫於此年。《瀛奎律髓》又記：「文定元注云：『舍人呂子晉賦〈元夕〉十詩，首篇云：何處元宵好？迎鑾冊府西。鞘聲雲外起，扇影日邊低。秘禁威容肅，名流步武齊。舜瞳回左顧，真欲過金閨。末篇云：何處元宵好？雙林晏坐僧。戒圓三五夜，心耀百千燈。茅舍門常掩，繩牀几謾憑。世間娛樂事，一念不曾興。時皆諷誦之。』又注：『慶曆中，潁昌一童子，有道之士，嘗至花月著道士服，攜酒果，飲野外，隨意所適，至

---

136 〔清〕畢沅：《續資治通鑑》，卷95，頁2473。

137 〔清〕畢沅：《續資治通鑑》，卷95，頁2474。

138 〔宋〕胡寅：〈悼亡別記〉，《斐然集》，卷20，頁381。

139 〔元〕方回選評，李慶甲集評校點：《瀛奎律髓彙評》（上海：上海古籍出版社，2005年4月新1版），卷16，頁585。

元夜則閉門不出。有詩云:閉門獨看華山圖。後不知所往。有人飲京
師市樓,見過樓下,急往追之,不及。呂原明有詩紀其事。』胡文定
公賦此詩,而明年汴京亂矣。」[140]

十二月,皇太子趙桓即位,是為宋欽宗,尊徽宗為教主道君皇帝。甲子,
太學生陳東等伏闕上書,乞誅蔡京、王黼、童貫、梁師成、李
彥、朱勔六賊。[141]

靖康元年丙午(1126) 五十三歲

二 月,除太常少卿,公辭。再除起居郎,又辭。女真乘虛直擣京師,為
城下之盟。公移書大諫楊時,援《春秋》經義論國勢安危,有
復仕之心。(〈行狀〉,頁 488-489)

按:胡寅〈謝御札促召家君劄子〉云:「及淵聖皇帝即位,累加恩
命,召為太常少卿,又除為起居郎,臣父亦以為千載一時,遂有捐身
許國之意。」[142]

四 月,少宰兼中書侍郎吳敏上奏劄子,願上下詔,復立《春秋》學官。

按:吳敏曰:「近者王安石以經術自任,又廢其一。意謂魯史既亡,
而三《傳》不足取信,則《春秋》永無復可考。不知聖人作經,豈不
料後世縣遠,群言次第湮沒,而此經獨存。當是時,聖人豈不欲明其
說於天下?……昔韓宣子適魯,見《易象》與《魯春秋》曰:『周禮
盡在魯矣。』《易》明天道而《春秋》著世法,然則文王之《易》,
孔子之《春秋》,皆周禮之所在也。願下明詔,復立《春秋》學官,
三歲貢舉,遂以取士,庶幾共講聖人之遺經,以輔世教並從之。」[143]

---

[140] 〔元〕方回選評,李慶甲集評校點:《瀛奎律髓彙評》,卷 16,頁 585。

[141] 〔清〕畢沅:《續資治通鑑》,卷 95,頁 2496-2497。

[142] 〔宋〕胡寅:〈謝御札促召家君劄子〉,《斐然集》,卷 10,頁 198。

[143] 〔宋〕朱熹、李幼武撰:《宋名臣言行錄五集》(臺北:文海出版社,1967 年 1 月臺初版
《宋史資料萃編第一輯》),卷 2,頁 836-837。

六　月，公至京師，以疾在告。一日，宋欽宗急召後殿，玉色虛佇，勞問
　　甚渥。公作〈上欽宗論聖學以正心為要〉一文，期間凡四次辭
　　免，告以身得足疾而婉謝君命。（〈行狀〉，頁 488-490）

　　按：公此年又作〈上欽宗疏〉一文，發揮「《春秋》大居正」之義，
　　主張人君即位、端本正始的重要。

九月初，門下侍郎耿南仲指公毀謗聖德，昔既不事上皇，今又不事陛下，
　　欽宗謂公非有向背之心，詢問臣僚之見，中丞許翰以公乃超然
　　遠迹，不為當世所污，肯定其行。欽宗遂遣中書舍人晁說之至
　　公所居，令勉受命，有旨除中書舍人，賜三品服。耿南仲又使
　　李擢、胡舜陟論公稽遲君命、傲慢不恭，宜從黜削，以儆在
　　位。疏奏不下，公乃就職。（〈行狀〉，頁 490-491）

　　按：公作〈上欽宗論四道置帥〉一文。

十月晦，耿南仲、唐恪、何㮚挾怨報復，怨公論度太迫，何㮚知公素苦足
　　疾，聞海門地最濕，遂請除右文殿修撰，知通州。公作〈謝除
　　右文殿修撰知通州表〉一文。（〈行狀〉，頁 494）

　　按：胡寅〈先公行狀〉記：「公在省一月，告日居半，每出必有論
　　列。或曰：『事之小者，盍姑置之？』公曰：『大事皆起細微，今以
　　小事為不必論，至於大事又不敢論，是無時可言也。』」（〈行
　　狀〉，頁 494）

閏十一月，金人下城，殺民劫財。

　　按：《靖康朝野僉言》敘述京城狀況：「城中百姓皆以布被蒙體而
　　走，士大夫以綺羅錦繡易貧民衲襖布袴以藏，婦女提攜童稚於泥雪中
　　走，惶急棄河者無數，自縊投井者萬餘，哭聲徹天，軍民踰城出走者
　　十餘萬人，城外為番兵殺死者居半」。[144]

公去國逾旬，敵復至城下。長子胡寅校書中秘，賓客每為公念之，公愀然
曰：「主上在重圍中，號令不出，卿大夫之辱也。余恨效忠無路，敢念子

---

[144] 撰人不詳：《靖康朝野僉言》，頁 2。

乎？」聞者感動。（〈行狀〉，頁 494）

十二月，粘罕遣使入城，著手派兵搬運法物、車輅、太常樂器、監書藏
　　　經，肆兵劫掠，貧民飢餓，死者盈路。

　　按：《宣和遺事》記載：「言國主有命，於京師中，選擇十八已下女
　　子，一千五百人，充後宮祇應，於逐方巷、廿四廂，集民女子，揀選
　　出城，父母號泣，聲動天地，其女子往往為金人恣行淫濫。」[145]

建炎元年丁未（1127）　五十四歲

正　月，金虜欲有所須，脅欽宗傳旨取之，諸如宮廷之禮儀文物、珍寶藏
　　　書、百工伎藝，無不徵索。

　　按《靖康要錄》所記，內容包含：「南郊法駕、大駕之屬：五輅、副
　　輅、鹵簿、儀杖，皇后以下車輅、鹵簿、儀杖，皇太子諸王以下至百
　　官車輅、儀杖、禮器、法物、禮經、禮圖、大樂、軒架、樂舞、樂
　　圖、舜文二琴，教坊樂器、樂書、樂章、祭器、明堂布政、閏月體
　　式、八寶、九鼎、元圭、鎮圭、大器合臺、渾天儀、銅人、刻漏、古
　　器、祕閣三館書籍、監本印板、古聖賢圖像、明堂辟雍圖、皇城宮闕
　　圖、四京圖、大宋百司并天下州府職貢、令應宋人文集、陰陽醫卜之
　　書，諸科醫二百七十人，教坊樂工四百人，金玉雜役諸工如消、碾、
　　染、刷、織、綉、棋、畫、針、線、木、漆、帽、帶、皮、鉄之類，
　　課命人、卜祝司、天臺官、六尚局搭材修內司、廣備、廣固、諸軍曹
　　司。」[146]

二　月，徽宗趙佶與諸王后妃出詣金營，包含諸王三十二人、駙馬四十七

---

[145] 撰人不詳：《宣和遺事》，〈後集〉，頁 68。

[146] 撰人不詳：《靖康要錄》，卷 15，頁 303。

人、[147]學官十人、明經學生三十人，[148]迫往北方而行。

三　月，金立張邦昌為楚帝。[149]

五月一日，高宗即位，公上言進呈，糾舉朝政，謂國策自崇寧以來共有九
　　　　大失誤。（〈行狀〉，頁 494-497）

六月四日，召公為給事中，會宰相黃潛善專權妄作，斥逐忠賢，公再辭
　　　　免。有旨不允，公三辭，因致書右丞許翰。黃潛善諷給事中康
　　　　執權彈擊，謂不合辭免，乞重譴黜，中書舍人劉觀實有力焉，
　　　　上恩止罷除命。（〈行狀〉，頁 497-500）

　　按：《建炎以來繫年要錄》詳曰：「右文殿修撰知通州胡安國、朝奉
郎提舉杭州洞霄宮許景衡並試給事中，朝散大夫提舉亳州明道宮劉珏
試中書舍人，景衡，瑞安人；珏，長興人也。靖康末，三人俱在後
省，坐黨附李綱斥去，至是並用之。他日，諫官潘良貴入對，上諭
曰：『朕今不用文華之士，已令召許景衡于海濱矣。』景衡、珏聞
命，冒暑赴朝，安國辭不至。」[150]

　　又按：胡寅〈先公行狀〉載公辭免之奏與致書右丞許景衡之文，《建
炎以來繫年要錄》則記：「疏入，黃潛善大怒，言者因論安國被命經
年，託疾不至，朝廷之召愈切，而安國之辭愈堅，要流俗之譽，失人
臣之禮。臣聞臣之事君，義也；不擇事而安之，忠之盛也。昔孔子，
君命召不俟駕而行，孟子去齊，三宿而王不追，然後浩然有歸志，士
之所學，孔孟之道耳。孔孟之所以事君者如此其欽，而安國如此其
慢，何所恃哉！蔡謨有重望於晉，然固拒司徒之命，至免為庶人，況
安國素無美名者乎！且朝廷之所以召安國者，不過以其早乞致仕，不
就薦對爵祿，高尚其事而已。然安國當吳敏用事之際，則幡然而起，
亟遷給舍，何鄉者奉命之速，而今日從命之緩乎？方陛下中興，王業

---

[147] 撰人不詳：《靖康朝野僉言》，頁 2。

[148] 撰人不詳：《靖康要錄》，卷 15，頁 317。

[149] 〔清〕畢沅：《續資治通鑑》，卷 97，頁 2566。

[150] 〔宋〕李心傳：《建炎以來繫年要錄》，卷 6，頁 152。

號令之出，當如雷霆震動四方，罔不丕應，而不能行於一安國，豈不
損國威令之甚？況安國子寅，自郎曹謁告不至，已降三官，安國責以
臣節，則事君不以禮，責以父道，則教子不以忠，如此而欲成政事、
厚風俗，不亦難乎？望罷安國新除，特賜黜責，以為人臣不恭上命者
之戒。安國遂罷。」[151]公作〈謝罷給事中表〉一文。

建炎二年戊申（1128）　五十五歲

三　月，金人破中山府。

按：《續資治通鑑》載：「時城中糧絕，人皆羸困，不能執兵。城
破，金見居人瘦瘠，歎而憐之，兵校千餘人皆不殺。中山自靖康末受
圍，至是三年乃破。」[152]

五　月，南宋定詩賦、經義試士法。[153]

六　月，公已除給事中指揮。

按：《續資治通鑑》記曰：「初，安國數上疏乞祠，詔不許，仍趣赴
行在。安國因奏言：『陛下撥亂返正，將建中興，而政事人才，弛張
升黜，凡關出納，動係安危，聞之道途，揆以愚見，尚未合宜，臣切
寒心。而況鎖闈典司封校，儻或隱情患失，緘默不言，則負陛下委任
之恩。若一一行其職守，事皆違異，必以戇愚妄發，干犯典刑，徒玷
清時，無補國事。臣所以不敢上當恩命者也。』疏入，黃潛善大怒，
請特賜黜責，以為不恭上命者之戒，安國遂罷。」[154]

七　月，金移宋二帝於上京。[155]

---

[151] 〔宋〕李心傳：《建炎以來繫年要錄》，卷16，頁328-329。

[152] 〔清〕畢沅：《續資治通鑑》，卷101，頁2662。

[153] 〔清〕畢沅：《續資治通鑑》，卷101，頁2669。

[154] 〔清〕畢沅：《續資治通鑑》，卷102，頁2675。

[155] 〔清〕畢沅：《續資治通鑑》，卷102，頁2681。

建炎三年己酉（1129）　五十六歲

樞密使張浚薦公可大用，申命前除。公辭，並致書宰相呂頤浩，進言政務之失。朝廷遣使詣公所居，詔州郡以禮恭送，公因至建康，行次池陽。後高宗車駕自建康移往姑蘇，故公踰浙而東，遂重感疾，具奏回返。是日，敕下除公提舉臨安府洞霄宮。（〈行狀〉，頁 500-501）

　　按：公作〈舟入荊江東赴建康〉，詩云：「長江渺渺接天浮，萬古朝
　　宗日夜流。洲在尚傳鸚鵡賦，臺高應見鳳凰遊。路經赤壁懷公瑾，水
　　到柴桑憶仲謀。白日幸無雲物蔽，好看澄景對高秋。」[156]
　　又按：建炎四年（1130）四月，胡寅撰〈跋高宗御筆〉，言公抱疴日
　　久，難於造朝，盼荷聖恩，退食祠館，安養病情。[157]

八月二十一日，宰相呂頤浩引朱勝非為助，讒言公屢召不至，無能致身盡
　　瘁，落職提舉建昌軍仙都觀。右相秦檜、侍御史江躋、右司諫
　　吳表臣上疏乞留公。奏皆寢。（〈行狀〉，頁 517-518）

建炎四年庚戌（1130）　五十七歲

約於此年，公自荊、郢趨吳、越，遇疾而返，至湖南碧泉，喜之，遂求得此地，披山斬棘，興舍通道。[158]

　　按：胡宏〈有本亭記〉云：「紹興庚戌歲，先君子自荊、郢趨吳、
　　越，遇腹心之疾，不至而返。徜徉遊行，遂至湖南，橫涉清流，顧而
　　歎曰：『此非滄浪之水乎？何其清之甚也！源可尋而濯我纓乎？』則
　　命門弟子問津于居人。于是傍西山之陰，逶迤而入。不及百步，蒼然

---

[156] 〔清〕厲鶚輯撰：《宋詩紀事》（上海：上海古籍出版社，2008 年 4 月第 2 版），卷 34，頁 889。

[157] 〔宋〕胡寅：〈跋高宗御筆〉，《斐然集》，卷 28，頁 583。

[158] 〔宋〕胡宏著，吳仁華點校：〈有本亭記〉，《胡宏集》，頁 153。

羣木之下，翠綠澄淨，藻荇交映，俗以其色故號為『碧泉』。登山四顧，乃洞庭之南，瀟湘之西，望于衡山百里而近，蓋太古夷荒未闢之墟。而泉出于盤屈石山之下，凝然清光，微瀾無波，氿氿而生。平岸成溪，放乎遠郊。却步延目，溪雖清淺，而有長江萬里之勢焉。先君子徘徊不能去，拂石倚筇而坐，喟然而興曰：『水哉！水哉！惟其有本也，故不舍晝夜。仲尼所以有取耳。吾老矣，二三子其相吾志。』乃求得其地，夷榛莽，植松竹，山有為樵牧所殘者養之，流有為蒿壞所壅者疏之，巖石之為草木所湮沒者闢之。未及有成，而先君子長棄諸孤。」[159] 嘉慶《湘潭縣志》記載「有本亭」：「胡文定得碧泉，甚愛之，構亭其上，五峯作記，張宣公過碧泉詩：『愛此亭下水』，則亭當在泉上，雖久廢，而故址可稽。」[160]

又按：公晚年常居碧泉，據真德秀〈跋蕭定夫所藏胡文定碧泉詩卷〉所錄，公居碧泉有諸詩數首，其子昆弟師友亦皆有作，可略得家學間授受微指。[161]《宋詩紀事補遺》載公〈移居碧泉〉一詩，從中能看出文定公於晚年移居碧泉之生活與心境，詩云：「買山固是為深幽，況有名泉例可求。短夢正須依白石，澹情好與結清流。庭栽疏竹客馴鶴，月滿前川寺補樓。十里鄉鄰漸相識，醉歌田舍即丹邱。」[162] 胡宏也作有許多關於碧泉之詩，如〈碧泉九日有感〉、〈碧泉興作即事有感因續魏武之詩〉、〈碧泉獨步〉、〈碧泉書院偶書花木所有七首〉等。另外，據嘉靖《湘潭縣志》稱：「碧泉書院在縣西七十里，宋胡安國南遊，樂其地，乃為子宏築室與南軒講道于此。……元末兵燹，遺址尚存。今有□□□皮似龍鱗木稗，乃文定所植，下有湧泉，

---

[159] 〔宋〕胡宏著，吳仁華點校：〈有本亭記〉，《胡宏集》，頁 153-154。

[160] 〔清〕張雲璈等纂修：《（嘉慶）湘潭縣志》（清嘉慶二十三年（1818）刊本），卷 5，頁 16。

[161] 〔宋〕真德秀：〈跋蕭定夫所藏胡文定碧泉詩卷〉，《真西山文集》，載《真文忠公全集》，卷 34，頁 3689-3690。

[162] 〔清〕陸心源編撰，徐旭、李志國點校：《宋詩紀事補遺》（太原：山西古籍出版社，1997年 7 月），卷 30，頁 686。

水底生金蓮花，四時不絕，人賞翫之。」[163]胡宏作有〈碧泉書院上
梁文〉。[164]碧泉書院對湖南學風有很大的影響，胡宏與張栻都曾在
此講學，張栻撰有〈過胡文定公碧泉書堂〉一詩：「入門認溪碧，循
流識深源。念我昔此來，及今七寒暄。人事幾更變，寒花故猶存。堂
堂武夷翁，道義世所尊。永袖霖雨手，琴書貴丘園。當時經行地，尚
想語笑溫。愛此亭下水，固若玻瓈盆，晴看浪花湧，靜見潛鱗飜。朝
昏遞日月，俯仰鑑乾坤。因之發深感，倚檻更忘言。」[165]歷代亦有
不少文士吟詠碧泉書院，如宋人周光嶽〈碧泉書院〉：「泉鏡澄秋
碧，霜林墜晚紅。唯應山上月，曾識武夷翁。」[166]梁本均〈碧泉書
院懷古〉：「澄碧今如許，靈泉自有源。書筠開勝地，講樹接遙村。
松柏嚴寒盛，《春秋》老筆存。此鄉因過化，道脉好重論。」[167]張
埴〈遊碧泉謁胡文定公書堂〉：「十里平疇路未乾，靈泉誰鑿石根
寒。瀾翻一窟明珠顆，鑑澈千秋碧玉盤。紀勝字零天寶碣，傳經人憶
武夷壇。重來欲下諸生榻，古木修流夢有端。」[168]明人郭金臺〈次
日自隱山取道碧泉，尋文定講學書院舊址，續賦一詩〉：「半畝靈泉
涌碧波，古今瞻眺此山阿。殘碑苔蘚搘風雨，講院荒唐護薜蘿。不為
行春思復古，翻緣履畝有揚歌。親公色笑渾遮道，不比商周歲幾
過。」[169]元末兵燹，書院久廢，明正統十三年（1448），僧正琴克銘
始為寺，建於廢院之左，歲久寺圮，至嘉靖四年（1525），知縣高應
禎重修，邑人建去思碑亭於泉上，翰林廖道南曾撰碑文，惜已苔封剝

[163] 〔明〕陳應信修，鍾世賢纂：《（嘉靖）湘潭縣志》（明嘉靖癸丑三十二年（1553）刊
本），卷下，頁 18。

[164] 〔宋〕胡宏著，吳仁華點校：〈碧泉書院上梁文〉，《胡宏集》，頁 201-202。

[165] 〔宋〕張栻：《南軒集》，卷 2，頁 29-30。

[166] 〔明〕薛剛纂修，吳廷舉續修：《（嘉靖）湖廣圖經志書》，卷 15，頁 1321。

[167] 〔清〕呂正音修，歐陽正煥纂：〈藝文〉，《（乾隆）湘潭縣志》（南京：江蘇古籍出版
社，2002 年 7 月《中國地方志集成・湖南府縣志輯》），卷 24，頁 358-359。

[168] 〔清〕呂正音修，歐陽正煥纂：〈藝文〉，《（乾隆）湘潭縣志》，卷 24，頁 363。

[169] 〔明〕郭金臺撰，陶新華點校：《石村詩集》（長沙：嶽麓書社，2010 年 1 月），卷下，
頁 177。

落。萬曆丙子（1576），邑人督學周之屏復翻修，讀書講道其中，[170]
之後胡氏後裔改碧泉書院為胡文定公祠，專祀胡文定公。[171]

是　年，朱熹（1130-1200）生。

紹興元年辛亥（1131）　五十八歲

十一月，秦檜薦公試中書舍人兼侍講。[172]

　　按：歷代有不少學者批評文定公與秦檜的關係，質疑公之操守為人，
　　例如孫原湘〈胡安國〉云：「一卷《春秋》寓諷辭，不容祭仲列同
　　時。挺然松柏隆冬秀，祇惜攀援近檜枝。」[173]感嘆文定公攀附秦
　　檜。孫志祖更直接指出公為秦檜之黨：「胡安國一生大節本多可議，
　　其始由秦檜薦用，得預講筵。呂頤浩謀逐檜，引朱勝非為助，安國言
　　勝非不可用，安國求去，檜三上章雷之。頤浩問去檜之術於席益，益
　　曰：黨魁胡安國在瑣闈，宜先去之。安國嘗言檜賢於張浚諸人，檜亦
　　力引安國，事見《宋史·秦檜傳》，則其為秦檜之黨明矣。明人無
　　識，徒以《春秋》主用《胡傳》，遂從祀兩廡，然《胡傳》借《春
　　秋》指陳時事，本不合於筆削之旨，其論亦多迂謬。近科場功令已斥
　　《胡傳》不用，俱以《左傳》本事為主，參用《公羊》、《穀梁》之
　　說，則從祀之典亦所當議罷也。」[174]從秦檜薦公而發，認為兩人關
　　係甚切，由此反對《春秋傳》之價值，議罷從祀。然關於此點，朱熹

---

[170] 〔明〕孫存、潘鎰、楊林、張治修纂：《（嘉靖）長沙府志》（北京：中國書店，1992 年
　　《稀見中國地方志匯刊》），卷 4，頁 117。〔清〕呂正音修，歐陽正煥纂：《（乾隆）湘
　　潭縣志》，卷 8，頁 122；卷 22，頁 300。

[171] 〔清〕張雲璈等纂修：《（嘉慶）湘潭縣志》，卷 11，頁 12。

[172] 〔宋〕李心傳：《建炎以來繫年要錄》，卷 49，頁 869。

[173] 〔清〕孫原湘：《天真閣集》（上海：上海古籍出版社，2002 年《續修四庫全書》），卷
　　28，頁 201。

[174] 〔清〕孫志祖：《讀書脞錄》（上海：上海古籍出版社，2002 年《續修四庫全書》），續
　　編卷 4，頁 331。

提出己見，說明文定公與秦檜厚善之故：「京城破，虜欲立張邦昌，執政而下，無敢有異議，惟會之抗疏以為不可。康侯亦義其所為，力言於張德遠諸公之前。後會之自海上歸，與聞國政，康侯屬望尤切，嘗有書疏往來，講論國政。康侯有詞披講筵之召，則會之薦也。然其雅意堅不欲就，是必已窺見其微隱有難處者，故以老病辭。後來會之做出大疏脫，則康侯已謝世矣。定夫之後，及康侯諸子，會之皆擢用之。」認為秦檜之後主降議和，公已謝世，全不見得後來事，但仍是知人不明。[175]不可否認，文定公初始對秦檜冀望之深，盼其能振興國政，善理金人事宜，但在紹興初期，除了文定公對他期待甚高之外，游酢也視其必有所為，[176]朝廷評價未有不妥，黃百家以為「當時無論賢愚，盡為檜欺矣」，[177]此其一。第二，文定公與其講論國政之出發點是基於社稷黎民，即使秦檜薦公為中書舍人兼侍講，公卻辭謝不至，僅致書引《春秋》大義表明內政外交之計，本無宦情；且公不與黃潛善、呂頤浩、朱勝非等權臣為伍，一再上奏其非而屢遭讒害，又豈為趨炎附勢、攀貴結黨之人？第三，秦檜有意擢用胡寅、胡寧、胡宏，但三人並不歸附。《宋史·儒林傳》載：「始，安國頗重秦檜之大節，及檜擅國，寅遂與之絕。」又記：「秦檜當國，貽書其兄寅，問二弟何不通書，意欲用之。寧作書止敘契好而已。宏書辭甚屬，人問之，宏曰：『政恐其召，故示之以不可召之端。』」[178]可知三人皆不為秦屈，若無父訓家學之影響，何以致此？是故，胡文定公非有意攀附秦檜之輩，氣節操守不容質疑。

十二月，除中書舍人兼侍講，公辭，致書參政秦檜，引《春秋》經義言明

---

[175]〔宋〕黎靖德編，王星賢點校：《朱子語類》，卷131，頁3155。

[176]〔宋〕黎靖德編，王星賢點校：《朱子語類》，卷131，頁3153。

[177]〔清〕黃宗羲原著，〔清〕全祖望補修，陳金生、梁運華點校：〈武夷學案〉，《宋元學案》，卷34，頁1179。

[178]〔元〕脫脫等撰：《新校本宋史并附編三種》，卷435，頁12922、12925、12926。

內政外交之方。朝廷不允公辭，又遣使至所居，公遂行，獻《時政論》，論入，上即命再遣使促召。公未至，復除給事中。（〈行狀〉，頁501-516）

按：高宗御札：「已降詔命，召卿父赴行在。于今未到，卿可以朕意催促，俾疾速前來，以副延佇之意。」胡寅作〈謝御札促召家君劄子〉一文。

又按：李正民《大隱集》載〈胡安國除給事中制〉，程俱《北山小集》載〈朝奉大夫胡安國除中書舍人兼侍講制〉。

紹興二年壬子（1132）　五十九歲

春，公有掖垣之命，子寅、寧侍行。[179]

二　月，公避地湖東，致書秦檜，言吳敏兵寡，宜遣韓世忠為之副，並推薦向子諲忠節，可扶持綱常，以為任用。[180]

是　月，向子忞落職放罷，以周隨亨懇於朝，劾其不法及棄城故也。公自全州遣尚書左僕射呂頤浩書，冀其海度容之，改正此事。[181]

四　月，公上《制國論》。[182]

七　月，公入對於臨安行在所，再拜辭謝，進以恤民核實之事。居旬日，復以疾懇求去位，高宗遂以《左氏傳》付公點句正音。（〈行狀〉，頁516）公於此月薦司勳員外郎朱震。[183]

按：胡寅〈先公行狀〉載公進言：「臣聞保國必先定計，定計必先定都，建都擇地必先設險，設險分土必先遵制，制國以守必先恤民。夫國之有斯民，猶人之有元氣，不可不恤也。除亂賊，選縣令，輕賦

---

[179]〔宋〕胡寅：〈悼亡別記〉，《斐然集》，卷20，頁381。

[180]〔宋〕李心傳：《建炎以來繫年要錄》，卷51，頁903。

[181]〔宋〕李心傳：《建炎以來繫年要錄》，卷51，頁907-908。

[182]〔宋〕李心傳：《建炎以來繫年要錄》，卷53，頁934。

[183]〔宋〕李心傳：《建炎以來繫年要錄》，卷56，頁979。

斂，更弊法，省官吏，皆恤民之事也。而行此有道，必先立政，立政有經，必先核實，核實者，是非毀譽各不亂真，此致理之大要也。是非核而後賞罰當，賞罰當而後號令行，人心順從，惟上所命，以守則固，以戰則勝，以攻則服，天下定矣。然致此者顧人主志尚何如耳。尚志所以立本也，正心所以決事也，養氣所以制敵也，宏度所以用人也，寬隱所以明德也，具此五者，帝王之能事備矣。乞以《核實》而上十有六篇付宰臣參酌施行。」（〈行狀〉，頁 516）公作《核實論》、《尚志論》、《正心論》、《養氣論》、《宏度論》、《寬隱論》等文。公又奏曰：「《春秋》乃仲尼親筆，門人高第不措一詞，實經世大典，見諸行事，非空言比也，義精理奧，尤難窺測。今方思濟艱難，豈宜虛費光陰，耽玩文采？《左氏》所載師春等書及諸國交兵曲折，尚涉繁碎，況於其他？陛下必欲削平僭暴，克復寶圖，使亂臣賊子懼而不作，莫若儲心仲尼之經，則南面之術盡在是矣。」高宗稱善。（〈行狀〉，頁 516）

八月一日，轉對，公奏論「定計」、「建都」、「設險」三事。高宗尋命除公兼侍讀，專講《春秋》，公乞在外編集成書，進御乙覽，不敢當講席，上不許。（〈行狀〉，頁 516-517）

按：朱熹曰：「康侯有詞掖講筵之召，則會之薦也。然其雅意堅不欲就，是必已窺見其微隱有難處者，故以老病辭。」[184]此微隱有難處者就是不願和朱勝非一同在朝為官，〈求去疏〉一文已有清楚說明：「由臣愚陋，致朝廷過舉，侵紊官制，隳壞紀綱。孟子曰：『有官守者，不得其職則去。』臣待罪五旬，毫髮無補，既失其職，當去甚明。況勝非係臣論列之人，今朝廷乃稱其處劉、苗之時能調護聖躬，即與向來詔旨責詞，是非乖異。昔公羊氏以祭仲廢君為行權，先儒力排其說，蓋權宜廢置，非所施於君父。《春秋》大法，尤謹於此。自建炎改元，凡失節者非特釋而不問，又加進擢，習俗既成，大非君父之便。臣蒙睿獎，方俾以《春秋》入侍，而與勝非為列，有違經訓。

---

184 〔宋〕黎靖德編，王星賢點校：《朱子語類》，卷 131，頁 3153。

儻貪祿位，不顧曠官，縱臣無恥，公論謂何？」[185]

是　月，時會除故相朱勝非同都督江淮荊浙諸軍事，公上奏指斥；後朱勝
　　　非提舉醴泉觀兼侍讀，呂頤浩上呈勝非還任，恐公持錄黃不
　　　下，遂特命中書門下省檢正諸房公事黃龜年書行，公上奏，批
　　　評呂氏等輩紊亂官制，隳敗紀綱。[186]

　　按：公作〈求去疏〉、〈彈朱勝非疏〉等文，《建炎以來繫年要錄》
　　記載公向高宗推薦李綱，以及呂頤浩誣陷公朋比結黨之事：「安國入
　　對，因論京都圍城中人，乞再行遣，仍薦李綱可用。上問安國所以知
　　綱，安國曰：『綱為小官，宣政間敢言水災事。』上曰：『綱固以此
　　得時望，然嘗用為宰相矣，如綱昔擁重兵，解太原圍，與官屬只在懷
　　州，相去千餘里，綱多掠世俗虛美，協比成朋，朕今畀以方面，於綱
　　任亦不輕。』翌日，上以語輔臣，頤浩曰：『朋比之風，自蔡京始，
　　靖康伏闕薦綱，亦本其黨鼓倡，乃至殺戮近侍，莫可止遏，此風不可
　　再也。』」[187]

是　月，給事中程瑀論事不合，以親老求去，罷為龍圖閣待制，貶知信
　　　州，公上疏。[188]

　　按：公言：「今國勢未安，朝廷微弱，所賴以振頹綱、消隱慝者，眾
　　君子耳。如瑀志節特持，議論剛正，有補于時。蓋知臣莫若君，不待
　　臣言而後喻也。陛下方將與多士圖維萬務，共濟艱難，憐瑀之私，處
　　以便郡，使養其親，為瑀計則厚矣，其為陛下計，無乃失乎？況瑀兄
　　弟數人，家居侍奉，鄉邦非遠，安問易通，移孝為忠，於義無闕。」[189]

九　月，執政進呈，公請益衛兵。

　　按：《建炎以來繫年要錄》記高宗語：「一衛士所給，可贍三四兵。

---

[185] 〔宋〕李心傳：《建炎以來繫年要錄》，卷57，頁993。

[186] 〔宋〕李心傳：《建炎以來繫年要錄》，卷57，頁992-993。

[187] 〔宋〕李心傳：《建炎以來繫年要錄》，卷57，頁990。

[188] 〔宋〕李心傳：《建炎以來繫年要錄》，卷57，頁991、997。

[189] 〔宋〕李心傳：《建炎以來繫年要錄》，卷57，頁991。

朕命楊沂中治神武中軍，此皆宿衛兵也，卿等可修鞍馬、備器械，乃
為先務。」[190]

公上宰相書，以經筵薦楊時。[191]

　　按：《宋楊文靖公龜山先生年譜》載公與宰相書之語：「龍圖閣直學
　　士致仕楊公某，造養清遠，燭理甚明。混迹同塵，知之者鮮。行年八
　　十，志氣未衰，精力少年殆不能及。上方嚮意儒學，日新聖德，延禮
　　此老，置之經席，朝夕咨訪，裨補必多。至如裁決危疑，經理庶務，
　　若燭照數計而龜卜，又可助相府之忠謀也。」[192]

是　年，楊時作〈答胡康侯問政事書〉。[193]

紹興三年癸丑（1133）　六十歲

命造束身椑，自授尺寸，歲一漆之。得疾無法閱書，命胡宏取《春秋說》
誦於前，間一解頤而笑。（〈行狀〉，頁 525）

公遣人致問楊時，質正《春秋傳》義，楊時試言疑處：聖人改元與正朔之
說。又，是年楊時答公編集《伊川語錄》一書。[194]

　　按：楊時曰：「公之用意精深，非淺陋所能窺其閫奧。然意有所疑，
　　義不敢默，姑試言之。所謂元者，仁也；仁者，心也。《春秋》深明
　　其義，當自貴者始，故治國先正其心，其說似太支離矣，恐改元初無
　　此意。……周據天統，以時言也；商據地統，以辰言也；夏據人統，

---

[190]〔宋〕李心傳：《建炎以來繫年要錄》，卷 58，頁 1005。

[191]〔清〕張夏補編：《宋楊文靖公龜山先生年譜》，卷下，頁 203。

[192]〔清〕張夏補編：《宋楊文靖公龜山先生年譜》，卷下，頁 203。

[193]〔清〕張夏補編：《宋楊文靖公龜山先生年譜》，卷下，頁 202。

[194]〔清〕張夏補編：《宋楊文靖公龜山先生年譜》，卷下，頁 207。〔宋〕黃去疾編，刁忠民
　　校點：《龜山先生文靖楊公年譜》，頁 3410。

以人事言也。故三代之時,惟夏為正,謂《春秋》以周正紀事是也。
正朔必自天子出,改正朔恐聖人不為也。若謂以夏時冠月,如定公元
年『冬十月,隕霜殺菽』,若以夏時言之,則十月隕霜,乃其時也,
不足為災異。周十月乃夏之八月,若以夏時冠月,當曰『秋十月』
也。正朔如建子丑是也,雖用夏時,月不可謂改正朔。鄙意如此,公
試思之如何。如未中理,更希疏示,以開未悟。」[195]又曰:「伊川
先生語錄,在念未嘗忘也。但以兵火散失,收拾未聚。舊日惟羅仲素
編集備甚,今仲素已死於道途,行李亦遭賊火,已託人於其家尋訪,
若得五六,亦便下手矣。」[196]

公約於此年秋七月左右,徙家衡岳之下,創立書堂。

按:據胡寅〈悼亡別記〉云:「(壬子)冬十一月,家君罷披垣,還
至豐城,遣寅省家,歲盡逢之清湘山寺中。……癸丑春正月,家君來
湘潭。秋七月然後尊卑會於南嶽。」[197]〈先公行狀〉亦記:「公登
舟稍稍泝流,三日而後,行次衢、梁訪醫,留再旬。至豐城寓居,又
半歲,乃渡南江而西,休於衡岳,買山結廬,名曰『書堂』,為終焉
計。」(〈行狀〉,頁 518)可知去年冬,公赴江西豐城寓居,今年
秋七月舉家遷至湖南衡山。公至衡山由其弟子黎明相迎。黎明,字才
翁,湘潭人,光緒《湘潭縣志》載其「以孝友信義著稱,師事胡安
國。建炎之亂,安國避地荊門,明除廬室,具器幣往迎,安國衡麓湖
湘之學皆起於此。」[198]胡寅曾作〈將歸南嶽黎才翁命蕭復來相迎且
以二詩見貺因作一絕謝之〉一詩。

---

[195] 〔宋〕楊時:〈答胡康侯書其六〉,《楊龜山先生全集》,卷 20,頁 869。

[196] 〔宋〕楊時:〈答胡康侯書其九〉,《楊龜山先生全集》,卷 20,頁 883。

[197] 〔宋〕胡寅:〈悼亡別記〉,《斐然集》,卷 20,頁 382。

[198] 〔清〕王闓運:《(光緒)湘潭縣志》,卷 8,頁 629。曾國荃《(光緒)湖南通志》亦
記:「黎明,字才翁,湘潭人,以孝友信義著稱。胡安國避地荊門,明師事之,為卜室廬,
具器幣往迎之,胡氏之居南嶽,實昉於此。」見〔清〕曾國荃:〈黎彤鍾楊鄭張列傳〉,
《(光緒)湖南通志》(臺北:京華書局,1967 年 12 月),卷 162,頁 3164-3165。

又按：文定公於衡山之下創立書堂，作為讀書講學之所，胡宏除了作有〈文定書堂上梁文〉，[199]還增創書樓，後人稱此地為「春秋樓」或「胡文定公書院」。嘉靖《湖廣圖經志書》記：「胡文定公書院在嶽山西南。宋胡安國，建寧人，以寶文閣學士致仕，退居衡山，十五年不出，其季子宏，字仁仲，號五峯，於衡嶽增剏書樓。弘治乙卯（1495），巡按監察御史鄭惟桓、衡州府同知鄧淮重建。正德十三年（1518），知縣鄒岡、主簿強克敬重繪像，立周濂溪、韓文公、晦庵、南軒牌位于後堂，春秋享祀。」[200]書院在元代至大元年（1308）業已修葺，命學士楊宗飾為山長，但歷久頹圮，徒留遺址。逮明代湖廣監察御史鄭惟桓巡歷至此，遂命有司修復完備，設立木主，春秋致祭，並使人守護，不致廢墜。[201]此書院從明末至清代仍不斷重修，曾國藩於咸豐九年（1859）作〈重修胡文定公書院記〉即云：「崇禎時圮，公裔來譽修復，何令仕冢為之記。康熙間，公裔昌侯續修。乾隆間，謝令仲玩、高令自位重修。道光初，公裔鏡堂及蘇亭同年又增房廡，定祭期，復祀田置，歲修而院一新，龔學博玠記綦詳。逮今不四十年，又將鞠為草莽矣。」[202]地方縣令與公之後裔重建續修，至道光元年（1821）八月都還有修復的記錄。[203]另外，「春秋樓」附近有「春秋塘」，清人錢邦芑〈春秋樓記〉曰：「樓歷滄桑，不知圮於何代？而樓邊之修竹長松，半摧斤斧，殘垣敗礫，盡鎖雲煙，所不與樓俱灰者，惟舊時種蓮一池，至今所名春秋塘者，則猶然綠水結紋，青蘋絢綵，冉冉清芬可挹也。」公之後裔胡振圭〈春秋樓記〉亦曰：

---

199 〔宋〕胡宏著，吳仁華點校：〈碧泉書院上梁文〉，《胡宏集》，頁 200-201。

200 〔明〕薛剛纂修，吳廷舉續修：《（嘉靖）湖廣圖經志書》，卷 12，頁 1009。

201 〔明〕鄭惟桓：〈胡文定公書院祭祀題本〉，載〔明〕何紀纂，劉熙修：《（弘治）衡山縣志》（南京：江蘇古籍出版社，2002 年 7 月《中國地方志集成‧湖南府縣志輯》），卷 5，頁 120-122。

202 〔清〕文嶽英、胡伯第纂，李惟丙、勞銘勳修：〈書院〉，《（光緒）衡山縣志》，卷 16，頁 469。

203 〔清〕龔玠：〈重修胡文定公書院記〉，載〔清〕文嶽英、胡伯第纂，李惟丙、勞銘勳修：〈書院〉，《（光緒）衡山縣志》，卷 16，頁 469。

「池今名春秋塘，蓋因樓得名也。相傳樓以外青松翠竹相環繞，池中清香冉冉撲鼻，識者謂公正色立朝，不伍權貴，草木亦感其德，表勁節幽芳，以助山居勝。」[204]樓院環境極佳，松竹環繞，綠池清芬，大抵可曉公隱居此地之故。歷代不少文人都有書院題作，如衡州府同知鄧淮有〈胡文定書院〉詩一首：「吾道中天永不孤，《春秋》大義岳山胡。熙寧不幸遭王氏，南渡真成有此儒。老柏參天誰剪伐，伏雛隨地自樞趨。祠成又出當時篆，示我斯文未喪符。」[205]以及李東陽〈衡山縣重建文定書院記〉[206]、何仕冢〈重修胡文定公書院併長壽庵記〉、高自位〈重修胡文定公書院併建義塾記〉、龔玥〈重修胡文定公書院記〉、曾國藩〈重修胡文定公書院記〉等文章，[207]足見明清地方對此書院的重視。此處必須提及，「胡文定公書院」位於長沙府衡山縣，「碧泉書院」位於長沙府湘潭縣，兩地有別，嘉慶《湘潭縣志》對「碧泉書堂」的說明應屬「胡文定公書院」才是，[208]修志者未能細辨，誤將兩地視為一處。

又按：關於「胡文定公書院」的所在地，乾隆《衡山縣志》記此在衡山紫蓋峯下，[209]曾國荃《湖南通志》也提出紫蓋峯有文定書堂。[210]

---

[204] 錢、胡二文可見〔清〕文嶽英、胡伯第纂，李惟丙、勞銘勳修：〈書院〉，《（光緒）衡山縣志》，卷16，頁470。

[205] 〔明〕薛剛纂修，吳廷舉續修：《（嘉靖）湖廣圖經志書》，卷12，頁1034。

[206] 〔明〕李東陽：〈衡山縣重建文定書院記〉，《懷麓堂集》（上海：上海古籍出版社，1991年12月《四庫明人文集叢刊》），卷65，頁678-679。

[207] 〔清〕文嶽英、胡伯第纂，〔清〕李惟丙、勞銘勳修：〈書院〉，《（光緒）衡山縣志》，卷16，頁467-469。

[208] 《湘潭縣志》：「碧泉書堂在縣南十一都。胡文定公宦游荊南歲久，紹興初因徙家衡嶽之下，買地誅茅，結屋數椽，名之曰『書堂』。紹興五年，令纂修所著《春秋傳》，六年投進，正在書堂中也。子五峯傳其學，優遊南山下二十餘年。張南軒從之遊，得孔門論仁親切之旨。又有南嶽處士吳晦叔、湘鄉彪居正父子及其從弟廣仲，俱授以文定之業。五峰季子大時，為南軒壻，求南軒名其讀書之堂曰：『勿齋』，其授受源流皆在此堂。世傳有龍鱗木樨，在碧泉下，為文定手植。」見〔清〕張雲璈等纂修：《湘潭縣志》，卷5，頁16。

[209] 〔清〕德貴纂修，鍾光序續修：《衡山縣志》（海口：海南出版社，2001年4月《故宮珍本叢刊》），卷8，頁172。

[210] 〔清〕曾國荃等撰：《湖南通志》，卷37，頁981。

然高自位〈重修胡文定公書院併建義塾記〉則認為文定公書院居紫雲之右，[211]曾國藩〈重修胡文定公書院記〉亦說明文定公致仕隱衡，築室紫雲峯下，[212]或曰「紫雲峯」，或曰「紫蓋峯」，光緒《衡山縣志》對此情形提出：「從明末始，國朝縣令高自位重修文定書院併立義塾，其〈記〉亦云院居紫雲之右，未云在紫蓋，而《湖廣》、《湖南》兩志及府志邑舊志皆云在紫蓋峯下，紫雲、紫蓋其名不過一字之差，其地實隔十數里而遙，世遠難稽，或原在紫蓋，後徙紫雲亦未可知，但向無文字作證，以何〈記〉、高〈記〉考之，知諸志皆訛誤相承，未暇詳究。」[213]修志者礙於年代久遠，已無舊籍可考，故暫以「紫蓋峯」為據。查考嘉靖《湖廣圖經志書》，衡州府衡山縣僅有「紫蓋峰」，未見「紫雲峰」之名，[214]胡宏〈呈伯氏兼簡彥達先生〉一詩提到：「紫蓋峯前作小圃，日親圃事。」[215]似可推測衡山縣最早僅有紫蓋峰，文定公父子在此峰之下生活講學；紫雲峰或為清代所名，與紫蓋峰分處不同位置。目前方志多有記載紫蓋峰的歷史，各代也有不少文人作詩吟詠，但卻少見紫雲峰的資料，難以廓清紫蓋峰和紫雲峰的前後關係，抑或文定書院是否確曾築室紫雲峯下。

又按：除了湖南衡山縣有文定書院，福建崇安縣也設有文定書院，或作「胡文定公祠堂」[216]、「宋胡文定公祠」[217]。嘉靖《建寧府志》記載：「文定書院在崇安縣興賢坊營嶺之麓，宋簿廳故。元至正十一

[211]〔清〕文嶽英、胡伯第纂，〔清〕李惟丙、勞銘勳修：《（光緒）衡山縣志》，卷16，頁468。

[212]〔清〕文嶽英、胡伯第纂，〔清〕李惟丙、勞銘勳修：《（光緒）衡山縣志》，卷16，頁469。

[213]〔清〕文嶽英、胡伯第纂，〔清〕李惟丙、勞銘勳修：《（光緒）衡山縣志》，卷16，頁469-470。

[214]〔明〕薛剛纂修，吳廷舉續修：《（嘉靖）湖廣圖經志書》，卷12，頁998。

[215]〔宋〕胡宏著，吳仁華點校：〈呈伯氏兼簡彥達先生〉，《胡宏集》，頁63。

[216]〔明〕何喬遠編撰，廈門大學《閩書》校點組校點：〈建置志〉，《閩書》，卷34，頁858。

[217]〔清〕程應熊、姚文燮纂修：〈祠祀志〉，《（康熙）建寧府志》，卷16，頁37。

年，縣令彭庭堅建，左為禮殿而配以顏、曾、思、孟，前為欞星門；右為祠，祀胡安國而以其從子憲、子寅、寧、宏侑食。祠後有堂，曰『覽翠』，乃朱熹書。祠之前為兩廊，中為門，又前為外門，揚『文定書院』四字，年久頹圮。成化初，知府劉鉞重建。」[218]元至正十一年（1351），縣令彭庭堅建，明代成化元年（1465）左右，建寧府太守劉鉞捐俸重建，彭時作〈重修文定書院記〉，對於翻修原因有清楚的記載。[219]康熙《崇安縣志》描述文定書院的環境：「傍有樟樹，圍千尺，婆娑蔭地，一畝許，如龍連理相交一方之勝也。後為學宮，今學宮已移鞠為茂草矣。」[220]至明代嘉靖四十三年（1564），吳維京攝邑，因建新學，遂將書院遷於舊學基，奉文定公居中，配以籍溪、致堂、五峯、茅堂四先生。康熙四十五年（1706），欽賜「霜松雪栢」匾額，邑侯王梓捐俸修葺，書院煥然一新，並作〈重修文定公祠兼置祀田碑記〉，沈涵（康熙十五年（1676）進士）亦作〈重修胡文定公祠記〉一文；[221]至康熙五十二年（1713），改建學宮於營嶺舊基，而書院在學宮之左。[222]

是　年，張栻（1133-1180）生。

---

[218] 〔明〕夏玉麟、汪佃等修纂：《（嘉靖）建寧府志》，卷17，頁344。

[219] 彭時〈重修文定書院記〉云：「天順八年（1464），秋八日，建寧府太守劉公行縣至崇安，因入謁焉，憮然有感，乃捐己俸，率卿貢士暨國子生藍璣輩，各助貲厄材新之，而命大使王仲董其事，易朽除腐，節漫漶以鮮潔，規制雖仍乎舊，而煥然一新，觀者為之起敬，以是年十月始事，越三月而告成。」見〔清〕程應熊、姚文燮纂修：〈藝文志〉，《（康熙）建寧府志》，卷45，頁145。

[220] 〔清〕管聲駿纂修：〈文治志〉，《（康熙）崇安縣志》（北京：中國書店，2007年2月《稀見中國地方志匯刊》），卷5，頁1001。

[221] 〔清〕劉靖修，張彬纂：《（雍正）崇安縣志》，卷7，頁69-71。

[222] 載姜亞沙、經莉、陳湛綺編：《〔雍正〕（福建）崇安縣志中載書院》，《中國書院志》（北京：全國圖書館文獻縮微複製中心，2005年3月），卷4，頁275-276。

紹興四年甲寅（1134）　六十一歲

公自衡陽寄示楊時《伊川語錄》寫本二冊，楊時答書。[223]

　　按：楊時曰：「某衰朽，杜門待盡，平時親故凋喪略盡，絕無過從
　　者，惟時親書冊以自適耳。家所藏書為賊棄毀，僅存一二語錄常在。
　　念先生之門餘無人，某當任其責也。蒙寄示二冊，尤荷留念。」[224]

是　年，薛季宣（1134-1173）生。

紹興五年乙卯（1135）　六十二歲

二　月，公除徽猷閣待制、知永州，公辭。（〈行狀〉，頁 519）

　　按：《建炎以來繫年要錄》記上制：「朕惟士君子讀聖人之書，學先
　　王之道，豈獨善其身而已哉？治人治己，成己成物，易地則皆然。世
　　俗之儒，名師孔孟，實蹈楊墨，可與論中庸者鮮矣。安國學優而仕，
　　行顧於言，通經為儒者之宗，論事識治道之體，頃從時望，召寘瑣
　　闈，方喜便于咨詢，顧何嫌於封駁，奉身而去，亦既累年，予方思共
　　理之良，爾安得獨善於己？零陵雖小，有社有民，竹馬歡迎，相望數
　　舍，往讀中興之頌，無忘平日之言，亟懷印章，祗我明命。」[225]胡
　　寅〈先公行狀〉載公語：「擯斥三載，未能寡過，不敢當次對之除，
　　不習吏事，年衰病劇，不能勝共理之寄。」（〈行狀〉，頁 519）
　　又按：公聞詔問舊宰執攻戰等四事，以書遺胡寅曰：「此詔問舊宰
　　執，即是國論未定，正要博謀，若贊得國是，其績不小，汝勉思之。
　　吾有時政論二十篇，雖未詳，大綱舉矣，諸葛復生，不能易此也。」[226]

---

[223] 〔宋〕黃去疾編，刁忠民校點：《龜山先生文靖楊公年譜》，頁 3410。

[224] 〔宋〕楊時：〈答胡康侯書其十一〉，《楊龜山先生全集》，卷 20，頁 884-885。

[225] 〔宋〕李心傳：《建炎以來繫年要錄》，卷 85，頁 1398-1399。

[226] 〔宋〕李心傳：《建炎以來繫年要錄》，卷 85，頁 1399。

四　月，詔令公纂修《春秋傳》。[227]

　　按：胡寅〈先公行狀〉載詔曰：「胡某經筵舊臣，引疾辭郡，重憫勞
之。可特從其請，差提舉江州太平觀，令纂修所著《春秋傳》，候書
成進入，以副朕崇儒重道之意。仍給吏史筆札，委疾速投進。」
（〈行狀〉，頁519）

二十四日，楊時卒。[228]

　　按：楊時歿世逾年，諸孤以右史呂本中所次行狀請銘，公撰〈楊文靖
公墓誌銘〉。[229]《宋元學案‧龜山學案》記載：「文定作先生墓
志，載先生奏安石為邪說之事。五峰問文定：『此章直似迂闊，何以
載之？』文定曰：『此是取王氏心肝底劊子手段，何可不書？書之則
王氏心肝懸在肉案上，人人見得，而詖淫邪遁之辭皆破矣。』」[230]
　　又按：紹興中，瀏陽縣遭逢兵火，龜山先生昔作歸鴻閣亦已頹廢，僅
存石刻。章才邵為瀏陽縣令，就廢址地復創小閣，取公所作墓誌銘，
撮其事之大者刻於石上。[231]

十一月二十七日，公作〈論名諱劄子〉一文。[232]

胡寅撰〈乙卯上殿劄子〉，論說人主體元居正、端本清源之事，公評曰：
「此章深得敷奏之體。」[233]

---

[227] 〔宋〕李心傳：《建炎以來繫年要錄》，卷88，頁1463。

[228] 〔宋〕黃去疾編，刁忠民校點：《龜山先生文靖楊公年譜》，頁3410。

[229] 〔宋〕胡安國：〈楊文靖公墓誌銘〉，《伊洛淵源錄》，載《朱子全書》，卷10，頁1048-
1054。

[230] 〔清〕黃宗羲原著，〔清〕全祖望補修，陳金生、梁運華點校：〈龜山學案〉，《宋元學
案》，卷25，頁956。

[231] 〔清〕毛念恃編：《宋儒龜山楊先生年譜》，頁84。

[232] 〔宋〕李心傳：《建炎以來繫年要錄》，卷95，頁1578。

[233] 〔宋〕胡寅：〈乙卯上殿劄子〉，《斐然集》，卷10，頁200。

紹興六年丙辰（1136）　六十三歲

正　月，公得末疾，初委胡寅承家主祭之事。[234]

　　按：胡寅〈申尚書省議服狀〉：「紹興六年正月，先父得末疾，初委
　　寅以承家主祭之事，于四月內得建州鄉人劉勉之書，責不歸見世母升
　　堂而拜，以盡融融洩洩之意。世母者，先父同堂三兄之嫂也。先父震
　　怒所患，遂增作《辯謗》一篇，以授寅二弟寧、宏及三兄之子見任建
　　州教授憲。」[235]

十二月，公奉詔纂修《春秋傳》成，凡十餘萬言，作〈進《春秋傳》表〉
　　　　一文。高宗謂其深得聖人之旨，除提舉萬壽觀兼侍讀，委潭州
　　　　守臣以禮津遣。（〈行狀〉，頁 519）

　　按：胡寅〈先公行狀〉載公語：「某之初學也，用功十年，遍覽諸
　　家，欲多求博取，以會要妙，然但得其糟粕耳。又十年，時有省發，
　　遂集眾傳，附以己說，猶未敢以為得也。又五年，去者或取，取者或
　　去，己說之不可於心者尚多有之。又五年，書向成，舊說之得存者寡
　　矣。及此二年，所習似益察，所造似益深，乃知聖人之旨益無窮，信
　　非言論所能盡也。今幸聖上篤好，要當正學以言，不當曲學以阿
　　世。」（〈行狀〉，頁 519）

　　又按：胡寅有〈乞《春秋傳》序劄子〉一文。

胡寅代公作〈資政殿學士許公墓誌銘〉。[236]

紹興七年丁巳（1137）　六十四歲

正　月，諫官陳公輔上疏力抵程氏，公論奏維護程頤之道學德行，陳公

---

[234]〔宋〕胡寅：〈申尚書省議服狀〉，《斐然集》，卷9，頁195。

[235]〔宋〕胡寅：〈申尚書省議服狀〉，《斐然集》，卷9，頁195。

[236]〔宋〕胡寅：〈資政殿學士許公墓誌銘〉，《斐然集》，卷26，頁527。

　　　　　輔、周秘等輩謂公學術頗僻，行義不修，章疏交上，除知永
　　　　　州，公辭，復除提舉江州太平觀。（〈行狀〉，頁519-521）

是　月，朱震引疾求在外宮觀，不許，先是董弅免官，震乃白張浚求去。
　　　　　公聞之，以書遺其子寅曰：「子發求去晚矣，當公輔之說纔
　　　　　上，若據正論力爭，則進退之義明，今不發一言，默然而去，
　　　　　豈不負平日所學？惜哉！且復問宰相云：『某當去否？』既數
　　　　　日又云：『今少定矣。』此何等語！遇緩急則是偷生免死計，
　　　　　豈能為國遠慮，平生讀《易》何為也？」[237]

　　　按：公又上奏，望朝廷封爵程顥、程頤、邵雍與張載四人，詔館閣裒
　　　其遺書，羽翼六經：「士以孔、孟為師，不易之至論。然孔、孟之道
　　　久矣，自程頤始發明之，而後其道可學，而至今使學者師孔、孟，而
　　　禁不得從頤之學，是入室而不由戶也。夫頤之文，於諸《經》、
　　　《語》、《孟》則發其微旨，而知求仁之方、入德之序，鄙言怪語，
　　　豈其文哉！頤之行則孝弟顯於家，忠誠動於鄉，非其道義，一介不以
　　　取予，則高視闊步，豈其行哉！自嘉祐以來，頤與兄顥及邵雍、張
　　　載，皆以道德名世，如司馬光、呂大防莫不薦之，頤有《易》、《春
　　　秋傳》，雍有《經世》書，載有《正蒙》書，惟顥未及著書，望下禮
　　　官討論故事，加此四人封爵，載在祀典，比於荀、揚之列，仍詔館閣
　　　裒其遺書，以羽翼六經，使邪說不得作而道術定矣。」[238]

五　月，公提舉萬壽觀兼侍讀，疾速赴行在。[239]壬寅，公累上章引疾，
　　　　　可與便郡，以右司諫陳公輔等有言也，乃以公知永州。[240]

六　月，公薦舉陳淵為賢良。
　　　按：據〈辭免舉賢良狀〉，公奏曰：「承潭州公文，准禮部牒，三省
　　　樞密同奉手詔，中外侍從之臣，各舉能直言極諫之士一人者。臣伏見

[237]〔宋〕李心傳：《建炎以來繫年要錄》，卷108，頁1755。
[238]〔宋〕李心傳：《建炎以來繫年要錄》，卷108，頁1755-1756。
[239]〔宋〕李心傳：《建炎以來繫年要錄》，卷111，頁1794。
[240]〔宋〕李心傳：《建炎以來繫年要錄》，卷111，頁1805。

右脩職郎、權江西安撫制置大使司主管機宜文字陳淵，深究先聖之微
言，能談當世之要務，通達國體，曉知政經。若獲造廷，俾攄所蘊，
必有忠讜，上副訪延，伏候勅旨。」[241]

十　月，胡寅移知永州，公已病身，寅欲留侍疾，公自衡山以書訓寅。[242]

　　按：《建炎以來繫年要錄》云：「徽猷閣待制知嚴州胡寅移知永州，
　　先是寅父徽猷閣待制安國自衡山以書訓寅曰：『汝在桐江一年矣，大
　　凡從官作郡，一年未遷，即有怠意，汝今宜作三年計，日勤一日，思
　　遠大之業，若有遷擢，自是朝廷，非我所覬也。』至是寅言，父病初
　　愈，迎侍不來，近者妻室喪亡，乞湖南一小郡，乃改命焉。」[243]

是　年，呂祖謙（1137-1181）、陳傅良（1137-1203）、樓鑰（1137-
　　1213）生。

紹興八年戊午（1138）　六十五歲

正　月，公除寶文閣直學士，賜銀絹三百疋兩，公受此賜，念故鄉宗族貧
　　苦，無以自給，遂付姪子胡憲買田於先廬旁，歲時修祀曾、高
　　墳墓，施及親屬，以疏戚為差。（〈行狀〉，頁 521）

　　按：《建炎以來繫年要錄》亦載：「徽猷閣待制提舉江州太平觀胡安
　　國充寶文閣直學士，賜銀帛三百匹兩，安國以衰疾乞致仕，上將許
　　之，乃詔以安國解釋《春秋》書成，進職加賜。翌日，詔安國進一官
　　致仕，命未下而安國卒疾。」[244]胡寅撰有〈代家君除寶文閣直學士
　　賜銀絹謝表〉一文。

　　又按：嘉靖《建寧府志》記曰：「胡安國宅在從籍里胡坊，舊名籍

241 〔宋〕陳淵：〈辭免舉賢良狀〉，《默堂集》（臺北：臺灣商務印書館，1986 年景印文淵
　　閣《四庫全書》），卷 13，頁 380。

242 〔宋〕李心傳：《建炎以來繫年要錄》，卷 115，頁 1865。

243 〔宋〕李心傳：《建炎以來繫年要錄》，卷 115，頁 1865。

244 〔宋〕李心傳：《建炎以來繫年要錄》，卷 118，頁 1905。

溪。安國嘗以朝廷所賜金，令從子原仲因舊基重建，後人稱為文定書堂。」[245]若依〈行狀〉所載，此處重建宅舍的說法似有誤。

四月十三日，公歿於書堂正寢，享年六十有五。遺表上聞，詔贈四官，賻銀絹二百疋兩。公積階至朝奉郎，靖康登極覃恩轉朝散郎，致仕轉朝請郎，至是贈左朝議大夫。繼又下詔，特賜銀絹三百疋兩，賜田十頃，以恤其孤。公卿大夫莫不嗟悼，形於文辭以祭公而挽其葬。（〈行狀〉，頁521）

按：胡寅有〈代先公遺表〉、〈賜先公銀絹謝表〉、〈辭免賜田蒙降詔允謝表〉等文。劉子翬撰〈胡文定公挽詩三首〉，其一：「今代儒林伯，聲名舊藹如。不為簪紱累，常樂燕閒居。悟主承三接，尊王著一書。天胡奪遺老，素業未全攄。」其二：「有意扶名教，躬行語默中。楷模陶士器，藥石補天聰。衡嶽隣新卜，伊川道已東。傳經知有子，接武大明宮。」其三：「奕葉論深契，平生仰大儒。淹留趨絳帳，寂寞奠生芻。忽見摧梁木，悲歌碎玉壺。尺書垂獎意，提耳愧朱愚。」[246]真德秀撰〈祭胡給事墓祝文〉。

又按：張栻〈文定康侯胡先生像贊〉云：「道聞伊洛，志在《春秋》。格君化俗，扶綱闡猷。進則抗論，退則歸休。大冬松柏，凜凜孰儔。」[247]據胡寅〈先公行狀〉所記，文定公一生不樂近城市，寓居必深靜之處；風度凝遠，蕭然塵表；燕居慎獨，接納無倦；氣宇沖澹，容貌雍穆。取捨必度於義，雖身疾亦謹於禮。痛切中原淪沒，百姓塗炭，故志在康濟時艱，以聖人為標的，充溢愛君憂國之心，所言所思皆出於社稷。雖自登第至休致有四十年，但實際在官卻未及六載，足見不矜宦途，淡於出仕之志。（〈行狀〉，頁522-525）

九月一日，葬於潭州湘潭縣龍穴山，令人王氏祔焉。禮部太常官合議，請

---

[245] 〔明〕夏玉麟、汪佃等修纂：〈古蹟〉，《（嘉靖）建寧府志》，卷20，頁448。

[246] 〔宋〕劉子翬：《屏山集》（臺北：臺灣商務印書館，1986年景印文淵閣《四庫全書》），卷18，頁503。

[247] 〔清〕管聲駿纂修：〈記載志〉，《（康熙）崇安縣志》，卷8，頁1117。

諡為文定。（〈行狀〉，頁 526）元代至正二十二年（1362）贈
太師，追封楚國公。明代正統二年（1437）從祀孔子廟庭，成化
三年（1467）追封建寧伯，嘉靖九年（1530）改稱先儒胡子。[248]
按：《建炎以來繫年要錄》記朱震於是年七月上奏乞賜諡劄子：「安
國正義直指，風節凜然，時晚歸衡山，講道自樂，遭遇聖明，學遂顯
行，蓋其功不在先儒之下。去年有旨召其子寅於永州，寅過衡山，安
國已病，徘徊不進，欲留侍疾，安國勉令如期而發，手作書遺臣曰：
『寅已促令上道矣。』其書俱在，安國義不忘君，有如此者，夫昔人
有一節可稱，猶襃之以諡，列諸史傳，況安國孝於親、忠於君，好學
不倦，安貧守道，身死而言立，可不飾其終乎？伏望下太常禮官，特
賜以諡，用為儒林守道之勸。」[249]胡寅〈先公行狀〉載上制曰：
「朕憫士大夫高爵祿而下禮義，尚權勢而薄廉恥。禍敗之釁，職此之
由。惟予近臣守死善道，服仁體義，老而不衰，生多顯名，沒有遺
美，顧此襃恤，豈限彝章？具官某以名世傑出之才，探千載不傳之
學，窮《春秋》奧旨，續前聖微言，旁貫諸經，網羅百氏，優游饜
飫，久自得之。不可以勢利回，不可以威武屈，近代以來，數人而
已。是用致尊名之義，廣崇德之風，以訓後人，以明吾志。凡爾有
學，尚克繼之。可賜諡曰文定。」（〈行狀〉，頁 526）是月，陳淵
撰〈祭胡寶學文〉。[250]
又按：公葬於湘潭縣龍穴山，龍穴山亦名龍山、龍王山，因山有龍
湫，後多稱隱山。[251]明代袁中道（1570-1623）曾赴公之泉臺，敘述
所見之象：「至龍泉寺，憩于胡康侯墓。……目前手植松猶存，屈鐵

---

[248] 〔清〕陳壽祺等撰：《福建通志》（臺北：華文書局，1968 年 10 月初版），卷 185，頁
3340。

[249] 〔宋〕李心傳：《建炎以來繫年要錄》，卷 119，頁 1927。

[250] 〔宋〕陳淵：〈祭胡寶學文〉，《默堂集》，卷 21，頁 522-523。

[251] 〔明〕薛剛纂修，吳廷舉續修：《（嘉靖）湖廣圖經志書》，卷 15，頁 1270。〔清〕王閭
運等纂，陳嘉榆等修：《（光緒）湘潭縣志》（上海：上海古籍出版社，2002 年《續修四
庫全書》），卷 4，頁 484。

偃蓋，微風即濤。松下泉甚清湛，所謂龍泉者也。」[252]趙光耀〈隱山胡文定公墓記〉亦曾描述文定公窀穸之地景：「距潭城西百餘里許，名隱山，宋胡文定公幽堂在焉。其山常興雲吐霧，歲旱，時有龍女詭異出沒，土人禱祀輒雨，世傳神龍所居。……登墓致祭，見山勢盤結，佳氣鬱蔥而鍾靈聚秀，如石中玉、蚌中珠，始知當日命意著眼具見卓識，非一山一水者比。瞻拜之餘，想其遺風餘韻，起敬起畏，直愀然如見其人。」[253]峰巒疊嶂，森羅聳翠，山氣象殊，公所幽居正合其清風亮節之行。然文定公墓在明代曾遭掘發，據嘉靖《湘潭縣志》所載：「胡文定公墓在縣治西南一百里，隱山慈雲寺前。舊志云宣德年間，有盜掘發，景泰五年（1454），訓導陳志熙具呈府通判張公鑾命縣丞施新生員蔡義、儒士李謹以禮覆之，題曰：『宋胡文定公之墓』。」[254]另外，嘉靖《湖廣圖經志書》除了亦記長沙府湘潭縣有胡安國墓之外，[255]也說明荊州府當陽縣有胡安國墓：「在縣北一十五里，龍泉寺前。成化中，同知甯祥立墓表于官道。」[256]而衡州府衡山縣也有胡文定公墓：「在縣紫蓋鄉九都。」[257]對此一墓多地的情形，光緒《湖南通志》云：「寶文閣學士諡文定，崇安胡安國墓在縣西南隱山下。文定墓在湘潭隱山，今當陽縣亦有之，不知何據。案：安國墓當以湘潭者為是，真德秀祭文可據。」[258]又記：「案朱子《伊洛淵源錄》載文定〈行狀〉云，葬湘潭龍穴山，《縣志》隱山舊名龍穴，《統志》所云信而有徵。舊志衡山縣亦載文定墓，蓋因紫

---

[252] 〔明〕袁中道著，錢伯城點校：〈遊龍泉九子諸勝記〉，《珂雪齋集》（上海：上海古籍出版社，1989 年 1 月），卷 15，頁 643-644。

[253] 〔清〕張雲璈等纂修：《（嘉慶）湘潭縣志》，卷 32，頁 26-27。

[254] 〔明〕陳應信修，鍾世賢纂：《（嘉靖）湘潭縣志》，卷下，頁 38。

[255] 〔明〕薛剛纂修，吳廷舉續修：《（嘉靖）湖廣圖經志書》，卷 15，頁 1297。

[256] 〔明〕薛剛纂修，吳廷舉續修：《（嘉靖）湖廣圖經志書》，卷 6，頁 530。

[257] 〔明〕薛剛纂修，吳廷舉續修：《（嘉靖）湖廣圖經志書》，卷 12，頁 1016。乾隆《衡山縣志》亦記：「宋胡文定公墓在紫蓋鄉。」見〔清〕德貴纂修，鍾光序續修：〈古蹟〉，《衡山縣志》，卷 6，頁 67。

[258] 〔清〕曾國荃等撰：《湖南通志》，卷 37，頁 981。

蓋峯有文定書堂而誤耳。」[259] 應以長沙府湘潭縣為確。清初，文定
公流寓湘潭子孫依墓為祠，雍正十二年（1734），發公帑修建，乾隆
十三年（1748），定地方官歲二祭，光緒七年（1881），胡植基等請
款修祠，布政使令胡氏捐資修理。[260] 明代湘潭郭金臺作有〈癸丑春
日，邑侯趙雲麓冒雨馳百里入隱山謁宋胡文定公墓，詩以紀事〉：
「宋室傳經五百年，先賢遺澤冷湘煙。自封文定孤臣塚，僅見西山數
誄篇。花發鳴珂開鳥道，水清流葉洗狐禪。大冬殘雪餘松柏，瞻望仁
侯起墓田。山有鳴珂里、流葉橋。」[261]

初娶李氏，繼室王氏，皆贈令人。（〈行狀〉，頁 525）

　　按：胡寅〈申尚書省議服狀〉作於紹興十年（1140），文曰：「伏念
　　寅於先父諡文定為世適長子，服母李氏、繼母王氏喪，合齊衰服，祖
　　父祖母喪合期。」[262] 故王氏應卒於紹興十年（1140）以前，而王立新
　　先生《開創時期的湖湘學派》則提出王氏卒於建炎三年（1129）十月
　　一日。[263]

子三：胡寅、胡寧、胡宏。

　　按：胡寅，字明仲，又字仲虎、仲剛，學者稱致堂先生。《宋史》載
　　其「少桀黠難制，父閉之空閣，其上有雜木，寅盡刻為人形。安國
　　曰：『當有以移其心。』別置書數千卷於其上，年餘，寅悉成誦，不
　　遺一卷。」[264] 寅志節豪邁，初，文定公頗重秦檜，至檜擅權專國，
　　寅遂與絕交。撰有《讀史管見》、《論語詳說》、《崇正辯》、《斐

[259] 〔清〕曾國荃等撰：《湖南通志》，卷 37，頁 981。

[260] 〔清〕王闓運等纂，陳嘉榆等修：《（光緒）湘潭縣志》，卷 7，頁 535-536。

[261] 〔明〕郭金臺撰，陶新華點校：《石村詩集》，卷下，頁 176-177。

[262] 〔宋〕胡寅：〈申尚書省議服狀〉，《斐然集》，卷 9，頁 195。

[263] 王立新：〈附錄一：胡安國族系考證〉，《開創時期的湖湘學派》，頁 255。

[264] 〔元〕脫脫等撰：《新校本宋史并附編三種》，卷 435，頁 12916。

然集》等著作，卒於紹興二十六年（1156）十月，年五十九。[265]胡寅元配為張氏，名季蘭，字德馨。胡寅〈亡室張氏墓誌銘〉記其行止：「性莊情澹，儀貌夙成，無嬉謔，無恐怖，不信鬼怪，不聽下人切切語。臨義截然莫可移，酬酢有少差，隨即改之。事舅姑未嘗被訶譴，事寅無違言類色，揭諸姒同天倫。處內外恩紀周洽有譽，歎無間毀。使就外傅甚力，均愛庶姓猶己出也。」[266]卒於紹興七年（1137）九月四日，得年三十。胡寅曾撰〈亡室張氏墓誌銘〉、〈悼亡別記〉、〈祭亡室張氏〉，悼念其妻。張氏早逝，寅又娶翁氏為繼室。《八閩通志》記載：「胡寅夫人翁氏，密州司戶揆之女也。生之前一夕，其祖殿撰，夢有通謁者曰：『吾婺女星也，當生君家。』翌日而翁氏生，紅光滿室，殿撰曰：『此必清貴而壽者也。』長歸于寅以婦德聞。見元孫者三，累封太原寧郡太夫人。」[267]

又按：胡寧，字和仲，學者稱為茅堂先生，以蔭補官。《宋史》曰：「安國之傳《春秋》也，修纂檢討盡出寧手。寧又著《春秋通旨》，以羽翼其書云。」[268]吳萊詳云：「胡氏正《傳》三十卷，傳外又有總貫條例、證據史傳之文二百餘章，子寧集之，名曰《春秋通旨》，輔《傳》而行。」[269]《春秋通旨》今已佚，但從汪克寬《春秋胡傳附錄纂疏》援引資料，以及王立新《開創時期的湖湘學派》之附錄：「胡寧《春秋通旨》遺存斷章」尚可端見部分內容。嘉靖《建寧府志》記胡寧墓：「在樂田里龍潭坑上。」[270]

又按：胡宏，字仁仲，學者稱五峰先生。《宋史》曰：「幼事楊時、

[265] 馬辛民：〈胡寅年譜及詩繫年〉，《古典文獻研究論叢》（北京：北京大學出版社，1995年3月），頁172。

[266] 〔宋〕胡寅：〈亡室張氏墓誌銘〉，《斐然集》，卷26，頁535。

[267] 〔明〕黃仲昭修纂：《八閩通志》，卷85，頁999。

[268] 〔元〕脫脫等撰：《新校本宋史并附編三種》，卷435，頁12926。

[269] 〔清〕朱彝尊撰，〔清〕翁方綱撰，羅振玉撰：《經義考·補正·校記》，卷185，頁1262。

[270] 〔明〕夏玉麟、汪佃等修纂：〈古蹟〉，《（嘉靖）建寧府志》，卷20，頁451。

侯仲良，而卒傳其父之學。優游衡山下餘二十年，玩心神明，不捨晝夜。」[271]全祖望高舉胡宏之學術成就：「紹興諸儒，所造莫出五峯之上。其所作《知言》，東萊以為過于《正蒙》，卒開湖湘之學統。」[272]仁仲在南宋學術思想的地位為重，東南三賢之一的張栻以其為師。胡宏卒於紹興三十一年（1161），年五十七歲，[273]著作有《知言》、《皇王大紀》、《五峰集》、《敘古蒙求》，而《敘古蒙求》已亡佚。嘉靖《建寧府志》記胡宏墓：「在崇文里黃亭皷樓嶺。」[274]雍正《崇安縣志》云：「在豐陽里黃亭之皷樓嶺。」[275]其妻為唐氏。[276]

女一：胡申。夫婿為向沈。

按：關於胡申，張栻〈通直郎致仕向君墓表〉曰：「文定公之女，賢德懿範，為閨閫之表。」[277]向沈，字深之，其父乃向子韶。靖康女真之變，子韶死難，向沈以逆婦於文定公之家，獲免於難。向沈從胡文定公學，日益成德，淡泊名利，尤重《春秋》復仇大義。胡寅〈伊山向氏有裕堂記〉曰：「寅先君子喜宣卿資氣剛正，授以《左氏春秋傳》，且為之言大義，故宣卿學古益力，守義益固，亢宗糾族，樂多賢友，不與惡人言。」[278]張栻〈通直郎致仕向君墓表〉亦記：「君生名門，資稟靜厚，既受室於胡氏，日親文定之教，薰陶義理，步趨矩度，益以成其德。獨痛家國禍難之酷，終身於祿仕蓋泊如也，至於

[271] 〔元〕脫脫等撰：《新校本宋史并附編三種》，卷 435，頁 12922。

[272] 〔清〕黃宗羲原著，〔清〕全祖望補修，陳金生、梁運華點校：〈五峯學案〉，《宋元學案》，卷 42，頁 1366。

[273] 〔宋〕胡宏著，吳仁華點校：〈胡宏的生平、著作及其思想〉，《胡宏集》，頁 7。

[274] 〔明〕夏玉麟、汪佃等修纂：〈古蹟〉，《（嘉靖）建寧府志》，卷 20，頁 451。

[275] 〔清〕劉靖修，張彬纂：《（雍正）崇安縣志》，卷 8，頁 28。

[276] 〔宋〕胡寅：〈祭季弟婦唐氏〉，《斐然集》，卷 27，頁 574。

[277] 〔宋〕張栻：〈通直郎致仕向君墓表〉，《南軒集》，卷 39，頁 959。

[278] 〔宋〕胡寅：〈伊山向氏有裕堂記〉，《斐然集》，卷 21，頁 418。

《春秋》復讎之義,則不能以忘於中。」[279]乾道七年(1171)四月十
八日沒於正寢,享年六十有四,六月葬於衡山縣紫蓋鄉梅橋山,祔於
忠毅公塋側。

孫六:胡大原、胡大經、胡大常、胡大本、胡大壯、胡大時。

　　按:胡寅〈先公行狀〉載:「孫大原,右承務郎。公沒五年之後,始
生大經、大常、大本、大壯、大時。」(〈行狀〉,頁 525)胡大
原,字伯逢,胡寅長子,《宋元學案‧五峯學案》曰:「先生與廣
仲、澄齋守其師說甚固,與朱子、南軒皆有辯論,不以《知言疑義》
為然。」[280]胡大經為胡寧長子,胡大常為胡宏長子,但兩人之生平
學行,未見史料記載。胡大本,字季立,胡寧次子,與張栻共學于嶽
麓。[281]胡大壯,字季履,胡宏仲子。民國《崇安縣新志》記載大壯
幼時學習狀況,以及晚年講學長沙之風采,[282]衛涇〈奏舉布衣胡大
壯乞賜褒錄狀〉更詳述大壯之為人品行與學問器識,能見家學影響之
深。[283]胡大時,字季隨,胡宏季子,從學張栻,栻以女妻之。大時
亦與朱熹往來,最後師事陸九淵。[284]然據胡寅〈悼亡別記〉與〈亡
室張氏墓誌銘〉,寅尚有二子:胡大端、胡永,兩人出生時,文定公
尚在,但〈先公行狀〉卻未書其名,簡中是因二子夭折:胡永晚張氏
季蘭十七日而夭,年僅三歲;[285]而據王立新推考,胡大端應已於紹

[279] 〔宋〕張栻:〈通直郎致仕向君墓表〉,《南軒集》,卷 39,頁 956。

[280] 〔清〕黃宗羲原著,〔清〕全祖望補修,陳金生、梁運華點校:〈五峯學案〉,《宋元學
案》,卷 42,頁 1386。

[281] 〔清〕黃宗羲原著,〔清〕全祖望補修,陳金生、梁運華點校:〈五峯學案〉,《宋元學
案》,卷 42,頁 1387。

[282] 劉超然、鄭豐稔等纂修:〈儒林〉,《(民國)崇安縣新志》,卷 22,頁 136。

[283] 〔宋〕衛涇:〈奏舉布衣胡大壯乞賜褒錄狀〉,《後樂集》(臺北:臺灣商務印書館,1986
年景印文淵閣《四庫全書》),卷 12,頁 633-634。

[284] 〔清〕黃宗羲原著,〔清〕全祖望補修,陳金生、梁運華點校:〈嶽麓諸儒學案〉,《宋元
學案》,卷 71,頁 2368。

[285] 〔宋〕胡寅:〈亡室張氏墓誌銘〉,《斐然集》,卷 26,頁 536。

興十三年夭折，故亦不錄。[286]

公有文集十五卷、《春秋傳》三十卷、《資治通鑑舉要補遺》一百卷。

按：胡寅〈先公行狀〉載：「文集十五卷，皆不得已而應者，靡麗無益，一語不及。」（〈行狀〉，頁 526）公之文集為胡寅所編，陳振孫《直齋書錄解題》曰：「給事中崇安胡安國康侯撰。紹聖四年進士第三人，仕四十年，實歷不及三載。著《春秋傳》，行于世。本喜為文，後篤志于學，乃不復作。其辭召試曰：『少習藝文，不稱語妙，晚捐華藻，纔取理明，既覺昨非，更無餘習。』故其文集止此。」[287]《資治通鑑舉要補遺》一書，據胡寅曰：「（公）每患史傳浩博，學者不知統要，而司馬公編年《通鑑》，正書敘述太詳，目錄首尾不備，晚年著《舉要》歷八十卷，將以趨詳略之中矣，然尚有重複及遺缺者，意司馬公方事筆削，入秉鈞軸，尋薨於位，不得為成書也。遂略用《春秋》條例，就三書修成一百卷，名曰《資治通鑑舉要補遺》，自為之序，以廣司馬公願忠君父、稽古圖治之意。」（〈行狀〉，頁 526）朱熹《資治通鑑綱目》因此書而別為義例，隳括增修。

又按：公亦有書法遺帖，陶宗儀《書史會要》言公與楊萬里、胡寅、胡宏、鄭清之、史彌遠、陳康伯、李綱、劉子翬等十人「皆工筆札，其蹟雜見於鳳墅續法帖中。」[288]陳傳良〈跋胡文定公帖〉亦記：「浙間人家家有《春秋傳》而罕見公字畫。余記為兒時，從鄉先生學，同學數十兒，兒各授程《易》、胡《春秋》、范《唐鑑》一本。是時三書，所在未鋟板，往往多手抄誦也。晚官湖湘間，每過士大夫家輒見公遺帖，皆甚貴惜。然為《春秋》學者，顧少如浙間，何哉？

---

[286] 王立新：〈附錄一：胡安國族系考證〉，《開創時期的湖湘學派》，頁 261。

[287] 〔宋〕陳振孫：《直齋書錄解題》，卷 18，頁 530。

[288] 〔元〕陶宗儀：《書史會要》（臺北：臺灣商務印書館，1986 年景印文淵閣《四庫全書》），卷 6，頁 749。

因見向氏所藏帖，書以勉之。」[289]劉子翬有〈觀胡文定公手墨因求別本〉一詩：「溫溫文定公，至道夙所欽。神超雖緬邈，餘英壯儒林。正容閱眞翰，默默流至音。不事八法奇，天成寫幽襟。有如瀚海鴻，隨波自浮沉。又如太虛雲，舒卷杳莫尋。乃知晉魏還，筆端有哇淫。棄薰競韞藏，非將玩球琳。庶幾字畫間，可以求其心。清伊一派流，滙作萬丈深。溝渠有暴盈，泓淢時見侵。投膠了不難，公以獨力任。我慚步趨晚，悠然寄孤吟。流風在目前，著鞭要駸駸。願分墨本餘，刻之蒼崖陰。大塊有動搖，斯文無古今。公帖云：世間一切如流水浮雲，所過者化不足雷胸中。」[290]

紹興十八年戊辰（1148）

閏八月，高宗命胡寧具進公之遺著，寧告其兄寅，寅遂編取公之文集。[291]

　　按：胡寅〈進先公文集序〉云：「紹興十八年閏八月，太常丞臣寧次當輪對，奏事殿中，皇帝若曰：『惟乃父既纂釋《春秋》，尚當有他論著，其具以進。』臣寧走使告其兄臣寅曰：『先大夫沒十有一載，遺文雖就編綴，然未之出也。學士大夫欲見者已鮮矣，何況天子崇高富貴，日有萬幾？今主上眷言舊學之臣，久而未懟，其思所以仰稱明詔者。』臣寅即取先集，離為門次，繕寫以獻。」[292]

紹興十九年己巳（1149）

郊恩，贈公左大中大夫。（〈行狀〉，頁526）

---

[289] 〔宋〕陳傅良：《止齋先生文集》（臺北：臺灣商務印書館，1979年11月臺一版《四部叢刊正編》），卷41，頁210。

[290] 〔宋〕劉子翬：《屏山集》，卷14，頁471。

[291] 〔宋〕胡寅：〈進先公文集序〉、〈進先公文集表〉，《斐然集》，卷19，頁367；卷6，頁147。

[292] 〔宋〕胡寅：〈進先公文集序〉，《斐然集》，卷19，頁367。

乾道元年乙酉（1165）

十一月，朱熹作〈跋胡文定公詩〉：「右胡文定公〈答僧五詩〉，公子侍
郎所書，以授墳僧妙觀，而妙觀之所摹刻也。儒釋之間，蓋有
所謂毫釐之差者，讀之者能辨之，則庶乎知言矣。」[293]

　　按：公〈答僧五詩〉云：「手握乾坤殺活機，縱橫施設在臨時。滿堂
兔馬非龍象，大用堂堂總不知。踏遍江南春寺苔，野雲蹤跡去還來。
如今宴坐孤峯頂，無法可傳心自灰。祝融峯似在城天，萬古江山在目
前。須信死心元不死，夜來明月又重圓。明公從小便超羣，佳句流傳
繼碧雲。聞道別來諸念息，定將何法退魔軍？十年音信斷鴻鱗，夢想
雲居頂上人。香飯可能長自飽，也應分濟百千身。」[294]

乾道四年戊子（1168）

五　月，建寧府崇安縣立趙清獻、胡文定二公祠，朱熹作〈建寧府崇安縣
學二公祠記〉。

　　按：朱熹〈建寧府崇安縣學二公祠記〉：「崇安建之巖邑，故宮師趙
清獻公嘗爲之宰，故侍讀胡文定公又其邑里人也。兩公之德，後學仰
之舊矣。然數十年之間，為是邑者不知其幾何人，無能表而出之以化
於邑者。乾道三年，今知縣事溫陵諸葛侯始至，則將葺新學校，以教
其人，而深以兩公之祠未立爲己病，於是訪求遺像，因新學而立祠
焉。明年五月甲子訖功，命諸生皆入于學，躬率丞掾，與之釋菜于先
聖先師，而奠于兩公之室。……胡公聞道伊洛，志在《春秋》，著書
立言，格君垂後，所以明天理、正人心、扶三綱、敘九法者，深切著
明，體用該貫。而其正色危言，據經論事，剛大正直之氣，亦無所愧

---

[293]〔宋〕朱熹：〈跋胡文定公詩〉，《晦庵先生朱文公文集》，卷81，頁3820-3821。

[294]〔宋〕朱熹：〈跋胡文定公詩〉，《晦庵先生朱文公文集》，卷81，頁3820。

於古人。」[295]

乾道八年壬辰（1172）

十二月二十四日，朱熹作〈跋方伯謨家藏胡文定公帖〉一文：「朋友之
　　交，責善所以盡吾誠，取善所以益吾德，非以相為賜也。然各
　　盡其道而無所苟焉，則麗澤之益，自有不能已者。方生士繇出
　　示所藏胡文定公與其外大父尚書呂公手帖，讀之使人凜然起
　　敬，若嚴師畏友之在其左右前後也。嗚呼，是數君子者，其可
　　謂盡朋友之道而無所苟矣！其卓然有以自立於當年，而遺風餘
　　烈可傳於世者，豈徒然哉！三復歎息，因敬書其後，以致區區
　　尊仰之意云。」[296]

　　按：公所撰書信內文：「兒曹外甥輩比過治宇，在寅為同年，宜盡切
　　磋之義，在宏宜提耳誨導之，在范甥宜勉進其所未聞者。而一一以重
　　言題品褒借之，豈所望也？昔事定夫先生，未嘗以言色相假，後與民
　　瞻、叔夏遊，苟有過在安國，則二公必面折之，不令貳其過；在二
　　公，即安國亦正色規之，不但已也。數十年來，俗習頹靡，此風日以
　　替矣。安老器識過人，當今之望，津途軌則，當以往哲自期，庶幾此
　　風之復見也。邸報十五卷并五月分者并以歸納，乾菌承睨示，珍感珍
　　感。安國再拜。去夏所借報中，有言呂舜徒章者，或見之，望更借
　　示。自五月以來，新報能一一借及，幸幸。呂公諸子聞自衡陽過江
　　西，不知今何在？或知，信喻及。鄉里得近信否？所奏前章及第二
　　義，不以示他人，恐知。安國又上。」[297]

---

[295]　〔宋〕朱熹：〈建寧府崇安縣學二公祠記〉，《晦庵先生朱文公文集》，載《朱子全書》，
　　卷77，頁3708。

[296]　〔宋〕朱熹：〈跋方伯謨家藏胡文定公帖〉，《晦庵先生朱文公文集》，載《朱子全書》，
　　卷81，頁3823。

[297]　〔宋〕朱熹：〈跋方伯謨家藏胡文定公帖〉，《晦庵先生朱文公文集》，載《朱子全書》，
　　卷81，頁3822-3823。

乾道九年癸巳（1173）

二　月，朱熹作〈跋劉平甫家藏胡文定公帖〉：「屏山劉珄平甫藏胡文定
　　　公帖一卷，前兩紙胡公與平甫伯父祕閣君，蓋公之辭，而其子
　　　祠部君筆也。時祕閣守臨川，兄侍郎公守溫陵，弟屏山先生稱
　　　疾不仕。胡公之子侍郎守桐江，兄子籍溪先生以布衣特起，典
　　　教鄉郡，書辭蓋徧及之。後一紙胡公與其族兄書，實公手筆，
　　　平甫購得之。所稱范甥者，即平甫外舅太史公也。胡公正大方
　　　嚴，動有法教，讀此者視其所褒，可以知勸；視其所戒，可以
　　　知懼。平甫能葆藏之，其志亦可知矣。」[298]

　　按：公所撰書信內文：「彥脩必已奉太夫人赴溫陵，此郡樂國也，便
　　於養親，同增歡慰。臨川密邇鄉邦，音問易達，彥沖退然自守，深可
　　嘉尚。德門積善久矣，如昆仲出則奮其才力，建立事功；居者進脩術
　　業，養成德器，乃邦國之光。凡在鄉鄰，亦預榮焉。衰老覩此盛事，
　　不勝欽歎！安國又啟。安國再啟：湖湘旱饑之後，民間窘迫，而供饋
　　頻繁，江西諒亦爾。然教令既孚，吏民信服，不晚必有除擢矣。寅在
　　桐江，幸亦粗遣。然歸養之意甚濃，謾恐知之。憲姪比蒙恩命，皆昆
　　仲平日獎提之所及也。感佩之意，言不能喻。安國再啟。伯達孫今已
　　長成，莫須早晚令隨貢元伯伯習知禮義，若一向不讀書，恐不便
　　也。」[299]

淳熙元年甲午（1174）

建寧府學游、胡二公祠堂卒成，張栻為記。

---

[298] 〔宋〕朱熹：〈跋劉平甫家藏胡文定公帖〉，《晦庵先生朱文公文集》，載《朱子全書》，
　　卷81，頁3824。

[299] 〔宋〕朱熹：〈跋劉平甫家藏胡文定公帖〉，《晦庵先生朱文公文集》，載《朱子全書》，
　　卷81，頁3823-3824。

按：乾道五年己丑（1169），任文薦、芮燁請命祀胡公，此年祠堂遂
成。張栻〈建寧府學游胡二公祠堂記〉云：「蓋隆興癸未，知府事陳
侯正同始祠游公於東廡之北端；後六年，轉運副使任侯文薦、判官芮
侯燁又以邦人之請命祠胡公，且徙游公之祠為東西室於堂上，未畢而
皆去。又五年，今轉運副使沈侯樞始因其緒而卒成之，而教授王定方
遂以書來屬某為記。」[300]

又按：除了福建立有「趙清獻、胡文定二公祠」、「游、胡二公祠
堂」與其他祠宇之外，湖南各地也多有為公立祠，以行祭祀。如長沙
府湘潭縣有「三賢祠」，康熙《長沙府志》云：「《隱山一統志》
云：『胡文定父子及張南軒常往來此山，後文定卒，遂葬其處，故鄉
人立三賢祠。』」[301]荊州府荊門州亦有「三賢祠」：「在文廟戟門
外，祀宋胡安國、陸九淵、朱震，舊在平泰門內。成化初，知州俞詰
建，十七年，知州陰子淑遷建。今所，正德五年，知州孟統修。」
[302]此外，長沙府湘潭縣另立「四賢祠」，嘉慶《湘潭縣志》記載：
「祀宋胡文定、朱子、張南軒、真西山，凡四先生。謹按：四先生既
經從祀，復立專祠，何也？蓋以昔曾講學於此，潭人深沐其化，故於
學宮內專祠崇奉，相沿日久，祀以重道，禮不厭多，專祀固統於兼祀
云爾。」[303]各祠多將文定公與張栻、朱熹、真德秀、陸九淵、朱震
等先生祔祀，足見公在南宋學術的地位。又，荊州府當陽縣有「胡文
定公廟」，嘉靖《湖廣圖經志書》記此廟：「在縣北□十五里，祀宋
相胡安國也。天順間，知縣張廊建。成化初，知縣黃恕請于□，朝命
歲時祭之。」[304]明正德三年戊辰（1508），憲副劉時讓拓舊址，重立
胡文定公廟，劉績作〈重新胡文定公廟記〉一文。據劉績〈重新胡文

---

[300] 〔宋〕張栻：〈建寧府學游胡二公祠堂記〉，《南軒集》，卷 11，頁 286。

[301] 〔清〕蘇佳嗣纂修：《（康熙）長沙府志》（北京：中國書店，1992 年《稀見中國地方志
匯刊》），卷 7，頁 513。

[302] 〔明〕薛剛纂修，吳廷舉續修：《（嘉靖）湖廣圖經志書》，卷 6，頁 528。

[303] 〔清〕張雲璈等纂修：《湘潭縣志》，卷 8，頁 22。

[304] 〔明〕薛剛纂修，吳廷舉續修：《（嘉靖）湖廣圖經志書》，卷 6，頁 528。

定公廟記〉云：「成化丁亥（1467），有司奏請立祠，繪像於側，春
秋祀以少牢。越四十年，憲副安城劉君時讓讀公書，師其人，觸權
貴，累償興，觀風過拜，遂拓舊址，有寢有堂，有廡有庀，官屬其
役，民樂其事，不日克成，以安公靈，非以圭爵而尊，非以族屬而
親。是故，澤在本支，有時而斬；勳在社稷，有時而泯；功在六經，
則歷千萬世猶晨昏也。」[305]

---

[305] 〔明〕薛剛纂修，吳廷舉續修：《（嘉靖）湖廣圖經志書》，卷 6，頁 651。

國家圖書館出版品預行編目(CIP) 資料

胡安國<<春秋傳>>與宋代<<春秋>>學/康凱淋著. --
初版. -- 臺北市 : 元華文創股份有限公司,
2023.12
面 ; 公分

ISBN 978-957-711-339-9 (平裝)

1.CST: (宋)胡安國 2.CST: 春秋(經書) 3.CST: 學術
思想 4.CST: 研究考訂

621.75   112016384

胡安國《春秋傳》與宋代《春秋》學

康凱淋　著

發 行 人：賴洋助
出 版 者：元華文創股份有限公司
聯絡地址：100 臺北市中正區重慶南路二段 51 號 5 樓
公司地址：新竹縣竹北市台元一街 8 號 5 樓之 7
電　　話：(02) 2351-1607　　傳　　真：(02) 2351-1549
網　　址：www.eculture.com.tw
E - m a i l：service@eculture.com.tw
主　　編：李欣芳
責任編輯：立欣
行銷業務：林宜葶
出版年月：2023 年 12 月 初版
定　　價：新臺幣 600 元

ISBN：978-957-711-339-9 (平裝)

總經銷：聯合發行股份有限公司
地　址：231 新北市新店區寶橋路 235 巷 6 弄 6 號 4F
電　話：(02)2917-8022　　　　傳　真：(02)2915-6275